权威·前沿·原创

皮书系列为

“十二五”“十三五”国家重点图书出版规划项目

甘肃农业科技绿皮书

GREEN BOOK OF AGRICULTURAL SCIENCE AND TECHNOLOGY IN GANSU

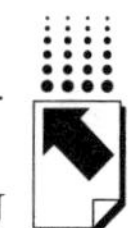

甘肃农业科技发展研究报告（2011~2015）

REPORT ON AGRICULTURAL SCIENCE AND TECHNOLOGY OF GANSU (2011-2015)

主 编／魏胜文 乔德华 张东伟

社会科学文献出版社
SOCIAL SCIENCES ACADEMIC PRESS (CHINA)

图书在版编目(CIP)数据

甘肃农业科技发展研究报告.2011~2015/魏胜文,乔德华,张东伟主编.--北京:社会科学文献出版社,2016.12
(甘肃农业科技绿皮书)
ISBN 978-7-5201-0049-6

Ⅰ.①甘… Ⅱ.①魏… ②乔… ③张… Ⅲ.①农业技术-技术发展-研究报告-甘肃-2011~2015 Ⅳ.①F327.42

中国版本图书馆CIP数据核字(2016)第299318号

甘肃农业科技绿皮书
甘肃农业科技发展研究报告(2011~2015)

主　　编/魏胜文　乔德华　张东伟

出 版 人/谢寿光
项目统筹/邓泳红　陈晴钰
责任编辑/陈晴钰　陈　颖

出　　版/社会科学文献出版社·皮书出版分社(010)59367127
地址:北京市北三环中路甲29号院华龙大厦　邮编:100029
网址:www.ssap.com.cn
发　　行/市场营销中心(010)59367081　59367018
印　　装/三河市尚艺印装有限公司

规　　格/开　本:787mm×1092mm　1/16
印　张:40　字　数:731千字
版　　次/2016年12月第1版　2016年12月第1次印刷
书　　号/ISBN 978-7-5201-0049-6
定　　价/198.00元

皮书序列号/B-2016-561

本书如有印装质量问题,请与读者服务中心(010-59367028)联系

《甘肃农业科技发展研究报告》
编辑委员会

主编简介

魏胜文　1963年1月生，甘肃民勤人。农学博士，研究员。现任甘肃省农业科学院党委书记，兼任甘肃省农学会副会长、甘肃省科学社会主义学会副会长、甘肃省金融学会常务理事、全国党建研究会非公经济组织党建研究专委会特邀研究员，甘肃省宣传文化系统“四个一批”人才。

先后主持完成国家社科基金项目、省社科规划项目、科技厅软科学项目等各类课题26项；出版专（编）著18部（其中专著8部）；发表论文40余篇（C刊以上13篇）；完成研究报告15篇。获甘肃省社会科学优秀成果一等奖2项、二等奖1项、三等奖1项。其中，主持完成的国家社科基金成果专著《反贫困之路》，荣获第十二届甘肃省社会科学优秀成果一等奖；主持完成的《甘肃省志·社会科学志》荣获第十一届甘肃省社会科学优秀成果二等奖，甘肃省地方史志编纂委员会、甘肃省地方史志学会“优秀成果一等奖”。

2006~2013年，连续8年主持编研《甘肃蓝皮书》，直接主编经济、舆情和县域蓝皮书。其中，担任执行主编的《2006~2007年甘肃舆情分析与预测》蓝皮书为全国首部，获第十一届甘肃省社会科学优秀成果一等奖。

乔德华　1964年5月生，甘肃灵台人，副研究员，国家注册咨询工程师。现任甘肃省农业科学院农业经济与信息研究所所长。1985年参加工作，先后参加小麦、糜谷等粮食作物育种栽培研究，百合、玫瑰等花卉研究开发，西瓜、辣椒等瓜菜作物育种及种业开发，并从事《甘肃农业科技》期刊编辑以及科研管理工作多年。参加完成“陇东旱地复种糜子良种栽培技术示范推广”“西瓜新杂交种选育”等课题8项，主持完成国家“十五”攻关项目“重要技术标准研究专项”、甘肃省软科学专项“科技扶贫关键问题研究”、甘肃省“十三五”期间扶贫攻坚重大课题“特色产业在扶贫开发中的应用研究”等课题5项；获甘肃省科技进步二等奖2项、三等奖3项；在各类学术期刊发表论文53篇，其中核心期刊12篇；主编专著2部。

张东伟　1967年7月生，甘肃白银人。理学博士，研究员。现任甘肃省农业科学院农业经济与信息研究所副所长。长期从事农业经济管理、生态经济学、地理信息系统应用等方面的研究工作。先后承担国家科技攻关项目、国家科技支撑项目、世界银行贷款扶贫项目、英国政府赠款流域管理项目、澳大利亚发展奖学金项目、国家外专局农业引智成果推广项目、农业部行业科技专项以及地方政府资助项目等20余项，获得各类科技成果奖励16项。在各类学术刊物及国内外学术会议发表论文30余篇。作为第一作者出版《黄土丘陵沟壑区农业可持续发展实证研究》专著；参编学术专著3部。曾先后赴加拿大、新西兰、澳大利亚等国家的相关大学和科研机构开展专业研修和合作研究。

摘　要

本书是由甘肃省农业科学院组织本院及省内相关领域的专家和学者完成的关于甘肃省农业科技发展状况的研究报告。本项研究的目的是系统梳理和回顾“十二五”期间甘肃农业科技的整体发展情况，总结在农业科技研究各领域取得的成就和存在的不足，谋划“十三五”时期通过推进农业科技进步和成果应用支撑甘肃省现代农业发展和精准扶贫的措施与对策。全书分为总报告、综合篇、专题篇和产业篇四大部分，共计45篇研究报告。

总报告对2011～2015年全省农业科技工作进行全面、深入、细致的回顾，客观分析甘肃农业科技发展的现状与存在的问题，提出推动全省现代农业科技发展的对策和建议。

综合篇以全省农业科技政策、科技进步与成果产出、成果推广、农业科技扶贫、农民科技素质与需求、农业科技国际合作与交流等为研究视域，分专题论述全省农业科技发展总体概况、农业科技创新的重要成果、农业基础类研究重要进展、农业科技资源利用与创新能力提升、农业科技对扶贫事业的支撑作用、对外合作与交流等，深入分析甘肃省农业科技发展状况，剖析存在的主要问题，提出应对措施。同时对全省各市州农业科技支撑能力、全省重点农业科研机构的研发实力进行综合评价。

专题篇以甘肃省特色优势学科（旱地农业、节水农业、生态农业、有害生物防治等）和新兴学科（生物技术、信息技术等）为研究重点，并对现代农业的支撑学科（土壤与肥料、农产品贮藏保鲜与精深加工、农业废弃物资源化利用、农产品质量控制、农业机械化等）分别加以总结和探讨，以每一学科对全省农业发展的支撑作用为主线，分析该学科发展动态、科研现状、存在的主要问题及未来研究方向。

产业篇以甘肃省农业主导产业（马铃薯、蔬菜、草食畜牧业等）、区域优势产业（特色林果、中药材、现代制种、酿造原料等）、地方特色产业（油用亚麻、小杂粮、食用百合、西甜瓜等）、区域传统产业（小麦、玉米、豆类、油菜、棉花等）、潜在新兴产业（农产品加工、花卉、水产、食用菌、藜麦等）的科技支撑体系建设作为研究重点，以产业及作物中的科技因素对该产业发展的贡献与促进作用为主线，从历史回顾、现状分析、存在问题、科技需求、发展对策等方面论述其发展历程、科技支撑作用、推广应用状况及未来主攻目标。

本书所用的研究资料和数据主要来自 100 多位作者在各自研究工作中的积累，收集引用了甘肃省各级农业和科技行政主管部门提供的资料，还参考了国内外同行的研究成果。旨在通过研究，提供事实充分、分析透彻、结论可靠、对策具体的权威性理论研究成果，使之成为各级党政机构、专家学者和社会各界了解甘肃省农业科技发展全貌，开展民主决策、科学研究的重要参考。同时，也期望通过此书的出版发行，进一步发挥省级农业科研机构在全省农业产业政策研究和科技管理中的智库作用，更好地服务于甘肃经济社会发展。

Abstract

This book is a collection of study results on agricultural science and technology (S&T) development in Gansu Province in the period of 2011 – 2015. The whole program was organized by Gansu Academy of Agricultural Sciences (GAAS) and completed by experts and scholars in various fields. The purpose of this study is to systematically review the overall development of agricultural science and technology in Gansu during the 12th Five-Year Plan period. By summarizing the achievements and shortcomings in various aspects of agricultural researches, the authors plan approaches in promoting agricultural science and technology development during the 13th Five-Year Plan period, in order to support modern agriculture development and Precise Poverty Alleviation in Gansu Province. The book includes a total of 45 research reports, which are divided into four parts: General Report, Surveys, Special Topics and Agro-Industry Reports.

The General Report is an in-depth and comprehensive review on agricultural science and technology progress during 2011 and 2015. It is an objective analysis of the status quo and problems in agricultural S&T development, and puts forward practical measures and suggestions to promote the province's modern agricultural development.

The Surveys covers a range of study on agricultural S&T policy, overall research output, achievement promotion, S&T-based poverty alleviation, farmers' S&T quality/demand and international cooperation. The reports focus on important achievements in agricultural S&T innovation, key progress in fundamental research and applied science, technology resources and innovation capability, supporting role of agricultural S&T on poverty alleviation, cooperation and exchange, etc. The main problems of agricultural science and technology development in Gansu Province were discussed, and countermeasures were put forward. At the same time, the supporting role of agricultural science and technology at prefecture level was evaluated; and the R&D capabilities of the province's key agricultural research institutions were comprehensively assessed.

The Special Topics concentrates on the characteristics of Gansu Province's advantage disciplines (dryland agriculture, water-saving agriculture, ecological agriculture, pest control, etc.), emerging disciplines (biotechnology, information technology, etc.), and the supporting subjects of modern agricultural production (soil and fertilization, food processing, resources utilization, agricultural product quality control, agricultural mechanization, etc.) . By summarizing each discipline's role on the province's agricultural development and analyzing their development trends, the reports suggest future research directions in each field.

The Agro-Industry Reports describes the characteristics of Gansu's leading agricultural industries (potato, vegetables, herbivorous animal husbandry, etc.), regional superior industries (fruit, Chinese herbal medicine, seed production, brewing materials, etc.), local specialty industry (flax, millets, lily, melons, etc.), regional traditional industries (wheat, corn, beans, rapeseed, cotton) , and emerging industries (agricultural products processing, flowers, aquatic products, edible fungus, quinoa, etc.) . From historical review, the status quo and problems analysis, science and technology needs, development strategies and other aspects, the reports provide solution packages for every industry in achieving their future targets.

The majority of data in this book comes from the accumulation of more than 100 authors in their respective research work. Some data were collected or quoted from the administrative departments of agriculture, science and technology at all levels in Gansu Province. The intended use of this book is to facilitate government organs, experts and scholars and the public to understand the overall development of agricultural science and technology in Gansu Province. It is not only an important reference for scientific research, but also a tool for decision-makers to design more democratic polices. At the same time, it is expected that through the publication of this book, GAAS, as a think-tank, can play a more important role in agricultural S&T policy consulting, and will be better serve the economic and social development of Gansu.

前　言

“十三五”期间，我国将以创新、协调、绿色、开放、共享五大发展理念为引领，以“稳粮增收转方式，提质增效可持续”为主线，全面实施科技驱动发展战略，加快推进农业供给侧结构性改革。习近平总书记指出，“推动农业供给侧结构性改革，要以科技为支撑，走内涵式现代农业发展之路”。

转变农业发展方式，调整农业产业结构，就是要使农业发展从过去追求数量增长向追求质量和效益转变，从主要依靠农业资源向主要依靠科技进步转变，从依靠传统农民向依靠新型农业经营主体转变，全面构建以高效节本型、生态安全型、循环节约型、农业信息技术型和现代物质装备型为特征的农业技术服务体系，实现藏粮于技、藏粮于地，推动我国现代农业快速发展。

产业是发展的根基、脱贫的主要依托。甘肃是全国最贫困的省份之一，贫困面较大，贫困维度多，贫困程度深，且返贫率高，扶贫攻坚任务艰巨。甘肃要实现2020年与全国“同步”、“够格”进入小康，必须标本兼治，把依靠科技大力发展富民产业、着力提升农民致富能力作为重要抓手。

为了全面回顾“十二五”时期甘肃农业科技发展历程，系统总结农业科技创新经验，准确查找制约农业发展的技术瓶颈，精心谋划“十三五”农业科技创新蓝图，为精准扶贫精准脱贫提供强有力的科技支撑，为促进甘肃现代农业发展注入强劲的科技驱动力；同时为了提升广大农业科技工作者在全省农业及农村工作中的影响力与“话语权”，通过在科技创新及成果转化工作中“处处留脚印”，达到科学决策时“事事有声音”，进一步发挥省级农业科技机构在全省农业产业政策研究和科技管理中的智库作用，更好地服务于甘肃经济社会发展，甘肃省农业科学院组织本院相关领域专家以及省内相关行政、科研、教学机构的权威人士，研究和编写了《甘肃农业科技发展研究报告（2011～2015）》（简称《甘肃农业科技绿皮书》）。甘肃农业科技绿皮书的研编以“坚持原创、追踪前沿、打造权威”为基本遵循，旨在提供事实充分、分析透彻、结论可靠、对策具体的权威性研究成果，力争成为各级党政机构、人大代表、政协委员、专家学者和社会各界进行民主决策、参政议政、科学研究的重要参考。

为了顺利开展绿皮书的编研工作，《甘肃农业科技发展研究报告（2011～2015）》编委会成立了，全面领导和协调绿皮书的编研和出版工作。编委会主任作为项目的总负责人，充分发挥多年从事皮书编研工作的丰富经验，把握研究方向，全面协调指导，使绿皮书的编研工作得以有序、有效推进。编委会强化项目过程管理，根据研究内容，采取“按篇章分工，按专题定人”的方式组织研究和编写。编委会依托甘肃省农科院“农业经济与农村发展创新团队”承担项目日常管理及具体实施任务。编研工作严格按照皮书的基本规范开展，项目启动时编制了《甘肃农业科技发展研究报告编研出版工作手册》并发至每位作者，明确了编研内容、编研方式、编研程序、编研定位、编研目的，并对篇章结构、时间进度、质量控制、编排体例等做出了明确规定。在各篇章作者提交编研大纲后，编委会进行了逐一审订，通过审订后方可正式开展编研工作。

《甘肃农业科技绿皮书》由甘肃省农科院联合甘肃省农牧厅共同组织完成。绿皮书分为总报告、综合篇、专题篇、产业篇四部分，共由45篇研究报告组成。整体编研工作以甘肃省农科院及其各研究所科技人员为基本研究力量，甘肃省种子管理局、农业机械管理局、水产研究所承担完成了相关专题研究报告，组建了一支涉及20家单位或部门的编研工作团队，形成了一个超过百人的庞大作者群体。编研工作坚持实行科研部门与实务工作部门相结合、紧密层研究人员与松散层研究人员相结合、专业研究与兼职研究相结合、自然科学与社会科学融合，研编统一、综合规划，任务分组、各司其职。

《甘肃农业科技绿皮书》各研究报告均由相关学科的学术带头人或科研技术骨干承担具体编研任务。坚持专家立场，学术视角，体现科学性、客观性、前瞻性、应用性及可读性。在研究内容上，该绿皮书始终以甘肃省农业科技发展进程中的重点、热点、难点问题为出发点，以向决策部门提供咨询建议为落脚点。遵循理论、方法与实践紧密联系，宏观研究与微观研究相结合的原则，以科学、权威、翔实的数据为基础，以评估现状、分析原因、预测走势、提出对策为基本框架，形成完整的研究报告。

《甘肃农业科技绿皮书》的编研工作得到了甘肃省农科院和甘肃省农牧厅、科技厅领导的高度重视，甘肃省农科院将其作为年度重点工作任务，专立科研基础研究项目予以重点支持，党政“一把手”亲自抓，并明确提出要“举全院之力，以打造智库精品”为目标，按照“提法要准确，术语要规范，研究要切题，分析要得法，结论要客观”的总要求，精心组织，与协作机构通力合作，争取完成一本水平较高、质量上乘的绿皮书。甘肃省农牧厅主要领导亲自批示，分管领导组织安排相关单位全力做好专题报告编研工作。

绿皮书编研还得到了甘肃省统计局、扶贫办、外专局等单位及社会科学文献出版社领导和相关部门的大力支持，在此表示衷心感谢！

据了解，国内在省级层面上以农业科技发展研究为主题的皮书目前尚未见到。可以说，《甘肃农业科技发展研究报告》是国内第一部由专业研究机构主编完成的省级农业科技绿皮书。

由于绿皮书编研是一项创新性工作，尽管我们力图在农业科技发展理论、研究方法和评价实践上做一些探索和创新，为提升甘肃农业科技发展水平提供更多有价值的理论指导和实践对策，但由于数据资料收集、指标取舍、模型设计等因素影响，加之受到研究时间、研究能力和水平的制约，在一些方面的认识和研究仍然不够深入和全面，可能还存在不尽如人意之处，纰漏在所难免，敬请各位读者批评指正。

编 者

二〇一六年九月

目 录

Ⅰ 总报告

Ⅱ 综合篇

Ⅲ 专题篇

Ⅳ 产业篇

皮书数据库阅读**使用指南**

CONTENTS

I General Report

II Surveys

Ⅲ Special Topics

Ⅳ Agro-Industry Reports

总 报 告

General Report

G.1
甘肃农业科技发展现状与展望

魏胜文 张东伟 乔德华*

摘 要： “十二五”时期是甘肃省农业科技事业快速发展的阶段。区域农业科技扶持政策更加精准，科技投入稳步增长，农业科技研发能力、产出水平进一步提高，科技对农业产业发展的支撑及服务能力显著提升；全省农业发展模式、农业产业化关键技术、现代农业技术研发与应用均取得不同程度的创新与突破；以农业科技进步为支撑的农业特色产业、新兴产业、优势产业、主导产业等良性发展格局基本形成，有力地促进了全省农业和农村经济的持续发展，加速了贫困地区脱贫致富的步伐。当然，从农业科技供给侧结构、前瞻性和创新型农业科技研发能力等视角来看，甘肃省农业科技发展还存在着农业科技管理体制机制滞后、农业科技供给侧结构不优、学科和专业发展不协调、

* 魏胜文，博士，研究员，甘肃省农业科学院党委书记。主要研究方向为宏观农业政策及区域经济社会发展；张东伟，博士，研究员，甘肃省农业科学院农业经济与信息研究所副所长。主要研究领域为农业经济管理、生态经济学、GIS 应用；乔德华，副研究员，国家注册咨询工程师，甘肃省农业科学院农业经济与信息研究所所长。主要从事农业产业化和区域农业经济研究。

区域间科技支撑不平衡、农业科技人才短缺、农业科技成果转化与推广力度不足等突出问题。在“十三五”和今后一段时期内，甘肃要从发展目标、重点方向、保障体系等方面精准施策，持续提高农业科技对甘肃省农业产业和农村经济的贡献率和支撑力，缩小甘肃与全国农业科技发展总体水平的差距，助力甘肃农业现代化进程，加快全省农村和农民致富奔小康的步伐。

关键词： 甘肃 农业科技 发展形势 宏观分析

“十三五”时期，随着我国经济发展进入新常态，农业和农村发展的内外部环境都在发生着深刻的变化，农产品供求态势、农业资源利用方式、农业生产经营与管理方式都呈现出新的特征，新型农业经营主体逐步成为农业生产的主力军，农业发展面临生产方式和结构调整、动力转换加速的窗口期。有效解决农产品有效供给与资源环境承载力的矛盾，提高农业质量效益，破解农民收入增速减缓的难题，应对扶贫攻坚的重大任务，都对农业科技创新提出了新挑战和新要求。认真分析甘肃农业科技发展现状，科学研判农业科技需求，对于制定全省农业科技政策、把握学科研究方向、服务农业和农村发展具有重要的现实意义。

一 “十二五”甘肃省农业发展概况

（一）基本措施

“十二五”以来，甘肃省以实施“365”现代农业发展行动计划为抓手，积极深化农业和农村改革，通过强化农业设施装备和科技创新、农村基础设施建设、新型农业生产经营主体培育、农民职业技能培训、政策支持和保护等五大支撑体系，着力打造旱作农业、高效节水农业、草原畜牧业可持续发展3个国家级示范区，大力发展和壮大草食畜、苹果、蔬菜、马铃薯、中药材、现代制种业和酿酒原料等特色产业，有力促进农业增效、农民增收和农村繁荣稳定，全省农业科技的支撑水平稳步提高，农业综合生产能力明显提升，粮食总产实现“十二连丰”，优势及特色产业发展快速，探索出了具有甘肃特色的农业发展新途径，全面完成了“十二五”规划确定的主要任务和目标，为“十三五”农业和农村经济发展奠定了良好基础，积累了宝贵经验。

（二）主要成效

1. 农业综合生产能力稳步提升

到“十二五”期末，全省农业增加值接近1000亿元；粮食总产量达到1171万吨，实现了甘肃省粮食生产由总量基本平衡到略有盈余的历史性转变；农村居民人均年收入达到6936元，比2010年翻了一番。

2. 特色产业成为促农增收的重要支撑

通过从战略性主导产业、地方性特色产业、区域性优势产业三个方向推进农业现代化发展，特色优势作物提供了约2/3的农民家庭经营收入。同时，草食畜牧业逐步进入良性循环阶段，苹果等特色果品的竞争力和知名度逐年上升；蔬菜生产标准化水平显著提升；马铃薯种植实现了脱毒种薯全覆盖；中药材产业由弱向强转变，产业链得以延伸；包括杂交玉米、马铃薯脱毒种薯、重要蔬菜、花卉繁育在内的现代种业地位进一步提升，行业影响力持续加强。在农牧结合、草畜良性互动和大农业产业结构调整方面取得初步成效。

3. 农业组织与管理方式明显改善

以土地经营制度为重点的农村改革持续推进，新型经营主体不断发展壮大，家庭农场、合作社、集体经营、农业企业等多种经营方式共同发展，农业产业化、集约化发展步伐明显加快。现代农业示范园区建设积极推进，农产品质量和安全水平显著提升。

4. 科技进步成为全省农业发展的第一推动力

通过全省农业科技工作者的不懈努力，旱作农业和高效节水农业等重点领域取得了丰硕成果，集成和推广了全膜双垄沟播等一系列技术模式；对农业产业化体系的全过程、全要素研究开发与农业技术推广应用取得了重大进展。这些关键技术和重大成果的取得，增强了对农业发展的支撑和对资源环境的适应性，成为农业发展的持续而重要的动力，农业科技进步的贡献值超过其他要素贡献的总和，为加快推进甘肃现代农业发展提供了强有力的支撑。

（三）困难与挑战

1. 农业基础依然比较薄弱

农业仍是甘肃省推进“四化同步”的短板，农业基础条件差、设施薄弱、

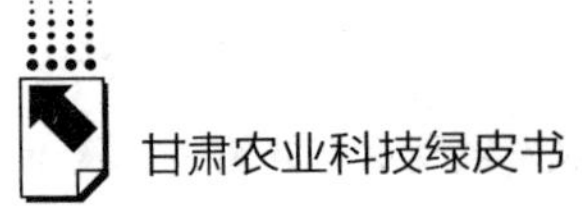

装备落后、科技进步与农业现代化发展的需求不相适应。全省70%的耕地为旱地，农田土壤肥力和土地生产力水平整体偏低，温室栽培、标准化圈舍养殖等种养业设施发展不足，农田水利基础设施薄弱，农业防灾抗灾能力薄弱。

2. 资源环境的约束日益加剧

全省大部分地区水资源严重短缺，单位耕地的水资源占有量仅为全国平均水平的25%，土地荒漠化程度严重，盐碱地面积大，中低产田比重高，土地后备资源的改造和利用难度大；局部天然草场退化，草产量和载畜能力均较低；多种农业自然灾害频发，农业面源污染治理存在一定困难。农业可持续发展的总格局仍然没有形成，靠拼资源、拼消耗、拼生态换取短期发展的方式尚未得到根本性的改变。

3. 农民收入持续增长动能不足

“十二五”期末，全省农民人均纯收入仅为全国均值的60%。在农业经营成本“地板”和农产品价格“天花板”双重挤压下，农业增收空间收窄；农业供给侧结构性改革的要求日益迫切；新型职业农民和高素质农业经营者缺乏，农牧民发展理念滞后，全省农业持续增收难度加大。

4. 农业整体竞争力不强

农业生产方式总体粗放，供给结构的调整滞后于需求结构的变化，一二三产业融合不足，小农户分散经营的弊端日益凸显，缺乏知名的农业企业和“叫得响”、“吃得开”的农产品品牌，农业竞争力有待培育和加强。

综合判断，“十三五”时期将是甘肃省全面推进农业现代化发展的关键时期，既面临着精准扶贫与精准脱贫的艰巨任务，也要应对发展目标多元、发展动力转换、发展方式转变等一系列重大考验与挑战，必须紧紧围绕与全国同步建成全面小康社会的总目标，着力破难题、补短板，厚植优势，推进农业现代化快速发展。

二 “十二五”甘肃省农业科技发展状况

“十二五”期间，甘肃省农业科技工作以推进现代农业发展为重点，调整科技资源布局，着力提升创新能力，加速农业科技成果转化，农业科技研发能力进一步加强，科技服务和成果推广体系不断完善。尤其在旱作农业和节水农业方面，甘肃省取得了一大批理论和实践成果。在特色产业领域如马铃薯新品种培育、中药材资源开发与规范化种植、特色林果选育推广、玉米制种等种业发展、草地农业和草食畜牧业等领域的技术研发与应用取得丰硕成果。权威数据显示：

全省农业科技进步贡献率超过55%，表明农业科技对农业发展起到了主导性的支撑作用，农业科技发展成为甘肃省农业持续健康发展的重要动力。

（一）农业科技投入稳步增长

甘肃省农业科研机构以农业科研院所、涉农大专院校为主体，以农业产业化龙头企业为补充，以国家和省属重点实验室及工程技术中心为主要平台，形成了产学研齐全的农业科技创新体系和创新团队新格局，具备较强自主创新和支撑全省现代农业发展的能力。

“十二五”期间，甘肃省在积极组织争取并大力实施好国家部委各类农业科技项目的同时，省级财政持续支持农业领域重大项目、科技成果转化资金计划、科技支撑计划、星火计划、中小企业创新基金项目等，经费额度相对稳定，科研条件明显改善，保障了农业科研工作的延续性。五年间，省级农业科技计划项目经费投入近2.1亿元，年均4000万元以上。全省农业科技投入呈现以下特点。

1. 投入强度稳中有增

自2011年起，省级农业类科技计划项目支持经费稳定在3500万元以上，并逐年有所增加，年均增幅11%以上。与此同时，省级重大农业计划专项经费所占比重从2011年至2015年分别为62.9%、57.1%、58.3%、42.9%、90.6%，对全省农业主导产业领域突破一批关键共性技术、有效驱动农业产业发展发挥了明显的支撑作用。

2. 支持对象向企业倾斜

除省列中小企业创新基金、科技小巨人企业等仅限定企业为申报主体的项目以外，省级工程技术中心项目也以企业为主。2013年，全省农业领域省级工程技术研究中心增至36个，其中以企业为主体组建的工程技术研究中心20个；2014年，由企业牵头申报或产学研联合承担的省级科技计划项目35项，支持经费3975万元。

3. 投入领域紧密围绕全省农业农村工作总体部署

占经费比重较大的省列重大专项以支撑马铃薯、草食畜、林果、农产品精深加工等特色产业为主。比如2013年，省列重大专项10个、经费2280万元，涉及健康养殖及疫病防控、现代种业及丰产栽培、农产品精深加工3个专项，重点支持草食畜牧产业、经济林果产业及特色农产品加工等领域关键技术研发集成及产业化发展。2012年后，新设“联村联户、为民富民”专项3个、总经费750万元，强化了精准扶贫方面的技术示范与应用。

（二）农业科技创新能力显著提高

“十二五”时期，甘肃农业科技创新取得了长足的进展，在农作物育种、旱作农业、灌区节水农业、草地农业等方面取得了一批具有全国影响力的科技成果，研究形成了全膜双垄沟播、膜下滴灌等一系列技术模式。在马铃薯繁育、玉米制种、中药材开发与规范化标准化种植、特色林果繁育、草食畜牧业方面成果丰硕。

据甘肃省科技厅资料，“十二五”期间，全省登记科技成果4541项，其中农业科技成果1011项，占科技成果总数的22.26%。据不完全统计，2011～2015年全省各农业科研院所、涉农大专院校、农业科技企业等在农业科技方面共申请专利1371项，在各类农业科技期刊发表论文20525篇，其中核心期刊5657篇。综合分析，全省农业科技创新呈现三大特征。

1. 自主创新能力提升明显

就登记的科技成果数量来看，由“十一五”时期的945项上升到“十二五”期间1011项，同比增长7%。就申请的专利数量而言，从2011年的42项到2015年的529项，增加487项，增幅达11倍以上，成绩显著。从发表的论文数量来看，“十二五”时期论文总量比“十一五”时期增长33.64%；其中，核心期刊论文数量增长明显。“十二五”时期论文数量也呈逐年增长的趋势。这些成绩都从不同层面反映了全省创新能力的快速提升。

2. 科研活动的需求导向明确

“十二五”期间，甘肃农业科技紧紧围绕稳粮增收调结构、确保全省粮食供需基本平衡这一任务，产出颇为丰硕。近年来，甘肃省表彰的科技进步奖获奖项目共730项，其中省内单位（含企业）获得的农业类科技项目177项，占全部获奖项目的24.25%。在全省表彰的科技进步奖项中，农业类项目绝大多数是涉及农产品生产方面的。这些重大科技成果增强了农业发展的科技支撑作用，成为农业持续发展的重要动力。

3. 特色学科培育和关键技术研发进步明显

甘肃在旱地农业、节水农业、生态农业等区域农业模式研发方面逐步缩小了与全国的差距，部分领域处于领先水平；在土壤、肥料、农业病虫草害综合防控、农业废弃物资源化利用、农产品质量控制、农产品贮藏保鲜与精深加工、现代农业生物技术、制种技术等学科上稳步推进，在部分关键技术环节取得突破，这些科技成果的应用有效支撑了甘肃农业产业的发展；甘肃在农业信息化、农业装备化等新技术领域也迎头赶上，为持续发展的农业现代化奠定了基础。

（三）农业科技研发机构作用增强

“十二五”期间甘肃省产出的1011项农业科技成果，按产出机构划分：独立科研机构有418项，占总产出的41.35%；大专院校有183项，占总产出的18.10%；企业有245项，占总产出的24.23%；其他机构有164项，占总产出的16.22%。2011～2015年，全省审定通过的主要农作物新品种237个，其中由科研院所等事业单位选育的品种有114个，占48.1%；由科研单位和企业合作选育的品种有26个，占11.0%。按照作物种类分，“十二五”期间审定的小麦、马铃薯、胡麻、油菜等主要农作物品种分别为61、14、8、25个，其中由科研院所选育的品种分别为56、12、7、13个，分别占91.8%、85.7%、87.5%、52%。由此可见，在现阶段，独立科研机构、大专院校仍是全省农业科技创新的主体。

（四）科技对农业发展和精准扶贫支撑有力

“十二五”期间，甘肃省农业科技系统依靠国家现代农业产业技术体系建设等项目的支持，按照优势农产品区域布局规划，围绕全省产业发展需求，聚焦共性技术和关键技术研究、集成和示范，为产业发展提供强有力的技术支撑，增强了全省农业竞争力，逐步壮大了马铃薯、蔬菜、小杂粮、西瓜甜瓜等优势产业；做强了林果业、草地农业和草食畜牧业、酿酒原料、中药材、制种业、食用百合等特色产业；发展了小麦、玉米、大豆、亚麻、油菜、棉花等主导产业；培育了水产业、花卉业、食用豆、食用菌、藜麦等新兴产业。

“十二五”期间，甘肃省共审（认）定通过了各类农作物新品种980个，是“十一五”审（认）定品种数量的2.3倍，为全省粮棉油稳步增产、名优特农业产业化发展和农民增收做出了重要贡献。比如育成的玉米新杂交种吉祥1号、马铃薯新品种庄薯3号、陇薯7号等在丰产性、抗逆性方面都表现不俗，推动了相关产业的升级，为全省乃至全国的粮食安全做出了积极贡献。

科技扶贫的“扶智”和“造血”功能逐步显现。在“十二五”期间，甘肃通过加快农业科技成果推广，优化升级和发展壮大了贫困地区特色产业，促进了贫困地区粮食生产的提质增效，尤其是通过科技特派员及“三区”人才计划等项目的实施，在更大的区域范围和更广的学科领域里采用“个性化”和“定制式”技术服务，增强了科技扶贫工作的针对性和有效性，提高了贫困地区农民的科技意识，开创了科技扶贫新局面，成为支撑全省“双联”和精准扶贫的重要内生动力。

三　甘肃农业科技发展主要问题分析

总体而言，科技创新能力不足仍然是甘肃农业发展的瓶颈制约，实现农业增产增效必须依靠强化创新驱动、提升科技支撑能力。甘肃省迫切需要从条件建设、集成示范、成果转化等农业科技创新环节入手，转换体制机制，整合科技资源，培养创新人才，突破关键技术，提高成果转化率，进一步夯实现代农业发展的科技基础。

（一）农业科技体制机制亟待改进

甘肃省现行的农业科技运行体制机制明显滞后，还不能适应创新驱动发展战略的要求。全省农业科技创新与应用工作涉及部门多、层次多，科技创新资源分散、创新效率不高；产学研联系松散，农业科技协同创新培育重大成果的机制尚未形成；学术评价体系和导向机制尚不完善；围绕产业链部署的顶层设计和管理方式尚需进一步完善；农业科研聚焦国家和全省重大科技需求和战略重点不够，重大关键技术研发和集成水平有待提升，重大科技成果产出水平和数量有待提高。产生上述问题的主要原因如下。

1. 农业科技发展的宏观目标与微观目标错位

农业及科技管理部门作为公共利益的代表，将农业科技研发的目标设定为解决全省农业发展的重点和难点技术问题，宏观上是一种“问题导向”；而科研院所和大专院校的农业科技研发人员在绩效评价的指挥棒下，自然而然地将研究工作重点放在学术创新和成果凝练上，具体表现为追求论文发表和成果获奖，微观上是一种“学术导向”。这两种导向在许多情况下并不完全相容，经常出现错位的情况。

2. 对农业科技研发的规律性认识不深

农业科研除了具备一般科研工作的特性之外，还有两个显著的特点：一是长周期性。农业科技研究往往需要几年甚至更长时间才能获得可靠的结论，取得有价值的成果。二是不确定性。农业科技研究中的很多因素都难以人为控制，随机性、偶发性因素常常会带来或好或坏的影响。相关部门应当充分考虑这些特点，既要鼓励创新，也要宽容失败，为农业科技研究营造长期稳定的支持环境。

3. 对农业科技需求的差异性把握不准

随着多种农业经营主体的发展壮大，农业经营者的经营规模、管理模式等都呈现多元化趋势。小农户、农业合作社、中小型农场和大型农业龙头企业对农业科技的需求层次有显著差异，需要与之相配套的科技支撑和管理策略。

4. 对农业科研的管理理念和顶层设计有待更新

政府农业和科研管理部门要在贯彻中央《深化科技体制改革实施方案》等制度性安排上出实招、鼓实劲，以激发创新、问题导向、整体推进、开放协同、落实落地为基本原则，从微观事务中解脱出来，将管理的重心放在制定规划、整合资源、引导培育和规范市场、弥补“市场失灵”上来。

甘肃省要以《国家创新驱动发展战略纲要》等一系列重要政策文件为指导，结合全省实际，制定实施细则，加快政策落地。通过体制机制创新，协调农业科技研发中宏观目标和微观目标，把“问题导向”贯穿到资源配置、科技评价等方面；遵循农业科技发展规律，把握农业科技需求的新变化，更新管理理念，优化顶层设计，以管理创新推动农业科技创新，打造一套目标精准、措施得当、运行高效的新型农业科技管理运行体系。

（二）农业科技供给侧结构亟待优化

与全国的情况类似，甘肃省也存在着农业科技创新与经济发展融合度不高的问题，农业科技成果产出和供给侧结构不能更加有力地支撑农业结构转换和扶贫攻坚的现实需要。受到地域自然资源禀赋和经济结构因素的影响，甘肃农业科技供给侧结构中的问题主要表现在两个方面。

1. 农业科研滞后于产业发展的需求

一方面，农业科研落后于农产品需求变化的节奏。近年来，农产品消费结构正在迅速变化，消费需求正从“吃得饱”向“吃得好”转变，个性化及多元化的需求攀升，与之相伴的是中低端农产品价格低且销售不畅，而中高端及特色农产品持续走俏，“洋货入市、国货入库”的问题屡有发生。综观甘肃省农业生产大局，产业大而不强、多而不优的问题仍然比较突出，农业的生产结构滞后于需求结构变化，优质化、多样化和专用化的产品紧俏，如优质牛羊肉、高端水果等产品供需矛盾突出。而对高品质、品牌化的农产品生产全过程的科技应用研究尚显单薄。另一方面，农业科研落后于农业发展新趋势的要求。随着农业规模化经营的快速发展，一批现代农业企业、农业产业园区、家庭农场、专业合作社相继涌现；农业的新业态、新模式也层出不穷，休闲农业、观光农业、都市农业等方兴未艾。这些变化都对农业科技的支撑提出了新的课题和需求。而甘肃农业科技界对这些变化的应对和支撑明显不足。主要表现为“三多三少”：农业单项技术多、综合配套技术少；常规技术多、先进技术少；一般品种多、突破性品种少。

因此，只有强化技术集成、技术升级，以及加大农业机械化、信息化等方面的科技创新，通过农业科技服务供给侧的改革，增强科技的“含金量”和“亲和力”，才能满足农业新模式、新业态和新型经营主体对技术进步的现实需求，推进农业产业供给侧的结构性改革。

2. 农业科研滞后于科技发展的需求

从农业科学自身的发展规律和其所承担的使命来看，全省农业学科发展不均衡，不能很好地适应新形势，尤其是公益性领域和新兴学科的发展滞后于科技发展需求。

（1）农业公益性领域研究欠缺。农业资源有序开发和生态环境保育领域的基础性和应用性研究需要强化。过去为了保障较高水平的粮食自给率，农业生产部门忽视了水土等农业资源利用和环境的可持续性，农业产业对环境的负效应问题日益凸显。因此，农业科研机构需要注重生态环境保护方面的研究，在农业秸秆综合利用、农膜污染治理、化肥农药精准使用、规模化畜禽养殖粪污无害化处理等方面加大力度，通过加大对农业投入品减量化和农业废弃物资源化综合利用方面的研发力度，走出一条产出高效、产品安全、资源节约、环境友好的现代农业绿色发展之路。

尽管甘肃省在农业面源污染问题上的整体情况没有东部省份严重，但是在局部区域这一问题依然突出，农产品产地环境、农产品的安全性、绿色化成为短板。甘肃应抓住目前农产品供给相对充裕的有利时机，调整农业科技服务和科技成果的供给方式，在农业科技进步中寻求要素使用改善之道，精准使用水、土、肥、药、技、机等农业生产资源，减少农药、化肥、农膜等化学品的过量使用，转变农业生产方式和资源利用方式，提高农产品的品质，适应消费结构升级的需要，保障土地安全、产品安全、食物安全。

灾害性天气预警防控研究亟待加强。甘肃农业生产常常受到灾害性天气的威胁，常见的有晚霜冻、强降温、冰雹、大风、干旱、沙尘暴、暴雨等，其中晚霜冻和冰雹威胁较大。据甘肃省 34 个气象台站监测，全省常年累计出现冰雹 89 次（日），全省各地常年累计出现晚霜冻 3289 次。灾害性天气对甘肃省的重要支柱产业——优质林果产业的威胁更大。苹果开花期、幼果期遭遇霜冻，轻则造成落花落果，重则绝收；夏秋果实膨大期遭遇冰雹，轻者造成果面伤痕、商品性降低，重者直接造成落果和严重减产。因此必须进一步加强对灾害性天气的预测预报方面的研究，及时发布监测预警信息，实施区域联防联控，尽量减轻危害、降低损失。

（2）农业信息化研究滞后。农业信息化是农业现代化的制高点，是“四化同步”的重要内容之一。对于农业发展水平相对落后的甘肃农业来说，加快农业信息化研究与应用的步伐有利于尽快缩小与发达地区的差距，实现“弯道超车”。然而，当前甘肃省农业信息化水平，无论与新农村建设标准，还是与国家《“十三五”全国农业农村信息化发展规划》及农业现代化建设要求相比，都有很大差距。首先，与全国的情况相比，甘肃省农业信息化研究起步较晚，起点较低；其次，开展的相关研究项目与取得的成果都较少，“十二五”期间甘肃省科技进步奖获奖项目中只有 1 项是关于农业信息化的项目，从一个侧面说明甘肃省农业信息化研究不足，对农业的引领作用尚未得到发挥。

（3）农机装备的研发差距明显。农作物生产的多样性与农机研发及供给不相适应。受地理条件和环境气候的影响，甘肃省农作物种类多，农艺栽培技术模式多样，特别是随着现代农业建设进程的加快，马铃薯、玉米制种、蔬菜、中药材、特色果瓜等优势产业发展迅猛，但与之配套的农机研发和示范推广滞后，相关制度、政策不配套，难以满足现代农业发展需要。

农机装备不足与结构不合理矛盾并存。农业机械装备总量不能满足农业生产特别是特色产业快速发展的需要。装备结构不合理，表现为“三多三少”，即动力机械多、配套机具少，小型拖拉机多、大中型拖拉机少，粮食生产机械多、经济作物及特色产业机械少。农业机械装备的研发与农业产业发展的需求还有距离。

（4）农产品贮藏与加工研究薄弱。对包含农产品贮藏、加工在内的完整产业链研究的格局尚未形成，产前、产中、产后脱节，生产及研发脱节。目前全省育种、栽培技术和贮藏加工研究人员各自分工，协作不多，暂未形成农产品加工学科大联合的体制机制，难以支撑产业链整体开发。由于过去长期以追求数量为第一目标，以满足鲜食为首位需求，虽然随着农产品供应过剩现象的出现，大部分人认识到农产品加工是提高产业效益的关键所在，但是在产后阶段科技研发方面仍无大的改观，尤其是科技投入严重不足，研究手段落后，研究力量薄弱，技术储备欠缺，使得农产品加工技术研发难有长足的发展。

（三）区域间科技支撑失衡状况亟待调整

由于特殊的自然、地理和历史原因，甘肃省各市州空间距离远、发展差距大，各地的农业科技实力和支撑能力差异悬殊。主要表现如下。

1. 农业科技对各市州农业发展的支撑能力参差不齐

通过对 2011 ~ 2015 年全省 14 个市州科技进步对农业支撑力的计算和分析，结果表明各市州农业科技进步贡献系数差异较大，具有明显的不均衡性。其中，“低投入、低消耗、科技进步贡献率高”型 2 个市，“适度投入、适度消耗、科技进步贡献率较高”型 5 个市，“高投入、高消耗、科技进步贡献率有限”型 5 个市，“投入有限、消耗有限、科技进步贡献率低”型 2 个市。这也说明市州提高农业科技贡献率、推动农业经济发展的潜力巨大。

2. 农业科研机构的综合实力弱而不均

通过对甘肃省属及各市州所属的具有独立法人资格、事业单位性质的重点农业科研机构综合实力调查评估发现：全省主要农业科研机构不论在人才队伍、科研条件、成果水平等方面都与发达省份及全国平均水平有不小的差距。从人才队伍来看，高职称、高学历人员的比例较低；从科研条件来看，项目数量、层次和经费、重点实验室等研发平台数量相差较大；从成果水平来看，获奖的数量和等级都有明显差距，尤其是获得的国家级奖项寥寥无几。各机构间的科技研发实力不均衡。参评的 27 家研发机构的得分值差异较大，处于第一层次的 7 家机构与处于第四层次的 2 家机构相比，不但总分值呈倍数关系，各分项值也差异明显。

（四）农业科技人才短板亟待补齐

甘肃省人才队伍的相对弱势主要体现在人才规模和人才结构两个方面。从人才规模来看，全省农业科技人才队伍不仅总量不足，而且单位数量也不够。全省拥有的农业科技人才数量不足农业劳动力总数的千分之五。从人才结构上来看，全省农业科技人才结构长期处于不合理状态。大部分科研力量集中在农林院校和省市级科研机构，成果应用及科技服务人员较少；从学历结构来看，中专学历人数比例最大，研究生等高学历比例小；在年龄结构上，年龄断层现象普遍存在，年龄梯次缺乏连续性；在职称结构上，高、中、初级农业科研人员比例欠合理，县区以下的基层单位高级职称人才更为稀缺。

由于农业科技的总体工作环境复杂、条件艰苦、收入不高，对人才吸引力不强，加上甘肃地处西北欠发达地区，农业科技人才队伍建设的难度更大。从全国来看，最需要农业科技人才的西部地区引进人才更难；从全省来看，农业科技人才相对集中在省会城市和区域中心城市，老少贫地区对人才的吸引力更弱。

（五）农业科技成果转化与推广力度亟待加强

长期以来，受到落后传统农业生产方式和不尽合理的农业科技成果推广体制等因素限制，农业科技成果转化率一直处于较低水平，连接科研成果和农民需求的“最后一公里”问题仍然没有得到有效解决，需求和供给失衡，科技与实际脱节；技术成套化不足，不能很好服务新型经营主体的规模化生产；轻简化科技成果缺少，不能很好服务精准扶贫事业。

尽管全省农技推广人员的编制和工资问题已得到基本解决，以前出现的“线断、网破、人散”的不利局面得到很大改善，但农技推广人员数量总体上仍显不足，基层单位农技推广人员的服务依然不能满足广大农民的技术需求。同时，农技推广人员知识结构和年龄结构也不能满足全省现代农业发展的需求，农技人员的职称评定条件、绩效考核指标不尽合理，收入偏低，积极性得不到充分发挥，基层普遍难留人才。很大一部分乡镇级农技人员常常囿于事务性工作而无暇从事专业性科技推广工作。由此造成农业科技成果转化率低，尚不能更好地支撑农业产业竞争力提升。

四 “十三五”甘肃省农业科技发展展望

（一）总体愿景

“十三五”时期是甘肃省完成扶贫攻坚任务及与全国一道全面建成小康社会的关键时期。按照甘肃省委省政府的总体部署，全省将深入推进“365”现代农业发展行动计划和“十百千万”工程。围绕打赢脱贫攻坚战，着力培育富民产业，大力发展旱作农业、灌区节水农业、设施农牧业，以促进农业增效、农民增收为核心，推动一二三产业融合发展。主要措施：一是以加快农业发展方式转变为主线，大力构建现代农业产业体系和经营体系；二是以深化农村改革为动力，着力培育新型经营主体，促进适度规模经营；三是发挥耕地、气候资源多样性特点，发展多元化特色农业，建设具有全国影响力、地域特色鲜明的绿色生态农产品生产与加工基地；四是积极推进农业供给侧结构性改革，全面提高农业综合生产能力、市场竞争力和可持续发展能力，走出一条产出高效、产品安全、资源节约、环境友好的甘肃特色农业现代化道路。

按照《甘肃省“十三五”农业现代化规划》设定的发展目标，力争在2020年末实现农业基础设施明显改善，农业综合生产能力稳步提升，科技支撑持续增强，农业经营水平显著提升，设施装备更加完善，农业标准化生产加快普及，现代信息技术应用更加广泛，市场竞争能力显著提升，生态环境有效改善，可持续发展能力明显增强，特色鲜明、形式多样的农业现代化发展模式基本确立，全省农业现代化取得明显进展，基本实现四化同步协调发展。

全省农业科技事业必将全面贯彻落实五大发展理念，围绕省委省政府的工作部署，深入实施创新驱动发展战略，加快农业发展方式转变，加强前沿技术、关键共性技术、核心技术和系统集成技术攻关，提升农业科技创新和支撑引领农业发展的能力，提升服务精准扶贫、精准脱贫的能力。

（二）路径选择

“十三五”时期，甘肃农业科技工作要深入实施创新驱动发展战略，以全面提高农业创新能力、成果转化能力为核心，以深化农业科技体制机制改革为动力，以打造特色农业产业链为路径，以补齐农业发展短板和支撑农产品供给侧改革为重点，大力构建创新要素配置合理、创新效率明显提升、创新成果有效转化的农业科技创新体系、农技推广服务体系、科研管理体系，为实现整体脱贫和全面建成小康社会提供创新驱动力。其核心就是要以新发展理念为统领，把创新、协调、绿色、开放、共享五大发展理念作为制定农业科技发展路线图的基本遵循，贯彻到科研团队与人才培养、科研环境与条件建设、科研项目与成果凝练等各个维度和层面。

表1　新发展理念与甘肃省农业科技要素耦合关系

	创新	协调	绿色	开放	共享
科研团队与人才培养	改革管理模式，激发人才创新动能，培养创新团队	构建创新联盟，鼓励产学研结合，打通地区和层级壁垒，促进人才合理流动	注重资源、环境、生态专才引进，开展可持续发展知识普及教育，提升全社会环保意识	用柔性招才等策略招贤纳士；“请进来”与“走出去”相结合实现人才交流	激发科研人员与推广工作者的热情。升级双联模式，扩大智力扶贫，实施精准助力扶贫
科研环境与条件建设	鼓励创新，奖励发明。打造科技型企业孵化器等创新平台	完善资源（数据、仪器等）共享机制，提升农业信息化水平，实现能力跃升	设立生态环境保育研究资金，建立相应的试验观测和生态保育示范区	构建开放实验室，开展务实的国际科技合作与交流	对贫困区在项目申报、资金支持方面适当倾斜。鼓励外部资源进入扶贫攻坚主战场
科研项目与成果凝练	瞄准国家和地方发展重大需求，改善农业科技供给的质量，凝练重大成果，提高成果应用率和覆盖度，推动经济迈向中高端水平	用好国家对甘肃农业和科技发展的倾斜政策，变资源优势为产业优势、变后发优势为竞争优势，通过大协作和大联合来凝练重大成果	规范并推广“三品一标”认证与生产。实现“一控两减三基本”目标，以合格合标的农产品来确保餐桌上的安全	引进国内外先进适用农业科技和智力成果为我所用；利用“一带一路”黄金段的区位优势，通过“走出去”战略输出智力成果，发展外向型农业经济	促进和鼓励适用农业科技成果的研发与转化，切实发挥农业科技成果在精准扶贫中的引领作用，促进成果共享

（三）重点领域

围绕粮食等重要农产品有效供给、农产品质量安全、旱作农业、节水农业、设施农业、农业资源环境保护与可持续发展等行业领域，加强共性技术、核心关键技术攻关，在重点领域实现技术创新。

1. 种质资源创制和新品种选育

以提高全省大宗农产品和特色农产品核心竞争力为目标，重点在大宗粮食作物、油料作物、经济林果、马铃薯、蔬菜、中药材、小杂粮、牧草、棉花等种质资源保存、核心种质构建和新品种选育等方面取得重大突破。一是加强作物种质资源的收集、保存和鉴定评价工作，提高种质资源精准鉴定和优异功能基因（组）挖掘及创新利用研究水平。二是提升育种工作的系统化和科学化水平，以优质、抗逆、高产、机械化为育种目标，加强育种技术基础理论研究，提高新品种含金量。三是强化主要农作物种子加工与质量控制技术研究，建立针对不同农作物的种子繁育标准化生产体系，提高种子质量和种子生产效率。

2. 农作物高产优质高效栽培

以提高单位面积产量和生产效率为目标，按照增产增效并重、良种良法配套、农艺农机结合、生产生态协调的基本要求，保障全省食物安全和生态安全。一是创新作物高产高效栽培技术，在作物高产理论与高产栽培模式、作物水肥调控和一体化技术、地膜和秸秆覆盖、绿肥和秸秆还田、土壤连作障碍调控与生态修复等关键技术的研究方面取得突破性的进展；二是创新特色优势产业绿色增产技术，研究和示范推广马铃薯、蔬菜、优质林果、中药材、草食畜、制种和酿造原料产业农药化肥减量使用和病虫害绿色防控技术，提高单位面积产量和质量，提升品质和效益；三是创新作物节本增效轻简化生产技术，重点研发基于物联网的智能化管控设备和生产模式、机械化生产的农艺技术，着力加强整地、种植、植保、收获、农产品加工等环节的适宜机械研发和推广应用；加快构建适应机械化、信息化生产管理的高产、高效、可持续的作物栽培技术体系。

3. 农业资源高效利用

以支撑节约型和循环型的农业可持续发展为目标，创新旱作农业、节水农业、生态畜牧业、废弃资源循环利用等方面的研究和示范。一是创新旱地农业水环境调控、农田覆盖保墒、全膜双垄沟播、梯田和旱塬地生物培肥、精准施肥和平衡施肥技术；二是创新河西绿洲和沿黄灌区节水农业高效种植模式、机械化作业的垄作沟灌和固定道种植技术、膜下滴灌和微灌等技术；三是进一步研究农牧区草畜平衡、划区轮牧、舍饲圈养等农牧资源可持续利用技术模式，改善草畜产品供给结构，加快农牧区生态环境恢复；四是提高农业废弃物高效利用水平，开展农业面源污染治理和废旧农膜回收利用关键技术研究，在农作物秸秆、牛羊等家畜粪便的材料化、肥料化、饲料化和能源化技术领域形成突破，建立基于农户或养殖场的农作物秸秆和加工废弃物的资源循环利用技术模式。

4. 农业有害生物防控

以确保农业生态安全、农业生物安全、农产品质量安全和农业贸易安全为目标，重点开展气候和耕作制度变化背景下主要农作物病虫草害发生动态监测、成灾规律和防控理论的研究，继续加强全省农作物重要病害致病菌毒性变异及检测、品种抗性鉴定与监测、病虫害发生预测预报、检疫性外来有害生物监测预警和防控等方面的研究，保障全省粮食生产安全。重点突破粮食作物和优势农作物化学农药减量使用、精准施药和隐蔽施药、飞防药剂和生物农药研发与产业化、天敌昆虫饲养与释放、主要作物膜下杂草防除、重要病虫草抗药性监测与治理、种子和土壤消毒处理、有害生物无害化防控等关键技术。

5. 农产品加工与贮藏保鲜

以延长农业产业链、增加农产品附加值和农民收入以及满足供给侧结构性改革的需要为目标，开发适应不同消费群体、不同消费需求的产品。针对全省不同特色优势农产品资源，构建农产品品质、营养基础数据库，探究农产品贮藏、加工机制与理论基础；探究其采后品质变化机理及外源因子应答机制，结合现代信息技术，构建农产品采后产地贮运保鲜技术；开展农产品资源化梯次加工、功能组分提取分离、品质控制及加工副产物综合利用等新技术、新工艺研究，形成其深加工及资源化综合利用体系；开展农产品贮运、加工和销售过程中有害物质的评价、预防、控制和去除技术研究，形成农产品的绿色、安全评价体系；开展农产品加工业风险评估及产业需求预测预报。

6. 农产品质量安全

以提高主要农产品质量安全和产出高效为目标，开展全省名优特农产品营养品质、产地环境和 DNA 指纹标识，研究生产过程中重金属、农兽药及助剂、生物毒素、病原微生物及环境污染物等危害因子的来源归趋、环境行为、毒性毒理、发生消长变化以及代谢规律和污染控制的检测分析与治理技术；研究制定农产品安全、优质、高效生产及加工储运的标准、方法和技术规范，建立基于不同农产品的产地环境安全与适应性评价技术标准体系和营养功能评价技术管理标准体系；研发绿色、高效、低毒、低残留的农业投入品和防腐保鲜剂及相应的安全使用技术。

7. 草食畜牧业研究

以不断提高全省草食畜牧业可持续发展能力和特色畜产品的市场竞争力为目标，以科技进步支撑粮经饲统筹、种养加一体化发展，建设现代生态草食畜牧业。开展全省良种肉羊及肉牛等草食畜繁育技术集成创新、草食畜高效循环生产体系与秸秆饲用化利用等研究。在标准化规模养殖、重大动物疫病防控、草原草场综合治理、人工饲草地建植及饲草料加工等关键技术领域实现突破。通过重点优化秸秆饲用化利用技术、牛羊粪便资源化利用技术，构建全省草食畜高效循环生产体系；建设全省粗饲料营养资源数据库，为饲草料科学配方和牛羊精准饲喂提供依据。加快国家级草原生态畜牧业可持续发展示范区建设步伐，力争将甘肃打造成为全国天然优质牛羊肉的重要生产基地、全国优质苜蓿等饲草产品的重要生产基地、全国牧草种子生产基地和防灾减灾饲草料储备基地，以实现草食畜牧业的良性发展，促进农牧民脱贫致富。

8. 农业信息化研究

将互联网+、大数据应用、物联网等信息化技术作为创新驱动全省农业现代化的先导力量，围绕农业资源高效利用和农产品质量安全管理，在生产、加工、贮运、流通等各个环节，开展数字农业与智慧农业关键技术和产品的集成示范，促进信息化与农业现代化相融合。着重在农业资源和环境管理、农业生产过程管理、农业科技教育与推广服务等领域开展信息化应用研究。重点开展农业信息资源与全媒体服务平台建设、精准农业和智能化设施农业关键技术研究、农业地理信息系统应用、农产品质量安全追溯系统研发、农村电商应用服务、知识管理与数字图书馆技术应用示范等；加快筹划甘肃农业大数据云平台建设，抓好农业信息化载体建设，培育一批带动性强的“互联网+”特色产业领军企业，以信息化促进传统农业向现代农业的转型升级。

（四）对策建议

1. 明确农业科技创新主体定位，合理布局科技资源

合理确定全省农业科技创新主体的功能和定位，围绕农业科技发展目标，在基础性和公益性研究、新品种和新技术应用推广等方面，合理布局科技资源与项目，引导科技资源的有效聚集与整合，注重各创新要素的有机衔接和相互促进，优化全省农业科技力量布局。

省级农业科研机构要着重围绕区域优势农产品的产业培育，开展全省性农业

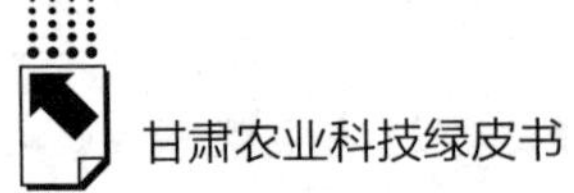

关键技术和共性技术研究、优势和特色农业产业的应用基础研究以及农业高新技术研究，扩大引进技术的容纳空间，提升重大技术集成与技术转移的承接能力，建设省级农业主导技术和产品研发实验室，规范和升级试验基地，发挥其在科技创新中的先导、示范作用。

市州级农业科技研究单位和创新能力较强的基层农技推广机构，根据全省农业综合区划和优势农产品区域布局规划，开展科技成果的集成创新、试验示范推广。鼓励与支持有条件的企业建立农业科技研发中心，合作或独立开展商业化育种、新型肥料、农机装备、农产品加工等领域的技术创新。

乡镇农技部门是农业科技成果示范、推广、转化和应用的前沿阵地。要加强和完善现代农业公共服务体系，进一步强化乡镇农技站或区域中心站的服务职能，发挥好基层单位农业技术推广、动植物疫病防控、农产品质量监管、农业综合信息服务以及新生代农民培训等综合性功能。

要充分考虑甘肃省农业科技发展现状和资源禀赋，以完善利益分配机制、知识产权管理和成果评价体系为核心，稳定支持科研机构和高等院校开展基础性和公益性研究，鼓励企业与优势科研单位建立合作平台，逐步形成分工明确、协作紧密、运转高效的产学研合作格局，打造适应现代农业发展需要的科技创新体系。

2. 完善科技计划管理和投入增长机制

厘清市场和政府投入的边界，充分发挥好“看不见的手”与“看得见的手”两种力量和两种资源。对于受益主体明确、市场调节有效的研发与创新，都应该充分运用市场机制，大胆地让市场去调节。政府科研投入的重点应当向包括农业科技在内的公益性、基础性和社会性研发项目倾斜，完善稳定支持和竞争性支持相协调的机制，推动农业科技更好更快发展，以造福农民，惠及大众。在具体管理措施上注意以下方面。

（1）建立和完善农业科技决策咨询制度，对重大计划和支撑项目进行科学论证。在应用研究领域，建立科研选题和立项的公示与公议制度，广泛听取各方意见，做到顶层设计与实际需求契合。优先支持跨单位、跨学科和跨层级的联合、互动项目，加快推进多学科联合科技攻关。打破院所和企业界限，建立分工合理、资源共享、运行高效的科技协作机制和产学研联合攻关模式。设立“现代农业重大项目科研攻关”专项，增强科技创新的针对性和实效性。

（2）瞄准前沿和重大共性关键技术，组织有条件的生产企业和有实力的科研院所开展协同创新。积极争取国家重大创新项目和经费支持，力争在农林牧新品种培育、农业资源高效利用、农产品精深加工等重大领域、关键环节实现重大突破。

（3）通过建立农业科技投入稳定增长机制保障农业科技创新投入的力度。引导和鼓励社会力量参与农业科技创新，逐步建立以政府投入为主导、企业投入为主体、金融和风险投资为补充的多渠道、多层次农业创新资金投入体系，加速农业科技成果产出与推广转化，促进全省农业现代化发展和农民增收。

3. 加强农业科技条件及能力建设

（1）设立甘肃省现代农业产业技术体系。借鉴农业部“十二五”期间在全国实施农业产业技术体系的成功经验，依托全省农业科技领域的领军人才，按照不同产业设立具有甘肃特色的农业产业技术体系。在项目设计与实施过程中，强调产业链与项目的衔接，围绕农业科技创新与管理创新同步推进，打破单位和利益束缚，构建以产业为主导、产学研相结合的现代农业产业技术体系，为现代农业产业发展提供强有力的科技支撑，促进产业优化升级。

（2）加强农业科技基地和现代农业示范园区建设。加强农业科技试验示范基地建设，推进农业标准化生产基地、科技示范园建设，发挥各类农业科技园的示范带动作用；依托主导产业和特色产业优势区，积极探索区域现代农业发展模式。在种植业高产创建及标准园建设、畜禽水产标准化养殖场建设的基础上，科学规划建设一批布局集中连片、生产设施先进、体制机制健全、示范带动效应较强的省级现代农业示范区，以此引领全省现代农业发展，提升农业发展水平。

（3）建立全省现代农业科技创新联盟。通过建立全省现代农业科技创新联盟，强化现代农业科技创新的跨部门、跨地区联动与统筹协调。优化配置省级、市州科技资源，从全局的角度推进农业创新体系建设。由创新水平较高、创新基础雄厚、创新成效显著的行业领先机构牵头，做好顶层设计，联合省内有关农业科技机构和涉农企业，建立科技合作新机制，重点研究解决制约全省农业经济发展的关键技术问题和共性技术问题。

（4）稳定支持基础性和长期性农业科技工作。设立专项基金，对定位试验点、野外观测站、公益性实验室、种质资源库、水土气及动植物标本库、植物病虫害流行病学跟踪研究、图书情报信息等基础性工作给予长期稳定支持。加强相关数据库建设，规范数据标准，重视数据积累，做好数据分析，为农业科学研究创新提供长期性、连续性的基础数据。

4. 加强薄弱环节和重点领域的研究创新

（1）强化农业特色产业提质增效研究。在坚持优化马铃薯、林果、蔬菜等主导产业结构，坚持发展牛、羊、猪、鸡等传统畜牧业的基础上，加大对小杂粮、花卉、啤酒原料、花椒、油橄榄、樱桃、核桃、枸杞等特色产业的研究力度，加大对水产、兔、狗、驴等特种经济动物的研究力度，同时开展制定甘肃名特优农产品基因标识、品质标志和地理标识工作，促进甘肃农业特色产业提质增效，发挥科技在产业发展中的杠杆作用，为农业增效、农民增收和产业结构调整做出贡献。

（2）强化农业信息化应用研究。实现农业信息化对于加快转变农业发展方式、建设现代农业具有重要的牵引和驱动作用。在新形势下，甘肃必须加强对农业信息化的研究，把“互联网＋现代农业”的发展思路落实到推进农业信息化的各行业各领域全过程，大力发展数字农业、精准农业、智慧农业，积极推动种养业生产、农产品加工和流通全过程信息化，加快信息化对传统生产模式、产销关系的提升改造，完善灾害预警预报防控体系，推进农业信息化的跨越发展。积极建立农业信息研究体系，加强对农业信息化的研究，整合信息资源，建设和完善包括甘肃省精准扶贫大数据管理系统、全省耕地资源管理信息系统、农产品和农资市场供求信息系统、质量追溯体系在内的农业大数据平台，推动农业供给侧与需求侧精准对接，为农业生产和经营提供必要的、系统化的农业信息支持。

（3）强化扶贫开发与生态环境保护研究。甘肃的生态问题与贫困问题相交织，四个国家级生态安全屏障脆弱区与三个集中连片特困区重叠，是贫困发生最集中的地区，也是扶贫工作的主要目标区域。科技如何与生态扶贫相结合、如何构建科技与生态扶贫结合的新模式、如何在贫困地区富民产业发展过程中构建特色农产品产地环境标准与质量安全保障体系等，这一系列问题都亟须通过加大科技支撑力度来解决。努力探索出欠发达地区转型跨越发展与生态文明建设相结合的新路子，依靠科技支撑有效破解“生态贫困”问题。

（4）强化农村经济发展等宏观问题研究。聚焦甘肃农业经济发展的全局性和区域性的难点、热点问题开展调查研究。重点开展区域农业发展战略、优势特色产业规划、粮食安全与畜牧经济、产业经济与精准扶贫对策、农业资源环境经济等方面的研究，以服务全省农业宏观决策，为各级政府和各类农业经营主体提供农业技术经济服务咨询建议。重点开展对农业产业中各种生产要素的投入数量、结构、价格等动态监测与分析，主要农产品供求状况和发展趋势分析，产业布局的适宜性分析等，通过宏观研究为微观技术的研究提供前瞻性的智库建议。

5. 重视农业科研人才队伍建设

结合重点实验室建设、重大科研项目实施和农业产业技术体系建设，培养造就农业科技领军人才，打造重点科技创新团队，强化人才支撑。加大对中青年学术骨干的支持，吸引优秀科技人才参加农业科技研发。建立农业高级专家库，为地方农业科技发展提供智力支持和政策咨询。通过建立激励创新的人才评价制度，促进学科带头人的培养；通过建立多元化考核评价体系，对科研单位从事科研、管理、推广服务咨询等的各类人员实行分类管理，激发科研单位和科研人员的活力。多形式、多层次开展农村科技人才培训，造就一支素质好、业务精的基层农业科技人才队伍。通过实践锻炼及“走出去”取经、“请进来”送宝等途径，造就一批具有学科前沿水平的科技创新人才，一批熟悉业务的农业科技管理人才，一批适应现代农业发展趋势、支撑精准扶贫的农技推广人才。

6. 强化农业科技合作与交流

积极参与并加入国家农业科技协作网和国家区域农业科技创新联盟，开展与国家级高水平农业院校和科研机构的合作，共享科技资源和平台。

加强与国际组织、发达国家相关机构在资源、技术、智力、项目、实验基地建设等方面的科技合作与交流，按照互利互惠的原则，充分吸纳国外资金用于农业科研和技术开发。着眼粮食安全和农产品有效供给，大力开展动植物新品种引进选育研究。

积极推进丝绸之路创新品牌行动。建立“一带一路”旱作农业、高效节水农业国际合作示范区；立足全省农业产业实际，做好国际高端技术、农业装备和高端人才的智力引进工作。

落实国家“一带一路”农业领域重要规划，鼓励有条件的单位到国外开展项目合作、建设国外研究基地，增强科技竞争实力和科技发展能力。积极探索和开展对独联体、中亚、西亚区域国家的技术、智力及产品输出和科技合作。加大实施农业科技与产品的“走出去”战略，鼓励有实力的科研院校和龙头企业将技术和产品向海外输出，开拓农业技术和产品的国际市场。

参考文献

农业部：《关于深化农业科技体制机制改革加快实施创新驱动发展战略的意见》，http：//www. moa. gov. cn/govpublic/KJJYS/201508/t20150828_ 4808826. htm，2015 年 8 月 28 日。

甘肃省人民政府办公厅：《甘肃省“十三五”农业现代化规划》，http：//www. gansu. gov. cn/art/2016/8/19/art_ 4827_ 283810. html，2016 年 8 月 19 日。

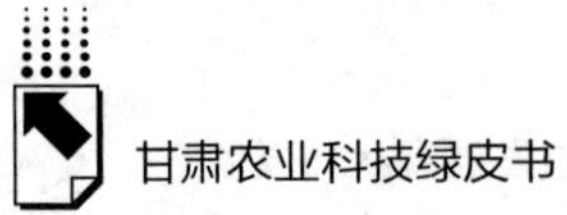

甘肃省人民政府办公厅：《关于推进农业供给侧结构性改革的指导意见》（甘政办发〔2016〕110 号），http：//www. gansu. gov. cn/art/2016/8/2/art_ 4786_ 281993. html，2016 年 8 月 2 日。

甘肃发展年鉴编委会：《甘肃发展年鉴》（2011 ~2015 年），中国统计出版社。

甘肃省科学技术厅、甘肃省统计局、甘肃省教育厅：《甘肃科技统计年鉴》（内部资料），2015 年 10 月。

韩临广、董国英、马瑛：《“十二五”甘肃农业发展成就回顾》，《甘肃农业》2015 年第 12 期。

信乃诠、许世卫：《中国农业科技发展：回顾和展望》，中国农业科学技术出版社，2014。

唐珂：《依靠科技创新加快转变农业发展方式》，《农业科技管理》2015 年第 10 期。

综 合 篇

Surveys

G.2

甘肃省农业科技政策、计划与研发能力研究报告（2011～2015）

张开乾*

摘 要：本文通过分析“十二五”期间甘肃省农业科技方面的政策、农业科技计划以及农业科研院所、科技企业研发实力等三个方面的情况得出，甘肃省在“十二五”期间从立法、政策等层面对农业科技活动进行了有力的宏观引导和规范约束，突出企业技术创新主体地位并出台更多的配套政策，对全省农业科技创新给予了持续稳定的支持，使全省农业科技研发实力进一步增强，为支撑“十三五”乃至今后更长一段时期经济社会发展奠定了坚实的基础。

关键词：甘肃 农业 科技 政策 计划 研发能力

* 张开乾，助理研究员，现任甘肃省农业科学院办公室副主任。主要研究领域为节水灌溉技术、农业科技管理。

“十二五”期间，甘肃省深入贯彻创新驱动发展战略，农业科技政策更加完善，科技计划投入经费稳步增加，全省农业科研能力得到持续增强，有效解决了农业农村发展中的重大科技问题，为“十二五”期间粮食连续丰产、农民持续增收、农业产业提质增效发挥了科技支撑作用。

一　甘肃省农业科技政策

（一）加强科技立法

“十二五”期间，针对科技创新活动出现的新情况和新问题，着眼创新驱动发展战略实施，甘肃省从立法层面对科技活动给予了更加完善的规定，也为新形势下加强农业科技创新、保护农业科技成果提供了更加充分的法规依据。

自 2012 年 8 月 1 日起施行的《甘肃省专利条例》（以下简称《专利条例》）替代 2003 年发布的《甘肃省专利条例》。《专利条例》由总则、专利促进、专利保护、专利管理、法律责任、附则组成，不仅明确了县级以上政府部门、企事业单位、社会团体、个人在专利保护中各自的责、权、利，同时也进一步明确了促进专利开发利用的各项规定。该《专利条例》对于全面贯彻实施国家和甘肃省知识产权战略，进一步推进自主创新，加快创新型甘肃建设，促进甘肃省知识产权事业发展，具有十分重要的意义。

自 2013 年 1 月 1 日起施行的《甘肃省科学技术进步条例》（以下简称《条例》）替代 1994 年 9 月发布的《甘肃省科学技术进步条例》。《条例》设总则、科学技术研究开发和应用、企业技术进步、科学技术研究开发机构、科学技术人员、保障措施、法律责任等章节，体现了国家科技进步法的基本要求和创新驱动发展的内在需求，把一些甘肃实践中行之有效的政策措施上升为法规，使其更具约束性、指导性。该《条例》是甘肃省贯彻实施《中华人民共和国科学技术进步法》以及国家和省中长期科技发展规划纲要的重要举措；也是促进全省农业科学技术进步，增强自主创新能力，加快农业科学技术成果转化和产业化的重要保障。该《条例》体现了“四个强化”的特点：一是强化企业技术创新主体地位，对政府引导企业技术创新和建立企业主导产业技术研发创新的体制机制方面做了规定；对企业研发投入、研发费用加计扣除、仪器设备加速折旧、引进消化吸收再创新等方面都做了新规定。二是强化协同创新、联合攻关，对政府建立完善“产、学、研”结合的技术创新体系，促进企业、科研院所和高校开展协同创新等方面做了规定。三是强化区域创新、地方主导，明确了区域创新体系建设目标责任主体，确定了县级以上人民政府区域创新体系建设考核制度，对政府支持发展民生科技以及扶持少数民族和贫困地区科技事业做了规定。四是强化以人为本、宽容失败，对科技人员激励措施、职称评定、权益保护、科研诚信等方面都做了相应规定。在该《条例》“第六章　保障措施”中，将“农业新品种的研究开发和农业科学技术成果的推广应用”列入“财政性科学技术经费应开展的科学技术活动范围”，充分体现了农业科研的特殊性，对支持农业科研持续稳定发展具有重要意义。

（二）明确农业科技发展目标

《甘肃省“十二五”科学技术发展规划》对甘肃省“十二五”期间科技创新做了全面部署，提出到“十二五”期末实现“科技发展总体水平达到西部地区平均水平以上、全国20位左右，为初步建成创新型甘肃奠定坚实基础”的目标。对“加强农业农村科技创新”提出以下几个方面的工作：一是提升现代农业技术水平；二是强化农业科技成果转化应用；三是提高农产品精深加工与现代储运水平；四是促进新农村建设。在“持续提高民生科技水平”中，关于农业科技提出了两个方面的工作：一是提升食品安全技术保障能力，二是突出资源环境与生态保护技术研发与示范。为此，甘肃计划在“十二五”期间实施的科技重大专项中，农业方面或与农业相关的领域主要有动植物高产高效种植养殖技术、农产品精深加工与现代储运技术、生态建设与环境保护技术集成三个方面。“十二五”期间，甘肃将从强化人才队伍建设、推动科技园区建设、加快创新基地建设、促进创新平台建设、深化科技合作交流、完善中介体系建设、加强应用基础研究等7个方面，全面提升科技创新能力。

2014年9月，《甘肃省战略性新兴产业发展总体攻坚战实施方案》发布施行，提出“到2020年，新材料、新能源和先进装备制造业成为全省支柱产业，生物和信息技术产业成为全省先导产业，节能环保、新型煤化工和现代服务业成为全省经济新的增长点”。

2011～2015年，中共甘肃省委、甘肃省人民政府先后发布了《关于切实转变发展方式推动农业农村工作再上新台阶的意见》《贯彻〈中共中央国务院关于加快推进农业科技创新持续增强农产品供给保障能力的若干意见〉的实施意见》《关于做好2013年农业农村工作的意见》《关于全面深化农村改革加快推进农业现代化的意见》《关于进一步深化农村改革加快推进农业现代化的意见》等5个

“1 号文件”，围绕发展现代农业这一主题，从转变农业发展方式、加强农业科技创新、深化农村改革等方面，做了全面部署。特别是 2012 年“1 号文件”以农业科技创新为主题，做了系统安排部署，对农业科技的长期发展和持续稳定支持，具有不可替代的重要意义。

（三）完善农业科技政策措施

1. 规范科技管理

结合科技创新面临的新形势和新要求，对包括农业科技在内的各类科技奖励、成果登记管理、大型科研仪器设备管理、科研院所绩效考核、农业园区管理及科技宣传等做了新的规定，科技管理更趋规范。2013 年 9 月，《甘肃省科技奖励办法》发布施行，明确甘肃省政府设立科学技术奖，包括甘肃省科技功臣奖、甘肃省自然科学奖、甘肃省技术发明奖和甘肃省科技进步奖；甘肃省科技功臣奖每次授予人数为 1 人，甘肃省自然科学奖、甘肃省技术发明奖、甘肃省科技进步奖设一等奖、二等奖和三等奖，授奖比例为 1∶4∶5，授奖项目总数不超过 150 个。2014 年《甘肃省科技奖励办法实施细则》发布施行，对甘肃省科技功臣奖、甘肃省自然科学奖、甘肃省技术发明奖和甘肃省科技进步奖的推荐、评审、授奖等各项工作做了具体规定。2015 年 1 月，《甘肃省专利奖励试行办法》施行，提出“甘肃省专利奖每年评选一次，分设一等奖、二等奖和三等奖，授奖比例为 1∶4∶5，授奖项目总数不超过 50 项，外观设计只能授予二、三等奖。”

2011 年 2 月，《中共甘肃省委宣传部和甘肃省科技厅关于加强科技宣传工作的意见》发布施行，明确了今后一个时期全省科技宣传工作的主要任务及具体要求，也是农业科技宣传工作的重要依据。2014 年 11 月，《甘肃省科技成果登记管理办法》发布施行，对加强全省科技成果管理，规范科技成果登记程序，及时、准确、完整地获取科技成果信息，促进科技成果推广应用及产业化等方面做了具体规定。

2015 年 5 月，《甘肃省人民政府关于重大科研基础设施及大型科研仪器向社会开放共享的实施意见》发布施行，对“分布在高校、科研院所和企业的各类重点（工程）实验室、工程（技术）研究中心（院）、技术中心、分析测试中心、野外科学观测台（站）、大型科学设施中心等研究试验基地”的大型科学装置、科学仪器中心、科学仪器服务单元和单台（套）原值在 30 万元及以上的科学仪器设备，通过建立科研设施与仪器的统一管理平台、分类开放机制和调查报告制度，促进开放共享的激励引导机制、评价体系和奖惩办法等措施，到 2020

年，“实现利用财政资金建设或购置的科研设施与仪器入网率、利用率、贡献率分别达到90%、85%、45%”。之后，甘肃省科技厅、财政厅联合发布了《甘肃省大型科研基础设施和大型科研仪器开放共享及后补助管理办法（试行）》，提出了相应的具体操作办法。

2011 年4 月，《甘肃省属科研院所创新服务绩效考核办法（试行）》发布实施，为省属科研院所科学发展、提高创新能力、支撑经济发展、建立绩效机制提供了依据。2014 年3 月，《甘肃省农业科技园区管理办法》施行，提出重点建立20 个左右具有区域特点和产业特色的省级农业科技园区；甘肃省科技厅联合农牧厅、水利厅、林业厅、农科院和中国农业发展银行甘肃省分行成立甘肃省农业科技园区协调领导小组。

2. 突出企业技术创新主体地位

2012 年8 月，《甘肃省发展改革委、省科技厅关于加快推进民营企业研发机构建设的实施意见》发布施行，确定了鼓励和支持民营企业建立科技创新研发机构、落实和完善支持民营企业研发机构发展的政策、引导和支持民营企业研发机构提高创新能力等方面的措施。2013 年，《甘肃省人民政府关于强化企业技术创新主体地位全面提升企业创新能力的实施意见》《甘肃省科技小巨人企业培育计划管理办法》《甘肃省知识产权优势企业培育和认定工作管理暂行办法》等相继发布施行，2014 年《甘肃省中小微企业专利权质押融资办法》发布施行。上述管理办法分别从企业的研发机构、创新能力、成果保护及融资等方面给予了支持，使企业的技术创新主体地位更加突出，创新环境进一步得到优化。

3. 强化科技对经济发展的支撑作用

“十二五”期间，农业农村发展对农业科技创新的需求更加迫切。对此，甘肃省出台了一系列政策，为充分释放农业科技创新支撑经济发展的巨大潜力营造了良好的制度环境。

一是强化科技创新对区域经济发展的推动作用。2011 年10 月，《甘肃省科学技术厅关于加强可持续发展实验区建设与发展的意见》发布施行，进一步加强甘肃可持续发展实验区建设工作，强化依靠科技进步推进甘肃省区域可持续发展，进而为全省新时期发展战略提供科技支撑。2012 年5 月，甘肃省发布《贯彻〈关于新形势下加强县（市）科技工作的意见〉的实施意见》，提出了加强新形势下全省基层科技工作的思路、目标、任务及措施，凸显了科技创新对县域经济发展的作用。

二是强化科技创新对脱贫攻坚的引领作用。2012 年 5 月，《关于开展科技特派员服务“双联”工作的意见》发布实施，为贯彻《中共甘肃省委关于在全省开展“联村联户、为民富民”行动的意见》及国家八部委联合下发的《关于深入开展科技特派员农村科技创业行动的意见》，激励广大科技工作者为富民兴陇大业和全面建设小康社会做出贡献，提出了指导措施。该《意见》明确了科技特派员支持“双联”工作的主要任务，并将 2012 年确定为“科技特派员双联年”。2012 年 10 月，《甘肃省 58 个贫困县（区）联村联户为民富民行动科技规划（2012 ~2015 年）》发布施行，根据国务院确定的甘肃省 58 个连片贫困区，分为六盘山片区甘肃片区 8 市（州）的 40 个县（市、区）、秦巴山区甘肃片区的陇南市 9 县（区）、四川藏区甘肃片区 2 市（州）9（县、市）三个扶贫开发区域布局，通过设立科技强县（市）专项等 10 个专项，扶持草食畜为主的畜牧产业、中藏药材产业、马铃薯产业、蔬菜产业、优质高效林果产业、水产养殖产业。农业科技工作者作为科技特派员的生力军、扶贫攻坚的先锋队，被赋予了新的时代任务。

4. 积极引进急需紧缺人才

2011 年 10 月，《甘肃省高层次人才科技创新创业扶持行动项目管理办法（试行）》（以下简称《管理办法》）发布，积极吸引高层次人才来甘肃省创新创业，支撑全省经济社会发展。《管理办法》指出，省政府设立高层次人才科技创新创业扶持行动专项资金，重点扶持和引进国内外高层次科技人才（团队）来甘肃转化具有自主知识产权、能够形成产业规模、具有广阔市场前景和良好经济效益预期的重大科技创新成果项目。《管理办法》还明确要求，专项资金申报单位须为企业。

与此同时，《甘肃省引进急需紧缺高层次人才认定办法（试行）》（以下简称《人才认定办法》）发布实施。《人才认定办法》明确指出，引进的急需紧缺高层次人才包括高层次创业人才、高层次创新人才、高层次管理人才、高层次实用技术人才以及其他急需紧缺的高层次人才。其中，高层次创业人才包括来自现代农业、生态环境保护等产业领域的创业人才。按照《人才认定办法》规定，经认定后由省委人才工作领导小组统一颁发《甘肃省引进急需紧缺高层次人才证书》，由有关职能部门负责落实相关待遇和扶持政策。《甘肃省引进急需紧缺高层次人才（团队）项目扶持办法（试行）》《甘肃省引进急需紧缺高层次人才创新创业财税金融扶持办法（试行）》《甘肃省引进急需紧缺高层次人才住房保障办法（试行）》《甘肃省引进急需紧缺高层次人才配偶就业安置办法（试行）》

《甘肃省引进急需紧缺高层次人才子女入学解决办法（试行）》《甘肃省引进急需紧缺高层次人才“服务绿卡”实施办法（试行）》等一系列配套制度亦发布实施，形成了甘肃省引进急需紧缺高层次人才的政策“组合拳”。

（四）推进农业科技体制改革

2012年11月，《中共甘肃省委甘肃省人民政府关于深化科技体制改革加快区域创新体系建设的意见》（以下简称《意见》）发布实施。该《意见》涉及八个方面的内容：充分认识创新体系建设的重要性和紧迫性，指导思想、主要目标和重点任务，加快建设企业主导的产业技术创新体制机制，优化科技创新创业服务体系，科技支撑转型跨越和民生改善，科技创新人才队伍建设，深化科技管理体制改革，以及加强组织领导和推进实施等，对甘肃创新体系建设做了全面部署。该《意见》在“支撑现代农业发展”部分中指出：“完善以产业需求为导向、以农产品为单元、以产业链为主线、以综合试验站为基点的新型农业科技资源组合模式，在粮食安全、种业发展、优势特色农产品供给、生物安全、农林生态保护等方面，围绕良种培育、节水灌溉、农机装备、新型兽药、疫病控制、加工贮运、循环农业等，探索建立产学研紧密联合的协同创新和利益分配机制，构建适应高产、优质、高效、生态、安全的现代农业发展体系。大力推进农村科技创业，鼓励创办农业科技企业和技术合作组织。大力培育新型社会化服务组织，建立健全‘公益性推广、社会化创业、多元化服务’三位一体的农村科技服务体系。”

2015年8月，《中共甘肃省委甘肃省人民政府贯彻落实〈中共中央、国务院关于深化科技体制改革加快实施创新驱动发展战略的若干意见〉的实施意见》发布施行，指出：“到2020年，基本形成适应甘肃创新驱动发展要求的制度环境和政策法规体系，全社会研发经费占国内生产总值比重力争达到2%，战略性新兴产业增加值占国民生产总值比重达到20%以上，每万人发明专利拥有量超过3件。”在完善成果转化激励政策方面，提出“加快下放科技成果使用、处置和收益权”“提高科研人员成果转化收益比例”“加大科研人员股权激励力度”等具体措施；同时，在构建更加高效的科研体系和创新培育、用好和吸引人才机制等方面，为科技创新营造了更为宽松的环境。

二 甘肃省农业科技计划

“十二五”期间，甘肃省在积极组织争取并大力实施国家部委各类农业科技项目的同时，持续支持农业领域重大项目、科技成果转化资金计划项目、科技支撑计划、星火计划、中小企业创新基金项目等（见表1），经费额度相对稳定，保障了农业科研工作的延续性。

表1　“十二五”期间甘肃省农业科技计划项目情况一览

年份	项目类别	数量(项)	经费额度（万元）	经费合计（万元）
2011	重大专项计划项目	16	2200	3500
	科技成果转化计划项目	29	377	
	科技支撑计划	33	294	
	星火计划	47	460	
	中小企业创新基金	9	169	
2012	重大专项计划项目	12	2185.5	3830.5
	双联专项	3	750	
	其他计划项目	139	895	
2013	重大专项计划项目	10	2280	3913
	科技成果转化计划项目	26	390	
	科技支撑计划	43	301	
	星火计划	53	444	
	中小企业创新基金及科技小巨人企业	12	498	
2014	重大专项计划项目		1888	4398
	种业及种业装备专项	25	2127	
	产业技术创新联盟项目	5	126	
	民营企业及中小企业创新项目	18	257	
2015	重大专项计划项目	10	4800	5300
	科技支撑计划	29	500	

资料来源：2012～2015年《甘肃科技发展报告》。

从省级农业类科技项目经费来看，呈现以下几个特点。

一是投入强度稳中有增。自2011年起，省级农业类科技项目支持经费稳定在3500万元以上，并逐年有所增加，年均增幅11%以上。与此同时，省级重大专项经费额度所占比重从2011年至2015年分别为62.9%、57.1%、58.3%、42.9%、90.6%，均为占比最大的一项，对促进全省农业主导产业领域突破一批关键共性技术，有效驱动农业产业发展，发挥了明显的科技支撑作用。

二是强化对企业的立项支持。除省列中小企业创新基金、科技小巨人企业等项目限定企业为申报主体外，省级工程技术中心项目也以企业为主体。2014年，由企业牵头申报或产学研联合承担的省级科技计划项目 35 项，支持经费 3975 万元，分别占项目数和资金总额的 70% 和 96%。

三是支持重点体现了全省农业农村工作的总体部署。占经费比重较大的省重大专项，以支撑马铃薯、草食畜、林果、农产品精深加工等特色产业为主。比如 2013 年，省列重大专项 10 个、经费 2280 万元，涉及健康养殖及疫病防控、现代种业及丰产栽培、农产品精深加工 3 个专项，重点支持草食畜牧产业、经济林果产业及特色农产品加工等领域关键技术研发集成及产业化发展。再如，2012 年"联村联户、为民富民"行动启动实施后，省级各类农业领域项目设置较上年度有了调整，除重大专项经费继续保留较大比重外，新设"双联专项" 3 个、总经费 750 万元，占年度省级农业项目经费的 19.6%。

三　甘肃省农业科技研发能力

（一）农业科研机构

1. 财政拨款事业单位

至 2015 年末，全省农业科研单位数量及规模相对稳定。除中国农业科学院兰州兽医研究所、兰州畜牧与兽药研究所以外，全省农业科研单位有省属的农业科学院，省业务厅局所属的省治沙研究所、省动物营养研究所、省水产研究所、省林业科学研究院、省水利科学研究院、省农业工程技术研究院等。

除嘉峪关市未设立农业类研究机构外，其余 13 个市州所属农业科研机构有：兰州市农业科技研究推广中心、兰州市畜牧兽医研究所、兰州市园林科学研究所、白银市农业科学研究所、天水市林业科学研究所、天水市果树研究所、天水市农业科学研究所、武威市林业科学研究院、武威市农业科学研究院、武威市农业机械化综合服务中心、天祝藏族自治县藏医药开发研究所、甘肃省祁连山水资源涵养林研究院、张掖市林业研究院、张掖市畜牧兽医研究所、张掖市农业科学研究院、张掖市农业机械化科学研究所、金昌市农艺研究院、平凉市林业科学研究所、平凉市农业科学研究院、平凉市农业机械化技术推广站、平凉市水土保持科学研究所、酒泉市林业科学研究所、酒泉市农业科学研究院、酒泉市农业机械化研究所、庆阳市林业科学研究所、庆阳市农业科学研究院、庆阳市农业机械化研究所、定西市水土保持科学研究所、定西市林业科学研究所、定西市农业科学研究院、定西市农业机械化技术推广站、陇南市经济林研究院、陇南市农业科学

研究所、临夏回族自治州农业科学院、甘南藏药研究院、甘南畜牧科学研究所、甘南农业科学研究所、甘南牧业机械科学研究所等，共计38个研究院（所、中心），涵盖了农、林、畜牧、兽医、水保、机械及中药等领域。

从事农业科研活动的高等院校有兰州大学、甘肃农业大学、陇东学院、河西学院、天水师范学院、甘肃农业职业技术学院、甘肃畜牧工程职业技术学院等。

2. 农业科技企业

甘肃省农业科技企业起步虽晚，但是发展迅速，数量大幅增加，已覆盖全省各个特色产业。至2014年底，全省农业产业化龙头企业有2424家，固定资产总值达463.61亿元，实现销售收入665.59亿元；龙头企业研发投入4.92亿元，拥有农业技术人员1.2万多人，175家企业设有独立的研发部门。

2015年10月，甘肃省农业产业化办公室发布“甘肃省第八批农业产业化重点龙头企业名单”，全省54家企业被确定为甘肃第八批农业产业化重点龙头企业，涉及种业、果品加工、畜牧、酿酒原料、中药材、生物科技等领域。至此，甘肃农业产业化重点龙头企业达到432家。至“十二五”期末，全省农业产业化经营组织达到7585个，龙头企业达到2534个，较“十一五”期末分别增长175%、40.3%。

从甘肃农业科技企业的研发实力看，企业用于基础研发的资金占比较低，研发能力较弱。根据王铁《甘肃省农业产业化龙头企业发展问题研究》，在调查的218家企业中，用于基础研发的资金投入占当年总支出的比例为20%。与此同时，受调查的358家企业中只有112家设立自主研发部门，只有102家拥有自主知识产权的核心技术，占比均不到1/3。在受调查的358家企业法人代表中，文化程度在“大学及以上”的占31.42%，技术人员总数为6096人，平均每家科技企业仅17人，农业科技研发及技术服务力量整体较弱。

（二）农业科技创新平台

1. 重点实验室

全省现有在甘国家重点实验室7个，其中农业领域国家重点实验室2个，分别是依托中国农业科学院兰州兽医研究所建立的家畜疫病病原生物学国家重点实验室和依托兰州大学建立的草地农业生态系统国家重点实验室；省部共建国家重点实验室培育基地2个，分别是依托甘肃农业大学建立的甘肃省干旱生境作物学重点实验室和依托甘肃省治沙研究所建立的甘肃省荒漠化与风沙灾害防治重点实验室。

全省现有各类省重点实验室 99 个，其中农业类 17 个。分别是依托甘肃农业大学建立的甘肃省作物遗传改良与种质创新重点实验室、甘肃省草食动物生物技术重点实验室、甘肃省葡萄与葡萄工程学重点实验室，依托中国农业科学院兰州畜牧与兽药研究所建立的甘肃省新兽药工程重点实验室、甘肃省牦牛繁育工程重点实验室，依托中国农业科学院兰州兽医研究所建立的甘肃省动物寄生虫病重点实验室，依托甘肃省农业科学院建立的甘肃省旱作区水资源高效利用重点实验室，依托甘肃省治沙研究所建立的甘肃省荒漠化防治重点实验室，依托甘肃省水产研究所建立的甘肃省冷水性鱼种质资源与遗传育种重点实验室，依托甘肃省商业科技研究所有限公司建立的甘肃省动物源制品安全分析与检测技术重点实验室，依托酒泉奥凯种子机械股份有限责任公司建立的甘肃省种子加工技术装备重点实验室，依托甘肃大禹节水集团股份有限公司建立的甘肃省节水灌溉技术与装备重点实验室，依托天水神舟绿鹏农业科技有限公司建立的甘肃省航天工程生物育种重点实验室培育基地，依托甘肃省机械科学研究院建立的甘肃省农产品干燥工程重点实验室，依托甘肃省敦煌种业股份有限公司建立的甘肃省玉米育繁重点实验室培育基地，依托圣大方舟马铃薯变性淀粉有限公司建立的甘肃省变性淀粉工艺与应用重点实验室培育基地，依托河西学院及甘肃爱福农业发展股份有限公司建立的厅市共建甘肃省食用菌遗传育种重点实验室培育基地。

2. 工程技术（研究）中心

全省现有国家工程技术研究中心 5 个，其中农业类 1 个，即依托酒泉奥凯种子机械股份有限公司建立的国家种子加工成套装备工程技术研究中心。有省级工程技术研究中心 150 个，其中农业类 56 个，占比 37. 3%；农业类省级工程技术中心中，依托企业建设的有 27 个，依托科研院校建立的有 26 个，企业和院校共同作为依托单位的有 3 个。

目前，甘肃以农业科研院所和从事农业科研活动的高等院校为主体、以农业龙头企业为有效补充、以国家及省属重点实验室和工程技术中心为支撑的农业科技创新格局已形成，具备较强的自主创新能力和支撑全省现代农业发展的能力，旱作农业、高效农田节水、草地农业、农艺农机融合等方面取得了一批全国领先的实践成果。

四 “十三五”甘肃省农业科技发展展望

“十三五”时期是甘肃省全面建成小康社会的决胜阶段。甘肃作为一个农业大省，在创新驱动发展战略指引下，全省农业科技政策将会体现连续性，与“十二五”政策保持较好的衔接。甘肃将通过进一步规范科技管理、突出企业技术创新主体地位等政策措施，使农业科技创新更好地服务于全省全面建成小康社会和脱贫攻坚等重大战略任务。依据“十二五”有关政策法规，“十三五”期间省级财政对农业科技创新的投入将会保持相对稳定的趋势。另外，伴随着农业科技企业的发展壮大，企业技术创新实力将会显著提升；但由于农业科研的“公共性、基础性、社会性”，加之在科技人才、科研基础等方面先天优势，农业科研院所及农业高等院校仍将是甘肃省农业科技创新的主体力量。与此同时，新一轮科技革命和产业革命正在兴起，生命科学和生物技术的发展正在驱动第三次农业绿色革命。农业科技在各领域的新突破将为全省现代农业发展和脱贫攻坚“一号工程”提供更加强劲的支撑。

参考文献

张天理：《2011 年甘肃科技发展报告》，甘肃科学技术出版社，2011。

李文卿：《2012 年甘肃科技发展报告》，甘肃科学技术出版社，2012。

李文卿：《2013 年甘肃科技发展报告》，甘肃科学技术出版社，2013。

李文卿：《2014 年甘肃科技发展报告》，甘肃科学技术出版社，2014。

李文卿：《2015 年甘肃科技发展报告》，甘肃科学技术出版社，2015。

王铁：《甘肃省农业产业化龙头企业发展问题研究》，硕士学位毕业论文，2015 年 6 月。

荣良骥、杨世智：《甘肃省农业产业化重点龙头企业达到 432 家》，《甘肃日报》2015 年 11 月 5 日。

韩临广等：《“十二五”甘肃农业发展成就回顾》，《甘肃农业》2015 年第 24 期。

甘肃省农牧厅：《喜看陇原五谷丰——甘肃省“十二五”农业发展综述与“十三五”展望》，《甘肃日报》2016 年 1 月 11 日。

中国可持续发展研究会：《2049 年中国科技与社会愿景——生物技术与未来农业》，中国科学技术出版社，2016。

G.3
甘肃省农业科技进步与成果产出研究报告

陈文杰*

摘　要： 笔者利用中国知网高级检索功能，对甘肃省农业科技人员“十二五”时期发表的论文数量和申请的专利数量进行查寻，结合省科技厅公布的农业科技成果数量，分析了“十二五”时期甘肃农业科研在自主创新能力、主要科研领域、科研主体方面呈现的特点，找出了宏观农业研究、学科布局、农业信息化研究方面存在的问题，并提出了“十三五”时期加强宏观农业、农业信息化研究和强化企业科技创新能力的建议。

关键词： 甘肃　农业　科技产出

实现农业持续稳定发展的根本出路是提高农业科技进步水平。“十二五”期间，甘肃省紧紧围绕“365”现代农业发展行动计划，深入实施创新驱动发展战略，强化科技创新，科技支撑现代农业发展的能力稳步提高，已成为推动农业农村经济发展的决定性力量。

农业科技进步有广义和狭义之分。狭义的农业科技进步又可分为技术进化与技术革命两类；广义的农业科技进步除了包括狭义的农业科技进步内容外，还包括农业管理水平、决策水平与智力水平等软科学方面的进步。而科技产出是科技进步的重要反映形式。本文从狭义的农业科技进步方面，根据科技成果、专利申请、科技论文等方面的产出情况，分析了甘肃农业科技发展情况。

---

* 陈文杰，甘肃省农业科学院农业经济与信息研究所副所长、助理研究员，主要从事农业经济管理及软科学研究工作。

一 “十二五”期间甘肃农业科技成果产出情况

（一）科技成果产出情况

农业现代化要靠创新驱动。“十二五”时期，甘肃农业强化科技创新，在旱作农业和高效节水农业方面取得了一大批理论和实践成果，形成了全膜双垄沟播、膜下滴灌、垄膜沟灌等一系列技术模式。在航天育种、马铃薯品种选育与脱毒种薯繁育、中药材新品种开发与标准化种植、特色林果繁育与栽培、玉米品种选育与制种、草地农业等技术推广应用及创新方面取得了丰硕成果。“十二五”时期，全省登记成果4541项，其中农业科技成果1011项，占全省登记成果的22.26%。在这些农业科技成果中，2011年登记的有252项，2012年登记的有282项，2013年登记的有151项，2014年登记的有119项，2015年登记的有207项。这些关键技术和重大新品种的取得，增强了农业发展支撑和对资源环境的适应性，成为农业持续发展的重要动力，到“十二五”期末，全省农业科技进步贡献率达到55.2%，为加快推进现代农业发展提供了有力支撑。

如武威市农业科学院等单位选育的玉米新杂交种吉祥1号，平均单产11190千克/公顷，最高单产18000千克/公顷，抗大小斑病、弯孢菌叶斑病、矮花叶病、红叶病、瘤黑粉病、茎腐病，籽粒品质好，容重达750克/升，粗蛋白含量10.76%，粗淀粉含量75.3%，品质达到“三个国家一级”品种水平，适应性广。吉祥1号的成功选育，带动了甘肃省玉米育种水平的整体提升，推动了甘肃省玉米制种产业的升级。2009年以来，吉祥1号在我国黄淮海、东华北、西北玉米主产区和四川平丘地区累计示范推广760万公顷，新增粮食15.9亿千克，新增纯收入57.33亿元，为全省乃至全国的粮食安全做出了积极的贡献。

庄浪县农业技术推广中心等单位选育的庄薯3号株型直立，生长势强，结薯集中，单株结薯数为5~7个，平均单薯重120克，商品薯率高达90%以上，薯块圆形，黄皮黄肉，芽眼淡紫色，薯皮光滑度中等，具有休眠期长、耐贮藏、抗旱耐涝、淀粉含量高、适应性广、高产稳产等特点，尤其是对晚疫病和Y病毒具有较高抗性，薯块干物质含量26.38%，淀粉含量20.5%，粗蛋白含量2.15%，Vc含量16.2毫克/克，还原糖含量0.28%。庄薯3号的成功研发，进一步挖掘提升了马铃薯品种的抗旱能力，显著提升了马铃薯品种的抗病能力，目前已成为甘肃、宁夏、青海等地的主推品种。据统计，2005~2011年，该品种累计在甘肃、宁夏、青海等45个县区累计推广15.75万公顷，平均单产34120.5千克/公顷，较对照品种单产增加7734千克/公顷，增产29.3%，总增产541.2万吨，新增总纯收益31.6亿元。

（二）专利产出情况

笔者于2016年8月18日利用中国知网（CNKI）的中国期刊全文数据库高级检索功能，将申请日期和公开日期均设置为2011年1月1日至2015年12月31日，将申请人设置为“甘肃”、“陇东学院”、“河西学院”、“天水师范学院”、“西北师范大学”，以及甘肃的14个市（州）及所辖各县（区）的名称，并匹配模糊检索（如“兰州”或者“安宁”、“西固”、“七里河”、“榆中”、“永登”、“红古”等），逐年检索了全省在农业科技方面申请专利的情况，共检索到申请专利1371项，其中2011年42项、2012年205项、2013年261项、2014年334项、2015年529项。各年度专利申请情况如表1所示。

表1　“十二五”时期甘肃省在农业科技方面申请的专利数量统计

单位：项

学科＼年份	2011	2012	2013	2014	2015
农业基础学科	0	1	0	3	5
农业工程	18	108	135	148	260
农艺学	3	20	30	40	38
植物保护	4	12	11	15	23
农作物	0	1	1	0	3
园艺	11	34	60	77	104
畜牧与动物医学	5	19	18	40	79
蚕蜂与野生动物保护		5	2	9	7
水产和渔业	1	5	4	2	10

（三）科技论文产出情况

笔者于2016年8月25日利用中国知网（CNKI）的中国期刊全文数据库高级检索功能，将检索条件中的单位设定为“甘肃”或者“陇东学院”、“河西学院”、“天水师范学院”、“西北师范大学”（模糊匹配），检索了2011年1月1日至2015年12月31日，在农业科技（包括农业基础学科、农业工程、农艺学、植物保护、农作物、园艺、畜牧与动物医学、蚕蜂与野生动物保护、水产和渔业）方面，发表于科技期刊的论文，共检索到20525篇，其中2011年3295篇、2012年3782篇、2013年4136篇、2014年4402篇、2015年4910篇；核心期刊论文5657篇，其中2011年1170篇、2012年1099篇、2013年1131篇、2014年1103篇、2015年1154篇。各学科、各年度发表论文的详细情况如表2、表3所示。

表2 “十二五”时期甘肃省农业科技人员发表的论文总量统计

单位：篇

学科＼年份	2011	2012	2013	2014	2015
农业基础学科	271	335	308	485	519
农业工程	136	194	265	288	351
农艺学	179	216	228	327	313
植物保护	277	380	413	438	505
农作物	857	967	1013	1029	1226
园　艺	690	822	903	985	1005
畜牧与动物医学	1159	1244	1349	1393	1604
蚕蜂与野生动物保护	47	51	60	37	40
水产和渔业	46	35	57	67	32

表3 “十二五”时期甘肃省农业科技人员发表于核心期刊的论文数量统计

单位：篇

学科＼年份	2011	2012	2013	2014	2015
农业基础学科	144	139	113	172	162
农业工程	36	33	52	49	38
农艺学	91	96	83	112	101
植物保护	121	119	128	127	135
农作物	351	344	350	318	380
园　艺	230	189	223	192	188
畜牧与动物医学	331	324	306	321	333
蚕蜂与野生动物保护	11	7	15	7	8
水产和渔业	24	12	24	19	8

二　“十二五”期间甘肃农业科技产出的特点

（一）自主创新能力明显提升

从科技成果的登记情况看，由“十一五”时期的945项上升到“十二五”

期间 1011 项，同比增长 7%。

从“十二五”期间甘肃省政府表彰的科技进步奖获奖情况来看，共表彰各类科研项目 730 项，省内单位（含企业）获得的农业类科技项目 177 项，占全部获奖项目的 24.25%。其中 2011 年一等奖 4 项、二等奖 16 项、三等奖 21 项，2012 年一等奖 2 项、二等奖 15 项、三等奖 19 项，2013 年一等奖 1 项、二等奖 14 项、三等奖 16 项，2014 年一等奖 1 项、二等奖 14 项、三等奖 16 项，2015 年一等奖 1 项、二等奖 18 项、三等奖 19 项。

就申请的专利数量来看，从 2011 年的 42 项到 2015 年的 529 项，增加 487 项，增幅超过 10 倍，成绩显著。各学科专利申请数量增长趋势如图 1 所示。

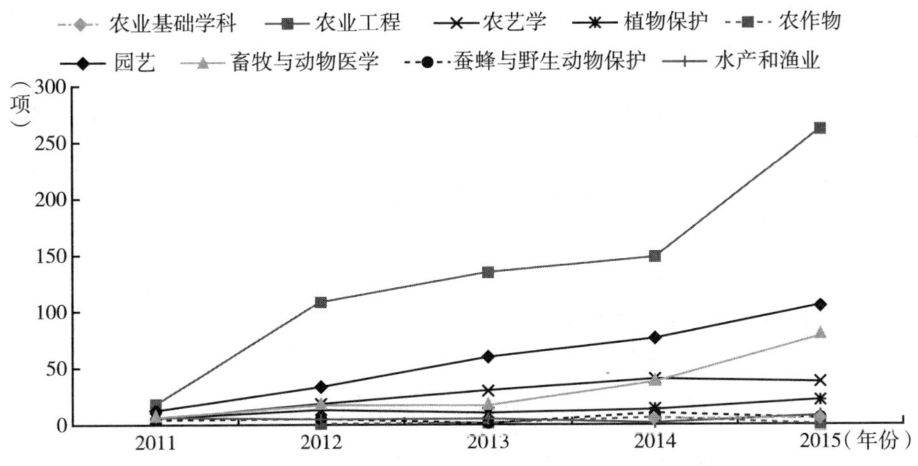

图 1 “十二五”期间各学科专利申请数量增长趋势

从发表的论文数量来看，“十二五”时期，论文总量比“十一五”时期的 15359 篇多出 5166 篇，同比增长 33.64%；核心期刊论文数量比“十一五”时期的 5109 篇多出 548 篇，同比增长 10.73%。就“十二五”时期比较，论文从 2011 年的 3295 篇到 2015 年的 4910 篇，增加 1615 篇，增幅达 49.01%，论文数量逐年增长，年均增幅达 9.8%。各学科论文增长趋势如图 2 所示。

（二）科研活动紧紧围绕主导产业及重大需求成效显著

农业增产、农民增收是实现甘肃省与全国同步建成全面小康社会、建设幸福美好新甘肃的重要保障。“十二五”期间，农业科技紧紧围绕稳粮增收、确保全省粮食供需基本平衡这一任务，产出颇为丰厚。在全省表彰的科技进步奖中，农

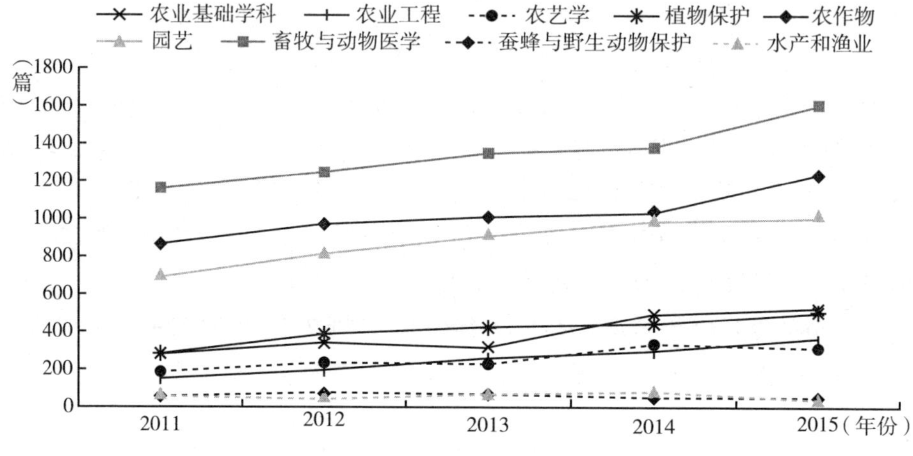

图 2 "十二五"期间各学科论文数量增长趋势

业类项目绝大多数是粮食生产方面的。其中，获得一等奖的 9 个项目中，关于马铃薯的 2 项，关于玉米的 2 项，关于小麦的 1 项，关于冬油菜的 1 项，关于肉牛的 1 项。

就发表的论文而言，在农业科技的 9 个学科中，以农作物和畜牧与动物医学居多，分别占到总量的 24. 81% 和 32. 88%，如图 3 所示。

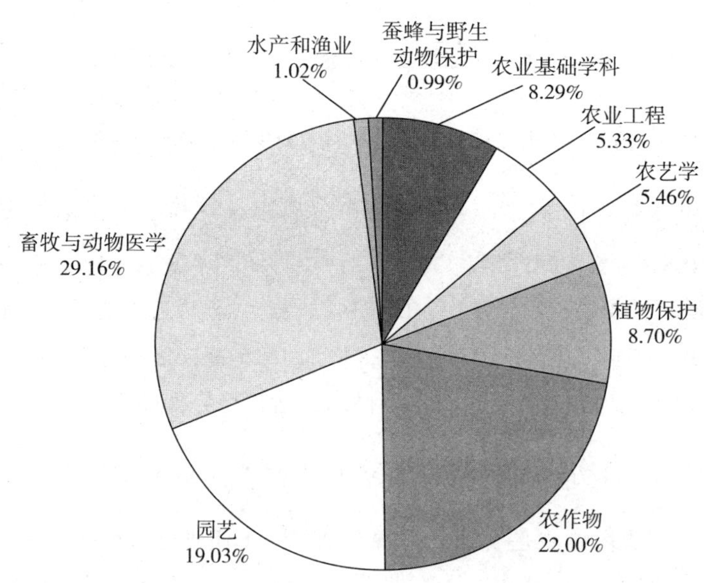

图 3 各学科论文数量占比

而在农作物中，又以禾谷类和经济作物类论文居多，共占到农作物类论文的73.09%；在畜牧与动物医学中，又以直接关系猪、牛、羊、鸡的论文居多，占到畜牧与动物医学类论文的65.51%（见表4、表5）。

表4　各类农作物相关论文数量统计

单位：篇

学科	论文数量	学科	论文数量
作物学基础	198	饲料作物、牧草	487
禾谷类作物	1996	绿肥作物	19
豆类作物	16	经济作物	1798
薯类作物	675	野生植物，热带、亚热带作物及其他	2

表5　牛羊猪鸡相关论文数量统计

单位：篇

学科	论文数量	学科	论文数量
普通畜牧学	1542	其他	9
家畜：牛	666	兽医学：猪病	573
羊	558	牛病	688
猪	271	羊病	438
其他家畜	82	鸡病	254
家禽：鸡	192	其他畜禽病	283

（三）独立科研院所、大专院校仍然是农业科技创新的主体

根据甘肃省科学技术厅公布的情况，“十二五”期间产出的1011项农业科技成果，按照产出机构统计，独立科研机构有418项，占总产出的41.35%；大专院校有183项，占总产出的18.10%；企业有245项，占总产出的24.23%；其他机构有164项，占总产出的16.22%，如图4所示。

从这些数据可以看出，企业的科技产出只占全部科技产出的1/4，在近一段时间内，独立科研机构、大专院校仍是甘肃省农业科技创新的主体。

以甘肃省农业科学院为例，作为全省农业科技创新的专业机构，“十二五”期间，全院争取到各类科研项目800余项，合同经费累计达4.37亿元，到位经费3.75亿元。选育出小麦、马铃薯、胡麻、瓜菜等新品种126个，其中通过国

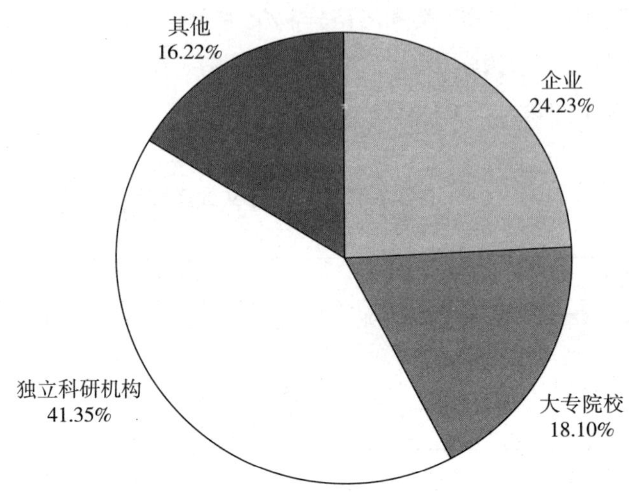

图4 “十二五”期间全省登记的农业科技成果按单位性质占比

家审（认）定品种4个，通过省级审（认）定品种77个。研制出果品保鲜剂、生物有机肥料、日光温室墙体保温被、苹果白兰地等新产品、新材料35个，新工艺3种。设计建设了苹果保鲜粉剂和胶囊中试生产线、2条抑芽剂中试生产线以及3种马铃薯贮藏设施。通过鉴定或结题验收的项目共计284项，其中国家级科技计划项目51项，省级科技计划项目79项，其他项目154项。完成省级科技成果登记139项。授权发明专利51项、实用新型专利22项、计算机软件著作权6项、发布地方标准51项，在各类期刊上发表论文1200余篇，其中SCI收录期刊22篇；出版专著17部。这些科技成果累计推广应用面积达1965.47万公顷，新增粮食2798.12万吨、油料27.75万吨、蔬菜199.85万吨、果品181.16万吨、中药材1.15万吨、饲草936.38万吨、棉花1.90万吨，节水5.77亿立方米，繁殖种羊12.83万只、育肥肉牛3.45万头、繁育种苗1272.9万株，加工各类农产品16.26万吨、保鲜果蔬25.93万吨，新增产值794.60亿元，新增纯收益429.55亿元。

三 “十二五”期间甘肃农业科技发展存在的问题

（一）对宏观农业发展的研究相对欠缺

不论是从获奖科技成果来看，还是从发表的论文来看，大部分农业科技成果局限在专业技术领域，对宏观农业的战略研究开展得不多，缺少对农业发展的方针政策、道路模式进行系统、深入地探索，缺乏对世界农业发展趋势、甘肃省农业发展现状及未来发展方向的理论研究和对甘肃省农业发展规律的总结，对农业产业化、集约化、标准化、现代化等方面研究探索相对较少。特别是以经济学为基础，对农业市场的研究分析少，对农业发展宏观决策参谋咨询作用发挥不够。

（二）各学科发展不平衡

虽然甘肃省通过加强农业科技创新，在种植业、畜牧业、林果业、中药材等方面取得了丰硕的成果，也为农业增效、农民增收提供了有力的支撑，但部分学科还存在研究力量不强、成果偏少、深度不够等问题。从对农作物的研究来说，创新成果主要集中在小麦、玉米、马铃薯等粮食作物方面，对豆类作物、糖料作物、纤维作物、糜谷等谷类作物的研究较少。比如在发表的论文中，有关小麦的有 752 篇，有关玉米的有 988 篇，有关马铃薯的有 672 篇，而有关高粱的只有 15 篇，有关棉花的只有 97 篇，有关茶叶的只有 11 篇（见图 5）。

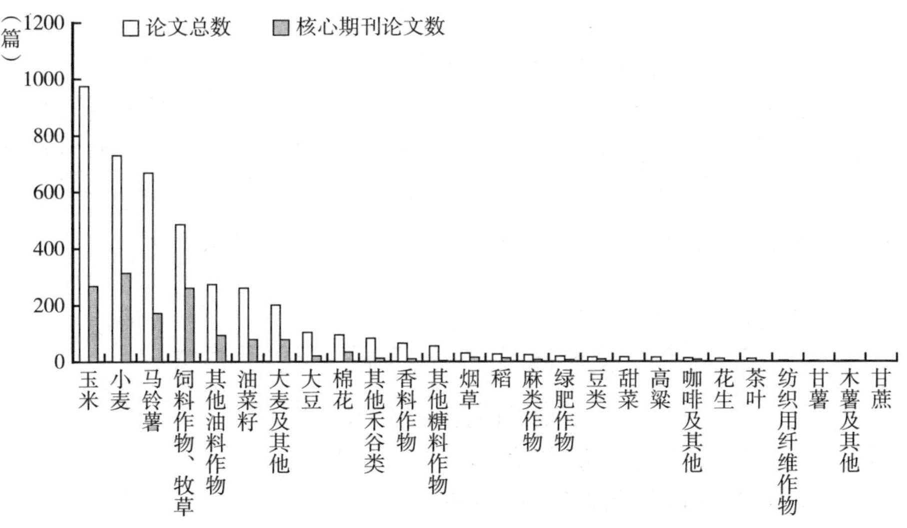

图 5 “十二五”期间各类作物论文数量对照

从对草食畜牧业的研究来说，研究成果主要集中在牛、羊、猪、鸡等方面，对其他动物特别是经济动物的研究相对较少，如图 6 所示。

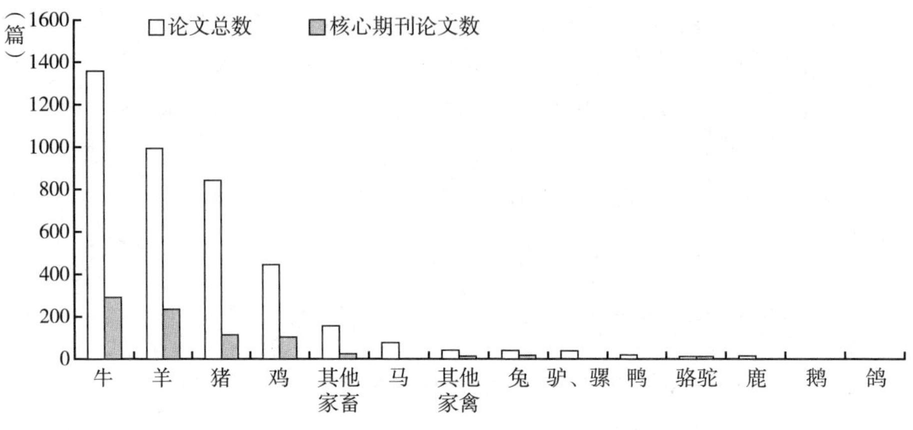

图6 “十二五”期间各类动物论文数量对照

（三）对农业信息化的研究偏少

农业信息化是现代农业的重要标志，是现代农业的制高点，它对于加快转变农业发展方式、建设现代农业具有重要的牵引和驱动作用。但是，当前甘肃省农业信息化水平，无论与新农村建设标准，还是与农业现代化建设要求相比，还有很大差距，存在的矛盾问题还很突出。究其原因，主要还是农业信息科技的引领作用没有凸显。笔者按前述方法，将主题设为“农业信息化”，采取匹配模糊方式，在中国知网（CNKI）所列的全部学科中，检索了2011～2015年期刊中发表的论文数量，只检索到了105条结果。同时，笔者又查找了“十二五”期间甘肃省科技进步奖获奖项目目录，只找到了1项关于农业信息化的项目。

四 对甘肃省在“十三五”时期推进农业科技进步的建议

（一）加强对农业发展的宏观战略研究

现代农业作为高度科技依存型产业，对农业科学技术的需求越来越迫切。但是，当前我国正处在“四化”同步推进、城乡一体化新格局快速形成的重要时期，宏观经济运行面临很多不确定因素，制约农业发展的新旧矛盾相互交织，新情况、新问题不断凸显，农业科技工作面临的形势更加复杂，挑战更加严峻，机遇也非常宝贵。面对新机遇和新挑战，准确认识和把握农业科技发展中的主要矛盾和基本规律，准确认识全省农业农村经济社会发展面临的各种结构性、深层次的矛盾和问题至关重要。农业科技工作要通过开展科技发展战略研究，对农业科技发展形势和需求进行全面的研判，并在此基础上制定更为合理的发展规划，打造开放合作的战略研究平台，培养科技战略研究人才，推进自身跨越式发展，推进全省农业现代化发展进程。

（二）推进农业科研领域的均衡发展

甘肃省粮食生产虽然取得了“十二连增”的好势头，但粮食供需仍将长期处于结构性盈余与结构性短缺的紧平衡状态。要改变这种状态，就要充分调动各级各类科技资源与社会力量，共同开展研发、转化和推广，形成各产业科技力量在充分发挥各自优势的基础上大联合、大协作格局；坚持在提高小麦、玉米、马铃薯等主粮作物和苹果、梨、桃、葡萄等主导果业产量质量的基础上，加大对豆类作物、糖料作物、纤维作物、谷类作物，以及花卉、啤酒原料、花椒、油橄榄、李、杏、樱桃、核桃、枸杞、枣等的研究，大幅度提升其产量质量；坚持在发展牛、羊、猪、鸡等传统畜牧业的基础上，加大对水产、兔、狗、驴等，特别是特种经济动物的研究，发挥科技在产业发展中“四两拨千金”的作用，为农业增效、农民增收和产业结构调整做出贡献。

（三）加强农业信息化研究

在新的形势下，甘肃必须抓住农业发展的先机，加强对农业信息化的研究，把创新、协调、绿色、开放、共享的发展理念贯彻落实到推进农业信息化的各行业各领域全过程，大力推进农业信息化的跨越发展。一是强化科技主管部门的信息化意识。信息化需要高投入，它的发展离不开政府的支持与扶助，各级政府科技主管部门必须提高对农业信息化研究意义的认识，加大对农业信息化研究的资金和人力投入，积极建立农业信息研究体系，加强对农业信息化的研究，为农业生产和经营的发展提供必要的、系统化的农业信息支持。二是加强农业信息化研究人才队伍建设。农业信息化是多学科的融合，必须培养一批既懂信息技术，又懂农业科研的跨学科复合型人才。三是开展物联网技术应用、信息技术应用、数字资源开发等方面的研究，为农业发展插上信息化的翅膀。

（四）努力提高涉农企业的科技创新能力

使农业科技创新真正成为全省现代农业发展的内生动力，关键是深入贯彻落实党的十八大精神，深化科技体制改革，着力构建以企业为主体、市场为导向、产学研用相结合的技术创新体系，推动科技与经济紧密结合。一方面要加强政府引导与支持。政府要积极引导涉农企业加强科研体系的建设和科研能力的提升，充分利用科技创新政策，引导、鼓励涉农企业积极参与科研活动，加强科研人才队伍建设，营造技术创新良好氛围，真正使科技创新成为增强企业发展的内生动力。另一方面，要加强涉农企业与农业科研院所、高等院校的协同创新。要建立科研院所、高等院校与涉农企业合作的平台，形成互利互惠、合作共赢的良好机制。鼓励科研院所、高等院校帮助暂时不具备科研条件的企业搭建科研平台，提供技术指导，规划创新途径，帮助企业走上自主创新的道路。

参考文献

王振华、张广胜：《人力资本、追赶效应与农业科技进步》，《中国人口·资源与环境》2013 年第 12 期。

施中岩：《现代农业需要加快推进农业信息化建设》，《人民政协报》2015 年 3 月 24 日。

解沛、李世贵、曾玉峰：《农业科研院所开展战略研究工作的若干思考》，《农业科技管理》2015 年第 6 期。

魏胜文：《促进农业科技进步　保障甘肃粮食安全》，《甘肃日报》2013 年 12 月 17 日。

G.4

甘肃省农业科技成果推广研究报告

郭天文　郭晓冬　于　轩　班明辉*

摘　要：加速农业科技成果推广是落实科技创新驱动战略、促进农业发展方式转变的重要措施。“十二五”期间，甘肃借鉴国内外先进经验，加强农业科技创新与成果推广体系建设，实施重大农业科技成果推广项目，加大农民科技培训力度，有效提高了农业生产的科技水平。但甘肃农业生产自然条件严酷，投入不足，农业科技成果供给不足和需求不足同时存在，推广转化的机制不健全是造成科技成果转化效率低的主要原因。今后要加强农业科技创新，增强农业科技成果的有效供给；建立完善的产权归属、成果评价制度；进一步加强农业科技成果研发推广转化体系建设，促进农科教、产学研的深度融合；加强基层农技推广人员、农村专业合作社及农民专业素质的培养与提高；进一步加强现代农业科技示范园区建设，有效促进农业科技成果推广。

关键词：甘肃　农业科技成果　技术推广

改革开放以来，我国农业现代化建设取得了重大进展，农产品供应总体实现了从短缺到自给自足丰年有余的历史性转变，在我国历史上第一次取消了农业

* 郭天文，男，研究员，甘肃省农业科学院科研管理处处长，主要从事植物营养与土壤肥料、旱地农业技术研究及科研管理工作；郭晓冬，女，研究员，甘肃省农业科学院土壤肥料与节水农业研究所副所长，主要从事蔬菜栽培生理生态、无土栽培及设施菜田土壤退化防控技术研究工作；于轩，男，推广研究员，甘肃省农牧厅科教处，从事农技推广和农业科技管理工作；班明辉，男，甘肃省农业科学院副研究员，主要从事林果栽培技术研究及科研管理工作。

税，粮食产量实现了“十二连丰”，极大地调动了广大农民、涉农企业和农业工作者的积极性和工作热情。农业的快速发展彻底改善了广大农民的生活水平，也为我国全面建成小康社会进而实现中华民族伟大复兴提供了物质基础。但是，我国面临的农业、农村和农民问题依然十分突出，受到两个“天花板”和“地板”不断抬升的挤压①，以及两道“紧箍咒”② 的制约，农业的持续稳定发展面临着前所未有的困难。党的十八届五中全会提出了“到2020年我国现行标准下农村贫困人口实现脱贫，贫困县全部摘帽，解决区域性整体贫困”的目标，习总书记多次指出“小康不小康关键在老乡”。我们只有依靠科技创新，加速农业科技成果推广与转化，大力发展现代农业，才是解决“三农”问题的唯一有效途径。

一　农业科技成果的定义与科技成果推广转化的内涵

人们通常所说的科技成果是指“在科学技术活动中通过复杂的智力劳动所得出的具有某种被公认的学术或经济价值的知识产品”，是科学技术成果的简称，具有科学性、新颖性、先进性和创造性的特征。科技成果一般分为：基础研究理论成果、应用技术研究成果和软科学研究成果三大类。科学成果和技术成果二者之间既有区别又有紧密联系，是相互制约、相互促进的有机整体。科学成果还具有系统性、权威性的特征，而技术成果则具有实用性、成熟性、适用性、安全性和时效性的特点。

科技成果推广应用与成果转化意义相同，是指有目的地将技术上先进、成熟，生产和服务上可行，经济上合理，具有科学、社会和经济价值的科技成果，通过应用、示范、培训、指导、咨询、交流、展览、实施以及技术转让、贸易许可等向经济建设和社会发展领域扩散转移，扩大其应用范围的活动。

在成果转化过程中，科研机构（或其他成果拥有者）是成果的供给方，企业、农民等生产者（或其他使用者）是成果的需求方，政府是推动成果转化的组织者和调控者，政府的作用就是对成果的供给方、需求方和中间媒介进行宏观调控，促进科技成果的有效转化。在成果应用转化前，首先需要由社会专业权威对成果进行鉴定（或审定，认定），以确定其有效性，过去这项工作由政府部门

① 两个“天花板”，是指主要农产品价格已高于进口价格，无法继续提价，以及农业补贴中属于“黄箱”政策范畴的，受到世贸组织规则限制，无法继续增加。“地板”抬升是指农业生产成本上涨。

② 两道“紧箍咒”，是指生态环境严重受损、资源开发利用强度过大严重束缚农业长远发展。

负责组织，2016 年 8 月，科技部按照国务院要求，决定对《科学技术成果鉴定办法》等规章予以废止，标志着过去由政府科技主管部门对科技成果进行鉴定体制的终结，今后科技成果评价将委托第三方专业评价机构进行客观、公正的评价，这样既可获得投资方和合作方的认可，也有利于技术交易的顺利进行，并将更有利于成果转化。

农业科技成果则是农业科学技术成果的简称，包括种植业、林业、畜牧业、渔业等农业领域。由于农业科学是应用科学，其主要目的是通过科学研究、技术创新并加以应用，不断提高农业生产水平，不断提高劳动生产率、土地产出率和资源利用率，改善人们的生活质量，增加农民收入，促进社会进步。

农业科技成果主要以动植物新品种、种养新技术、新产品、新工艺、新标准、新材料、新方法、新装备、新配方、新设计以及农业资源保护等形式为社会提供成果和服务，因此，农业科技成果多数为应用技术成果，也具有科学性、新颖性、先进性和创造性的特征，同时它还具有实用性、成熟性、区域性、安全性和时效性的特点。由此笔者认为农业科技成果推广转化一般是指技术成果的转化应用，不包括基础研究理论成果。农业科技成果推广是在科技成果评价确定的基础上，将成熟、有效的研究成果推广应用到农业生产中，是农业科技成果转化为现实生产力的过程，也是农业科研活动的延续。

由于农业的行业特点，除专利技术以外，我国的农业科技成果形成时就要求进行一定规模的推广应用。多数农业技术成果在成果评价时就已经具有一定规模的转化应用，因此，农业技术成果的推广转化主要是进一步在更大规模上应用和进一步完善试验推广的过程。加强农业科技成果的推广应用和转化工作，是促进农业科技进步、推动农村经济建设和社会发展、推动农业现代化发展的根本措施。

二　国内外农业科技成果推广发展状况

（一）国外农业科技推广模式

美国农业科研与技术推广体系，由美国农业部农业研究局及各州农业实验站、各州公立大学农学院以及其他院校和私立大学组成，形成了颇具美国特色的农业教育—科研—推广模式。美国法律规定，政府所属的研究机构的研究人员属于联邦政府的雇员，他们的研究成果属于联邦政府所有，由联邦政府的技术应用办公室负责知识产权的转化。对于合作研究成果，各研究单位可共同承担有关费用，分享授权收入。对于大学接受联邦政府资助项目取得的技术成果，允许受资助方持有知识产权以各种方式转让其权利。技术成果转化的收益分配，不同机构有不同的规定，一般技术发明人可获取30% ~35%的奖励，其余用于公共开支和学校的研究基金。农业科技成果转化中的投入则采用资本市场融资为主导、联邦政府财政资助为辅助的融资模式。

英国借助强大的工业基础建立较为完善的农业科研、教育和推广体系。农业科研工作由国家农业研究委员会统一计划和协调，农业研究委员会下设有23个研究所，承担国家农业科研项目。农业科技成果的推广由环境食品与农业发展咨询局负责，该局在国家和地方设有8个区域性推广机构和4个分支推广机构，负责科研成果推广转化，各地的农业技术推广培训中心负责培训农业技术推广人员。在促进科技成果转化的路径上，主要采用三种方式：一是以政府为主导、私有农业研究机构参与的重大产业攻关；二是以高等院校、科研机构为主体，引导科技成果的产业化发展，实现科研成果与经济发展相结合；三是坚持联动功能，注重人才培养与激励，实现科技成果的有效转化。

法国的农业产业化水平较高，其小麦、玉米、家禽的出口居世界前三位。法国农业科技推广转化主要采取政府服务，企业（农场主）为主体，行业协会广泛参与的推广模式。一是法国成果推广署在政府的支持下，协调大学、科研机构和农业企业之间的联系，通过无息贷款、聘请专家、免费培训等方式推动产学研联合。二是法国农业发展署通过农业行业协会和政府代表共同管理企业性的协会，开展科普宣传、培训，促进行业协会与大学、科研机构的合作。三是法国的专业技术协会遍布农业发展的各个环节，主要负责维护劳动者权益，开展农业技术服务和技术推广。另外，法国发达的农业职业教育系统（包括公立和私立学校）为农业培养了大量的专门技术人才和高素质的农场主、农业工人，有力地推动了法国农业科技成果的转化。

日本则是一种以农业协会为主的农业科技成果转化体系。日本从中央到地方都建立了相应的农业科研和技术推广机构。各级农协（国家、都道府、市町）都设有农业科技推广中心，负责把科研机构研发的新品种、新技术、新农艺推广应用到农户，指导农户生产，并与农户结成经济利益共同体。日本的农业科技成果转化模式是“市场—农协—农户”模式，其农业科技成果转化的资金来源主要依靠“银行借贷”的模式，并且建立了完善的信用担保体系。

（二）发达国家的农业科研推广发展给我们的启示

一是农业科技成果的转化与推广，既需要政府的支持，也依赖于市场机制下的商业运作。因此，把商业化（包括推广资金的融资模式）运作引入我国的农业科技成果转化模式中，建立利益驱动机制是十分必要的。

二是在科研、教育、推广三位一体的体制下，科研课题主要应根据农业发展的需要，并因时因地而异。农业科技工作应兼顾科研和推广两个方面，既能将科技成果传递给企业和农民，也能迅速反馈企业、农民等生产者对科技的需求，保证科研成果适应产业发展的需要。因此，农业科学研究和技术推广必须面向市场和农业生产，做到有的放矢。

三是建立健全农业科技成果转化的资本化模式。资本化模式是指农业科技成果拥有者以成果作为资本投入农业企业或农户，通过市场机制实现成果资本化，进而实现市场化的过程，这样使科技成果研发和推广从“研究—应用—市场”的旧模式转向“市场—研究—应用”的新模式，真正做到“研有所用、供有所求”。

四是努力发展农业行业协会、合作社等各类社会经济合作组织，并逐步实现企业化运作，既可以维护各类农业生产者的合法权益，又能降低科技成果推广的成本和应用的风险。

（三）我国农业科技成果推广发展现状

“九五”以来，随着“科技兴农”战略的实施，国家相继出台了一系列政策，鼓励和支持农业科技创新和成果转化。“十二五”期间，国家发改委、财政部、科技部、农业部等国家各部委组织实施了一大批促进农业科技创新和成果转化的科研与推广项目，比如，农业综合开发项目、科技支撑计划、农村能源建设、有机质提升计划、高产田创建、农业（公益）行业专项、国家农业产业技术体系、农业科技成果转化项目、中小企业创新基金、星火计划，以及“三区”人才资助项目等科技计划，内容涉及动植物新品种、农产品加工、新肥料、节水农业、现代装备、有害生物防控、农村能源，以及人才培养、技术服务等农业领域的各个方面。这些项目的实施，有力地促进了农业科技进步和成果推广。通过实施粮食丰产科技工程，在东北、华北和长江中下游三大平原 13 个粮食主产省，开展粮食丰产技术集成创新和示范应用，5 年累计增产粮食 5600 多万吨，增加效益 1000 多亿元。我国农业科技进步贡献率由 2010 年的 52% 提高到 2015 年的 56%，农业科技整体水平大幅度提升，为保障国家粮食安全提供了有力的科技支撑。

三　甘肃省农业科技成果推广发展现状

（一）农业科技成果推广的组织状况

目前，甘肃省的农业技术成果推广组织主要由省农牧厅，各市（州）、县农（牧）业局，各乡（镇）所属的农业技术推广机构，涉农大专院校，各市（州）农（林）业科研机构，部分涉农企业技术部门和中央在甘肃涉农科研机构组成，形成了以省级科研、推广机构为统领，市、县农业技术推广中心为核心，乡镇农技站为主体的农业推广体系。推广方式主要有以政府推广机构为主体、以高等院校和科研机构为主体和以企业（公司）为主体的三种基本推广方式。

（二）甘肃省农业科技成果推广发展现状与成效

“十二五”期间，甘肃省委、省政府出台了“365”现代农业发展行动计划，着力打造旱作农业、高效节水农业、草原畜牧业可持续发展三个国家级示范区，突出发展六大特色产业，强化五项保障措施，积极推进农业农村改革，持续促进农业增效、农民增收，农业综合生产能力明显提升，科技支撑水平稳步提高，形成了全膜双垄沟播、垄膜沟灌等一系列技术模式。在马铃薯品种选育与脱毒种薯繁育、中药材新品种开发与标准化种植、特色林果繁育与栽培、玉米品种选育与制种、草地农业等技术推广应用及创新方面取得了丰硕成果。粮食生产实现“十二连丰”，优势特色产业快速发展，全省农业科技贡献率由2010年的48%提高到了2015年的55.2%，走出了一条优质、高效、可持续发展的具有甘肃特色的现代农业发展新路子。

1. 甘肃省农业科技事业发展迅速

根据甘肃省国民经济和社会发展统计公报统计，“十二五”期间，全省登记的省部级以上科技成果4541项，年均908.2项。授权专利22793件，其中，授予发明专利权4091件，年均818.2件。签订技术合同18506项，技术合同成交金额471.37亿元，年均达到94.27亿元。

“十二五”期间，全省各级农业科研、推广机构的事业发展也取得了长足进步，自主创新能力明显提升，特别是承担的科研推广项目数、项目经费以及植物新品种权保护、专利授权、技术标准等拥有自主知识产权的技术成果增长势头强劲。农业科技成果数量由“十一五”时期的945项上升到“十二五”时期的

1011项，同比增长7%。申请的专利数量，从2011年的42项到2015年的529项，增加487项，增幅超过10倍。发表的论文总量比“十一五”时期的15359篇多出5166篇，同比增长33.64%；核心期刊论文数量比“十一五”时期的5109篇多出1548篇，同比增长10.73%，论文数量呈逐年增长的趋势。共审（认）定通过了各类农作物新品种980个，是“十一五”审（认）定品种数量的2.3倍，为全省粮棉油稳步增产、名优特农业产业化发展和农民增收做出了重要贡献。比如武威市农科院主持选育的玉米新杂交种吉祥1号，平均产量11190千克/公顷，最高产量18000千克/公顷，抗多种玉米病害，籽粒品质达到“三个国家一级”品种，适应性广。2009年以来，在我国黄淮海和三北地区玉米主产区累计推广760万公顷，新增粮食15.93亿千克，新增纯收入57.33亿元。同时推动了甘肃省玉米制种产业的升级，为甘肃省乃至全国的粮食安全做出了重要贡献。庄浪县农业技术推广中心主持选育的庄薯3号生长势头强，抗旱耐涝，淀粉含量高，结薯集中，商品薯率高达90%以上，薯块休眠期长，耐贮藏，适应性广，高产稳产，尤其是对晚疫病和Y病毒具有较高抗性。目前已成为甘肃、宁夏、青海等地的主推品种，累计推广69.98万公顷，平均产量34121千克/公顷，总增产541.2万吨，新增总纯收益31.6亿元。

甘肃省农业科学院作为全省农业科技创新的龙头，“十二五”期间，共承担实施各类科研项目1566项，项目经费达4.37亿元，到位经费3.75亿元，是“十一五”期间1.85亿元的2.4倍。选育出农作物新品种126个（其中通过国家审定品种4个，通过省级审定品种77个）。获得各类科技成果奖励124项，其中国家农牧渔业丰收奖一等奖1项，农业部中华农业科技奖11项（二等奖4项、三等奖7项），省科技进步奖47项（一等奖1项、二等奖25项、三等奖21项），地厅级奖励13项，各类社会力量获奖49项。通过省级科技成果登记139项，发表学术论文1258篇，获得专利授权及软件著作权82项，发布技术标准73项，出版专著17部，分别较“十一五”时期增加了0.3%、14.4%、3.5倍、2.0倍、2.4倍。

2. 农业科技创新与科技推广体系基础条件建设进展显著

“十二五”期间，农业科技创新基础设施建设和基层农业科技推广体系建设成效显著。一是争取到农业部9个农业“学科群”野外科学观测试验站建设、种子工程、作物良种区域试验站建设、国家糜谷品种改良西北分中心、国家油料品种改良分中心、甘肃省旱作区水资源高效利用重点实验室、甘肃省小麦品种改良工程中心等一批农业科技创新与技术推广平台建设项目，显著改善了全省农业科技创新与成果推广的基础条件。二是投资2.6亿元组织全省72个县建设了785个区域和乡镇农业技术推广站，覆盖了1088个乡镇，基本实现了基层农技推广机构有业务用房、有服务手段、有技术人员、有工作制度的“四有”目标。

3. 农业科技创新与科技成果推广重大项目实施方兴未艾

“十二五”期间，在国家各部委和省政府的支持下，甘肃省各科研机构和技术推广部门成功地组织实施了现代农业产业体系、农业综合开发、测土配方施肥、农村能源、旱作农业等一批农业技术成果推广项目，集中示范推广了一大批先进适用的农业生产新技术和农作物新品种。同时，为了进一步加强源头创新和技术储备，省财政每年安排专项资金，组织各级农业科研、推广、教学单位和有关企业，实施了农业生物技术研发和农业科技创新与技术推广项目，为全省现代农业发展提供了强有力的技术支撑。

在甘肃省实施的国家现代农业产业技术体系有1个研发中心、30个岗位科学家和33个综合试验站，涉及小麦、玉米、马铃薯、胡麻、肉牛、林果、蔬菜等27个产业，依托该体系专家全面开展农业技术成果推广和技术培训，推广了一大批先进适用的技术成果，对提升各产业的科技水平和发展动力起到了积极的促进作用。

农村能源建设项目累计投入资金8亿多元，在80个项目县（市、区）建设户用沼气池21万个、养殖小区和联户沼气工程项目245个，大中型沼气工程建设项目67个，农村沼气乡村服务网点1142个、县级服务站53个。农业环境保护采取“财政贴息、先建后补、以奖代补”等方式，扶持省内废旧地膜回收加工企业293家，设立乡村回收网点2148个。扶持303个乡镇、29家流通企业开展尾菜田间处理利用，扶持3家技术支撑单位开展尾菜饲料化和肥料化技术提升与示范推广，初步形成了大田和库区尾菜肥料化、饲料化、沼气化等利用模式。2015年全省废旧农膜回收利用率和尾菜处理利用率分别达到78.48%和31.3%。

4. 农业科技宣传与农民科技培训规模不断扩大

一是结合新型职业农民培育工程，努力推进培训工作的规范化。在全省81个县市区积极探索和建立教育培训、认定管理和政策扶持“三位一体”的新型职业农民培育制度，以及“分段式、重实训、参与式”的培育模式，并着力构建以农广校为主体，农业院校、科研院所、推广部门等公益性教育培训资源为补充的“一主多元”的新型职业农民培育体系。累计培训新型职业农民4.09万人。

二是广泛开展实用技术培训，着力提高农业科技普及率。依托重大农业技术推广项目的实施，结合农时季节，通过办培训班、设咨询台、包乡进村、蹲点包户、一事一训等多种渠道和方式，开展有针对性的科技培训，累计完成农业实用技术普及性培训406.26万人次，开展“绿色证书”培训10.93万人次，培训农村实用人才带头人0.11万人次。

三是结合农村劳动力培训阳光工程大力开展农业职业技能培训。在种植业、畜牧业、兽医服务、农机服务、农业经营和农村社会管理、涉农企业用工等6大领域，完成蔬菜园艺工、畜禽养殖技术员、村级动物防疫员、农机操作员等13个岗位的农业职业技能和农业专项技术培训25.93万人次。

5. 农业生产水平不断提高

“十二五”期间，全省农业科技创新和技术成果推广能力、农业产业化水平和农业生产能力得到迅速提高，有力地促进了全省现代农业的发展。2015年，全省粮食、肉蛋奶、水产品分别比2010年增长了22.2%、32.9%和19.5%。全省粮食生产实现了“十二连丰”，粮食总产达到117.11亿千克，人均占有粮食达到452千克；畜牧业总产值从181.8亿元增加到296.09亿元，增长62.8%，全省规模养殖比重达到50%以上；特色优势产业规模不断扩大，种植面积占到全省农作物播种面积的50.1%；农产品加工转化率达到50.5%，生产加工能力显著增强；全省农机总动力达到2640万千瓦，主要农作物耕种收综合机械化水平达到47%。农民人均收入由2011年的3424.7元增加到2015年的6900元，年均增长20.3%。

四　甘肃省农业科技成果推广转化的制约因素及存在的问题

甘肃省的农业发展虽然取得了显著的成绩，但是横向比较，甘肃农业现代化水平与东部发达地区相比还有较大的差距，农业科技成果推广转化中还存在许多制约因素和问题。

1. 农业生产自然条件严酷，经济落后投入不足

甘肃省地处西北内陆，干旱少雨、土地贫瘠、水土流失严重，农业生产受干旱、风沙、盐碱、土地瘠薄的危害十分严重，适宜种植的平整土地面积有限；中南部山大沟深，土地破碎，农业机械化、产业化经营难度很大，致使农业科技成果推广的成本加大，加之经济落后，农业基础设施建设投入不足，农业科技创新和成果推广资金短缺，极大地影响了农业科技成果的产出和转化。

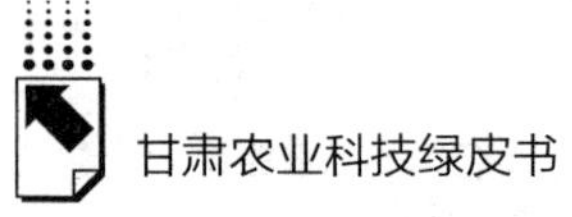

2. 农业科技成果供给不足

一是农业科技成果总体数量供应不足。由于农业生产的复杂性，农业科技成果产出的周期比较长，往往一个农作物新品种的选育需要经过 10 年甚至更长时间才能成形用于推广，而林果、畜禽等的新品种选育则需要更长时间，难度更大，从而造成农业科技成果产出慢、周期长，科技成果的供应跟不上农业生产发展的需要。

二是科技成果的供应与市场需求不相适应。由于我国从计划经济体制转向市场经济体制的时间不长，许多科技成果还停留在以提高数量、增加产量的模式下，适应市场需求的农业科技成果就显得非常缺乏，不能满足当今农业发展的需要。

三是由于现今的科研项目申报、成果评价、人员考核机制等与市场需求不相适应，科技人员重科研轻推广，过分追求项目的立项与经费的多少，将论文数量和成果奖励等作为主要追求目标，缺乏对成果的实际应用效果和经济价值的考量，因而有些成果的市场反应差，转化能力弱。

3. 农业科技成果推广转化的需求不足

由于甘肃省农业产业化发展程度不高，大部分农业生产者为一家一户分散经营的农户，经营规模小，应用科技成果产生的经济效益绝对量较小。加之大量有知识的青壮年劳动力外出务工，留在农村务农的大多为“3860”部队，使得农业生产者的整体素质下降，种地已不再是农民“发家致富”的主要途径，先进的农业科技成果与落后的生产力需求不相适应。多数企业、农业专业合作社也因经济实力有限，无法承担新技术、新成果应用的费用，存在“小富即安”的思想，更无法投入大量资金用于科技成果的自主研发上。再加上许多贫困地区的农民，思想上“等、靠、要”已成为习惯，认为推广应用农业新技术是政府的事，缺乏应用新技术成果的积极性和主动性。

4. 农业科技成果推广转化的机制不健全

一是投入机制。我国目前的农业科研推广体制是以政府投入为主的政府主导型体制，农业科技推广的项目资金主要来源于各级政府，这就造成为争取资金必须以政府的意愿为导向，逐渐形成了“唯上不唯下”的科技推广取向，导致部分项目脱离生产实际，或者不是生产中所急需的。甘肃省实施的科技项目虽然不少，但多数是由国家各部委下达的，而针对甘肃省特色农业产业发展的省级科技投入不足，成果推广不力，区域经济发展差距拉大。

二是运行机制。一方面，甘肃省各级政府农业科技推广机构、大专院校、科研机构和农业企业之间缺乏深层次的合作，由于项目来源、资金筹集渠道、利益分配等诸多问题相互交织，往往出现各自为政无法形成合力的局面。县乡等基层推广机构与农民联系最为密切，是科技成果转化的关键环节，却常常因资金缺乏、人员素质偏低、队伍不稳而影响成果转化的效果。农业企业也由于技术力量薄弱、内设机构不健全、资金短缺而无法进行高层次成果转化。总之，科研、推广、生产者三者衔接不紧密，也是造成科技成果转化率不高的原因之一。另一方面，甘肃省科技服务体系不健全，缺乏对农业科技成果认定、价值评估的中介机构，科技成果的供需双方无法在市场上进行平等交易。

三是评价与激励机制。目前甘肃省尚未建立起完整的农业科技成果推广转化的评价激励机制。一方面，公益性科技成果的推广完全是各承担单位的工作任务，开展得好坏没有完善的考核评价机制，科技人员为完成项目任务，需不计收益地投入项目资金用于完成项目要求的推广任务，以达到成果评价时的基本要求。例如，一个获得国家植物新品种权保护的新品种，科研机构和发明人为了扩大推广面积，常常需无偿地提供给企业、农户原种而没有经济利益的回报。这表面上看起来暂时促进了成果转化，但从长远、深层次来看是阻碍了科技成果的产业化。另一方面，产业化转化效益明显的技术成果也常因为转化后利益分配不合理或是财经政策不配套，技术人员所得到的利益不能保障而影响其工作的积极性和主动性。

四是交流共享机制。目前，甘肃省还存在农业科技成果交流共享机制不完善的问题，供需双方沟通渠道不畅、信息不对称的问题时有发生，常常是生产者有问题不知道找谁、不知道如何解决，而科研推广部门不知道生产者有何问题，从而造成“推而无需，需而无推”的窘迫状况。

五　进一步促进农业科技成果推广的对策与建议

“十三五”时期是我国全面建成小康社会的关键时期，也是转变农业发展方式、推进农业现代化的攻坚时期。《甘肃省“十三五”农业现代化规划》指出：要深入推进“365”现代农业发展行动计划和“十百千万”工程。努力走出一条产出高效、产品安全、资源节约、环境友好的甘肃特色农业现代化道路。甘肃省农业的出路在现代化，农业现代化的关键在科技进步，强化科技支撑、大力加强农业科技成果推广与转化是发展现代农业的必然选择。

1. 加强农业科技创新，增强农业科技成果的有效供给

一是要增加农业科技投入。应在增加农业公益性、基础性投入的基础上，增

加各级财政对于科技成果完善、熟化、中试、适应性研究的投入，以提高成果的适用水平和转化价值。同时，鼓励企业、社会资本增加科技投入，建立多元化的投资机制，促进区域特色农业产业的发展。

二是改革科技项目立项机制。在保持公益性农业技术成果推广政府主导的基础上，大力增强地方、科研推广机构选题立项的自主性，以市场为导向、以特色产业发展为主要内容，以全产业链科技创新与服务组织、设计、实施项目，促进地方特色产业的快速发展。广大农业科技人员也应将主要研究方向、推广转化精力转移到特色产业、市场需求、关键环节成熟有效的科技成果上来。

2. 建立完善的产权归属、成果评价制度

一是建立明确、公平的各类农业科技成果的归属使用和利益分配制度。明确各级财政、企业、自筹等不同资金资助以及多单位合作、多渠道资金来源所产生的科技成果的权属与分享制度。2014 年国家出台了《关于开展深化中央级事业单位科技成果使用、处置和收益管理改革试点的通知》，又在 2016 年召开了全国科技创新大会，从政策层面解决了技术研发部门和科技人员的外部束缚，鼓励各级政府和相关部门（单位）积极探索建立符合科技成果特点和科技成果转化规律的科技成果管理新模式；按照权责一致、利益共享、激励与约束并重的原则设计改革措施，为科研推广机构和科研人员创新创造松绑加压，让创造性劳动的价值得到更好实现。甘肃省各级行政部门、科研推广机构应立即行动起来，落实中央精神，制定适宜本省、本单位的具体实施细则，以促进科技成果的迅速转化。

二是进一步完善农业科技成果的评价、认定机制、制度和办法。要充分发挥甘肃省各专业学会（协会）的作用，强化对学会的管理，促其积极承担政府职能转移工作，向职业化、规范化方向发展。大力发展科技成果产权转化中介服务组织，逐步树立“技术经营”的理念，积极探索第三方专业机构评价的机制和方法，依据各类项目和科技成果的特点，按公益基础类、应用转化类、公众服务类等不同类别进行水平评价和经济价值评估，促进农业科技成果的商业化、产业化发展。

3. 进一步加强农业科技成果研发推广转化体系建设，促进农科教、产学研的深度融合

一是积极探索促进农业科技成果推广转化率进一步提高的组织模式。建议启动“甘肃省现代农业科技支撑体系建设”专项，以搭建现代农业产业技术体系、协同创新平台、资源共享平台和咨询服务平台（简称“一体系三平台”）为核心内容。借鉴农业部在全国实施农业产业技术体系的成功经验，按照不同产业设立

具有甘肃特色的农业产业技术体系，围绕农业全产业链科技创新与成果推广，通过科技创新与成果推广转化支持产业链上、中、下游的技术革新，打破单位和利益束缚，强化产、学、研、企结合，解决科技成果推广转化中的运行机制和交流共享机制问题。

二是组建成立“甘肃省现代农业科技创新联盟”。强化现代农业科技创新和技术推广的跨部门联动与统筹协调，优化配置省级、市州、县乡、龙头企业的科技优势资源，解决科研推广机构之间各自为政的局面，全面推进农业科技创新和成果转化体系建设。

三是加强农业科技试验、示范推广基地建设。依据各地自然生态特点和各级科研单位的现有基础和条件，在全省建立30个左右的现代农业综合试验站，承担现代农业技术研发、示范和科技成果推广服务任务。在甘肃省东部、中部、河西、陇南、甘南等不同生态区，布局建设现代农业综合试验示范基地和区域协同创新中心，聚集全省科技力量，开展全产业链技术服务，使其成为现代农业技术研发基地、新技术辐射源和新的农业经济样板和增长点。

4. 加强基层农技推广人员、农村专业合作社及农民专业素质的培养与提高

改善基层农技推广部门的工作条件和工作人员的待遇，吸引高水平技术人员从事农业科技推广工作，并依据当地主导产业配置专业人员。加强农业企业职工、农村专业合作社和农民的专业化、职业化培训，提高他们的专业化水平和科学素养，为科技成果的有效推广转化奠定基础。

5. 进一步加强现代农业科技示范园区建设

在甘肃省已批准建设的16个省级农业科技园区的基础上，继续科学规划建设一批布局集中连片、生产设施先进、体制机制健全、示范带动效应较强的省级现代农业示范区（场），力争每个县至少分别建立一个现代农业科技园区。依托当地主导产业和特色产业优势，全面开展名特优农畜产品品质标识和品牌建设，积极探索科技成果转化模式，为区域现代农业发展提供样板，引领全省现代农业发展。

参考文献

刘德刚、牛芳等：《“科技成果”一词的起源、演变及重新界定》，《北京机械工业学院学报》2004年6月15日。

科技部：《中华人民共和国促进科技成果转化法》（2015 年修订），http：//www. most. gov. cn/fggw/fl/201512/t20151203_ 122619. htm，2015 年 8 月 31 日。

崔建海：《科技成果转化的基本理论及发展对策》，《山东农业大学学报》（社会科学版）2003 年第 3 期。

黄传慧、郑彦宁等：《美国科技成果转化机制研究》，《湖北社会科学》2011 年 10 月 10 日。

黄莉莉、史占中：《国外农业科技成果转化体系比较及借鉴》，《安徽农业科学》2006 年第 1 期。

方天坤、冯赫：《美国农业推广模式对我国的启示》，《农业经济问题》2000 年第 12 期。

贺利云：《美国公共机构种业科技成果转化机制及其启示》，《农业科技管理》2016 年第 35 卷第 1 期。

张燕、王欢：《日美农业科技成果转化融资模式比较分析及借鉴》，《武汉金融》2014 年 10 月 10 日。

陈俐、冯楚健等：《英国促进科技成果转移转化的经验借鉴——以国家技术创新中心和高校产学研创新体系为例》，《科技进步与对策》2016 年第 33 卷第 15 期。

陈红卫、吴大付等：《英国农业发展现状、经验及启示》，《河南科技学院学报》2011 年第 5 期。

张立锋：《我国农业科技成果转化模式研究》，河北农业大学硕士学位论文，2002。

方蕊、刘元寿：《甘肃贫困地区农业新技术示范推广的现状与思考》，《甘肃科技》2011 年第 21 期。

甘肃省统计局、国家统计局甘肃调查总队：《甘肃省国民经济和社会发展统计公报》，http：//www. gstj. gov. cn。

甘肃省人民政府办公厅：《甘肃省“十三五”农业现代化规划》（甘政办发〔2016〕126 号）。

甘肃省农牧厅：《甘肃省“十二五”农业发展综述与“十三五”展望》，《甘肃日报》2016 年 1 月 11 日。

G.5

甘肃省科技扶贫战略与路径研究报告

乔德华　张伟明*

摘　要：科技扶贫是“内源”扶贫，具有“输血”“持效”等特殊作用。甘肃农村贫困程度深、维度多，脱贫致富难度大；农民致富能力不足、富民产业支撑乏力是扶贫攻坚的主要问题。产业是富民之源，培育富民产业是科技扶贫的切入点和突破口。更加注重科技在精准扶贫、精准脱贫中的重要作用，强化“精神扶贫”，壮大富民产业，增强农民自我发展能力是科技扶贫的主攻方向。

关键词：甘肃　贫困　扶贫攻坚　科技扶贫

甘肃是全国最贫困的省份之一，贫困面较大，贫困维度多，贫困程度深，且返贫率高。全面建成小康社会，扶贫攻坚的任务还十分艰巨。近年来，甘肃更加重视扶贫攻坚问题，从2012年开始组织实施“双联”行动；2013年出台了《关于深入实施“1236”扶贫攻坚行动的意见》；2014年制定了《甘肃省易地扶贫搬迁实施规划》；2015年又印发了《关于扎实推进精准扶贫工作的意见》。但在扶贫开发过程中甘肃省对贫困者致富能力的提升重视程度还很不够，富民产业支撑乏力、贫困地区农民致富能力不足仍是当前扶贫攻坚的主要问题。甘肃省要在2020年与全国“同步”、“够格”进入小康，必须标本兼治，更注重治本，把精准扶贫作为全面建成小康社会的重要抓手，把依靠科技大力发展富民产业作为精准扶贫的核心内容，把持续增加农民收入和不断提升农民致富能力作为扶贫攻坚的根本目标。

* 乔德华，男，副研究员，国家注册咨询工程师，甘肃省农科院农业经济与信息研究所所长，主要从事农业产业化和区域农业经济研究；张伟明，女，博士，甘肃省扶贫开发办公室行业扶贫处副处长。

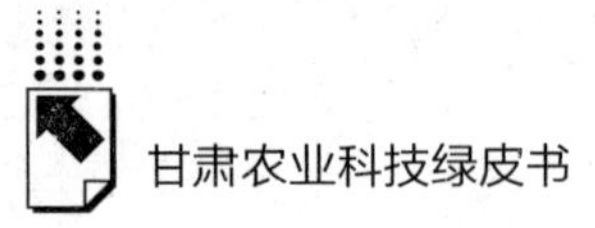

一　科技扶贫的地位和作用

（一）我国扶贫开发格局中的科技扶贫

1986 年，科技部提出并组织实施了一项农村反贫困战略措施——科技扶贫。其宗旨是应用先进适用科学技术促进农村经济发展，提升农民科技文化素质，提高资源开发水平和劳动生产率，加快脱贫致富步伐。《关于进一步推动科技扶贫工作的意见》进一步强调，科技扶贫是通过增强贫困人口的科技文化素质，提高贫困地区技术创新与自我发展能力。《中国农村扶贫开发纲要（2001～2010年）》明确要求加大科技扶贫力度，不断提高科技扶贫水平，充分发挥科技在扶贫开发中的带动作用。《中国农村扶贫开发纲要（2011～2020 年）》进一步要求推广良种良法，围绕特色产业发展，加大科技攻关和科技成果转化力度，推动产业升级和结构优化。科技扶贫是行业扶贫，更是开发式扶贫和“内源”扶贫，具有三大特点：一是强调自我发展，即以科技为先导，引导贫困地区合理开发资源，将资源优势转化为经济优势，实现自我发展的良性循环；二是注重引进适合贫困地区实际情况的先进适用技术；三是注重治穷与治愚结合，通过农科教结合等形式，既向贫困地区输入科技和人才，同时大力提高农民素质。

（二）我国科技扶贫的主要贡献和新时期科技扶贫的重点方向

从 1986 年以来，科技部把开展科技扶贫、促进贫困地区可持续发展作为重要举措，率先在大别山地区开展科技扶贫，并迅速向井冈山等贫困地区推广，围绕解决温饱问题、培育支柱产业、培养乡土人才等内容，创造出“大别山之路”、“陕北合力扶贫”等科技扶贫经验：一是整合科技资源，促进贫困地区特色产业发展；二是聚焦关键技术攻关，改变贫困地区落后面貌；三是重视科技示范作用，提升贫困农户科技能力和素质；四是开展跨领域、跨行业创业，培育新型农村科技服务体系。近年来，全国各地按照两部《扶贫纲要》及《国家中长期科技发展规划纲要（2006～2020）》要求，用创新驱动统领扶贫开发，依靠科技创业推动扶贫开发，将加快贫困地区农民脱贫致富与提高科技素质相结合，农村科技创业与新型科技服务体系建设相结合，定点扶贫与行业扶贫相结合，有力促进了贫困地区科技进步和经济发展。

目前，我国已进入全面建设小康社会的决胜阶段。新时期科技扶贫的工作重点从以解决温饱为主要任务的开发式扶贫，升级为以加快脱贫致富、改善生态环境、提高发展能力为主要任务的创业式扶贫，围绕“科技支撑产业与产业促进脱贫”等主题，把创新创业作为科技扶贫的根本动力，着力推进连片特困区生态环境建设、特色优势产业发展。科技部要求围绕“推进科技创业、构建服务体系、关注民生改善”三大着力点，重点推进六方面工作：一是推进农村科技特派员创业行动，壮大贫困地区优势特色产业；二是构建新型农村科技服务体系，加快贫困地区农业现代化进程；三是加强科技攻关，努力破解贫困地区发展的关键技术难题；四是扩大民生科技成果覆盖面，改善和提高贫困地区民生服务水平；五是加大培养力度，强化贫困地区人才队伍建设；六是探索科技扶贫新机制，提高贫困地区科技创新能力。2015 年 6 月，甘肃省委省政府《关于扎实推进精准扶贫工作的意见》将“科技扶贫”作为精准扶贫的一项重要战略措施，要求贫困县农业科技进步贡献率和科技成果转化率在 2017 年均达到 55%，2020 年分别达到 57% 和 60% 以上。

（三）科技扶贫的重要作用

农业技术进步程度是农业发展水平和市场竞争力的决定性因素，解决农业问题的根本是依靠科技。发达国家的农业发展在很大程度上归因于科技在农业中的广泛应用，科技在我国农业发展中的地位和作用同样十分显著。1987 年，国家开始实施“科技兴农”战略；1995 年又将“科教兴国”确定为基本国策；2006 年进一步提出了“建立创新型国家”的战略目标，把依靠科技进步促进国民经济发展纳入国家长远发展的战略重点。

长期以来，我国农村贫困地区受经济、社会、历史、自然、地理等方面制约，发展相对滞后，但其主要根源是科学文化落后，严重阻碍着生产力的发展。科技水平与经济发展有显著相关性，科技扶贫在整个脱贫致富工作中具有重要地位和显著作用。科学技术是潜在生产力，渗透到社会生产力诸要素之中，使它们发生质的变化，并转化为现实生产力，使社会生产力随着科学技术的发展而不断提高。

科技扶贫具有“输血”、“治疗”、“速效”和“持效”作用。贫困地区经济落后，劳动者科学文化素质低，缺乏吸取科技成果的能力和热情，因此首先必须从技术、人才方面对贫困地区进行“外部输血”，提高劳动者致富技能。贫困地区具有物质贫困和精神贫困的双重性，不但被沉重的贫困包袱所压抑，又缺乏战胜贫困的信心和勇气，存在“等、靠、要”思想。科技扶贫就是为了治疗贫穷病症，使贫困地区从依赖土地和劳动力为主的“资源依存型”农业向依赖种植业、养殖业、加工业等“技术依存型”农业转化，把荒山、废地、荒水等包袱变为财富，以经济效益为中心、市场为导向、实用技术为手段，恢复贫困地区的“造血功能”，由治穷向致富转化，逐步建立起农业生态良性循环系统和技术密集的农业生产经营体系，使资源优势转化为产品优势和商品优势。甘肃要在2020年与全国一道建成小康社会，就必须充分发挥科技扶贫的支撑引领作用，实现跨越发展和后发赶超。

二　甘肃科技扶贫的成效、现状与趋势

在长期扶贫开发实践中，甘肃科技工作者在改变农村面貌、促进农民增收、改善农民生活、提高农民科技素质等方面进行了不懈探索，积累了许多宝贵经验。特别是参与式整村推进扶贫，创造性地把国际上比较先进的参与式扶贫理念与我国贫困农村的实际相结合，正确处理了政府主导与群众主体的关系，把项目管理与到村到户、项目实施与技术支撑有机结合起来，形成了符合贫困地区实际的管理办法和运行机制，在实践中取得了丰硕成果。甘肃省委省政府2015年制定出台的“1+17”精准扶贫方案，更是开启了精准扶贫的新理念、行业融合的新模式和措施配套的新机制。

（一）“十二五”取得的主要成效

1. 科技促进了贫困地区特色产业的优化升级和发展壮大

近年来，甘肃依靠科技进步，从战略主导产业、区域优势产业和地方特色产品三个层次上，不断推进农业结构调整和特色产业优化升级，逐步延伸产业链、完善深加工体系，使全省特色优势产业逐步发展壮大。目前，全省特色优势产品种植面积已超过200万公顷，马铃薯、中药材、玉米制种等面积和产量居全国第一；苹果、瓜菜制种、啤酒花、食用百合等面积和产量居全国前五位；当归、党参、黄（红）芪、大黄、甘草五大药材出口量占全国的80%以上；花椒面积超过13万公顷，产量超过2.4万吨，约占全国总产量的25%。特色优势产业对农民人均纯收入的贡献为933元，占家庭总收入的比重达到了31%。

2. 科技促进了贫困地区粮食生产的提质增效

依托国家产业体系、国家科技支撑计划、行业专项和省列重大科技专项等，甘肃科技人员近年来研发出了一大批农作物新品种、农业新技术，并加强农艺农

机融合和示范推广，为贫困地区的粮食生产提质增效提供了重要科技支撑，科技贡献率逐年提高。比如全膜双垄沟播玉米和全膜覆土穴播小麦种植技术，在旱区能使作物增产20%～30%，全省每年推广面积都超过67万公顷。甘肃省农科院选育的马铃薯新品种陇薯3号，淀粉含量高达20.09%～24.25%，平均单产44625千克/公顷，每年在全省种植面积超过21万公顷，占全省总面积的1/3左右。

3. 科技特派员工作开创了科技扶贫新局面

截至目前，全省各县区开展了科技特派员工作，共派出特派员8800多人，在4365个村点、248个龙头企业开展工作。这些科技特派员带着技术、带着干事创业的热情来到贫困地区，按照市场需求和农民需要，从事科技成果推广、特色产业开发、科技园区建设和农业产业化发展工作，很大程度上解决了技术与农民对接问题。比如派驻在天水绿鹏公司的科技特派员小组，开展蔬菜航天种育试验，在全国建立基地145个，累计推广新品种3.5万公顷。

4. 科技培训强化了贫困地区农民的科技意识

近年来，各级农业科研院所、涉农大专院校以及各地业务部门，结合科技项目实施，以专题辅导、集中培训、现场演示等多种方式，广泛开展优质高产农作物种植技术、牧草和中药材种植技术、标准化生产技术及精深加工技术培训，使农村劳动力普遍接受了比较系统的科技培训，贫困地区农民利用科学技术进行农业生产的能力逐步得到提高。

（二）存在的主要问题

1. 科技支撑扶贫的力度小

甘肃省每年都有200项左右的农业应用技术成果问世，但推广应用率只有30%～40%，真正成效显著并能形成规模化、产业化的技术不足5%，远远低于全国平均水平，先进的农业实用技术并没有在特色优势产业的发展中“大显身手”，贫困地区依然存在特色农产品产地环境差、质量安全没有保障、信息交流不通畅、农民科技文化素质不高等问题。

2. 科技扶贫缺乏资金支持

科技扶贫是一个系统工程，涉及“三农”问题和科技问题的方方面面，富民产业培育、扶贫项目精准实施、关键技术攻关、技术成果示范推广、农民培训等环节都需要专项经费支持。但在甘肃的科技扶贫中，存在着两个突出问题，一是资金总量不足；二是部门、行业各自为政，形不成合力。甘肃省每年扶贫资金几百亿元，却没有固定的科技扶贫资金投入，使科研院所、高等院校缺乏科技扶贫的动力和经费支持。

3. 科技扶贫项目追踪机制尚不完善

甘肃的科技扶贫，大多采取项目形式实施，即通过科技项目带动区域特色产业的发展，进而实现促进当地贫困人口增收的目标。但由于项目来源的不确定性和间断性等原因，导致有项目配套物资和试验示范补偿费时，农民接受培训和采纳技术的程度才较高；此外，科技扶贫项目中技术人员的激励机制没有完全建立起来，也在很大程度上降低了科技人员在项目实施中的工作热情。

（三）“十三五”科技扶贫面临的新形势与新需求

1. 甘肃省贫困问题仍很突出

甘肃贫困地区生态环境脆弱，基础设施条件落后，经济社会发展滞后。按照国家扶贫新标准，2014 年底全省 58 个连片特困县、17 个插花型贫困县、6220 个贫困村，还有 129 万贫困户、552 万贫困人口，占全部农村常住人口的 36.5%，贫困人口数列全国第 7，贫困发生率列全国第 2。在全国确定的 11 个连片特困地区中，有 58 个贫困县居于六盘山片区、秦巴山片区、藏区“三大片区”，大多处在自然条件严酷、生产条件恶劣、农业基础薄弱的生态环境中。

2. 贫困区与生态屏障综合试验区重叠

2014 年 2 月，国务院批准实施的《甘肃省加快转型发展建设国家生态安全屏障综合试验区总体方案》，将甘肃 88.7% 的国土面积纳入限制开发区和禁止开发区，使甘肃省生态功能定位上升到了国家层面；同时明确了“生态安全屏障建设、环境友好型产业发展、推进扶贫攻坚和城乡协调发展、加强支撑能力建设、扩大对内对外开放”等五大重点任务。国务院出台的《区域发展与扶贫攻坚规划（2011 ~ 2020）》将甘肃的 58 个县纳入连片扶贫开发区，占全省总县数的 66%，是国家扶贫攻坚的主战场。努力探索出欠发达地区转型跨越发展与生态文明建设相结合的新路子，以靠科技支撑有效破解“生态贫困”与“生态反贫困”问题，是甘肃对全国生态文明建设的担当。

3. 科技扶贫面临的新形势

（1）国家对扶贫质量的要求越来越高：从救济式扶贫、开发式扶贫、整村推进扶贫、片区集中扶贫至精准扶贫，国家对扶贫质量的要求越来越高，科技在扶贫中的作用也越来越大。这就要求甘肃科技部门必须围绕六盘山区、秦巴山区、藏区和 17 个插花型贫困县的不同特点和不同科技需求，从特色富民产业培育、扶贫技术精准筛选、技术成果示范推广以及农民技术培训等各个环节入手，有针对性地予以引导和扶持，以点带片、以片带面广泛推进。

（2）农民对扶贫技术的需求发生了新的变化：贫困地区缺的是技术，缺的是富民产业的全覆盖，但随着农村剩余劳动力转移力度的加大，劳动力对农业保障能力也在减弱，留守农村的“386061”部队（指妇女、老人和儿童）缺乏对农业高新技术的需求，而更需要的是轻简化技术和农机农艺融合技术。因此，农业科技创新也必须适应这一新变化。

（3）扶贫开发与生态环境保护的矛盾需要用科技来解决：甘肃的生态问题与贫困问题纠缠交织一起，四个国家级生态安全屏障脆弱区与三个集中连片特困区重叠，是贫困发生最集中的地区，必然是扶贫工作的主要目标区域。但科技如何与生态扶贫相结合、如何构建科技与生态扶贫结合的新模式、如何在贫困地区富民产业发展过程中构建特色农产品产地环境标准与质量安全保障体系等，这一系列问题都亟须通过加大科技支撑力度来解决。

4. 科技扶贫面临的新需求

（1）“1236”扶贫攻坚行动的实施需要强化科技支撑：甘肃省委、省政府《关于深入实施“1236”扶贫攻坚行动的意见》明确要求“强化科技支撑”，以推广先进适用技术为重点，完善科技特派员制度，推动科技资源与扶贫项目直接挂钩。

（2）实施“精准扶贫”必须加强科技引领：一是在充分掌握国内外技术资源和本地科技需求特征和接受能力的基础上，按照省区主导产业、市州优势产业、县乡特色产业的技术环节，精准筛选先进、实用技术，做到科技成果的有效移植和转化；二是对当地急需又无外引技术来源的技术问题进行精准科技攻关。

（3）甘肃“双联”行动的实施需要依靠科技助推：“双联”行动是甘肃省委着眼于全面推进小康社会建设实施的一项重大举措。在此行动中，富民产业培育和农民科技素质的提高是关键，这就必须以科技为支撑，大力发展特色优势产业，通过配套组装良种良法、集成创新实用技术来助推农业提质增效，并加大实用技术培训力度，提升农民能力素质。

三　甘肃“十三五”科技扶贫的总体思路与发展目标

（一）总体思路

把连片特困地区作为科技扶贫的主战场，把尽快实现脱贫致富作为首要任务；更加注重解决制约发展的突出问题，更加注重科技在精准扶贫精准脱贫中的突出作用，更加注重增强扶贫对象自我发展能力；以精准扶贫理念指导扶贫攻坚行动，以科技驱动作为促进贫困农民脱贫致富、区域特色产业提质增效、贫困地区小康社会建设的重要引擎和动力源泉；坚持“双联”行动与扶贫攻坚行动深度融合、科技扶贫与“365”现代农业发展行动深度融合的原则，形成扶贫攻坚的强大合力，共同推动贫困地区经济社会更好更快地发展。

1. 找准科技扶贫的切入点和突破口

从“农民”、“产业”、“区域”三个维度入手，分别以贫困农民经济收入增长和致富技能提升、富民产业精准培育和提质增效、贫困地区生态建设和综合发展为主要目标和重点方向。从宏观、中观、微观三个视域着眼，在宏观层面侧重解决扶贫政策问题、共性技术问题、生态扶贫问题、区域发展问题以及重大理论问题等；在中观层面重点解决富民产业精准筛选、全产业链优化升级、关键技术改造提升、优势产业提质增效等问题；在微观层面主要解决产业链各环节具体技术支撑、农民技术需求、技术供给与需求的对接途径和方式等问题。

坚持问题导向，将促进农民增收作为科技扶贫的着眼点和落脚点，将富民产业培育作为科技扶贫的切入点和突破口，将科技人员与农民有效对接、农业技术与信息的有效传播及推广应用作为科技扶贫的切入方式和切入途径；按照“贫困农户增收—富民产业培育—连片特困区小康社会建设”的主线开展科技扶贫工作。

2. 把精准扶贫作为科技扶贫的根本方法

从科技驱动视角明确“谁需扶、谁来扶、扶什么、怎么扶”等问题。找准致贫的主要原因，因地因户因人施策，做到对症下药；找准贫困地区经济落后和富民产业发展的瓶颈因素，着力寻求解决途径，做到有的放矢；找准农民增收的主要途径和新的增长点，努力拓宽增收渠道，大力挖掘增收潜力，做到重点突破。

（1）从致贫原因的分析中优化扶贫策略：甘肃贫困成因有自然环境、社会经济、个人能力等方面因素。生态环境恶劣、自然灾害频繁，经济结构单一、农业产业化水平低，劳动者科技文化素质不高、致富能力不强，资金投入不足、社会服务滞后等多种因素并存，且相互制约，环境贫困、经济贫困、文化贫困等交织在一起，因此必须抓住主要矛盾和矛盾的主要方面，有针对性地优化扶贫措施。

（2）从富民产业培育中实现突破：针对甘肃贫困地区自然条件差，富民产业培育滞后的情况，以富民产业培育为核心，从贫困地区战略主导产业、区域优势产业、地方特色产业和潜在新兴产业四个领域入手，精准找出各层次产业链中面临的短链、断链、孤环、瓶颈等主要问题和科技支撑点，按照突出特色、发挥优势、因地制宜、分类指导的原则，从种植业、养殖业、加工业等方面，精准筛选培育地方优势特色产业，找准影响各产业健康持续发展的主要制约因素，广泛遴选引进国内外先进实用技术进行消化吸收，对暂无现成技术的产业链环节进行精准联合攻关；找准实用技术与产业环节、技术人员与贫困农民的对接点。

（3）从农民收入来源渠道上精准发力：通过加强技术培训、提高技能水平，促进全省 260 万农村富余劳动力创业就业，实现工资性收入稳步增长；通过优势特色产业培育、农业产业化龙头企业和农业合作组织培育，大力促进家庭经营性收入增长，并把优势特色产业优化升级、提质增效作为现阶段增加农民收入的主要突破口；通过土地确权与流转（或合作经营、托管等），以及政府对旧宅基地回购（或整治复垦），增加财产性收入；通过实施马铃薯主粮化战略和小杂粮主食化措施，进一步加大良种补贴和种粮补贴范围，加强农资综合补贴、农机具购置补贴及草原补奖等强农惠农政策的落实，增加转移性收入。

（二）总体目标

坚持“稳粮增收调结构、提质增效转方式”的基本目标不动摇，按照科技扶贫的内容、特点以及依产业链配置创新链的全产业链创新驱动战略思路，以持续提高农产品竞争力、增加贫困人口收入为目标，构建甘肃科技与生态扶贫的理论、方法和技术体系，到“十三五”期末，全省贫困地区的生态安全保障能力大幅度提升，区域资源利用效率提高 15% ~20%，扶贫产业的综合生产效率提高 20% 以上，科技对扶贫的持续支撑能力达到 60%，农民收入增长 25% 以上，贫困人口每年减少 7% 以上，达到扶贫开发与生态环境保护同步发展，农民收入与致富技能同步增长，特色产业的产量水平与质量安全同步提升，最终实现用科技手段帮助贫困地区群众“挪穷窝、拔穷根、改穷业、换穷貌”的目标和“贫困片区与全国一道全面建成小康社会”的宏伟蓝图。

四　甘肃“十三五”科技扶贫的重点方向与重点任务

以科学发展观为指导，以提高农民经济收入为目标，以转变扶贫方式和培育富民产业为主线，以科技、文化扶贫为重点，以增强培训效果和农民科技素养为

手段，大力培育富民产业、发展生态经济，创建科技、文化扶贫区域产业模式，为同类型片区小康社会发展树立典型，推动全面建成小康社会。

（一）优化扶贫策略，强化“精神扶贫”

甘肃贫困地区的相当一部分农民受传统思想及信息闭塞的束缚，安贫乐道、惧怕变革已成为科技扶贫的主要症结。因此，必须将“扶智”作为科技扶贫的重点策略，其首要任务是通过“精神扶贫”激发农民致富信心，提振农民追求幸福的“精气神”；重点目标是以科技扶贫为先导，激发贫困者的内在动力，点燃他们的心灵之火，摒弃“穷不思变”、“小富即安”及“等靠要”等落后思想，唤起农民沉睡已久的奋发意识，树立“穷则思变”、“摆脱贫困”、“实现富裕”的雄心壮志，充分发挥农民自身的主观能动性，实现由“被动扶贫”到“主动致富”的思想、行为转化。

（二）培育富民产业，促进农民增收

产业是富民之源、脱贫之基。持续增加农民收入是扶贫攻坚的主要任务，而培育富民产业，实施“造血”工程，是促进农民长期稳定增收的主要途径。“造血”须先造“髓”，只有贫困户的致富产业逐步发展壮大，并成为农民收入增加的“干细胞”，贫困户的“穷根子”才能彻底拔除。因此，应以发展富民产业为核心，按照“产业科技化”的要求，进一步创新产业化扶贫路径，以科技创新和技术应用为引擎，总结提升将主导优势产业做大做强、传统基础产业做优做精、使地方特色产品大放异彩的成功经验，研究探索适宜当地自然资源条件、具有广阔发展前景的新兴特色优势产业和潜在优势产业，逐步实现标准化生产、产业化经营；同时着力改善生态环境，形成资源高效利用型生态农业产业链。

（三）创新培训方式，提高致富技能

近年在甘肃全省范围开展的“双联”行动、“1236”扶贫攻坚行动以及甘肃省农科院组织实施的“三百”科技扶贫行动等，均取得了显著扶贫效果；但贫困者致富能力提升速度缓慢，贫困地区农民致富能力不足仍是当前扶贫攻坚的主要问题。因此，必须将提高自我发展能力作为科技扶贫的核心，大力实施新型职业农民培育工程，创新培训方式、增强培训效果，实现从“培训”到“培育”、从“办班”到“育人”的创新，从传统培训手段到现代化、信息化培训的创新，努力培养一大批“有文化、懂技术、善经营、会管理”的

新型职业农民，用科学技术武装农民头脑，着力提升贫困者的科技素养和致富奔小康的技能实力。

（四）加强科技创新，强化科技支撑

通过对贫困地区进行实地典型调研，广泛征集有关研究机构和农业管理部门以及相关专家意见，从贫困农民经济收入增长和致富能力提升、富民产业精准筛选培育和提质增效措施、贫困地区生态恢复治理和区域综合发展等方面，对科技扶贫的共性问题和产业发展关键技术问题进行分析比较、筛选合并，提出了“十三五”期间甘肃省科技扶贫的重大研究项目与重大工程。

1. 科技扶贫项目

科技扶贫项目包括传统优势产业优化升级与技术改造研究、新型特色产业培育及其技术支撑体系创新研究、贫困地区特色优势产业电子商务信息系统构建工程、贫困地区精准扶贫技术供需分析与推广机制研究、贫困地区新型职业农民培训和致富技能提升工程、贫困地区信息扶贫路径与信息化水平提升技术研究、农业灾害预警平台建设及农业保险机制创新研究示范等。

2. 生态扶贫项目

生态扶贫项目包括产业生态化和生态产业化的机制与路径研究、旱作增产技术中残膜对土壤和环境的持久影响研究、典型贫困区科技与生态扶贫综合模式研究示范、易地扶贫搬迁地生态恢复治理技术体系研究与应用等。

3. 富民产业发展关键技术问题

针对贫困区战略主导产业、区域优势产业、地方特色产业、潜在新型产业四个领域，以及这些富民产业的产业链中面临的短链、断链、孤环、瓶颈等关键技术问题进行研究创新，包括苹果、马铃薯、中药材、高原蔬菜、草食畜等战略主导产业结构优化升级对策研究；啤特果、花椒、玫瑰、枸杞、油橄榄、鲑鳟鱼、食用百合等区域优势产业全产业链提质增效技术研究；核桃、糜谷、食用豆、黄花菜等地方特色产业链延伸增值技术提升改造；藜麦、苦荞、饲用甜菜、饲用高粱、观赏百合、油用牡丹等潜在新兴产业开发技术研究。

五　甘肃“十三五”科技扶贫的主要对策与保障措施

（一）积极争取国家支持

甘肃自然条件差，经济基础弱，贫困程度深，扶贫难度大，到2020年与全

国“同步”、“够格”建成小康社会时间紧迫、任务艰巨，仅靠甘肃自身力量还远远不够，必须充分利用国家“一带一路”建设战略、《支持甘肃社会经济发展的若干意见》、循环经济示范区建设、生态保护屏障建设、文化产业发展示范区建设等有力的支持政策，抓住国家扶贫攻坚行动和促进连片特困区整体脱贫奔小康的大好机遇，争取国家更多的政策支持、投入支持、项目支持等，为甘肃扶贫攻坚行动提供坚强后盾。

（二）进一步强化行业扶贫力度

甘肃双联行动覆盖了全省所有贫困县、贫困村、贫困户，总体效果较好，但限于“术业有专攻”，相当一部分单位及联村联户人员对帮助村、户脱贫致富缺乏应有的专业技术，使双联工作在一定程度上难以深入。鉴于此，笔者建议适当整合人力、物力、财力资源，加大行业对口扶贫力度，由省交通厅、水利厅、建设厅牵头，强化基础设施扶贫力度；由省农牧厅、林业厅、国土厅牵头，强化特色产业扶贫力度；由省科技厅、教育厅、文化厅牵头，强化科技、教育、文化扶贫力度；由省财政厅、人民银行、信托投资公司牵头，强化财政金融扶贫力度。通过强化行业扶贫力度，提高资源使用效率和扶贫效果。

（三）深化科技创新体制改革

对现有科技创新立项制度、科技成果评价体系、科技人才评价机制进行必要改革，强化科研活动的市场导向，提高农业科技成果转化率，突出科技成果在科技扶贫中的引领作用，使尚处于“展品”、“样品”阶段的科技成果尽快发挥出应有的效益，更好地为经济建设提供技术服务。加强对农业产业化龙头企业的扶持力度，激励企业强化科技创新，并逐步成为农业产业化各环节技术创新的生力军。

（四）深化科技推广体制改革

建立完善的技术市场体系，积极培育多元化的农技推广主体，强化涉农企业的农技推广功能，支持鼓励农村专业技术协会、农业科研院所和大专院校等参与农技推广；改革和创新县、乡农技推广机构的管理体制和运行机制，采取整县、整乡、整村科技承包方式，实施以村为单元的农业综合技术服务；结合“三区”人才工程，进一步强化“科技特派员”制度，从根本上解决技术需求与供给不能有效对接的问题。同时，要创新农技推广的方式方法，改变农技推广单纯推广农业技术的现状，使新型农技推广工作以农民的实际需要为内容，不仅使农民获得实用知识和技能，而且特别注重改变农民的态度与行为，提高农民素质和团体发展能力，改善农民生活，促进农村经济社会发展。

（五）加大扶贫资金投入力度

从争取国家投资、加大地方投资、吸引民间资本、强化信贷金融等多种途径入手，继续加大对扶贫攻坚行动的资金投入；同时适当整合投资渠道，并对连片特困区、插花贫困县以扶贫项目为载体进行重点投资倾斜，特别是强化对基础设施扶贫项目、特色产业扶贫项目以及科技、教育、文化扶贫项目的投资力度，提高资金集中使用效率和扶贫攻坚效果。

（六）加强扶贫攻坚行动的统筹协调

扶贫攻坚行动是一项复杂的系统工程，不仅仅是政府的责任或某些行业、某些部门的职责，而是全社会的共同目标和共同责任；既需要全社会的共同努力，更需要细化责任、突出重点。笔者建议由各级政府及扶贫办牵头抓总，协调各级农业、林业、科技、教育、文化、财政、交通、水利、建设等部门作为本地区、本行业扶贫攻坚的责任主体，联合社会各界力量，形成强大的扶贫攻坚合力，使各项行业扶贫措施实实在在地落到实处、真真切切地见到实效。

参考文献

杨理健：《论科技扶贫的地位和作用》，《农业现代化研究》1987 年第 6 期。

汪三贵：《中国的农村扶贫：回顾与展望》，《农业展望》2007 年第 1 期。

《国家中长期科技发展规划纲要（2006～2020）》，http：//news. xinhuanet. com/st/2006－03/30/content_ 4363747. htm。

《中国农村扶贫开发纲要（2001～2010）》，http：//www. gov. cn/gongbao/content/2011/content_ 2020905. htm。

韩建民、韩旭峰、朱院利：《西部农村贫困与反贫困路径选择》，中国农业出版社，2012。

刘勇、郭清毅、李新：《甘肃省科技扶贫的实践与发展路径思考》，《甘肃科技》2014 年第 5 期。

乔德华:《扶智:反贫困的战略重点》,《开发研究》1996 年第 6 期。

马爱平:《科技照亮脱贫致富路》,《科技日报》2011 年 12 月 7 日。

程杰:《科技扶贫:奔跑在中国扶贫事业的路上——科技扶贫 25 周年综述》,《中国农村科技》2011 年第 5 期。

廖宝红、贾建伟、柴岳萍等:《提高农业科技扶贫效果的措施探讨》,《河北农业科学》2012 年第 8 期。

G.6

甘肃省农业科技国际合作与交流研究报告

沈 慧 张东伟 党玉洲*

摘 要： 本报告对甘肃省农业科技国际合作与交流情况进行了回顾，总结了全省农业国际科技合作与交流的成效，分析了当前甘肃省农业国际合作存在机构不健全、队伍素质整体不高，合作主体分散、合作能力较低，合作经费不足、获取重大合作项目手段单一，信息平台不配套等问题，提出了完善甘肃省国际农业科技合作机构、提高队伍整体素质，建立完善管理制度、激励机制及人才培养机制，加大国际农业科技合作与交流投入、加强前沿技术合作，整合资源、打造国际科技合作平台等提升全省农业科技国际合作能力的建议。

关键词： 甘肃 农业科技 国际合作与交流 建议 展望

在当今资源、信息、科技、经济全球共享的社会大环境下，交流与合作是尤为重要的方式和方法。增强国际科研合作与交流、培养具有国际科研水平的团队、提高整体科技创新能力，是甘肃农业科技国际合作与交流工作的紧迫任务和农业科研单位的迫切需求。

一 “十二五”期间的工作成果

甘肃省国际科技合作与交流工作以增强自主创新能力、提高科技竞争力为中

---

* 沈慧，女，硕士，甘肃省农业科学院农业经济与信息研究所助理研究员，主要从事农业经济、农村发展及农业工程规划研究；张东伟，男，博士，研究员，甘肃省农业科学院农业经济与信息研究所副所长，主要从事生态农业与区域经济研究；党玉洲，男，甘肃省外国专家局引智项目管理处副调研员。

心，以实施国际科技合作项目和促进对外科技交流为抓手，立足省情，注重实效，开展了有重点、多层次的国际科技合作。目前各单位承担的主要有国家级、省级及政府间国际合作项目、省外专局引智项目，同时强化多边合作，拓展对外科技合作，积极援外培训，加大对外技术输出力度。

（一）甘肃省承担国际农业科技合作计划项目情况

1. 总体情况

2011～2014 年，甘肃省各科研院、高校共承担国家级、省级以及政府间国际科技合作计划项目 111 项，其中国家级国际科技合作项目 49 项、省级国际科技合作项目 51 项、政府间合作项目 11 项，主要涉及高端装备制造业、农业、生物医药、环境、新材料、信息技术、人口与健康、能源等领域。资料显示，“十二五”期间全省国际科技合作计划项目中，国家级项目逐年增加，省级项目、政府间合作项目各年度基本持平（见图 1）。与江苏、贵州等省份相比，甘肃省立项数目总体较少。

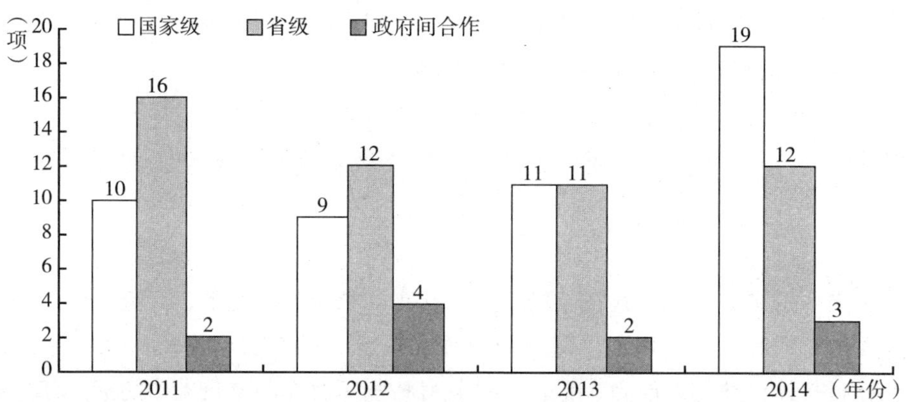

图 1　2011～2014 年全省国际科技合作计划项目情况

资料来源：《甘肃省科技发展报告》，甘肃省科学技术出版社，2012～2015。

2. 农业科技项目情况

2011～2014 年，甘肃省各科研院所及龙头企业所承担的国家级、省级以及政府间国际农业科技合作计划项目共计 34 项，其中国家级合作项目 9 项、省级合作项目 15 项、政府间合作项目 10 项，主要涉及旱作节水农业、植物生理、畜牧兽药等领域。全省国际农业科技合作项目实际分析，国家级项目逐年减少，省级和政府间合作项目各年基本持平（见图 2）。

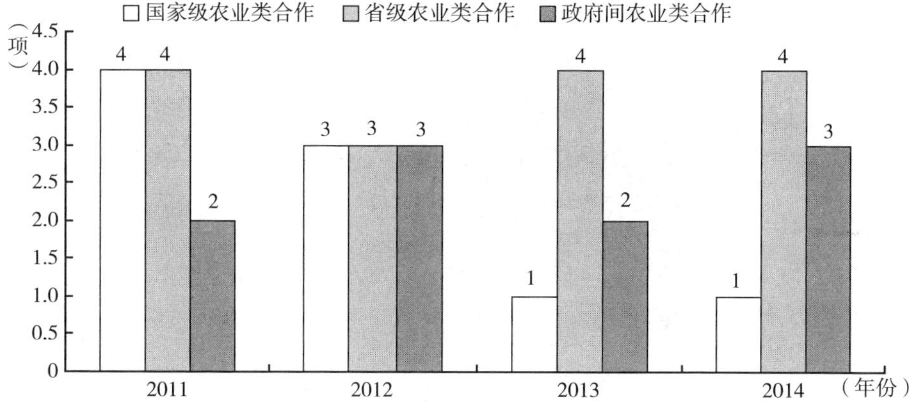

图 2　2011～2014 年全省国际农业科技合作计划项目情况

资料来源：《甘肃省科技发展报告》，甘肃省科学技术出版社，2012～2015。

将 2011～2014 年甘肃省农业领域国际科技合作计划项目数与省内其他领域国际科技合作项目总数进行比较，农业领域项目数占比分别为 36%、36%、29%、24%，平均占比为 31%（见图 3）。

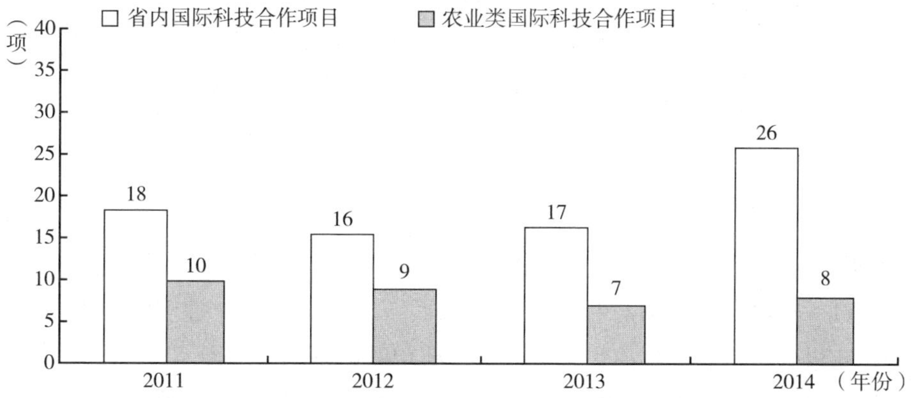

图 3　2011～2014 年全省农业领域与省内其他领域国际科技合作计划项目比较

资料来源：《甘肃省科技发展报告》，甘肃省科学技术出版社，2012～2015。

3. 项目承担单位分布

2011～2014 年，中央在甘单位、部属高校、省属高校、省内企业等承担国家级农业国际科技合作计划项目数分别占项目总数的 45%、11%、22%、22%，甘肃省农业类国际科技合作计划项目主要由中央在甘单位和省属高校及省内企业承担（见图 4）。

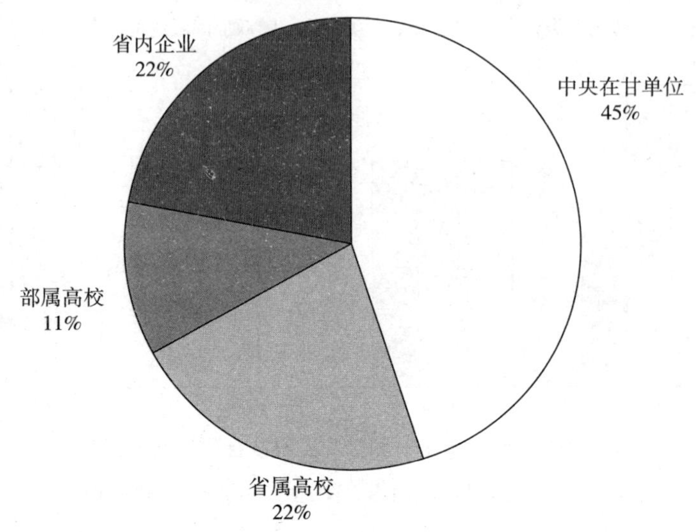

图 4 国家级农业国际科研合作计划项目占比（按承担单位性质分布）

资料来源：《甘肃省科技发展报告》，甘肃省科学技术出版社，2012～2015。

2011～2014 年，中央在甘单位、部属高校、省属高校、省属科研院所、省属厅级单位等承担省级农业国际科技合作计划项目数分别占项目总数的 40%、13%、27%、13%、7%。这表明，甘肃省级农业领域国际科技合作计划项目主要由中央在甘单位承担，省属高校次之，省级科研院所较少（见图 5）。

（二）农业类国际科技合作交流

1. 组织参加国际展览会、开展国际农业科技合作基地建设及农业科技交流

2011～2014 年，甘肃省积极组织参加农业国际会展，促进国际农业科技合作基地建设，注重农业科技交流事宜，各项均取得一定成果。

2011 年甘肃省科技厅组织参加了广西“第八届中国—东盟博览会农村先进适用技术暨高新技术展”，农业领域重点展示了节能减排、农业现代装备、农产品加工、农业养殖技术等先进适用技术成果。甘肃紫轩酒业有限公司、甘肃华羚酪蛋白股份有限公司等 7 家单位参与展览。

2012 年在广西南宁举行了以“科技合作”为主题的“第九届中国—东盟博览会农村先进适用技术暨高新技术展”。甘肃省科技厅组织 6 个项目参展，农业领域涉及节能环保、节水农业装备等技术。会展期间，甘肃瑞盛·亚美特高科技农业有限公司的参展项目——“节水设施农业及节水设备”获得博览会组委会

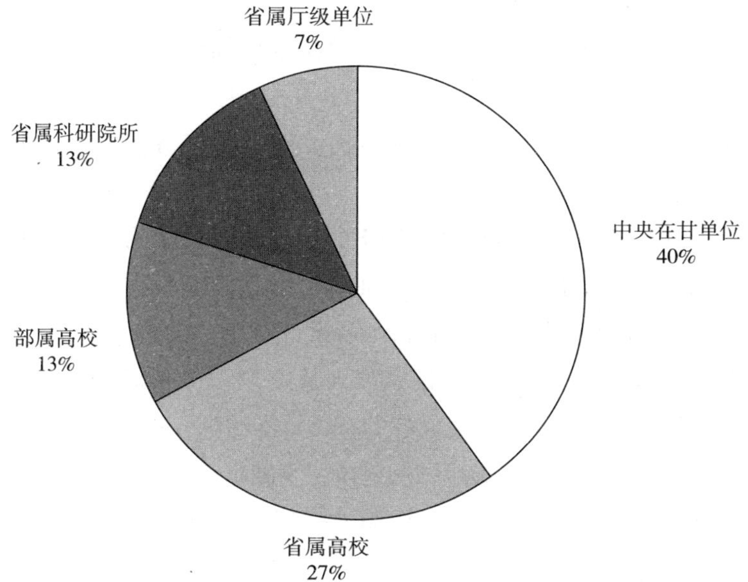

图5　省级农业国际科研合作计划项目占比（按承担单位性质分布）

资料来源：《甘肃省科技发展报告》，甘肃省科学技术出版社，2012～2015。

颁发的“优秀参展项目奖”。2012 年，中国农业科学院兰州兽医研究所承办了“国际原子能机构跨界动物疾病的控制和早期预警响应项目第一届协调会”，来自 12 个国家 18 位从事动物疫病诊断及防控研究的国内外学者出席会议；同年，该所还承办了“第七届东南亚—中国口蹄疫控制行动计划实验室网络会议”，来自东南亚及 OIE SEA、FAO 亚洲及环太平洋区域、世界口蹄疫参考实验室，共计 37 位代表参会。

2013 年，经甘肃省科技厅积极组织协调，认定了“西北地区肉牛肉羊遗传改良国际科技合作基地”，该基地由甘肃农业大学承担建设，主要针对西北地区特色肉牛肉羊遗传资源，在分子遗传、生产及抗逆性功能基因发掘等方面与国外研究机构紧密合作，为西北地区肉牛肉羊产业快速发展提供技术支持和人才支撑。

2014 年甘肃省组织旱作节水农业领域的企业和省属科研院所申报科技部 2014 年国际科技合作基地获得认定。在兰洽会期间，甘肃接待吉尔吉斯斯坦代表团，洽谈了甘肃省龙头企业在该国建立节水滴灌设备和技术示范基地事宜。甘肃省科技厅选择以色列、巴基斯坦为重点国家在节水农业、草食畜等领域开展科技合作。

2. 承担科技部援外技术培训任务

2011～2014 年，甘肃省共承担 8 项援外技术培训任务，主要涉及动物科学领域。

2011 年，甘肃省共承担科技部 3 期对外技术培训任务，其中农业领域是由中国农业科学院兰州兽医研究所承担的“中国兽医药学技术国际培训班”。

2012 年，在国际原子能机构的资助下，中国农业科学院兰州兽医研究所承办了“跨境动物疫病传播”项目的第一届“区域性跨境动物疫病分子诊断培训班”，来自泰国、印度尼西亚、蒙古等 17 名学员参加培训。

2013 年，科技部共支持发展中国家培训技术 35 项，甘肃省占比超过 10%，培训班中农业领域主要是畜牧兽药领域的特色技术培训。

3. 接待国外科技代表团，安排国内科技代表团出访

2011～2014 年，甘肃省共接待 1 个国外科技代表团，派出 12 个国内科技代表团 52 人次出访考察学习。

2011 年，经科技部安排，接待韩国教育科技部第四批访华团（组）“生存条件恶劣区域（干旱）的生命资源利用科技考察团”访问甘肃省期间，甘肃省科技厅安排其参观了相关大专院校、科研院所，并在甘肃农业大学组织了“中韩甘肃省生态环境治理暨生态农业发展技术合作交流研讨会”，参观了定西圣大方舟马铃薯变性淀粉有限公司、定西市爱兰马铃薯种业有限公司，考察了甘肃省马铃薯产业发展及马铃薯淀粉产品技术研发情况。2011 年，甘肃省科技厅共派出 7 个团（组）、23 人次出国考察，其中包括 2 个农业领域访问团。

2012 年，甘肃省科技厅共派出 5 个团队、29 人次出国（境）执行科技考察学习任务，内容包括“马铃薯育种和生物技术”、“农业科技合作和农业发展政策”、“科技服务体系建设”、“高层次人才知识产权法律培训”等。

4. 农业类国际科技合作的主要成效

2011～2014 年，甘肃省的国际农业科技合作成果对提高全省农业科技水平起到很大推动作用。引进的各项先进农业技术，特别是节水灌溉、设施农业、地膜覆盖等技术大部分得到推广应用，大大缩短了研发周期，节约了科研经费。通过国际合作，甘肃引进粮食、水果、蔬菜、牧草、畜禽和花卉等动植物种质资源，通过材料和种质创新，培育出了适合甘肃省种植养殖的动植物新品种，并在生产中广泛推广应用，提升了农业综合能力。在农业科技领域，派出科技人员出国访问、学习、技术交流，加快了人才培养进程。

（三）“十二五”时期农业领域引进国外智力工作

“十二五”时期，甘肃省坚持“高端引领、突出特色、注重实效、提高质量”的工作思路，积极推进“百千万”工程和“1212”引智计划，深入开展“质量创新年”和“抓管理、抓重点、抓成果”活动，引进国外人才和智力项目取得了显著成绩。特别在农业引智领域，通过不断整合资源优势，创新工作模式，积极探索引智与农村经济发展相结合的有效途径，充分发挥引智成果对农村经济骨干产业的技术推动作用，大力促进引智成果向现实生产力转化，取得了一系列突出的引智成绩。

1. 加大了农业领域高层次外国专家引进力度

甘肃省引进境外专家 12236 人次。其中执行引进国外技术、管理人才项目和文教类外国专家项目 437 项，资助聘请专家 996 人次。围绕全省特色农业产业发展，依托引智项目，引进美国、日本、以色列等国农业技术专家，举办农技讲座和培训班 540 多期（次），培训农业技术人员、农村实用人才和新型农民 5 万多人次。引进和培育的洋葱、冬小麦、玉米、油橄榄、马铃薯等新品种得到大面积推广，对当地农业产业结构调整发挥了重要作用。为提升科研攻关能力，甘肃省支持中科院兰州近物所、中科院兰州寒旱所、甘肃省地震局、兰州大学、西北民族大学、兰州理工大学、甘肃农业大学、兰州财经大学等项目单位开展外国专家高端项目和重点项目的联合攻关，获得国际先进水平的科研成果，成效显著。

2. 高校农业引智项目质量有所提高

高校农业领域引智项目数量和经费不断增加。项目由 2011 年的 16 个增加到 2015 年的 38 个，资助经费由 47 万元增加到 295 万元，聘请外国专家人数由 48 人次增加到 82 人次。引进专家由常规国际交流向科研合作、科技攻关转变，提升了产学研成果转化水平。甘肃农业大学聘请法国葡萄酒专家理查德教授，指导酿造无添加天然发酵葡萄酒，改善了甘肃省葡萄酒的色泽、品味，突出了品种、产地特色；邀请美国农业部专家布朗博士、澳大利亚查尔斯特大学坎普博士与甘肃农业大学共同研制完成了青贮发酵促进剂技术，突破了传统的玉米秸秆青贮的干物质损失多、消化率低和适口性差的关键问题。

3. “十二五”时期引智基地建设和成果推广取得重大进展

“十二五”以来，甘肃省积极开展引智基地和示范单位建设工作，制定了《甘肃省引进国外智力成果示范推广基地和引进国外智力示范单位管理办法》。先后组织了 2 批省级引智基地和示范单位申报与审批工作，全省共有国家级、省级引智基地（示范单位）31 个，涉及农林牧副渔、生态环境、装备制造等不同行业部门，形成了以国家级引智基地和示范单位为牵引，省级引智基地和示范单位互为补充、相互促进、共同发展的良好局面。

“十二五”以来，通过“请进来”和“走出去”的工作方式，甘肃省在农、林、渔、牧等领域积累了数量众多的引智成果。近年来，甘肃省在促进引智成果示范推广和效益转化方面下了很大力气。围绕“1236”扶贫攻坚行动、“联村联户、为民富民”行动，引进日本专家赴贫困县乡举办产业发展培训班，派出贫困县、乡负责人赴韩国培训，积极在贫困乡、村示范推广冬小麦、小黑麦、马铃薯、藜麦、日本无刺花椒、彩棉、琉璃苣、能源植物柳枝稷、国外种兔等引智成果，大力加强非耕地日光温室技术及农业循环模式生产技术示范推广，一大批引智成果在陇原大地落地生根、开花结果，带动了多项农业新型产业的发展，加快了当地农民脱贫致富步伐，有力地助推了精准扶贫工作，推动了特色产业转型升级。另外，国家外专局、省外专局围绕马铃薯主粮化及马铃薯营养强化、葡萄酒品质提升、油橄榄产品开发等农业特色优势产业引智基地，加大引进国外专家项目、引智成果示范推广项目、出国（境）培训项目支持力度，引进了国外先进种质资源、农业新品种以及优秀外国专家，培养了大批基地专业研究人员。甘肃省农业科学院小麦研究所“小麦条锈病基因控制”国家引智基地，与国际玉米小麦改良中心，美国、意大利、澳大利亚等 6 个国家及国际组织建立合作关系，邀请 29 位国际知名相关专家来甘肃考察和技术交流，由国外种质资源育成的兰天系列抗条锈病新品种在甘肃大面积推广的同时，还引种至青海、陕西、宁夏等周边省份。定西市农科院“马铃薯脱毒种薯”基地先后从美国、德国、荷兰等国家引进专家 9 人次，派出科技人员 7 人次赴美国、荷兰、英国等考察交流。其中“油橄榄良种引进及栽培技术示范推广”、“国外肉用羊推广”和“平凉红牛集团红牛体质增效技术”等项目较好地发挥了引智示范推广作用。

（四）农业科研单位国际合作与交流管理现状

近年来，我国农业国际科技交流与合作不断发展，农业国际影响力逐步提高，与重点国家、地区以及国际组织的农业多双边合作取得显著成效。国际合作管理工作已由单一向复杂、多面发展，目前主要包括规划制定、管理制度制定，科技合作科研项目、科技合作与交流工作的管理和研究等。

国家级农业科研单位中国农业科学院已建立较为完善的国际合作管理机构，设立了国际合作局，下设各个专职机构，管理全院的国际合作及交流工作。其管理模式最符合我国当前农业科技国际合作与交流发展的需求。

全国省级农业科学院基本设立了国际合作专职管理机构，主要有以下三种模式：一是成立外事处，综合管理和服务全院的国际科技合作与交流工作，这种模式主要存在于国际合作交流工作实力雄厚、工作量非常大的省级农业科学院，有利于推进该项工作的全面发展。二是作为科研管理的一个职能设立在科研管理处内，此种模式有利于提高科技与国际合作的关联性，促进二者紧密结合。目前，采用该模式的农业科研单位较多。三是单一的由单位办公室、人事处等部门代为管理，这种模式存在于该方面工作量较少，尚未受到高度重视的农业科研单位。目前，甘肃省农业科学院的国际合作管理模式属于第二类。

二　存在的主要问题

1. 国际农业科技合作的机构不完整，队伍素质亟待提高

目前，我国还没有专门从事国际农业科技合作的管理机构，只是由农业部相关机构、单位负责或参与部分工作，尚未设立专职部门。同时，这些机构、单位在职能上也存在着较多的重叠，程序烦琐，工作人员业务素质不配套，办事效率不高等，未能发挥农业国际合作人才队伍的整体实力。

同样，在甘肃省也存在类似问题，专门从事国际农业科技合作的管理机构未设立，而是由省外国专家局、省人社厅、省科技厅、省农牧厅等单位负责，职能交叉重叠。

2. 参与合作的主体比较分散，合作能力有限

在国际农业科技合作项目中，甘肃省参与的主体主要是企业、政府、高校、科研机构等，参与的主体力量比较分散，合作能力有限。只有少数的国有及民营企业参与合作比较活跃，大多数企业只是小规模的技术引进而且层次不高；地方政府组织的合作以参与为主，自命课题的较少。省内高校和科研单位是参与国际农业科技合作的一支重要力量，但与发达省份相比，农业类国际科技合作项目数量总体偏少，理论研究较多，成果转化率不高，与实际生产联系不够紧密。

3. 缺乏合作经费，获取重大合作项目的手段单一

由于经费资助渠道狭窄，没有充足的资金为引进专家提供必要科研及生活条件，很难引进高技术、知名国际人才来甘肃开展科研工作。同时，我方合作主体缺乏主动性，自主创新观念淡薄，主要以打工、受援等被动方式进行，获得重大合作项目的机会甚少。

4. 缺乏农业国际交流与合作的信息交流平台

甘肃的农业科技合作与交流平台及互访的机制尚未形成，由此导致信息交流不畅、交流范围局限、内容重复或不深入，不能实现信息交流、资源经验共享最佳工作环境。因此，构建甘肃省农业国际交流与合作的信息交流平台具有重要的作用和意义。

三　对未来发展的几点建议

针对甘肃农业科技国际合作与交流工作方面存在的问题，借鉴省外的先进理念，笔者对下一步的工作提出如下建议。

1. 加强机构建设，提高队伍整体素质

农业科技国际交流与合作工作是我国改革开放以后逐步开展起来的，是提高我国农业科技竞争力，促进我国农业可持续、稳定地向优质、高产、高效发展的重要途径之一，也是一个长期性工作。应加强全省农业国际科技合作系统的专职机构建设和专业人才队伍建设，使其职能管理科学、合理、高效，工作团队具备应有专业水准和业务素养，促进全省国际合作水平和合作能力提高，对全省农业科技发展真正发挥推动作用。

2. 建立和完善国际科技合作交流管理制度、激励机制及人才培养机制

根据省内各农业科研单位国际科技合作与交流工作的实际情况，制定和完善符合本单位运行特点的相关规章制度，主要包括国际合作项目管理办法、学术交流活动管理办法、联合研发机构或合作基地管理办法、涉外知识产权管理办法、外事活动管理办法、人员往来管理办法等。通过科学的管理制度，规范各类国际合作项目的实施和交流活动，提高管理效率，做到各项管理行为有章可循、有法可依。同时，坚持以人为本，通过有效的激励机制，充分发挥专业科技人员和管理人员参与国际合作交流的积极性和主观能动性，营造浓厚的国际合作交流氛围，全面提升国际科技合作研发能力，从制度和机制上保证管理目标的实现。

3. 加大国际农业科技合作投入，加强前沿技术合作

根据联合国粮农组织（FAO）研究结果，只有农业公共科技投入强度达到2%以上时，才可使农业科技真正进入自主创新阶段。因此，国家也提出了力争到2020年使中国的农业科技投入强度达到2%的规划目标。同样，国际农业科技合作也应相应加大投资力度。一是建立健全相关法律法规和保障制度，确保农业科技资金的有效供给和增长，同时，设立专项农业国际科技合作经费，满足甘

肃省国际农业科技合作经费需求。二是建立以政府为引导、企业为主体、各种金融机构和民间投资者共同参与的利益共享、风险共担的科技投融资体系。

通过国际农业科技合作强化前沿技术储备工作。采用农业科技合作、引进新技术和自主创新相结合等方法手段，夯实甘肃省农业科技研究基础，培育农业科技优势，在最短时间内显著提高全省农业科技的整体水平。通过共同设计和资助等方式，加强与前沿技术的合作，如与动植物分子育种和分子设计技术、数字农业和精准农业技术、缓释肥生产技术、节水灌溉技术、动物疫病和植物病虫害检测技术、农畜产品有害物分子检测技术、农产品生物工程和精深加工等技术的合作，达到共同促进、成果共享的目的，为全省现代农业产业技术升级和农业可持续发展提供前沿技术的储备。

4. 下大力气，整合农业科技资源，打造国际合作平台

建立合作渠道和平台是国际合作交流项目实施的前提，也是管理工作的必要环节。近年来，由于甘肃农业科研单位及高校比较注重科学技术研究工作的开展，获得科研成果相对较多，科研与合作能力提升较快，已经有了一定的合作经验与技术储备。应将其作为参与合作的主体，同时指导带动省内龙头企业参与其中，促进国际合作技术成果转化率提高，真正发挥出全省农业类国际科研合作应有的作用。根据甘肃省的国际科技合作与交流工作发展现状及未来规划，分析省内及国外重点领域的科技资源，构建多种形式、不同层次的合作平台，可通过召开国际农业领域学术会议搭建交流合作平台、国际农业科技合作研发平台和成果示范与转化平台等。同时，整合全省的农业科技优势，通过平台推进各类国际合作与交流项目的实施。同时，继续加强农业科技国际合作基地的建设，提高国际科技合作概率与合作水平，避免低层次重复建设，形成长期、稳定的合作途径，增强甘肃省的国际竞争力。

四 甘肃省农业国际科技合作展望

根据我国有限的耕地面积，单纯依靠大幅提高单产或扩大耕地面积已不可能完全解决消费者的食物需求，只有采取更科学、更多样的手段，提高农业生产力，改变传统生产方式才是我国确保食物安全的唯一出路。实践证明，农业科技对外合作与交流是推进甘肃省农业科技进步的重要手段，今后应围绕促进农民增收和增加农产品有效供给两大战略，通过多渠道国际合作交流，有针对性地开展关键技术合作研究、培养青年农业科技骨干、加强引进国外智力成果示范推广基

地和引进国外智力示范单位建设。

1. 围绕提高农业综合生产能力及农产品快速检测、安全防控技术领域开展重点合作研究

在未来几年，甘肃省在技术合作、引进和输出上应重点围绕包括精准施肥和喷药技术，测土配方施肥技术，工厂化育苗技术，精准栽培技术，基因工程疫苗研制技术，与品种和栽培技术相适应的耕作、播种、收获技术，与机械、高效（设施）农业技术，农业资源高效利用技术，农业废弃物资源化利用技术，动植物疫病高效快速诊断和安全防控技术，农畜产品安全生产和质量控制技术，农畜产品加工和高效保鲜技术等支撑产业发展的关键技术开展交流与合作。

2. 加强青年农业科技骨干培养

为青年农业科技人员学习发展提供国际科研合作平台，多创造出国（境）学术交流和技术合作机会，使青年科技人才崭露头角，并将其逐渐培养成为学科带头人、青年科技骨干，带领自己的团队开展专题研究工作，防止出现科研断层现象。同时，加强对出国留学访问青年科技人员的管理，确保其按期回国服务。

3. 加强引进国外智力成果示范推广基地和引进国外智力示范单位建设

围绕甘肃经济社会发展大局，坚持“高端引进、突出特色、创新发展、提高质量”的工作思路，积极建立培育引智基地和示范单位，推广引进新产品、新技术、新工艺以及先进的管理方法等。建立培育引智基地、示范单位应紧紧围绕“1236”扶贫攻坚行动、“联村联户、为民富民”行动，以及“一带一路”发展战略，注重培养特色优势产业、富民多元产业等，以“高、新、精”为原则，培育国内同行业具有领先地位、有较强示范和带动作用的引智成果。

参考文献

李文卿主编《甘肃科技发展报告》，甘肃科学技术出版社，2012。

李文卿主编《甘肃科技发展报告》，甘肃科学技术出版社，2013。

李文卿主编《甘肃科技发展报告》，甘肃科学技术出版社，2014。

李文卿主编《甘肃科技发展报告》，甘肃科学技术出版社，2015。

中国农业科学院国际合作局，http：//gh. caas. net. cn/。

孙玲等：《浅谈农业科研机构国际科技合作与交流的管理》，《科技管理研究》2011 年第 14 期。

杨旖旎：《提高我国农业科技国际交流与合作能力的路径初探》，《农业科技管理》

2015 年第 4 期。

袁学国等：《中国农业科技投入分析》，《中国农业科技导报》2012 年第 3 期。

彭宇文：《基于国际比较的我国农业科技投资问题初探》，《贵州农业科学》2010 年第 1 期。

范英杰等：《英国研究理事会的国际合作政策及启示》，《中国科学基金》2008 年第 5 期。

G.7
甘肃市州农业科技进步评价报告

汤瑛芳　张正英　白贺兰　高　军*

摘　要： 本文运用农业部确定的增长速率方程法（Solow余值法），对“十二五”时期甘肃14市州农业科技进步贡献率进行测算，进而进行聚类分析，结果显示：农业科技进步贡献率在各市州间差异显著，具有明显的不均衡性。“低投入、低消耗、科技进步贡献率高”型2个市，“适度投入、适度消耗、科技进步贡献率较高”型5个市，“高投入、高消耗、科技进步贡献率有限”型5个市，“投入有限、消耗有限、科技进步贡献率低”型2个市，表明市州提高农业科技贡献率、推动农业经济发展的潜力巨大。而增强区域农业科技创新能力、提高农业科技成果推广及应用效益、提高农业从业人员的科技意识及水平，以及发展市州特色产业、壮大区域经济实力是促进农业科技进步的重点方向。

关键词： 甘肃　农业　科技进步贡献率　评价

一　引言

农业科技进步有狭义和广义之分。狭义的农业科技进步是指农业科学技术进步及其应用于生产的全过程，强调“硬科技”进步；广义的农业科技进步是指

---

* 汤瑛芳，女，甘肃省农业科学院农业经济与信息研究所副研究员，主要从事农业经济与农村发展及农业工程规划等研究工作；张正英，男，甘肃省农业科学院作物研究所副所长、研究员；白贺兰，女，甘肃省农业科学院农业经济与信息研究所助理研究员；高军，男，甘肃省统计局高级统计师。

除生产经济要素以外所有能促进农业生产、生态效益提高的农业科技的进步及其应用生产的过程，既包括“硬科技”进步，也包括“软科技”进步。在实际生产中，“硬科技”进步与“软科技”进步共同存在、相互交错，对农业经济产生影响。本报告研究广义的农业科技进步，在强调以“硬科技”为主的农业生产技术改进、方法手段及措施改善的同时，也重视管理、决策、经营及智力等软技术对农业生产的促进和提高。

科学技术作为第一生产力，关联着农业生产的全过程，对农业生产的各个阶段和不同领域产生影响，它的进步可以提高生产要素的产出率，能够促进劳动者素质的提高，促进生产方式的转变，继而引发社会层面更深层次的改革和创新。农业科技区别于人力、土地、资本等资源要素，它属于智力投入因素，能够不断地被改进和创新；通过不断改进和创新农业科技，通过提高农业决策管理及经营能力与水平，生产力实现极大提高与突破。因此，研究农业投入诸要素及农业科技进步对农业经济增长的贡献，对甘肃布局农业科技创新目标、实现农业现代化战略目标意义重大；在高度关注经济增长方式转变、促进发展现代农业的今天，评价农业科技进步对于农业经济增长的贡献尤其必要。

我国农业科技进步评价工作主要使用的方法是测算农业科技进步贡献率，该指标反映了农业科技进步对农业经济增长的贡献程度，它的测算涵盖了广义农业科技进步的测度，是一个反映国家或地区农业现代化发展水平的指标。目前，学术界在国家和省级层面上进行的农业科技进步贡献率的测算已有大量报道，有部分文献在市级或县域层面上对农业科技进步贡献率进行了测算。对甘肃省农业科技进步贡献率的测算始于“九五”时期末，魏邦龙（1999）、李双奎（2007）分别对甘肃省农业科技进步贡献率进行了测算，鲜有文献在甘肃省市州层面上分析测算其农业科技进步贡献率。

市州农业科技进步是国家农业科技活动的基层单元组织，对国家农业科技事业发挥基础支撑作用。从更加微观的层面测算农业科技进步贡献率，有助于市州间比较科学技术进步水平及区域经济发展程度。本报告对甘肃 14 市州“十二五”阶段的农业科技进步贡献率进行测算，研究各市州农业科技进步在其农业经济增长中的贡献份额，分析各市州农业生产要素对农业经济增长的贡献程度，揭示农业科技进步及各投入要素对本区域现代农业发展的作用；同时，运用聚类分析法，研究甘肃市州农业科技进步的发展模式及类型，帮助各市州政府客观认识本地区农业科技发展水平，把握本地区农业现代化发展进程，为明确未来发展现代农业的工作重点提供决策参考。

二　甘肃市州农业科技进步贡献率的测算

（一）农业科技进步贡献率测定方法的选取

国内采用较多的测算农业科技进步贡献率的方法有 C－D 生产函数法、增长速度方程法（Solow 余值法）、全要素生产率指数法（TFP）等。在国家层面上的测算，最早始于“八五”时期，樊胜根（1991）采用拟超越对数方法、顾焕章等（1994）利用确定性前沿生产函数分别测算了我国的农业科技进步贡献率，其后广大学者利用多种方法对我国的农业科技进步贡献率进行了测算和研究。在省级层面上，陈凯（2000）建立要素结构进化率函数和要素替代弹性函数，万忠、吴美良等（2000 年）采用增长速度方程法分别测算了山西省、东莞市的农业科技贡献率，吕勇斌（2002）采用 C－D 生产函数模型，划分经济区域测算了湖北省的农业科技进步贡献率。魏邦龙（1999）、李双奎（2007）应用 C－D 生产函数法测算甘肃省的农业科技进步贡献率。

朱希刚（1997）最早使用 Solow 余值法对我国的科技进步贡献率进行了测算，该方法目前成为我国认可度高、使用最为广泛的测度方法。1997 年 1 月，农业部下发了规范我国农业科技进步贡献率测算方法的通知，将朱希刚的测算方法确定为计算我国农业科技进步贡献率的国家试行标准。本报告即采用该方法测算“十二五”期间甘肃省 14 个市州的农业科技进步贡献率。

（二）模型建立

模型假设农业总产值的增长来自两个方面：（1）生产物质投入的增加：包括土地、劳动力、农业中间消耗等物质费用的增加；（2）科技进步引起的投入产出比的提高，是通过科技进步提高了生产要素的生产效率和降低了产品成本，即来自由于智力增加因素而产生的农业经济的增长。基于经济增长理论和科学技术是第一生产力理论，采用增长速度测算模型，以广义农业科技进步对农业总产值增长的贡献份额为基础，计算农业科技进步率的公式如下：

$$\begin{aligned}\text{农业科技进步率}(\delta) = {} & \text{农业总产值增长率}[(Yt - Yo)/Yo] - \text{物质费用产出弹性}(\alpha) \times \\ & \text{物质费用增长率}[(Kt - Ko)/Ko] - \text{劳动力产出弹性}(\beta) \times \\ & \text{劳动力增长率}[(Lt - Lo)/Lo] - \text{耕地产出弹性}(\gamma) \times \\ & \text{耕地增长率}[(At - Ao)/Ao] \qquad (1)\end{aligned}$$

农业科技进步贡献率 = 农业科技进步率 / 农业总产值增长率 = δ/ 农业总产值增长率 (2)

式（1）中，Yo、Ko、Lo、Ao 分别是基年的农业总产值、物质费用、农业劳动力数和耕地面积，而 Yt、Kt、Lt、At 则是计算年的农业总产值（用可比价格计算）、物质费用（用可比价格计算）、农业劳动力数和耕地面积。

式（2）中，农业科技进步率表达为农业总产值增长率中，扣除新增物质投入、劳动力、耕地等投入量产生的总产值增长率之后的余额。

此公式阐释以下观点：

（1）可用于计算一年一度或一个时段的农业科技进步贡献率。

（2）选择农业总产值为因变量，耕地、劳动力和物质费用消耗为解释变量，并在回归分析结果的基础上确定各解释变量的弹性值，适宜甘肃省农业生产特点。

（3）通过物质费用、劳动力的生产弹性的调整来反映各地区生产力水平和劳动力水平，使农业科技进步贡献率的测算结果具有可比性。

因此，本报告选择农业部推荐的测算国家农业科技进步贡献率的标准方法——Solow 余值法，测算甘肃省 14 市州的农业科技进步贡献率；产出弹性均采用农业部统一规定的数值，即物质费用、劳动力、耕地的产出弹性系数分别取值 0.55、0.2 和 0.25。

（三）数据来源与相关说明

本报告相关数据测算时间区间：2011～2015 年。

数据资料来源：2011～2014 年数据来源于 2012～2015 年《甘肃农村发展年鉴》《甘肃发展年鉴》，2015 年数据来源于甘肃省统计局提供的《2016 甘肃农村统计提要》。

农业总产值 Y：本报告采用的农业总产值包括农、林、牧、渔业及农业服务业，为了消除物价指数变化带来的影响，本报告将《甘肃农村年鉴》中市州农林牧渔业现价总产值运用市州总产值指数（Y 上年 =100）折算为可比价进行测算。

农业物质费用 K：采用农林牧渔业中间消耗总额，将《甘肃农村年鉴》中市州农林牧渔业中间消耗总额，运用甘肃省生产资料价格指数折算为可比价进行测算。

农村劳动力数 L：本报告所用的农业劳动力指标取《甘肃农村年鉴》的市州农林牧渔业从业劳动人员。在实际农业生产中，混合数业兼营状况普遍存在，比如从事农业种植业的劳动力同时从事畜牧养殖业等，故根据甘肃省农村现实情况，将农林牧渔业从业人员数视为劳动力数。

土地投入 A：本报告用播种面积 + 果园面积数据代替土地投入。考虑到甘肃省农业生产实际，河西灌溉农业及陇中、东部干旱半干旱区由于水资源稀缺和干旱原因，常年会存在大量的耕地“撂荒”现象。另外，基于魏邦龙（1999）、李双奎（2007）测算甘肃省科技进步贡献率时采用播种面积代替耕地面积，本报告结合甘肃省近年来，种植结构大幅调整，经济林果业对甘肃省农业产值的重要贡献作用，土地投入采用播种面积 + 果园面积数据。

采用以上步骤和方法，本文取得了甘肃省 14 市州 2011 ~ 2015 年的农业科技进步贡献率测算需要的相应指标及数据。

（四）市州农业科技进步贡献率的测算

对甘肃省 14 市州 2011 ~ 2015 年的 350 个基础数据处理后进行计算，得出各市州农业生产各指标增长率及科技进步率（见表 1）。结果显示，平凉、酒泉、金昌、武威、嘉峪关等市农林牧渔业总产值增长率在省内处于较高水平；武威、甘南、平凉、定西、临夏等市农林牧渔业中间消耗在省内增长幅度较大，而张掖、庆阳两市中间消耗处于省内较低水平。14 市州农林牧渔业从业人员增长率除定西市略有增加外，其余市州均呈负增长，尤以陇南、嘉峪关、武威减幅最为显著。农作物 + 果园面积增长率除嘉峪关为负外，其余市州均正增长，张掖、兰州、武威等市增速相对较高。农业科技进步增长率以嘉峪关市为最高，临夏市最低。因此，甘肃各市州科技进步相关因子的增长率和农业科技进步率变化幅度较大，呈现出明显的差异性，这与区域资源禀赋有关，另外也受人力资源、科技投入及软硬环境等显著影响。

表 1　2011 ~ 2015 年甘肃各市州农业各指标增长率及科技进步率

单位：%

市州	农林牧渔业总产值增长率	农林牧渔业中间消耗增长率	农林牧渔业从业人员增长率	农作物播种面积 + 果园面积增长率	农业科技进步增长率
兰　州	6.93	8.72	-1.7	1.45	2.56
嘉峪关	7.28	8.87	-2.42	-3.62	4.23
金　昌	7.82	8.92	-1.39	1.16	3.34
白　银	6.88	8.91	-0.37	0.45	2.33
天　水	6.61	8.56	-0.68	0.73	2.24

续表

市州	农林牧渔业总产值增长率	农林牧渔业中间消耗增长率	农林牧渔业从业人员增长率	农作物播种面积+果园面积增长率	农业科技进步增长率
武　威	7.75	10.91	-2.36	1.27	2.47
张　掖	6.13	6.82	-1.47	1.86	2.57
平　凉	9.31	10.62	-0.95	0.72	3.96
酒　泉	7.84	8.58	-1.05	0.99	3.49
庆　阳	6.43	6.89	-1.38	0.64	2.42
定　西	6.89	9.38	0.17	0.3	1.99
陇　南	6.13	8.39	-3.13	0.49	2.52
临　夏	5.89	9.19	-1.56	0.8	1.41
甘　南	7.24	10.68	-1.06	0.62	1.9

依据表1数据，本文运用模型及理论进行计算，得出2011~2015年甘肃市州农业各指标增长的贡献率及科技进步贡献率（见表2）。14个市州的农林牧渔业中间消耗增长率均高于其农业总产值的增长率，对经济增长的贡献率都在100%以上；农林牧渔业从业人员对农业生产指标增长率的贡献除定西市外，其余13个市州均为负值，表明农业劳动力的缩减已经成为市州农业进步的限制因素。土地耕种面积对农业生产增长的贡献率除嘉峪关市外，其余13个市州均为正值，尤其是张掖市达到30%以上，表明通过扩大耕种面积来增加农业产出依然对甘肃省农业经济发展具有重要影响。农业科技进步贡献率嘉峪关在50%以上，酒泉等五市州在40%以上，庆阳等五市州高于30%，另有定西等三市州在30%以下。可见，农业科技进步对农业生产的贡献依然较低，总体各市州农业增长仍以高能耗为代价，距离2020年全省实现科技贡献率达到57%的目标仍有较大差距。

表2　2011~2015年甘肃各市州农业各指标增长的贡献率及科技进步贡献率

单位：%

市州	农林牧渔业中间消耗增长贡献率	农林牧渔业从业人员增长贡献率	农作物播种面积+果园面积增长贡献率	农业科技进步贡献率
兰　　州	125.83	-24.53	20.92	36.96
嘉 峪 关	121.84	-33.24	-49.73	58.12
金　　昌	114.07	-17.77	14.83	42.7
白　　银	129.51	-5.38	6.54	33.83
天　　水	129.50	-10.29	11.04	33.88
武　　威	140.77	-30.45	16.39	31.92

续表

市州	农林牧渔业中间消耗增长贡献率	农林牧渔业从业人员增长贡献率	农作物播种面积+果园面积增长贡献率	农业科技进步贡献率
张　掖	111.26	-23.98	30.34	41.96
平　凉	114.07	-10.20	7.73	42.49
酒　泉	109.44	-13.39	12.63	44.54
庆　阳	107.15	-21.46	9.95	37.66
定　西	136.14	2.47	4.35	28.93
陇　南	136.87	-51.06	7.99	41.08
临　夏	156.03	-26.49	13.58	23.86
甘　南	147.51	-14.64	8.56	26.3

三　甘肃市州农业科技进步评价分析

（一）市州农业科技进步贡献率的聚类分析

基于农业科技进步贡献率、物质消耗、土地耕种面积、从业人员数量四个因素（农业科技进步贡献率为前文测算所得数据，其余数据为“十二五”期间的平均值，其中物质消耗数据折算为可比价），本文利用 SPSS 17.0 软件对甘肃省“十二五”期间各市州的农业科技进步水平进行聚类分析（见表3），方差分析达到显著差异（见表4）。结果显示，“十二五”期间，14 个市州农业科技进步模式可归为四个类型：①低投入、低消耗的城郊农业模式，科技进步率高；②适度投入、适度消耗、农业科技进步效率相对较高的集约发展模式；③高投入、高消耗的粗放发展型的农业科技进步发展模式；④投入有限、中间消耗有限，农业科技发展缓慢模式。

第一类：共 2 个市，包括嘉峪关和金昌。此类属于低投入、低消耗而农业科技进步贡献率高的科技发展模式。嘉峪关市和金昌市都属于工业城市，相对而言城市规模大、农业经济规模小，农村是城市重要的副食品基地，属城郊型农业。嘉峪关和金昌市农业生产条件优越，农田水利化、作业机械化、种植良种化、栽培科学化程度高，是甘肃省农业经济发展的先进地区。因此其农林牧渔业中间消耗额、农林牧渔业从业人员数量、耕地面积虽然属全省 14 个市州（除甘南以外）中总量最低区域，但农业科技进步贡献率比较高，尤其是嘉峪关市，农业科技进步贡献居全省首位。

第二类：共有5个市，包括酒泉、张掖、兰州、白银和武威。属生产要素投入比较适度、合理，农业科技进步贡献率在省内处于相对较高水平的地区。酒泉、张掖和武威地处河西走廊，兰州、白银属甘肃省兰白经济圈，均为省内经济发展水平较高区域，交通便利，信息化程度高，从业者对新技术、新信息认知灵敏，易于推广农业机械化，能够通过适当的生产要素投入实现比较理想的农业科技进步贡献率，因此，农业科技进步贡献率在省内处于较高水平。

表3 聚类分析结果

类型	个数	市(州)
第一类(低投入、低消耗、科技进步贡献率高)	2	嘉峪关、金昌
第二类(适度投入和消耗、科技进步贡献率较高)	5	酒泉、张掖、兰州、白银、武威
第三类(高投入、高消耗、科技进步贡献率有限)	5	平凉、陇南、庆阳、天水、定西
第四类(投入有限、消耗有限、科技进步贡献率低)	2	甘南、临夏

表4 方差分析

指标	F值	Sig.
农业科技进步贡献率	6.012	0.013
农林牧渔业中间消耗总额	12.847	0.001
农林牧渔业从业人员数	13.706	0.001
农作物播种面积+果园面积	27.474	0.000

第三类：共5个市，包括平凉、陇南、庆阳、天水和定西。特点是高投入、高消耗、农业科技进步贡献率有限。它们属甘肃省旱作农业区域，由于干旱等自然条件所限，主要发展旱作粮食作物，种植业比较经济效益较低；同时山旱地、山坡地形等，不利于农业机械化作业，对劳动力的投入要求高，且农业劳动力的经济回报率较低；山旱地、山坡地多属中低产田，土地的产出能力有限；另外，经济发展的水平又在一定程度上使从业者的文化教育等受影响，所有这些成为该区域农业经济发展的限制性因素，很大程度上决定了其目前的粗放、分散式生产类型。

第四类：共2个州，包括甘南和临夏。这一类型区域投入有限、中间消耗有限，农业科技进步贡献率较低。两州属甘肃省少数民族地区，农业经济发展以农业、畜牧业为主，经济发展相对落后，农牧民文化教育水平相对较低，农牧业生产自然条件恶劣。受经济发展程度制约，对生产要素的投入不大，属农业中间消耗低、投入少、农业科技进步贡献率较低区域。

通过对各市州农业科技进步贡献率结果的聚类分析及检验，得出最后类中心分析结果（见表5）。结果表明，第一类（低投入、低消耗、农业科技进步贡献率高）的农业生产增长主要依靠科技进步，而中间消耗、从业人员和耕地面积为限制因素；第二类（适度投入和消耗、农业科技进步贡献率较高）主要依靠科技进步和中间消耗，而从业人员数和耕地面积为限制因素；第三类（高投入、高消耗、农业科技进步贡献率有限）则主要依靠中间消耗、从业人数和耕地面积来推动农业生产力的提高。第四类（投入有限、消耗有限、农业科技进步贡献率低）的各要素作用均有限。总体来说，提高农业科技进步贡献率是各市州进一步发展农业经济的潜力所在。

表5　最后类中心分析结果

指标	第一类	第二类	第三类	第四类
农业科技进步贡献率	1.48	0.05	-0.07	-1.41
农林牧渔业中间消耗总额	-1.49	0.40	0.68	-1.19
农林牧渔业从业人员数	-1.48	-0.32	1.04	-0.30
农作物播种面积+果园面积	-1.26	-0.27	1.13	-0.90

注：以上指标数据均经过标准化处理。

（二）市州农业科技进步总体评价分析

1. 各市州农业科技进步贡献率呈现较大差异，总体属于依靠物质投入增长的粗放型农业经济增长类型。对“十二五”时期甘肃省14市州农业科技进步贡献率测算的结果表明，2011～2015年，各市州间农业科技进步贡献率存在较大差异（见图1），嘉峪关在50%以上，酒泉、金昌、平凉、张掖、陇南等5市州在40%以上，庆阳、兰州、天水、白银、武威在30%以上，定西、甘南、临夏在30%以下。“十二五”时期农林牧渔业中间消耗增长率高于农林牧渔业总产值增长率，农业科技进步、农作物耕种面积、从业人员年均增长率依次低于农林牧渔业总产值增长率。分析甘肃各市州农业各指标增长对农业经济增长的贡献率（见图2），结果表明，各市州农林牧渔业中间消耗对农业经济增长的贡献率最高，农业科技进步位居第二，农作物播种面积居第三，而从业人员对农业经济增长的贡献率为负值，其原因是各市州农业从业劳动人员在减少。这说明“十二五”期间，各市州物质消耗对农业经济增长的贡献最大，其次才是科技进步在发挥作用，而从业人员数量减少已经成为经济增长的限制因素。总体上，甘肃各市州农业经济增长方式属于粗放型物质消耗投入增长类型。随着全省范围内地膜粮食工程的推广及经济结构的大幅度调整，甘肃省各市州农作物播种面积及果园面积都呈微增长态势。在保持耕种面积稳定的大前提下，在劳动力投入呈负增长态势下，依靠科技进步促进传统农业的改造升级，使农业经济增长由依靠农业物质费用投入及自然资源增长逐步向依靠科技进步、提高从业者素质、提高资源配置效率转变发展，由传统粗放向现代节约、集约、循环和永续利用转变发展，是各市州促进农业经济进一步发展的努力方向。

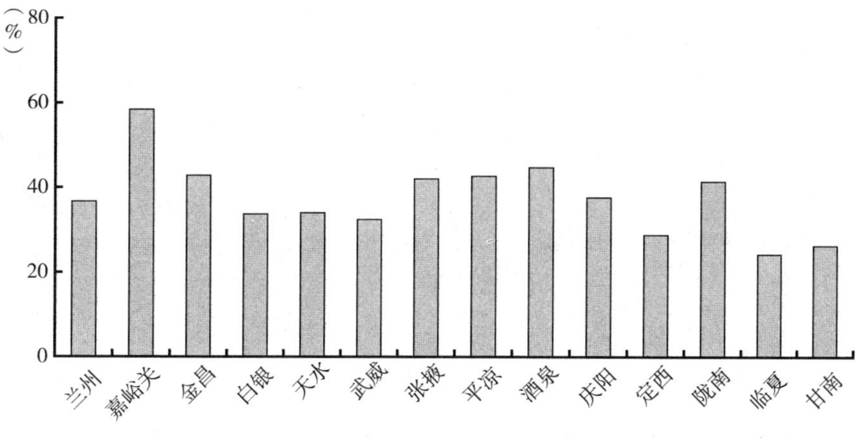

图 1　“十二五”时期甘肃各市州科技进步贡献率

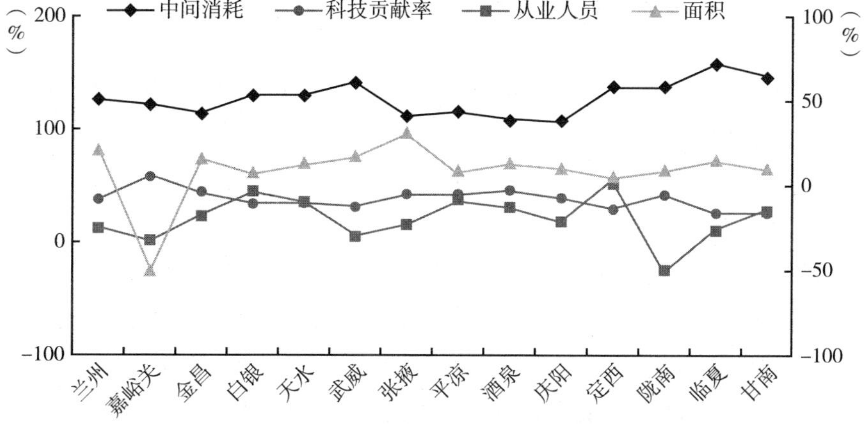

图 2　“十二五”时期甘肃各市州农业各指标增长对农业经济增长的贡献率

2. 各市州农林牧渔业中间消耗总额增长率与农林牧渔业总产值的增长率同步变化，且变幅大于总产值增长率（见图3）。甘肃14市州农林牧渔业中间消耗总额总体增加，2011～2015年，增长率较高的市州有武威、甘南、平凉等市州，在10%以上，张掖、庆阳增幅较小，在7%以下；物质费用投入对农业总产出的贡献率以临夏、甘南、陇南、定西为较高，在135%以上，庆阳、酒泉在省内处于较低水平，在110%以下，更进一步说明，物质消耗在甘肃各市州的农业发展中发挥着重要作用。将14市州物质消耗增长率与农业总产值增长率做环比，发现农业总产值增长率与物质消耗增长率基本同步变化，但农业总产值的增长率要低于物质消耗增长率，总产值增长率的变幅亦小于物质消耗增长率的变幅，说明在科技进步缓慢积累孵化的过程中，增加对农业生产投入，以资源消耗为代价促进区域农业经济发展仍然是各市州不得已的选择。

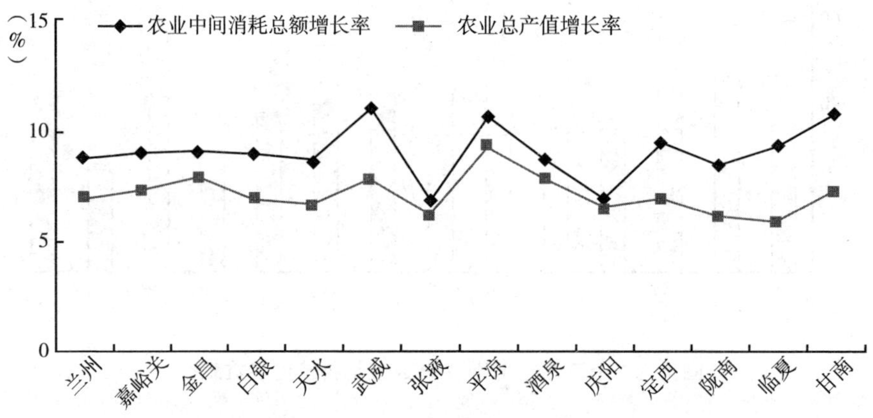

图3　各市州农业总产值增长率和中间消耗总额增长率变化

3. 各市州农业从业人员数量呈下降趋势，劳动力缩减成为农业经济增长的限制因素。通过对各市州劳动力投入分析显示（见图4），发现14市州中唯有定西市微有增幅，为0.17%，其他各市州农业从业人员的数量均呈下降趋势。陇南、嘉峪关、武威从业人员数量减幅较大，分别为－3.13%、－2.42%、－2.36%，减幅较小的白银、平凉市分别为－0.37%、－0.95%。分析从业人员对农业经济增长的贡献率，只有定西市是正值，为2.47%，其余市州均为负值，陇南市最低为－51.06%，武威次之，为－30.45%，白银、平凉相对较高，分别为－5.38%、－10.20%，说明劳动力缩减已经在不同程度地限制着市州农业经济的增长；从每万名从业人员创造的农业总产值来分析，总体各市州从业人员对农业经济增长的贡献呈现上升趋势，表明各市州从业人员的劳动效率在逐步提高。其中，嘉峪关、酒泉、张掖、金昌、武威每万名从业人员创造的农业总产值依次处于省内较高水平，临夏、陇南、甘南、天水依次处于省内较低水平。

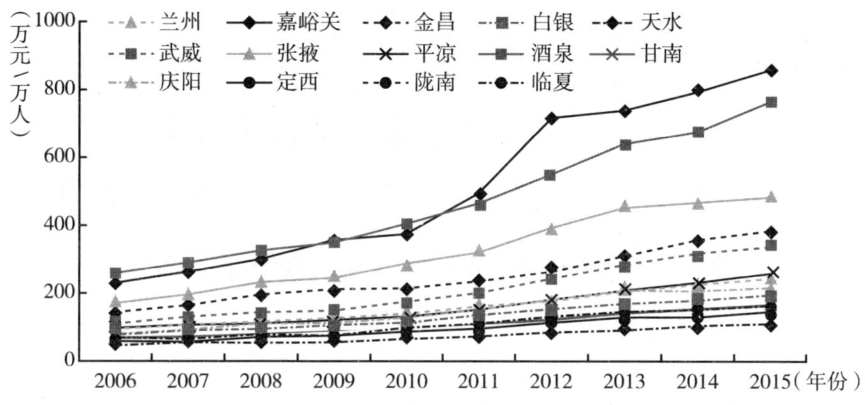

图4　2006～2015年各市州从业人员产出率变化

注：以上多年农业总产值数据采用可比价计算可得。

农业从业人员是各种生产要素合理配置的主体因素，其素质的高低直接影响生产要素的合理优化配置及其效率的高低，进而影响农业科技进步。在农业从业人员逐步减少的情况下，提高农业从业人员的素质、提升农业劳动生产效率，是提高劳动力对农业经济增长贡献的重要途径。

4. 市州耕种面积稳步保持，单位耕地面积产出率呈较为明显的增加趋势。近年来，在甘肃省上下全力保护耕地的系列政策措施下，甘肃省各市州农作物播种面积稳步上升，随着经济林果业对家庭增收作用的明显，各市州经济林果业面积呈现增长势头，因此，除嘉峪关外，各市州耕种面积总体小幅增加。张掖、兰州、武威等市耕种面积增长率相对较高，分别为1.86%、1.45%和1.27%，大多市州增幅在1%之内。耕种面积对农业经济增长的贡献率与耕种面积增长率同步，张掖、兰州、武威贡献率较大，分别为30.34%、20.92%、16.39%。各市州万元/万亩值均呈增加态势，嘉峪关、酒泉、武威、张掖增长幅度大，单位面积产值处于省内较高水平，甘南、金昌、兰州在省内处于中等水平，临夏、白银、天水、平凉、陇南、定西、庆阳等依次处于省内较低水平（见图5），这与科技进步、生产效率提高、投入增加等因素相关联。保护耕地面积、改良土壤，依靠科技手段进一步提升耕地生产力是各市州必须长期重视的农业发展问题。

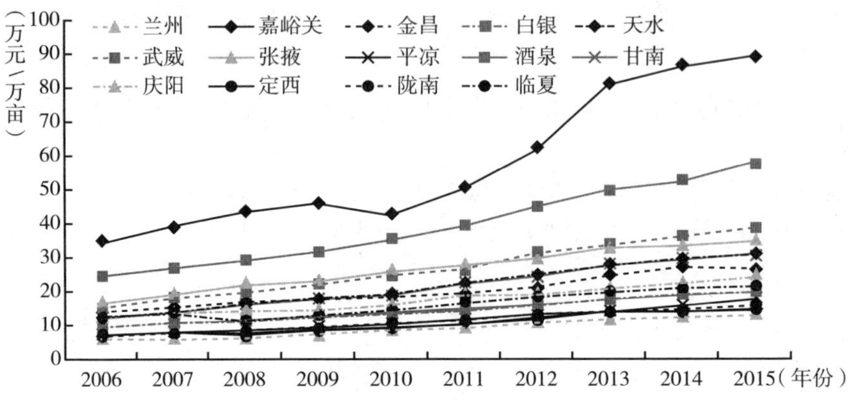

图 5　2006～2015 年各市州万元/万亩土地农业产出变化

注：以上多年农业总产值数据采用可比价计算可得。

四　促进市州农业科技进步的建议

农业科技进步是不断研究、开发、革新农业科学知识和技术方法的过程，在此过程中，通过不断地推广和应用农业高新科技成果，使农业从业者素质不断提高。科技发展需要储备过程，科技对经济增长的贡献需要经历量变向质变的积累转变过程。因此，笔者认为农业科技进步首先要从农业科技创新能力进步、农业科技推广及应用效益的进步、从业者素质进步三方面蓄力，其次还要注重发展区域经济、提高农业经营效率等。基于对科技进步规律的认识，甘肃省各市州需要在未来着力解决好以下几方面的问题。

（一）以市州科研院所及龙头企业为主体，构建区域农业科技创新体系，增强农业科技创新能力

科技创新能力是实现农业科技进步的原动力。各市州应从区域特色农业产业发展的需求出发，按照“巩固市级、发展县级、完善乡级、鼓励村级能人”的思路，组成以市州级农业科学研究机构和农业产业化龙头企业为主体，县乡级农科所（站）为支撑，村级科研能人为补充的市、县、乡、村“四位一体”的农业科研创新体系，构建最基层、更接地气的区域农业科研创新体系。坚持问题导向，将科技创新、农业生产实际问题、成果市场转化紧密连接，依据市场需求配置科技资源，联系市场需求确认创新型项目，用科技项目凝聚智力资源，凝练形

成农业生产中急需的研究成果。

另外，各市州政府必须从各自农业企业的实际情况出发，帮助企业树立创新发展理念，建立现代企业管理制度，坚定信心，将农业企业逐步培育成为本地区特色农业产业技术创新的主体，帮助企业在关键农业技术研发、重大农业科技成果引进转化及关键技术设备更新改造等方面从项目上取得突破，使之成为通过农业科技进步拉动区域经济发展的中坚力量。

（二）合理流转土地及创新农业经营机制，实现农业科技推广及应用效益的进步

土地流转涉及农村土地承包关系的稳定，涉及广大农民的切身利益，土地资源的合理配置是现代农业发展的基础。因此，需要从完善生产关系、促进生产力发展方面去统筹考虑合理流转土地，形成农业大户、中小型的专业农户、小农户、兼业农户等农业生产主体。将集约经营主体作为农业科技推广的示范单元，在生产中发现问题，并在针对生产问题的研究中推动科技进步，通过科技进步引导农户构建地区特色农业、生态农业、集约农业；在科技推动生产组织形式转变的基础上，探索生产方式由高投入粗放型向生态安全可持续方向转变，切实提高农业生产效益。

（三）提高农业从业人员的农业科技意识和科技水平

农业从业人员的素质是推动和实现农业科技进步的主观决定因素，农业生产经营者、农业科技工作者、农业组织管理者及经营者的科技素质直接决定了农业科技成果的研发、创新，影响着农业科技成果转化的速度和效益，从而决定着农业科技的进步水平。提高农业从业人员素质，特别是培养能紧跟区域特色产业发展、顺应市场需求、科技意识和攻关能力强、结构合理的农业科技人才，是各市州未来科技工作的重点。从科技应用主体农户这个层面来说，农民收获了科技成果进步带来的效益提升，就更有信心和动力去提高自身的科技水平。需要强调的是，农户是农业科技应用的主体，是区域经济可持续发展重要的人力载体，从各市州实际情况来看，提高农民素质普遍十分迫切，从主体本身和客观环境提高农户对科技需求的经济能力也十分必要。

（四）发展特色产业，壮大区域经济，促进农业科技进步

科技进步与经济增长相互作用、相互影响着向更高层次发展。经济发展是科

学技术发展的物质及资源基础，经济发展促进科学技术向更广阔的空间、更高层次的要求发展，而科技进步可为经济增长方式的转变提供技术支持。

甘肃绝大部分市州“十二五”时期农业科技进步贡献率低于50%，部分市州区域经济薄弱、农村经济贫困，土地的投入产出比低。各市州还需要更进一步立足区域特色资源，发挥比较优势，以市场为导向，促进资源要素优化配置。以甘肃省“一带五区”的区域产业发展战略布局为指引，从战略性主导产业、区域特色优势产业、地方性特色优势产品三个层次构建区域重点产业体系，打造并依靠产业集群，发展现代农业，将区域优势资源转化成区域特色经济，繁荣农村经济，壮大区域经济，促成农业科技、农村经济相互促进、协同发展的良好局面。

参考文献

蒋和平等：《1995～1999年全国农业科技进步贡献率的测定与分析》，《农业技术经济》2001年第5期。

吴辉：《河南省农业科技进步贡献率测度与省际比较》，河南农业大学硕士学位论文，2008。

金焱鑫等：《依靠农业科技进步，提高农业综合生产力的研究》，《华东工学院学报》1992年第6期。

刘铁伟：《县域农业科技进步评价研究》，《经济与管理科学辑》2011年第S1期。

季伟峰等：《如何提高农业科技贡献率》，《农村经济与技术》1997年第7期。

陈晓玲：《福建县域农业科技进步贡献率测算与影响因素分析》，福建农林大学硕士学位论文，2011。

白贺兰等：《我国农业科技进步贡献率测算方法综述》，《甘肃农业科技》2015年第8期。

秦朝钧等：《广东省农业科技进步贡献率和要素贡献率的测算与经济增长分析》，《农业现代化研究》2001年第9期。

郝利等：《1990～2007年北京市农业科技进步贡献率的测算》，《农业技术经济》2010年第3期。

朱希刚等：《我国农业科技进步贡献率测算方法的意见》，《农业技术经济》1997年第1期。

G.8

甘肃省农民科技素质研究报告

李珂璟*

摘　要：　农民是农业生产发展的主体，其科技素质直接决定农业现代化的进程。本文分析了农民科技素质现状，并利用农民受教育程度、土地产出率、每万名农民拥有的技术推广人员、单位农作物播种面积机械总动力、交通和通信占生活支出的比重等6个指标评价甘肃省农民科技素质水平，利用层次分析法对农民科技素质指标进行分析，找出影响农民科技素质提高、农民受教育程度不均等、科技意识淡薄、科技推广人员和技术不足等原因，并提出加强农民职业教育、加强科技培训与推广力度、打造新型农民等相应对策。

关键词：　甘肃　农民　科技素质

一　研究背景

农业是全面建成小康社会和实现现代化的基础，农民作为农业生产发展的主体，其素质水平将直接决定农业的现代化进程，进而影响中国经济和社会可持续发展。中国是一个农业大国，党和政府历来重视农业的发展和农民科技素质的提高，自2004年以来党中央连续出台的"1号文件"，重点聚焦"三农"问题，实现大力扶持农业发展、促进农业结构转型、提升农民科技文化水平的目标。2006年国务院发布了《全民科学素质行动计划纲要（2006～2010～2020年）》，将农民作为公民科学素质建设的4类重点人群之一，提出要激发广大农民参与科学素

* 李珂璟，男，甘肃省农业科学院农业经济与信息研究所助理研究员，主要从事农业工程咨询和农业经济研究。

质建设的积极性，提高科技意识，增强获取科技知识的能力，以求带动全民科学素质的整体提高。

（一）农民科技素质的内涵

本文中农民科技素质的含义是指农民在长期的生产和劳动过程中所获得的科学文化、技术常识、生产经验、劳动技能和信息获取等能力，接受并将其运用到农业生产实践中的熟练程度。

（二）研究方法

1. 文献分析法

通过查找文献和收集有关专家学者对于农民科技素质的有关研究成果，力图寻找出影响农民科技素质的关键指标；利用年鉴、公开出版物等收集相关历史数据。

2. 层次分析法

选取能够反映农民科技素质的相关指标，构建农民科技素质评价指标体系。利用层次分析法对所获得的数据资料进行分析，力争找出影响甘肃农民科技素质提高的主要因素。

二　甘肃农民科技素质现状

甘肃省是传统的农业大省，甘肃省委、省政府明确提出 2020 年与全国一道全面建成小康社会的目标，而“三农”问题是实现小康社会目标的最大短板。为实现甘肃农业的后发优势，就必须提高农民接受和应用农业新技术、新成果的能力，尽快培育有文化、懂技术、会经营的新型农民；积极转变农业生产方式，促进农村经济增长应从以物质投入为主逐渐转移到创新驱动发展，不断提高农民科技素质上来，使甘肃农村经济实现质的飞跃。因此，提高农民科技素质已成为甘肃省促进农业、农村经济发展重中之重。甘肃省 2015 年 1% 人口抽样调查主要数据公报统计，全省常住人口为 2598.09 万人，其中城镇人口为 1115.60 万人，占全省人口的 42.94%；农村人口为 1482.49 万人，占全省人口的 57.06%。

（一）甘肃农民科技素质现状

本文根据已有的关于农民科技素质的文献资料分析、整理，总结出农民平均受教育程度、农业劳动生产率、土地产出率、每万名农民拥有的农业科技推广人员、单位农作物播种面积机械总动力以及农民交通和通信占比等6项反映甘肃省农民科技素质水平的指标因素。

1. 农民受教育程度

农民受教育程度与其对科技的掌握与应用呈现正比例关系。教育程度的高低与农民生产实践中关于各种科技行为及有关技术认知、运用能力有很大关系，即受教育程度越高，农民接受新技术、新知识的能力则越强；反之，则越低。农民受教育程度的高低是衡量农民科技素质最重要的指标之一。

表1 2011～2015年全省农民受教育程度统计

单位：万人，%

年份	全省劳动力	高中以上文化程度	占全省劳动力的比重	初中文化程度	占全省劳动力的比重	小学文化程度	占全省劳动力的比重	文盲半文盲程度	占全省劳动力的比重
2011	1119.95	171.27	15.29	407.65	36.40	433.65	38.72	107.38	9.59
2012	1122.07	182.63	16.28	415.72	37.05	422.61	37.66	101.11	9.01
2013	1123.98	193.81	17.24	422.15	37.56	414.27	36.86	93.75	8.34
2014	1126.05	200.08	17.77	427.16	37.93	408.91	36.31	89.9	7.98
2015	1129.74	206.11	18.24	433.26	38.35	404.15	35.77	86.2	7.63

资料来源：2011～2014年数据根据《甘肃农村统计年鉴》（2012～2015年）整理，中国统计出版社；2015年数据根据甘肃农村统计提要整理（2016年），甘肃省统计局。

2. 农业劳动生产率

农业劳动生产率是指农业劳动者在一定时期内（通常为一年）所创造的劳动产品数量或产值。农业劳动生产率是农业生产力发展水平的综合体现，也是反映农业现代化水平的重要标志，并在一定程度上反映出农民科技素质水平。

表2 2011～2015年甘肃各市州农业劳动生产率统计

单位：元

区域 \ 年份	2011	2012	2013	2014	2015
全省合计	4986.0	5851.9	6642.3	7465.9	8782.4
河西地区	7166.2	8433.6	9498.6	10634.6	12071.4
酒泉市	8158.0	9645.0	10850.6	12141.8	13603.0
武威市	5193.0	6135.0	6963.2	7833.6	9101.0
张掖市	6467.0	7504.0	8464.5	9488.7	10823.0
嘉峪关市	9304.0	10999.0	12351.9	13809.4	15371.0

续表

区域＼年份	2011	2012	2013	2014	2015
金昌市	6709.0	7885.0	8862.7	9899.7	11459.0
中部和陇东南地区	3611.6	4251.7	4848.1	5477.8	6715.1
兰州市	5252.0	6224.0	7114.1	8067.3	9621.0
平凉市	3581.0	4215.0	4788.2	5395.2	6501.0
庆阳市	3674.0	4262.0	4888.0	5499.0	6945.0
定西市	3074.0	3612.0	4085.2	4599.9	5823.0
陇南市	2621.0	3088.0	3535.8	4023.7	5045.0
白银市	3813.0	4497.0	5140.1	5777.4	7065.0
天水市	3266.0	3864.0	4385.6	4982.1	6006.0
少数民族地区	2899.5	3163.5	3858.0	4357.9	5586.5
临夏州	2693.0	3167.0	3626.1	4126.6	5245.0
甘南州	3106.0	3160.0	4089.9	4589.1	5928.0

资料来源：2011～2014 年数据根据《甘肃农村统计年鉴》（2012～2015 年）整理，中国统计出版社；2015 年数据根据甘肃农村统计提要整理（2016 年），甘肃省统计局。

3. 土地产出率

土地产出率是指在一定的生产周期内（通常为一年）单位面积土地上所生产的产品数量或产值。土地产出率是反映农业生产水平的综合性指标，土地产出率的高低取决于技术、物质投入和经营管理水平；在相同的条件下，农民具有较高的科技素质可以提高土地产出，土地产出率的高低直接反映了农民对科技的接受程度。

表 3　2011～2015 年甘肃省各市州土地产出率统计

单位：万元/公顷

区域＼年份	2011	2012	2013	2014	2015
全省合计	3.91	4.57	4.84	5.12	5.33
河西地区	6.48	7.57	7.92	8.34	8.62
酒泉市	6.76	7.84	8.62	9.27	9.77
武威市	4.43	5.54	5.95	6.41	6.88
张掖市	4.78	5.28	5.71	5.74	5.96
嘉峪关市	13.40	15.85	15.45	16.04	16.29
金昌市	3.02	3.31	3.88	4.26	4.19
中部和陇东南地区	2.10	2.46	2.65	2.84	3.01
兰州市	2.92	3.21	3.46	3.73	3.94

续表

区域 \ 年份	2011	2012	2013	2014	2015
平凉市	2. 03	2. 45	2. 63	3. 00	3. 29
庆阳市	1. 62	2. 00	2. 13	2. 15	2. 25
定西市	1. 52	1. 93	2. 14	2. 18	2. 27
陇南市	1. 92	2. 16	2. 27	2. 49	2. 63
白银市	2. 24	2. 57	2. 88	3. 05	3. 17
天水市	2. 47	2. 87	3. 06	3. 29	3. 52
少数民族地区	3. 00	3. 46	3. 76	3. 99	4. 16
临夏州	2. 58	3. 00	3. 12	3. 34	3. 47
甘南州	3. 43	3. 92	4. 39	4. 65	4. 84

资料来源：2011 ~2014 年数据根据《甘肃农村统计年鉴》（2012 ~2015 年）整理，中国统计出版社；2015 年数据根据甘肃农村统计提要整理（2016 年），甘肃省统计局。

4. 每万名农民拥有的农业技术推广人员

农业技术推广人员是农业教育、科研与农民，以及政府与农民之间联系的桥梁和纽带，使农业生产者采用先进的科技知识和生产手段，突破传统的农业经营方式。农业科技人员承担着农业科学技术的传播任务，该指标反映了农民接受科技的渠道，是反映农民科技素质的指标之一。

表 4　2011 ~2015 年每万名农民拥有的农业技术推广人员统计

单位：人/万人

区域 \ 年份	2011	2012	2013	2014	2015
全省合计	2. 04	1. 82	2. 06	0. 88	1. 23
河西地区	1. 59	1. 33	1. 43	0. 50	0. 67
酒泉市	2. 01	0. 73	1. 08	0. 80	0. 85
武威市	1. 17	1. 20	1. 30	0. 78	1. 03
张掖市	1. 15	1. 09	1. 11	0. 64	0. 90
嘉峪关市	0. 14	0. 13	0. 13	0. 13	0. 13
金昌市	3. 49	3. 50	3. 51	0. 15	0. 42
中部和陇东南地区	2. 55	2. 33	2. 70	1. 20	1. 70
兰州市	1. 89	3. 55	3. 30	0. 85	1. 74
平凉市	1. 39	1. 38	1. 40	1. 29	1. 35
庆阳市	2. 17	1. 68	1. 78	1. 16	1. 49
定西市	2. 34	2. 18	2. 29	1. 58	1. 98
陇南市	1. 55	1. 52	1. 82	1. 31	1. 53

续表

区域＼年份	2011	2012	2013	2014	2015
白银市	2. 64	3. 56	2. 45	0. 99	1. 77
天水市	5. 86	2. 45	5. 89	1. 22	2. 15
少数民族地区	0. 68	0. 69	0. 69	0. 60	0. 71
临夏州	0. 88	0. 90	0. 85	0. 70	0. 82
甘南州	0. 48	0. 48	0. 53	0. 51	0. 50

资料来源：2011 ~2014 年数据根据《甘肃农村统计年鉴》（2012 ~2015 年）整理，中国统计出版社；2015 年数据因统计年鉴缺失，利用“十二五”时期前 4 年数据估算得出。

5. 单位农作物播种面积的机械总动力

农业机械总动力是指主要用于农、林、牧、渔业的各种动力机械的动力总和。农业机械化是农业现代化的基础，也是提高农业劳动生产率的关键。农民利用机械来代替人力，不仅促进了农业经济的发展，更能促进农业向规模化、标准化生产方向的转变，也是反映农民科技素质水平的指标之一。

表 5　单位农作物播种面积机械总动力统计

单位：千瓦/公顷

区域＼年份	2011	2012	2013	2014	2015
全省合计	8. 67	8. 97	9. 26	9. 52	9. 02
河西地区	15. 48	15. 79	16. 11	16. 32	15. 44
酒泉市	13. 09	13. 38	13. 61	13. 92	13. 44
武威市	14. 69	15. 73	16. 05	16. 17	15. 64
张掖市	8. 63	8. 61	8. 70	8. 87	8. 48
嘉峪关市	28. 24	28. 30	28. 90	29. 17	27. 07
金昌市	12. 78	12. 94	13. 31	13. 47	12. 58
中部和陇东南地区	4. 02	4. 31	4. 57	4. 81	4. 60
兰州市	6. 62	6. 90	6. 93	7. 02	6. 80
平凉市	2. 35	2. 68	2. 87	3. 14	2. 98
庆阳市	2. 27	2. 39	2. 48	2. 71	2. 56
定西市	3. 93	4. 28	4. 63	4. 99	4. 74
陇南市	3. 57	3. 90	4. 12	4. 37	4. 17
白银市	6. 60	6. 98	7. 59	7. 90	7. 58
天水市	2. 82	3. 01	3. 33	3. 52	3. 34
少数民族地区	5. 01	5. 38	5. 75	6. 45	5. 94
临夏州	5. 03	5. 34	5. 82	6. 33	5. 94
甘南州	4. 98	5. 41	5. 67	6. 56	5. 95

资料来源：2011 ~2014 年数据根据《甘肃农村统计年鉴》（2012 ~2015 年）整理，中国统计出版社；2015 年数据因统计年鉴缺失，利用前 4 年数据估算得出。

6. 交通和通信占生活支出的比重

农民年交通和通信支出的状况是衡量农民与外界交流和沟通的重要指标，也是反映农民科技素质高低的一个指标。农民在大市场环境下从事农业生产，及时了解市场的发展动态，与农民具有较高的科技素质有很大的关系。农民交通和通信支出的占比越来越高，表明农民已经意识到信息的重要性，也愿意花费成本来了解科技信息，提升自身的科技素质。

表6　交通和通信占生活支出的比重

单位：%

区域＼年份	2011	2012	2013	2014	2015
全省合计	10.62	11.46	7.32	13.54	8.42
河西地区	11.59	14.09	8.89	16.65	10.91
酒泉市	12.28	14.96	9.01	13.61	10.86
武威市	7.75	7.74	10.49	12.45	7.74
张掖市	12.59	14.27	9.01	13.32	9.26
嘉峪关市	14.63	17.46	7.73	25.16	13.92
金昌市	10.69	16.01	8.19	18.70	11.12
中部和陇东南地区	10.10	9.71	6.66	11.44	7.06
兰州市	8.48	8.35	7.00	7.81	6.32
平凉市	11.04	10.20	7.73	14.29	8.91
庆阳市	14.15	12.17	5.62	11.45	6.28
定西市	8.71	9.84	7.85	11.89	7.72
陇南市	8.68	8.67	5.00	10.90	5.92
白银市	10.39	9.18	7.10	11.86	8.30
天水市	9.24	9.59	6.06	11.86	6.23
少数民族地区	8.93	9.70	3.50	11.76	5.68
临夏州	8.76	8.85	3.59	10.66	5.86
甘南州	9.09	10.56	3.40	12.86	5.51

资料来源：2011～2014年数据根据《甘肃农村统计年鉴》（2012～2015年）整理，中国统计出版社；2015年数据因统计年鉴缺失，利用“十二五”时期前4年数据估算得出。

（二）甘肃农民科技素质分析

1. 评“农民科技素质”指标的选取依据与标准

本文对甘肃省农民科技素质评价指标体系的设计是从实际出发，根据已有文献对农民科技素质指标体系的研究成果，并利用公开出版、发布的统计资料，将影响甘肃省农民科技素质的因素拟合为可量化的评价指标，建立评价农民科技素质的基准，从中遴选出对提高农民科技素质有重大影响的6项指标，利用层次分析法来建立评价指标体系，力争能够全面地反映甘肃省农民科技素质的总体水平以及影响农民科技素质提高的相关因素。

2. 农民科技素质指标分析

（1）构建递阶层次结构（见表7）

表7　构建递阶层次结构

目标层	指标层
农民科技素质评价	农业劳动生产率 土地产出率 农民受教育程度 单位农作物播种面积机械总动力 每万名农民拥有的技术推广人员 交通和通信占生活支出的比重

（2）专家判断矩阵（见表8）

本文选取相关领域13位专家，根据自身工作及实践经验进行农民科技素质指标分析，得到专家评价的几何平均指标的判断矩阵。

表8　13位专家的几何平均指标判断矩阵

指标	农民受教育程度	农业劳动生产率	土地产出率	单位农作物播种面积机械总动力	每万名农民拥有的农业技术推广人员	交通和通信占生活支出的比重
农民受教育程度	1.0000	1.4452	2.3050	3.4647	2.3974	4.0290
农业劳动生产率	0.6919	1.0000	1.4206	2.7133	1.7496	3.4929
土地产出率	0.4338	0.7039	1.0000	2.2140	2.0821	2.8789
单位农作物播种面积机械总动力	0.2886	0.3685	0.4517	1.0000	0.6270	1.7799
每万名农民拥有的农业技术推广人员	0.4171	0.5715	0.4803	1.5949	1.0000	3.0613
交通和通信占生活支出的比重	0.2482	0.2863	0.3473	0.5618	0.3267	1.0000

结果计算一致性指标 C. R. =0. 0138

CR <0. 1，因此，指标判断矩阵与一致性检验符合要求。

3. 农民科技素质分析的结果

表 9 农民科技素质排序汇总

目标层	指标层	权重	位次
农民科技素质评价	农业劳动生产率	0. 2256	2
	土地产出率	0. 1819	3
	农民受教育程度	0. 3133	1
	单位农作物播种面积机械总动力	0. 0877	5
	每万名农民拥有的农业技术推广人员	0. 1325	4
	交通和通信占生活支出的比重	0. 059	6

评价结果为，农民受教育程度 > 农业劳动生产率 > 土地产出率 > 每万名农民拥有的技术推广人员 > 单位农作物播种面积机械总动力 > 交通和通信占生活支出的比重。

权重最高的是农民受教育程度影响因素，值为 0. 3133，表明该影响因素对农民科技素质整体影响最大。农民受教育程度的高低，将直接影响农民对农业新技术、新信息的接受能力。如果农民受教育程度高，则接受新技术的能力就强；反之，则可能丧失利用科学技术提高自身素质的机会，因此，只有提升农民受教育水平，才能实现农民科技素质的整体提高。排序第二、三位的是农业劳动生产率和土地产出率，权重值为 0. 2256、0. 1819，农业劳动生产率和土地产出率提升，表明农民愿意获取更多的技术和知识，提高农业生产效益；反之，农民科技素质的提高，在很大程度上引导农民使用更多的新技术，提高农业劳动生产率和土地产出率，二者相互促进、相互影响。第四位因素是每万名农民拥有的农业技术推广人员，权重值为 0. 1325，农业技术推广对农民科技素质的影响，主要体现在农民对农业技术、方法的接受和使用能力，改善传统的耕作方式，使用先进的适用技术，使得农民更加适应现代农业发展的需要。排在后面的两个指标，权重值相差不大，可以说是提高农民科技素质的诱因，在一定程度上影响农民科技素质的提高。

三 影响农民科技素质提高的因素

2015 年中国科协发布的第九次中国公民的科学素质调查报告显示，2011 ~

2015年农民科学素质提升较慢，农民具有科学素质的比例由1.51%提升至1.70%，而同期其他公民具有科学素质的比例达到了6.2%，农民的科学素质与之比较差距很大，提高农民的科技素质的任务依然艰巨。2015年，甘肃省公民具备基本科学素质的比例达到3.95%，其中农民具有科学素质的比例更低；且甘肃省全民科学素质工作发展还不均衡，公民科学素质水平与东中部地区仍有较大差距，还不能满足全面建成小康社会的需要。甘肃作为传统的农业大省，农村人口比重高，提高全省农民科技素质，对于促进甘肃省农业、农村经济增长和结构调整都具有十分重要的意义。但甘肃省农民受教育程度不均等、科技意识淡薄、推广部门人员和技术力量不足以及农民获取科技信息的渠道狭窄等原因，严重影响甘肃省农民科技素质的提高。

1. 农民受教育程度不均等，影响农民科技素质的提高

根据分析，农民的受教育程度对农民科技素质的影响最大，具体表现为农民对科学技术的接受能力与受教育程度呈正相关关系，即受教育程度越高，应用科技的方式越先进。据教育部公布的数据，2014年我国劳动力受教育年限以中等教育为主，平均受教育年限为9.28年。从2011～2015年的统计数据分析，甘肃省农民受教育水平以初中和小学文化程度为主，二者的比重达到70%以上，且在逐年上升；高中文化程度者占全省农村劳动力的比重不超过20%；还有10%以下的文盲和半文盲劳动力存在。全省农村劳动力平均受教育年限不足7年，系统接受农业职业教育的农村劳动力不到5%，受过专业技能培训的仅占7.2%，远远低于全国平均水平。农民低水平文化程度比重过高，不仅影响科技意识的培养，而且还阻碍其对科技知识的理解和接受能力。甘肃作为以农业为主的西部经济欠发达省份，农民受教育程度整体偏低，距甘肃省与全国一同建成小康社会的要求还有很大差距。

2. 农民科技意识淡薄，接受新技术的能力较低

农民科技意识淡薄，究其原因，首先，农民的文化水平低，受传统农业的影响，思想上不愿意接受新技术；其次，受文化水平的限制，有些新技术接受不了；再次，由于农民自身的原因，不愿意学，导致农业新技术、新方法、新思维传播不开。甘肃省农村人口为1482.49万人，占全省人口的57.06%，农村人口比例高。科技进步贡献率，直接反映了农业劳动生产率和土地产出率的高低。2010年甘肃省农业科技进步贡献率为48%，至2015年提高到52%，低于全国农业科技进步贡献率（55.6%）的水平。也就是说，农业发展水平的提高有52%是由科技进步带来的，还有48%依然依靠传统的劳动密集型和资源优势带来的。

农业劳动生产率和土地产出率亦是农民科技素质的体现，经测算，2011～2015年全省农业劳动生产率和土地产出率依次分别为4986.0、5851.9、6642.3、7465.9、8782.4元，3.91、4.57、4.84、5.12、5.33万元/公顷，低于全国平均水平。省内比较，河西地区的农业劳动生产率和土地产出率较高，其他两个地区较低，表明当下的农民科技素质具有明显的以传统科技素质结构为主，传统与现代共存的特色。传统的耕作、栽培技术还在农业生产中广泛使用，即使采用了一些现代实用科学技术，也仅仅局限在为数不多的最常用的技术层面。据测算，2011～2015年甘肃省农作物播种面积机械总动力平均水平为8.67、8.97、9.26、9.52、9.02千瓦/公顷，也是低于全国平均水平。

3. 农业技术推广部门人员和技术储备不足

农技推广人员是农业技术推广的主力军，在“三农”发展方面发挥着重要的作用，其培训和服务能够降低农民获取信息的成本并起到示范作用。据统计，全国农村每万人中农业技术人员不足7人，约占全国农业人口的0.06%，而同期美国和日本比例为0.24%、0.28%。甘肃省2011～2015年每万人中农业技术推广人员为2.04、1.82、2.06、0.88、1.23人，远低于全国平均水平，与国际水平比较差距明显；省内比较则是河西地区农业技术人员占比较高。分析原因，首先，农业技术推广人员专业能力较低，知识老化、服务意识较差，推广工作缺乏积极性是现行推广部门的症结所在；其次，农业技术推广部门的技术储备不足，基层农业科技推广人员接受培训的机会较少，多数农技部门尚没有对乡镇科技人员进行培训的计划，使得现有农技人员技术储备不足，对现代农业新技术的熟悉程度和操作能力不够，难以适应现代农业发展的需求，从事推广新技术、新品种方面工作有些力不从心。虽然农业技术推广部门庞大，但和总量巨大的农业生产者相比，其比例就非常小。农业技术推广部门能力不足，造成农业科技传播速度和质量下降，严重影响农民科技素质的提高。

4. 农民获取科技信息的内在动力不足，获取科技信息资源的渠道比较狭窄

根据资料分析，农民的收入越高，获取科技信息的意愿就越强烈。但目前甘肃省农民支出主要分为两大块，一是子女的教育费用，另一部分用于自身生产的再投资，农民在子女教育与自身获取科技信息方面会有所取舍，大多数农民会对下一代加大教育投资，将希望寄托在下一代身上，而自身获取科技信息的内在动力不足，提升自身的科技素质意愿不强。经测算，2011～2014年全国农村居民的交通和通信占生活支出比重为11.55%、12.06%、13.02%、14.08%；同期，甘肃省农民交通和通信占生活支出比重为10.62%、11.46%、7.32%、13.54%，

二者比较甘肃省低于全国平均水平；省内不同地区比较则是河西地区高于全省的平均水平。科技信息有效需求不足在一定程度上影响了农业信息服务的有效开展；加之农业生产比较效益与其他产业差距明显，造成文化程度较高的农民大多转移到第二、第三产业，使得科技知识的普及和应用更加困难。目前，广大农民由于缺乏科学知识、技术、市场信息而陷于被动，而现实中的市场需求变幻莫测，新技术、新品种层出不穷，农民信息获取源却较少，信息获取途径也比较狭窄，信息获取的方法也比较有限。获取科技信息的渠道主要是传统经验、电视、农贸市场的价格公告以及农业服务机构和政府的公告，利用网络技术获取信息的机会更少。

四　提高农民科技素质的方法与对策

甘肃省委、省政府大力组织实施“联村联户、为民富民”行动、“1236”扶贫攻坚和“1+17”精准扶贫精准脱贫行动，着力提升农民脱贫致富的能力。全省贫困人口由2011年底的842万人减少到2015年底的317万人，五年减少贫困人口525万人，贫困发生率由2011年的40.5%下降到2015年的15%左右，到2020年实现现行标准下农村贫困人口脱贫、贫困县全部摘帽，解决区域性整体贫困的目标任务还十分艰巨。夯实农民教育基础、推进农民职业教育、加大科技推广、加强信息传播、打造新型农民等措施，是提高农民科技素质关键环节。只有大力提升农民科技素质，才能有效促进全面建成小康社会目标的实现，农民科技素质高低将直接影响全面建成小康社会的最终目标的实现进程。

1. 夯实农民教育基础，推进农民职业教育

加强农民教育，培育农民科技素养，是提高农民科技素质的政策保障。21世纪农业高新科技的发展对农民的科技水平要求越来越高。农业将由传统的资源依附型向现代智能依附型转变，经济优势已经不再是天然资源，而是人的科技素质和文化水平。（1）政府应加大对农村教育的投资力度，提高农村教育投资的水平，2011年甘肃省出台的《甘肃省农民教育培训条例》，各地应按照实际情况发展符合当地要求的农业先进适用技术、农民职业技能、农村劳动力转移就业技能、创业能力等教育培训，弥补农民受教育程度不足的现状，奠定提高农民科技素质的坚实基础。（2）整合农村教育资源，加强农民职业教育。农民职业教育是贯穿其一生的职业培训。政府在加强农村基础教育的同时，应进一步拓展农民职业教育范围和内容，根据农民的受教育程度等因素，合理配置教育资源，并重

点加入乡土内容，建议针对不同年龄、不同性别、不同受教育程度的农民，建立农科教相结合、布局合理的教育培训体系，让每一个农民都能均等地接受良好的教育培训，促进农村劳动力整体素质的提升。

2. 加大农业科技推广与培训

（1）充分发挥政府的引导作用。政府在农业科技推广和培训中有着无可替代的作用，应着力加强农业技术推广力度，提高农业科技推广人员的待遇水平，促进农业新技术和新知识走进农家庭院、田间地头，让农业技术成为引领农民发家致富的基石。结合甘肃省深入实施“1236”扶贫攻坚行动和“联村联户、为民富民”行动，积极推进教育扶贫工程。（2）积极推行现有的科技推广和培训模式。充分发挥各级农技推广部门、农广校、农民科技教育培训中心等科技推广和培训的骨干作用，高效利用农业高等院校、农业科研院所、农业职业院校的专业优势和技术力量，积极扶持涉农企业、农民专业合作组织及其他社会机构参与，构建以农业推广部门为主，高校与科研院所技术力量为支撑，各专业化组织积极参与的农民科技培训体系，加大和拓展农业科技推广的力度和广度。（3）鼓励社会资源参与科技推广与培训。探索建立“农业企业—科技培训”、“农业科研院所—龙头企业、专业合作社—农民”培训模式；打造新型的农业科技推广服务模式，形成农民、社会资源、推广服务组织之间的合力，提高农民适应新技术的能力。

3. 加强农村科技信息基础建设，搭建农业科技传播平台

（1）推动电信等基础运营商加大农村网络的布点范围，扩大带宽，降低资费，使得农民有意愿、有能力使用新科技，增强农民获取信息的内在动力，提高农民科技意识。（2）配套完善农村图书室等公共服务设施，充分利用各种技术资料、杂志书籍对农民进行科技知识传播和教育，促进农民技能提升，让农民摆脱知识困境。（3）充分发挥电视等传统媒体的作用，电视在农村有着不可替代的作用，针对农民主要依靠电视来获取信息，应大力加强地方农业科技主管部门与当地电视台合作，推出农民真正需要的新技术、新方法以及农产品的供求信息。（4）建立完善村级农机服务网络，利用农机服务网络的便利性，为农民提供信息咨询和技术服务，提高农民的科技素质。

4. 打造新型农民，促进农业向专业化方向发展

农业未来发展方向必然是走向标准化、规模化，农民素质的高低影响农业发展的进程，打造新型农民，必须走向农民专业合作社和农业企业方向，农民专业合作社和龙头企业是一个地方农业发展的领头羊，聚集了较多的农民科技素质较

高的人群，因为他们有动力、有能力，愿意接受新的农业科技。通过龙头企业和专业合作社的技术引领，形成技术扩散效应，客观上促进了农民素质的提高。

参考文献

《全民科学素质行动计划纲要（2006～2010～2020年）》，上海科学普及出版社，2006。

张冬平、白菊红：《农村劳动力受教育水平差异分析》，《中国农村观察》2003年第1期。

辛贤、毛雪峰、罗万纯：《中国农民素质评价及区域差异》，《中国农村经济》2005年第9期。

谷中原：《对湘西农民科技素质的实证研究》，《怀化学院学报》2006年第1期。

薛庆根、褚保金：《农民科技素质现状、原因及培育之策》，《南京农业大学学报》（社会科学版）2008年第12期。

甘肃省统计局：《甘肃省2015年1%人口抽样调查数据公报》，2016。

《甘肃省人民政府关于印发全民科学素质行动计划纲要实施方案（2016～2020年）的通知》，中国甘肃网，2016年8月4日。

《中共甘肃省委关于制定国民经济和社会发展第十三个五年规划的建议》，中国甘肃网，2015年11月24日。

甘肃发展年鉴编委会：《甘肃发展年鉴（2012～2015）》，中国统计出版社。

甘肃农村年鉴编委会：《甘肃农村统计年鉴（2012～2015）》，中国统计出版社。

G.9

甘肃省农民科技需求研究报告

展宗冰*

摘 要： 农民是农业科技的最终应用者，农民的科技需求是农业科技研发、推广与应用的前提与依据，是市场条件下农民追求利益最大化的必然反映。本文通过甘肃省农科院21个农村试验站农民咨询记录，分析了新时期农业生产中农民科技需求的总体状况、存在的问题及成因，提出了满足农民科技需求的对策与建议。

关键词： 甘肃 农民 科技需求

党的十七届三中全会指出，“农业发展的根本出路在于科技进步”。当前，我国农业和农村经济已经步入新的发展阶段，农业发展面临资源消耗和供给侧结构改革的双重挑战，亟须科技发展来调整农业结构、转变生产方式。科技需求的内涵不断变化，科技供给内容及方式要与农民不同时期的科技需求和农业农村经济发展目标相适应。农业科研和推广部门要客观分析农民科技需求形式、内容、结构等新的变化与特征，把握创新方向，积极发展农业科技事业，满足并促进农民科技需求的不断增长，引领农业科技健康发展。

“十二五”期间，甘肃省“三农”建设发生了新的变化，农业产业化发展要求农业生产实现专业化、标准化和规模化经营，农业科技应用要求农民具备较好的科技素质和较高的文化知识水平，这些都对农业科技创新和推广提出了新的要求。农民是农业科技的最终使用者，农业科技成果只有通过农民应用才能转化为生产力。因此，农民的科技需求会直接影响农业科技研发方向与推广的成效。

---

* 展宗冰，副研究员，甘肃省农业科学院科研管理处副处长，主要从事农业信息化研究与科技管理工作。

本报告通过对甘肃省农科院21个农村试验站“十二五”期间的农民咨询记录（见表1），分析了新时期甘肃省农业生产中农民科技需求现状和影响农民科技需求的因素，提出了满足农民科技需求的对策与建议。

表1　甘肃省农科院21个农村试验站在“十二五”期间的农民咨询记录

序　号	试验站名称	依托单位	咨询记录(条)
1	陇东黄土旱塬(镇原)半湿润偏旱区农业综合试验站	旱地农业研究所	120
2	陇中黄土丘陵(定西)半干旱区农业综合试验站	旱地农业研究所	120
3	陇东黄土丘陵(庄浪)半干旱区农业试验站	旱地农业研究所	36
4	石羊河流域(白云)绿洲农业综合试验站	土壤肥料与节水农业研究所	60
5	黑河流域(张掖)农业综合试验站	土壤肥料与节水农业研究所	31
6	陇中沿黄灌区(靖远)土壤培肥及作物栽培试验站	土壤肥料与节水农业研究所	55
7	陇南(天水)有害生物防控综合试验站	植物保护研究所	120
8	河西高海拔冷凉区(永昌)蔬菜综合试验站	蔬菜研究所	50
9	陇中沿黄灌区(柴家台)西甜瓜试验站	蔬菜研究所	30
10	陇中高寒阴湿区(渭源)马铃薯综合试验站	马铃薯研究所	100
11	河西绿洲灌区(黄羊镇)啤酒原料试验站	经济作物与啤酒原料研究所	33
12	河西绿洲灌区(黄羊镇)春小麦试验站	小麦研究所	40
13	陇南(清水)冬小麦试验站	小麦研究所	50
14	陇中(榆中)果树试验站	林果花卉研究所	110
15	陇中(会宁)杂粮试验站	作物研究所	30
16	河西绿洲灌区(张掖)玉米试验站	作物研究所	30
17	河西绿洲灌区(敦煌)棉花试验站	作物研究所	50
18	秦王川现代农业综合试验站	省农科院	35
19	张掖节水农业试验站	张掖试验场	100
20	榆中高寒农业试验站	榆中试验场	100
21	黄羊麦类作物育种试验站	黄羊试验场	55
合计			1355

一　甘肃农民农业科技需求现状

1. 农民科技需求内容由单一向多元化转变

当前，农民的观念已经发生变化，他们不再是传统意义上的农业劳动者，农民科技需求的内容由单一向多元化转变。农民不仅对种植、养殖、加工等方面的科技服务有需求，而且对国家涉农政策、农产品价格、市场行情分析预测及劳动力转移等多方面的科技信息服务有紧迫需求。同时，由于农民身份发生变化，有的成为农民企业家，有的成为种植大户、养殖大户，有的成为农业合作社负责人，有的成为农民工等。身份概念的变化，促使农民对科技的需求也呈现多元化。因此，科技供给不仅要为农民提供农业生产方面的科技服务，还要为其提供与农业相关的其他科技服务，如金融保险、惠农政策、储运加工、法律维权等方面的科技知识及服务。

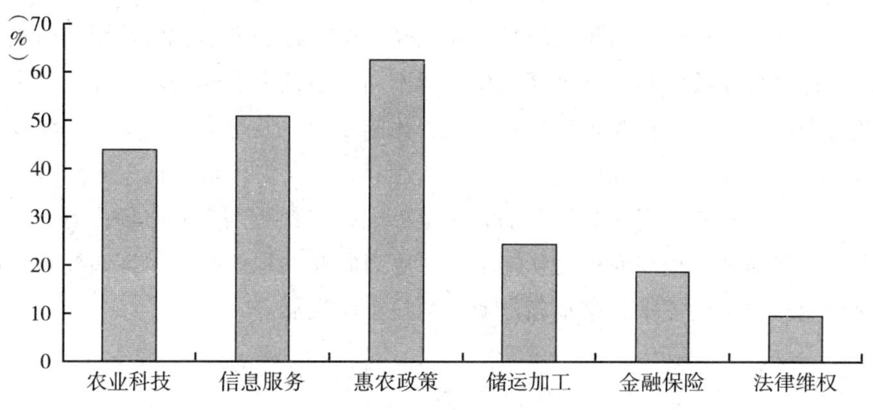

图1　农民期盼的农业服务

咨询记录分析发现，“农民期盼的农业服务”中比例较高的是“惠农政策”、“信息服务”，分别为62.4%和51%，农业科技占44%（见图1）。这表明随着农业产业化水平的提高，农业市场化水平也越来越高，农民对各类信息的需求越来越紧迫，农民的市场观念意识在增强。以市场信息为生产指导，可有效避免生产的盲目性，提高农产品销售价格，降低农产品滞销率，增加农民收入。比如发生在榆中县的高原夏菜滞销倾倒事件，导致当地菜农损失惨重，种菜的积极性受到严重打击。农业管理和科技部门一方面要为农民提供科技需求，做好农业科技服务工作；另一方面还要为农民提供相应的市场信息服务，引导农民合理地进行农业生产。“惠农政策”需求占比高达62.4%，说明农民对国家惠农政策关注度比较高，尤其是对种粮直补、农资综合补贴、良种补贴等政策咨询较多。因为农民从这些政策中获得的农业补贴收入较高，受到的实惠越来越多，对国家涉农政策的关注度和需求度也就越来越高。

2. 农民科技需求的方向由常规向高新转变

随着甘肃省现代农业的发展，农业发展方式加快转变，农业结构调整深入推进，农民的科技需求方向也从常规向高新转变。咨询记录分析表明，农民需要的农业科技中，新品种（玉米、小麦、蔬菜、林果、油料、杂粮等）、高产栽培技术（双垄沟播、旱作农业技术、水肥一体化、中低产田改良、轻简化栽培、果园高垄覆膜集雨保墒技术等）、病虫害防控、牛羊健康养殖、科学施肥等需求占比较高（见图2），说明农民对决定农业生产效益的农业科技需求依然旺盛，且更加注重其科技含量。设施农业高效利用模式、农业机械需求处于中等水平，表明农民对收益好、生产期短、省力的高新技术和农业机械越来越感兴趣。但由于这些高新技术和机械一般投入较高，农民受资金、自身素质和农业生产风险的影响，对这些高新技术和产品接受的积极性不高，但仍表明现代农业高新技术已成为现代农民重要的科技需求。生物农业、休闲农业、储运加工技术、市场营销技术需求占比不高，表明农民对农业新兴产业和技术了解不够，认识不多，参与的积极性不高。政府部门一方面要加大资金投入，培育新兴产业市场；另一方面要加强宣传和培训，提高农民的认知水平，更新农民的思想观念，继而提高农民对新兴产业和技术的需求，推动新产业、新技术的发展。

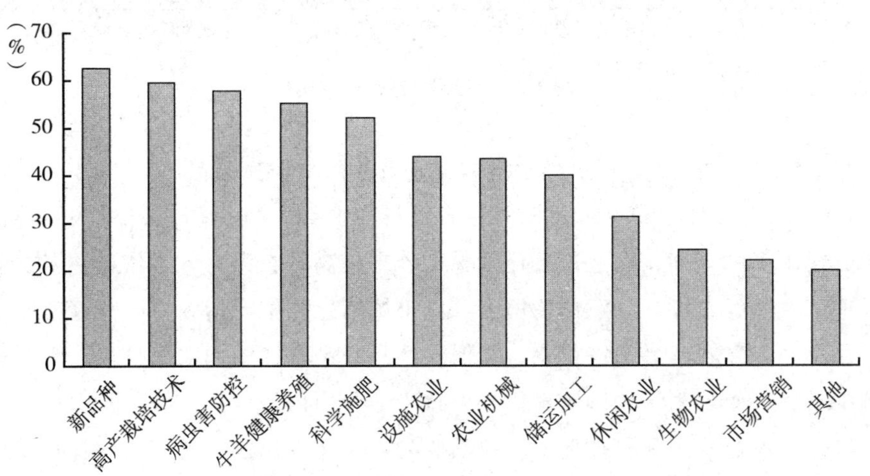

图2　农民对农业新品种新技术新产品的需求排序

3. 农民科技需求由一般化向专业化和现代化转变

在传统的农业经济中，农民为获取经济收入，不仅要生产农畜产品，还要亲自去市场销售自己的产品。大多数农民不具备加工、贮藏和运输的条件与能力，造成产品销售困难，农民收入有限。随着农业产业化经营的不断发展，特别是“一乡一业”、“一村一品”的发展，由农民自发创办或参与的农业合作社、农业企业逐年增多，农民加入的比例逐渐上升。据统计，甘肃省农民专业合作社由2011年的4830个增加到2015年的5.7万个，五年增长了10.8倍，入社农户由46万户增加到120多万户，五年增长了1.6倍；全省农业产业化龙头企业由2011年的1806个发展到2015年的2783个，五年增加了977个（见图3）。新型农业经营要求农业生产、加工、销售各个环节都有专业人员负责，促使农民科技需求向专业化、现代化转变。

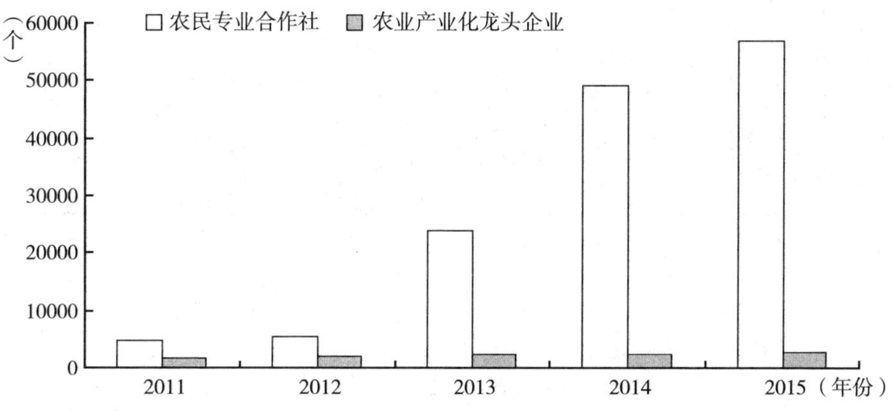

图3　农民专业合作社、农业产业化龙头企业增长情况

4. 农民获取科技信息的渠道发生显著变化

随着信息技术的发展，传统信息传播手段已经无法满足农民对科技的需求。现代农民渴望获取更多的科技信息。当前广大农民获取农业科技信息的渠道主要有农技推广部门培训，政府组织的科技下乡活动，科研院所培训学习活动，广播电视教学、网络远程教学，电话咨询等多种渠道。信息获取媒介主要有广播电视、科技人员、手机、互联网、报刊书籍等。科技部门是农民最依赖的获取信息渠道，手机、电话成为农民越来越喜欢的获取信息的方式，网络则成为部分青年农民获取科技信息的新宠。这说明农民获取科技信息的渠道和途径发生了显著变化。

咨询记录分析显示，农民科技来源所占比例由高到低依次是农技推广部门培训、现场教学培训、合作社互学、农业科研院校培训、网络媒体自学、购买专业书籍学习（见图4）。来自农业部门培训所占比例高达81%，表明政府部门培训仍是农民获取信息的主要渠道。通过分析“科技推广方式”需求，发现现场教学指导、定期集中培训这两种方式农民比较喜欢（见表2），表明农民群众对现场示范、现场教学这种直观的培训方式最欢迎；对集中培训的理论感兴趣，渴望明白农业科技原理。科技人员入户指导、发放科技材料这两项需求也占一定比例，说明只要对农民群众有用的科技服务，农民群众都比较感兴趣。

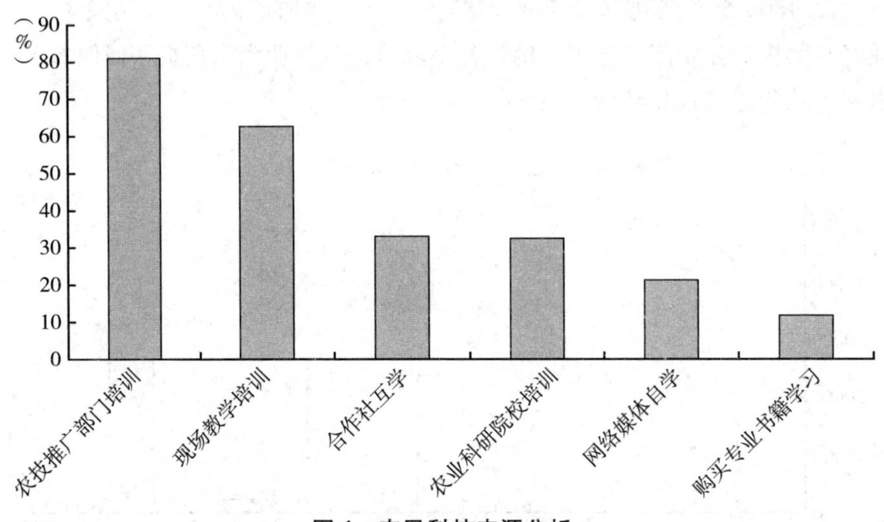

图4　农民科技来源分析

表2　科技推广方式需求分析

单位：%

项目	比例	项目	比例
现场教学指导	46	发放资料	8.6
定期集中培训	29.5	其他	2.2
科技人员入户指导	13.7		

与“科技推广方式”紧密联系的“最有效的培训方式”中（见图5），农民群众选择“现场示范”、“课堂授课”的比例较大，这恰与“现场教学指导”、“定期集中培训”相吻合，而且这4项需求占比都比较大，证明这种模式比较受农户欢迎。电话咨询量也比较大，尤其是甘肃省“12316”三农信息服务平台电话咨询帮助农民解决了很多生产中的问题，说明农民对电话咨询这种比较直接的方式越来越喜欢。6%的农民选择网络培训方式，则反映了部分农民尤其是青年农民、大学生村干部等对网络的青睐，但网络在农村推广应用还有一定障碍。

总体来讲，甘肃省农民科技需求意愿强烈，农民的科技需求状况与自身的知识水平、理解能力、经济收入及农业科技的供给情况关系密切；甘肃省农民科技需求已向多元化转变，需要政府和科技部门积极引导，提高农民科技服务的有效供给；甘肃省农民文化程度普遍较低，农村科技供需不平衡，农民科技使用率整体偏低，需要提高农民科技文化素质；甘肃省现行农业科技服务体系已不适应农民的科技需求，农民获取科技信息还不够便捷；甘肃省农民获取、使用农业科技尤其是高新技术的成本过高，降低了农民获取农业科技的积极性。

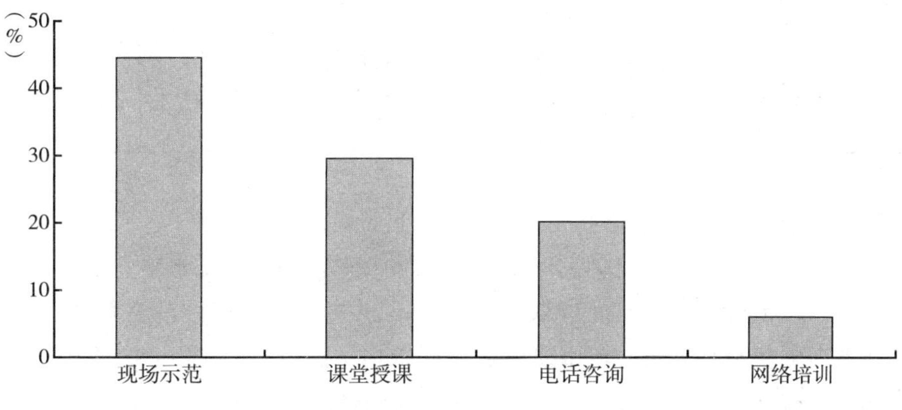

图 5　培训方式分析

二　影响农民科技需求的原因分析

1. 经济因素

经济因素首先表现为农业科技获取和应用的成本及农民的承受能力。咨询数据分析显示，认为农业科技获取和使用成本合理、可以承受的农民仅占 21%，认为成本较高、勉强可以承受的农民占 52%；认为成本很高、无法承受的农民占 27%。农民需要的农业新技术、新技能，政府和科技部门可以免费提供培训，但农业生产所需的种子、农药、化肥、种苗、地膜、温室建造、畜禽养殖、人工等成本费用逐年上涨，严重影响了农民获取科技的积极性。其次，农户家庭从事的主要产业和收入水平也是重要经济因素。比如从事种植业的农户很少或基本不接受养殖或其他技术培训，从事果园经营的农户基本不参加大田作物的技术培训等。再次，大多数农民对运用科技知识中可能产生的“风险成本和损失”有畏惧心理，导致不愿意接受新科技。收入水平高的农户接受农业科技的意愿更强烈，收入水平低的农户接受农业科技的意愿较低。

2. 非经济因素

非经济因素主要表现为农民文化程度、生活现状、学习能力、自然条件、劳动力、获取科技途径、农村科技服务水平等方面。

表 3 农民科技需求非经济因素

单位：%

因素	百分比	因素	百分比
文化程度限制	27.4	劳动力限制	10
自然条件限制	5	获取科技途径限制	11.7
满足现状	21.3	农村科技服务水平限制	8
技术复杂性	12	其他	4.6

在非经济因素中，文化程度是限制农民科技需求的主要因子。农民对科技的需求愿望，在很大程度上取决于农民对科技的理解能力和认知水平。目前，甘肃省农村初中和小学文化程度的农民占主体，上过高中、职校的青年农民较少（对镇原县农民科技需求专项调研数据分析发现，被访的159户485人中，初中及小学文化程度的278人，占57.3%，高中以上仅为115人，占23.7%）。青壮年农民大多选择外出打工，农村留守的农民基本上是“妇、老、病残”人员。这些农民文化程度较低，没有接受新科技的基础，极大影响了自身对科技成果吸收、消化及应用的效果。这也是影响甘肃省农业可持续发展的重要因素。

部分农民表现为满足于现状，从心里不愿意接受新科技，有21.3%的人总觉得种粮食、养家畜不需要多高新的技术。这部分农民思想观念陈旧，对农业新生事物有排斥心理，对市场反应不太积极，“知足常乐”“小满即安”的传统观念还有一定的影响，主要集中在50岁以上的农民群体中。

农业科技复杂性和获取科技途径限制也是影响农民科技需求的主要原因。“十二五”期间，甘肃省农业科技成果众多，但除良种和少部分技术（如双垄沟播技术）得到农民认可和大力推广外，真正转化为生产力的却不多，农业科技的可接受性、实用性还需进一步加强；农民获取科技信息还不够便捷，表明甘肃省现行农业科技服务体系已不能满足农民的科技需求。

随着甘肃省城市化发展，农村富余劳动力向城镇转移，留守农村的妇女、儿童和老人越来越多，劳动力不足在一定程度上影响了农业科技的推广和使用。农村科技服务也是一个不容忽视的影响因素。近些年，中央的惠农政策好，投入大，但是农村科技服务管理水平跟不上，导致假冒伪劣种子、种苗、农药等不断出现，农产品市场信息不对称、销售困难，农资价格大幅上涨，这些现象沉重打击了农民科技需求的积极性。

三　对策与建议

1. 提高农民科技文化素质，增强农民科技应用能力

农民的科技文化素质是影响农民获取和使用农业科技的根本性因素。要提高农业科技的利用率，最重要、最快捷的渠道就是要提高农民的受教育水平和科学文化素质。要从国家、省级层面重视农村教育，大力发展农村教育，切实解决农村教育资源缺失问题，保障多数农民达到高中或职校的文化程度，有效提高农民的文化素质和科技认知水平。要通过开设农村职业学校、开展技术讲座、加强电视网络宣传等活动，改变农民的思想认识，提高农民的农业科技理论水平，逐步改变农民的思想观念，将其培养成有较高科技文化素质、喜欢使用农业科技并掌握现代农业科技的新型农民。要加强对农村干部、农民技术员、科技示范户、农业合作社管理人员、农业企业经营者的技术培训和文化教育，努力提高他们的科学文化水平及科技接受和应用能力，带动提高广大农民的科技认知水平和科技应用能力。

2. 加大投入，建立完善的科技推广服务体系

近十年来，尤其是“十二五”期间，国家对“三农”的财政投入大幅增加，但是专项针对农村科技的投入相对不足。我国目前每年对农业科技的投入约占农业总产值的 0.2%，而发达国家平均水平为 2.37%，发展中国家平均水平为 0.7% ~1%。甘肃省属欠发达省份，农村贫困面大，贫困人口多，要实现整体脱贫，农村科技投入尤为重要。同时，要建立完善的农业科技推广服务体系。完善的农业科技推广服务体系是农业增效、农村发展、农民增收的必然要求。要充分发挥政府在农村科技推广中的主导作用，改进现行农业科技推广机制中的薄弱环节，鼓励社会力量参与到农业科技推广中来，大力提高农业科技推广的成效。要加强对农民科技需求信息的收集和处理能力，建立良好有效的农业科技信息供给和反馈机制，重点围绕农民农业生产中急需的技术、品种、产品进行研发和示范推广，并提供完善的配套技术和优质的产前、产中和产后技术服务，有效解决困扰农业科技服务“最后一公里”的问题。

3. 以农民需求为导向，建立多元化的农村科技供给体系

目前，甘肃省农民对农业科技的需求意愿强烈，但实际使用率不高，反映了

农业科技供求的矛盾性和失衡性。一方面农民急需的、有较高推广应用价值的农业科技供给总量不足，另一方面每年研发或集成的大量农业科技成果转化困难，被束之高阁、锁进档案室，造成资源浪费。因此，必须建立完善以政府为主导，以农业科研院校、企业、农业合作社为支撑的多元化农业科技供给体系。政府的主要职责是出台相应的政策，保障农民使用科技的利益，降低农民使用科技的风险。农业高校、科研院所的主要工作是为农民提供科技成本低、见效快的农业新品种、新技术和新产品。企业和农业合作社则为农民提供各种中介服务。

4. 拓展科技信息获取途径，降低科技供给成本

要创新农业技术传播方式，让农民能方便快捷地获取所需的农业科技。除目前主推的政府部门、科技部门、农业企业、社会组织等组织开展的培训外，还要进一步加强农村广播电视网络和互联网的建设，尤其是“互联网 +”活动，培养新型农民。要通过降低科技供给的成本来提高农民的生产积极性，激发农民自身学科技、用科技的内在动力。

5. 加强农业科技服务市场管理，保障农民合法权益

要进一步加强对农业科技服务市场的管理，整顿种子、种苗、农药、化肥、地膜等经营市场，有效控制农业生产资料价格，打击生产、销售假冒伪劣生产资料的行为，保护好农民的生产积极性和合法权益。

参考文献

韩临广等：《“十二五”甘肃农业发展成就回顾》，《甘肃农业》2015 年 12 月 20 日。

赵朝娜：《欠发达地区农民对农业科技服务需求意愿与影响因素分析》，《河南商业高等专科学校学报》2011 年第 24 期。

纪丕霞：《山东省农民科技需求与应用状况调查分析》，《青岛农业大学学报》（社会科学版）2011 年第 11 期。

李龙：《湖南农民科技需求调查报告》，《科技信息》2012 年第 32 期。

张兴杰等：《欠发达地区农民的科技需求与服务策略研究》，《中国社会科学院研究生院学报》2006 年第 6 期。

G.10

甘肃省农业科研机构综合实力评估研究报告

张东伟　任　慧　王建连　董　博*

摘　要：为了科学评价甘肃省主要农业科研机构的研发创新能力和对全省及各市州区域农业发展的支撑与服务能力，客观评价各自的综合实力，本报告以9个重点指标为依据，集成运用了特尔斐法、层次分析法对27个研究院所的相关指标进行了量化评分，并依据分值对结果进行了模糊聚类，将各农业科研机构划分为4个类别层次。在此基础上，笔者分析了"十二五"期间甘肃省重点农业科研机构的实力水平、影响因素和存在的主要问题，并提出了在"十三五"期间要突出特色定位、统筹谋划科研方向；坚持以人为本，培养和构建创新人才团队；整合资源，加强协同创新联盟和平台建设；拓宽农业科研资金筹集渠道；完善体制机制，营造创新文化和氛围，以提升科研机构综合实力的思路。

关键词：甘肃　农业科研机构　综合实力

我国农业产业转型升级正在进入新阶段，农业供给侧结构性改革面临新形势，现代农业的发展必将更多地体现在以科技创新为核心竞争力和驱动力的现代科学技术竞争。农业科研机构作为最主要的农业科技创新源和科技成果的供给

* 张东伟，研究员，甘肃省农业科学院农业经济与信息研究所副所长。主要研究领域：农业经济管理、生态经济学、GIS应用；任慧，甘肃农业科学院农业经济与信息研究所研究实习员；王建连，甘肃农业科学院农业经济与信息研究所经济师；董博，甘肃省农业科学院旱地农业研究所助理研究员。

者，其科研实力对提升其所在区域的农业现代化水平和科技进步贡献率有着至关重要的作用。

一 评价目的与意义

“十二五”期间，甘肃省在农业科技进步方面取得了显著成效，农业科技成为支撑全省现代农业发展和精准扶贫的重要内生动力。据甘肃省人民政府办公厅2016年印发的《甘肃省“十三五”农业现代化规划》，在旱作农业和节水农业方面，甘肃省取得了一大批理论和实践成果。特别是在全膜双垄沟播、垄膜沟灌等方面创新研发了一系列技术模式。在特色产业领域如马铃薯新品种选育、中药材资源保护开发与规范化种植、优质特色林果选推、玉米品种等作物制种、草地农牧业等技术研发与应用方面成果丰硕，全省农业科技进步贡献率超过55%，表明农业科技对农业发展起到了主导性的支撑作用，成为甘肃省农业持续发展的重要动力。之所以取得这样的成绩，全省农业科研机构及农业科技工作者功不可没。

科学合理地评价农业科研机构的研发实力是找准自身定位、把握学科态势、布局学科力量的重要手段。采用针对性的评价指标，遵循科学研究的规律，借助评价模型的构建和分析，可以系统而有效地评价科研机构研发活动的成效，从而为相关科研机构客观分析自身科研实力、学术水平和社会影响力，合理制定本机构的学科发展战略提供背景信息。同时，也可为科技主管部门在科研项目的申报与管理中提供有价值的参考信息。

二 甘肃省农业科研机构概况

甘肃科技统计资料显示，2015年甘肃省县以上政府部门所属的自然科学类研究与开发机构（未转制）有91家，从业人员有9077人，其中直接科研人员7610人。总体上看，甘肃省科技进步水平在全国排名处于第20位左右，位居中下游水平。

（一）农业科研体系与格局

截至“十二五”期末，甘肃省农业科研体系已经形成产学研结合的总格局，由省级、市州所属农科机构及其他农业研发组织共同组成了梯级研发和推广体系。

1. 省级农业科研机构

甘肃省农科院是省内最大的农业科研机构和研发实体，学科方向涵盖农业科学的主要领域，包括农作物种质资源创新及新品种选育、主要农作物高产优质高效栽培、区域农业（旱作节水、生态环境建设）可持续发展、土壤肥料与节水农业、病虫草害灾变规律及综合控制、农业生物技术、林果花卉、农产品贮藏加工、设施农业、畜草品种改良、绿色农业、无公害农产品检验监测和农业工程咨询设计等。全院设有 14 个专业研究所，在职职工 928 人，其中专业技术人员 666 人。在解决甘肃省粮食增产、农业增效、农民增收和农村经济发展方面提供了重要的科技支撑。

2. 市州级农业科研机构

全省有 14 个市州，除嘉峪关市和金昌市外，12 个市州都设有农业科研机构，这些研发机构在推进地方农业及农村经济发展中发挥着不可替代的作用。

3. 其他类型农业科研机构

在全省大部分市县乡设有农技推广中心或者推广站，有一大批农业技术人员在这些机构从事相应的农业技术服务工作，主要开展农业技术的示范和推广，少部分人员参与科研项目。其中也有部分县区农技推广单位在应用研究方面取得了不俗的成绩，如庄浪县农技中心在马铃薯育种方面取得了突出成绩。当然，大部分市县乡的农技机构仍是以推广为主的。此外，有部分民营农科实体、大中型农业企业、农民合作社和协会也开展了一些应用类研究，但其规模和影响力都比较有限。

（二）研究范围界定

本报告所关注的研发机构主要为甘肃省属及各市州所属的具有独立法人资格的事业单位，不包括中央或省外机构在甘肃设立的独立或分支机构。

本报告主要对符合范围条件的 27 家单位进行农业科研机构综合实力评价评估。其中，省级农业科研机构主要有：甘肃省农科院作物研究所、土壤肥料与节水农业研究所、马铃薯研究所、植物保护研究所、旱地农业研究所、林果花卉研究所、农业经济与信息研究所、蔬菜研究所、生物技术研究所、农产品贮藏加工研究所、畜草与绿色农业研究所、经济作物与啤酒原料研究所、小麦研究所、农业质量标准与检测技术研究所。市州级农业科研机构包括：兰州市农研中心、白银市农科所、天水市农科所、天水市果树所、庆阳市农科院、平凉市农科院、陇南市农科所、定西市农科院、武威市农科院、张掖市农科院、酒泉市农科院、临夏州农科院、甘南州农科所。

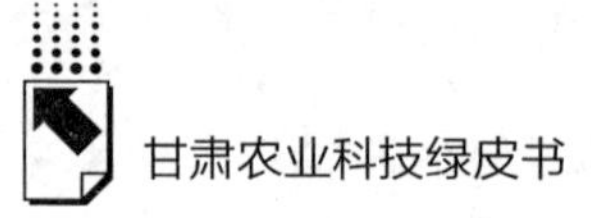

三　评价方法与原则

（一）评价方法的选取

为获得更加科学、客观的评价结果，在进行农业科研机构综合实力评价时应当应用科学的方法，设计适宜的指标体系。本项研究集成应用特尔斐法和层次分析法对甘肃省农业科研机构综合实力进行评估。

总体评价采用层次分析法（Analytic Hierarchy Process，AHP）。AHP 方法是一种定性分析与定量分析相结合的方法，将主观判断用数量形式加以表达，并进行科学处理。层次分析法的表现形式简单，容易理解和接受，应用较为广泛。

在确定指标权重时学界一般采用特尔斐法（Delphi Method）。在具体运用指标体系综合评估法时要广泛征求专家意见，也就是请有关专家、决策者和其他利益相关者对各因素重要性进行两两比较，再利用数学方法对各因素层层排序，最后对排序结果进行分析，辅助进行决策和评判，以避免个人判断的片面性，同时，也可以克服学科、专业方面的限制。这种设计思路具有内在的逻辑一致性，既保证了所选取指标的准确性和科学性，也容易操作。

（二）评价指标的选择原则

建立起一套全面评估科研机构实力的指标体系并非易事。首先，从指标体系所描述的对象来看，不同机构在各自学科与地域范围内诸多要素相互作用过程中具有复杂性、开放性、非线性等特征，从而使得对其定量评价相当困难。其次，从指标体系的建立过程来看，由于构成研发实力所包含的内容复杂，不同知识背景的人可能立足于各自不同的学科领域，考虑的侧重点也不大相同，由此所建立的指标体系也会各具特色。再次，就指标体系本身而言，尽管理论上的探讨是必要的和有益的，但最终的指标体系必须能落到实处，其可操作性也是必须给予足够关注的。因此，所构建的评价指标体系至少应具备三个方面的评价功能：一是定量表征研发队伍状况，二是评价科研条件，三是评判科研成果与绩效，重点考察创新能力与服务能力。据此，笔者在指标体系构建时遵循以下的标准和原则。

1. 科学性原则

评价指标体系必须建立在遵从科学研究基本规律、遵循农业生产的自然规律和经济规律等科学基础之上，能客观地反映农业科研机构的内部条件及外部环境状况，通过相互联系的指标，能较好地度量和评价不同科研机构的实力和竞争力。

2. 整体性原则

为了综合反映农业科研机构的可持续发展水平，要求评价指标体系覆盖面较广，尤其能从横向角度综合地反映各个机构在人员、经费、成果方面的整体状况，能较全面地体现不同单位的综合实力，如科研资源利用、服务社会程度、可持续性等。各层次的指标具有一致性和平衡性，同一层次的指标相互独立，不能有明显的包含关系。

3. 精简性原则

评价指标体系中的各指标应简单明了，便于获取和计算，不必做繁复的调查。尽可能用惯用的百分比、人数、投入产出、利用效率等表示，且量纲要统一。在选取指标时，应尽量选取富有代表性、多用途性和可定量化的指标。各指标在含义上不能含糊或者重叠，评价指标并不是越多越好，易获取的、有代表性的指标对于评价结果更有价值。

4. 阶段性原则

机构研发实力评价是一个动态变化的过程，这种动态变化性主要体现在两个方面：一是与农业生产的周期性所伴生的连续性，有些指标很难在一个自然年度内界定，往往需要通过一定的时间尺度才能得到反映；二是随着科学技术的进步，农业科技进步的广度和深度也处于发展变化之中，因而要求评价指标的选择要充分考虑动态发展和变化的特点。

（三）数据来源

本次评价所用的数据资料来源有两类：一类是基于公开数据，如科研绩效类数据，包括获奖成果数、成果与专利数，主要来自权威管理机构在其官方网站和出版物中公布的数据；论文数量则主要来自中国知网（CNKI）检索的数据；部分科研条件类数据，如期末（2015 年底）净资产总值主要来源于各研究机构发布的法人年度报告书公示。另一类是直接调查获取的第一手资料，主要是通过对相关单位的实地走访和电话访谈等方式获取的信息。

四　评价过程、结果与分析

（一）指标权重的赋值

在综合评估中，指标数值的标准化和权重的确定是两个关键性的技术问题，其解决方案的科学合理将直接影响综合评估体系的实践应用价值。但真正的难点是确定每个指标的权重。也就是说，各指标的权重赋值是其关键。

1. 建立递阶层次结构

构造递阶层次结构是 AHP 法的基础。具体包括合理确定因素及相互关系；合理分组，使之条理化、层次化，理出递阶层次结构。AHP 要求的递阶层次结构一般由以下三个层次组成：目标层（最高层）、准则层（中间层）和指标层（最低层）等。找出影响目标实现的准则，作为目标层下的准则层因素。明确各个层次的因素及其位置，并将它们之间的关系用图表展示出来，就构成了递阶层次结构。

遵循上述方法，本文将农业科研机构竞争力评价体系划分为目标层、准则层和指标层三个层次，其中准则层确定为科研队伍、科研条件与科研绩效三个层次，由九个综合和单项指标共同构成研发机构实力评价指标体系，形成递阶层次结构（见图 1）。

2. 确定权重

权重的确定采用特尔斐法完成。通过构造判断矩阵的方式分层次确定准则层和指标层的权重。构造判断矩阵的具体方法是：每一个具有向下隶属关系的元素作为判断矩阵的第一个元素，隶属于它的各个元素依次排列在其后的第一行和第一列。填写判断矩阵的方法是：邀请熟悉农业科研管理的专家填写相关的矩阵列表。通过向填写人反复询问，针对判断矩阵的准则，对其中两个元素进行两两比较，对重要性程度按 1 ~ 9 赋值。

在排序中，还要对判断矩阵进行一致性检验。只有通过检验，才能说明判断矩阵在逻辑上是合理的，才能继续对结果进行分析。

一致性检验要首先计算一致性指标 CI（consistency index），然后确定相应的平均随机一致性指标 RI（random index）。据判断矩阵不同阶数查表，得到平均随机一致性指标 RI。最后计算一致性比率 CR（consistency ratio）并进行判断：

$$CR = \frac{CI}{RI}$$

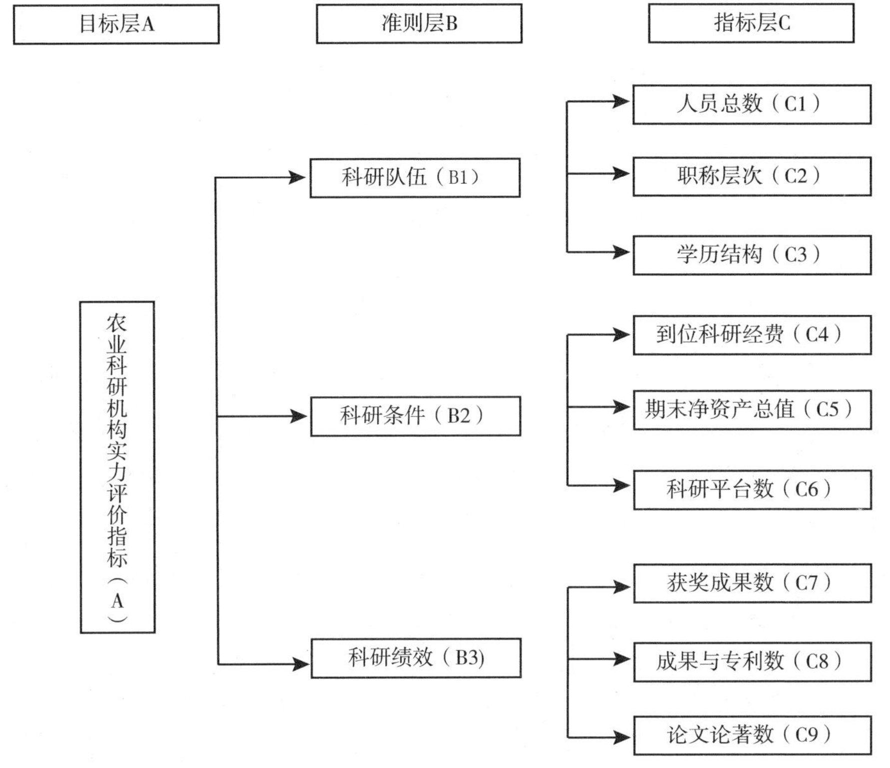

图 1　农业科研机构竞争力评价指标的递阶层次结构

当 CR <0.1 时，判断矩阵的一致性被认为是可以接受的，当 CR >0.1 时，判断矩阵被认为不符合一致性要求，需要对该判断矩阵进行重新修正。

最后，要进行权重赋值或总排序与总的一致性检验，以保证权数分布的合理性和可靠度。总排序是指每一个判断矩阵各因素针对目标层的相对权重。这一权重的计算采用从上而下的方法，逐层合成。表 1 是根据上述方法和步骤得出的甘肃省农业科研机构综合实力评价指标的权重值。

表 1　甘肃省农业科研机构综合实力评价指标的权重值

指　标	B1	B2	B3	权重值
	0.3704	0.2003	0.4293	
人员总数(C1)	0.1818			0.0674
职称层次(C2)	0.5455			0.2021
学历结构(C3)	0.2727			0.1010

续表

指　标	B1	B2	B3	总权重值
	0. 3704	0. 2003	0. 4293	
到位科研经费(C4)		0. 5344		0. 1070
期末净资产总值(C5)		0. 3114		0. 0624
科研平台数(C6)		0. 1542		0. 0309
获奖成果数(C7)			0. 5423	0. 2328
成果与专利数(C8)			0. 1535	0. 0659
论文论著数(C9)			0. 3042	0. 1306

一致性检验结果显示，科研队伍（B1）判断矩阵一致性比例为0；科研条件判断矩阵一致性比例为0. 00008057；科研绩效判断矩阵一致性比例为0. 00007584。目标层（A）总排序的判断矩阵一致性比例为0. 01912。上述结果均小于0. 1，表明判断矩阵是符合一致性要求的。也就是说，权数分布是合理和符合逻辑的。

（二）数据处理与赋值

1. 数据含义的界定

本次评价从科研队伍、科研条件和科研绩效三个维度来分析不同科研机构的研发实力。

科研人才队伍是科研机构最核心的资源，本报告选取了人员总数、职称层次和学历结构作为评价指标。其中，人员总数指本单位2015年末直接由组织安排工作并支付工资的各类人员总数，包括固定职工、长期合同制职工、招聘人员和返聘的离退休人员。职称层次是指获得正高（研究员、教授、正编审、正研究馆员等）和副高（副研究员、副教授、高级工程师、高级农艺师、高级畜牧师、高级实验师、高级统计师、高级经济师、高级会计师、副编审、副译审、副研究馆员等）职能的人数比例。学历结构指取得国家或人事部门承认的硕士和博士学位的专业技术人员及其比例。

科研条件是科技研发活动所必需的物质、经费和基础条件等。本报告选取到位科研经费、期末净资产总值和科研平台数作为评价指标。其中，科研经费是指本单位在2011～2015年，为了开展科学研究、新产品试制、中间试验、科技成果示范性推广等科技活动，通过签订协议、合同或他形式申请并获得的各类经费，包括课题专项、设备专项和他专项实际到位经费的总额。期末净资产总值是指截至报告期（2015年底）本单位总资产在扣除负债后各类资产的总额。科研平台数是指单位所属的野外试验站、重点实验室、工程技术中心、种质资源库、中试车间，期刊编辑部、图书馆等服务于科研的基础设施总量。

科研绩效是科研产出的体现，是研发机构科研创新和服务社会功能的具体实现。本报告选取获奖成果数、成果与专利数和论文论著数作为衡量指标。其中，获奖成果数是指所获国家和省部级奖项的数量，其中高等次奖项按多倍的低等次奖项计算。成果与专利数是指技术性产出，是原始创新和成果转化的重要载体，也是科技应用的重要体现，包括在科研行政管理部门完成成果登记的项目数；获得专利授权、软件著作权、完成动植物品种、农业机械、兽药、农药、肥料、添加剂等登记证和审定、认定证书的品种数量；获国家批准的发明专利、实用新型专利的数量。论文论著数是指学术性产出，主要体现在论文、著作等方面，即科研机构通过发表学术论文和专著来体现科研实力。在具体核算时，核心期刊论文的系数高于普通期刊，专著按照多篇论文计算。

2. 数据的标准化

通过汇总收集到的各个机构的数据，构成了农业科技创新能力评价指标体系及其初始数据。为了消除元素指标原始数据间由于量纲、数量级、变化幅度而产生的相互影响，增强可比性，要对原始数据进行变换，即指标的去量纲化。在各单项指标的无量纲化过程中，笔者对各项指标分别进行处理，使得每个指标均转换成为介于 0～100 间的相对值（指数）。本研究选用极差标准化方法对原始数据进行标准化处理，处理结果见表 2。

表 2　无量纲标准化后的评价指数

指　标	科研队伍			科研条件			科技成果		
	人员指数	职称指数	学历指数	经费指数	资产指数	平台指数	获奖指数	成果指数	论文指数
省农科院作物研究所	37.8	56.1	80.0	90.2	54.0	100.0	53.2	44.0	43.8
省农科院土肥研究所	31.7	49.5	76.0	65.0	37.5	80.0	79.8	50.6	60.3
省农科院马铃薯研究所	18.3	28.1	36.0	56.6	57.7	80.0	98.8	33.0	24.1
省农科院植保研究所	29.4	46.2	96.0	60.8	28.5	60.0	87.4	17.6	65.9
省农科院旱农研究所	28.3	42.9	66.0	97.0	44.3	100.0	64.6	28.6	98.8
省农科院林果研究所	28.9	41.3	56.0	69.8	45.5	20.0	53.2	44.0	41.9
省农科院农经研究所	20.6	28.1	18.0	20.5	19.2	40.0	3.8	11.0	15.9
省农科院蔬菜研究所	31.1	59.4	84.0	68.7	50.0	60.0	68.4	92.4	65.6
省农科院生技研究所	16.7	14.9	56.0	19.6	12.3	0.0	3.8	22.0	31.9
省农科院加工研究所	25.6	24.8	60.0	48.1	27.5	80.0	38.0	79.2	42.5
省农科院畜草研究所	12.2	11.6	42.0	20.4	15.2	60.0	11.4	39.6	26.3

续表

指　标	科研队伍			科研条件			科技成果		
	人员指数	职称指数	学历指数	经费指数	资产指数	平台指数	获奖指数	成果指数	论文指数
省农科院经啤研究所	18.3	18.2	22.0	34.5	31.9	20.0	15.2	37.4	23.8
省农科院小麦研究所	13.9	29.7	48.0	30.0	26.1	80.0	83.6	68.2	23.4
省农科院质标研究所	15.0	11.6	24.0	13.1	15.2	80.0	15.2	17.6	19.7
兰州市农研中心	56.7	71.0	32.0	46.0	52.9	80.0	60.8	48.4	65.0
白银市农科所	30.0	31.4	12.0	9.9	20.2	0.0	0.0	55.0	17.8
天水市农科所	82.2	52.8	26.0	36.0	65.3	60.0	19.0	96.8	43.1
天水市果树所	91.7	41.3	14.0	13.1	49.1	20.0	0.0	11.0	40.9
庆阳市农科院	42.2	9.9	46.0	5.0	20.0	40.0	0.0	4.4	30.9
平凉市农科所	53.3	66.0	34.0	23.0	48.4	80.0	0.0	70.4	30.6
陇南市农科所	36.1	16.5	8.0	8.4	24.8	0.0	0.0	11.0	12.8
定西市农科院	75.6	90.8	44.0	65.2	52.0	20.0	34.2	81.4	42.8
武威市农科院	16.1	13.2	40.0	9.7	8.9	20.0	57.0	39.6	2.2
张掖市农科院	57.8	66.0	8.0	26.4	24.0	0.0	3.8	52.8	32.5
酒泉市农科院	41.1	42.9	18.0	7.8	95.4	0.0	0.0	24.2	19.7
临夏州农科院	98.3	99.0	18.0	15.6	40.2	0.0	3.8	79.2	27.5
甘南州农科所	20.6	9.9	4.0	23.4	16.1	40.0	0.0	15.4	1.3

3. 评价分值计算与排序

将各个机构各指标得分值，即表 2 中无量纲化后的指数与其权重的乘积累加，得出各机构的农业科技研发实力的最终得分，按照分值排序如下（见表 3）。

表 3　甘肃省农业科研机构综合实力评估结果

参评机构	人才项得分	条件项得分	成果项得分	总得分
省农科院蔬菜研究所	22.59	12.32	30.58	65.49
省农科院旱地农业研究所	17.25	16.24	29.81	63.29
省农科院土壤肥料与节水农业研究所	19.81	11.77	29.78	61.37
省农科院植物保护研究所	21.02	10.14	30.11	61.27
省农科院作物研究所	21.96	16.11	20.99	59.07
兰州市农研中心	21.39	10.69	25.83	57.91
定西市农科院	27.88	10.84	18.91	57.63
省农科院马铃薯研究所	10.54	12.13	28.32	50.98

续表

参评机构	人才项得分	条件项得分	成果项得分	总得分
省农科院林果花卉研究所	15.94	10.92	20.75	47.61
省农科院小麦研究所	11.79	7.31	27.02	46.11
天水市农科所	18.84	9.78	16.43	45.05
临夏州农科院	28.45	4.18	9.69	42.33
省农科院农产品贮藏加工研究所	12.78	9.34	19.61	41.73
平凉市农科院	20.37	7.96	8.64	36.96
张掖市农科院	18.04	4.33	8.61	30.97
天水市果树所	15.93	5.09	6.07	27.08
武威市农科院	7.79	2.21	16.16	26.17
酒泉市农科院	13.26	6.78	4.16	24.21
省农科院经济作物与啤酒原料研究所	7.13	6.30	9.10	22.53
省农科院畜草与绿色农业研究所	7.40	4.98	8.69	21.07
省农科院生物技术研究所	9.78	2.86	6.49	19.14
省农科院农业质量标准与检测技术研究所	5.77	4.82	7.27	17.86
白银市农科所	9.57	2.32	5.95	17.84
省农科院农业经济与信息研究所	8.87	4.62	3.69	17.19
庆阳市农科院	9.49	3.01	4.33	16.83
陇南市农科所	6.58	2.44	2.40	11.42
甘南州农科所	3.79	4.74	1.18	9.71

（三）评价结果聚类

依据评价结果，本文采用 SPSS 软件提供的聚类分析工具，对各机构的科技研发实力进行了模糊评判，生成了聚类分析树状图（见图 2）。

据此，可以将参评单位分为四个层次。

第一层次：得分在 55 分以上，共由 7 家单位组成，分别是省农科院蔬菜研究所、省农科院旱地农业研究所、省农科院土壤肥料与节水农业研究所、省农科院植物保护研究所、省农科院作物研究所、兰州市农研中心、定西市农科院。这些单位的综合研究实力明显优于其他机构。

第二层次：得分在 35 ~ 55 分，共有 7 个单位，分别是省农科院马铃薯研究所、省农科院林果花卉研究所、省农科院小麦研究所、天水市农科所、临夏州农科院、省农科院农产品贮藏加工研究所、平凉市农科院。其综合实力处于中上层次。

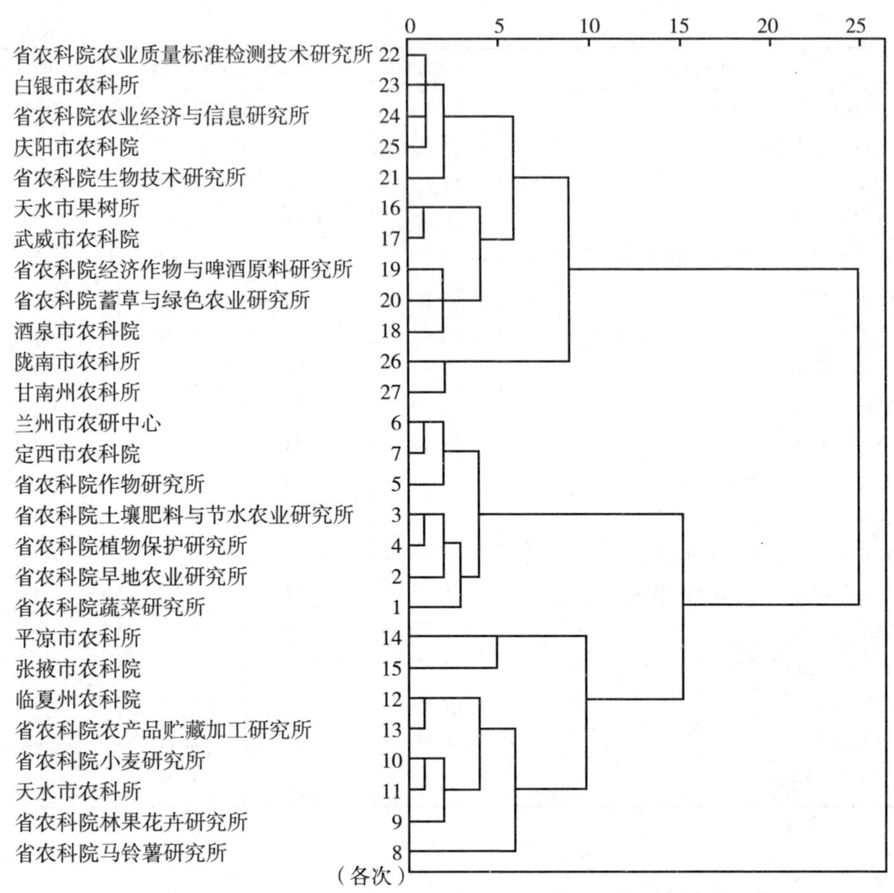

图 2　甘肃省农业科研机构研发能力聚类分析树状图

第三层次：得分在 15～35 分，共由 11 个单位组成，包括张掖市农科院、天水市果树所、武威市农科院、酒泉市农科院、省农科院经济作物与啤酒原料研究所、省农科院畜草与绿色农业研究所、省农科院生物技术研究所、省农科院农业质量标准与检测技术研究所、白银市农科所、省农科院农业经济与信息研究所、庆阳市农科院。这些单位的综合研究实力处于中下层次。

第四层次：得分在 15 分以下，共有 2 个单位，分别是陇南市农科所和甘南州农科所，其研发实力处于较低层次。

（四）评价结果分析

综合分析原始数据及评分结果，可以得出以下基本判断。

1. 甘肃省农业科研机构的总体研发实力有待加强

调查数据显示，全省农业科研机构不论在人才队伍、科研条件、成果水平等方面都与发达省份及全国平均水平有不小的差距。从人才队伍来看，高职称、高学历人员的比重较低；从科研条件来看，项目数量、层次和经费、重点实验室等研发平台数量与先进地区差距较大；从成果水平来看，获奖的数量和等级都有明显差距，尤其是获得的国家级奖项寥寥无几。

2. 各机构间的科技研发实力不均衡

参评的 27 家研发机构的得分值差异较大，处于第一层次的 7 家机构与处于第四层次的 2 家机构比较，不但总分值呈倍数关系，各分项值也差距明显。分析其原因，笔者发现研发实力处于前列的多是省一级的科研机构或者距离中心城市较近的市州科研机构，多数都有较长的历史，这从一个侧面说明区位因素的重要性，即地域优势加上长期积累的资源优势可以带来明显的人才优势、资金优势和竞争优势。而研发实力较弱的机构多为市州级的科研机构，有些机构（如甘南、陇南两家农科所）地处偏远地区，在科研资源竞争中处于相对劣势的地位。

3. 机构的研发实力受到多种非技术因素的影响

处于中游的研发机构中有些是具有明显区域特色和特殊功能定位的机构，但由于各种因素，其评价得分不高。比如甘肃省农科院马铃薯研究所、小麦研究所、农产品贮藏加工研究所在各自领域内都取得了良好的成绩，具有不俗的表现，但因其成立的时间都不长，科研人员总量较少，各种资源积累不足，影响了科研实力的提升；还有几个单位是在机构改革时从母体研究所拆分新建的，如省农科院经济作物与啤酒原料研究所、畜草与绿色农业研究所、生物技术研究所等，其总体实力的排名也受影响；有的市州组建了区域专业研究所，分散了所在地区的研究实力，如天水市有两家农业研发机构——农科所和果树所，均有较强的综合实力；也有些科研机构由于其功能和定位影响了排名，如甘肃省农科院农业质量标准与检测技术研究所、农业经济与信息研究所，其基本职能为提供检测、情报、网络等服务功能，基础性研究和应用类研究功能有待进一步发挥。

（五）对评价结果的几点说明

上述评价结果是在分析农业科技创新要素的基础上，通过构建农业科研机构科技创新能力评价指标体系和评价模型来完成的。其评价结果基本能够真实地反映科研机构的研发实力和竞争力水平。但是，农业科研机构研发实力的评估是一项复杂工程，不可能做到面面俱到。就本研究来说，可能存在着一些不足之处，需要在今后的评价工作中加以改进。

一是本项研究在机构选取时只关注了省级和市州级体制内的科研单位，对于企业、大专院校、民营机构、有科研功能的推广单位等没有纳入评价范围。

二是选取的指标也相对较少，无法完整地反映机构科研实力的全貌。

三是评价方法方面，在选择打分专家时，对专家人数、专业构成、区域代表性等方面无法做到完全顾及，代表性有限。

四是数据的准确度方面，尽管采用了多侧面印证，多次调查以及数据质量管控等措施，部分资料还可能存在着些许误差。

五 提升农业科研机构研发实力的思路与对策

（一）突出特色定位，统筹谋划科研方向

省级和市州级科研单位要结合甘肃省多样化的生态条件和特色产业布局，找准主攻方向，做好农业科研战略规划。把特殊的生态地域优势转化为产品和产业优势，促进传统优势学科升级；加强区域特色创新学科建设，形成具有较强竞争力且特色鲜明的省级和市州级农业科研院所。协调基础性研究与应用性研究的布局，构建基础研究为应用研究服务的联动机制，形成一批有自主知识产权的技术和产品，凝练重大成果，提升和优化综合竞争力。

（二）坚持以人为本，培养和构建创新人才团队

充分认识人才在科技实力构成中的核心作用，要从农业科研方向、学科发展目标、科研任务指标要求出发设置研究岗位，引进人才；制定培养规划、明确培养目标，提升现有人才的学历、职称结构，鼓励科技人员参加在职培训和深造进修，尤其要加大对年轻科技骨干的培养力度，为青年科技人员压担子，在科研实践中培养人才。借此打造合理的人才梯队，促进机构整体科研实力的提高。同时，对在偏远地区开展农科研究的科研人员和项目给予鼓励措施，在考核和奖励时向他们倾斜，逐步实现人才等科研资源的均等化配置。

（三）整合资源，加强协同创新联盟和平台建设

高水平的农业科技成果往往是多学科集成创新的结果，更是在特定研究方向上长期积累的结果。因此，有必要整合国内外、省内外学术资源，对关键技术和

共性技术课题展开联合攻关，破解制约甘肃农业发展的旱地农业、设施农业、绿色农业等重大技术难题。在科研平台建设方面，要优化机制，实行开放与共享，形成完善且体系化的基地平台，用以展示和推广甘肃省及各市州农业发展的新业态，以及育成的新品种、形成的新技术，打造展示科研技术成果的窗口，提升成果产出水平和服务“三农”能力。

（四）拓展农业科研资金筹集渠道

在积极争取更多政府项目资金的同时，开拓多种经费来源渠道，如通过跨区域合作、与国家级团队的合作及国际合作，实现协作研发，建立并形成长期而稳定的合作关系。拓宽横向联系，强化产、学、研结合，吸纳和利用涉农企业、各类行业协会等资源，大幅提升农业科技创新条件和能力。

（五）完善体制机制，营造创新文化和氛围

认真贯彻中央关于加快科研院所分类改革的精神，落实和扩大科研院所法人自主权，完善法人治理结构，优化科研机构创新绩效评价制度，积极引导科研工作者聚焦国家农业发展战略、地区农业生产现实需求，找准农业生产的技术瓶颈和重大需求。省级农业科研机构要发挥在基础前沿和行业共性关键技术研发中的骨干引领作用。地方研发机构要针对区域问题精准选题，在应用研究和技术推广上集中发力。完善科技创新评价标准和评价体系，突出学术贡献和应用贡献，摒弃单纯的论文导向，突出推广面积、覆盖率、市场占有率和转化应用情况，不但考量科研创新能力，还要重视服务能力，让“写在大地上的论文”也得到应有的认可。

参考文献

Eliezer Geisle. The Metrics of Science and Technology [M]. California: Greenwood Publishing Group Inc, 2000.

Nagpaul P S, Santanu Roy. Constructing a Multi-objective Measure of Research Performance [J]. *Scientometrics*, 2003, 56 (3): pp. 383 –402.

朱希刚：《我国农业科技进步贡献率测算方法》，中国农业出版社，1997。

吴俊卿：《绩效评价的理论与方法：在科研机构的实践》，科学技术文献出版社，1992。

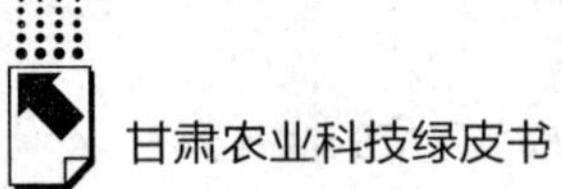

雷彦斌：《中国行业科研院所的效率评价及科技资源配置研究》，北京交通大学博士学位论文，2012。

陆建中、李思经：《农业科研机构自主创新能力评价指标体系研究》，《中国农业科技导报》2011年第4期。

张振华、黄俊、李国锋：《公益性农业科学研究院（所）科研绩效评价的指标体系》，《江苏农业学报》2013年第4期。

姜丽华、谢能付、刘世洪：《农业科研机构科技创新能力评价研究》，《中国农学通报》2015年第26期。

甘肃省科学技术厅、甘肃省统计局、甘肃省教育厅：《甘肃科技统计年鉴》2015年10月。

专　题　篇

Special Topics

G.11
甘肃省旱地农业科技发展研究报告

樊廷录　杨封科*

摘　要：　甘肃旱地农业科技发展基于降水高效利用理论创新，作物抗旱特性挖掘，耕作、施肥、轮作等制度改制，坚持“顺应天时，遵循自然规律；顺应市场，遵循经济规律；顺应时代，遵循科学规律”的发展思路，千方百计蓄住天上水、保住地里墒、用好地表水，创立了“集水、保水、蓄水、用水”技术体系，确立了“品种+梯田+水窖+覆盖+结构”旱作农业发展模式，已成为全省粮食安全的“稳压器”和功能区。应对旱作区农业生产方式转变及产业科技重大需求，今后要强化旱作粮食功能区建设、农牧生态循环、特色产业提质增效、藏粱于水和藏粱于地重大科技研发，着力提高农业装备水平，推进农艺农机结合，加强财政科技投入，组建旱农科技创新团队与联盟，建设省级农业科技创新体系，使旱作农

* 樊廷录，博士，研究员。甘肃省农业科学院旱地农业研究所所长，国家农业科研杰出人才、新世纪百千万人才、甘肃省领军人才，政府津贴获得者。主要从事旱作农业研究；杨封科，博士，研究员，甘肃省农业科学院旱地农业研究所副所长，主要从事旱作农业研究。

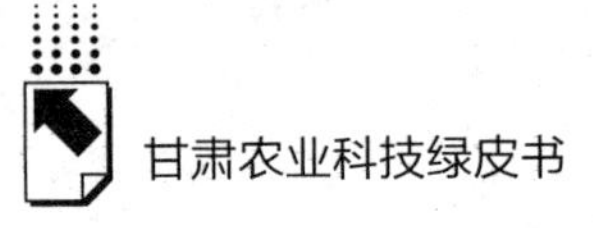

业科技贡献率达到60%。

关键词：降水高效利用　水肥管理　高效农作制　覆盖集雨　农牧循环

一　旱地农业科技发展动态

（一）国内外旱地农业生产现状

世界旱作农区主要集中分布在降水250～600毫米的半干旱、半湿润地区，遍及50多个国家和地区，总面积61.50亿平方千米，约占全球陆地面积的41%，养育了近20亿人口、农业与社会生产力的进步创造了西亚两河（底格里斯河与幼发拉底河）流域、北非尼罗河流域、东亚两河（黄河与长江）流域、南亚两河（印度河与恒河）流域和中美与南美五大文明，促进了人类进步和社会繁荣。但由于对生态系统资源的过度开发利用，导致干旱、洪水频发，地力退化，可耕地减少、生产力下降的不可更替，而无法养育成倍增长的人口，使发源于西亚两河流域的“美索不达米亚文明”在公元前1700年衰落了。而始于1934年美国西部草原地区的人类历史上空前未有的“黑风暴”，又一次对人类农业文明的发展发出了警告，由此促使了旱地农业（Dryland Agricuture）研究与保护的迅速发展。

自1930年以来，世界各国在旱地农业研究方面取得了显著的成就。研究建立了利用生物多样性、耐旱性高效利用降水发展生产的作物种群选择与合理布局技术体系和改善生态环境与提高土地生产力并重的轮作制与农牧结合制度；如，美国的夏休闲轮作制（Summer Fallowing）和澳大利亚的牧草轮作制（Ley Farming System）；以林粮间作、林草间作、果粮间作和农田防护林为主的复合农业发展制度；以少耕、免耕、残茬覆盖耕作为主的保护性耕作制（Conservation Tillage）；以修筑梯田、等高沟堤、谷坊、小水库、带状耕作、等高种植、深松土、浅开沟、地面覆盖、集水补灌为核心的径流农业技术体系（Runoff Agriculture）和集成作物轮作、有害生物综合防治、植物营养综合管理、保护性耕作、混合农作制、农牧结合、节水种植的可持续农作制度，特别是二十世纪六十年代基于分子遗传学理论与技术进步，研发及推广半矮秆水稻与耐旱抗病虫害小麦、施用化肥与机械化的“绿色革命”（Green Revolution），使世界粮食产量保持了每年1%以上的增长速度，饥饿人口比例在总人口翻番（30亿~60亿）的情况下由一半减少到不足1/6。近几十年集约农业（Agricultural Intensification）的发展与扩张，使世界主要谷物粮食产量保持了0.9%~1.6%的年增长速度，基本上满足了世界人口增长对食物的需求。

中国旱作农区涉及16个省、自治区、直辖市的741个县（市），面积7700万公顷，约占全国耕地面积的59%。其旱地农业发展经历与东亚两河流域农业文明一样长的历史，在以蓄水保墒和提高水分利用效率为中心的耕作改制、旱地作物水分动态及调控技术、旱作农田降水生产潜力及开发途径、旱作农田水肥耦合及管理、旱地作物抗旱节水增产技术、旱地保护性耕作技术体系和旱农地区农林牧结合发展模式等方面取得一系列重大突破。形成了利用旱生型植物种群的特性“逃旱”、“避旱”；利用耕、耙、耱、压精耕细作，纳、蓄、保高效利用雨水；施用农家肥提高自然降水利用效率；兴修梯田、保持水土、种植绿肥、轮作倒茬、用养结合等相关措施就地拦蓄降水和人工集存降水、时空调控利用，发展集水农业等理论与技术上六次突破。建立了以优化的旱地耕作、轮作、施肥制度和抗逆作物及节水品种配置为支柱，以蓄水保墒、豆科作物轮作和施用有机肥料为核心的有机旱作农业；以水土保持和梯田建设为核心、降水资源管理为特征的水保型旱作农业；基于雨“主动抗旱”、“水富集叠加”、“微生境效应原理”和“旱后复水补偿效应”原理，提出了旱地集水农业发展模式，使旱地粮食总产占到了中国农业的半壁江山，为保障粮食安全奠定了坚实的基础。

（二）国内外旱地农业科技发展动态

预测表明，世界人口将由现在的72亿增加到2050年的90亿，世界粮食产量需要比现在增加60%，即保持每年1.2%~1.4%的增长率，其中主粮作物产量要比2010年增加45%，油料作物产量增加89%，耕种面积扩大10%，才能保障食物安全的最低要求。近200年来，人类已经将70%的草地、50%的热带草原、45%的温带珍贵雨林和27%的热带森林生物带转化为农业用途；过去50年世界淡水资源的70%已开采用于农业灌溉，人均粮食作物面积由1960年的0.39公顷减少到2007年的0.21公顷，达到了极限。由此引发水资源减少、土地退化、肥力下降、农药化肥污染、干旱频发、病虫草害蔓延、生物多样性丧失和气候不利变化，导致农业生态服务功能下降，21世纪世界粮食产量预计因此将损失25%，再加上仍有8.7亿人口处于贫困状态，保障粮食及食物安全面临着前所未有的挑战。

因此，世界各国都把发展旱地农业生产作为未来保障粮食与食物安全的主战场，非常重视现有土地生产力的提升与生态服务功能保护的统一、自然资源充分保护与高效利用，强调限制耕地扩张、退化耕地修复、中低产田改良、秸秆还田、农肥施用等提高现有土地生产力，强化动植物品种资源保护与新品种选育增加作物遗传多样性，促进生物多样性保护与可持续利用，提升生态系统服务功能；研究建立农牧、农林牧复合农业系统，应用保护性耕作技术和节水农业技术、均衡利用 NP 化肥，提高水肥利用率及利用效率；选育早熟作物新品种及其配套的综合栽培措施，规避温度升高的不利影响。跨学科联合开发气候智能型农业（Climatesmart agriculture，CSA）应对气候变化的不利影响。发展和推广转基因作物、生物与工程技术（GM：Genetically Modified，GMO：Genetically Modified Organism or GE：Genetically Engineered）。

二　甘肃省旱地农业科技发展现状与难题

（一）甘肃省旱地农业概况

甘肃省是干旱内陆大省，地理跨度大，气候类型多样，包括陇南南部河谷亚热带区、陇东半湿润旱塬区、陇中半干旱黄土高原丘陵沟壑区、高寒湿润偏旱区、荒漠和半荒漠干旱区，旱地农业是甘肃农业生产的主要形式，主要集中在降水量 300 ~ 600 毫米的半干旱及半干旱易旱区，涉及 10 个市（州）69 个县（区），人口 1700 多万和 240 万公顷耕地，包含 70% 耕地面积和 80% 人口。

面对干旱缺水、土壤瘠薄、生态环境脆弱、贫困面大等瓶颈因素，甘肃人民及农业科技工作者继承发扬我国传统旱地农业发展精华经验与技术，潜心攻关形成了以选育优良抗旱作物品种为主的生物抗旱技术；以土壤水库扩容为主的纳雨保墒技术；以增施有机肥和有机无机结合为主的培肥技术；以微地形改变为主的雨水就地入渗技术和覆盖集雨保墒技术。提出了“主动抗旱、雨水治旱”新理念，集成创新人工集水、土壤水库及设施蓄水、覆盖保水剂保水、农艺措施优化用水和品种结构节水等关键技术，研究建立了集水农业理论与技术体系，形成了“品种 + 梯田 + 水窖 + 覆盖 + 结构”的旱地农业发展模式，支撑了全省粮食总产由 10 年前的 800 万吨到目前近 1200 万吨的跨越发展，解决了旱地粮食产量长期低而不稳的问题，在全国乃至国际上产生了积极的影响。

（二）甘肃省“十二五”期间旱地农业科技发展成效

1. “十二五”期间旱地农业科技发展综述

（1）通过生物节水与抗逆种质创新，筛选应用了一批农作物新品种。全省农业科研教学机构先后引进了一批抗逆种质资源，以常规育种为主，生物技术为辅，筛选培育了以陇鉴、陇育和陇麦等系列抗旱抗锈小麦品种，陇薯、庄薯系列马铃薯品种，陇单、吉祥系列春玉米品种等，使主要作物品种更新换代1~2次，单产提高10%~15%，为全省粮食总产由“十一五”末的956.2万吨上升到1100万吨做出了贡献。

（2）创新旱地作物覆膜集雨高效种植技术。揭示了农田覆膜集雨保墒的根域水温环境变化特征，提出以“大小沟垄全覆膜、垄集沟蓄增水量、保墒增温高用水”为核心的旱地玉米全膜双垄沟集雨种植技术、小雨量资源化高效利用和秋雨春用抗旱保全苗的关键技术。突破了旱地玉米种植的降水量界限和海拔高度，扩大了种植区域范围。探明土壤贮水对旱地小麦增产的贡献，证明夏休闲期覆膜集雨增墒的高效性，揭示了地膜穴播水温互促效应，阐明了全膜覆土穴播技术增产机理，指出了“覆膜抑蒸集雨保墒、膜上覆土固膜控温、苗穴对位精准穴播”的旱地小麦全膜覆土穴播技术，有效解决了地膜小麦苗穴错位、人工掏苗工作量大、放苗难的关键技术。

（3）建立旱地农艺农技融合综合增产技术体系。研制开发出了旱地小麦全膜覆土穴播覆膜集雨一体机，适宜不同作物种植技术要求的旋耕、施肥、覆膜一体机，全膜双垄沟播玉米电动膜上打孔精量直播机，马铃薯起垄覆膜打孔直播覆土一体机，实现了主要作物节水高效栽培农艺农机融合关键技术，推动全省旱作农业重点区域机械作业率接近50%。

（4）创新果园垄膜集雨提质增效技术体系。揭示了黄土高原果园土壤干层出现规律及干燥化特征，制定了降低果树无效枝条生长高耗水的树体整形指标和降低化肥氮用量的测土施肥方案，提出“高垄覆膜集水、垄沟覆草、穴施肥”提质增效关键技术。

（5）提出了环境友好型集雨保墒技术模式。探明了长期增施有机肥和秸秆还田后土壤有机碳积累趋势、固碳速率及氮磷钾养分变化趋势，制定了小麦机械化高留茬秸秆还田和玉米机械收割秸秆粉碎还田技术规范，提出了秸秆立茬或整秸秆覆盖一膜两年用免耕技术和磷肥隔年施和氮肥减量施等环境友好型农业关键技术，藏粮于地，增加旱地粮食生产能力。

（6）“一膜两用”、“功能地膜”研发与应用实现新突破。引进筛选出了全生物降解地膜，有效解决了残膜污染。研究提出了作物留膜留茬一膜两年用免耕种植模式，实现了作物产量与新覆膜种植持平，通过延长冬春地膜覆盖时间，有效减少水土损失，降低覆膜、耕作、残膜处理投入，亩节本50%。

（7）应对气候变化研究取得初步进展。研究表明，由于冬季增温显著，降水持续减少，甘肃省气候自1986年起向整体暖干化、局部暖湿化转型，旱区整体南移约50千米、1960～2010年50年间平均气温升高了1.1℃，平均降水量减少了28毫米，雨量波动不确定增加，极端气候事件增多。气候变暖使主要作物生育期有效积温增加，生长期延长、熟性提早，宜种区和种植海拔增加，多熟制北移，有利于作物提高光温水利用效率而增产，但被高大气CO_2浓度、作物关键生育期水分亏缺和极端气象事件的负作用所抵消。水分和肥力条件是产量决定因素，选育弱冬性、中晚熟品种，压夏扩秋，保水调温，抗逆减损是增产的主要途径。

（8）建立旱地农林牧复合循环农业新模式。聚焦玉米、马铃薯、畜牧等特色产业，以提升系统物质、能量流、资源替代循环高效利用、模式功能提升为主线，建立了秋粮主导型适雨型种植结构和种植业—畜牧养殖—经济林果—特色药材复合可持续农业模式。初步构建“修梯田—调结构—兴养殖—建沼气—肥还田—再种植”的现代旱作循环农业发展路径，建立了地膜粮饲兼用玉米—秸秆青贮氨化—草食畜养殖—秸秆过腹还田—粪尿沼化或配制有机肥—地力培育”生态循环农业模式。

2. 主要发展方向与进展

（1）旱地农业增产技术基础理论。探明了主要作物需耗水规律和水分生产率、产量、水分效率同灌浆期冠层温度的相关关系；揭示了长期增施有机肥和秸秆还田后土壤有机碳积累趋势、固碳速率及氮磷钾养分变化趋势；探明覆盖+沟垄耕作+控制性施肥+优势作物土壤水肥微环境调控机理、不同作物不同种间对养分水分利用的互补性机理和精量播种精准施肥农艺农机融合高效用水机理。

（2）旱地生物抗旱节水技术。进行抗旱种质资源创制与新品种选育，保护生物多样性和遗传多样性，利用传统杂交育种技术与现代分子生物学育种技术的结合，育成小麦、玉米、马铃薯、糜谷、胡麻、油菜、向日葵、瓜菜、食用菌、彩色棉等作物系列新品种，实现主要作物品种更新换代2～3次。

（3）抗旱农作制创新与建立。从挖掘利用作物对干旱适应性、增施有机肥、有机无机配施、水肥精准调控、兴修梯田土壤水库扩容纳雨蓄墒、中低产田改良、主动抗旱雨水治旱、农林牧复合经营到资源替代转移循环高效利用，实现由传统旱作农业—有机旱作农业—水土保持型旱作农业—集水高效农业—循环农业的渐进式发展。

（4）旱地农业高效用水技术体系。揭示了垄膜沟种集雨增温双重功效和地膜穴播水温效应，集成创新抑蒸 + 田间微集水 + 精准平衡施肥 + 机械化作业关键环节理论与技术，解决了 5 ~ 10 毫米降水资源化问题，创新稀植作物（玉米）机械化全膜双垄沟集雨种植、密植作物（小麦）“覆膜抑蒸 + 覆土固膜控温 + 苗穴对位精准穴播”、特色作物（马铃薯）黑膜覆盖高垄微沟垄播、粮薯豆瓜间套作资源高效用技术体系和旱地果园以“高垄覆膜 + 行间树盘草膜覆盖 + 微沟集雨 + 穴贮肥水 + 微灌补水”为核心的水肥一体化高效利用技术。

（5）中低产田改良技术。初步探明旱地连作障碍因子和旱地土壤肥力动态变化趋势，提出以增施有机肥、秸秆还田、施用土壤改良剂或调理剂、平衡施肥、轮作倒茬等关键技术为硬件的中低产田改良技术。

（6）农艺农机融合抗旱节水技术。研制出了覆膜覆土机、覆膜覆土播种机等配套农机具，推动了地膜覆盖技术向密植作物的延伸，改变了旱地小麦单产长期徘徊于 30000 千克/公顷的现状。

（7）旱地地膜污染防控技术。引进筛选出了全生物降解地膜，有效解决了残膜污染；研究开发出了地膜拾捡机械、研究提出了地膜覆盖作物留膜留茬一膜两年用免耕种植模式。

（8）农林牧复合资源高效利用模式。研究建立了以秋粮为主的适雨型种植结构、粮—畜—果—药—沼资源互补替代、循环高效可持续循环农业发展模式。

3. 旱地农业科技需求态势及支撑作用评述

基于抗旱种质创新与作物新品种选育、集水农业技术、地膜覆盖集雨保墒和种植制度改制等科技成果，甘肃省粮食实现了“十二连丰”，用 70% 的旱耕地生产了 86% 的粮食，养活了 80% 的人口，农业科技进步的贡献率达到 50%，特别是以全膜双垄沟和秋覆膜全膜覆土穴播为主的高效用水技术，推动了全省旱作玉米和马铃薯、小麦产量的大幅度提高，为粮食增产做出了重要贡献。随着气候变暖，温度升高，降水减少，极端气候事件增多，使靠扩大灌溉面积增产成为不可能，这些技术仍将是旱作科技的主体，发挥不可替代作用。

（三）甘肃省旱地农业科技面临的挑战

甘肃省位于中国北方干旱、半干旱区腹地，是生态环境脆弱带和气候变化威胁粮食安全的重灾区，未来发展旱地农业生产面临着巨大的挑战。

1. 耕地减少、质量下降

干旱瘠薄、集约种植与土地用养失调，使甘肃省100万公顷耕地因生产力低不宜续耕，可耕种面积缩减至441万公顷。但整体上甘肃土壤养分含量普遍较低、耕地质量下滑、优质耕地少、后备资源严重不足，加上人口增长、建设用地占用优质耕地和农村劳动力输转耕地撂荒等因素，出现耕地萎缩和撂荒并存的现象，使农业发展空间严重不足。

2. 水资源减少,极端天气事件增多

甘肃省水资源极为短缺，全省人均水资源拥有量为1100立方米，不足全国总体水平的1/2，且以每10年10.1毫米的线性速度减少。全省全年降水的不确定性显著增加，中东部雨养农业区作物旺盛生长期恰遇土壤水分低值槽期；河西绿洲灌区灌溉水开发利用率达到75%～95%，高温与干旱同期；全省局部区域性极端气候事件明显增多，使农业生产的风险增大。

3. 干旱频发,旱区南移扩大

气候暖干化加剧干旱胁迫，特大旱、大旱、季节性干旱呈现多时段、季节、年际连旱发展态势，发生频率达到65%以上；使甘肃省≥0℃的积温等值线将向北推移50千米以上、400毫米降水量分界线和年蒸发量1550毫米等值线向南扩张，旱区整体南移扩大，导致甘肃省成为全国旱灾最严重的区域。

4. 生物多样性减少,抗旱基因资源丢失

据FAO（2009）资料，自1900年以来，全球75%的农作物遗传资源丧失，25%的畜禽资源将在下一个20年面临灭绝的威胁。而由于农业集约化使4000多种动植物品种面临灭绝的威胁。中国包括甘肃省尽管非常重视作物资源的收集与保护，但是传统的具有优良品质、抗旱性强的作物品种正在逐步丢失，这使得抗旱种质资源创新与新品种选育面临困境而影响到未来的粮食安全。

5. 肥料不足与浪费并存

一方面，以农家肥为主的有机肥投入急剧减少，耕地几乎不施有机肥，耕种只靠化肥。另一方面，有什么肥施什么肥，单一施肥，特别是N肥单施的现象非常严重。肥料不足、不平衡施用、利用率低，导致土地生产力低下，作物产量降低。

6. 温度持续升高、灾害威胁增大

采用IPCC－AR4模式预测分析表明，在A1B温室气体排放情景下，2020年和2050年，甘肃省平均气温将分别增加0.68℃～0.95℃和1.93℃～2.45℃，冬季升温明显，达2.17℃～2.82℃。同期降水量河西地区增加6.0%～7.6%，河东地区减少0.04%～1.68%，季节降水变率不确定性更大。不但使干旱更加严峻，更加剧了农作物病虫草害的发生与流行，因灾失粮变率扩大。

7. 投入少、不稳定、保障机制不健全

一是投入渠道少，投向主体尚有待优化。财政向农业科研公益性事业投入不足，科技经费和投向主体仍然以企业为主体，科研基础性工作和公益性工作投入严重不足；社会资金向农业科研投入渠道少。二是投入水平低，强度仅为0.54%，远低于国际公认的2%的水平。三是农业科研投入结构性问题明显。间接经费、人员经费、不可预见性经费比重低或没有。四是科技体制改革导致科研项目大型化、集中化、国家层面聚集化和项目经费竞争白热化，地方科研院所由于在竞争中处于劣势，常得不到充足的科研经费支持。五是经费管理制度不科学，预算与报销管理严苛，忽视不可预见因素，导致预算调整难。因不可避免现金交易而报账难，因此束缚科研人员手脚导致创新干事难。

三　甘肃省旱地农业科技发展思路及重点

（一）基本思路与发展目标

1. 基本思路

围绕旱作农业区农业/作物与环境的关系，以水土资源高效利用为核心，治旱治瘠相结合，强化作物遗传多样性和抗旱种植资源保护，选育抗旱新品种，不断创新生物节水技术；强化退化耕地修复与中低产田改良，稳定提升土地生产力；强化单项技术和技术环节创新与技术集成组装配套的统一，创新综合增产技术体系与模式；强化中小型多功能农业机械研制与开发及其配套农艺技术组合创新，建立农艺农机融合抗旱技术；高效利用自然资源，保护生态环境，创新农林牧复合可持续、循环农业模式，建立环境友好型旱地农业。

2. 发展目标

依据甘肃省旱作区农业发展定位及技术水平现状，以提高资源利用率和综合生产能力为主攻方向，以持续高效利用降水资源、农田地力提升和环境改善为核心，构建系列化、规范化和机械化的农业生产体系，创建一批资源节约和技术节约的粮食生产、农牧循环、特色产业及环境整治产业化技术，显著提高旱地农业装备水平，研究建立集雨保墒高效利用降水资源的农作系统和草地农业生态系统，建立“一带一路”旱作农牧业示范区。使科技进步对旱地农业贡献率达到60%以上，主要作物水分利用效率提高0.1千克/毫米。

（二）发展重点及主要内容

1. 生物节水及种质创新

重视抗旱性与水分利用效率的结合，提高生物自身抗旱高效用水能力和水分利用效率（WUE）。创新种质，保护生物多样性，挖掘作物抗旱性耐旱性，提高水分生产率。依据作物抗旱节水和提高水分利用效率生物学和分子学基础理论，加强分子育种与常规育种的结合，探索作物节水的生理和遗传机制，从分子机理和整体性机理的结合上进行突破，完善作物高效用水的生理调控技术体系。

2. 旱作区水资源高效管理

强化水资源管理持续提高旱作区降水保蓄率、利用率、作物水分利用效率和效益是重大科技需求。（1）以旱作农田降水高效转化和作物水分利用效率为主攻方向，重点突破节水农业理论与技术，生物性节水技术和方法等，研究建立旱作农田水分平衡及调控途径、作物高效用水、降水生产力提升关键技术以及旱作农业发展模式与技术体系。（2）研究不同降雨区域农作制、农业结构调整、重大种植技术与农田土壤水环境关系，阐明农业降水资源生产力的区域分布格局及其影响因素，提出水资源生产力可持续提升的主导技术体系与模式。（3）利用种间抗旱性差异、“群体适应”或“作物互补”特性，通过改变农业结构降低作物蒸腾量或增大蒸腾对蒸发的比例，建立节水型农业结构，达到节约田间和区域耗水、增强对干旱适应能力。

3. 中低田改良与水肥协调

以中低产田改良与地力提升为核心，不断创新雨养旱作区地力提升的理论与关键技术，加强退化农田修复与整理关键技术研究。（1）以中低产田增粮增效为目标，揭示长期不同施肥旱地农田土壤肥力演变规律及施肥培肥技术，探讨现代农业条件下农田障碍因子的形成条件及驱动机制，开展低产田养分均衡化与库容提升、耕作层养分活化等障碍因子消减，高强度覆盖农田土壤有机质平衡种植模式、耐逆高产高效作物筛选等技术集成研究，开发低产田改良制剂和平衡施肥培肥模式。（2）以旱地农田水肥高效利用为核心，研究旱地作物施肥的增产与环境效应，监测旱地农田碳—氮—水耦合关系，明确农田肥水协调机制及高效施肥技术。（3）以作物高产高效与保证农田环境质量相结合为目标，在作物生产调控和水肥高效单项调控技术突破。

4. 作物抗逆高效栽培及全程机械化

围绕作物抗逆高产、优质、高效、生态、安全生产目标，重点开展玉米、小麦和马铃薯等主要农作物旱寒逆境增产增效理论与栽培技术、作物高光效抗逆生理等研究，加快关键环节配套农机具研发，促进农机农技融合。（1）以农田蓄水保水和增温为核心，围绕减肥减药和绿色增产增效目标，重点研究旱地作物高光效与抗旱生理、群体调控与高产挖潜、抗逆增产协同生理与栽培、抗逆优质品种、作物营养与施肥、关键环节机械化轻简化技术等。（2）适应不同形式种植经营主体，开展区域性玉米和马铃薯农艺农机融合技术创新，研究与示范加强配套品种筛选、秸秆还田、残膜污染控制等技术研究，推进旱作全程机械化。

5. 旱作区农牧循环产业体系组建

充分利用旱地农业生态系统资源互补特性，研究建立充分利用土地、光、热、水、肥、劳动力、投入资源的农林牧复合结构型生态经济模式；物质、能量、资金多层次分级循环替代再生利用的生态经济模式；遗传与生物多样性有序性增加、生态服务功能持续改善、高弹性抗灾能力强的生态经济模式；复合系统和多种群结合提高整体效应与多产业、多功能、多部门协同的生态经济模式；建立旱作农区资源替代循环高效产业体系。

6. 应对气候变化作物生产系统组建

以适应不同气候类型和生产方式的高效农作制设计与应用为目标，创新区域特色的保护性技术模式和作物持续性轮作体系，加强农业固碳减排和应对气候变化研究。（1）以减轻农田土壤侵蚀为目标，揭示作物不同间套和轮作模式、覆盖、耕作等措施对土壤水土质量和碳氮循环的影响，设计有效降低土壤水土流失和应对气候变化的作物高效轮作制。（2）以降低非生物灾害损失为目标，重点研究减灾技术措施的作用机制与成效，创新农业防灾减灾技术和产品；构建“灾前、灾中、灾后”多位一体的防灾减灾技术体系。（3）以应对增温和干旱趋势及极端天气事件频发，加强品种抗旱能力评价及播期布局研究，开展以播期、补灌、化控为主的调控技术研发应用。

7. 旱作区环境友好型高效农作制及重大技术研究

以资源循环高效利用为主线，提升旱地有机无机结合施肥制，夏秋耕、少免耕、残差秸秆绿色耕作制和豆科轮与间套作轮作制；研究粮—畜—果—沼—药农林牧副复合系统资源替代、循环高效利用模式，创新作物秸秆饲料化利用与还田增肥、残膜污染控制、畜禽粪便无害化、化肥农药减施等重大技术与产品，实现旱作农业产出高效、产品安全、资源节约、环境友好。

四　旱地农业科技创新体系建设与保障措施

（一）旱地农业科技创新团队及联盟建设

以甘肃省农业科学院为骨干力量，联合甘肃农业大学、兰州大学、中科院寒旱所、甘肃省农业机械化研究院、甘肃省水利科学研究院、甘肃省膜科学研究所、甘肃省化物所，甘肃省农业龙头企业，以及14个市（州）农业科研院（所），组建宏观意义上的旱地农业科技创新团队。

在政府和职能部门的领导与大力支持下，基于协同创新理念，由政府搭台、甘肃省农牧厅和甘肃省农业科学院共同牵头，有效整合中央在甘涉农科研单位、省内涉农教学单位、省内外业务在甘涉农企业、省市县农业三级农业科技推广单位，各级农业职业合作组织及社会团体，组建政、研、教、企、推、用一体化的旱农科技创新联盟。

（二）建立省级农业科技创新体系

将省级农科院作为应用基础研究和技术集成与示范展示基地纳入国家农业科技创新体系，并参照建立省级农业科技创新体系。以省级农业科研院校为主体组建科技创新中心，以原始创新为重点，系统开展应用及应用基础研究，以解决区域农业科技发展的方向性、前瞻性和战略性重大难题；以省、市级相关农业科研机构为主组建区域科技创新分中心，以关键技术组装集成与示范推广为重点，开展应用与推广服务研究；以民营农业科研机构和农村专业合作组织为主组建创新示范基地，开展成果应用与展示。借此形成层次分明、结构优化、功能互补、协同创新的省级农业科技创新体系。

参照国家现代农业产业体系模式建立具有区域特色的省级现代农业产业体系，既相对独立，又与之互补，有利于优化整合资源，更为高效地开展科技创新与服务“三农”工作。

项目组成员：樊廷录　杨封科　郭贤仕　何宝林　李尚中

参考文献

于亚军：《北方旱作农田水肥高效利用调控技术研究》，西北农林科技大学硕士学位论文，2005。

Daniel P. B. , José L. A. , Carlos C. M. *at el.* Carbon management in dryland agricultural systems. A review. *Agron. Sustain. Dev.* 2015.

马天恩、高世铭：《集水高效农业》，甘肃科学技术出版社，1997。

赵松岭主编《集水农业引论》，陕西科学技术出版社，1996。

N. V Fedoroff. Food in a future of 10 billion. *Fedoroff Agric & Food Secur*，2015.

F. C. McKenzie，J. Williams. Sustainable food production：constraints，challenges and choices by 2050. *Food Sec.* 2015.

R. Q Grafton，W. John，Q. Jiang. Food and water gaps to 2050：preliminary results from the global food and water system（GFWS）platform. *Food Sec.* 2015.

樊廷录：《黄土高原旱作地区径流农业的研究》，西北农林科技大学博士学位论文，2002。

樊廷录：《依托科技进步推进旱作农业可持续发展》，《中国农村科技》2015 年第 10 期。

杨封科：《半干旱区集水农业高效用水模式研究》，甘肃农业大学博士学位论文，2002。

G.12

甘肃省节水农业科技发展研究报告

吕晓东　马忠明*

摘　要：　在梳理国内外节水农业发展现状的基础上，本文重点回顾和总结了“十二五”期间甘肃省节水农业科技发展现状、面临问题和已取得的成效，提出甘肃省新时期节水农业的创新发展应以生态水文经济和现代节水农业学科发展为导向，以水-生态-经济耦合系统研究为基础，建立以“节水理论-节水评价-节水模式”发展为主线的现代节水农业理论与模式体系，并强调从水-生态-经济耦合过程、管理制度、现代节水技术研究前沿、节水综合评价模型和综合技术模式构建等方面展开节水农业重点研究。

关键词：　节水农业　水-生态-经济耦合　战略联盟

一　节水农业科技发展动态

（一）国内外节水农业发展现状

节水农业包括旱作农业和灌溉农业，是指充分利用自然降水和灌溉水的农业。2016年中央1号文件中明确指出，要“大规模推进农田水利建设、大力开展区域规模化高效节水灌溉行动”。截至2014年底，全国耕地灌溉面积6454万公顷，占全国耕地面积的53.8%。全国节水灌溉工程面积2901.9万公顷，其中：

---

* 吕晓东，在读博士，甘肃省农业科学院土壤肥料与节水农业研究所副研究员，主要从事干旱灌区土壤生态、节水农业和水肥高效利用理论与技术的研究工作；马忠明，甘肃省农业科学院副院长，研究员，博士生导师，长期从事干旱灌区节水农业和水肥高效利用理论与技术的研究工作。

喷灌、微灌面积 784.3 万公顷，低压管灌面积 827.1 万公顷，灌溉用水有效利用系数平均值由 2010 年的 0.50 提高到 2015 年的 0.53。

相比之下，发达国家如以色列、美国、法国、日本、澳大利亚等国节水农业非常发达，其微灌面积占灌溉面积的比例超过 5%，中国微灌面积仅占灌溉面积的 0.5% 左右，已落后于与我国在水资源、人口、土地面积和经济发展水平等方面相类似的印度。美国微灌面积达 105 万公顷，占世界总面积的 27.9%，有效灌溉面积为 2553.3 万公顷，不足中国的一半，但喷灌和微灌面积却占 54.4%，有近一半的大型灌区实现了输水管道化。以色列的灌溉面积全部采用微灌和喷灌，其中微灌占一半以上。瑞典、英国、奥地利、德国、法国、丹麦、匈牙利、捷克、罗马尼亚等国家，喷灌和微灌面积占灌溉面积的比例都达到了 80% 以上。

总体来看，中国目前的节水农业发展速度、规模、基础理论创新和新技术装备产品等方面仍然较为落后：一是采用喷灌、微灌和管道输水等国内外先进节水灌溉技术比例很低；二是基础水利设施长期失修老化、节水灌溉设备配套水平低及其技术创新与推广应用体系尚不健全；三是区域农田生产水平差异大，田间平整精度差导致田间工程难以配套；四是缺乏科学管理，传统灌溉方式仍很普遍；五是智能信息管理技术滞后，高新技术应用仅存在于示范或推广阶段；六是节水法律法规、激励和约束机制以及技术服务体系尚不完善和健全。

（二）国内外节水农业科技发展动态

国内外节水农业向着“规模化、智能化、精准化、综合化和产业化”的方向发展进入现代高效节水农业高速发展阶段，总体表现如下。

1. 在节水目标上趋向多元化

以提高灌溉（降）水的利用率、单方水的利用效率、水资源再生利用率为总目标，追求节水、节肥、节药、高产、高效、优质、环境安全、生态健康以及农业生产可持续等综合目标。

2. 在节水学科研究方法上呈现多学科相互交叉，过程定量化

将水利工程学、土壤学、作物学、生物学、遗传学、材料学、数学和化学等学科有机地结合在一起，以降水（灌溉）—土壤水—作物水—光合作用—干物质量—经济产量的转化循环过程作为研究主线，从水分调控、水肥耦合、作物生理与遗传改良等方面出发，探索提高各个环节中水的转化效率与生产效率的机理。

3. 在节水技术上趋向综合化、集成化和模式化

现代农业节水涉及的既不是简单的工程节水和管理节水问题，也不是单一的农艺节水和生物节水问题，而是需要依赖于生物、水利、农艺、材料、信息、计算机、化工、机械等多方面的高技术、新材料和新产品的支持，将各单项技术互相渗透与集成，建立健全适合国情的节水农业综合技术体系与模式。

4. 在节水效果上更加考虑综合效益

农业节水的效果评价不再单纯关注节约了多少水、增加了多少产量，而是更加注重节水农业、生态环境保护与“三农”经济发展三者之间的密切结合，更加考虑生态环境效益、经济效益和社会效益的综合节水效果。

二　甘肃节水农业科技发展现状与问题

（一）甘肃省节水农业概况

长期以来，甘肃省一直把发展节水灌溉作为缓解水资源矛盾、提高农业综合生产能力的战略举措。从20世纪90年代开始至今甘肃大量实施节水灌溉项目，相继引进示范推广喷灌、滴灌和低压管道输水灌溉等先进的节灌技术，实现了以“渠系改造”为基本特征的传统节水农业向以“工程、农艺、生物和管理节水”相结合的现代节水农业的转变。截至2014年底，全省节水灌溉面积83.7万公顷，新增节水灌溉面积6.9万公顷，其中：渠灌52.9万公顷，低压管灌12.1万公顷，喷灌1.9万公顷，微灌11.9万公顷。

根据甘肃节水农业发展的特点、区域特征以及已形成的技术模式，甘肃节水农业区可划分为河西走廊绿洲灌溉节水农业区、黄土旱塬节水农业区和陇南山区雨水集流节水农业区三大区域。

1. 河西走廊绿洲灌溉节水农业区

该区农业用水依赖祁连山冰雪融水，以灌溉农业为主。灌区节水农业发展以膜下滴灌、垄膜沟灌、水肥一体化为核心的高效用水新技术。

2. 黄土旱塬节水农业区

该区农业用水依赖自然降雨，以雨养农业为主。旱作节水主要发展以集地膜集雨、覆盖抑蒸、垄沟种植为核心的抗旱保墒新技术，如全膜双垄集雨沟播技术和日光温室膜面集雨节灌施肥一体化技术。

3. 陇南山区雨水集流节水农业区

该区降水丰富，但因地形因素利用率低。节水农业发展模式以山地雨水集流补灌移动式滴灌水肥一体化技术和日光温室膜面集雨水肥一体化为主。

（二）甘肃省“十二五”期间节水农业科技发展成效

“十二五”期间，甘肃省旱作节水农业和灌区高效节水农业取得了一大批理论和实践成果，各地因地制宜，科学用水，调优种植结构，初步建立了与水资源状况相适应的高效节水型农业结构，形成合理用水、协调发展的现代节水农业发展新格局。具体表现如下。

1. 节水灌溉工程建设步伐加快

2013 年，河西走廊国家级高效节水灌溉项目启动，计划将于 2018 年完成。该项目完成后，甘肃省高效节水灌溉面积将占项目区有效灌溉面积 70% 以上，综合亩均节水 145 立方米，年新增节水量 10. 55 亿立方米，灌溉水利用系数达到 0. 65 以上，年可减少地下水开采量 2. 12 亿立方米，提供生态用水 6. 33 亿立方米。同时，年新增粮食产量 2. 82 亿千克，经济作物产值 7. 23 亿元。组织实施了 12 处灌区节水改造、12 处大型泵站更新改造，59 个小型农田水利重点县、5 个牧区节水灌溉示范，4 个规模化高效节水项目建设，恢复改善灌溉面积 1. 83 万公顷。

2. 节水农业科技成果丰富

“十二五”期间，甘肃省因地制宜形成了全膜双垄沟播、膜下滴灌、垄膜沟灌和水肥一体化等一系列高效节水灌溉技术模式。

（1）旱地全膜双垄沟播技术将地膜覆盖、双垄栽培、垄沟种植技术有机结合，利用膜面最大限度保蓄自然降水于作物根部，实现了集雨、保墒、抗旱、增产的目标，是近年来西北旱作农业发展的一项突破性创新技术。

（2）膜下滴灌技术将滴灌和覆膜种植相结合，利用可控管道系统均匀、定时、定量供给作物所需水分和养分。膜下滴灌比滴灌技术省水 10% 左右，比大水漫灌省水 40% ~50%，肥料利用率提高 50 ~60 个百分点。

（3）垄膜沟灌技术将垄作、沟灌和覆膜技术有机结合，改平作栽培为垄作栽培，优化了作物个体发育与群体生长环境，增强了边行优势；改大水漫灌为沟灌，降低了土壤水分的无效蒸发，有效提高了作物的水分利用效率；改施肥一大片为垄上集中条施，实现养分的集中供给，提高了肥料利用率。适用于甘肃省河西及沿黄灌区玉米、马铃薯、小麦和啤酒大麦等作物，与传统平作相比，平均节水 20% ~40%，增产 10% ~20%。

（4）水肥一体化技术以作物水肥耦合原理为基础，通过可控管道系统把水分、养分定时定量，按比例直接提供给作物。适宜于井、水库、蓄水池等固定水源，水质符合微灌要求，田间已建微灌设备的设施农业、果园和棉花等大田经济作物以及经济效益较好的其他作物推广应用。

3. 高效节水灌溉技术应用成效显著

“十二五”期间全省累计推广全膜双垄沟播技术449.4万公顷，累计增产粮食超过800万吨，河西和沿黄灌区累计推广垄膜沟灌和膜下滴灌高效节水技术面积达276.5万公顷，实现节水43亿立方米，增效达40多亿元。农业灌溉水利用率由2010年底的51%提高到2015年的54%，年新增节水能力达4亿立方米。

4. 管理节水制度逐渐完善与健全

“十二五”期间，为适应当前高效节水灌溉发展新形势和新要求，甘肃省从创新投入机制、推进土地流转、优化产业布局、高效节水灌溉工程建设与管理、节水体制机制、水权水价、信息化建设、政策保障等方面逐步完善了高效节水灌溉改革与管理的思路与措施，主要体现在如下方面。

（1）明确了建立财政主导、金融支持、社会资本参与、农民参与的高效节水灌溉多元化投入机制。

（2）将土地流转和高效节水灌溉技术相结合，借助土地流转规模化推进高效节水灌溉技术。

（3）将农业产业结构调整和节水灌溉新技术推广相结合，优先支持农业产业规模化程度高的区域。

（4）针对不同主体，提出了高效节水灌溉工程建设与管护的强化措施。

（5）不断推进高效节水灌溉工程产权制度改革，建立健全基层水利服务体系。

（6）积极推进水价制度改革，成效显著。2012年，甘肃省农业灌溉平均水价0.125元/立方米，为成本水价的53%。通过实施水权改革与水价改革相结合，2015年，全省农业水价提高到了0.147元/立方米，达到平均供水成本0.253元/立方米的58%，水费收入达9.4亿元。

（7）加强了高效节水灌溉信息化建设工作，通过研发采用“甘肃省高效节水灌溉信息管理系统”，实现了对高效节水灌溉项目基本信息、地理坐标、资金使用、责任主体的定位管理和动态监管。

（8）一系列政策措施助推甘肃省高效节水灌溉的发展。2011年12月，水利部确定甘肃省为全国加快实行最严格水资源管理制度的试点省份。2013年，甘肃省先后出台了《关于加快高效节水农业发展的意见》《关于深化农业节水建设工作意见》和《甘肃省人民政府办公厅关于贯彻国家农业节水纲要（2012～2020）的实施意见》等政策性文件，各地方也编制了如《石羊河流域综合治理》和《敦煌水资源合理利用与生态保护综合规划》等相关规划。

（三）甘肃省节水科技面临的问题和挑战

1. 区域节水农业发展不平衡，灌溉节水潜力亟待挖掘

由于地区间社会各部门的协同配合、政府资金的长效投入、科研力量的分配、农村社会经济发展水平及社会各阶层的节水意识等方面的差异导致了各地区节水农业的发展参差不齐。从区域上看，东部、中部地区高效节水灌溉发展相对缓慢，而经济条件较好，水资源比较紧缺的河西地区发展速度较快。甘肃省目前节灌技术以地面灌溉为主，对于高效节灌技术如喷灌、微灌等应用程度浅，推广面小，仍处于试验示范阶段。

2. 节水成本高投入，前沿理论和关键技术尚不完善，先进节灌技术占比低

甘肃省高效节水灌溉先进节灌技术所占比重太低。一方面尽管先进节灌技术的节水增产效益远高于常规节水，但先进节灌技术的投资同样远高于常规高效节水灌溉技术，农民难以接受。管灌投资是渠灌的2～3倍，喷灌投资是渠灌的3～4倍，微灌投资是渠灌的3～5倍；受经济条件的限制，对高效节水灌溉技术的发展资金投入不足。另一方面，与国外以色列、美国、日本、澳大利亚等为代表的发达国家相比，在节水前沿理论和关键技术方面，例如高新技术、新材料和新设备与传统节水技术的结合，应用先进的灌水技术，研究重点从输水过程节水和田间灌水过程节水到生物节水、植物精量控制用水以及节水系统的科学管理转换等方面均存在差距，而这也成为阻碍先进节灌技术迅速推广的因素之一。

3. 宏观生态经济水资源系统过程研究亟待加强

水资源是联系生态问题和经济问题的桥梁和纽带，三者之间相互制约、相互影响，共同组成复合的宏观生态经济水资源系统。从宏观生态经济水资源系统过程看待流域水转化与农业水资源持续高效利用二者之间的关系，综合考虑区域水土资源匹配、种植结构调整和生态用水等问题，加强农业与生态用水的科学配置及节水高效和对环境友好的农业用水模式以及干旱区水循环、水资源利用和生态环境相互联系方面的理论与应用研究。

4. 缺乏社会资本、民间资金在发展现代节水农业中的投入

来自社会资本和民间资金等方面的非政府性资金投入是推动现代节水农业快

速发展的重要支柱。与全国平均水平相比，甘肃作为西北省份经济发展较落后的区域之一，非政府资金对加快高效节水灌溉发展的推动作用仍然有限。主要存在以下问题：第一，政府激励机制不健全，非政府投资保障不足，投资风险较高；第二，农户以分散经营为特征，经济收入低，投资意识和渠道不足；第三，受地方政府财政限制，国家投入不足，难以调动社会各方面投资的积极性；第四，受技术因素影响，基层技术员与农户对新的节灌技术掌握不够，对资本投入没有信心。

5. 水权和水价制度改革任重而道远

尽管甘肃省在推进水权制度改革和建立科学有效的农业水价形成机制方面初见成效，但水权和水价制度改革仍存在一定问题：一是水价激励机制不完善，经济调控手段尚不到位；二是水权交易市场尚未形成，制度尚不完善；三是农业用水计量体系尚不完善，影响了水资源精细化管理的高标准和高要求的实现；四是对“用水—管水—配水”全过程参与和监督作用不够。

三 甘肃节水科技创新发展思路、目标及重点

（一）基本思路与发展目标

1. 基本思路

综合考虑生态水文经济和现代节水农业学科发展导向，以水 - 生态 - 经济耦合系统研究为基础，建立以“节水理论—节水评价—节水模式”发展为主线的现代节水农业理论与模式体系，其核心是在有限的水资源条件下，提高农业水资源利用率和水的生产效率及效益（见图 1）。

2. 发展目标

按照习总书记提出的“节水优先、空间均衡、系统治理、两手发力”新时期治水思路，以提高水利用率为目标，应用现代节水农业技术引导区域农业优势产业基地节水向着“规模化、标准化、科学化”发展，坚持工程、农艺、管理和生物节水并举，创新现代节水农业理念、理论和技术，结合区域承载、水权制度和政策调控分析，探讨水资源在生态、经济系统间和水资源在经济系统内部的合理配置问题，科学合理确定不同区域农业节水灌溉模式，实现高效用水与保障社会经济可持续发展的总目标。

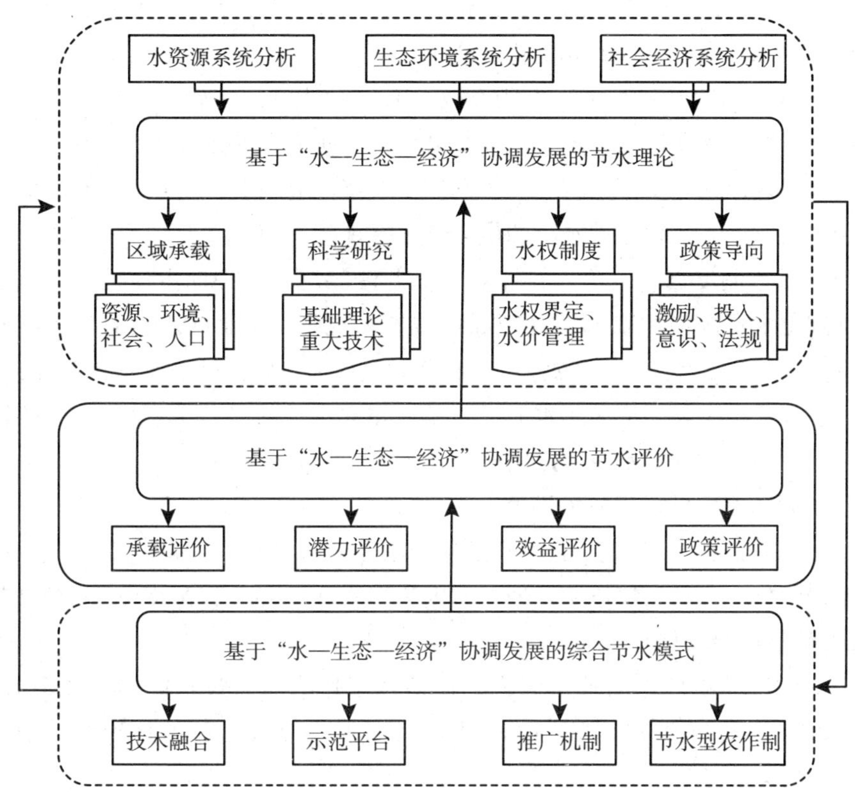

图1　基于水－生态－经济协调发展的河西内陆河流域节水农业发展思路

（二）发展重点与主要内容

1. 加强水－生态－经济耦合过程研究

第一，加强区域气候、水文、农业、生态环境和经济系统的监测网络建设；第二，应用系统动力学原理和方法，加强各子系统间耦合过程研究，综合集成水—生态—经济耦合过程模型；第三，在水－生态－经济耦合过程模型的基础上，开展水资源合理配置理论和方法研究，并对未来做出模拟预测，提出应对未来水资源变化的农业适应性对策。

2. 创新现代流域管理制度

（1）管理制度创新。发展以流域统一管理为主、地方行政管理为辅的水资源管理制度，明确流域管理机构规划与管制和地方政府协调与监督等各自职能，建立跨部门、跨地区的水资源统一协调、高效管理体制和机制。联通政府、地

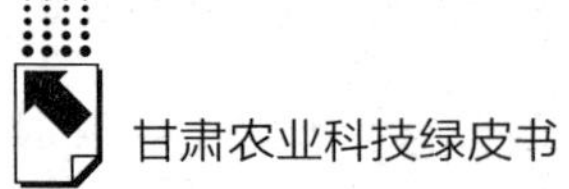

方、科研、农户，搭建多样的、现代化的信息综合平台，实现流域数据共享，促进流域水资源研究与管理的规范化、科学化。

（2）水权制度创新。实行水所有权公有下的流域统一管理，以提高用水效率为中心，明晰水使用权，建立水权交易规则，通过水资源市场配置和适度的政府干预，促进节约用水，同时深化水利体制改革，形成水利多元投资机制，增加水资源有效供给，实现流域水资源供需基本平衡。

（3）政策制度创新。第一，针对水资源流域统一管理的主体地位，从法律上明确规定水资源使用权属、管理保护、交易规则、调水配水等具体问题；第二，围绕“依法治水、依法兴水、依法管水”目标，建立健全水资源执法制度；第三，引导公众参与到依法用水的过程中，建立自觉的“节水意识”。完善国家管水奖惩机制、公众资本投入激励机制、公民参与监督机制。

3. 加强节水农业前沿领域研究

（1）抗旱新品种选育技术。挖掘与利用作物抗旱种质资源，建立高效的抗旱性鉴定评价方法与指标体系，通过基因工程改良培育抗旱节水型、水分高效利用型的优异育种新材料。

（2）精准灌溉理论与技术研究，包括基于作物需水过程的精量灌溉技术、基于“3S”技术的精量灌溉控制技术和基于水肥一体化过程的精确微（喷）灌技术等研究。

（3）非充分灌溉理论与技术。加强非充分灌溉条件下“五水”循环过程研究，在摸清作物需（耗）水规律的基础上建立作物水分生产函数，确定调亏灌溉的指标体系，建立非充分灌溉制度，创建典型种植模式、非充分灌溉技术与模式。

（4）水肥耦合理论与农艺节水技术。优化不同区域主要作物典型种植模式不同受旱条件下获得最高水肥耦合利用效率和产量表现的水、养最佳参数组合，建立作物水肥耦合模型，提出主要作物水肥高效的农艺节水栽培调控方案。

（5）精准灌溉新产品和设备研发，包括作物精量控制灌溉设备研发，管灌、喷微灌设备和新型材料研发以及物联网技术的应用和适用于水肥一体化新型液体肥料的研发。

4. 构建现代节水综合评价模型

（1）承载力评价。把水资源承载力研究作为区域承载力研究的核心，建立多目标、多层次、动态的水资源承载力量化模型，分析影响区域水资源供需的各种影响因素，研究适用于不同承载力内涵的量化体系和量化方法，对区域水资源承载力做出综合评价。

（2）节水潜力评价。节水潜力评价内容包括两个方面：一是实现由过去的针对某单一节水技术或节水方案的节水潜力评价转向综合考虑流域社会经济、水文水资源状况、农业水资源开发利用、农业节水水平及生态环境等各方面因素对节水潜力的影响，对节水潜力进行综合评价；二是针对不同类型灌区、不同尺度、不同节水环节的适应性，以及各类指标之间的关系、影响因素、变化规律来合理筛选评价指标，构建新的评价指标体系和提出新的节水潜力计算方法。

（3）节水综合效益评价。节水农业综合效益评价包括界定节水农业综合效益、合理构建节水农业综合效益指标体系和建立可持续条件下的节水农业综合效益评价方法三方面内容。

（4）政策评价。政策评价包括对流域水立法、水价政策制定与实施、流域管理体制改革和农业节水政策效能等方面的研究内容。一般来讲，整个评价指标体系的建立应从政策效能、经济效益、公平性、环境影响、财政效应、政治和公众的可接受性、可持续性和管理的可能性等方面来综合考虑。

5. 构建综合节水模式

（1）节水农业技术融合。第一是工程、农艺、生物和管理节水技术的集成融合；第二是节水技术与当地社会经济承受能力和自然生产条件相融合；三是农业节水与区域种植结构相融合，包括种植制度、作物布局、栽培技术、农作制度、耕作制度和施肥方法等因素。

（2）示范平台建设。建立国家级和区域级农业节水综合示范平台，不断加强节水农业的野外定位试验研究和基础数据积累，不断试验引进新技术与新产品，促进全国范围内节水学科联合攻关重大科学问题。

（3）长效推广机制建立。探索不同形式的推广服务组织，使节水技术的推广服务工作逐步由零散分散型向专业化、系列化、社会化方向发展。建立“政府—省、地科研单位和高等院校—基层技术推广部门”三级推广体系，设立专项资金支持推广体系，加强技术引进和培训，积极引导企业介入农业节水技术集成模式的推广。

（4）新型节水农作制度。调整种植业结构，建立新型节水农作制度。第一，探索调整种植结构节水的基本原理、节水型种植结构形成影响因素及其作用机制；第二，探讨不同区域节水型种植结构形成机制、评价指标体系、综合评价方法和综合评价模型；第三，建立区域适宜的各类农业节水技术集成模式。

四　节水科技创新体系建设与保障措施

（一）节水科技创新团队及联盟建设

1. 省级节水科技创新团队

以提高科研竞争力为核心，以基地建设为依托，以科技项目为纽带，以凝聚优秀创新人才为主体，扶持建设省属科研院所节水学科中研究方向明确、特色鲜明、结构合理、在省内外相关领域具有一定影响力和发展潜力的省级节水科技创新团队。

2. 省级节水农业创新战略联盟

整合省内节水灌溉研究、技术、产业和推广资源，围绕节水灌溉技术创新的关键问题，突破核心技术，构建产学研相结合的节水科技创新体系；建立公共技术平台，实现节水技术资源的有效分工和合理衔接与共享；实施技术转移，加速科技成果的运用；联合培养人才，为节水农业持续创新提供人才支撑。

3. 北方旱区节水农业创新战略联盟

按照农业部建立“学科群—研究领域—研究方向—学科团队—研究基地”的学科体系，实现大联合建立大平台、大协同培育大成果和大协作解决大问题，整合西北和华北相关省区农业科学院及其市州农业科研院所，以解决旱作区自然降水高效利用和灌区高效节水重大问题为核心，共同开展应对资源性缺水的重大共性和关键区域性问题的协同攻关研究，持续支撑和保证未来粮食安全和主要农产品的有效供给。

（二）保障措施

1. 政府资金稳定支持

要坚持农业科技的基础性、公共性和社会性定位，由农业行政主管部门牵头组织推动联盟建设，整合和协调各方面资源支持联盟发展。借鉴创新体系建设成功经验，加大对农业科技创新稳定支持的力度，发挥好财政资金在促进农业科技创新中的主体作用。

2. 凝练任务联合攻关

要聚焦全局性、战略性和区域性农业重大问题，凝练重大科技任务，明确创新目标和重点方向，形成重大项目建议，争取国家和地方支持。通过引领创新，遴选和组织优势创新团队开展联合攻关，促进农业重大问题解决，加快提升科技创新能力和效率。

3. 优势资源共享

要充分发挥联盟整合优势资源、促进资源共建共享的作用，围绕重大科技任务和区域性重大科技问题综合解决方案，建立联盟成员单位大型仪器设备、实验基地、生物资源和信息文献等共享信息平台，避免重复建设，发挥已有科技资源的功能和效率。

4. 科学评价机制创新

要建立联盟的科学评价体系，围绕科技任务目标，实行绩效管理，进行分类分级考核。建立联盟激励约束机制，形成知识产权和科技成果分享办法，实行联盟成员和团队的动态调整，提高团队创新效能，保障联盟任务有序实施。

参考文献

山仑、邓西平、康绍忠：《我国半干旱地区农业用水现状及发展方向》，《水利学报》2004 年第 9 期。

吴普特、冯浩、赵西宁、牛文全：《现代节水农业理念与技术探索》，《灌溉排水学报》2006 年第 4 期。

中华人民共和国水利部：《2014 年全国水利发展统计公报》，中国水利水电出版社，2015。

谭诚、兰才有、蔡振华：《国内外节水灌溉发展趋势探讨》，《农业机械》2008 年第 27 期。

康绍忠、许迪：《我国现代农业节水高新技术发展战略的思考》，《中国农村水利水电》2001 年第 10 期。

许迪、康绍忠：《现代节水农业技术研究进展与发展趋势》，《高技术通讯》2002 年第 12 期。

甘肃农村年鉴编委会编《甘肃省农村统计年鉴》，中国统计出版社，2015。

杨祁峰、刘广才、熊春蓉等：《旱地玉米全膜双垄沟播技术的水分高效利用机理研究》，《农业现代化研究》2010 年第 1 期。

王少鹏：《“十二五”甘肃省农业高效节水灌溉措施与成效》，《甘肃农业》2016 年第 12 期。

郭丽君、左其亭：《西部干旱区流域水循环关键科学问题研究框架》，《水资源与水工程学报》2010 年第 2 期。

王建新：《水权水价制度改革与创新》，《发展》2010 年第 2 期。

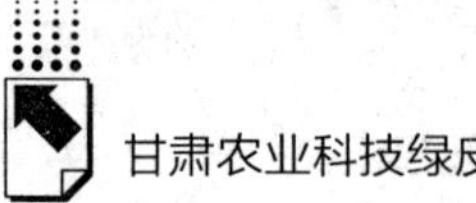

马忠明、吕晓东：《发展以流域水管理为核心的现代节水农业体系》，《中国水利报》（现代水利版）2011 年第 31 期。

董志贵、张永丽：《河西屯垦农业水权演变的制度经济学分析及创新思路》，《甘肃农业》2010 年第 12 期。

汤川信：《明确发展思路，强化水资源管理》，《中国水利》2011 年第 5 期。

G.13

甘肃省生态农业科技发展研究报告

张绪成　方彦杰*

摘　要：生态农业是甘肃农业未来发展的主要方向，不仅可以实现保护农业生境，而且对推动区域特色农业可持续发展意义重大。本报告分析了国内外生态农业发展动态，阐述了甘肃生态农业发展现状、取得的突出成果、主要研发方向与进展，并对甘肃生态农业科技需求态势及支撑作用进行了评述。笔者认为甘肃生态农业创新发展最主要的瓶颈是科技基础薄弱，提出甘肃生态农业发展必须通过增加科技投入来推动生态农业技术体系创新、加大宣传教育力度来提升农民对正确认识生态农业对区域经济社会发展的重要性的认识。笔者还指出，加强农业基础设施建设和构建农村社会化服务体系，加大政府扶持力度和落实激励扶持政策，因地制宜，分层次、有步骤地实施各项生态农业战略，用10~15年时间，将生态农业发展成为甘肃农业的主体。

关键词：甘肃　生态农业　现状　发展重点

一　国内外生态农业发展动态

（一）国内外生态农业发展现状

1. 国外生态农业发展现状

近百年来，国外生态农业的研究和实践一直在稳步发展。由于市场推动和服

* 张绪成，博士后，甘肃省农业科学院旱地农业研究所研究员，主要研究方向为旱地作物耕作栽培技术及生理生态理论；方彦杰，硕士，甘肃省农业科学院旱地农业研究所助理研究员，主要研究方向为旱地作物高产高效栽培技术。

务体系的规范化，有机农业一直是美国农业各领域中发展速度最快的。据 USDA 经济研究局公布的资料，2001 年 1 月，美国已认证的有机农场达 7800 个，有机认证土地面积已达 97 万公顷，所涉及的作物主要有水果、蔬菜及较高经济价值的特种作物。欧洲生态农业发展也比较迅速，种植面积不断扩大，已达 370 万公顷，有机农场已有近十万家。目前，日本在大约 5000 公顷的耕地上实施生态农作。据国际贸易中心（ITC）调查，全世界生态管理的农业用地已达到 1700 万公顷，其中，面积最大的国家是澳大利亚 770 万公顷，阿根廷、意大利、美国、巴西均超过 100 万公顷。

2. 中国生态农业发展现状

改革开放以来，中国生态农业也走出了一条健康快速发展道路，尤其在 20 世纪 90 年代开展的全国生态农业试点示范县建设和生态富民家园计划，取得了可喜的成效。目前，中国生态农业示范面积已超过 1 亿亩，占全国耕地面积的 7% 以上。已有 3000 多个不同类型和级别的生态农业建设点、300 多个国家和省级生态农业示范县，开展建设生态农业省 9 个。形成的典型生态农业建设模式有北方“五位一体”能源生态模式和南方的“恭城模式”、“赣州猪 – 沼 – 果模式”等。已有研究表明，生态农业建设后农业生态环境得到明显改善，土壤沙化治理率达到 60%，水土流失控制率高达 70% 以上，秸秆还田率达到 49%。此外，中国生态农业的发展，不仅体现在农业生态效应，更加体现在实施区农民收入水平的提高和生活质量的显著改善上。

（二）国内外生态农业科技发展动态

1. 国外生态农业科技发展动态

生态农业最早是 1924 年由鲁道夫·斯蒂纳（Rudolf Steiner）提出的，然后在欧洲和亚洲的部分国家和地区得到研究和初步发展。20 世纪 90 年代，为了克服传统农业发展给农业生态环境造成的破坏问题，生态农业发展迅速。多年来，诸多学者对生态农业进行了大量的研究和试验，对其概念产生了不同的认识，在理论与实践两方面均取得积极进展。关于生态农业的理论认识主要是明确了其产生背景、发展目标、基本定义、本质内涵、关键特征，研究了生态农业的增产增效机理等；在生产实践方面，美国、澳大利亚、加拿大等国家的学者试验研究了生态农业生产过程中劳动生产率对生态农业模式的影响规律，以便得出适宜该地区的高效生态模式，德国、日本、荷兰等国家的研究者则更注重对不同高效生态农业模式和技术的示范推广效果，法国等部分欧洲国家既对生态农业理论和技术进行全面系统的研究，又重视生态农业技术推广。

2. 中国生态农业科技发展动态

中国生态农业最早是在1980年宁夏银川市召开的全国农业生态经济学术讨论会上提出的。此后，关于生态农业学者从不同领域提出了自己的观点和看法，现今中国生态农业在传统农业精华与现代化技术相结合基础上，已形成具有中国特色的生态农业理论、方法和模式。中国生态农业与国外生态农业是有区别的。中国生态农业既要考虑继承传统农业的精华（农业废弃物质循环利用等），又要消除现代常规农业的缺点（农作物多年连作、超量使用化肥农药等）。目前，关于中国生态农业（Ecological Agriculture），是指在保护、改善农业生态环境的前提下，遵循生态学、生态经济学规律，运用系统工程方法和现代科学技术，集约化经营的农业发展模式，是按照生态学原理和经济学原理，运用现代科学技术成果和现代管理手段，以及传统农业的有效经验建立起来的，能获得较高的经济效益、生态效益和社会效益的现代化农业。生态农业是农、林、牧、副、渔各业综合起来的大农业，又是农业生产、加工、销售综合起来、适应市场经济发展的现代农业。

二　甘肃生态农业科技发展现状与问题

（一）甘肃生态农业概况

从甘肃年鉴数据统计得知，2010年甘肃省全年实现生产总值4119.46亿元，其中第一产业生产总值为599.3亿元，仅占甘肃省全年生产总值的14.5%。全年粮食总产量958.3万吨，其中，夏粮产量330.8万吨，秋粮产量627.5万吨。农民人均纯收入3424.7元，但是2010年末仍有309.8万农村贫困人口未脱贫。以上数据表明，甘肃农业发展总体平均水平不高，农村和农民问题比较突出，分析指出最重要的原因就是甘肃发展生态农业环境一般，主要表现在以下几个方面。

（1）土地总面积广大，可利用土地并不充裕，生态问题突出。甘肃省土地总面积较大，由于境内沙漠、戈壁和难开发利用山区面积较大，境内可利用土地面积占总面积的60.8%。更为严峻的是，可耕地面积仅占总面积的10.67%，且有70%以上处于干旱半干旱区，粮食生产能力低、效率不高，能够高效利用稳产高产的水浇地仅占总耕地的23.8%。由于受降雨等自然条件制约，甘肃省植被覆盖率低，黄土高原区水土流失严重，宜耕性差，土地肥力不足，农业生产适宜性单一。陇南山地属于温暖湿润地区，该区山高谷深，坡陡山地，土层浅薄，地块小，容易发生涝、洪、滑坡、泥石流等灾害，造成自然降水、光热资源优势不能有效发挥；黄土高原区土地面积宽广、耕地丰富，光热比较充足，但严重缺水，并且易发生水土流失；甘南高原区虽然水分较充足，地面植被好，但高寒阴湿，热量不足，气候条件较差，农业生产率不高；河西走廊地区尽管光照强、热量足，昼夜温差大，宜耕荒地多，但受水资源的限制难以全面开发，易沙化和盐渍化。

（2）光热条件好，干旱少雨，水资源严重不足。甘肃年太阳辐射480～6400卡/平方米，年日照时数为1700～3300小时，光照充足，太阳能资源丰富。地处干旱半干旱气候区，降水稀少，时空分布不均，供需错位。年均降雨量仅302毫米，并且降水多集中在7～9月，占全年降水量的50%～70%，在作物最需水的关键时期往往少雨或无雨，经常发生旱灾，中部地区尤为严重。地表水资源不仅贫乏，而且地区分布不平衡。甘肃省人均水资源量相当于全国平均水平的一半，耕地每公顷水资源量不到全国平均水平的1/3。

（3）气候类型及自然资源类型多，但未形成生态经济优势。甘肃省由于特殊的地理位置，省内有长江、黄河和内陆河3大流域，有陇南亚热带湿润区到陇东温带湿润半湿润区、陇中半干旱区到河西走廊内陆干旱区及高寒半干旱区、甘南高寒湿润区等不同的气候区。有野生动物650多种，野生植物1200多种，野生药材951种，主要用材林300多种。以上丰富的资源为甘肃省农业的综合发展提供了便利条件，然而，从目前甘肃生态农业经济链分析，这些丰富的自然资源条件及特色生物资源并没有得到有效的开发利用。

（4）农业和农村经济结构发展不合理，科技含量较低。就甘肃第一产业状况分析而言，农业内部种植业所占比例较大，林业和牧业比例小，甘肃农民的人均粮食占有量和人均经济收入均低于国内平均水平，仍有部分地区农民未脱贫。农民的科技文化水平低，农机耕作率、良种使用率低，农业科研资金不足，科技转化率低。大多数农业产品仅是为了满足农民本身生存的需要，农产品商品化程度不高、增值能力不强。甘肃农业整体集约化经营程度不高，市场竞争能力弱。

（二）甘肃省“十二五”期间生态农业科技发展成效

1.“十二五”期间生态农业科技发展突出成果

“十二五”以来，甘肃省围绕农业重点领域加强农业生态科技创新工作，取得一系列较突出的成果，主要有：在陇中东部干旱半干旱区，开展全膜双垄沟播玉米超高产技术、全膜双垄沟播“一膜多用”循环生产技术、地膜回收与再利用技术、秸秆还田与土壤保育技术等，形成全膜双垄沟播玉米循环生产模式。在河西走廊内陆干旱农业区，探索形成了滴灌、喷灌等一系列现代化集约节水农业工程节水模式体系；开展作物秸秆和畜禽粪便基质化处理关键技术、蔬菜有机基质栽培专用生物质复合基质的复配技术、日光温室蔬菜节水栽培技术等研究，形成资源高效利用型日光温室安全生产技术；开展寒旱区沼气区域化高效生产技术、低成本户用太阳能恒温沼气池关键技术、沼气低成本配套关键技术，形成太阳能恒温沼气高效生产技术研究；还研究形成了高原夏菜尾菜资源化利用技术、马铃薯淀粉加工业废弃物循环利用技术和苹果渣废弃物综合利用技术等。

2. 主要研发方向与进展

“十二五”期间，甘肃省结合农业和生态环境实际，生态农业科技研发方向主要有以下几个方面：（1）生态环境治理和保护型农业。在陇中、陇东高原沟壑区实施水土流失治理工程等，大力发展水土保持型农业。积极采取退耕还林（草）、封山绿化、以粮代赈、个体承包等综合措施，做好天然林保护工作，集雨灌溉，涵养水源，防水固土，保持土壤肥力。（2）草食畜牧业。在农作物生产力不高的地区，科学发展草食畜牧业。引进适宜家畜品种及草资源，合理确定畜群结构及载畜量，确保生态牧业生产。并通过优化畜种畜群结构，缩短育肥周期，降低载畜量和放牧强度。大力发展草食畜牧业，建设大面积的人工草地，充分利用荒山荒坡和农作物秸秆等资源。（3）节水农业。发展提高水资源利用率和利用效率的现代节水农业技术，减少大水漫灌面积，降低水资源浪费。河西走廊及沿黄灌区合理开发和有效利用地下水资源，科学研究并推广形成了渠系防渗技术、土壤田间节水灌溉技术等，中部及陇东雨养农业区重点研究微集水工程技术、保护性耕作技术、耕地蓄水保墒与土壤水库增容技术、种子抗旱处理技术、化学保墒节水抗旱调控技术、水肥耦合技术、植物抑蒸技术等农业科学新技术。（4）绿色农业。绿色无公害农业在甘肃省发展具有独特的生态环境优势和自然资源优势，主要表现在生态环境污染轻，因此，甘肃省是生产绿色无公害食品的理想基地。现已发展形成农田有机肥高效加工技术、农作物资源高效利用技术、中低产田改良技术、农药化肥减量化施用可持续增产技术、作物病虫害生物防治技术、草食家畜无公害集约化饲养技术以及无公害农产品加工技术等绿色农业发展新技术。（5）特色农业。根据甘肃不同区域的地形、气候、生物资源特点，发展区域特色农业，如陇南地区发展花椒、药材、橄榄油、核桃等林果产业；陇东地区发展苹果、杏、蔬菜产品等；甘南高原区调整畜牧业结构，发展由数量向质量型、效益型转变的畜牧业；陇中干旱地区发展马铃薯产业、河西内陆河干旱区发展制种业、瓜果蔬菜、沙产业等，高海拔冷凉区发展高原夏菜产业等。(6)复合农业。农林牧复合生产经营是甘肃生态农业发展的主要模式，如甘肃黄土高原区推广青草盖顶、林木封沟、果蔬缠腰、米粮铺底的立体生态复合农业生产模式。(7)设施农业。甘肃河西走廊及中部地区利用高光热资源条件，引用先进的农业灌溉技术和栽培工艺，发展地膜、温室大棚等高效设施农业，种植瓜果蔬菜及一些高效经济作物。研究形成了穴盘育苗技术、立体栽培技术、反季节生产技术、高效节水技术、无公害栽培技术和病虫害综合防治技术等。(8)资源高效利用。甘肃河西走廊发展的沙产业，重点是开展植树造林，建设绿色屏障，也可以利用防风固沙的沙柳、籽蒿和沙棘生产刨花板装饰材料、籽蒿胶、沙棘系列保健产品。在甘肃境内尤其是南部、东部地区依据日光温室、养猪、沼气池三者各自的特点及相互之间的关系，形成"五位一体"庭院生态模式。

3. 生态农业科技需求态势及支撑作用评述

生态农业属于知识密集型农业，因此，生态农业的发展必须加大科技知识和技术支撑，才能有力推进生态农业的可持续发展。实践表明，甘肃生态农业创新发展的最主要瓶颈因素就是科技基础薄弱。与现代农业发展目标相比，首先，支撑甘肃生态农业的科技基础薄弱，科技力量不足，诸多高效农业技术和模式还停留在试验阶段，没有有效地生产应用，如农作物种植、农产品加工、包装、储运等方面仍未有大的突破，无法适应生态农业发展的需要，经济效益很难提高。其次，目前甘肃生态农业只重视发展模式的物种结构搭配与组装，而没有对各个生产阶段的生态配套技术加以重视，导致整体技术结构不合理。再次，生态农业发展缺乏科学有效的技术服务体系，现代化农业科学技术未能真正实践应用。对一些农业生产实用技术引入速度缓慢，农业科技成果转化率低。

甘肃生态农业生产实践表明，甘肃对生态农业科技需求是非常迫切的，针对甘肃生态农业发展过程中一系列实际问题，亟须进行生态农业科学技术的创新研究，开展区域生态环境变化、生态恢复等对生态农业发展影响方面的基础性、战略性、综合性研究，加大科研资源投资力度，组织各科研院所、高校实施联合科研攻关，以尽快取得具有甘肃特色的生态农业突破性科技成果。同时要建立健全生态农业科技服务体系，以农业科研院所和高校为骨干，以各级农业技术推广中心为依托，以科研试验示范基地为基础，通过各种形式宣传和推广生态农业科研成果，主要包括引进和培育优良动植物新品种，建立良种繁育基地。引进和推广国内外先进适用的生态农业技术。加大力度对农民进行生态农业教育培训，做好先进示范村、示范户的先锋带头作用，为农村大量剩余劳动力创造农业内部就业机会，保护农民从事生态农业的积极性。

（三）甘肃生态农业面临的挑战

从生态农业发展实践分析，甘肃生态农业目前仍处于起步发展阶段，主要面临的挑战有：（1）初级阶段基础条件的制约。生态农业属于集约高效知识密集型农业，要求农民具有较高的知识文化水平，由于甘肃省农业发展相对落后，农民文化知识水平低，对传统农业重产出、轻生态环境可持续性等传统农业生产方式观念的转变困难，造成其对生态农业接受必将需要一个长期的过程。（2）生态农业技术支撑制约。目前，甘肃省发展生态高效农业的技术研发不够，综合性配套技术亟待完善。生态农业工程技术推广不到位，仅有的技术也由于农民对其理解不足、重视程度不高，利用率低，缺乏长效性。由于受传统农业生产观念的影响，农民对农业污染重视不够，加之缺乏农业污染和病虫害防治等方面的先进适用技术，大多数农民对生产和管理绿色食品和有机食品的技术掌握不到位，不能够合理使用农药和化肥。因此，生态高效农业技术不成熟，农业投入品使用不规范等，影响生态农业的发展进程，消除这些风险隐患是一个长期的系统工程。（3）农业科技人才力量薄弱，现有科技创新能力不强。相比其他领域科技人才力量，甘肃省农业科研人才总量偏少，供需矛盾突出，分布不合理，大多数农业专业技术人员都在高校、科研院所及市（县）区机关事业单位工作，而在农业技术推广一线的农业科技人才明显不足，并且对现代高效生态农业的理解和认识不到位，严重制约了生态农业新模式和技术、新品种、科技新成果的推广效果。（4）农业科技经费保障能力有待提高。由于农业生产局域性限制，周期性长，比较效益不高，与其他领域相比，甘肃省农业科研经费比例偏低，总体投入不足，造成科研基础设施条件较差，科研人员积极性不高，并且仅有的科研经费更多应用于基础性科学研究，农业科研成果推广经费极度缺乏。因此，甘肃农业科技现状与发展现代生态农业还有很大距离。（5）生态农业服务管理体系制约。甘肃生态农业服务体系还不健全，缺乏合理标准体系，基本没有全面系统的农产品质量安全检验检测体系，行业规范性差，服务能力较低，特别是基层县城或乡镇检测机构，表现更为突出，经常出现没有检验设备、设备不能正常运营、检测结果不准确等实际问题。造成区域特色农产品由于没有生态农业标签，生产的农产品优质不优价，严重影响农民收益。

三 甘肃生态农业科技创新发展思路、目标及重点

（一）基本思路与发展目标

1. 基本发展思路

按照党的十八大报告提出的“建设生态文明，是关系人民福祉、关乎民族未来的长远大计”的目标要求，发展甘肃生态农业要遵循“整体、协调、循环、再生”的基本原理，坚持创新、协调、绿色、开放、共享的理念。要运用生态系统理论与生态经济规律和系统科学方法，发挥耕地、气候资源多样性特点，发展特色农业，要把农业可持续发展的战略目标与农户微观经营、农民脱贫致富结合起来，走资源节约型、环境友好型农业发展道路，建设具有明显地域特色的绿色生态农业体系。

2. 发展目标

从甘肃的基本省情和现代生态农业的实际需求出发，保持较高的生产效率和系统的可持久性，注重甘肃农业的传统精华与现代科学技术的结合，实现生产过程中的资源利用与生态平衡的协调统一，坚持结合现代化农业生产技术与农业生产效率和农业可持续发展的协调统一。甘肃生态农业必须以科技创新发展为核心，因地制宜，注重全面可持续性，分层次、有步骤地实施现代高效生态农业技术和模式改造升级战略，同时要提升政策保障服务水平，优先发展生态农业较发达区域，以带动其他地区发展，用 10 ~ 15 年时间，将生态农业发展成为甘肃农业的主体，为实现甘肃省现代高效农业和生态文明做出贡献。

（二）发展重点

农业生产因区域生态环境而异，甘肃省农业区域主要发展重点为：河西内陆生态农业区、中东部黄土高原生态农业区、南部青藏高原生态农业区三大区。

（1）河西内陆生态农业区。该区域生态农业应主要围绕特色化的灌溉农业的资源高效利用进行设计创新。节水、集水和水资源高效利用是该区发展生态农业的核心，昼夜温差大、光照充足是该区发展特色农业的主要资源优势。以“优质、特色、生态、绿色、高效”为目标，以资源节约型生态农牧业和特色生态农业为重点，发展以绿洲为主体的资源高效利用生态农业和以特色农产品和绿色畜牧产品为对象的产业化生态农业。该区域应主要抓基本农田建设，以技术为

依托，努力提高单位面积土地的产出，把不适合发展农业的土地坚决退耕还草，在区域范围内，建成生态环境改善、农业实力提升的绿洲生态农业模式；要积极发展特色农产品的清洁生产，如瓜果、果菜类、棉花、肉奶等和特色农畜产品的绿色加工，提高生态农业的产值。

（2）中东部黄土高原生态农业区。该区域生态农业应紧紧围绕解决水土流失严重、生态环境脆弱与人口过载的问题进行设计创新。以“改善生态、保证口粮、形成特色”为目标，以保持水土、恢复植被为前提，以水土安全型生态农业和特色生态农业为核心，发展水土保持型生态农业，形成水土流失控制与特色无公害农产品基地相结合的高原生态农业体系。通过生物措施和工程措施相结合，以小流域为单位，集中综合治理水土流失；合理利用土地，进一步做好退耕还林还草工作；因地制宜，综合开发，优化农村产业结构；完善农田基础设施，推行旱作农业配套技术；以培肥地力为中心，加速改造中低产田。此外，发展培育特色农产品品牌，培育一些特色农业，如区域特色林果类、瓜蔬类、优质马铃薯等，糜谷、荞麦、绿豆等小杂粮可望做成大产业；甘草、红（黄）芪、党参、大黄等是用途很广的中草药，开发前景广阔。

（3）南部青藏高原生态农业区。该区域生态农业应围绕高寒农业的特征进行创新。最基本的原则就是将青藏高原生态环境防护放在首位，以“生态防护、高原特色、优质高效”为目标，形成以生态防护型高寒生态农牧业和特色农牧产品生产、加工产业为核心，高寒生态防护能力和青藏高原特色共同发展的生态农业体系。该区域发展模式应以生态防护为基础，发展具有高原特色的生态农业。因此，应坚持实施以草定畜的现代生态牧业生产模式，积极引进和发展特色优质农产品加工、销售产业链，如青稞、牦牛肉干、虫草冲剂、高原奶茶、奶酪产品等，同时带动高原生态旅游业发展。此外，要重视农牧户生活能源问题，制止农牧户为了解决薪柴问题而乱砍滥伐，最大限度地保护该区域的生态环境和植被恢复。

四　生态农业科技创新体系建设与保障措施

（一）生态农业科技创新团队及联盟建设

农业科技创新团队及联盟是现代农业发展的方向和科技支撑机构。目前，甘肃省还没有形成生态农业科技创新团队及联盟。农业要可持续发展、农村要经济富裕、农民要持续增收，其关键在于现代化农业科技的创新。因此，甘肃省要坚持科技兴农、人才强农，推进农业科研院所科技改革，整合科技资源，建立协同创新机制，促进产学研紧密结合。同时尽快建立农业科技协同创新联盟，依托国家和省级现代农业示范区（园）、农业科技园区，搭建多形式科技服务平台，充分发挥技术创新、试验示范、辐射带动的积极作用。

（二）生态农业科技保障措施

1. 增加科技投入，推动生态农业技术体系创新

根据生态农业科技发展思路及重点目标任务，针对甘肃农业生产现状，政府应安排专项资金支持农业科技项目，重点研究种植、加工、包装、储运等环节高效安全的生态农业技术。借助高校和农业研究机构的力量，针对区域主导农业产业的科技需求，建立生态农业技术创新联盟等创新平台，形成具有鲜明特色的生态农业技术体系，同时要积极引进国内外先进农业生产新技术、新设备、新工艺，不断提升农业的规模化、标准化、集约化、机械化、信息化、产业化水平。在此基础上，对生态农业技术体系进行规范化和标准化，在区域范围内进行大面积的推广应用。

2. 加强农业基础设施建设，构建农村社会化服务体系

甘肃发展生态农业不仅要加强农业基础，集中资金用于全局性、基础性、战略性的重大工程，也要以推进科技进步为支撑，健全农村社会化服务体系，培育多元化农业服务组织，为农民提供产前、产中、产后系列化服务。推进生态农业的信息化和现代化建设，建立农业技术与产品信息服务网络，加强农业信息网、“三农”服务热线等农业信息服务平台建设。稳定和加强基层农技推广等公益性服务机构，引导鼓励经济组织和农村能人领办各类专业化服务组织，支持农村专业技术协会开展社会化服务。只有着力改善生态农业的发展环境，使生态农业良好健康地发展，确保农民经济收益、区域生态效益，才能充分调动农民群众的积极性。

3. 加大宣传教育力度，正确认识生态农业对区域经济社会发展的重要性

生态农业建设存在前期投资大、周期长、收益慢的特点，其经济效益的发挥是一个长期的、持续的累积过程。因此，必须加大对生态农业宣传力度，做好生态农业技术培训与示范推广工作，为生态农业的生产营造良好氛围。此外，生态农业不能局限于农业生产的单个产业环节，也不能依靠单家独户或局部完成，生态农业的发展必须依靠农产品加工业、运输业、农产品交易等产业和全体农牧民

的支持。

4. 加大政府扶持力度，落实激励和扶持政策

生态农业的经济效益优势是一个长期的累积效应，市场无法在短期内对它实现有效调控，所以生态农业的实现需要政府大力扶持。加大财政支农投入，建立生态农业投资与贷款优惠政策，对生态农业生产经营性项目贷款贴息、担保，增加对生态农业技术与模式的示范推广补偿费用。颁布并执行一些支持生态农业发展的财政补贴与税收优惠政策、生态农产品的价格保护与市场优惠政策等，以为生态农业发展提供资金支持和政策保障。

参考文献

张高平：《生态·高效·安全——甘肃发展生态高效农业的战略思考》，《发展》2011年第2期。

司小军：《对甘肃发展生态农业的思考》，《甘肃农业》2000年第12期。

尚正永：《甘肃省生态农业发展研究》，《云南地理环境研究》2004年第3期。

李兴江：《甘肃发展生态农业的模式分析》，《甘肃农业》2005年第15期。

韦晓宏：《甘肃实施生态农业的特征分析》，《农林科技》2008年第1期。

吴新年：《甘肃生态农业的发展模式探讨》，《干旱区资源与环境》2007年第9期。

甘肃省科技厅：《甘肃省农业科技发展纲要（2001～2010年）》，《甘肃科技》2004年第2期。

胡锦涛：《十八大报告》，人民出版社，2012。

于志远：《发展甘肃生态农业经济》，《新疆师范大学学报》（自然科学版）2004年第2期。

刘玉忠：《推进农业科技创新联盟建设》，《学习论坛》2015年第9期。

G.14
甘肃省土壤科技发展研究报告

杨虎德　李崇霄　顿志恒　冯丹妮*

摘　要：　土壤是农业生产的基础和生态安全的保障。“十二五”期间，甘肃土壤学研究取得了长足发展，测土施肥技术在全省得到了全面推广应用，建成了全省及各县（市、区）耕地资源数据库，为甘肃土壤信息化应用打下了坚实基础；通过建设甘肃省土壤肥料长期定位试验科研协作网和甘肃省农业面源污染监测网，为“十三五”土壤科学的研究搭建了良好的平台；在土壤水分有效性、土壤养分管理、高效施肥技术、土壤环境质量、土壤污染修复治理等方面研发的关键技术，为全省土壤资源合理利用、提高土壤生产力、改善土壤环境质量、农业可持续发展和生态环境建设提供决策依据和技术支撑。

关键词：　甘肃　土壤科技　生态环境

一　引言

土壤是构成生态系统的基本环境要素，是人类赖以生存的物质基础，也是社会经济发展不可或缺的重要资源，更是绝大部分污染物的最终归宿和食品安全的第一道防线。合理利用与保护土壤事关粮食安全、农产品质量和人体健康，是重要的民生问题。

---

* 杨虎德，甘肃省农业科学院土壤肥料与节水农业研究所副研究员，主要从事农田土壤环境保护研究和示范推广工作；李崇霄，甘肃省农业生态环境保护管理站副站长，高级农艺师，主要从事土壤污染防治与农业生态环境保护技术研究工作；顿志恒，甘肃省耕地质量建设管理总站高级农艺师，主要从事土壤肥料技术试验示范推广；冯丹妮，甘肃省农业科学院土壤肥料与节水农业研究所助理研究员，主要从事土壤环境研究工作。

甘肃地处我国西北，位于东部季风区、西北干旱区和青藏高原区三大自然区交汇处，是我国西北地区乃至全国重要的生态屏障和战略通道，是黄河、长江的重要水源涵养区，对保障国家生态安全，具有不可替代的重要作用。甘肃省总土地面积 42. 58 万平方公里，总耕地面积 353. 09 万公顷（甘肃省国土厅二调数据，541. 02 万公顷），其中水浇地面积 113. 06 万公顷。复杂多样的地形及气候水热组合，形成了丰富的土壤类型，全省共有 37 个土类，99 个土壤亚类，199 个土属，299 个土种。主要耕作土壤类型有灌漠土、灌淤土、褐土、黄绵土、栗钙土等。

二　国内外土壤学科研究动态

土壤科学发展至今已 170 余年，早期的研究主要针对土壤自身构成和土壤物理化学性质，以及土壤的成土因素等方面，现在土壤科学向着更深入、更系统、更综合的方向发展，土壤学的研究内容更加侧重于土壤圈的物质流动和能量循环以及土壤对人类与环境的影响。当前土壤学更加注重对土壤资源保护、合理利用等方面的研究，以促进土壤生产力的提高，减缓人口的快速增长与日益减少的耕地之间的矛盾。

现阶段土壤科学发展具有以下 4 个特点：（1）土壤宏观过程与微观机理研究持续深化。研究领域不断向深层次发展，学科分支不断拓展，从不同角度对土壤的各个属性和过程进行综合研究，使土壤科学在深度上有明显的进展，定量化和信息化日益发展。（2）多学科交叉综合与集成成为提升和发展土壤学科的趋向。土壤学研究新方向和分支学科的发展得益于土壤学分支学科之间以及与其他基础科学的渗透与融合，特别是在土壤的环境研究上，土壤学与生态毒理、环境毒理、化学毒理、风险管理学等学科的交叉融合奠定了土壤环境与健康风险的研究领域方向，将更加注重土壤与环境、土壤质量和肥力、生态和健康之间的影响。（3）土壤污染与修复研究成为主要方向。土壤污染引起土壤组成、结构和功能变化，有害物质及中间产物在土壤中转化积累的过程和机理，以及修复技术的研发将成为研究重点。（4）土壤原位观测与野外定位试验成为研究的重要手段。从农田试验走向生态系统试验，从单一试验研究走向整合和网络研究，从土壤过程走向生态系统过程，对土壤的动态与定位长期观测研究，将是今后土壤学系统化研究的重要标志。

在土壤学的研究内容上，除了继续开展一些基础研究外，将更加注重对土壤中物质循环和能量流动的研究，以及重金属、化学制品（农药及化肥）和各种有机废弃物对土壤、作物以及人类健康的有害影响及其防治措施。在土壤学的研究手段上，一些大型的分析仪器得到广泛应用，进一步提高了土壤分析的精密度、分辨力及分析速度，为土壤学的进一步研究开辟了新的领域。此外，还建立了土壤数据库及土壤信息系统，为数据的处理及某些模拟研究提供了更有效的途径。

三 甘肃土壤科技发展现状与问题

（一）甘肃省土壤学科现状

目前涉及土壤学科的机构与单位主要有甘肃省农业科学院土壤肥料与节水农业研究所、中国科学院寒区旱区环境与工程研究所、甘肃农业大学资源与环境学院、兰州大学资源环境学院、西北师范大学地理与环境科学学院、河西学院、陇东学院、各市州农科院（所）等大专院校和科研院所以及省、市、县（市、区）三级土肥站、农业环保站等单位，全省从事土壤科研、教学与技术推广的人员有2400余人。

在科研试验平台建设方面：甘肃省农业科学院土壤肥料与节水农业研究所与荷兰建立了“中荷土壤修复技术转移中心”；在甘肃省武威市建立了农业部甘肃耕地保育长期定位科学观测实验站，开展耕地质量演变规律、中低产改良、高产耕地保育、水肥资源高效利用及水土流失防控等研究；以长期定位试验为基础在张掖、天水、平凉等地建成甘肃省土壤肥料长期定位试验科研协作网，已积累了近40年土壤相关数据。甘肃省耕地质量建设管理总站在全省建立了24个国家级、15个省级耕地质量长期定位监测点；甘肃省农业生态环境保护管理站在全省建立了由17个农业种植业源国控监测点、1个畜禽养殖业源国控监测点、3个农药残留国控监测点和20个地膜污染国控监测点组成的农业面源污染监测网，定期开展定位监测和典型地块调查，初步掌握了甘肃省农业面源污染动态变化趋势；甘肃省农业生态环境保护管理站在白银区东大沟建立了2.2公顷的甘肃省耕地土壤重金属污染修复验证试验示范区，开展修复效果评价；在甘肃省农业科学院土壤肥料与节水农业研究所建立长期定位试验样品库，可保存样品1.5万件，甘肃省耕地质量建设管理总站在甘肃各县（市、区）建立了测土配方施肥样品库，每县（市、区）可储存土壤样品5000~10000件，甘肃省农业生态环境保护管理站在甘肃省榆中县建成甘肃省农产品产地土壤样品库，可储存土壤样品12万件。

在研究成果方面，“十二五”期间，承担各类科研示范推广项目94项，其中国家科技支撑项目6项，农业部行业专项7项，省科技厅项目7项。取得获奖成果11项，获得计算机软件著作权登记4项，颁布地方标准37项。

（二）甘肃省“十二五”期间土壤科技发展成效

1. “十二五”期间土壤科技发展综述

“十二五”期间，针对甘肃农业发展与生态环境建设中亟须解决的重大问题和土壤学发展需要，围绕土壤资源数字化管理、土壤肥力调控、土壤环境健康等研究领域及提高土壤生产力，提供决策依据和关键实用技术。在测土配方施肥、耕地保育、土壤资源信息管理、3S技术开发应用、测土配方施肥专家系统开发、氮磷面源污染防治、地膜污染防治、农田温室气体监测、产地土壤重金属普查等方面取得了显著的成绩。

2. 主要研究方向与进展

（1）土壤水分及其有效性研究

西北旱作黄绵土及荒漠灌耕土区沃土新技术，甘肃省农业科学院依托国家科技支撑计划项目支持，建立了该农区土壤大、中、微量元素丰缺指标，提出了基于目标产量与土壤硝态氮含量的养分推荐和顶凌追肥小麦平衡施肥技术以及玉米的氮肥后移技术，研制出4种作物专用肥，开发了主要作物平衡施肥专家系统，研发出保水营养型生土熟化剂、配套深耕蓄水、先锋作物以及绿肥种植、有机肥与无机肥配合、合理轮作等措施，提出了新修梯田和新建绿洲的生土熟化技术。通过全膜双垄沟播、水肥一体化和覆膜覆草，提出了农田水肥耦合技术，显著提高了肥料利用率和水分利用率，大幅度提高了粮食作物产量，为提升该农区耕地生产力和水肥高效利用提供重要科技支撑。

（2）土壤养分管理与高效施肥技术研究

甘肃省主要作物土壤养分管理与高效施肥技术项目由科技部国家支撑计划支持，国际植物营养研究所（IPNI）资助。该技术引进了北美（加拿大、美国）的土壤养分状况系统研究法（ASI法），组建了水土资源实验室，应用功能强大的土壤养分分析数据采集与推荐施肥系统（AAWin）软件，实现了土壤有效养分批量化测试和数据的网络化自动采集，建立了甘肃省土壤养分系统研究的技术体系；明确了河西灌溉区灌漠土、陇中半干旱区黄麻土、黄绵土、黑垆土、陇东半干旱偏湿润区黑垆土、高寒阴湿区麻鸡粪土、栗钙土、红黏土、黄绵土等甘肃省不同生态区的土壤养分状况；明确了小麦、玉米、马铃薯、啤酒大麦的吸肥规律，提出了河西灌区、中东部旱作区、高寒阴湿区主栽作物水分与养分协同管理，覆盖栽培与平衡施肥技术组装集成的节水高效施肥管理技术模式；提出了不同区域主要栽培模式的小麦、玉米、马铃薯、啤酒大麦的推荐施肥技术方案；提出了中东部全膜覆土穴播种植头茬小麦和二茬留膜复种小麦（油菜）施肥技术、陇中全膜双垄沟播玉米留膜免耕种植马铃薯施肥技术、陇东半干旱区全膜双垄沟播玉米留膜复种肥料统筹的免耕集约种植高效施肥技术模式。“甘肃省主要作物土壤养分管理与高效施肥技术”在甘肃省武威、定西、庆阳、平凉、天水、临夏等地区开展了大面积的示范推广，先后为各地提供了2500余份土壤养分状况和测土配方施肥建议卡，建立高产示范田1187公顷，辐射带动推广4.18万公顷，获得经济效益6671.4万元。通过该技术的实施，建立了甘肃省不同生态区主要农作物施肥指标体系，减少化肥的用量，提高了肥料利用率和农田水分资源利用率，对减少化肥对环境的污染、改善农田生态环境、促进生态与经济协调发展具有重要意义。

甘肃省测土配方施肥项目是农业部财政专项，全省80个项目单位和有关教学、科研单位参与，采用养分归还学说、最小养分律、报酬递减律、因子综合作用律等施肥基本原理，以“测土、配方、配肥、供肥、施肥指导”5个环节，野外调查、土壤测试、田间试验、配方设计、校正试验、配肥加工、数据库建设、示范推广、宣传培训、效果评价及技术研发11项工作为技术体系。通过十二年研究，技术应用涉及全省14个市（州）、87县（市、区）、1226个乡镇、16253个村，达到了市、县、乡、村全覆盖。项目采集土样34.31万个，采集植株样品1.18万个，分析化验土样21.52万个（大量元素95.84万项次、中微量元素61.55万项次），测试植株养分12.03万项次，布设“3414试验”4219个，调查农户施肥情况27.41万户。累计推广测土配方施肥面积906.67万公顷，推广配方肥259.42万吨。项目区测土配方施肥建议卡和施肥技术指导入户率达到90%以上，肥料利用率提高5~6个百分点，每公顷节本增效648元以上。

在测土配方施肥项目的基础上，查清了甘肃全省耕地地力状况、障碍因素、养分丰缺状况及其空间分布，结合第二次土壤普查的成果，建立了省级、86个县（市、区）、甘肃农垦主要农场耕地土壤资源信息管理系统，完成省级、86个县（市、区）、甘肃农垦主要农场耕地地力调查与评价系列成果图，摸清全省耕地地力状况及其空间分布。这项工作对于提高全省耕地保护与管理水平、指导科学配方施肥提供了翔实的基础资料。

（3）土壤环境质量研究

甘肃省农业生态环境保护管理站依托农业部农业环境保护财政专项资金和甘肃省农业科学院土壤肥料与节水农业研究所的研究团队优势，在全省建立了17个农业种植业源国控监测点、1个畜禽养殖业源国控监测点、3个农药残留国控监测点和20个地膜污染国控监测点，通过连续多年开展周年监测研究，获取了涵盖甘肃主要种植区域、种植方式、耕作方式、农田类型、土壤类型、地形地貌、主要作物的农田土壤污染物流失系数，奶牛、肉牛、生猪、蛋鸡、肉鸡等主要规模化畜禽养殖业污染物排放系数，以及地膜残留污染系数，研究、建立了甘肃省农业源污染物流失量的表征和测算方法；为测算全省农业面源污染负荷奠定了基础；通过农业面源污染物迁移规律、发生途径及集成控制技术研究，基本摸清了甘肃省农业源污染物流失的时空变化规律和主控因素，提出了农业面源污染过程中关键污染元素的生态风险及阻控技术，为从源头控制农业面源污染，保障农产品产地土壤环境安全提供了科学依据。

甘肃省环境保护厅主持完成了甘肃省土壤污染状况调查，结果显示，甘肃省土壤环境质量总体较好，全省布设的2914个普查点位土壤样本中钴、铜、汞、铅均未超标，194个普查点位中有185个土壤样本出现钒、镍、砷、镉、铬、锰、硒、锌中的1种重金属元素超标，9个土壤样本出现2种或2种以上重金属元素超标，2914个普查点位中参与评价的有机污染物指标（六六六总量、滴滴涕总量和16种多环芳烃）均未出现超标现象，所有指标的污染指数均小于1。

由甘肃省农业生态环境保护管理站主持，甘肃省农业科学院土壤肥料与节水农业研究所参与的“甘肃省农产品产地土壤重金属污染防治”项目，采集和监测产地土壤样品38825个，基本掌握甘肃省耕地土壤重金属污染类型、污染区域、污染面积、污染程度等。初步研究了土壤重金属与作物重金属含量的相互关系、不同作物重金属富积能力与敏感性、主要栽培作物土壤重金属安全阈值、区域农产品产地土壤重金属安全种植区划，建立了重金属污染土壤修复的基地和长期定位试验点等。

由甘肃省农业生态环境保护管理站、甘肃省农业科学院土壤肥料与节水农业研究所等8家单位合作研究攻关的“甘肃省地膜污染综合防控技术研究与示范”项目，在甘肃省全境构建了地膜残留监测网，建立了农田残膜监测方法，摸清了全省地膜残留污染底数；明确了地膜厚度和抗拉伸强度是影响地膜残留和回收的关键因素；通过开展废旧地膜污染综合防控技术研究与示范、资源化利用技术与示范及污染防控长效机制研究与示范，成功研制出了易回收低残留新型地膜并得到广泛推广应用，截至2015年底已累计推广9616.4万亩；推动制定发布了甘肃省《聚乙烯吹塑农用地面覆盖薄膜》和《废旧地膜回收技术规范》2项地方标准；研制出了10种适用于不同覆膜方式的废旧地膜回收机械并得到推广应用；提升了全省废旧地膜再生加工工艺、设备技术水平，构建了覆盖全省的废旧地膜回收和资源化利用产业体系，全省建设回收加工企业231家，设置固定回收点2312个，累计回收废旧地膜49.64万吨，加工再生颗粒41.2万吨，总经济效益40.4亿元；探索形成了具有特色的地膜污染防控与资源化利用的“甘肃模式”，基于项目研究成果，推动出台了全国首部专门针对废旧地膜污染防控的地方性法规——《甘肃省废旧农膜回收利用条例》，目前已经成为解决甘肃省农田土壤地膜残留污染问题的行之有效的政策法规，在全省得到了贯彻落实，并为全国解决当前农业生产中普遍存在的农田土壤地膜残留污染问题起到了示范引领作用。

3. 甘肃土壤科技需求态势及支撑作用评价

（1）土壤肥力及其演变研究

农业部甘肃耕地保育长期定位科学观测站（简称“甘肃耕地保育站”），属农业部耕地保育重点实验室学科群，依托单位为甘肃省农业科学院土壤肥料与节水农业研究所。以该所在甘肃武威建立的“武威绿洲农业试验站”为核心科学观测实验站，并在甘肃张掖、天水、平凉设置辅助观测点，形成了甘肃耕地保育监测网络，充分利用甘肃省农业科学院土壤肥料与节水农业研究所建立的“甘肃省土壤肥料长期定位试验科研协作网”，对长期定位试验开展联合攻关。该站很好地代表了甘肃省主要的耕地土壤类型和区域特点，具有很强的学科和区域代表性。长期开展耕地质量演变规律、中低产改良、高产耕地保育、水肥资源高效利用及水土流失防控等研究，完成和正在完成多项国家科技支撑计划、公益性（农业）行业科研专项、国家自然科学基金、甘肃省科技攻关项目、甘肃省自然科学基金项目，并取得了诸多成果。目前，甘肃耕地保育实验站已积累了近40年有关长期施肥对土壤质量和环境的影响、耕地地力提升、土壤培肥、退化耕地修复技术与模式等方面的数据，尤其是在施肥对土壤质量和环境影响方面，不同轮作方式对地上地下生物多样性长期观察，施肥对不同作物养分高效利用等方面取得了显著进展，形成了以农业资源高效利用研究和耕地保育为主，兼顾作物高产高效栽培的综合性农业实验站，试验数据已与相关单位签订了共享协议，研究成果具有很好的学科代表性，可为甘肃耕地保育提供指导和参考。

（2）农业面源污染监测及防控技术研究

利用在全省建立的农业面源污染国控监测网，“十三五”期间，进一步完善农业面源污染定位监测体系，优化监测网布局，改进监测方法和技术手段，继续开展定位监测，实现农业面源污染动态监测预警的常态化和规范化，全面摸清甘肃省农业面源污染底数。与此同时，开展防治和减轻农业面源污染的相关技术模式试验研究，在河西走廊粮食主产区以及天水、平凉地区建设3～5个农业面源污染综合治理示范区，初步建立起科学有效的农业面源污染防控技术体系。

（3）甘肃省农产品产地土壤和主要农产品污染状况监测及污染土壤修复治理研究

“十三五”期间，进一步摸清全省土壤主要重金属污染物种类、污染区域、污染程度、污染趋势等基本情况。开展农产品安全生产风险评估，实施农产品产地分级管理。开展农产品产地土壤重金属污染治理修复试点，建设1～2个土壤重金属污染治理修复示范区，监测示范区土壤及农产品质量，评估修复效果，初步探索出适合甘肃省的治理途径。

（4）中低产田改良和耕地地力提升

“十三五”期间将重点研究盐碱土农艺改良综合利用技术，研究秸秆还田、绿肥种植和商品有机肥的高效循环利用技术。在生产上推广畜禽粪便腐熟还田、增施有机肥、种植绿肥、秸秆还田等技术，稳定测土配方施肥技术应用规模，因地制宜地扩大节水灌溉技术和地膜集水技术运用范围，提高耕地综合生产能力，实现“藏粮于田”的战略目标。

（三）甘肃土壤科技面临的挑战

从土壤学研究与发展的角度看，甘肃省需要解决农产品安全与生态环境建设问题。

首先，确保农产品安全的任务日趋艰巨。保证农产品安全，除依靠高产优质高效多抗农作物新品种培育外，关键是搞好耕地保育、加强水土资源的优化配置、重视土壤培育与耕地改良，提高耕地质量和生产力。

其次，甘肃省局部土壤污染严重。甘肃省地膜污染、灌区氮磷面源污染、规模化畜禽养殖场周边农田污染、油井周边石油点状污染、炼化企业周边有机化工污染及中西部老工业矿区周边重金属污染问题严重，土壤污染已表现出多源、复合、持久、毒害的现代环境污染特征。

再次，甘肃土壤研究面临的困难较多。甘肃省土壤分类系统与新的全国土壤分类系统不匹配，对研究工作造成困难。甘肃省中低产田面积大，甘肃省连续12年肥力长期动态监测点及近几年测土配方施肥化验分析结果表明，甘肃省土壤中养分含量普遍较低，土壤有机质平均含量为14.78g/kg，低于20g/kg的耕地面积占总耕地面积86.5%。甘肃土壤研究资源分散，人员力量分散，研究数据分散，缺乏综合、交叉与融合，研究课题割裂与重复，缺乏全面发展与规划。

四　甘肃土壤科技的发展思路及重点

（一）基本思路与发展目标

瞄准当前土壤科技前沿发展方向，针对粮食安全、质量安全及生态安全等社会发展战略需求，立足于土壤学科的基础理论研究，以应用研究为重要突破口，重点解决农业发展中的重大关键技术问题。应用现代土壤学新理论、新技术和新方法，为甘肃省土壤资源合理利用、农业可持续发展和生态环境建设等提供决策依据和技术支撑。

（二）发展重点与主要内容

1. 土壤地力与定向培育

揭示土壤原生障碍的形成过程和次生障碍的产生机制，提出土壤障碍因素的消减技术途径；明确高强度种植条件下土壤有机质的形成过程和积累机制，提出有效提升土壤有机碳的技术和方法；解析土壤有机质、团聚体与水分养分库容之间的关系，提出土壤水养库容扩增机理；研究中低产土壤地力特征，评估土壤地力培育的潜力，构建典型区域土壤地力提升的理论体系和定向培育的技术方案。

2. 氮磷行为与环境效应

进一步明确农田生态系统氮磷迁移转化规律与降解机制，为典型地区氮磷污染控制提供技术模式；明确区域尺度氮磷的环境通量与农学、生态、环境综合效应；农田土壤氮磷富集、迁移、生态风险及水环境安全研究为资源高效利用与污染控制政策的制定提供理论依据。

3. 土壤污染与修复

紧紧围绕《土壤污染防治行动计划》国家及甘肃省土壤“十三五”规划、积极参与已经启动和正在启动的国家重点研发计划，瞄准“土壤—作物”污染过程与农产品质量、区域环境质量演变与标准，“土—水”系统污染物迁移转化及其调控，“土壤—生物”毒理与生态安全，土壤污染控制与修复理论及技术前沿问题，制定土壤质量基准和保护标准体系，建立区域土壤生态风险、健康风险和环境风险评估方法体系，特色作物产地环境安全的预警系统，研发与示范具有当地特色的新型重金属污染土壤修复技术，为改善土壤环境质量、确保农产品质量安全、保障生态安全和人体健康以及区域可持续发展提供决策依据和关键技术。综合土壤污染类型、程度和区域代表性，针对典型受污染农用地、污染地块，建立土壤污染治理与修复技术应用示范点，根据试点情况，比选形成一批易推广、成本低、效果好的适用技术。

4. 数字土壤与资源管理

发展土壤信息获取的技术和方法，建设土壤大数据平台，实现土壤信息快速获取与表征；建立数字土壤分类和数字土壤制图理论与方法，构建甘肃省土壤资源与信息清单，为甘肃省土壤资源管理提供决策支持。

参考文献

赵其国：《21 世纪土壤学的展望》，《地球科学进展》2001 年第 5 期。

赵其国：《中国土壤科学战略发展研究的新思路——土壤学战略发展研究的顶层设计与路线图》，《生态环境学报》2013 年第 10 期。

赵其国：《发展与创新现代土壤科学》，《土壤学报》2003 年第 3 期。

G.15
甘肃省肥料科技发展研究报告

车宗贤　冯守疆　崔云玲　陈　震*

摘　要： 通过分析甘肃省20世纪80年代以来肥料生产、使用等相关数据，本文总结了甘肃省肥料发展的历程及“十二五”期间在新型肥料研究工作中取得的成绩；根据甘肃省当前肥料生产和使用过程中存在的肥料利用率低、新型肥料推广速度慢等问题，结合全国肥料产业发展现状与政策，本文提出了甘肃省“十三五”期间肥料发展的工作重心，即应在加强新型肥料研究工作的基础上，加大研究力度，加快新型肥料发展步伐。

关键词： 甘肃　肥料　科技　发展　报告

肥料是非常重要的农业生产资料，对确保农业生产发展和国家粮食安全起着重要作用。据联合国粮农组织（FAO）统计，肥料对粮食生产能力的贡献率为45%～50%。科学施肥可以提高土壤肥力，促进作物的生长，提高农业生产力。

肥料是为作物提供一种或多种必需营养元素的物质。主要分为有机肥料、无机肥料（化肥）和微生物肥料等。其中化肥又分为氮肥、磷肥、钾肥、复合肥、中微肥等，用量最大的为氮、磷、钾肥。

一　肥料科技发展动态

据中国产业信息网“智研数据中心”报道，我国化肥行业在2004～2014年

* 车宗贤，研究员，硕士生导师，甘肃省农业科学院土壤肥料与节水农业研究所所长，主要从事植物营养与肥料研究工作；冯守疆，植物营养学硕士，甘肃省农业科学院土壤肥料与节水农业研究所助理研究员，从事植物营养与新型肥料研究工作；崔云玲，甘肃省农业科学院土壤肥料与节水农业研究所副研究员，从事植物营养与新型肥料研究工作；陈震，在读硕士，主要从事新型肥料研究工作。

的10年中，产量从4519.80万吨增加到6933.69万吨（见图1），制造业销售收入从3383亿元增加到8198.11亿元，总产值占全国GDP的1.31%～1.47%。其中氮肥（纯氮）产量从3304.07万吨增加到4651.65万吨（见图2），磷肥（P_2O_5）产量从1002.96万吨增加到1669.93万吨（见图3），钾肥（K_2O）产量从206.33万吨增加到610.47万吨（见图4）。复混肥料呈现迅速发展势头，2014年产值达到4281.87亿元，占比为52.2%。

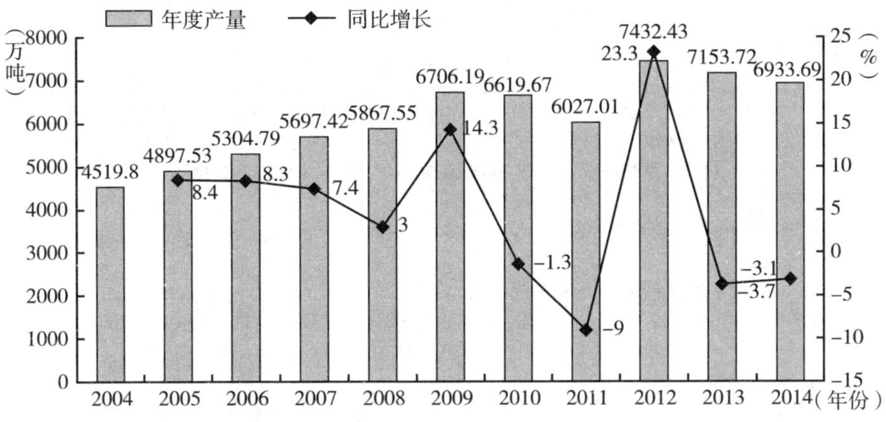

图1　2004～2014年中国化肥行业产量情况

资料来源：智研数据中心报道。

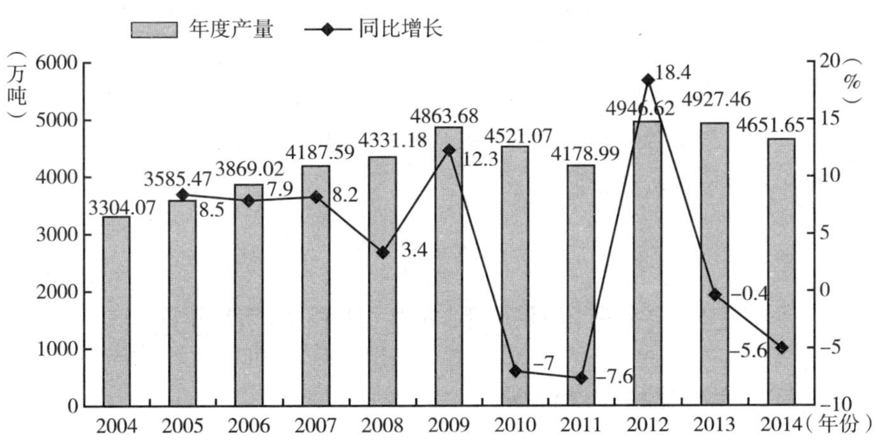

图2　2004～2014年中国氮肥（N）行业产量情况

资料来源：智研数据中心报道。

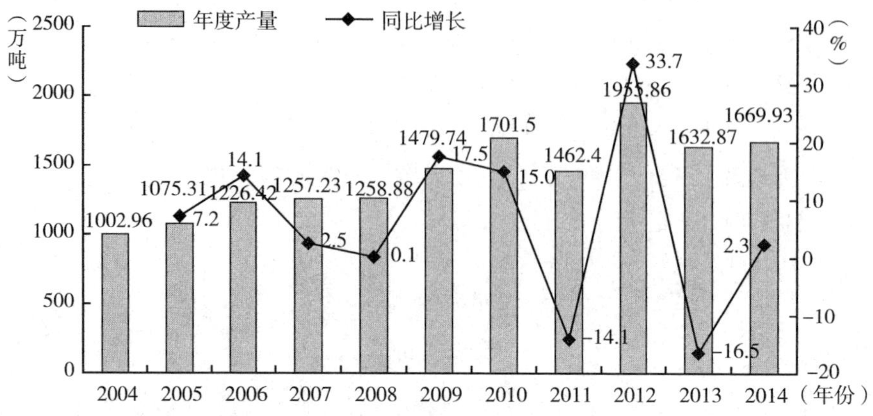

图3　2004～2014年中国磷肥（P_2O_5）行业产量情况

资料来源：智研数据中心报道。

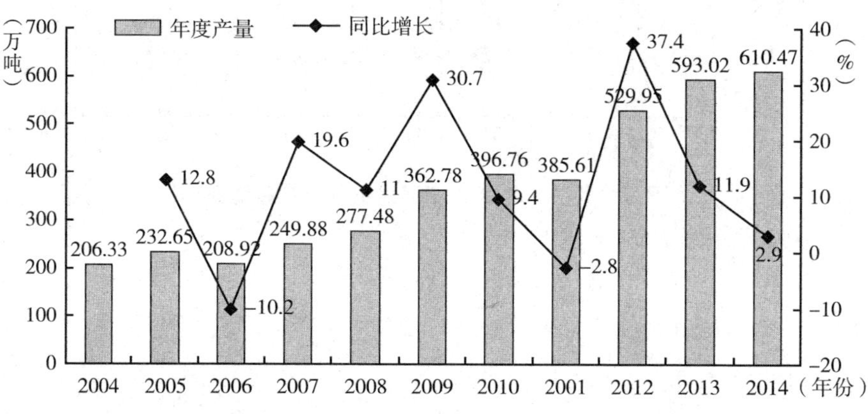

图4　2004～2014年中国钾肥（K_2O）行业产量情况

资料来源：智研数据中心报道。

二　甘肃省肥料科技发展现状和问题

（一）甘肃省肥料发展概况

自1978年开始，甘肃省肥料实物量投入除部分年份有波动外，总体上呈上升趋势，其肥料折纯量为逐年上升趋势，实物量由1978年的75.60万吨上升为322.26万吨，平均以每年8.14万吨的速度增加，1978～2014年，总量增加了

246.66 万吨。折纯量由 1992 年的 23.40 万吨上升为 97.60 万吨，总共增加了 74.2 万吨（见图 5）。

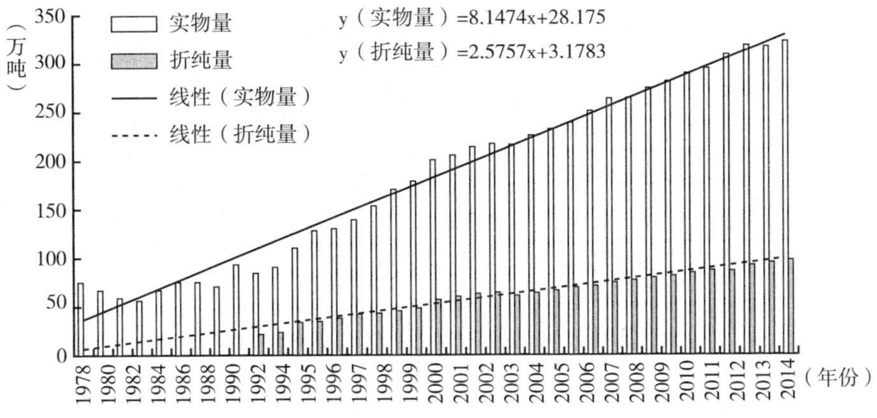

图 5　1978 ~ 2014 年甘肃省肥料使用量变化趋势

20 世纪 80 年代初，甘肃省的肥料生产企业不足 20 家，以尿素、过磷酸钙和磷酸二铵为主，年生产能力不足 30 万吨，品种结构单一、规模较小、市场竞争力弱是该时期甘肃省肥料的主要特点。90 年代以后，甘肃肥料生产企业得到长足发展，年生产能力达到了近百万吨，生产企业达到近百家，但仍不能满足甘肃省农业生产的需要，仍然需从省外调运大量的肥料，从此时开始，复合（混）肥料及新型肥料开始替代部分原有化肥，占到全省肥料总使用量的 1/3 左右。进入 21 世纪，随着测土配方施肥技术的应用，几乎每个市（州）建有肥料厂，年生产能力已达到 150 万吨左右。2010 年以后，随着耕地质量提升、一喷三防以及水肥一体化等项目的实施，有机肥料和水溶肥得到了迅猛发展，其中，有机肥料生产企业每年以数十家的速度递增。据统计，截至目前，在省农牧厅登记的肥料企业达到 166 家，其中有机肥料生产企业 105 家，占到了肥料企业总数的 63%；有机肥料实际生产能力 50 万吨左右。随着科技不断进步，肥料的品种日益增多。

1. 氮肥

氮肥是甘肃省农业生产中使用量最多的肥料，1987 ~ 2014 年，氮肥（折纯量）由 14.30 万吨增加到 40.67 万吨，以平均每年 0.91 万吨的速度增加，共增加了 26.37 万吨（见图 6）。

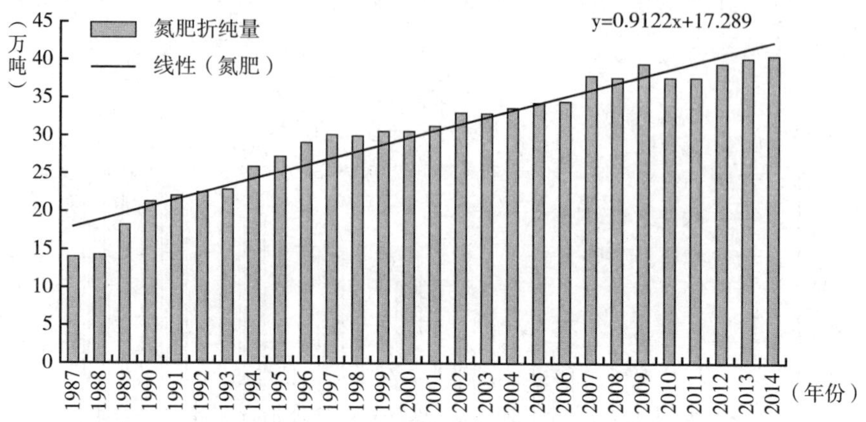

图 6　1987～2014 年甘肃省氮肥折纯量变化趋势

2. 磷肥

甘肃省农业生产中，磷肥的使用量（折纯量）从 1987 年的 4.10 万吨增加到 2014 年的 18.60 万吨，以平均每年 0.44 万吨的速度增加，1987～2014 年，共增加了 14.5 万吨（见图 7）。

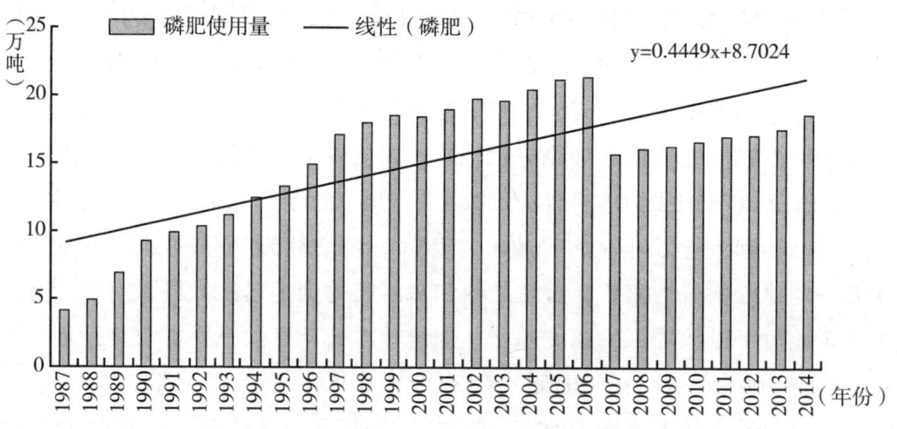

图 7　1987～2014 年甘肃省磷肥使用量变化趋势

3. 钾肥

甘肃省农业生产中，钾肥的使用量相对较低，1987～2014 年，其钾肥（折纯量）从 0.40 万吨增加到 2014 年的 8.36 万吨，以平均每年 0.31 万吨的速度增加，总共增加了 7.96 万吨（见图 8）。

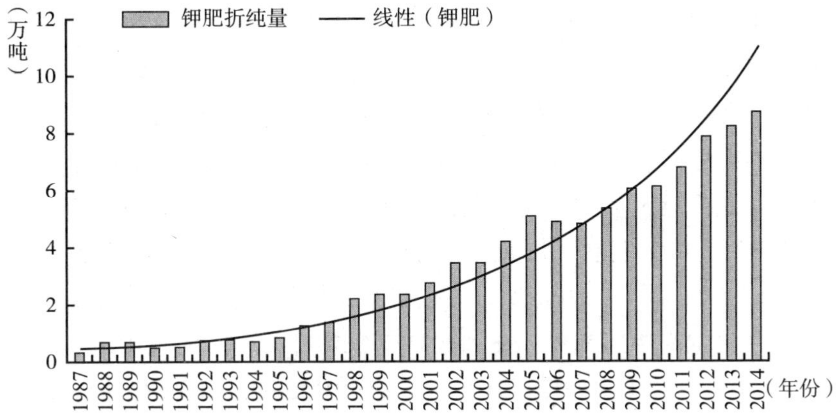

图 8　1987 ~ 2014 年甘肃省钾肥折纯量变化趋势

4. 复混（合）肥

甘肃省农业生产中，复混（合）肥的使用经历了两个稳步上升阶段（1987 ~ 1998 年，2007 ~ 2014 年）和一个稳定使用阶段（1999 ~ 2006 年），自 1987 年至 2014 年，复混（合）肥（折纯量）由 4. 60 万吨增加到 29. 71 万吨，以平均每年 0. 91 万吨的速度增加，共增加了 25. 11 万吨（见图 9）。

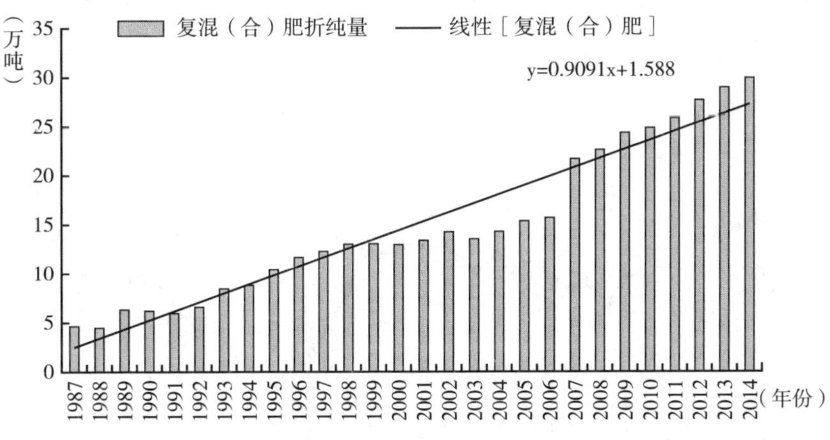

图 9　1987 ~ 2014 年甘肃省复混（合）肥折纯量变化趋势

（二）肥料对农业增产增效的贡献

1. 肥料对世界农业增产增效的贡献

肥料是作物的“粮食”、植物的“营养”，直接关系作物的产量和质量。近百年来，化肥对全球的粮食产量增加和缓解食物短缺做出了巨大贡献。20 世纪以来，随着化学工业的发展，作为农业发展首要技术之一的化肥被广泛应用，并对粮食增加起到了显著作用。据 FAO 统计，在提高作物单产中，肥料对作物增产所起的作用占 40% ~60%；在发展中国家，施肥可提高粮食作物单产量 55% ~57%，总产量 30% ~31%。我国农业部门统计资料为 30% ~50%，甘肃省的研究结果为 40% 左右。诺贝尔奖获得者 NormanE. Borlaug 和美国科学家 R. G. Hoeft（1990）认为，20 世纪以来化肥的施用对全球粮食的增加起到至关重要的作用，其贡献率达到 50%。美国经济学家估计，化肥的施用对美国作物单产增加起到 50% ~60% 的作用。在中国，通过对肥料长期定位试验点的试验资料进行统计，化肥的施用对粮食产量的贡献率达到 40. 8% ~57. 8%。由此可见，化肥在农业增产增效中的作用巨大。

2. 肥料对甘肃农业增产增效的贡献

对 1978 ~2014 年甘肃省粮食作物面积、粮食总产量及肥料使用量之间的关系分析表明：36 年间，甘肃省粮食作物面积由 1978 年的 299. 59 万公顷减少到 2014 年的 284. 24 万公顷，并在 1999 ~2003 年出现粮食作物面积持续减少的情况，2003 年以后粮食作物种植面积逐渐增加；但在此期间，甘肃省粮食总产量除部分年份略有减少外，总体产量表现为增加的趋势，与之相对应的是，肥料使用量呈现逐年增加的趋势，可见，肥料的施用在甘肃省粮食产量增加的过程中起了非常关键的作用（见图 10）。

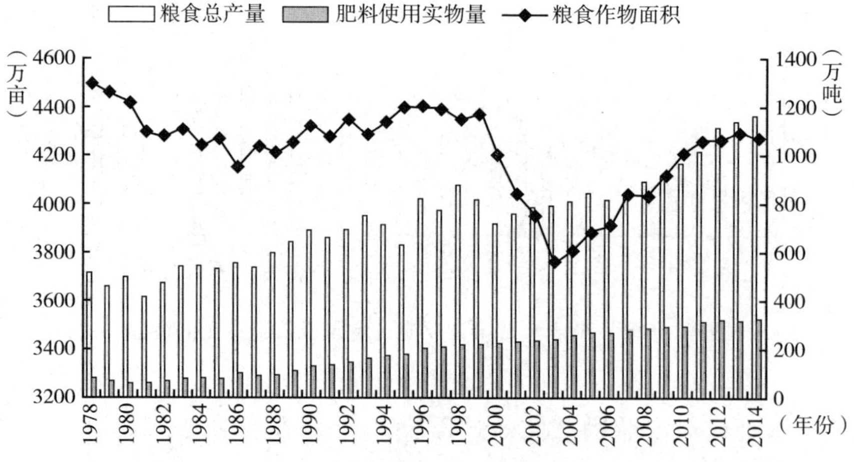

图 10　1978 ~2014 年甘肃省粮食作物面积、粮食总产量及肥料使用量之间的关系

3. 肥料对耕地地力的提升作用

肥料的施用能够起到提高土壤肥力、平衡土壤养分及补充作物所需养分的作用。土壤肥力是判断土地生产力的主要指标，施肥是提高土壤肥力的重要手段，如有机肥和化肥的长期施用有助于提高土壤中氮、磷、钾的累积速度，且有机肥与化肥配施对提高土壤肥力效果最佳。施入土壤中的肥料，有相当数量的养分以有机或无机的形式残留在土壤中，起到提高土壤肥力的作用。据研究，施入土壤的化肥，有约30%的氮、70%的磷、40%的钾会残留在土壤中，经多年连续施肥，即可产生化肥后效的叠加效应，可起到提高土壤肥力、作物产量和品质的作用。

（三）肥料产业发展中存在的问题

1. 肥料施用中存在的问题

肥料在农业增产增效中的作用是显而易见的，但我国在肥料的施用过程中还存在以下问题：一是肥料养分利用率低。据《中国统计年鉴》数据，1991～2013年，中国化肥使用量由2805.1万吨增加到5911.9万吨，使用量增加了一倍多，而谷物总产量涨幅不足40%，化肥利用率低助长了过量施肥。发达国家的氮肥利用率可达到68%，而我国仅为30%，其中水稻、小麦、玉米的氮吸收有效率只有26%～28%，而蔬菜作物的吸收有效率不足20%，剩余部分则完全散失到环境中。二是具有养分高效利用功能的新型肥料品种缺乏。三是复混（合）肥料所含养分形态及配比与作物需求不一致。四是测土配方施肥技术的推广应用没有相对应的专用肥料提供支持。五是非水溶性钾矿资源利用技术缺乏。六是有机肥发酵时间长、有毒有害物质去除技术落后。七是微生物肥料基础研究落后于生产实践等。上述问题已成为制约中国食物安全的根本性问题。

2. 肥料生产中存在的问题

当前，我国化肥行业发展存在的主要问题有：一是产能过剩矛盾突出，新增产能持续增加，但落后产能未退出；二是产品结构和技术服务与现代农业的需求有差距；三是企业技术创新的意识不够，创新能力弱，研发投入较低；四是节能环保和资源综合利用水平不高；五是硫和钾资源对外依存度高。当前，我国化肥行业只有通过对产品技术研发的创新改进和对产品结构、质量的不断升级，提高核心竞争力，努力实现化肥行业由大变强，才能实现农业部制定的“化肥使用量零增长”的目标。

（四）新型肥料的发展潜力和技术瓶颈

1. 缓/控释肥料巨大需求与缓释材料成本降低技术瓶颈

缓/控释肥料能有效地延缓或控制养分的释放速率和释放时间，使肥料所含养分的释放期和释放量与作物对养分的需求相一致（基本一致），主要通过对肥料的改性，起到延缓释放、延长肥效、调控养分供应速度的作用。世界上最早的缓/控释肥料是发明于 1924 年的脲醛肥料，我国最早的缓/控释肥是 20 世纪 60 年代末至 70 年代初研制成功的碳酸氢铵粒肥和钙镁磷肥（包括氮肥）。

综观全球市场，缓释肥、控释肥和稳定性肥料的生产能力在 2011 ~ 2014 年翻了近一番，从 650 万吨迅速增至 1200 万吨，其生产和消费主要集中在中国、印度和加拿大。在全球范围内，亚洲市场的主导地位显而易见，中国是最大的缓/控释肥料和稳定性肥料消费国，2014 年的消费量约为 280 万吨。由于缓/控释肥料价格高，其主要用于非农业市场及高附加值的经济作物上。随着世界经济的发展，对肥料的要求已经从单一的保证农产品产量上升为提高农产品质量、节能环保及经济的可持续发展上，缓/控释肥料的应用为实现这一要求提供了技术支持，但关键是要解决缓/控释材料成本过高的技术难题，降低缓/控释肥料价格，减少农民化肥投入成本，使缓/控释肥料真正在农业生产中发挥作用。

2. 水溶性肥料的巨大需求与降本增效技术瓶颈

水溶性肥料是一种可以迅速地、完全地溶于水的多元复合肥料，它更容易被作物吸收，可以随时根据作物不同长势对肥料配方做出调整，而且其吸收利用率相对较高，其肥料利用率是常规复合化学肥料的 2 ~ 3 倍，更为关键的是，它与现代灌溉农业的发展需求相一致，为水肥一体化技术提供了对应产品，起到减少肥料施用量的效能。

由于水溶性肥料具有节水、省肥、省工的优点，近年发展较快，但还存在生产技术落后、研发基础薄弱、生产成本和物流成本偏高、产品同质化严重、水溶性肥料产品标准缺少、企业农户服务投入不足等问题。

3. 有机肥巨大需求与有害残留去除技术瓶颈

有机肥是土壤有机质的物质来源，是提高土壤肥力的物质基础，能提供多种作物所需养分和活性物质。在施用有机肥的同时可减少化肥的施用量，20 世纪 50 年代之前甘肃省农业生产中的肥料主要为有机肥；20 世纪 70 年代后，化学肥料的使用量大幅度增加；到 20 世纪 80 年代后有机肥和化肥的使用比例相对稳定，化肥投入量占肥料总量的50%～60%，有机肥占40%～50%；进入20世纪90年代，有机肥用量再次降低，占到总投入的30%～40%。

有机肥料产业化是随着农业生产结构的调整和无公害农产品生产的发展而发展的。在生产中主要存在有害残留去除难、发酵时间长等技术难题，因此只有根据农业生产和市场的需要，加强有机肥料科技创新、不断改进配方和生产工艺，才能生产出优质的有机肥产品，有机肥发展的技术关键为快速发酵与除臭技术、有机无机配伍、有机复肥或缓释有机复肥。

4. 功能肥料节肥节药潜力与肥药结合技术瓶颈

功能性肥料是指除了具有植物营养和培肥土壤的功能以外还具有其他特殊功能的肥料，应用于特定的土壤和作物，主要类型有改土型、保水型、促生型、除草型、杀虫型、灭菌型等。功能性肥料要严格满足以下三个条件：一是所具备的新功能必须是附件功能；二是所添加成分是新功能所需的而不是肥料生产所需的添加物；三是肥料的生产成本不能大幅度增加。

我国的功能性肥料研发还处于起步阶段，是肥料家族中出现的一个新成员，也是甘肃省肥料发展的一个重要方向。我国现有的法律、法规禁止在肥料里添加植物生长剂或农药等材料，所以应加强功能性肥料的基础和应用基础研究，克服功能性肥料的研发及使用问题，尽快突破关键技术。未来功能性肥料发展的主攻方向是面向药肥同源，重点解决营养与辅助的难题，后茬作物安全性和环境友好性是功能肥料创新的核心。

5. 微生物肥料的巨大需求与效果不稳定的技术瓶颈

我国在20世纪50年代末开始微生物肥料的研发工作，而甘肃省在20世纪80年代末才开始，目前，甘肃省的微生物肥料总体研发水平仍比较落后。因此，甘肃省微生物肥料的发展应从以下几个方面展开：一是加强微生物肥料的作用机理研究；二是有针对性地选育菌种，保证微生物肥料施用的有效性；三是严把微生物肥料质量关，在生产过程中保证菌种纯度，严格控制水分、pH、温度、载体糖分含量等条件；四是规范微生物肥料市场；五是发展微生物肥料新剂型，改善生产条件和工艺，构建多功能组合菌群肥料等。

6. 中微量元素肥料的“四两拨千斤”作用与精准施用技术瓶颈

中微量元素相对于氮磷钾等元素而言用量少，但也是植物生长所不可缺少的，具有较强的专一性，过多或过少都会影响作物的正常生长发育，严重时会影响产量和品质，主要包括钙、镁、硫、铁、锰、铜、锌、硼、钼、氯等。

随着作物产量水平的提高，中微量元素缺乏的土壤和作物在不断增加，中微量元素肥料的使用要做到因缺施肥。盲目过量施用微肥会危及作物及环境安全，当前农业生产中又难以进行中微量元素的测试诊断，因此应切实开展中微量元素精准实用技术研究，最大化地发挥微量元素的增效作用是农业增产增效的重要举措。

三　甘肃省肥料科技创新发展思路、目标及重点

（一）肥料科技发展的基本思路和目标

甘肃土壤的供肥特征是“缺氮、少磷、钾有余，中微肥不平衡”，施肥总体原则是因不同土壤、不同的作物施肥，“多补氮、隔年施磷、少施钾和慎重施中微肥”。最终目标是逐步达到作物需肥规律、土壤供肥规律、作物生长规律与施肥规律相吻合，减少肥料使用量，提高肥料利用率，降低施肥成本，减轻施肥对环境的危害。

肥料生产中，逐步减少单质肥料，增加专用肥品种，重点发展作物专用型缓/控释肥料、微生物肥料、水溶性肥料、有机肥、功能性肥料等新型肥料，加强绿肥、有机肥料等的更新换代，发挥其对化肥的替代作用和能力。

（二）肥料发展的重点技术和主要方向

我国农业生产中化学肥料的施用量居世界第一位，特别是化学氮肥。研究结果显示，氮肥施用过量是导致氮淋溶挥发损失率高和利用率低的主要因素。我国的耕地面积不足世界的1/10，但施氮量占世界总施氮量的近1/3，普遍存在氮肥施用过量的现象。大量的化学氮肥投入不但没有进一步提高作物产量和对氮素吸收利用率，反而加剧了氮肥资源的浪费和流失，继而对生态环境产生直接威胁，同时也大幅度增加了肥料成本，显著降低了其肥料利用率，并且随着全世界范围内化学肥料施用量的逐步增长，土壤中的肥料将通过各种途径进入大气和水体，使本就脆弱的生态环境问题更加凸显。

因此，大力研究推广基于现代信息技术的精准施肥技术，基于自动化监测的水肥一体化施肥技术，农机与农艺相结合的机械化施肥技术，液体肥料高效施用技术，有机类肥料高效施用技术，以及与之配套的施肥装备等，通过行之有效的方法和措施减少肥料用量，显著提高化学氮肥的利用效率和增产效益，缓解施肥对环境造成的影响已成为现代农业生产中一项紧迫而重要的任务。

1. 高效低耗新型肥料的创制

新型肥料是通过选用新的材料、采用新的工艺或新的方法，改变原有剂型或品种而研制的具有新型功能的化学肥料。新型肥料的创制及应用符合国家对化肥行业节能减排、整合改造的产业政策措施。当前新型肥料仍没有完善的分类体系，按照性质和组成，学界将新型肥料划分为生物有机肥料、控/缓释肥料、水溶性肥料、微生物肥料和功能性肥料五大类。创新研发并生产新型肥料，是实现现代农业可持续发展和顺应全世界低碳经济的需要，已经成为当前肥料企业技术创新的热点和难点。新型肥料的发展态势与当前农业发展关系密切，专用化、复合化、安全、环保、高效是新型肥料发展的趋势。

新型肥料创制需要实现以下几方面的突破：一是缓/控释肥料。新型、高效、环境友好脲酶与硝化抑制剂的筛选，包膜材料的筛选、改性与研发，包膜控释技术创新，包膜工艺参数的系统化研究，养分释放机理的研究，缓/控释肥生产技术和设备的研发，专用缓/控释肥料的研发，缓/控释肥料标准的制订。二是商品有机肥料。有毒有害物质的消减与去除，功能微生物菌种与辅助制剂，快速腐熟菌剂及高效快速堆肥技术，快速腐熟生物反应器研制，有机肥高值化，商品有机肥质量标准体系。三是微生物肥料。菌株的筛选和联合菌群的应用，生产工艺的改进和生产条件的改善，生物有机肥、根瘤菌剂、生物修复剂、促生菌剂和有机物料腐熟剂等新产品研发。四是功能性肥料。促进根系纵深发展，提高水分利用率和增强植物对水分的利用能力功能性肥料产品的开发；代替现有的杀虫剂，既能起到杀虫作用又能提供营养元素的功能性肥料产品研发；调节植物的生物量分配，增强其抗病虫害及抗倒伏能力的多功能肥料产品研发；提高作物产量和品质，发展高效无公害优质农业的肥料研发。

2. 农作物化肥减施及肥料利用率提升技术

（1）机械化精准施肥技术：精准施肥技术是根据土壤肥力状况、作物需肥特点和预定目标产量，通过调节肥料施用量、氮磷钾元素的比例及施入时期，最大限度地利用土地资源，实现肥料投入产出的最大化，显著提高化学肥料的利用效率，同时改善农田环境，增加农业种植效益。研究结果显示，该项技术的应用可显著减少肥料施用量，实现作物高产优质，并能提升土壤肥力，达到耕地资源的可持续利用。在农田施肥精准变量研究的基础上，开发使用种肥同步施用的系列变量播种施肥机械装备，同等产量条件下，精准施肥可使作物增产 8.2% ~ 19.8%，最高可达 30%，总成本降低 15% ~20%，化肥施用量减少 20% ~30%。田间信息精确获取成本高、难度大，已成为严重制约精准施肥技术发展的瓶颈。

施肥专家决策系统分析能力还需进一步提高，使其简单而可靠。遥感技术与土壤信息处理、土壤肥力时空分布研究、水肥耦合规律的研究将是该技术发展的方向。

（2）滴灌水肥一体化运筹技术：水肥一体化运筹技术是将灌水与施肥同步实施的一种农业新技术。它是根据作物需水和需肥规律，通过压力滴灌系统，将液体肥料或易溶性的固体肥料配制成肥液和灌溉水同步、准确、均匀地输送到农作物根区土壤。水肥一体化运筹技术，可以根据作物生长对水肥的要求，进行全生育期的供给设计，把养分和水分定时、定量，按一定的配比直接供应于作物。具有节水节肥、高效快速、保证作物丰产稳产、施肥精确四大优势。水肥一体化技术实现了水肥的按需精确供应，达到了水肥的高度耦合。在作物产量相近或增产的情况下，与传统技术相比，可节水30%～50%，节肥20%～45%，节本增效显著。

（3）地膜覆盖作物一次性施肥技术：地膜覆盖栽培虽然显著提高了作物的产量，但地膜覆盖后不利于追肥，特别是不利于机械化操作。因此一次性施肥法应运而生，但一次性施用大量的传统肥料导致作物前期生长旺盛，中后期出现脱肥，同时也易造成氮的淋溶损失。所以缓/控释肥料与作物施肥技术相结合便形成了一次性施肥技术。一次性施肥技术是指在作物播种前，结合土壤耕作，把作物缓/控释肥按其品牌说明规定的施用数量，一次性施入深层土壤中，播种时再施入少量种肥，在作物整个生长期内，不再追施任何肥料，从而达到有效提供肥料养分的施肥技术。一次性施肥技术最核心的还是缓释或控释肥料。缓释或控释肥料是指通过一定的技术措施调节和控制肥料中养分的释放速度，延长肥料的释放时间，使用肥料的释放与作物的需肥规律尽可能一致，以满足整个生长阶段作物对肥料的需求。一次性施肥技术可以减少化肥用量10%～30%，在保证作物不减产的前提下肥料利用率提高15～20个百分点，且节省人工，便于管理。

（4）优化减量施肥技术：针对当前农业生产中存在的盲目和超量施肥、施肥方法不合理等问题，通过现代的高效施肥技术和措施，改变当地不合理的施肥方法和比例，优化施氮减量20%后可保证作物不减产，显著提高肥料利用效率。

（5）增施有机肥减施化肥技术：利用商品有机肥、绿肥、秸秆还田等有机肥替代部分氮肥与无机肥配合施用，有机肥料氮可替代10%～20%的无机氮。在河西绿洲灌区，玉米间作针叶豌豆和毛叶苕子两种绿肥均能减少10%的化学氮肥用量；小麦田绿肥氮代替化学氮在30%～45%时仍具有增产效果，并能改善土壤理化性质，培肥地力。

四 肥料科技创新体系建设与保障措施

为了保持和改善耕地质量，提高粮食综合生产能力，保护环境和提高食品安全，降低农业生产成本，调动肥料研究者、生产者、使用者的积极性，促进农业可持续发展，必须建立肥料科技创新体系和保障措施，推动新型肥料长足发展。

1. 新型肥料产业技术创新联盟建设

新型肥料是肥料家族中最有生命力的成员，代表肥料发展方向，其技术含量高、加工难度大、推广应用慢。组建产、学、研、管、用相结合的产业技术联盟，通过契约型机制，配置产业链资源，协调各方面利益关系，有效推动肥料产业健康发展。

2. 支持新型肥料技术创新，设立科研专项

新型肥料的研发必须有专项经费的支持，通过专项经费支持，开展新型肥料原材料筛选研究、节能型生产工艺和设备研究、区域型专用肥料农艺和工艺配方研究，提高新型肥料的施用效果和环境安全性，降低新型肥料的生产成本，摘掉新型肥料“贵族”的帽子，推动新型肥料的使用。

3. 出台新型肥料生产和销售优惠政策

肥料生产企业的积极性决定新型肥料的发展态势，企业利润决定企业的生存和发展，新型肥料是新时期肥料发展的趋势，前景广阔，应受到支持和鼓励。新型肥料在推广前期，由于销量小，市场运营成本高，使企业难以维持。因此，以市场为导向，建立新型肥料标准化、规范化的生产销售网络体系，出台新型肥料生产企业扶持政策，是新型肥料快速发展的基本保障。

4. 加快新型肥料用户直补政策的步伐

在农业生产中，肥料是最大的生产资料，占总投入的60%～70%，远高于种子、地膜、农药等生产资料投入的总和，同时，也是影响农作物产量、品质和农户收益的最主要因素，农户对肥料的施用非常重视。因此，为推进新型肥料的使用，加大新型肥料的宣传与推广力度、配套新型肥料的使用补贴政策显得尤为重要。笔者相信，在国家政策扶持下，在管理机构、科研单位、生产企业和农户的共同努力下，新型肥料的经济效益、生态效益与社会效益将逐步被认知和接受。

参考文献

智研数据中心：《2015~2016年中国化肥行业市场现状及发展趋势分析（图）》，2016年2月16日。

《甘肃农业年鉴》（1978~2014年）。

《甘肃年鉴》（1978~2014年）。

武翻江：《甘肃省肥料生产与市场管理现状问题调研报告》，《甘肃农业》2014年第8期。

车宗贤、赵秉强：《甘肃省复混专用肥料农艺配方》，中国农业出版社，2014。

车宗贤：《稳定支持中国缓控释专用肥料的发展》，《中国植物营养与肥料学会专家访谈》，2016年1月22日。

G.16

甘肃省农产品贮藏保鲜与精深加工科技发展研究报告

张永茂　颉敏华*

摘　要：本文总结了甘肃省马铃薯、果品、蔬菜、中药材贮藏保鲜与精深加工方面取得的科技成果，分析了该领域对原料优质化、技术高新化、装备现代化、全产业链生产标准化等科技的需求，指出了产前、产中、产后脱节，学科大联合薄弱，科技投入和技术储备不足，科学研究与实际生产联系不紧密等科技问题。本文提出了马铃薯、果品、蔬菜、中药材贮藏保鲜与精深加工研究方向，并提出建立健全科技投入、政产学研结合、研发体系内部学科联合、成果和人才评价体系与机制等重要科技保障，促进甘肃省农产品加工业发展。

关键词：甘肃　农产品　贮藏保鲜　加工　科技

一　农产品贮藏保鲜与精深加工科技发展动态

（一）国内外农产品贮藏保鲜与精深加工业发展现状

1. 国外农产品贮藏保鲜与精深加工业发展现状

农产品贮藏保鲜与精深加工业的发展是现代农业发展的重要标志。发达国家农产品加工食品产值占到整个食品产值的80%～90%，一般情况下，农产品加

* 张永茂，甘肃省农业科学院农产品贮藏加工研究所所长，研究员，主要从事农产品贮藏保鲜与加工技术研究、示范与推广工作；颉敏华，甘肃省农业科学院农产品贮藏加工研究所副所长，研究员，主要从事农产品贮藏保险与加工技术研究开发。

工业产值是农业产值的2～4倍，且精深加工程度在90%以上，农产品加工业占制造业比重较大，如荷兰占13%，美国占9%。应用先进的加工技术、设备，发达国家将自然资源优势转化成产业优势，产后增值程度高，如玉米是美国第一大农作物，玉米产量占全球总产量的40%左右，深加工玉米耗去其总产量的一半以上，其加工产品有4000多种，资源利用率达到99%，处于世界领先水平；日本是世界上主要的稻米生产国和消费国，开发的大米加工制品达300多种；巴西的甘蔗加工量占全球的80%；法国的葡萄酒加工业闻名世界等。发达国家的生鲜农产品"从农田到餐桌"的流通过程实现了冷链物流，物流各环节实现了无缝衔接，一体化程度高，生鲜产品的质量、安全在物流全过程中得到监管与控制，产后腐烂损耗率低于5%。

2. 国内农产品加工业发展现状

近年来，我国农产品加工总产值大幅度上升，农产品加工业的地位在国民经济中日益重要。2005年农产品加工业产值达4.96万亿元，2010年达到11.50万亿元，2015年达到23.97万亿元；"十五"、"十一五"和"十二五"期间，我国国民生产总值分别增加了0.686、0.879和0.398倍，农业总产值分别增加了0.579、0.493和0.800倍，农产品加工业产值分别增加了1.197、0.897和0.598倍，食品加工业产值分别增加了1.199、0.580和1.486倍，在"十五"和"十一五"期间农产品加工业和食品加工业产值的增加速度均高于农业总产值和国民生产总值的增加速度。"十二五"期间，随着经济的下行，农产品加工业的增加速度低于农业总产值的增加速度。农产品加工业总产值与农业总产值的比值2001年为1.55∶1，2005年上升到2.15∶1，2010年达3.11∶1，2015年增加到3.17∶1；食品加工业总产值与农业总产值的比值2001年为0.63∶1，2005年上升到0.88∶1，2010年达1.67∶1，2015年为1.50∶1。从总体上看，我国农产品加工业总产值逐年上升，并与农业总产值的比值超过了3∶1，基本达到发达国家的平均水平，但是我国农产品加工业在加工能力、技术水平、硬件装备以及市场开发等方面仍存在企业规模小、工艺技术装备落后、加工标准和质量控制体系不健全、技术创新能力弱、加工链条短等问题，与发达国家相比还有很大差距。

（二）国内外农产品贮藏保鲜与精深加工科技发展动态

1. 发达国家农产品加工技术发展趋势

（1）农产品加工技术越来越高新化。伴随着农产品贮藏保鲜与精深加工新

表 1　2001～2015 年我国农产品加工业和食品加工业产值占国民生产总值的比重

年份	GDP（亿元）	农产品加工业总产值（亿元）	占 GDP 比重（%）	食品加工业产值（亿元）	占 GDP 比重（%）	农业总产值（亿元）	占 GDP 比重（%）
2001	110270	22586	23. 54	9244	9. 64	14609	15. 23
2002	121002	25951	24. 76	10778	10. 29	16117	15. 38
2003	136564	31168	26. 58	12911	11. 01	17092	14. 58
2004	160714	37967	23. 75	15508	9. 70	20768	12. 99
2005	185895	49619	27. 10	20324	11. 10	23070	12. 60
2006	217656	60621	28. 75	24801	11. 76	24737	11. 73
2007	268019	77221	30. 95	32425	12. 99	28095	11. 26
2008	316751	95979	31. 92	42373	14. 09	34000	11. 31
2009	345629	111700	32. 80	49570	14. 56	35226	10. 35
2010	408903	115000	28. 12	61673	15. 08	36941	9. 03
2011	484123	150000	30. 98	71761	14. 82	41988	8. 67
2012	534123	165900	31. 06	85376	15. 98	46940	8. 78
2013	588018	195700	33. 28	99208	16. 87	51497	8. 76
2014	636138	228319	36. 16	108017	16. 98	54771	8. 61
2015	676708	239697	35. 42	113400	16. 76	75600	11. 17

资料来源：各年度《中国统计年鉴》数据列表。

技术、新装备和新材料的不断涌现，许多高科技、新技术越来越广泛地应用于农产品加工领域的各个环节。

（2）加工设备向新型、高效、节能、环保方向发展。随着加工技术的先进化与高新化发展，越来越多的高效、节能、环保、新型加工设备在果蔬深加工领域被迅速应用，并得到不断提升。

（3）精深加工能力越来越强，资源综合利用度越来越高。农产品原料和废弃物的利用已成为国际果蔬加工业新热点，发达国家农产品加工企业都是从环保和经济效益两个角度对加工原料进行综合利用，最大限度地实现农产品的经济价值和生态价值。

（4）农产品加工向安全、绿色、休闲方向发展。农产品加工品的安全、绿色、休闲已成为人们消费的主流和方向，在发达国家人们对农产品加工品的追求已从品种的多样性转向加工品的安全性和健康性。

（5）重视加工过程的质量管理。建立农产品质量管理国际市场标准，不仅对原料的安全性进行严格要求，还在加工生产中实施 HACCP 规范及 ISO9000 族系规范，保证产品质量安全。

2. 国内农产品贮藏保鲜与精深加工科技发展动态

当前，我国农产品加工业发展迅速，国内农产品贮藏保鲜与精深加工科技表现出以下态势。

（1）提升农产品初加工技术装备水平，改善农产品产地初加工现状得到空前重视。近年来，国家启动了农产品产地初加工补助政策，支持专业合作社和农户建设果蔬冷藏库、马铃薯贮藏窖及果蔬烘干房等设施，截至 2015 年，中央财政累计补贴资金 16 亿元，带动地方和农民投入 40 多亿元，新建产地初加工设施 6.6 万座，新增果蔬贮藏能力 115 万吨、马铃薯贮藏能力 116 万吨、果蔬烘干能力 80 万吨，在改善农产品初加工设施条件方面发挥了积极作用。

（2）主食加工业向机械化、智能化、绿色化转型。从 2014 年开始农业部组织实施的主食加工业提升行动，要求对中华传统食品、民族特色食品、主食等进行传承、创新和发展，开发营养健康、安全美味、实惠便捷的食品，研发推广应用机械化、智能化、数字化、绿色化的先进技术装备，推进传统食品和主食加工品的标准化、规模化生产。2016 年，国家重点研发计划“现代食品加工及粮食收储运技术与装备”重点专项启动实施，围绕食品产业新型加工与绿色制造，粮食收储运技术装备，现代食品物流的信息化、智能化与低碳化研发，全产业链品质质量过程控制开发，中华传统与民族特色食品工业化与成品化以及工程化食品加工技术装备创制等关键问题与重大科技需求，力争依靠科技创新，实现新知识支撑、新工艺创建、新技术突破、新装备保障、新产品创制和新格局形成。

（3）由精深加工向低耗能、低污染、高附加值和无废弃加工进军。在农产品加工产业中，利用超临界流体蒸馏、超临界流体萃取、膜分离、淀粉修饰、质构重组、超高压加工、真空冷冻干燥、微波杀菌与干燥、远红外加热、超微粉碎、微胶囊、无菌包装、冷杀菌、计算机图像处理、玻璃化保藏等高新技术，尤其是生物酶、基因工程、微生物发酵等现代生物技术实现精深加工的低耗能、低污染、高附加值和无废弃加工已成为农产品加工业的主投方向。

二　甘肃省农产品贮藏保鲜与精深加工科技发展现状与问题

（一）甘肃省农产品贮藏保鲜与精深加工业概况

2015 年，甘肃省农产品加工企业达 2500 多家，其中规模以上农产品加工企业 1026 家，农产品加工能力 1400 多万吨。

马铃薯是甘肃省第三大粮食作物，种植面积约 70 万公顷，居全国第三位，鲜薯产量约 1400 万吨，居全国第二位。目前，甘肃省正在形成四个层次的马铃薯贮藏设施建设格局，初步建立了“种薯恒温贮藏库 + 大中型通风贮藏库 + 产地初加工贮藏窖 + 千家万户自建窑窖”的贮藏体系，马铃薯贮藏能力可达 400 多万吨；全粉生产能力 5 万吨左右，变性淀粉 3 万吨，速冻薯条、薯片等马铃薯休闲食品年生产能力 1 万吨左右。

苹果、梨是甘肃省的大宗水果。2015 年，苹果种植面积 35 万公顷，居全国第二位，产量 350 万吨，居全国第四位；梨种植面积约 4 万公顷，产量 20 万吨。苹果的贮藏量约达 162 万吨，约占苹果总产量的 46.29%；梨贮藏量约 6 万吨，约占梨总产量的 30%。2015 年全省蔬菜保鲜静态贮量达到了 30 万吨，年周转量达到 300 万吨；经清洗、分级、预冷、保鲜、包装等商品化处理的外销净菜达到 162 万吨，占到全省蔬菜总量的 12% 以上。甘肃省果蔬加工产品主要有果酒、果醋、果蔬汁、果蔬罐头、果蔬粉、脱水蔬菜、番茄酱和凉果蜜饯等。近年来，甘肃省葡萄酒加工企业发展迅速，葡萄酒年产量超过 15 万吨，成为全国著名葡萄酒产区。以天水、平凉、庆阳为主的苹果主产区，浓缩苹果汁年设计生产能力 15.5 万吨，占全国浓缩苹果汁产能的 9.7%，原料处理能力 80 万吨以上。同时还形成了苹果脆片、苹果干装罐头、苹果醋、苹果酒等中小型加工企业 9 家。张掖、酒泉、白银等地的脱水蔬菜年加工能力达到 8 万吨左右，番茄酱年加工产能约 15 万吨。

2015 年，甘肃省中药材种植面积已达 23.7 万公顷，居全国第一位，产量 100 万吨。甘肃省现有 198 家中药材饮片及中成药加工企业，静态仓储能力 60 万吨，年交易量 130 多万吨，交易额 230 多亿元。有 40 多家中药材加工企业获得国家 GMP 认证，有 30 家药材加工企业获得省级重点龙头企业称号，年加工各类中药饮片 20 万吨，加工产值约 25 亿元。全省现已建成陇西县文峰中药材市场和首阳中药材市场、岷县当归城、渭源县“渭水源”中药材市场、宕昌县哈达铺中药材市场和兰州“黄河”药材市场等6家大型中药材专业市场。

（二）甘肃省“十二五”期间农产品贮藏保鲜与精深加工科技发展成效

1.“十二五”期间甘肃省农产品贮藏保鲜与精深加工科技发展综述

围绕甘肃马铃薯、经济林果、高原夏菜、中药材等农业优势产品采后贮藏加工的关键共性问题，研究新产品、新技术和新装备，为延伸农业产业链条、提高经济效益提供强有力的技术支撑。从甘肃省科技厅网站《科技成果汇总》获悉，“十二五”期间，甘肃省在农产品贮藏保鲜与精深加工方面研制了以马铃薯抑芽剂、新型1－甲基环丙烯（1-MCP）保鲜剂、马铃薯变性淀粉、苹果白兰地、苹果醋、复合浓缩果汁、红枣枸杞饮料、甜玉米饮料等为代表的系列新产品。依托农产品产地初加工补助政策项目，在相关产区研究推广了果蔬组装式恒温冷库、马铃薯贮藏窖和烘干设施，有力提升了产区的初加工装备水平。马铃薯贮藏设施强制通风智能化控制技术、马铃薯变性淀粉深加工技术、苹果和梨等大宗水果采后生理病害防控技术、果蔬生物发酵技术、中药材微波杀菌和低氧无硫仓储技术等均取得了突破。

2.甘肃省主要农产品贮藏保鲜与精深加工科技发展成效

（1）马铃薯贮藏保鲜：研究主要集中在马铃薯贮藏设施与通风系统建造技术、强制通风智能化控制技术、贮藏环境条件在线监控技术、抑芽防腐保鲜技术等方面。设计出利用自然冷源“自然通风＋强制自控通风”的马铃薯贮藏设施建造技术模式；研制出我国首台马铃薯抑芽剂雾化机（KY-2型）及其配套剂型热雾剂，实现了抑芽剂施用的自动化，显著降低了劳动成本；筛选出两种马铃薯贮藏期间对干腐和软腐病防治效果较好的药剂仲丁胺和二氧化氯，有效降低了马铃薯贮藏腐烂损失。集成设施、抑芽与防腐等研发技术成果，依托农产品产地初加工补助政策，新建小型马铃薯贮藏窖1.37万座，惠及农户9493户，合作社417个，累计新增贮藏能力41万吨，贮藏损失率比传统贮藏窖降低约8.0个百分点，五年累计减少贮藏损失4.62万吨。

（2）马铃薯加工：研究主要集中在马铃薯半成品加工与机械损伤检测，淀粉和全粉深加工，变性淀粉产品开发，粉条、粉丝、粉皮以及薯条和薯片加工技术，龙葵素的检测与提取技术，马铃薯废渣废水的资源化利用技术，马铃薯抗氧化物质提取及其蒸馏酒的制作等方面。甘肃以马铃薯淀粉为主要原料，开发出7

类77种生物基新材料。甘肃研制了马铃薯淀粉工艺水回收食品级蛋白、脱蛋白废水变“肥水”农田灌溉“零排放”技术，废水太阳能集热保温网箱式固定化微生物高效生化处理达标排放技术；开展了扩张床吸附回收具有天然活性马铃薯蛋白的中试研究，研制了利用薯渣制备高吸附性活性炭和提取果胶高值化产品，提出了马铃薯蛋白快速干燥和防变色新技术。开展了边角余料生产薯饼的加工工艺参数，研制了物料混合、成型模具和高效率薯饼成形设备，完成了600千克/小时薯饼生产线的工艺技术及关键设备研制，已应用于马铃薯加工企业。

（3）果蔬贮运保鲜：研究主要集中在苹果、梨等大宗水果采后品质控制与生理病害防控技术，新型保鲜剂1-甲基环丙烯（1-MCP）的研制及其在果蔬保鲜上的应用技术，高原夏菜简易冷链物流，果蔬组装式冷库建造技术，樱桃、枣、甜瓜、百合、双孢蘑菇等易腐高值果蔬防腐保鲜技术等方面。针对苹果、梨等大宗水果的采后品质劣变及生理病害严重影响和威胁果品正常营销的现状，依托对苹果虎皮、黄冠梨褐心、早酥梨黄化软化等主要病害发病规律和发病机理的研究基础，以适于规模化、商业化操作为目标，研究苹果、梨质量控制与生理病害防控技术。研制了片剂、粉剂和胶囊三种剂型及其不同含量规格的新型1-MCP保鲜剂，与国外同类产品相比成本降低50%以上；研制了2种1-MCP处理配套设施——1-MCP处理组装式设施和可拆装式1-MCP处理大帐；建立了以适期无伤采收、采后预冷与1-MCP一体化预处理、贮运环境条件调控等为关键控制点的苹果、梨采后品质质量控制与生理病害综合防控技术规范；依托农产品产地初加工补助政策项目，新建组装式冷藏库778座，新增贮藏能力7.5万吨，受益果农221户，受益果蔬专业农民合作社121家。

（4）果蔬加工：研究内容涉及果蔬干燥技术设备、果蔬发酵技术与产品开发、果蔬罐头工艺优化与质量提升、果蔬粉产品开发、果蔬复合饮料开发、果蔬加工副产物利用产品质量标准制定及产业化生产等。研制的GRR-270型智能果蔬干燥设备、5GDZ1500大型高效节能钢带式果蔬绿色干燥装备，以及蔬菜干燥车间太阳光热及车间余热综合利用技术、苹果太阳能脱水与无废弃加工技术等，从高效节能、智能控制、模块化设计、精准干燥等方面研究了集热材料、干燥设备及烘房排风系统设计和相配套的工艺技术参数，起到了再生能源利用和节能减排的双重作用。从品种资源、生物代谢、风味物质等方面研究并完善了果酒发酵工艺，为果酒产品质量控制和新产品开发提供了理论支撑。研究开发了干装苹果罐头固化护色剂及固化护色技术，提升了干装苹果罐头品质。利用微切、真空低温干燥技术生产蔬菜粉，大幅度提高了低温干燥条件下水分的蒸发效率。研制的苹果、桃、橙复合浓缩果汁，红枣枸杞饮料，甜玉米饮料，甜玉米奶饮料等产品，技术成熟并投入生产。从葡萄籽中提取葡萄籽油、白藜芦醇和原花青素，从沙棘中提取功能活性成分等技术不仅提高了果蔬加工副产物的利用价值，同时增加了经济效益。

（5）中药材仓储与加工：我国及甘肃省中药材初加工以饮片为主，中药材交易以原生药材为主，因此，研究主要集中在中药材饮片加工和原生药材仓储方面。甘肃省对400余种常用中药材的炮制方法进行整理、筛选、研究，在传统炮制工艺的基础上，制定了包含341个品种、778个饮片规格的《甘肃省中药饮片加工炮制规范》。为防止虫蛀、霉变和改善色泽，中药材仓储期间随意采用硫黄熏蒸，导致硫污染和药效下降，中药材安全问题严重。针对这一问题，利用低氧抑制生物酶促褐变、虫卵发育、霉菌及其他微生物活动的原理，研究主要集中在低氧环境的创建方法上，如抽真空、微波杀菌后抽真空、除氧剂降氧、氮气稀释空气降氧等小型试验研究均取得了较好的效果，该技术有望成为替代硫黄等药剂熏蒸的理想绿色仓储方法。

3. 甘肃省农产品贮藏保鲜与精深加工科技需求态势及对产业支撑作用评述

（1）原料优质化与延长原料供应期的需求：农产品原料具有生产的季节性、来源的分散性、采后保藏的易腐损性、入库的繁杂性等特性，对农产品加工企业来说，原材料的积压和短缺是很严重的问题。许多以鲜活农产品为原料的加工，如各类果蔬加工、马铃薯加工等，受原料供应时间的限制，昂贵的加工设备年运行时间只有3～4个月，原料短缺成为其生产的制约因素。但在生产旺季，受加工能力的限制，大量农产品因不能及时加工而腐烂损耗掉。加工企业只好在旺季大批量采购并进行贮藏，且需要配备大量的贮藏设施。因此，对农产品贮藏保鲜技术的需求不再只限于鲜食产品，针对加工的农产品原料储备技术的需求显得更为迫切。

（2）技术高新化需求：甘肃省农产品加工长期以来一直沿用传统的生产方式，工艺简单、设备陈旧，加工品种单一、产品品质不高，现实生产迫切需求注入高新技术。比如在脱水干燥领域急需多级分区变温干燥、真空冷冻干燥等方面的技术指导及支撑；在果蔬发酵方面急需果汁前处理技术、人工酵母培育添加、酶工程应用、分子生物学、控温发酵、防氧化褐变、多级膜过滤无菌灌装等工艺技术；在果蔬汁饮料产品生产方面需要高效榨汁技术、高温短时杀菌技术、无菌包装技术、酶液化与澄清技术、膜技术等；在果蔬罐头加工过程中需要低温连续杀菌技术和连续化去囊衣技术；在速冻果蔬领域，需要低温高速气流速冻技术；

中药材领域需要用超声、微波、半仿生、酶法、动态逆流、减压沸腾等高新提取技术和超临界流体萃取技术等开发新产品，马铃薯主食化加工中需要快速醒发、质构成型、高效干燥等技术，以及各种加工副产物的综合利用技术等。

（3）装备现代化需求：目前，除马铃薯淀粉、苹果汁、葡萄酒、番茄酱等的加工多引进国外先进的成套设备外，甘肃省大部分农产品加工企业生产的机械化程度还很低，有些甚至是作坊式加工。选果、去皮、去核、脱囊衣及整理、装罐等生产过程过度依赖人工操作，加工产品的生产难以实现规范化、可控性，安全隐患难以消除。要解决这一问题，就必须依靠机、电、光、液、气一体化，以及模块化、标准化、智能化、信息化等技术科技创新，集合多学科科研力量，根据不同原料的性状，研发适合生产实际的农产品加工机械以及配套技术。

（4）全产业链生产标准化需求：甘肃省农产品加工标准化体系建设处于初级阶段，各种必要的产品标准、行业标准没有建立健全，与快速发展的行业需求有较大差距。有些已经制定的标准执行力度仍然有限，强制性质量安全监控体系未能有效形成，许多产品的质量标准与生产和市场实际出入较大，有些产品质量标准未能与国际接轨，影响了加工产品的出口贸易和市场竞争力。这就需要对甘肃省农产品标准体系和质量控制体系进一步发展完善。

（三）甘肃省农产品贮藏保鲜与精深加工科技发展中的主要问题

1. 产前、产中、产后脱节，未形成完整产业链研究开发的大格局

通过科技创新开发新品种，提高加工产品质量，延长产业链是发展农产品加工业的必要条件。发达国家农产品加工产品品种多、产业链条长、增值程度大，其成功经验是农产品加工原料品种大多为加工专用品种，种植过程按加工的技术要求进行，既保证了加工产品的质量，又降低了加工过程的成本。可见，只有将产前、产中、产后有效结合，才能开发出高品质、具有竞争力的加工产品。目前甘肃省的状况是作物育种、栽培与农产品贮藏加工研究人员各自分工，互不协作，出现了生产什么，贮藏加工研究人员就研究贮藏加工什么的被动局面，没有形成完整产业链整体开发的格局。

2. 尚未形成学科大联合的体制机制

农产品加工是一门涉及多学科的科学，包括农学、生物学、食品化学、材料学、工程学、机械制造学、信息学等，既需要农业生产出优质的原料，又需要科学的工艺来加工产品，还需要先进的装备来保障工艺的实现，更需要信息科学支撑的精准化、智能化全程质量控制技术。目前，由于懂农业生产的不懂加工，懂

加工的不懂农业生产；加工领域懂工艺的不懂装备，懂装备的不懂工艺，严重影响着农产品加工业的发展。

3. 产后科技投入严重不足，研究手段落后，研究力量薄弱，技术储备不足

农产品加工市场普遍存在优质鲜食、劣质加工的传统观念，长期以来以追求产品数量为目标，满足鲜食，而忽视农产品加工技术的开发与储备，科技投入基本投向产前、产中环节。虽然随着农产品供应过剩现象的出现，大部分人认识到农产品加工是提高产业效益的关键所在，但是在产后科技投入方面仍无大的改观。绝大多数农产品加工企业从事传统产品的生产加工经营活动，基本没有技术开发和新产品研制投入；个别规模较大的龙头企业，也基本依靠引进设备和技术进行生产，企业几乎不进行科技投入。加之农产品加工技术的研发依赖先进的仪器、设备及装备，科技经费需求本身相对较大，因此，甘肃省农产品加工技术的研发处于举步维艰的状况。

4. 科学研究与实际生产联系不紧密，横向联合研究少

受成果评价机制等的影响，研究中存在着“自娱自乐”的现象，科研选题脱离生产实际；研究人员满足于科研成果的发表，只发表“蜻蜓点水”式的猎奇“创新成果”，而不注重成果的实用性、可操作性及其在生产中的转化，成果缺乏含金量；科技投入不足导致研究的前瞻性不够，技术储备少，致使企业对科技人员缺乏信心。绝大部分企业从事传统产品的生产经营，对技术在企业市场竞争中的作用认识不够，对新技术的敏感性和接纳能力弱，加之大部分企业不但不进行科技投入，而且将政府投入的科技经费转作他用，不进行科技活动；对科研单位送上门的技术也热情不高，致使科研人员的研究与应用脱节。

三　甘肃省农产品贮藏保鲜与精深加工科技创新发展思路及重点目标

（一）基本思路与发展目标

针对甘肃省农产品优势资源和特色资源，坚持科技创新驱动发展战略，贯彻创新、协调、绿色、开放、共享新理念，以市场需求为导向，从完整产业链条出发，有效连接产前、产中、产后环节，逐步形成产后引导产前活动的研发模式，以各学科大联合产学研结合方式进行农产品加工工艺技术研究和加工装备研制，制定完善标准体系，推动甘肃省农产品加工业发展，逐步实现从注重规模数量扩

张向注重质量品牌提升转变，从粗放式管理向精细化管理转变，从主要依靠要素投入向依靠科技进步和提高劳动者素质转变，研究开发、生产出更多营养安全、美味健康、方便实惠的食品和质优、价廉、物美、实用的农产品加工产品。

（二）重点领域及主要研发方向

1. 马铃薯产地贮藏保鲜

甘肃农业研究机构针对马铃薯主要品种及种质资源品质形成规律、贮藏特性、加工特性进行评价研究，建立马铃薯贮藏加工特性数据库；针对菜用马铃薯的保鲜问题和加工马铃薯的原料储备问题，对适于农户的小型贮藏设施进行技术升级改造，提升通风系统的智能化水平；开展大中型马铃薯贮藏设施及通风系统建造技术、贮藏环境条件在线即时监测及强制通风智能化控制技术等研究，实现马铃薯贮藏期间控制系统与设备及相关技术的国产化；开展马铃薯贮藏过程中生理病害和病理病害发生机理、侵染规律和相应的防控技术研究，开发天然抑芽剂、防腐剂、安全清洗剂等新产品；研制马铃薯清洗、分级、无损检测、包装、运输等关键技术与配套设备等。

2. 马铃薯加工

甘肃省开展主食化专用生粉和全粉等主食加工原料、薯泥及原薯制品的开发及配套设备研制；开发马铃薯面条、米粉、凉皮、饸饹等非发酵主食及配套生产设备；开发马铃薯馒头、面包等发酵主食及配套生产设备；开发马铃薯主食米、方便面、方便粉丝、冲调即食产品等挤压重组主食及配套设备等。以马铃薯淀粉为原料开发马铃薯深加工产品，部分替代玉米深加工产品，提升马铃薯深加工水平，开展马铃薯加工废弃物的综合利用研究等。

3. 果蔬贮运保鲜

甘肃注重果蔬品种及种质资源品质形成规律、贮藏特性、加工特性评价研究，建立果蔬贮藏加工特性数据库，制定果蔬采收标准；系统分析温度、湿度、气体等环境因素对果蔬产品衰老和主要生理生化代谢及生理失调的影响规律，以及品质劣变和腐败损耗的生物学机制，确定不同果蔬的贮藏和物流环境适宜参数；研究果蔬质构特性对不同运输方式的适应性及生理代谢规律，分析货架期品质变化规律，预测货架期；研究果蔬的差压预冷、真空预冷技术，建立科学合理的果蔬冷链物流技术参数；研究基于电商的果蔬物流保鲜技术；研究果蔬的 1-MCP 保鲜技术；研究切分果蔬的保鲜技术；研究开发果蔬采后商品化处理技术及配套设备；研究大库容组装式冷库的建造技术；开发果蔬保鲜剂、清洗剂及保鲜包装材料等；研究加工用农产品的原料储备技术等。

4. 果蔬加工

果蔬加工过程涉及以下内容：营养物质、组织结构变化及其加工适应性研究；不同果蔬加工产品风味、营养、保健功能评价研究；太阳能干燥技术及干燥设备提升研究；适合甘肃果蔬节能高效干燥的联合干燥技术研究；高附加值冷冻干燥产品研发及配套技术、设备研发；甘肃优势、特色果品的系列蒸馏果酒、发酵果酒饮料的开发及其生产技术研究；系列发酵果醋和发酵果醋饮料的开发及其生产技术研究；非发酵果蔬汁饮料及特色 NFC 果蔬汁开发；速冻果蔬产品研发及配套技术、设备研发；果蔬脆片、果蔬粉、果蔬泥、凉果等休闲果蔬产品的开发；基于高原夏菜边角料的发酵腌制蔬菜产品开发；兰州百合、庆阳黄花菜等特色产品综合开发加工技术研究和产品开发；基于果蔬原料的高附加值天然产物的高效提取技术与产品开发；果蔬加工废弃物的综合利用研究等。

5. 中药材加工

中药材加工涉及以下内容：中药材药效和品质形成规律、贮藏特性、加工特性评价研究，建立中药材贮藏加工特性数据库，制定中药材的采收标准；新鲜药材贮藏过程中药效、品质变化规律研究；中药材干制及储藏过程中药效、品质变化规律研究；中药材高效节能、标准化干燥技术研究；药食两用中药材的鲜药贮藏保鲜技术研究及鲜药产品的市场开发；大宗中药材常温低氧气调仓储技术及配套设备、设施中试转化研究与示范推广；名贵中药材的低温储藏与低温气调储藏技术研究；中药饮片的合理化切割技术研究；微波技术在中药材杀菌灭酶中的应用研究；以中药材为主原料的保健型即食产品开发；中药材主效成分高效提取技术与相关产品开发研究等。

四　农产品贮藏保鲜与精深加工科技创新体系建设与保障措施

近几年，各级政府高度重视农产品加工业的发展，紧紧围绕农产品资源优势，出台各项保障措施，努力为农业产业化、农产品加工业的发展创造良好环境。

1. 建立健全稳定科技投入的体制与机制

建立政府、企业、社会等多元化的科技研发经费稳定投入机制，是进行技术创新的基础。政府要结合全省及各地区农产品资源状况进行顶层项目设计，有重点、分步骤地选择技术研发和成果转化内容，下达项目任务，并提供充足的科技经费。要鼓励企业进行科技投入，国际上一般认为企业要继续生存，技术研究与开发费用须占销售额的2%，而只有占到5%的企业在市场上才有竞争力。企业应该作为创新主体进行必要的科技投资，且要建立严格的监督监管机制。政府要制定相关政策，建立鼓励社会力量进行科技投资的机制，发挥社会资本在科技创新中的作用。

2. 建立健全政产学研结合的体制与机制

农产品加工业是联系农业和工业的中间产业，是产业关联度高、行业覆盖面广、带动作用强的基础性、支柱性产业，是延长农业产业链、就业链和效益链，拉动农业农村经济发展新的增长点，因此，政府在农产品加工业发展中具有不可替代的作用。要落实创新驱动发展战略，必须整合研发体系内企业、科研单位和大专院校的优势，构建开放共享互动的创新平台，建立政府引导、企业主导、产学研一体的技术创新推广联盟。

3. 建立健全研发体系内部学科联合的体制与机制

为解决产前、产中、产后脱节问题，参照国家现代农业产业技术体系建设构架，以作物种类为划分依据，建立包含育种、栽培和贮藏加工的省级现代农业产业技术体系；国家现代农业产业技术体系运行八年，成功探索了促进农业科研与生产紧密结合的有效途径。基于这一成功经验，国内多省建设了省级农业产业技术体系，甘肃省也应尽快建立省级农业产业技术研发体系，同时体系和联盟内要形成科技创新合力，必须研究建立健全一套完整的以市场为主导的分工、合作、交流、创新机制和产前、产中、产后合理的资源配置和利益分配机制。

4. 建立健全成果、人才评价的体制与机制

人才是第一创新要素，成果是评价人才的依据，成果、人才评价的指标体系直接引导人才的发展方向。为适应新形势，甘肃必须改革现有人才评价体制机制，建立以创新和贡献为导向的分类评价机制和多元化评估体系。对从事基础和前沿技术研究、应用研究、成果转化等不同活动的人员建立分类评价制度，即对基础研究人才，突出尖端前沿引领，实行同行评价，评价重点从研究成果数量转向研究成果质量、原始创新价值和实际贡献；对应用开发人才，注重创新创造业绩，强化产学研融合，破除不适当的论文要求；对成果转化人才，注重转化后形成的产值、利润等经济效益和吸纳就业等社会效益，进一步强化实践能力评价。

建立政府、用人单位、技术用户、同行专家评估并存的多元化评估体系，最大限度地激发广大科技人员的创造精神和创新热情。

项目组成员：张永茂　颉敏华　冯毓琴　张霁红　张芳　李守强

参考文献

毛绪强等：《新常态下农产品加工业要走转型发展之路——访农业部党组成员杨绍品》，《农村工作通讯》2015 年第 7 期。

陈广金等：《发达国家农产品加工技术的启示与借鉴》，《宁夏农林科技》2007 年第 3 期。

李锐等：《国外农产品加工业的发展经验及启示》，《黑龙江畜牧兽医》2015 年第 1 期。

张平等：《我国果蔬物流保鲜产业的现状与发展战略思考》，《保鲜与加工》2013 年第 4 期。

王文生等：《我国果蔬冷链发展现状与节能降耗主要途径》，《保鲜与加工》2016 年第 2 期。

丁凡等：《我国农产品加工业“十一五”发展状况及“十二五”发展趋势浅析》，《农产品加工·创新版》2011 年第 6 期。

杨永坤等：《浅议农产品加工业的发展思路与对策》，《科技创新导报》2011 年第 6 期。

宗锦耀：《加快推进农产品产地初加工上水平》，《农村工作通讯》2015 年第 10 期。

农业部：《农业部关于开展农产品加工业质量品牌提升行动的通知》（农加发〔2016〕1 号）。

科技部：《国家重点研发计划“现代食品加工及粮食收储运技术与装备”重点专项 2016 年度项目申报指南》。

《甘肃省农产品加工企业逾两千》，中国甘肃网，2015 年 12 月 17 日。

王田利等：《甘肃葡萄生产现状及发展策略》，《山西果树》2015 年第 5 期。

康天兰等：《甘肃省中药材种子种苗产业现状及发展对策》，《甘肃农业科技》2016 年第 4 期。

G.17

甘肃省农业废弃物资源化利用科技发展研究报告

庞中存*

摘　要：合理利用农业废弃物资源，对减少环境污染、发展循环经济、改善生态环境具有重要意义，对人类生存也将产生重大影响。“十二五”期间，甘肃省在玉米秸秆、尾菜、马铃薯薯渣废水、食用菌菌渣、农产品加工副产物、农田残膜等农业废弃物资源化利用方面取得了一定的成绩，但也存在局限与不足。健全科技体系，引进开发经济高效的农业废弃物资源化利用新技术是“十三五”时期工作的重点。

关键词：甘肃　农业废弃物　资源化利用

一　农业废弃物资源化利用科技动态

（一）国内外农业废弃物资源化利用现状

农业废弃物（agricultural waste、biowaste、agrowaste）一般是指在种植、养殖、农产品加工和农村居民生活中排放（丢弃）的有机类物质的总称。

我国是农业废弃物产生量最大的国家，每年有40多亿吨，其中，农作物秸秆8亿多吨，畜禽粪便等30多亿吨，肉类加工和农产品加工废弃物1.5亿吨，饼粕类0.25亿吨，其他类有机废弃物1亿多吨，约折合7亿吨标准煤。这些废弃物产生量年递增5%～10%。预计到2020年，我国农业废弃物的产生量将超

* 庞中存，甘肃省农业科学院农产品贮藏加工研究所研究员，从事农产品加工与农业废弃物资源化利用研究工作。

过50亿吨，其中秸秆将达到9.5亿~11亿吨，畜禽粪便将达到41亿吨。

国内外主要是将农业废弃物转化为肥料、饲料、能源、材料、基质等进行利用。

“十二五”期间，我国通过加工、固化碳化、制造复合材料、还田等技术对秸秆进行资源化利用，大部分用于饲料、燃料和还田，用作工业原料、基质的比例还不高；全国每年产生38亿吨畜禽粪污，通过肥料化、燃料化等技术的综合利用率不到60%。我国比较重视资源化利用，在快速堆肥技术方面优势明显；美国等在家禽养殖场废弃物处理方面更侧重于无害化。美国、丹麦、德国、日本等国家在农业废弃物利用方面的做法比较先进完善。

（二）国内外农业废弃物资源化利用科技发展动态

农业废弃物的资源化利用是目前世界各国都面临的重大课题。各国非常重视先进技术的研发与应用，在机械化程度、产品的种类与质量等方面都有了很大进步，资源化利用水平不断提高。

1. 秸秆收运储还田装备技术

国外大宗作物秸秆的收集储运装备与技术比较成熟，可以满足规模化饲养（饲草）、秸秆发电以及液化、气化等需要。比如欧美等发达国家以规模化种植为主体，全程实现了机械化、标准化、订单化，为秸秆收集与供应奠定了基础。瑞典、丹麦、法国等国家的农场主在收获季节将秸秆收集储存，按照协议送至需求企业。秸秆收集设备的技术集成度、综合效能较高。

国内研发了秸秆还田、打捆、固化成型、气化、发电等技术装备，以及秸秆转化生物碳大型仓式装置、袋式秸秆青黄贮灌装机、秸秆田间原位微生物腐解还田等技术。但目前的收集储运体系还不健全，标准也不统一，机械化水平整体较低，关键技术和装备还不够完善。

2. 堆肥技术

国外的堆肥工艺技术设备基本可适应产业化的需要。日本养殖粪便堆肥实现了工厂化生产，研制的卧式转筒式和立式多层式快速堆肥装置，占地少、发酵快、质地优，发酵1~2周即可；其分离的一种放线菌能够使NH_3、H_2S和VFA等物质很快消失；俄罗斯研制的肥料发酵装置每天可生产100吨有机肥；美国的BIOTEC 2120高温堆肥系统，由10个大型旋转生物反应器组成，1300吨的动物粪便或垃圾在72小时内通过发酵处理便可成为优质有机肥料，该系统尤其适合发酵高湿物料；韩国的槽式发酵和螺旋式搅拌粪便发酵技术也比较先进。这些堆肥装置由于运行成本问题在我国还没有得到普遍应用。

国内微生物堆肥技术主要有3种：一是接种高温分解菌技术；二是接种功能性微生物技术，通过添加功能性菌株（固氮、解磷、解钾菌或抑制作物病原菌），增加堆肥的肥效，调节作物生长和增强作物抗病能力；三是微生物除臭技术，在堆肥过程中通过抑制相关微生物生长来抑制 NH_3、H_2S 等恶臭气体产生，降低环境污染和保持堆肥品质。一些畜禽有机肥生产厂已开始采用厌氧发酵、快速烘干、微波、充氧动态发酵等方法。

3. 干法厌氧发酵沼气技术

国内外干法厌氧发酵沼气技术研究方面：采用超声波、高温等物理方法处理物料，可以缩短厌氧发酵时间并提高产气量；采用秸秆与粪便多底物混合发酵不但可获得更高的产气率，也为沼渣处理利用带来方便，混合厌氧发酵以及优化底物组合将是重要的发展方向；Kompogas 卧式、Lingle-KCA 卧式、Dranco 竖式推流发酵和 Valorga 竖式气搅拌等四种连续沼气干法发酵工艺已在欧洲得到商业化应用。选育适应低温环境、高效厌氧发酵菌种是提高发酵效率、降低产气成本的主要途径和方向。

国内研发了厌氧发酵循环流反应器、秸秆及畜禽粪便厌氧干发酵技术等。畜禽粪便发酵制氢方面有待发展。

4. 纤维素酒精生产技术

以麦秆、草和木材等为主要原料生产生物燃料酒精，需要解决木质纤维素原料的预处理技术，仍是目前的世界性难题，还有纤维素酶生产成本偏高等问题，进展缓慢，难于实现规模生产。

国内外利用秸秆直燃发电、制备天然纤维、制作表面活性剂等，用于能源业、造纸、土壤修复、废水重金属及有毒物质吸附等。国内还研发了秸秆蒸汽爆破、辐照、热解气化等处理技术，提高秸秆转化率，生产酒精、生物（汽）油、生物（活性）碳等，以及揉丝、压块、碱化（氨化）、青（黄）贮等饲料化技术。

二　甘肃农业废弃物资源化利用科技发展现状与问题

（一）甘肃省农业废弃物资源化利用概况

甘肃省农业废弃物利用多沿用传统方式，利用率低、浪费及污染比较严重，

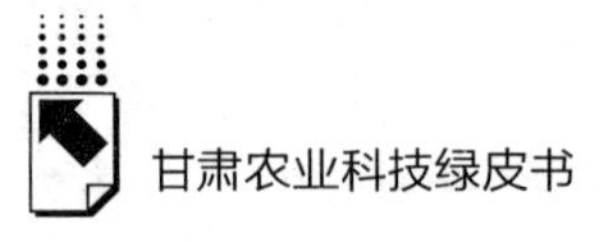

资源化利用潜力较大。

资料显示（2011 年）：张掖市秸秆主要用作畜禽饲料、燃料、还田肥料等。用作畜禽饲料直接饲喂的约占 74.5%，作为炉灶直接燃料的约占 3.8%，用于造纸的占 5.4%，比例较小，直接废弃、焚烧的秸秆占 11.3%，总体利用效率低，不仅浪费了资源，还造成土壤肥力下降、生态环境恶化。每年约有 30% 的秸秆未得到有效利用，5 年间浪费的秸秆资源量为 174.6 万吨。武威在利用小麦秸秆草方格防风治沙方面取得了很好的效果。

临洮县 30% 的作物秸秆直接用于做饭和取暖，40% 作为畜禽饲料，10% 作为食用菌基质和造纸原料，畜禽粪便主要是通过建沼气池进行处理利用，农田残膜回收利用、蔬菜尾菜无害化和资源化处理利用得到了当地政府的重视和支持。

古浪县秸秆粉碎还田比例不高，秸秆通过氨化青贮、微贮成为饲料过腹还田，以玉米秸秆、甜菜叶为主。小麦、啤酒大麦秸秆作为造纸原料利用率较高，牛粪等畜禽粪便和麦草作为设施食用菌栽培基质得到了利用。

庄浪县畜禽粪便大部分经过堆制腐熟后施入农田，少部分用于能源生产、有机肥及食用菌栽培基质，推广的“一池三改”农村清洁生产工程促进了畜禽粪便沼气化利用。在加速沼气发酵启动、稳产高产、低成本沼气方面开展了技术研究与示范，也研发了秸秆生产沼气新技术。

目前，甘肃省农业废弃物资源化利用主要表现在以下几个方面：一是马铃薯淀粉、全粉加工产生的薯渣（皮渣）、工艺废水利用方面，相关单位开展了饲料、酶制剂、沼气、生态化技术研究，部分成果已进入实际应用，产生了良好效果。二是随着蔬菜种植加工流通规模的扩大，大量废弃蔬菜（尾菜）直接丢弃或填埋引发的环境污染问题，开展了尾菜饲料、肥料、沼气以及提取纤维素、叶蛋白等方面的研究。三是对葡萄籽、油橄榄渣、紫苏叶、麦麸、花椒粕等加工废弃物开展了资源化利用研究。四是农田残膜回收方面，研发了齿耙式、滚筒式地膜回收机。

（二）甘肃省“十二五”期间农业废弃物资源化利用科技发展成效

1. “十二五”期间农业废弃物资源化利用科技发展概述

“十二五”期间，围绕农业废弃物资源化利用中的突出问题，甘肃在玉米秸秆、尾菜、马铃薯薯渣废水、食用菌菌渣、农产品加工副产物、农田残膜等废弃物资源化利用方面，取得省级科研成果近 40 项，这些技术成果涵盖了饲料、肥料（土壤改良剂）、沼气（能源）、工业原料等领域，起到了技术引领和示范作用，基本可满足当前产业对科技的需求。但是，一些技术在应用中逐渐显现出局限与不足，需要改进、完善或替代；同时生产中又出现了一些新的问题需要解决，在一些有发展前景的领域甘肃省还处于空白。

2. 主要研发方向与进展

（1）秸秆利用

吴建平、雷赵民等从青贮饲料和玉米秸秆等材料中采样分离乳酸菌，复筛适合玉米秸秆青贮用乳酸菌，与矿物盐载体、植物细胞壁降解活性制剂一起用于秸秆青黄贮，优化秸秆饲料化微生态系统，降低了贮期干物质损失，提高了肥育肉牛品质。林益民等利用甜高粱裹包青贮生产饲料技术，便于贮存和运输，取饲方便，秸秆利用率得到提高。郁继华、颉建明等以玉米及其他作物秸秆为主料，筛选出适宜玉米秸秆快速发酵降解的菌剂，经粉碎、发酵、消毒、调配及成型等处理后作为辣椒等育苗的专用基质。白滨等筛选出适用于甘肃秸秆型发酵床养殖的发酵菌剂和秸秆型垫料配方，垫料中玉米秸秆添加比例达到 50%，为秸秆利用开辟了新的途径。

（2）尾菜利用

张恩辰、孙荣高等采用复合菌剂和复合酶制剂对尾菜与秸秆、畜禽粪便进行有氧发酵制备生物有机肥料。高国强、张华平等利用尾菜培养黄粉虫，然后将虫及虫粪与尾菜等配制复合鸡饲料替代常规饲料中的鱼粉和豆粕，养鸡不需使用抗生素且节约粮食。钱椟等用尾菜、牛粪、玉米秸秆做原料，采用“露天地表堆肥养殖方式”、“蔬菜废叶间隔层堆法”养殖蚯蚓，取得了好的效果。杨富民等利用尾菜开发出了饲料用蔬菜粉、禽类蔬菜颗粒粗饲料、袋装压滤蔬菜青贮饲料、家畜蔬菜蜂窝块粗饲料等产品。汪建旭等对花椰菜废弃茎叶开展了综合利用研究，开发出茎叶青贮饲料、叶蛋白以及纤维素（膳食纤维）。

（3）马铃薯淀粉全粉加工废弃物利用

刘刚等设计完成了“不间断抗扰动反向絮凝”分离装置，通过微涡流絮凝反应将马铃薯淀粉分离汁水雾化、收集其沉淀并压滤烘干得到粗蛋白含量达到 80% 的粗蛋白粉，可作为优级饲料蛋白；提取回收蛋白后，一级出水 COD 去除率达到 50%，浊度去除率达到 90% 以上，处理后排出水经吸附超滤装置处理后，排放水质达到国家污水排放三级标准和农业灌溉水质标准。

庞中存等针对马铃薯薯渣废水的饲料化、生态化利用，研究提出了以玉米秸秆粉等为材料，对废水进行消泡、吸附絮凝、离心固液分离处理，回收废水中的粗蛋白和淀粉、降低污染，废水经处理后用于冬灌；对薯渣（皮渣）和作物秸秆粉添加自研菌剂进行微贮，提高马铃薯加工废弃物低成本利用技术。废水粗蛋

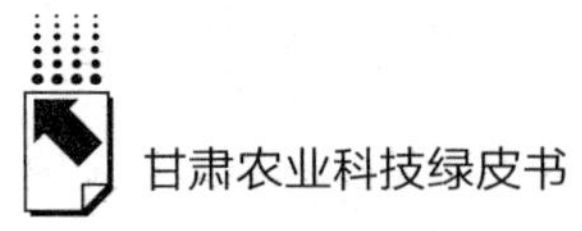

白、淀粉的回收率分别达到50%、93.5%，COD去除率达到50%，微贮发酵物粗蛋白含量可达到17.1%~19.6%。

刘陇生等针对马铃薯薯渣发酵饲料筛选出有氧发酵优势纤维素降解菌、产蛋白发酵菌，配制出复合菌剂，提出了马铃薯淀粉渣生、熟料有氧发酵和干、湿渣厌氧发酵工艺技术，以及以马铃薯薯渣为原料的肉牛系列饲料配方，薯渣饲料化利用率、育肥效益得到提高。韩向敏等用活力99生酵剂和粗饲料降解剂发酵马铃薯薯渣，育肥猪效果明显；薯渣和秸秆混合青贮料饲喂奶牛提高了牛奶品质。陈庆安等对马铃薯薯渣进行处理，生产动物用复合浓缩氨基酸产品，降低了成本。

林益民、高天喜等对马铃薯渣裹包青贮以及马铃薯渣与玉米秸秆粉混合压缩裹包青贮开展了研究。田映良等在发酵前将汽爆处理后的干秸秆加入马铃薯鲜薯渣中吸收水分，省去了薯渣脱水环节。采用多菌组合、多层固体发酵床浅层发酵，制备的菌体蛋白饲料蛋白含量较高，适口性好，富含益生菌及酶制剂，减轻了薯渣废水的环境污染。

（4）肥料化（土壤改良剂）利用

刘玉环等对糠醛渣、羊粪、玉米秸秆、菜籽饼高温发酵处理开发出了土壤结构改良剂、有机营养抗旱剂、人工合成有机土壤、可替代部分化肥的基质有机肥；专用于修复风砂土、人工无土草毯栽培、脱毒马铃薯原原种生产中的有机基质。闫治斌、秦嘉海等将沼渣、鸡粪、油菜籽饼等混合发酵、过筛，加入化肥、吸水剂等生产出有机营养改土剂；利用牛粪、玉米秸秆、糠醛渣、羊粪等生产风砂土改良剂。王平生等在高海拔冷凉地区，使用全封闭发酵池，以牛羊粪便、作物秸秆等为原料，通过高温发酵（最高65℃），解决了高海拔冷凉地区因气温过低发酵不完全的问题，以生物碳有机基质为原料，添加无机营养元素，开发出了春蚕豆有机复混专用肥。

（5）加工副产品利用

李玉忠等对麦麸进行生化破壁条件研究，开发出一种营养价值较高、适口性较强的小麦全粉。李胜等研究出从葡萄籽中一次性提取至纯化得到葡萄籽油的低成本方法。于长青等采用亚临界流体萃取技术对油橄榄果渣中的渣油进行回收利用，研究了花椒籽在鸡全价饲料中的应用。赵煜等研究了从紫苏叶中提取紫苏叶精方法，开发出紫苏叶玫瑰茶、紫苏酱油、紫苏果酒新产品。杨学山等研究了从葡萄酒泥酵母提取得到超氧化物歧化酶及其固定化的关键工艺技术，充分利用了葡萄酒生产中的副产物。陶军等将玉米芯、棉籽壳、树枝条等组合作为基质生产食用菌，下脚料（菌渣）用于有机肥和能源生产。

（6）沼气生产

李金平等研发了户用模块化太阳能温控型沼气池供能系统，通过太阳能热水循环加热新型户用沼气池实现了沼气的全年连续可控化生产，为用户全年提供太阳能热水和沼气。王文丽等从耐低温、促进沼气产气菌种的引进、筛选、扩繁入手，对现有沼气池外围结构及配套保温设施的改进进行研究，通过两方面技术的配套使用达到西北地区寒冷季节沼气池稳定产气的目的，适用于利用牛羊猪粪、污水和秸秆生产沼气。

（7）农田残膜清理回收

潘卫云、程兴田、闫发旭、王天果等研制的1MFJS-125A型耙齿式以及螺旋滚筒式残留地膜清理机能一次性完成土壤松整、起膜、残膜收集清理等复式作业，作业效率0.25～0.6公顷/小时，与人工捡拾相比，可提高效率30倍左右，解决了残膜与土块的黏结问题，提高了残膜收净率。

（三）甘肃省农业废弃物资源化利用科技面临的挑战

1. 思想认识不足，环境意识不强

生态环保意识不强，农业废弃物资源化利用的社会参与度不高。利用主体大多数时候只注重生产本身和眼前利益，加上目前条件下，废弃物资源化利用往往投入大、收效慢、获益低，企业和农户缺乏原动力；从财政支持体系来看，国家财政对农业废弃物资源化利用的支持力度小、范围窄，起不到政策激励与引领作用，直接用于对农民的补贴很少。如果国家财政不给予有力支持，农业废弃物资源化利用很难有大的发展。因此，转变农业废弃物利用主体的思想认识观念和建立利益驱动机制是迫切需要解决的问题。要加强对相关政策的宣传力度，提高相关者的生态环保意识，促进农业废弃资源的高效利用。

2. 政策支持体系不健全

现阶段农业废弃物处理的一次性投资成本较高，企业和农户靠自己解决资金普遍比较困难，需要得到政府的扶持；一些地区的财政本来就比较困难，无力承担这一任务。财政支持不足，融资能力较弱，先进技术得不到应用，导致农业废弃物资源化利用水平低、规模小。地方政府大多情况下重查、禁、堵而不开流，对农业废弃物资源化利用工作的组织、协调相对较弱。

为促进农业废弃物资源化利用工作的健康发展，政府需要建立扶持发展的制度，鼓励农业废弃物回收再利用。要从政策、资金、技术、人力等主要方面予以

扶持，建立健全包括强制性规制、经济鼓励、公共研发三类措施的政策体系，在融资、补贴、贷款、环保专项基金支持、增值税和所得税减免等方面给予优惠政策。鼓励开展畜禽养殖污染治理、沼渣沼液利用、有机肥生产、作物秸秆收集加工、地膜回收利用等服务。建立和完善秸秆收集体系，稳定秸秆供应，保障农民利益。规范农业废弃物价格机制，出台相关管理办法；加大禁烧、青贮、沼气菌种补贴以及与还田作业、青贮、打捆等相关机械购置的补贴力度；调节农业废弃物收购价格，调动农户积极性；政府设立农业废弃物资源化利用专项资金，对相关的技术设备设施、服务体系和试点示范项目予以资助。

3. 科技转化力度弱

省内农业废弃物资源化利用总体水平较低，高校、科研院所虽然在农业废弃物资源化利用方面取得了一些研究成果，但综合利用度高、具有自主知识产权、实用价值较高的技术还比较少。比如秸秆的利用，玉米秸秆联合收割、揉搓、裹膜、袋贮加工方面机械化程度低；畜禽粪便利用方面，大多在田间地头随意堆放之后用作基肥，没有形成高品质的饲料及肥料。可供推广的针对不同畜种和养殖规模、经济高效的粪污处理模式不多，存在技术模式不成熟、技术工艺不配套、二次污染的问题。经济上不可行也是重要原因，投入大、运行成本高，让许多养殖场（户）望而却步。秸秆还田方面，缺乏秸秆田间快速催腐技术和制剂，加上一些农户认识不到位，留茬秸秆被焚烧或不及时翻耕的现象时有发生，既妨碍耕作又达不到肥田的目的。由于处理成本或农户投入不足等原因，秸秆粉碎直接还田的面积很小。有机肥或生物有机肥技术成熟度和生产规模都有待提高。

三　甘肃农业废弃物资源化利用科技创新发展思路及目标

（一）发展思路

在借鉴国内外先进技术和经验的基础上，不断引进开发推广适合甘肃省情的经济高效的农业废弃物资源化利用技术。

草食畜牧业是甘肃省的特色优势产业，种养一体（种养平衡）、农牧结合、循环发展是甘肃省农业废弃物资源化利用的根本出路。

秸秆利用方面，种植业产生的秸秆以饲料化、肥料化利用为主，通过收集、加工（切断、揉丝、裹包）、青（黄、微）贮用作优良牛羊饲料，田间留茬秸秆通过粉碎、添加速腐剂还田，提高土壤肥力。在玉米主产区，以建造若干个较大型的秸秆饲料化加工与配送基地作为突破口，围绕促进省内草食动物规模化、集约化养殖需要，重点开发生产玉米秸秆氨化系列秸秆颗粒饲料，开发生产玉米秸秆拉丝搓揉裹包、袋装系列微贮饲料或秸秆复配混合专用饲料，满足各大中型奶牛场、肉牛场、圈养羊场，养殖小区、养殖专业户对秸秆饲料的多样化需求。进一步完善秸秆还田技术体系。

畜禽粪便利用方面，将养殖粪便经过发酵生产肥料、沼气，肥料用于农田培肥，减少化肥用量，沼气用于生活或燃烧发电。粪污水则着重进行生态化利用。推行标准化规模养殖及粪污综合利用技术模式，建设相应的粪便污水贮存、处理及利用设施，完善技术装备、改进养殖工艺；在散养密集区倡导对粪污进行分户收集、集中处理；在种养密度较高的地区和新农村集中区建设规模化沼气工程。规范和引导畜禽养殖场做好养殖废弃物的多途径、无害化、资源化处理利用，如生产有机肥、食用菌基质等。应倡导畜禽粪便的综合性生态化利用，克服传统处理方式（处理后达标排放）而带来的设施建设成本大、运行费用高的问题。

农田残膜回收方面，加快生态友好型可降解地膜及地膜残留捡拾与加工机械的研发，限制生产和使用厚度 0.01mm 以下的地膜，在重点地区实施全区域地膜回收加工利用行动。

农副产品加工废弃物利用方面，着力解决好产生量大、对环境影响较大的尾菜、马铃薯薯渣（皮渣）废水利用等问题。

努力实现秸秆综合利用率 85% 以上，规模畜禽养殖场（小区）配套建设废弃物处理设施比例达 75% 以上，农田残膜回收率达 80% 以上，农作物秸秆、畜禽粪便、农膜基本实现资源化利用，实现农业生产、生态和经济的可持续发展。

（二）发展目标

1. 秸秆利用方面

引进研发推广适用具有切碎、深耕功能还田农机具及加速秸秆分解腐烂的速腐剂，解决目前秸秆还田机械价格偏高、粉碎效果差、利用率低，还田后的秸秆不易腐烂，影响下茬播种质量的问题。

引进研发推广秸秆机械化处理新技术、新设备，如秸秆田间作业叉车、收集打捆、高密度压缩、拉丝揉搓、裹包、粉碎、自动配料等设备，降低处理成本、提高处理效能。

引进研发推广氨化系列秸秆颗粒饲料，开发生产玉米秸秆拉丝搓揉裹包、袋装系列微贮饲料或秸秆复配混合饲料，包括奶牛专用秸秆饲料、育肥牛专用秸秆饲料、羊专用秸秆饲料等，满足各大中型奶牛场、肉牛场、圈养羊场，养殖小区、养殖专业户对各种秸秆饲料的需求。

引进研发推广秸秆发酵技术和菌制剂，提高秸秆饲料利用率和营养价值。

重视引进研发秸秆炭化技术，开发利用生物炭，发挥生物炭在土壤固碳、土壤污染控制与修复以及废水处理等方面的作用。缓解碳排放增加、温室气体排放增加和环境污染加剧等一系列现实的生态环境问题。

重视农田残膜回收与利用技术的研发与推广。

2. 畜禽粪便处理利用方面

引进研发推广经升温、发酵、腐熟、除臭等一系列生物技术无害化处理制成高效生物有机颗粒肥料或生物菌肥的设备、技术与制剂。

引进研发推广快速、简便沤制农家肥的技术与制剂。

引进研发推广秸秆、畜禽粪便基质化利用技术。

引进研发推广快速、稳定、高效生产沼气技术。

重视畜禽尿液减盐技术的研发，防止田间施用引起土壤盐渍化。

3. 农副产品加工废弃物利用方面

引进研发推广马铃薯加工废弃物饲料化及生态化利用技术。

引进研发推广尾菜肥料化利用技术。着重研究推广尾菜、秸秆、粪便综合肥料化利用技术。

引进研发推广其他规模化加工农副产品废弃物（如葡萄籽、花椒籽、橄榄油渣、紫苏叶，瓜类制种去籽后的部分）的资源化利用技术等。

四　农业废弃物资源化利用科技创新体系建设与保障措施

（一）科技创新团队及联盟建设

依托建成的省农业废弃物资源化利用工程实验室，联合省内部分高校和科研院所，培养和吸纳优秀人才，组建队伍，凝练重点研发方向，通过科技计划项目的支持，培育一支专业、精干、高效的省级科技创新团队，联合龙头企业和技术推广机构构建甘肃省农业废弃物资源化利用科技创新联盟，加快甘肃省农业废弃物资源化利用进程。

（二）强化政策支持

建议政府通过相关科技计划项目支持高校科研院所在农业废弃物资源化利用技术方面开展研究，加快成果产出，促进产学研合作，加速产业化进程。加大秸秆禁烧、青贮、沼气菌种补贴以及还田作业、青贮、打捆等相关机械购置的补贴力度；调节农业废弃物收购价格，调动农户积极性。

加大对农业废弃物资源化利用重点企业的支持力度，鼓励它们与高校、科研院所合作，加速科技成果的应用转化；建立健全相关的体制和机制，为农业废弃物资源化利用提供持久动力。

（三）完善技术服务推广体系

目前涉农企业及农户掌握的农业废弃物资源化利用技术、信息较少，需要建立技术服务推广体系。建议政府增强农技推广部门的作用和积极性，通过相关优惠政策鼓励高校和科研院所参与，构建“高校科研院所 + 农技推广部门 + 科技示范户（重点企业）”技术推广服务体系，及时引进国内外最新研发成果并进行示范推广。通过多途径、多形式做好农户和企业的技术服务推广工作。探索开展政府向经营性服务组织购买服务的机制。采取“政府协调扶持、企业经营运作、专家研究指导、社会配套服务”的运行机制，促使各方形成合力，推动循环农业的发展。

参考文献

李鹏等：《我国农业废弃物资源的利用现状及开发前景》，《天津农业科学》2009 年第 3 期。

张野等：《农业废弃物资源化利用现状概述》，《农业研究与应用》2014 年第 3 期。

科学技术部、农业部：《农业废弃物（秸秆、粪便）综合利用技术成果汇编》，2015。

刘振东等：《我国农业废弃物资源化利用现状与发展趋势分析》，《安徽农业科学》2012 年第 26 期。

陈云峰等：《中美规模化家禽养殖场废弃物处理方法对比》，《湖北农业科学》2015 年第 23 期。

杜艳艳等：《农业废弃物资源化利用技术研究进展与发展趋势》，《广东农业科学》2012 年第 2 期。

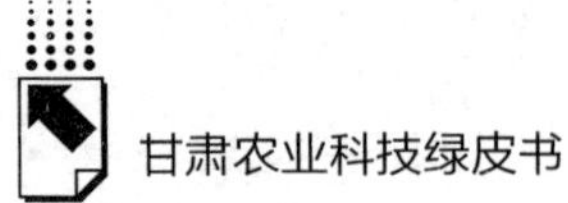

Jitendra Kumar Saini et al. Lignocellulosic agriculture wastes as biomass feedstocks for second-generation bioethanol production：concepts and recent developments, 3 Biotech, 2015.

吴晶等：《中国非粮燃料乙醇发展现状及展望》，《酿酒》2015 年第 6 期。

赵华等：《张掖市农作物秸秆资源静脉产业链构建》，《兰州大学学报》（自然科学版）2015 年第 2 期。

董菊兰：《循环农业模式下的农业废弃物资源化利用》，《甘肃农业》2014 年第 6 期。

石新春等：《古浪县农业废弃物资源化利用现状及建议》，《农产品加工》（学刊）2013 年第 5 期。

韩小平：《浅议庄浪县农村能源发展现状及对策建议》，《农业科技与信息》2015 年第 23 期。

中国科技项目创新成果鉴定研究数据库（知网版）/国家科技成果，http：//dbpub. cnki. net。

刘涛等：《江苏省农业废弃物资源化高效利用现状及对策建议》，《安徽农业科学》2015 年第 13 期。

于康震：《推进标准化规模养殖和粪污综合利用努力实现现代畜牧业建设和养殖污染治理双赢》，《中国畜牧业》2015 年第 21 期。

G.18

甘肃省农产品质量安全科技发展研究报告

白 滨　李瑞琴　于安芬　丁文姣　柳利龙　徐 瑞　许文艳*

摘　要：　农产品质量安全是全面建成小康社会需要着力解决的问题，也是推进农业现代化需要重点突破的关键问题，提高农产品质量安全水平关键要依靠科技创新。本文对影响农产品质量安全的主要因素及现阶段农产品质量安全面临的挑战进行综述，从国家和省级层面分析了“十二五”农产品质量安全科技发展现状，明确提出了“十三五”工作思路和总体目标，对当前和“十三五”时期甘肃省农产品质量安全科技创新的重点方向进行了探讨，提出建立健全农产品质量安全科技创新体系的建议。

关键词：　甘肃　农产品　质量安全　科技创新发展　“十三五”

农产品长期以来都属于特殊商品，是关系国计民生的重要物质基础，对于占中国公众日常食物消费量70%以上的食用农产品，其质量安全水平如同数量安全一样，一直以来都备受关注。农产品质量安全不仅关系公众的身体健康和生命

* 白滨，副研究员，甘肃省农业科学院农业质量标准与检测技术研究所所长，农业部农产品质量安全风险评估实验室（兰州）主任。主要从事植物保护、农产品质量安全、农畜产品检测、畜禽健康养殖、农业剩余物资源化高效利用等研究；李瑞琴，甘肃省农业科学院农业质量标准与检测技术研究所副研究员；于安芬，甘肃省农业科学院农业质量标准与检测技术研究所副研究员；丁文姣，甘肃省农业科学院农业质量标准与检测技术研究所助理研究员；柳利龙，甘肃省农业科学院农业质量标准与检测技术研究所研究实习员；徐瑞，甘肃省农业科学院农业质量标准与检测技术研究所研究实习员；许文艳，甘肃省农业科学院农业质量标准与检测技术研究所研究实习员。

安全，而且直接影响社会和谐稳定和政府公信力，同时也成为制约现代农业发展和农产品生产的重大因素。

近年来，围绕农产品质量安全水平提升和确保公众消费安全，各级党委政府和农业等职能部门进行了大胆探索和推进，积累了一些好的经验和做法，总结了一些好的措施和模式，并在制度机制上进行了有益的创新，初步形成了既与国际监管通行做法基本一致又符合我国国情和农情的监管体系，大幅度提升了农产品质量安全水平，并快速增强了大众质量安全意识，使得农产品生产规范、全程监管、产品安全、品质优良已成为农产品生产经营和消费监管的基本取向。2015 年初，农业部宣布正式启动 2020 年化肥、农药使用量零增长行动，这一计划也将为改善农业生产环境和提升农产品质量安全提供政策保障。

提高农产品质量安全水平关键要依靠科技创新。从农产品的生产源头、投入品、贮运等环节保证其质量安全，使农产品的种植和养殖全过程得到有效控制，是保障农产品质量安全的重要基础。

一　影响农产品质量安全的主要因素

在开放的自然条件下，农产品的生长是一个长期的过程。因此，对农产品质量安全产生影响的主要因素除了产地环境、农药、肥料等外，还受生产经营者行为、物流等因素的影响（见图 1）。

（一）产地环境因素

农产品产地环境中的水质、土壤、空气的污染都属于影响因素，如灌溉水水质污染、土壤中重金属超标等。产地环境遭到污染，治理难度最大，需要采取必要措施净化产地环境，或者调整农产品种植养殖品种等才能得到缓解。同时，需要快速、准确、全面地了解和掌握产地土壤环境质量状况和发展趋势，及时更新信息，按时公布污染物在产地土壤中的残留、积累动态，为科学种植养殖提供服务和保障，从而遏制和避免因产地环境因素导致的农产品质量安全问题。

（二）农业投入品因素

1. 农药

据资料统计，目前存在的农产品质量安全问题中，约半数是由于农药残留而引发的。滥用农药或过量施用农药等现象屡见不鲜，这些不合理的行为不仅为农

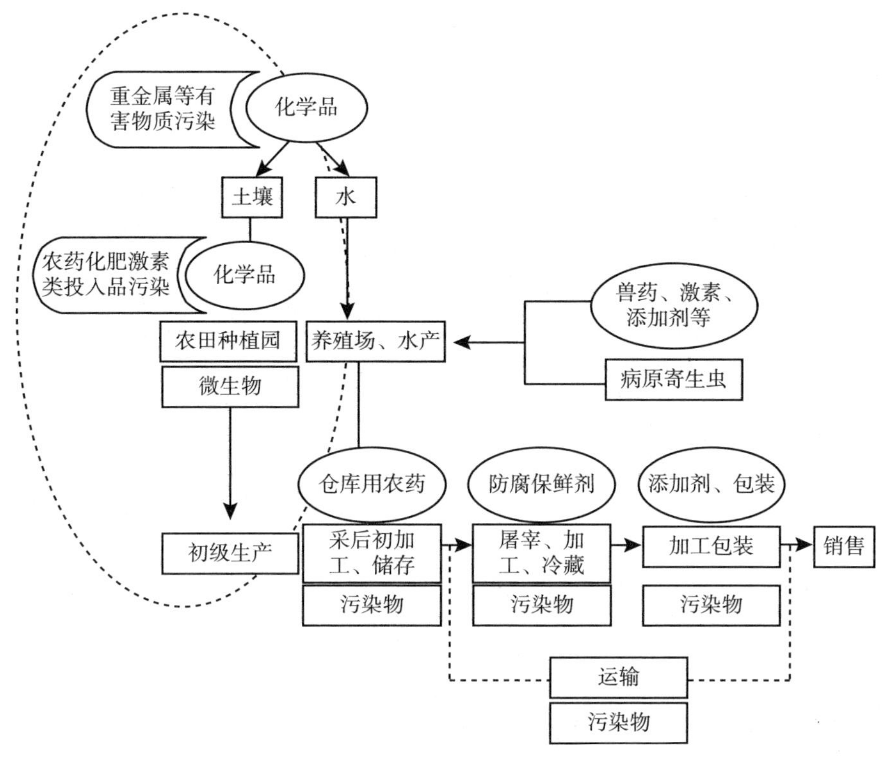

图1　危害农产品质量安全的主要环节及因素

产品质量安全埋下了隐患，而且会危害农业生产的整体生态环境和公众的安全健康。虽然国家已经出台政策，对一些高毒、剧毒农药的使用明令禁止，但缺乏科学性和规范性的农药施用行为在农户中依然较为普遍。不规范的施药方式同时也会给施药者带来伤害，我国每年因施用高毒农药和操作不当造成人员中毒和伤亡的就达 10 万以上。

目前，我国农药使用量呈逐年上升趋势，2012 年我国农药使用量达到 180.61 万吨，比 2002 年增加了 49.48 万吨，十年间增加了 37.7%（见图 2）。从农药品种结构来看，由于高毒农药杀虫效果好、杀虫谱广、见效快、价格低，再加上长期的用药习惯，多数农户对高毒农药使用频率高、使用量大。2013 年，我国生产农药原药总产量 319.0 万吨（折有效成分）。从三大类农药品种结构来看，杀虫剂生产比重显著下降，杀菌剂和除草剂比重也发生一定变化，品种结构呈现较大改善（见图 3）。农药的使用过程中突出的问题是杀死益虫和有益动物，从而导致害虫对某些农药产生抗药性，造成农产品药害残留，更加严重的问题是，导致鲜果蔬农产品中农药残留量严重超标，对自然环境造成污染，对人畜造成毒害。

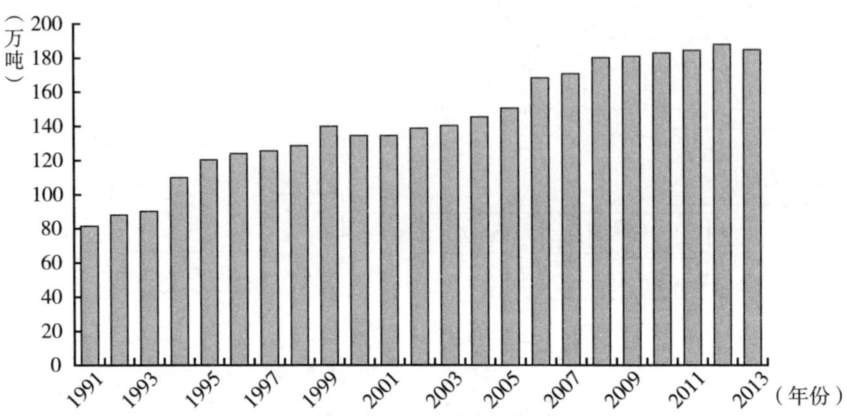

图 2　1991～2013 年我国农药使用量

资料来源：根据 1992～2014 年《中国农村统计年鉴》绘制。

2. 化肥

据统计资料分析，1985 年我国化肥施用量为 1776 万吨（折纯量），到 2013 年化肥年施用量增至 5909 万吨（折纯量），30 年间，施用总量增加了 2 倍多（见表 1）。从农户施肥量调查情况看，不同用肥时期、不同区域农民多数选用复合（混）肥和尿素，选用其他品种化肥的比例均较小。3 个用肥时期选用复合

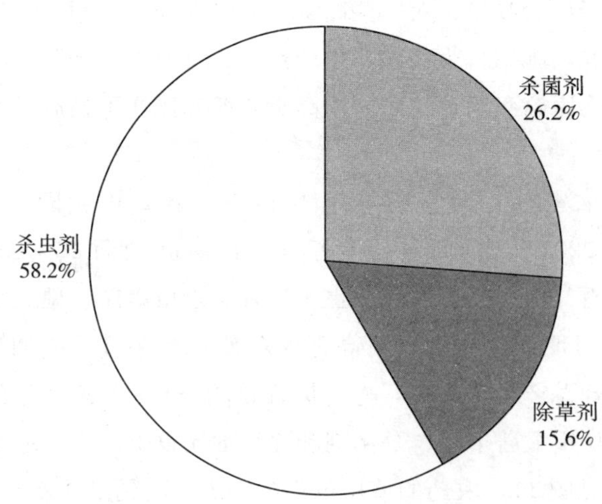

1998年我国主要农药使用结构

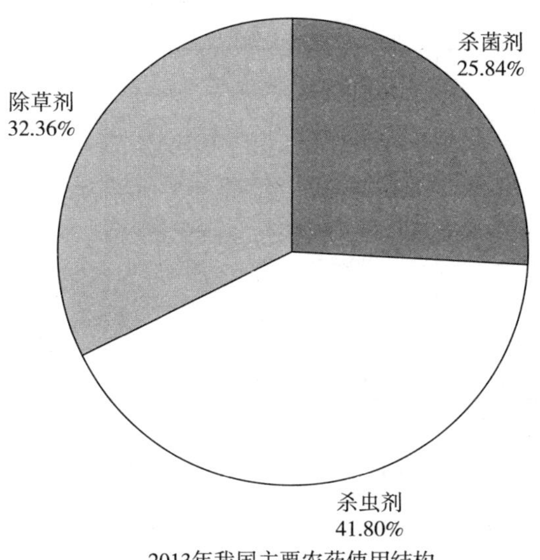

图 3　1998 年和 2013 年我国主要农药使用结构

（混）肥的农户均占 63% 以上，除秋冬种时期外，选用尿素的农户占 55% 以上，磷酸二铵、过磷酸钙、氯化钾、硫酸钾等也被部分农民选用，但所占比例不大（见表 2）。化肥在原料开采到加工生产过程中会带入一些重金属元素或有害物质，以 Zn、Ni、Cu、Co、Cr 为主，其中磷肥含 Cr 最多。尿素、氯化钾含铅量分别为 4.0mg/kg、88mg/kg，含镉量分别为 1.0mg/kg、14.0mg/kg。此外，化肥中还含有邻苯二甲磷脂类、硝基苯类、氯代烯类等有机污染物，给土壤及农作物带来严重危害。尤其是当使用方法不当或者存在过量施肥情况时，不仅肥效降低，而且土壤、水、农村生活环境还会受到严重污染，甚至危害人体健康。硝态氮和亚硝态氮的含量在部分地区的饮用水和农产品中均明显超标。

表 1　1985～2013 年我国化肥农药施用量（折纯量）

单位：万吨

年份	氮肥(N)	磷肥(P_2O_5)	钾肥(K_2O)	复合肥	合计
1985	1205	311	80	180	1776
1990	1638	462	148	342	2590
1995	2022	636	269	671	3598
2000	2162	691	377	918	4148
2005	2230	744	490	1304	4768

续表

年份	氮肥(N)	磷肥(P_2O_5)	钾肥(K_2O)	复合肥	合计
2006	2263	770	510	1386	4929
2007	2297	773	534	1503	5107
2008	2303	780	545	1609	5237
2009	2330	798	564	1699	5391
2010	2354	806	586	1799	5545
2011	2381	819	605	1895	5700
2012	2400	829	618	1990	5837
2013	2394	831	627	2057	5909

表 2　不同用肥季节农民购买化肥品种

单位：万吨，%

化肥种类	春　耕		夏　播		秋冬种		全　年	
	购买数	占比	购买数	占比	购买数	占比	购买数	占比
U	5328	28.5	4542	34.6	3371	28.0	13241	30.2
AB	955	5.1	675	5.1	573	4.8	2203	5.0
AC	15	0.1	491	3.7	194	1.6	700	1.6
AS	84	0.4	398	3.0	181	1.5	663	1.5
DP	2281	12.2	524	4.0	679	5.6	3484	7.9
SP	1622	8.7	865	6.6	1215	10.1	3702	8.4
MP	1223	6.5	892	6.8	644	5.4	2759	6.3
PS	921	4.9	348	2.6	345	2.9	1614	3.7
CF	6297	33.6	4409	33.5	4821	40.1	15527	35.4
合计	18726		13144		12023		43893	

3. 添加剂

在农产品生产到流通之间的初加工过程中，由于缺乏必要的技术指导，以及各种利益的驱使，一些不法经营者为了保持农产品的新鲜度、色泽度和货架期，不惜牺牲公众的安全利益而在农产品中添加国家明令禁止使用的防腐剂和色素，收贮运环节因各种防腐、保鲜、染色、添加剂引起的农产品质量安全问题屡禁不止。

（三）生产经营者行为因素

部分农户受经济利益的驱使，滥用化肥、农药、兽药、激素等，农户种

“两垅菜”、养“两圈猪”以及“瘦肉精事件”等典型案例凸现。在农产品的流通领域，加工者为了经济利益，在流通加工过程中大量使用对人体有害的添加剂和防腐剂。此外，有不少企业在产品获得一定声誉后，为了减少生产成本，获取更大的经济利益，利用消费者的信任，对加工产品的原材料进行偷梁换柱，改用劣质材料和毒性原料。

（四）物流因素

目前，我国农产品的全程冷链贮运未能实现，很多鲜活农产品在流通过程中变质腐坏。此外，由于物流、设备、工艺操作等方面存在问题而导致的农产品在加工、包装、存储、运输过程中“二次污染”现象更为严重。

二 “十二五”农产品质量安全科技发展现状

（一）“十二五”国家农产品质量安全科技发展概况

“十二五”期间，国家建立了农产品质量安全风险评估体系，该体系的主体单位是农业部农产品质量安全风险评估实验室，该体系通过近5年的运行，提供了可行的技术保障，进一步提升了风险评估能力和服务水平，加快了农产品质量安全科技创新工作。

1. 完善的农产品质量安全风险评估学科平台体系

目前，国家层面已经形成较为完善的国家农产品质量安全风险评估体系（见图4），该体系以国家农产品质量安全风险评估机构（中国农科院农业质量标准与检测技术研究所）为龙头、以98个农业部专业性和区域性农产品质量安全风险评估实验室为主体，以145个主产区农产品质量安全风险评估实验站为基础，以农产品生产基地质量安全风险评估国家观测点为延伸。

2. 坚实的农产品质量安全科学研究基础

首先，国家级农产品质量安全学科领域研究力量逐步增强，形成了一支优秀的人才队伍。以中国农业科学院为例，由中国农业科学院农业质量标准与检测技术研究所牵头，组建了包括水稻、油料、作物、牧医、家禽等30个研究所共建的与农产品质量安全相关的研究团队，总人数近1000人，同时还组建了34个创新工程科研团队。其次，建立了现代化的分析测试技术手段和与之相适应的实验环境条件，大幅度提升了风险评估研究的条件保障

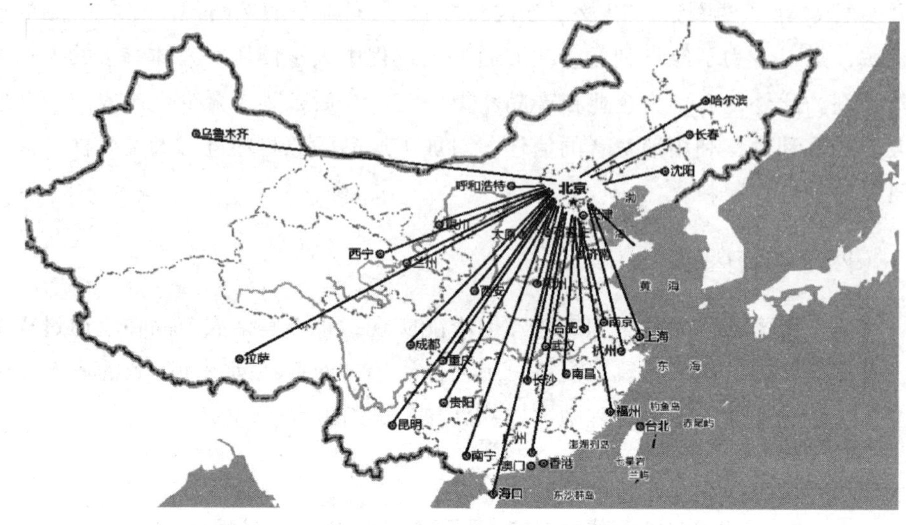

图 4　国家农产品质量安全风险评估体系

能力，部分风险评估实验室的整体水平已经达到国际同类研究机构的实验条件和水平。

3. 良好的农产品质量安全研究工作局面

近 5 年，通过国家农产品质量安全风险评估项目的实施，甘肃农业研究机构获得了全国范围内食用农产品的大批研究数据，同时对国家农产品质量标准和检测技术标准进行了制修订，一大批顶尖成果的部分研究领域已经达到国际最高水平。“十二五”期间，国家层面的农产品质量安全研究工作逐步进入快速发展和良性发展的轨道。

（二）“十二五”甘肃省农产品质量安全科技发展现状

甘肃省农产品质量安全各项工作在“十二五”时期得到了全面推进，但与国家级和其他经济发达省市农产品质量安全科技创新能力相比，甘肃省农产品质量安全科技发展滞后，严重制约了农产品质量安全科技的创新发展。

1. 省级农产品质量安全专业研究机构处于初建时期

目前，新组建的专业研究机构在过去质检中心的基础上正在向科研方面进行延伸或发展，但由于各方面受限，尚处于初步建设阶段。省级层面上，2011 年依托甘肃省农业科学院畜草与绿色农业研究所加挂了甘肃省农业科学院农业质量标准与检测技术研究所，并获批成立了“农业部农产品质量安全风险评估实验室（兰州）”，除承担农业部农产品质量安全风险评估项目任务外，还专门从事农产品质量安全、标准及检测技术等方面的研究工作。地市级层面上，平凉市、定西市、武威市依托市级农产品质量安全监测中心，分别组建了“农业部农产品质量安全风险评估实验站”。

2. 省级农产品质量安全学科及人才团队建设处于初创阶段

我国开设食品安全招生专业或相关的专业课程是在2001年获教育部批准、2002年开始招生的，首批本科生、硕士研究生分别于2006、2009年毕业。目前甘肃省高等院校尚未设置农产品质量安全专业的硕士和博士学位招生点，在省级层面上讲，农业质量标准与检测学科还处于初级发展阶段。农产品质量安全科技创新人才队伍目前尚未组建省级、地市级专业创新团队，也尚未筹建农产品质量安全学会。

同时农产品质量安全学科的科研力量分散在不同部门。在科研部门，主要有甘肃省农业科学院、甘肃农业大学等；质检部门主要有标准化研究院等；卫生部门主要有疾病预防控制中心；其他环保、外贸部门也有涉及。目前，大量的研究工作主要由甘肃省农业科学院质标所及甘肃农业大学的相关专业院系承担。

3. 省级农产品质量安全科研支撑条件比较差

虽然这几年国家加大了农产品质量安全检测仪器、设备等方面的投入，但仪器设备等条件建设项目大多是针对各级农业系统的质检体系配套的，对于省市级农业科研部门尚未统一建设，比如省级科技平台建设相对滞后、科研项目经费支持少、人才培育和扶持政策比较弱。

4. 省级相关科研项目较少

由于农产品质量安全属于公益性质的科研工作，需要各级政府财政项目的支持。科技创新都是任务带学科，需要有科研项目支撑。尽管国家已开始重视农产品质量安全科学研究，在科技项目中有所安排部署，但目前与农产品质量安全相关的科研项目还比较少，且重点不突出，强度也不够，与现实需求差距甚远。

“十二五”期间，甘肃省农产品质量安全相关的科技项目，主要分为3个层面：一是国家层面的农业部行业专项（见表3），二是省级层面的科技支撑、财政专项及省农牧厅的生物技术专项，三是省市属科研院所和高校的创新专项。目前，由甘肃省农科院农业质量标准与检测技术研究所承担完成及在研农产品质量安全项目共15项：2012～2016年国家农产品质量安全风险评估项目——“食用菌”、“蔬菜”、“特色农产品（百合）”质量安全风险评估研究项目，农业部重金属普查专项《甘肃省农产品产地土壤重金属污染防治普查》；省级层面的主要有省科技支撑项目“兰州百合质量安全监测与风险预警研究”，省农牧厅生物技术专项《兰州百合贮藏期病害防控技术研究》，省级财政专项资金项目“双孢菇栽培基质质量标准”“双孢菇质量标准”；省农科院创新专项有《农产品质量安全风险因子检测技术提升研究》《主要中药材产品污染监测及控制技术规范》《特殊品质特性农产品GC/MS农药多残留检测前处理技术研究》等。

表3　国家农产品质量安全风险评估项目

年份	承担项目
2012	食用菌产品质量安全专项风险评估
2013	食用菌产品质量安全专项风险评估 特色农产品（百合）质量安全专项风险评估
2014	国家食用菌质量安全风险评估项目（2014FP05） 国家特色农产品质量安全风险评估项目（2014FP10） 国家蔬菜产品质量安全风险评估项目（2014FP01）
2015	食用菌中未知危害因子识别和已知危害因子风险评估（2015GJFP006） 特色农产品（百合）未知危害因子识别和已知危害因子的安全性评估项目（2015GJFP01103） 蔬菜禁限用农药使用调查与农药多残留安全性评估（2015GJFP001）
2016	食用菌未知危害因子识别和已知危害因子安全性评估（GJFP2016006） 特色农产品未知危害因子识别和已知危害因子安全性评估（GJFP2016010） 食用农产品特征性营养组成识别与验证评估（GJFP2016015）

综上所述，尽管甘肃省农产品质量安全科技创新水平在“十二五”期间有了很大提升，但由于甘肃省农产品质量安全科研工作起步晚、基础弱，解决和攻克层出不穷的农产品质量安全难点与热点问题，将是一个长期、复杂的过程。

当前，农产品质量安全隐患主要集中在农兽药残留超标、非法添加使用禁用药物等方面。相对于违禁限用农兽药滥用现象屡禁不止，更为突出的是创新能力滞后，缺乏农畜产品生产中高毒禁用农药的替代品、水产品养殖中无污染的消毒药品及绿色生产技术等的创新研发。

三　甘肃省“十三五”农产品质量安全科技创新思路、总体目标及重点发展方向

（一）科技创新思路

“十三五”是农产品质量安全全面提升的关键时期，机遇与挑战并存，针对甘肃省农产品源头控制能力薄弱、标准化生产水平低、风险防控能力弱、特色农畜产品营养家底不清等问题，“十三五”期间，甘肃省应对特色农产品、果品蔬菜等农产品的安全生产关键技术、产品重金属限量标准再评价、产品未登记农药安全性、防腐保鲜剂使用风险水平、大宗特色农产品营养等进行专项研究，提高农产品质量安全风险预警和应急处置能力，提升农产品质量安全风险管控能力，以“努力确保不发生重大农产品质量安全事件，确保人民群众‘舌尖上的安全’”为宗旨，为指导生产安全优质农产品、完善农产品标准体系、引导健康消费、科学监管提供技术支撑。

（二）总体目标

“十三五”时期甘肃省农产品质量安全科技创新工作的主要目标是：逐步探索出一套符合甘肃省情和农情的科研模式，不断提高农产品质量安全科技创新能力，主要通过农产品质量安全基本理论和关键技术、农产品中主要污染物残留富集迁移及消解动态规律、农产品营养品质提升技术、产地环境控制技术、农产品限量标准及农产品质量安全检验检测技术等研究，建立健全农产品质量安全风险评估技术体系、安全生产过程控制技术体系、标准体系、检验监测技术体系等，积极研究和推广农畜产品质量安全控制技术，促进公众消费安全与身体健康。通过科技创新能力的加强，提升全省农产品源头控制、标准化生产、风险防控、质量追溯管理能力。

（三）重点发展方向

“十三五”时期甘肃省农产品质量安全科技创新工作的重点研究方向主要从农畜产品产地环境、投入品、生长发育过程、初加工贮运等可以追溯的关键环节入手（见图5），实现产地环境背景清楚、生产过程基本受控、产品质量优质、危害因子安全的管控目标。

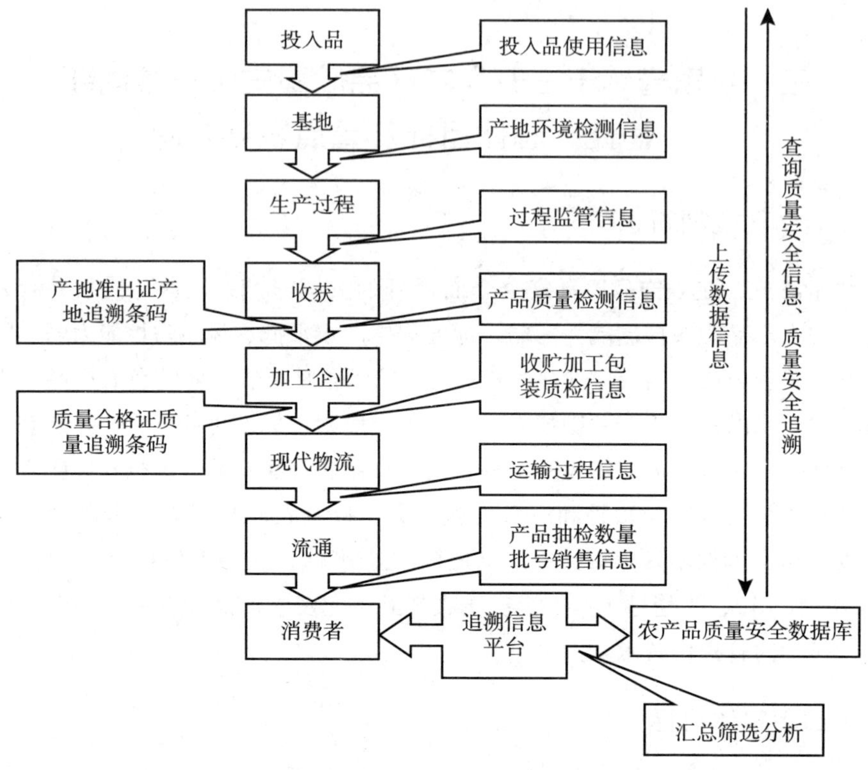

图5　农产品质量安全追溯流程

1. 农产品质量安全风险评估

开展甘肃省主要农产品质量安全风险评估，重点对名特优农产品进行安全隐患摸底排查、未知危害因子识别和已知危害因子安全性评估，为农产品质量安全监管、标准制修订等提供技术支撑，促进地方特色产业健康有序发展。

2. 产地环境质量控制技术研究

研究农畜产品产地环境质量控制技术、农畜产品产地安全评估技术、农畜产品产地环境保护和修复技术等。

3. 农畜产品种植养殖过程安全生产控制技术研究

研究农兽药残留快速筛查检测技术、有毒有害物质精确检测技术、农畜产品产地溯源检测技术、农畜产品质量分等分级技术、农畜产品特征性营养成分检测技术等，建立农产品质量安全监测技术体系。

4. 检测检验技术研究

研究农畜产品主要污染物残留、富集、迁移及消解动态规律，以及农兽药、化肥、饲料等农用化学品安全使用技术，研究提出科学休药期或安全间隔期，有效控制各类有毒有害物质在农畜产品中的残留限量，建立农畜产品安全生产全过程管控技术体系。

5. 特色农产品营养品质评价和营养功能评估研究

研究分析甘肃省特色农产品中所含有的主要营养成分和功能活性成分，分析监测各类营养物质在采收、储藏、运输等环节的变化规律，研究其营养保持技术，研究构建基于甘肃省特色农业产业需求的农产品营养功能成分数据库及应用平台。

6. 农产品质量安全标准

研究制定农畜产品残留污染物限量标准、农兽药合理使用准则与残留限量标准、特色农畜产品质量安全及营养功能成分标准、特色农畜产品质量安全及营养功能评价的相关标准物质（或标准样品）等。

7. 技术和标准的集成与示范

集成示范农畜产品产地环境质量控制技术、农畜产品安全生产过程控制技术、营养品质提升技术、检验检测技术等，应用示范农产品中农药残留风险评估成果模型及农兽药快速检测技术等。

四　对甘肃省农产品质量安全科技创新发展的建议

保障农产品质量安全，必须依靠科技创新，要加大对农产品质量安全的科技攻关力度，积极推进农产品质量安全的科学化、标准体系的规范化、检测技术的标准化、监控体系的网络化，努力实现甘肃省农产品质量安全从“被动应付型”向“主动保障型”转变。

（一）建立健全甘肃省农产品质量安全科技创新体系

“十三五”期间，甘肃省拟建立健全以甘肃省名优特农畜产品营养与安全重点实验室为科研平台、以甘肃省农产品质量安全科技创新团队为人才支撑、以甘肃省农产品质量安全科学野外观测站为试验基点、以甘肃省农产品质量安全学术委员会和甘肃省农业标准特色农产品专业委员会为载体的农产品质量安全科技创新体系（见图6）。

1. 甘肃省名特优农畜产品营养与安全重点实验室建设

以“农业部农产品质量安全风险评估实验室（兰州）”为依托，以甘肃省农

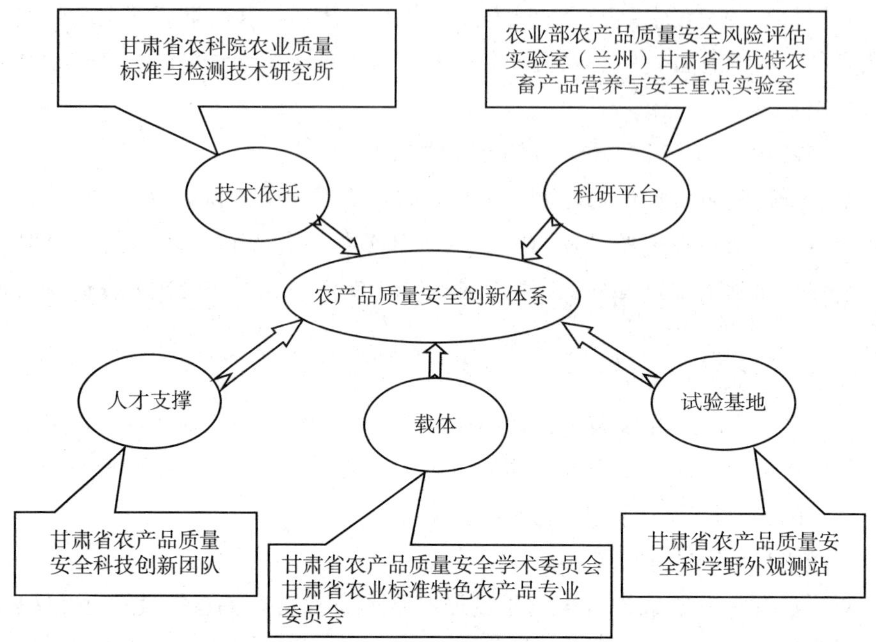

图6　甘肃省农产品质量安全科技创新体系

科院农业质量标准与检测技术研究所为主体，以甘肃省农科院农业测试中心为基础，在“十三五”期间，“甘肃省名特优农畜产品营养与安全重点实验室”完成基础条件建设，将对甘肃省名特优农畜产品的营养功能和质量安全进行研究，摸清甘肃省特色农畜产品的营养功能成分及其特异性，构建甘肃省名特优农畜产品营养功能成分家谱，为挖掘和利用特色资源的优良品质、特殊功能和营养特性提供科学依据。

2. 甘肃省农产品质量安全科技创新团队建设

以甘肃省农科院农业质量标准与检测技术研究所为主体，在甘肃省范围内，择优选择本领域优秀专家和人才，组建甘肃省农产品质量安全人才创新团队，作为申报和承担国家级与省部级农产品质量安全重大项目与任务的人才团队。

3. 甘肃省农产品质量安全科学野外观测站建设

以甘肃省农科院现有试验基地为依托，建设农产品质量安全科学野外观测实验站，重点开展特色农产品农药残留行为与降解规律、生物毒素发生与消长规律、重金属累积与迁移规律、设施园艺产品种植过程管控、危害物快速识别与筛查等方面的研究与观测。

4. 甘肃省农产品质量安全学术委员会组建

筹建甘肃省农产品质量安全学术委员会。

（二）强化农产品质量安全科技创新研究

在甘肃省“十三五”农业科研计划中，笔者建议政府对以下研究方向重点支持，尽快缩小与发达省份在农产品质量安全科技创新水平上的差距。一是甘肃省名特优农产品质量安全风险评估研究；二是甘肃省名特优农产品产地环境质量控制技术研究；三是农畜产品种植养殖过程安全生产控制技术研究；四是检测检验技术研究；五是特色农产品营养品质评价和营养功能评估研究；六是农产品质量安全标准研究；七是技术和标准的集成与示范。

（三）深化国际国内交流与合作，加快农产品质量安全人才队伍建设

首先，在全省农业科研、教学、质检等机构，遴选和聘任一批学科带头人，通过“走出去、请进来”等方式，向发达国家及部门专家学习交流先进的经验和做法。其次，组建一支掌握甘肃省省情和农情的农产品质量安全科技创新人才团队，通过团队的带动作用促进全省农产品质量安全科技的跨越式发展。再次，加强技术普及和培训，在全省建立一支省、市、县、乡、村五级农产品质量安全专业人才队伍。通过学科带头人、创新团队、专业人才队伍建立“金字塔式”的农产品质量安全人才梯队。

（四）加强公共财政经费支持

农产品质量安全科技创新，是与社会稳定、产业发展、民生工程密切相关的科研工作，建议甘肃省科技厅、农牧厅将农产品质量安全科研工作作为连续性项目纳入省级财政预算，确保全省农产品质量安全科技创新的可持续实施和发展。

总体上看，确保农产品质量安全是贯穿现代农业发展全过程的一个长期、艰巨、复杂的任务。在短期内还难以彻底解决一些深层次的问题，要从根本上解决好这些问题，关键是要切实加强政策、科技、经费等方面的支持力度，从提升全省农产品质量安全科技创新能力入手，以进一步推动农产品质量安全科技创新能力建设。

参考文献

金发忠：《农产品生产经营者质量安全自律管控能力提升路径研究》，《农产品质量与安全》2016 年第 3 期。

金发忠：《基于我国农产品客观特性的质量安全问题思考》，《农产品质量与安全》2015 年第 5 期。

陈晓华：《2013 年我国农产品质量安全监管的形势与任务》，《农产品质量与安全》2013 年第 1 期。

李恩普、陈松：《农产品质量安全监管的突出问题及对策研究》，《农产品质量与安全》2011 年第 4 期。

韩洪云、蔡书凯：《农药施用健康成本及其影响因素研究——基于粮食主产区农户调研数据》，《中国农业大学学报》2011 年第 5 期。

阳检、侯博、吴林海：《农药负面效应、农户农药施用行为与影响因素述评》，《广东农业科学》2010 年第 3 期。

刘传记：《我国农药使用现状概述及绿色环保型生物农药推广情况分析》，《农业科技通讯》2009 年第 9 期。

肖军、秦志伟、赵景波：《农田土壤化肥污染及对策》，《环境保护科学》2005 年第 5 期。

李祥洲、钱永忠、邓玉等：《2015 ~ 2016 年我国农产品质量安全网络舆情分析》，《农产品质量与安全》2016 年第 1 期。

唐华俊：《我国农产品质量安全风险评估学科建设推进方略》，《农产品质量与安全》2015 年第 3 期。

G.19

甘肃省植物保护科技发展研究报告

郭致杰　罗进仓　胡冠芳　李继平　曹世勤*

摘　要：“十二五”期间，有害生物综合治理研究作为植物保护学科研究的主要内容，有力支持了我国的现代农业生产。近年来，针对甘肃省农业有害生物入侵的风险上升和病虫害发生新态势，甘肃首次对马铃薯茎基腐病进行了系统研究，监测到小麦条锈病菌的新致病类型，探明了马铃薯主要病虫草害的生物群落以及甘肃中药材病害种类及其致病菌类型，发现了食用菌主要害虫及其寄主范围，在植物源农药研发方面实现了新突破，提出了重大农业有害生物灾变机理、监测预警及综合治理技术，集成创新了病虫害抗药性监测及治理对策。

关键词：甘肃　植物保护　学科　发展　报告

一　引言

植物保护学是研究植物病、虫、草、鼠等有害生物的发生危害规律、生物生态学特性及其防治理论和防控技术的一门综合学科，主要职能是防御和控制农业有害生物的发生与危害，确保农业生产安全，减少有害生物的危害损失。植物保护学科在国民经济建设和社会发展中，为粮食安全、农产品质量安全、

---

* 郭致杰，副研究员，现任甘肃省农业科学院植物保护研究所副书记、副所长，主要从事农作物病虫草害综合治理与绿色防控研究和示范推广工作；罗进仓，甘肃省农业科学院植物保护研究所研究员。主要研究方向为农作物虫害防治；胡冠芳，甘肃省农业科学院植物保护研究所研究员。主要研究方向为农作物虫害、草害防治及生物农药；李继平，甘肃省农业科学院植物保护研究所研究员。主要研究方向为农作物病害防治；曹世勤，甘肃省农业科学院植物保护研究所研究员。主要研究方向为农作物病害防治。

生态环境安全等发挥了保障作用，为农业和农村经济的发展提供了强有力的科技支撑。

二　国内外有害生物综合治理研究动态

近年来，我国植物保护学的研究主要体现在对重大农作物病虫害的成灾机理与可持续控制原理、重要外来物种的入侵机理与监控技术、有害生物与作物和天敌间的互作机理、植物抗病虫功能基因组的发掘与利用、转基因生物的安全风险评价、病虫害的抗药性机制、杂草生物学与抗药性机理、微生物与绿色化学农药的创制、农药环境安全性评价与环境行为、有害生物检测监测与预警技术及关键防控技术等方面的研究，尤其是在植物病毒学、植物抗病虫功能基因组学、昆虫化学生态学、入侵生物学等方面取得多项重要的基础理论成果，在昆虫雷达监测、转基因植物和绿色化学农药与生物农药创制等应用基础研究方面取得重大突破，并相继构建了小麦、玉米、棉花、水稻、蔬菜和果树等主要作物重要病虫害的监测预警与控制技术体系。而在国际上，植物保护学科的研究则高度重视农作物有害生物治理的新理论与新技术研究，在加强基因组学、蛋白质学、分子遗传学、农田系统食物网作物－害虫－天敌通讯机制、有害生物与寄主植物的协同进化、转基因昆虫、昆虫功能基因组、转基因作物利用等领域的研究之外，大力发展3S技术、昆虫雷达技术和计算机网络技术，并将其初步应用于农作物病虫害的监测与治理之中。

三　甘肃植物保护科技发展现状与问题

（一）甘肃省植物保护学科现状

目前涉及甘肃植物保护学科的机构与单位主要有甘肃省农业科学院植物保护研究所、甘肃农业大学草业学院、兰州大学草地农业科技学院、兰州交通大学化学与生物工程学院、河西学院、陇东学院、各地州市农科院（所）以及省、市、县（区）植保植检站和省、市出入境检验检疫局等单位，全省从事植保科研、教学与技术推广的科技人员约600人。

在人才培养方面，甘肃农业大学草业学院，拥有作物保护、草地保护学2个博士学位授权点，植物病理学、农业昆虫与害虫防治、农药学、作物保护、草地保护学5个学术型硕士学位授权点以及2个硕士专业学位授权点。兰州大学草地农业科技学院设有1个植物病理学学术型硕士学位授权点和1个草地保护学博士学位授权点。

在科研实验平台建设方面，除兰州大学草地农业科技学院和甘肃农业大学草业学院拥有与草地农业有关的国家和部级重点实验室以外，2011年甘肃省科技厅在兰州交通大学设立了“甘肃省植物源生物农药工程技术研究中心”。

（二）甘肃省“十二五”期间植保科技发展成效

1.“十二五”期间植保科技发展综述

近年来，随着全球气候变化、产业结构调整、栽培方式的改变及国际贸易的飞速发展，甘肃省农业有害生物的发生种类、发生频次、危害程度及灾变规律出现了一些重大变化，外来生物入侵的风险和频率逐年增加，并出现病虫害突发、重发的态势。比如2012年马铃薯晚疫病在甘肃马铃薯主产区暴发流行，发生面积达到50多万公顷，占全省马铃薯种植面积的70%以上，成为自1997年以来发生危害最为严重的一年；2012年7月二代粘虫灾害在甘肃省陇东南地区发生，发生面积达到12万公顷。病虫害的发生已成为严重制约甘肃农业生产可持续发展的重要因素之一。

针对农业生产中的植保问题，甘肃省广大植物保护工作者紧密围绕特色优势农业中的病虫害问题开展了诸多领域的研究，取得一些重大进展和突破。“十二五”期间共取得植物保护学科领域的研究成果40项，其中获甘肃省科学技术进步一等奖1项、二等奖6项、三等奖8项。

2. 主要研究方向与进展

（1）马铃薯病虫害研究

河西学院在明确河西地区马铃薯田病虫害发生种类的基础上，首次系统研究了马铃薯茎基腐病的4种田间症状类型（立枯、萎蔫、根腐、黄化）及其发病流行规律，筛选出了用于防治马铃薯干腐病、黑茎病菌的药剂种类，提出了以垄作覆膜压土层栽培模式、适期割秧技术为主的马铃薯病虫害综合治理技术规程，累计示范推广面积8.2万公顷，新增纯收益15866.16万元。

定西市植保植检站通过对马铃薯窖藏和生长期病虫草害的调查，探明定西地区马铃薯主要病害有马铃薯晚疫病、早疫病、干腐病、炭疽病、黄萎病、黑痣病、灰霉病等7种真菌性病害，环腐病、黑胫病、软腐病等3种细菌性病害及PVX、PVY、PLRV、PVA、PVM、PVS等6种马铃薯病毒；虫害主要有蚜虫、马铃薯二十八星瓢虫和各类地下害虫；主要杂草有被子植物杂草23科52种、裸子植物杂草1科1种及蕨类、藓类、藻类植物杂草等；通过形态学和分子生物学的方法，确定了马铃薯新病害马铃薯炭疽病（病原菌为球炭疽菌，*Colletotrichum coccodes*）和马铃薯黄萎病（病原菌为大丽轮枝菌，*Verticillium dahliae*）的病原菌，明确了不同品种、不同栽培模式及不同土壤类型对马铃薯炭疽病的影响及不同马铃薯品种间黄萎病的带菌率，并对马铃薯黑痣病病原菌立枯丝核菌的融合类群、生物学特性进行了研究，开展了马铃薯晚疫病、炭疽病及黑痣病的防治试验，建立了马铃薯晚疫病监测预警系统和马铃薯种薯病虫草害综合防治技术体系，累计推广应用面积48.1万公顷，每公顷净增马铃薯6590.85千克，新增纯收益247185.8万元，取得了十分显著的社会和经济效益。其研究成果《马铃薯主要病虫害研究与综合防治技术示范推广》获2013年度甘肃省科技进步三等奖。

（2）小麦病害研究

①小麦条锈病与白粉病　甘肃省农业科学院植物保护研究所对小麦条锈病、白粉病的流行规律、生理小种和毒性监测、抗病性及防控技术进行了系统研究。研究发现，随着全球气温变暖、冬小麦西扩及条锈病菌耐低温高温能力的增强，小麦条锈菌的越冬、越夏区域进一步扩展，中部麦区的定西市、临夏州和兰州市、甘南州、白银市及青海海东等地已成为陇南越夏区（秋季菌源基地）的重要组成部分，并与陇南麦区（陇南市、天水市）、陇东麦区（平凉市、庆阳市）等老越夏区连成一片，成为小麦条锈病源头治理的重点区域。

在条锈病生理小种监测方面，研究者从2010年开始相继监测到对我国重要抗源材料贵农21、贵农22、南农92R、Moro、川麦42及其衍生系兰天17号、中梁29号、天选43等有毒性的，以G22－9、G22－14为代表的贵农22致病菌类群，其出现频率不断升高，已由2010年的4.09%上升到2015年的40%，成为继HY和水源致病菌类群后的第二位致病菌类群，特别是G22－9（CYR34）已成为甘肃省第一位流行菌系。为此，在明确条锈菌CYR33、CYR32和G22－9、G22－14的生物学及苗期、成株期致病性特点及其差异性的基础上，研究者利用SSR分子标记技术，建立了甘肃中部与周边地区小麦条锈菌种群的遗传结构及关系，研发出CYR32和水源致病菌类型的特异性分子标记，实现了对条锈菌重要小种及致病菌类型的快速、准确监测。

在品种抗病性研究方面，研究者先后对2181份小麦主要生产品种（系）及抗源材料和600余份国家区域试验材料进行了抗病性评价，筛选出贵协1、贵协4及天选50、兰天32号、中梁31号、陇鉴108等189份全生育期、504份成株期和601份苗期表现抗条锈病及45份全生育期、90份成株期和52份苗期表现抗条锈病及白粉病的材料。开展了陇鉴9821、兰天23号及陇鉴9343等5个苗期抗条锈品种（系）和3个抗白粉病品种（系）的基因遗传分析，明确了其所含抗病基因及其遗传结构。利用常规杂交、外源DNA花粉管导入技术，先后选育出兰天32号、中梁31号、天选55号、临麦36号、陇鉴9851、中植6号、宁麦9号、陇春28号等多个适宜甘肃省不同生态区种植生产的品种。标记出了*YrSN*－1和*YrSN*－2 2个新的抗条锈基因。

甘肃省农科院植物保护研究所研究成果《小麦条锈病高致病性小种检测及品种抗锈性分析与利用》获2014年度甘肃省科技进步二等奖。

②小麦孢囊线虫　小麦孢囊线虫病是我国近年来新发现的小麦病害，学界对其在甘肃的发生、危害程度、侵染规律尚无研究。为此，甘肃农业大学草业学院在国家行业专项经费的支持下，对甘肃小麦孢囊线虫的发生、分布、侵染规律进行了研究，确定甘肃省麦类作物的孢囊线虫为禾谷孢囊线虫（*Heterodera avenae*），其侵染高峰期在3月中旬至4月下旬，筛选出1个高抗孢囊线虫的燕麦品种（陇燕3号）、4个中抗的小麦品种（系）（兰航选01、陇鉴9811、98102－1－1－1－2和Cp01－11－2－1）及1个大麦品种（垦啤4号），研制出对防治孢囊线虫害具有较好成效的1个高效低毒种衣剂，制定了《小麦孢囊线虫病调查技术规程》《小麦孢囊线虫病抗性鉴定技术规程》和《麦类孢囊线虫病防治技术规程》3个地方标准，累计示范推广以抗病品种和种子包衣为主的孢囊线虫防治技术3.7万公顷，防治效果达到60%以上，新增纯收益1385.5万元。该项目获2014年度甘肃省科技进步二等奖。

（3）瓜菜病虫害研究

①洋葱腐烂病　洋葱是甘肃省河西地区重要经济作物之一，腐烂病的发生严重影响了洋葱的产量和质量。在嘉峪关市科技局的支持下，甘肃省农业科学院植物保护研究所对河西灌区洋葱腐烂病的发生规律及防治技术进行了研究，探明洋葱基盘腐烂病和干腐病的病原主要为尖孢镰刀菌（*Fusarrium oxysporum*）、茄病镰刀菌（*F. solani*）和串珠镰刀菌（*F. moniliforme*），细菌性软腐病的病原为胡萝卜软腐果胶杆菌胡萝卜亚种（*Pectobacterium carotovorum subsp. carotovorum*）和格氏沙雷氏菌（*Serratia grimesii*）；研究了洋葱根际植物寄生线虫和非植物寄生线虫在土壤中的种群及其动态变化规律，研发了洋葱腐烂病专用的5%多·噻凹凸棒颗粒剂和一种缓释性洋葱药肥，制定了“河西灌区洋葱无公害化生产技术规程”和“河西灌区洋葱腐烂病综合防控技术体系”，示范区防治效果达63%以

上，增产率达11%。试验示范推广面积2.44万公顷。该项目获2013年甘肃省农牧渔业丰收奖二等奖。

②根结线虫　根结线虫在甘肃省设施蔬菜中发生较为普遍。甘肃省农业科学院植物保护研究所研究表明，当地蔬菜上的根结线虫为南方根结线虫，其1年可发生4代，通过一系列防治试验，提出了以种植诱集作物、熏蒸及颗粒剂处理为主的综合防治技术，防治效果达到85%以上。其研究成果于2013年获甘肃省科技进步三等奖。

WRKY转录因子在植物与线虫互作中具有重要的调控作用，与抗线虫基因的表达密切相关。甘肃省农业科学院蔬菜研究所从野生黄瓜中克隆获得了9个CmWRKY基因，并阐明了野生黄瓜CmWRKY基因的遗传进化、系统分类以及CmWRKY的蛋白质结构，为栽培黄瓜抗根结线虫转基因育种与黄瓜品种的遗传改良提供了重要的候选基因。

③甜瓜白粉病　负调控因子MLO基因被认为是研究植物光谱抗病性的最佳模式基因。甘肃省农业科学院蔬菜研究所利用同源克隆的方法，获得了3个甜瓜MLO基因（分别为CmMLO1、CmMLO2、CmMLO3）；通过对甜瓜MLO基因家族的表达分析，确定CmMLO2基因为甜瓜白粉病发病过程中的主效基因；利用ihpRNA干扰技术将白粉病发病进程相关的MLO家族成员沉默，解除MLO对细胞死亡的负调控，获得了对白粉病具有抗性的两份种质材料；确定甘肃省至少有三个甜瓜白粉病的生理小种，分别为小种1、France2和小种7。其部分研究结果分别发表在SCI刊物*Molecular Biology Reports*（2012、2013）。

（4）中药材病虫害研究

中药材是甘肃省的特色优势产业。甘肃农业大学草业学院对甘肃道地药材主要病害的发生规律及防治技术进行了研究。探明甘肃省道地药材病害共有78种，明确了当归褐斑病、当归炭疽病、黄芪霜霉病、黄芪白粉病、党参灰霉病、党参斑枯病、秦艽斑枯病及白芷斑枯病症状、病原特征以及生物学特性；发现2个病原新种，即枸杞小黑梨孢（*Stigmella lycii X. R. Chen & Yan Wang sp. nov.*）和麻黄叶点霉（*Phyllosticta ephedricola L. Jin & Yan Wang sp. nov.*）分别为引起枸杞褐斑病和麻黄茎枯病的病原菌；通过防治试验，制定了主要道地中药材病虫害绿色防控技术规程，在岷县、陇西县、漳县和渭源县4县示范推广0.58万公顷，当归总增产114.63万千克；黄芪总增产230.4万千克；获纯收益4336.13万元；出版专著《甘肃省药用植物病害以及防治》。

甘肃省农垦农业研究院首次发现了百号黄萎病和白粉病，确定百号黄萎病的病原菌为大丽轮枝菌，对百号霜霉病、黄萎病和白粉病的发生规律进行研究，提出了3种病害的病情分级标准，制定的百号病害综合防治技术规程，已在甘肃垦区种植基地结合GAP全面实施。

（5）农业昆虫学研究

①重要害虫研究　苹果蠹蛾是重要的检疫性害虫，2006年以来在甘肃省河西地区严重发生并迅速向东扩展，对甘肃省及全国果品生产构成严重威胁。为此在农业部公益性行业专项及省科技支撑计划项目的支持下，甘肃省农业科学院植物保护研究所、甘肃省植保植检站等单位先后对苹果蠹蛾发生规律、监测与防治技术方面开展了系列研究，探明了苹果蠹蛾的生物学特性、温度与寄主对种群发育的影响、滞育机理、遗传多样性及监测技术，制定并颁布了《苹果蠹蛾监测技术规范》（DB62/T2145－2011）和《苹果蠹蛾综合防治技术规范》（DB62/T 2146－2011）2个地方标准，累计示范推广3.3万公顷，新增总产量8327.5万千克，新增总产值5.51亿元，使苹果蠹蛾的危害得到了有效的控制。该成果于2013年获甘肃省科学技术进步二等奖。

异迟眼蕈蚊是食用菌、药用菌、观赏植物及花卉上的重要害虫。甘肃农业大学草业学院于2012～2013年调查发现，异迟眼蕈蚊不仅是甘肃食用菌上的主要害虫，也是韭菜、大葱等作物上的主要根蛆类害虫之一，并成为天水等韭菜种植区的优势害虫之一，与韭菜迟眼蕈蚊混合发生。研究发现，温度对异迟眼蕈蚊的发育与繁殖有显著的影响，25℃为该虫的最适发育温度；卵、幼虫、蛹和卵至蛹的发育起点温度分别为4.04℃、5.79℃、8.38℃和4.97℃，有效积温分别为102.36、218.03、48.57和395.79日·度；在韭菜、大葱、百合和蒜4种寄主间，以韭菜为其最适寄主。

豌豆蚜是危害多种豆科作物及牧草的世界性害虫。其体色有红色型和绿色型2种，田间种群数量以绿色型为主，但红色型种群数量在逐年上升。甘肃农业大学草业学院研究发现，红色型豌豆蚜对低温的适应性较强，绿色型豌豆蚜更适宜较高的温度，但32℃时两种色型豌豆蚜均不能完成世代发育；在蚕豆、豌豆、苜蓿和红豆草4种寄主植物间，豌豆蚜在蚕豆上的适应度和嗜食性最好；在“草豌豆”、“定豌1号”、“定豌2号”和“G1997”4个不同豌豆品种间，“定豌1号”为其最喜食的品种。另外研究者还研究了光周期、抗生素对豌豆蚜生长发育的影响及不同地理种群间的遗传多样性。

日本双棘长蠹是一种新传入天水葡萄产区的害虫，92%的葡萄园有危害，平均受害株率18.6%，年减产900万千克，直接经济损失3600万元。甘肃省农业科学院林果花卉研究所，对该虫在天水葡萄产区的发生规律、生活习性和生活史进行研究，发现该虫在天水葡萄产区1年发生1代、以成虫越冬，总结提出了“冬季彻底清园、3月中旬喷施化学农药、田间堆放葡萄修剪枝诱集、6月底前彻底销毁废弃枝”的综合防控技术措施，防治效果达80%以上。

②资源与天敌昆虫　植绥螨是叶螨、瘿螨、跗线螨、蓟马、介壳虫等害虫的重要天敌，张亚玲等报道了甘肃植绥螨6个新记录种，即香港植绥螨、椿花绥螨、武夷钝绥螨、异毛似盲走螨、大黑似盲走螨和拉氏小新绥螨。瓢虫是农林业生产重要的天敌，经刘月英等调查，甘肃瓢甲科昆虫共有32属76种，发现甘肃新记录种5种。

在天敌的利用方面，崔晓宁等和郑开福等分别研究了巴氏钝绥螨和芬兰真绥螨对截形叶螨的捕食作用，发现这两种捕食螨对截形叶螨卵和若螨的捕食能力较强，因此在应用上应在叶螨产卵盛期和若螨盛期进行释放；李书文等研究了十三星瓢虫和龟纹瓢虫对萝卜蚜的捕食作用，武德功等和杜军利等分别研究了七星瓢虫、异色瓢虫和多异瓢虫对豌豆蚜的捕食作用，王建梅等研究了伞裙追寄蝇对粘虫幼虫的寄生功能反应；相红燕等对黑条帕寄蝇成虫的生物学特性、崔晓宁等对苹果园芬兰真绥螨的种群空间动态进行了研究。上述研究为天敌昆虫的进一步保护利用提供了科学依据。

③害虫抗药性研究　有关害虫抗药性的研究以甘肃农业大学草业学院为主，并主要集中在叶螨的抗药性方面。在抗性机理方面，对二斑叶螨抗甲氰菊酯、阿维菌素、四螨嗪抗性机理的研究，表明多功能氧化酶（MFO）活性的上升可能是二斑叶螨对这3种药剂产生抗药性的主要原因；在二斑叶螨抗甲氰菊酯品系中，谷胱甘肽转移酶（GSTs）基因 *TuGSTo*1、*TuGSTd*1 及细胞色素P450单加氧酶（P450s）基因 *CYP3D2* 的相对表达量均显著高于敏感品系，因此这3种基因表达量的升高可能是二斑叶螨对甲氰菊酯产生高抗性的分子机理。在交互抗性方面，二斑叶螨抗螺螨酯种群对甲氰菊酯、氯氰菊酯表现出一定的交互抗性，对苯丁锡、四螨嗪、苦皮藤生物碱、阿维菌素、氯氟氰菊酯、哒螨灵·四螨嗪、哒·水胺硫磷、三唑锡、三氯杀螨醇、哒螨灵和氧化乐果无交互抗性，对浏阳霉素、毒死蜱、噻螨酮、柴油·哒螨灵和唑螨酯具有负交互抗性。

（6）农田杂草防控

①胡麻杂草防控　在国家胡麻产业体系的支持下，甘肃省农业科学院植物保护研究所对胡麻田杂草发生危害规律及综合防控技术开展了系统的研究，探明了甘肃省不同生态类型区和内蒙古乌兰察布市、鄂尔多斯市，宁夏回族自治区固原

市胡麻田一年生禾本科与阔叶杂草的发生危害规律，明确了我国部分胡麻主产区胡麻田杂草优势种类和主要群落类型，依据调查结果组建了我国胡麻田杂草种类与群落组成数据库，制定出适用于我国不同生态类型胡麻种植区的无公害胡麻田间杂草化学防除技术规程5套、无公害胡麻田间杂草绿色防控技术规程1套，并进行了示范推广。

②玉米杂草防控　在甘肃省科技支撑计划项目的资助下，甘肃省农业科学院植物保护研究所还对全膜双垄沟播玉米田杂草发生危害规律及综合防控技术开展研究，明确了平凉市全膜双垄沟播玉米田杂草种类、优势种类、群落类型以及地理分布特点，明确了全膜双垄沟播玉米田杂草的分布格局，探明了全膜双垄沟播玉米田杂草消长动态，明确了杂草对全膜双垄沟播玉米田集水保墒效应的影响程度，总结提出了空间胁迫控草技术，研究证明了功能地膜应用效果的稳定性。筛选出48%乙·莠WP等6种经济、安全、高效的土壤封闭除草剂，研制全膜双垄沟播玉米田土壤封闭除草剂局部减量施用技术，制定出全膜双垄沟播玉米田杂草防除技术规程。

（7）生物源农药的研发与创制

①昆虫病原线虫　昆虫病原线虫作为一种生物杀虫剂在防治农林、草地及花卉地下害虫中的作用越来越明显。尽管有关病原线虫的商业化生产与应用技术在国内外已经很成熟，但因其对寄主的专化性很强，且不同种类甚至品系对相同寄主的致病力存在显著差异。为此甘肃农业大学草业学院对甘肃昆虫病原线虫进行了调查，共鉴定出昆虫病原线虫8种，发现国内新记录4种（*S. affine*、*S. kraussei*、*S. karii* 和 *H. marelatus*），筛选出对草地蛴螬具有较高致病力的3种昆虫病原线虫（*S. feltiae* 0619HT 品系，*H. megidis* 0627M 品系和 B0657L），并对 *S. feltiae* 0619HT 品系和 *H. megidis* 0627M 品系的液体发酵技术进行了优化，组建了最佳繁殖技术体系。经田间试验 *S. feltiae* 0619HT 品系和 *H. megidis* 0627M 品系对草地蛴螬的防治效果达到80%以上，并在临夏、庄浪和天水进行了应用示范。该项成果于2015年获甘肃省科学技术进步三等奖。

②植物源农药　兰州交通大学化工学院，利用植物提取物开发出8种杀虫、杀菌专用型植物源生物农药，对部分产品完成了室内生物测定、田间药效试验及毒理、残留及环境生物评估试验。植物源生物农药“植丰宁”、“植富宁”及“世创植丰宁”产品商标通过国家工商局注册、备案、公告，并授权使用，“植丰宁”系列产品已获得国家农业部正式登记（PD20140941）并在全国多个省份大面积推广应用，年产300吨的产品生产线也已建成投产。其研究成果《创新型

植物源生物农药5%香芹酚水剂的产业化》获2015年度甘肃省科学技术进步一等奖。

甘肃省农业科学院植物保护研究所，从152种植物中筛选出可用于植物源农药开发的红蓼、紫花曼陀罗等18种植物，研究了红蓼、曼陀罗、皂荚、假酸浆、贝加尔唐松草、泽漆、莨菪、铁棒锤等三十余种植物的杀虫谱及作用方式，鉴定了红蓼提取物中的杀虫活性成分；研制出35%紫花曼陀罗油乳剂、32.5%莨菪油乳剂、35%假酸浆油乳剂、32.5%蓖麻油乳剂、35%泽漆油乳剂、35%小果博落回油乳剂、35%蛇床子油乳剂和30%永宁独活油乳剂等8种新型植物源生物杀虫剂，其棉蚜、桃蚜和朱砂叶螨具有作用速效性好、防效高的特点；研制出的20%天然皂素溶液（TZR）、35%黄芪素溶液（AMR）和35%黄花棘豆素溶液（OOR）等3种新型植物源农药表面活性剂，可提高农药有效利用率8~16个百分点，降低用药量12.5%~25%，降低用水量33%~50%；在植物源农药和表面活性剂研制方面已获得5项国家发明专利。研究成果《植物杀虫活性研究与新型安全、高效植物源生物农药的研制及应用》获2013年度甘肃省科学技术进步二等奖。

甘肃农业大学草业学院，从来自不同生态环境的土样中分离得到的深绿木霉T2菌株，该菌株对百合疫霉菌（*Phytophthora nicotianae van* Brede de Haan）、黄瓜黑星病菌（*Cladosporium cucvmerinum*）和离蠕孢（*Bipolaris sorokiniana*）具有较强的拮抗作用，其主要机制是重寄生及竞争作用，温度及光照能够影响其抑菌效果；其发酵物可通过溶解线虫体内器官导致线虫死亡，浸渍法处理线虫的相对死亡率高于阿维菌素；利用蝇蛆甲壳素、壳聚糖可诱导深绿木霉T2菌株产生高活性的几丁质酶；深绿木霉制剂对小麦、苜蓿、黄瓜的发芽和生长具有促进作用；通过对液、固两相发酵培养成分和孢子产生条件的探讨，甘肃农业大学草业学院研究人员筛选出了深绿木霉T2菌株的最佳发酵培养基，建立了深绿木霉T2菌株发酵工艺。其研究成果《西部旱作农业区适用型抑菌杀线促生多功能木霉制剂合成与应用》获2015年度甘肃省科学技术进步二等奖。

甘肃农业大学草业学院，经对天然草地的28种有毒植物的生物活性测定，筛选出乳浆大戟、毛茛等6种对粘虫具有较强拒食和生长发育抑制作用的有毒植物，并从苍耳丙酮提取物中分离获得11个化合物（其中苍耳亭为新化合物，有4种化合物为首次从苍耳中分离得到）；以制剂的物理性能、生物活性、田间药效、生产成本、制剂稳定性等因素为依据，研制出30%苍耳素乳油，其对番茄灰霉病、白粉病及黄瓜枯萎病等病害具有较高防效。另外，草业学院还对顶孢霉杀虫菌株的生产工艺及应用技术进行了研究。

甘肃国力生物科技有限公司开发出9.5%狼毒素母液和1.6%狼毒素水乳剂，获得农药登记证。

3. 甘肃植保科技需求态势及支撑作用评价

由于甘肃拥有发展特色农业所需的独特区域与资源优势，目前已形成以马铃薯、中药材、瓜菜、林果及河西制种业为主的特色优势农业。但随着甘肃农业的飞速发展及气候环境的变化，农作物病虫害发生的种类和危害程度在不断扩大，过去一些次要病虫害逐渐上升为优势病虫害，并且随着农产品贸易的飞速增长，外来生物入侵的风险和频率逐年增加。

例如2013年甘肃农作物病虫害的发生面积累计990.2万公顷，总体发生程度达到中度级别。在几种主要作物中，以小麦条锈病、白粉病、蚜虫和红蜘蛛为主的小麦病虫害发生面积累计达到112万公顷，其中麦蚜和红蜘蛛在局部地方偏重发生；玉米病虫害的发生面积累计达到171.9万公顷；马铃薯病虫害属中度偏重发生，发生面积累计达到138.7万公顷，其中马铃薯晚疫病和早疫病虽然轻于2012年但仍发生严重；蔬菜病虫害发生面积比2012年有所增加，达到74.2万公顷；果树病虫害的发生面积累计达到61.1万公顷。因此，农作物病虫害的发生形势迫切需要植保科技的支撑，以保障甘肃省农业生产的可持续发展。

另外，就农业生产的过程而言，农作物种植之后，对农产品的产量和质量造成影响的主要因素除管理、施肥措施以外，还有对病虫害的科学有效管理。而要控制病虫害的危害，就需要植物保护科技提供技术支撑。比如甘肃省通过对重大检疫性害虫——苹果蠹蛾的科学有效防控，使其发生面积由2006年的2.7万公顷下降至2012年的1.7万公顷，苹果蛀果率由2006年的7%下降至2012年的0.28%，有效控制了苹果蠹蛾的危害，保障了甘肃省苹果产业的稳步发展。

环境污染和农产品的质量安全问题已成为人们当前关注的焦点问题，而造成这一问题的主要原因之一就是化肥及化学农药的过量使用。要解决化学农药过量使用问题，就需要通过植保科技来提供农药的替代品、农药使用的新技术与新方法及病虫害防治技术的创新等。

因此，无论是甘肃省农业生产的可持续发展，还是解决环境污染与食品安全这一社会问题，都需要植保科技的支撑，其在甘肃省农业生产中的作用是不可替代的。

（三）甘肃植保科技面临的挑战

1. 病虫害的暴发危害威胁农业生产和粮食安全

全球气候变化、产业结构调整及栽培方式的改变，不仅为一些病虫害的发生提供了有利的生存条件，而且其发生规律也出现了显著的变化。比如随着甘肃省设施农业的发展，过去一些在甘肃不能越冬的病虫如斑潜蝇、白粉虱等在甘肃省常年发生危害；随着全球气候变暖、冬小麦西扩及条锈病菌耐低温及高温能力的增强，小麦条锈菌的越冬、越夏区域进一步扩展；2012 年因夏季雨水偏多，马铃薯晚疫病大规模暴发流行，造成严重的经济损失。总之，农田生态系统的单一化和气候变化，使其对病虫害的自控能力日趋减弱，导致病虫害的发生更具突发性和灾害性。农业生产和粮食安全问题，迫切要求植保科技的创新和现代植保体系建设，全面提升对有害生物的监测防控能力，以有效控制病虫等生物灾害。

2. 生态环境与农产品质量安全问题日益突出

社会经济的发展必然要面对环境污染与生态安全问题。随着农业生产的发展，农业环境问题也越来越突出。对农业环境造成污染的主要根源，就是人们为了追求产量和效益，过量施用化学肥料、农药及地膜等。2012～2014 年针对我国农作物病虫害的防治问题，仅农药原药的年均使用量达到 31.1 万吨，比 2009～2011 年增长 9.2%。甘肃也是一个农药用量大的省份，其每年农药的使用量达到 6000～8000 吨（商品量），且呈逐年增长的态势。以静宁县为例，2010 年商品农药的使用量为 830.3 吨，到 2012 年达到 907.5 吨，增长 9.3%。据调查，农药除 30%～40% 被有效利用外，绝大部分进入环境介质之中，除对大气、土壤、水体造成污染外，还造成农田生态系统失衡、病虫害再猖獗、抗药性增强及农药残留等问题。

3. 外来生物入侵的风险加剧

随着甘肃省制种产业的发展和农产品贸易的增长，检疫性有害生物传入甘肃省的风险和频率逐年增加，导致新的病虫害不断出现，马铃薯癌肿病、马铃薯坏疽病、玉米霜霉病、向日葵霜霉病、向日葵黄萎病、苹果蠹蛾、苹果棉蚜等一些重大检疫性病虫害在甘肃省局部地方已有发生。

甘肃是全国玉米、马铃薯、瓜菜、花卉等重要制种基地和最大的外繁制种基地，外繁制种的种子全部来自国外制种公司，是外来有害生物传入我国的重要途径。据甘肃省出入境检验检疫局统计，2015 年甘肃截获入境人员携带的动植物产品960批次，是2014年同期的4.1倍；实验室检出病虫害174批次，是上年同期的2.3倍。截获率、检出率均是近年来新高，其中检疫性病虫害大洋臀纹粉蚧、榕树粉蚧、甘蔗簇粉蚧、小黄家蚁、小杆线虫、活体蚂蚁、矛线目线虫等均为首次检出。外来有害生物的入侵和蔓延，已对甘肃省农业生产、生态安全等构成重大威胁。

4. 植保科技的基础与应用技术研究较为薄弱

甘肃省是一个经济欠发达的省份，科研经费的投入水平相对较低，尤其是进入21世纪，随着甘肃省科研创新主体向企业实行战略转移后，农业科研经费的投入严重不足。科研经费的不足及经费投入的不连续性，造成甘肃省内植物保护科技在应用基础及新技术研究方面的深度不够、创新能力不强、原创性较弱。许多重要病虫害的基础生物学不清，监测预警系统不够健全，导致对病虫害的防治缺乏科学性、有效性。

四 甘肃植物保护科技的发展思路及重点

（一）基本思路与发展目标

1. 发展思路

坚持“预防为主，综合防治”的植保方针，牢固树立“公共植保”、“绿色植保”和“科学植保”的理念，紧密围绕甘肃特色优势农业产业发展中的有害生物问题，建立多学科交叉融合的科研创新团队，并以加强应用基础研究为前提，以创新有害生物的监测预警与防控技术为关键，以提升全省农业的抗灾、减灾能力为目的，通过科技创新和学科建设促进甘肃植物保护科技的发展，为甘肃农业的可持续发展和生态安全提供保障。

2. 发展目标

甘肃植物保护学科的发展，以学科建设为重点，以国际先进水平为目标，通过人才培养、学科优化，建立一支涉及植物保护学科各领域的稳定的研究团队，通过对甘肃省农作物有重大危害的生物灾变机理、监测预警与综合防控技术的系统深入研究，使甘肃省农业有害生物的防治实现病虫预警的信息化、防治决策的最佳化、防治措施的无害化、作物抗病虫的持久化和农药使用的精准化。

（二）发展重点与主要内容

1. 重大农业有害生物灾变机理研究

开展重要病虫害的生物学、生态学特性及发生流行规律研究，研究不同区域、不同作物有害生物的发生危害特点，种植结构、种植方式等与有害生物发生成灾的关系、农田系统食物网作物－害虫－天敌通讯机制、有害生物与寄主植物的协同进化等成灾和灾变机理，为甘肃有害生物的综合治理提供科学依据。

2. 重要农业有害生物的监测预警技术

以甘肃农业生产区划为依据，构建以县级区域站为骨干的病虫害发生动态监测网络体系，建立以全省特色优势农业为目标的病虫害管理数据库，将病虫害的监测预警技术与计算机网络技术和信息管理技术有机结合起来，利用互联网、物联网、“3S”技术、自动化监测技术、人工智能决策支持系统等现代信息技术，构建甘肃主要农作物病虫害的监测预警平台，实现病虫害的远程诊断、实时监测、早期预警和应急防控的网络化管理，全面提高对重大有害生物预测预报的准确率和灾变预警能力。

3. 作物抗病、虫性的利用研究

加大抗病虫性农作物品种的选育，利用分子生物学、分子遗传学、基因工程等现代生物技术，开展抗病虫基因的检测、新基因标记和利用及抗性新品种（系）的创制与选育研究；开展抗病虫种质资源评价，构建核心种质资源和抗病虫基因库，通过不同抗性品种的合理布局，延长抗性品种的种植年限和促进作物抗性的有效利用。

4. 病虫害抗药性监测及治理对策

开展甘肃重大农作物病虫害的抗药性监测、抗性机理、监测技术与治理对策研究，明确重大病虫害对不同类型农药的抗性水平、分布状况及动态变化规律，构建抗药性监测预警体系，为病虫抗药性的治理提供依据。

5. 生物源农药的创制与研发

根据甘肃生物源农药的研究进展，加大对已筛选出的昆虫病原线虫、木霉菌、顶孢霉等生物药剂的商品化进程，改进和完善生产工艺流程，研发最佳使用剂型，制定生产技术标准，开展室内生测、田间药效评价、环境安全性评价、中试等各项试验，以尽快实现产品的商品化。对已筛选出的具有较好杀虫防病效果的植物源粗提物，进行分离提纯，完善提纯工艺，明确作用机理；对其活性成分进行测定与结构分析，分离出活性先导化合物，以先导化合物为模板进行结构优化衍生合成，筛选出杀虫、抑菌或除草高活性化合物，进而创制出新型高效、低毒、低残留的化学农药。

6. 有害生物综合治理技术的集成化与标准化

加强生物防治技术、科学用药及农药精准化施用技术、高效施药器械及其配套技术的研究和推广应用，建立以生态区域为单元、以作物为主线、以重大病虫为对象的综合治理理论体系，集成和构建生态调控、生物防治、物理防治及农药精准化、减量化施药技术为一体的多种防治措施相配合的有害生物综合治理技术体系，实现甘肃农业有害生物防治的集成化、标准化。

五　甘肃植物保护科技创新载体建设与保障措施

（一）人才队伍建设

加强植保教学、科研和技术推广队伍的建设。通过人才引进、培养，建立一支具有开拓创新、团结协作精解，结构合理、适应现代农业发展需求，在国内外本领域具有一定影响力的稳定的科研、教学及技术队伍。进一步完善人才培养体系，为甘肃省植保学科的发展培养具有高素质、高水平，又能适应农村基层工作的专业技术人才。各级政府部门要重视和强化植保队伍建设，树立植保公益性的职能，健全机构、加大技术培训和知识更新的步伐，加快基层植保体系建设。

（二）科研创新平台建设

工程中心、重点实验室等科技平台是科研创新的重要载体，是开展科学研究、集聚和培养创新人才、开展学术交流活动的重要基地，是提升学科内涵的关键。甘肃省在科研平台建设领域相对落后，植保科研平台更是空白。因此除了利用甘肃省植保科研的研究成果，争取参与国家科研平台的建设外，甘肃还要针对特色优势农业制定本省科研平台建设的发展规划，大力开展科研平台建设。

（三）优化学科结构，建立创新团队

根据甘肃省农业生产的发展要求，对现有植物保护科技的学科结构进行优化布局，在植物病理学、农业昆虫学、有害生物防治学等传统优势学科的基础上，发展农药学、植物检疫学、病虫害测报学、生物防治学、入侵生物学、转基因生

物安全学等学科，仿照国家现代农业体系建设，设立省级创新团队，构建稳定的研发队伍。

（四）建立创新联盟，开展协作攻关

结合甘肃省现代农业发展的需要，以产、学、研相结合的技术创新体系为基础，充分发挥植保科研、教学、推广单位各自的优势，整合资源，研制对重大农业有害生物的灾变规律、监测预警、关键防控技术及新农药，开展协作攻关研究。

（五）加大科研经费的投入力度

除进一步争取参与国家项目外，建议甘肃省每年投入一定比例的科研经费，用于省植保科技的研究，以解决因经费支持的不连续性导致的应用基础性研究薄弱、研究缺乏系统性原创性的问题，提高甘肃省植保科技的研究水平。

参考文献

中国科学技术协会主编、中国植物保护学会编著《2012～2013 年植物保护学学科发展报告》，中国科学技术出版社，2014。

福建省植物保护学会：《福建省植物保护学科发展报告》，《海峡科学》2008 年第 1 期。

陈友权、王建强：《我国植物保护事业发展成就与前景展望》，《农药科学与管理》2014 年第 10 期。

戈峰：《中国昆虫学成就、问题及发展对策》，《江西农业大学学报》2010 年第 5 期。

张举：《静宁县农药使用情况及治理对策》，《甘肃农业科技》2014 年第 2 期。

G.20 甘肃省现代农业生物技术科技发展研究报告

罗俊杰　欧巧明*

摘　要： 本报告回顾了国内外现代农业生物技术科技及产业发展动态，从科技发展现状与问题、科技创新发展思路、重点目标、创新载体建设与保障措施等方面重点论证了甘肃现代农业生物技术的科技、人才、产业及政策方面的优势与不足，并针对未来五年及十年的重点发展战略及发展方向展开论述，提出了可行性建议，以期为甘肃现代农业生物技术科技发展与决策提供参考。

关键词： 甘肃　现代农业生物技术　科技创新　产业化　基因工程　细胞工程

前　言

现代农业生物技术打破原有的常规育种局限，在细胞和分子水平上，实现物种间遗传物质转移交换，定向改变生物性状，进而创制优良动植物及微生物新品种、新产品，并且赋予动植物在产量、品质、抗逆性等方面突出的表现，从而大幅度地提高资源利用率和农业生产率。

现代农业生物技术在20世纪八九十年代即取得突破性的进展，并迅速进入产业化阶段。目前，现代农业生物技术已成为现代生物技术发展最活跃，且在技术与经济社会层面最富争议的领域，它的快速发展和产业化必将为传统农业注入

---

* 罗俊杰，博士，研究员，硕士生导师，现任甘肃省农科院生物技术研究所所长，主要从事作物新品种的选育、栽培、抗逆生理、旱作农业生态及分子生物学等工作；欧巧明，甘肃省农业科学院生物技术研究所副研究员，主要从事作物分子育种及相关分子生物学研究。

新的活力，也为现代农业发展带来质的飞跃。农业生物技术产业在欧美等国家已经形成规模化，且正处于高新技术支撑下的高速发展时期，为解决全球农业产业及农业可持续发展起到了重要引领作用。

一　科技及产业发展动态

当前，全球各个国家均在努力扶持和引导农业生物技术产业的快速发展，相关的农业生物技术科技研发已呈现朝着大规模产业化快速发展的趋势。我国现已进入生物技术产业加速发展的重要时期，在基因测序、功能基因组等多项关键研究领域，已处于世界领先或先进水平，取得了显著成就；在转基因水稻和转基因棉花的研发和应用方面已达世界前沿水平，农业转基因作物生产量跃居世界第四。目前，我国现代生物技术产业每年以30%以上的速度增长。

（一）转基因作物的推广应用

据国际农业生物技术应用服务组织（ISAAA）发布的报告显示，转基因作物的种植面积从1996年的170万公顷上升至2015年的1.797亿公顷，20年间增长近百倍；种植转基因作物的国家从1996年的6个猛增至目前的28个，并已从转基因作物中获益超过1500亿美元。当前，全球多个转基因作物（如抗虫、抗病、抗除草剂的转基因棉花、玉米、大豆、油菜等）已实现商业化和规模化应用。我国2015年转基因棉花采用率达到了96%，仅2014年就实现了13亿美元的收益，经济、社会和生态环境效益显著增加。我国现已基本具备独立研究和开发转基因农作物的实力，已有包括转基因耐贮藏番茄等在内的近10种转基因植物在中国通过了商品化生产许可，另有水稻、玉米等十多种转基因植物在中国获得了环境释放和生产性试验阶段许可。目前，我国在以植物代谢工程为基础的第二代转基因植物研究方面已取得了一定的进展，但创新不足，今后亟待加强。

（二）分子育种技术的日臻成熟与广泛应用

分子育种作为一种作物遗传改良体系及现代作物育种的主要方向，其优势体现在：直接选择和有效聚合重要育种相关基因，在使育种效率显著提高的基础上缩短育种年限，在动植物产量、品质、抗性改良等诸多方面潜力巨大。自“十一五”以来，中国在以功能基因挖掘、克隆、转化、分子标记辅助选择（MAS）、分子设计育种等领域取得突破性进展。目前，对水稻、小麦、玉米、大豆等十多种作物的核心种质资源库已经建立，其遗传多样性及重要基因定位研究已全面展开，现已有1000多个基因实现基因定位与分子作图，克隆相关基因300多个，为作物分子育种奠定了坚实的基础；牛、羊、猪等家畜的鲜活及冷冻胚胎移植技术均已取得突破性进展，并已投入应用，试管牛、羊相继问世，克隆牛、羊亦获成功。

（三）基因组学研究的革命性发展

基因组学的飞速发展对于现代生命科学的发展具有里程碑意义。目前，全球在拟南芥、水稻、小麦、人类等多个物种上已完成基因组测序。自启动杂交水稻基因组计划以来，我国已先后独立完成多个作物的全基因框架图和精细图、全基因组测序、结构基因研究，整体已达到国际领先水平。目前，各类重要性状相关基因的分离和功能鉴定研究，特别是与基因开发应用直接相关的功能基因组研究，以及重要等位基因的发现与功能研究，已成为全球基因组学研究的重点，并将迅速跨入应用阶段。借助转基因等分子生物学技术，全球农业，特别是动植物及微生物遗传改良研究必将飞速发展。

（四）细胞工程、生物反应器等技术研究迅猛发展

我国迄今已获得花药培养再生植株的各类作物达50多种（全世界约200种），培育的花培作物新品种已实现大规模应用，居世界领先水平，其中仅小麦、水稻等作物种植面积就达百万公顷；开展了多种重要粮食与经济作物、蔬菜和中草药等植物的原生质体再生植株研究，我国玉米、大豆、谷子、高粱等二十余种植物在世界上首次获得了再生植株。目前，国内外已在人参等多种植物上实现大规模细胞培养。我国还在水稻、小麦、大麦、玉米等作物上获得原生质体再生植株，并成功地进行了多个种属的种间体细胞融合，获得了体细胞杂交育种材料。

（五）农业微生物基因工程研究正在孕育新的突破

近年来，农业生物技术已成为微生物遗传改良的有效手段，并在新一代微生物制品研制等方面发挥了关键作用。我国学科较为齐全的农业微生物研究体系及研究团队现已初步形成，并全面深入分子水平，特别是在微生物肥料、农药和饲用酶制剂的研发中取得了显著进展，广泛应用于病虫害防治、节肥增产、饲料与食品添加剂、环境污染防治等领域。我国已有十余种新型微生物农药（如重组

苏云金芽孢杆菌微生物农药）进入国际市场，多种饲料与食品加工用的酶制剂（如植酸酶、甜蛋白等）已步入产业化应用。

目前，我国正在通过加强微生物代谢工程、微生物重要功能基因发掘等技术平台建设和基础研究，进一步拓展应用范围，并有望取得新的技术突破。

二　甘肃省现代农业生物科技发展现状与问题

（一）甘肃省现代农业生物技术发展概况及“十二五”期间发展成效

甘肃省在农业生物技术开发与应用研究方面起步较晚，最早始于20世纪70年代初。但经过40多年的快速发展，甘肃省先后在粮食作物、经济作物、林果花卉、蔬菜、中药材等领域开展了深入探索和实践，在相关的生物技术育种研究领域已取得丰硕的成果和明显的经济效益。

1. 植物细胞工程

（1）植物细胞工程研究体系已经建立，并已成功培育出多种农作物新品种及新种质。甘肃省已建立比较完善的植物细胞工程技术体系，包括花药培养原生质体培养、组培快繁、体细胞杂交等在内的技术已先后用于马铃薯、兰州百合、油菜、小麦、谷子、玉米、葡萄、百合、胡麻等作物，获得多种农作物及药用植物的再生植株；小麦、大麦及油菜等作物的大、小孢子培养体系正在建立并逐步完善。

在以花药培养为主的单倍体育种方面取得了显著成绩，获得花培764，陇春21、31、32号及张春11号等小麦新品种，并已全面实现产业化应用，累计推广面积80万公顷，累计增产粮食4亿千克；已建立马铃薯组培脱毒快繁体系并实现商业化生产，以优质加工型良种“陇薯”系列新品种为代表的马铃薯新品种已大面积种植推广；选育出苜蓿系列新品种，在西北地区的生态环境治理及畜牧业发展中起着重要作用。

以“远缘杂交+幼胚培养挽救+花培加代”等为核心技术的染色体工程育种技术体系以及以体细胞无性系和抗生素诱导变异、染色体倍性操作、组培抗逆筛选等为手段的细胞工程育种技术体系研究取得了突破性进展，先后培育出小麦、谷子、甜瓜等优质、抗病新种质及新品种。比如甘肃省农科院作物所借助抗生素诱导筛选出亚麻温敏型隐性雄性核不育突变材料，经多年探索与研究，在世界上首次培育出亚麻杂交种陇亚杂1、2号；发现了小麦兰州核不育（隐性）基因，经多年探索与研究，实现了隐性核不育基因的标记，建立了杂种生产育种体系。

（2）组培快繁及脱毒技术与应用。多种植物组培快繁、脱毒及病毒检测技术体系已实现大规模商业化生产，先后在马铃薯、葡萄、草莓、百合等作物生产中成功应用；建立了马铃薯试管苗脱毒快繁、病毒检测及三级种子繁殖体系，累计推广脱毒种薯 10 万公顷；通过兰州百合组培快繁脱毒原种苗，可规模化培育脱毒籽球。甘肃省依托地理气候优势，已在河西地区建成国内最大的省级酿酒葡萄、苹果、梨、葡萄无病毒母本园以及兰州百合脱毒种苗生产基地，极大地推动了甘肃百合、酿酒葡萄等地方名、优、特农产品的快速发展及商业化开发。

2. 植物基因工程研发

通过对花粉管介导的外源 DNA 导入遗传转化方法的探索研究，提出了适用于小麦等作物的外源 DNA 导入分子育种技术体系，并先后在棉花、小麦、胡麻等作物中应用，先后培育出 89144 系列持久条锈病小麦抗源材料、89122 系列耐盐小麦新种质以及陇春 32 号等小麦新品种及新种质，并先后对其后代变异机理及抗锈机制进行了深入探索。

利用农杆菌介导、基因枪等遗传转化方法，先后创制出了马铃薯、啤酒大麦、小麦、玉米、油菜等十多种植物的转化系及新种质。近年来，甘肃相继开展了优良性状基因、抗逆基因以及代谢相关基因克隆与转化，建立了相应的技术体系，同时开展了一大批作物的相关基因的标记与定位、遗传图谱构建及分子标记辅助选择育种、中药有效成分及疫苗的植物反应器研发与生产。

农业生物技术研究与产业化已取得省部级奖项的科研成果累计 30 多项，以分子标记辅助育种为支撑的小麦、谷子、玉米、胡麻、油菜等作物种质创新及新品种选育进入应用开发阶段。

3. 动物生物技术

近年来，甘肃省在小鼠胚泡体外植入模型和间接免疫荧光等方法以及以基质金属蛋白酶谱技术等方面深入探索，进行了胚胎植入机理的研究，河西、陇东、天水、陇南等地先后成功实施了奶牛、肉羊等的胚胎移植研究，牛羊胚胎移植成功率达到 50% 左右，为甘肃省草食畜牧业的快速发展提供了有效的科技支撑。

（二）甘肃省现代农业生物科技发展中的主要问题

与东南沿海省份相比，甘肃省在农业生物技术科研及其产业化的整体发展上还有一些差距。与农业生物技术相关的诸多基础条件也比较薄弱，相关研发机构及生产企业资金投入相对不足，体制机制尚待进一步完善，缺乏强有力的政策、措施支撑；相关科研成果转化水平较低，产业化进程相对较慢，在一定程度上制约了农业生物技术研究与开发以及成果的转化速度。由于甘肃尚属于欠发达省份，经济总量有限，引导性研发经费投入不足，同时政府在生物技术的科研方向和成果转化上的调控能力较弱，对加速发展农业生物技术的重要性认识不足。

此外，大部分农业生物技术企业研发能力较弱；“产学研”结合不紧密，一体化程度不高，运行机制滞后，总体研发能力亟待提高，相关产业链没有形成，技术附加值较小，甘肃省生物资源优势没有很好转化为经济优势，以致市场对农业生物技术成果的需求不旺，农业生物技术科研成果仍然未能得到迅速转化，农业生物技术企业整体规模不大，市场竞争力不强。

甘肃省在农业生物技术研究相关的开发人员、基础条件、资金等方面尚需进一步提升和改善，需要充分利用和合理配置现有科技资源、创新体制机制，借助学科团队、产业联盟等方式，进一步提高政府及相关企业对农业生物技术研究与开发认识，提高生物资源综合开发利用水平。

三　甘肃现代农业生物技术创新发展思路及重点目标

（一）基本思路及重点发展目标

未来10年，甘肃省现代农业生物技术科技创新的总体发展思路应以重要性状功能基因的发掘利用为重点，全力提升甘肃省农业生物技术科研的整体水平以及产业化开发水平，加快从跟踪性研究到自主创新研究转变，逐步使甘肃省农业生物科技创新研究和应用在整体上紧跟国内、国际发展步伐，自主创新能力得到显著提升。

甘肃省农业生物技术的战略重点应该着眼于加强生物技术与常规技术相结合及高附加值新兴农业产业的开拓，推动传统农业的提升改造，并使之与农业生物技术的推广应用密切结合，走大规模产业化之路。

（二）现代农业生物技术研究方向与目标

1. 植物生物技术

（1）植物分子标记辅助育种。建立符合甘肃经济发展需求的作物分子育种技术体系，全面带动传统育种手段的更新改造，提高优质、高产、抗病、抗虫、抗逆新品种的研发能力；同时，加强甘肃省名特优农产品的分子标识研究。

（2）抗逆、抗病虫、抗除草剂及品质改良转基因植物。结合甘肃省以干旱和半干旱耕地为主的特点，通过分子育种和转基因技术，培育抗旱、抗盐、耐低温作物和林草新品种，为甘肃省农业生态环境的改变和农业可持续发展提供重要保障。

（3）植物生物反应器。甘肃省将植物生物反应器研究及其产业确定为战略发展重点及目标，将对甘肃省现有农作物种植结构和产业结构产生显著影响。

2. 动物生物技术

甘肃省转基因动物育种应结合动物体细胞克隆和生物反应器的研究，以牛羊等草食类动物的肉、奶品质改良及抗性提升为重点，对甘肃省畜牧业传统育种技术的提升改造和未来发展具有重大意义。

3. 微生物生物技术

甘肃省应加强生物防治微生物工程研究，特别是借助基因工程手段，在高效微生物农药等方面取得新突破；加强微生物基因资源的发掘与应用研究、重要功能基因的分离鉴定和表达调控研究，特别是在固氮、牛胃生物降解、食品与饲料加工微生物、重组微生物等领域，建立和完善相关工艺技术体系及发酵生产工艺体系，开发新型、优良的微生物产品，推动研发及产业升级。

四　现代农业生物技术创新载体建设与保障措施

（一）科技创新载体建设

针对甘肃省现代农业生物技术科技创新载体建设，笔者建议成立甘肃省“农业生物技术产业技术创新战略联盟”，在政府相关政策及科技、农业主管部门的指导和监督下，建设以科技创新为支撑、市场为导向，企业为主体、产学研相结合的现代农业科技创新平台，加快农业生物技术成果转化；通过联盟的协同发展，大力发展生物种业、生物农药、生物肥料和生物反应器等关键农业生物技术，最终提升现代农业的生产效益和国际核心竞争力。

（二）政策建议与保障措施

目前，甘肃省农业生物技术研发企业数量少、力量弱、规模小，这已成为甘肃省农业生物技术产业化的主要“瓶颈”之一，应尽快制定和完善甘肃省农业生物技术产业化的各类政策，调动企业投资的积极性，特别是应当加强宏观规划指导，充分发挥政府的宏观调控职能，强化支撑条件和保障措施；加强战略规划，合理布局，择优扶持，形成农业生物技术产业聚集区；高度重视农业生物技术产业化战略与政策的研究，在全面调研和科学分析的基础上，制定积极、稳健的产业化政策；持续稳定和强化科研投入，借助多渠道融资促进产业升级。

此外，甘肃省应针对农业生物技术研究开发高投入、高风险和高回报的特点，继续加大对农业生物技术项目的支持力度；积极争取国家项目资金的支持；鼓励产学研结合，促进企业对农业生物技术研究与开发的投入，为农业生物技术发展奠定坚实的物质基础。

参考文献

王琴芳、彭朝辉、张晓志、陈培拉、岳文、裴雪涛、解志刚、吕明、郭宁、黄坚、王升启、曾长青、汪建、于军、何大澄：《2020 年中国生物科学和技术发展研究》，2004。

乔颖丽、田颖莉、贾金凤：《现代农业生物技术产业化发展的思考》，《河北北方学院学报》（自然科学版）2005 年第 5 期。

金红、李爱华、张要武、陈秀为、岳东霞：《天津市现代农业生物技术发展战略研究》，《天津农业科学》2000 年第 2 期。

陆浩：《甘肃生物技术产业发展潜力巨大》，《中国报道》2006 年第 2 期。

史振业、李锐、张建韬、欧阳春光、刘艳红：《甘肃省生物技术及其产业专项综合调研报告》，《甘肃科技》2004 年第 1 期。

梅方竹：《浅谈转基因植物研究及我国的发展策略》，《华中农业大学学报》（社会科学版）2007 年第 1 期。

Clive James：《2015 年全球生物技术转基因作物商业化发展态势》，《中国生物工程杂志》2016 年第 4 期。

李瑞国：《国际农业生物技术发展趋势分析》，《中国农业科技导报》2010 年第 4 期。

姜虹：《国际农业生物技术应用服务组织在京发布年度报告——过去二十年间，农民因转基因作物的发展获得了超过 1500 亿美元的收益》，《中华工商时报》2016 年 4 月 15 日。

白京羽、王君：《“十一五”期间生物产业支撑保证条件建设发展思路研究》，见国家发展和改革委员会高技术产业司主编《中国生物产业发展报告》，化学工业出版社，2006。

邓家琼：《转基因农业生物技术的产业化、政策与启示》，《西北农林科技大学学报》2008 年第 5 期。

马春艳：《我国农业生物产业技术创新路径及政策研究》，华中农业大学博士学位论文，2008。

国家发展和改革委产业发展研究所课题组：《我国生物产业发展的问题与政策建议》，《中国经贸导刊》2004 年第 20 期。

蒋建科：《中国农业生物技术整体水平已经跃居世界先进水平》，《人民日报》2007 年 1 月 20 日。

潘月红、逮锐、周爱莲、贾硕、孙国凤：《我国农业生物技术及其产业化发展现状与前景》，《生物技术通报》2011 年第 6 期。

马春艳、冯中朝：《我国农业生物技术产业存在的问题及出路》，《农业科技管理》2006 年第 6 期。

陈道雷：《我国生物技术在农业生产中的应用及存在的问题研究》，西南大学，2013。

黄大昉：《转基因生物育种的发展与管理》，《紫光阁》2014 年第 6 期。

曹军平：《现代生物技术在农业中的应用及前景》，《安徽农业科学》2007 年第 3 期。

赵凯、王晓华：《生物技术在农业中的应用》，《生物技术通讯》2003 年第 4 期。

康永兴：《我国政府农业科技投入的重点领域研究》，中国农业科学院博士学位论文，2014。

G.21
甘肃省农业产业化发展研究报告

郭天文　廉政学*

摘　要：　农业产业化是以市场为导向，通过规模化建设、社会化服务、企业化管理，形成种养加、产供销、农科教一体化经营体系。甘肃省农业产业化取得长足发展，产业化经营规模不断扩大、龙头企业经济实力不断增强、生产基地规模及质量逐步扩大与提升、产业化经营组织蓬勃发展、标准化生产不断推进、促农增收作用明显。但也存在着产品结构不合理、利益联结机制不完善、农产品市场持续低迷等问题。“十三五”期间，甘肃农业产业化发展应紧紧围绕草食畜、苹果、蔬菜、中药材、马铃薯等特色优势产业，实施“十百千万工程”，推动一二三产业融合发展、优化产业布局，推进特色优势产业规模化、标准化生产基地建设，以减损增收为目标，大力实施农产品产地初加工项目，加快龙头企业转型升级，引领农业发展方式转变、完善联农带农利益联结机制，探索龙头企业示范带动方式方法、推进一村一品强村富民工程，拓宽示范村镇市场开发空间和实施品牌战略。

关键词：　甘肃　农业产业化

20世纪90年代初，随着我国现代农业的发展，产业化经营作为一种新的农业生产经营方式，诞生在计划经济体制向市场经济体制转轨的过程中。农业产业

* 郭天文，甘肃省农业科学院科研管理处处长，研究员，主要从事植物营养与土壤肥料、旱地农业技术研究与科研管理工作；廉政学，男，农业推广硕士，甘肃省农牧厅农牧业产业化经营管理处主任科员，主要从事农牧业产业化经营管理与研究工作。

化是农业和农村经济发展过程中多种矛盾相互作用、农村广大干部群众积极探索市场经济条件下农业发展的结果。当今农业面临着自然资源的刚性约束、生产成本的不断提高和劳动力的日益紧缺等严峻形势，加快转变农业发展方式，促进农业由粗放型向集约高效型转变，是今后我国发展现代农业的必然选择。

一 农业产业化的概念、特征

1. 农业产业化的基本概念

农业产业化最早于20世纪50年代由美国哈佛大学的John M. Davis和RoyA. Goldberg教授提出，基本含义是农业的生产、加工、运销三方面的有机结合或综合。目前，我国学术界普遍认为，农业产业化（Agriculture Industrialization）的基本概念是以市场为导向，以经济效益为中心，以主导产业、产品为重点，优化组合各种生产要素，实行区域化布局、专业化生产、规模化建设、系列化加工、社会化服务、企业化管理，形成种养加、产供销、贸工农、农工商、农科教一体化经营体系，使农业走上自我发展、自我积累、自我约束、自我调节的良性发展轨道的现代化经营方式和产业化组织形式。它实质上是指对传统农业进行技术改造，推动农业科技进步的过程。这种经营模式不但可从整体上推进传统农业向现代农业的转变，还对乡镇企业产业结构和产品结构起到市场调整作用，同时也对新农村建设、小城镇建设和农村城镇化起到积极的推动作用，是加速农业现代化发展的有效途径。

2. 农业产业化的特征及其内涵

农业产业化的内涵非常丰富，与传统封闭的农业生产经营相比，农业产业化经营具有以下基本特征。

（1）市场化。“农村家庭联产承包制”改变了我国计划经济模式下农业的生产方式，极大地激发了农民的生产积极性，使得我国农业得到了迅速发展，也为农业市场化奠定了基础。但以家庭为主的自给自足的传统农业生产方式不能满足市场经济需求，特别是在当今经济全球化的背景下，市场决定着一个产业的兴衰存亡，农业必须与市场相结合，服务于市场，以满足人们对食物的广泛需求，必须以国内外市场为导向，改变传统的小农经济自给自足、自我服务的封闭状态，努力实现农业资源、生产要素的合理配置，同时生产资料和产品购销也需要靠市场来配置和实现。因此，市场是农业产业化的起点和归宿。

（2）区域化。与工业生产不同的是，农业生产必须与当地的资源禀赋和自然条件相适应，同时由于农业生产的特殊性，单位面积生产效率有限，其空间范围广大且生产单元间变异明显，极易造成管理、运营成本的增高和生产的不稳定。因此，要求在一定区域范围内集中连片，形成稳定的区域化的生产基地。同时，借鉴工业集群发展的成功经验，农业产业区域集群化发展，是提升区域经济综合竞争力的重要途径。

（3）专业化。农业产业化涉及农产品的生产、加工、销售、服务专业化等各个环节。在全球经济一体化的今天，我国农业分散经营的模式与大市场之间的矛盾日益突出，要求生产者不断提高劳动生产率、土地产出率、资源利用率和农产品商品率。这就要求必须把小而分散的农户组织起来，在保持家庭承包责任制的基础上，进行专业化生产，扩大农户整体规模，提高规模效益，解决农户分散经营与现代农业要求的适度规模之间的矛盾。农业专业化分工能明显提高农业技术水平和机械化水平，农户之间的专业联合也能提高抵御市场风险的能力。

（4）规模化。生产经营规模化是我国农业产业转型的必由之路，是农业产业化的必要条件。自给自足的家庭经营模式由于其产出少、成本高而效益差，同时抗风险能力低、不利于机械化和技术水平的提高，只有通过有序的组织，在生产者内部形成共同体才能在生产者外部形成规模效益，并通过区域聚集带来区域规模效益，只有生产基地和加工企业达到相当的规模，才能实现农业产业化。这既是农业产业化的基本要求，也是农业增效、提高规模效益和竞争力的要求。

（5）一体化。在我国废除传统的统购统销制度以后，随着农产品购销和价格的放开，市场经济的发展迅速。为了适应急剧变化的市场需求，在增加社会有效供给的同时保证农民收入，全国各地也在逐步完善农业社会化服务体系，加之扶贫攻坚的社会责任，各地相继形成了一批“贸工农、产加销一体化经营”实体，以及“企业 + 农户、龙头 + 中介 + 农户、企业 + 基地 + 农户”等经营模式，把农业的产前、产中、产后各环节有机地结合起来，逐步形成“龙”形产业链，使各环节参与经营的主体形成风险共担、利益均沾、同兴衰、共命运的利益共同体。国际上把这一现象称为“农业一体化”（Agricultural integration），这也是农业产业化的实质所在。

（6）集约化。追求利润是农业集约化经营的直接诱因，无数的实践证明，现代农业的发展必须符合“三高”要求，即科技含量高、资源综合利用率高、综合效益高。而实现集约化经营达到“三高”要求就必须是生产者（农户）、农业公共科研部门和农业生产资料生产厂商三者之间的合作互动过程。

（7）社会化。现代农业的发展需要构建新型的农业社会化服务体系，这是由于现代农业的市场化、专业化、集约化所决定的。现代农业生产从“田间到餐桌”的发展模式所需要的生产资料、技术服务、运销体系的服务庞大而且复杂，需要社会对一体化生产的各组成部分提供产前、产中、产后的信息、技术、资金、物资、经营、管理等全程服务，促进各生产经营要素直接、紧密、有效地结合和运行。其中包括：农业生产资料生产供应、农产品采购加工、分销零售的产品供应链、各个环节技术供应链、物流服务供应链以及金融服务供应链等。

（8）企业化。企业化是指农业生产经营要实现企业化管理。现代企业制度是人类伟大的发明，其标准化、组织化、高效化水平毋庸置疑。农业产业化要求农业生产经营的组织化、规范化程度更高，农产品的质量更易于控制，企业化也是农业产业化发展的高级阶段和必然结果，农业企业化是产业化的替代战略。现阶段农业企业化不仅要求龙头企业具有规范的企业化运作机制，而且其生产基地、生产者、生产过程也要适应企业的计划性、规范性和标准化的要求，由传统农业向规模化的设施农业、工厂化农业、标准化农业发展。

二　甘肃省农业产业化发展现状及成效

我国的农业产业化实践始于20世纪90年代。1993年11月《中共中央、国务院关于当前农业和农村经济发展的若干政策措施》，第一次明确提出“农业的发展要以市场为导向，积极发展贸工农一体化经营”。在农业部《优势农产品区域布局规划（2003～2007）》《特色农产品区域布局规划（2006～2015年）》的推动下，农业产业化经营促进了一批地域特色产业聚集。整体来看，以市场为导向的农业产业化经营提升了我国农业商品化、市场化经营水平，也增强了我国农产品的国际竞争力。

1. 甘肃省农业产业化发展状况

与全国农业发展一样，甘肃省农业产业化发展经历了实践探索（20世纪90年代初至2000年）、快速发展（2001～2007年）、巩固提升（2008年以来）三个阶段。20世纪90年代初甘肃通过农业综合开发、商品粮基地建设推进适度规模经营，逐步引导农业向商品化、市场化迈进；从21世纪初开始甘肃按照中央部署从政策、资金、技术等方面加大了对农业产业化的引导与支持，先后出台了《甘肃省农业产业化重点龙头企业认定扶持管理办法》《关于大力推进农业产业化经营的意见》和《加快推进农业标准化，提高农产品质量的意见》，明确了推进农业产业化经营的思路、目标、原则、关键环节和主导产业，并在资金、税收、产品出口等方面给予了扶持。2003 年甘肃出台了《关于加快农民专业合作组织发展的意见》。2004 年开通了大宗鲜活农产品运输“绿色通道”，进一步改善了农产品流通环节；明确了马铃薯、中药材、制种业、酿造原料、肉牛、肉羊等 14 个优势产业区域布局，初步形成了马铃薯，中药材、苜蓿草、玉米制种、酿造原料、高原夏菜、肉牛肉羊、水果、奶产业、瘦肉型猪等 10 个重点产业带和产业群。2008 年以来，各地按照甘肃省委、省政府实施“六大行动促进农民增收”、“365 现代农业发展行动计划”的安排部署，大力实施龙头企业培育计划和优势产业增收计划，坚持以促进一二三产业融合发展为方向，以培育壮大龙头企业、推动农产品精深加工为重点，调结构、降成本、保质量、创品牌，农业产业化经营快速发展，促使产业化经营主体进一步壮大，产业化经营水平进一步提升。

2. 甘肃省农业产业化发展的成效

甘肃省农牧厅 2015 年对全省农业产业化发展情况进行了调查，在逐县填报、各市州农业产业化主管部门审核汇总的基础上，省农业产业化办公室对全省调查情况进行了全面审核汇总和统计分析，结果表明，甘肃省农业产业化取得了长足发展，成效显著，主要表现在以下几个方面。

（1）逐步形成了具有甘肃特色的主导产业和发展方式。依据甘肃省的区域特点和资源禀赋，从实际出发，坚持用产业化的思维谋划农业发展，确立了“建龙头、强基地、抓加工、兴流通”的发展思路。优化区域布局，突出特色建基地，依托资源办企业，瞄准市场促转化，探索形成了“龙头企业 + 农户”、“龙头企业 + 合作社 + 农户”、“专业市场 + 农户”三种产业化经营模式，涌现出了经济林果、草食畜、马铃薯、蔬菜、中药材、制种和啤酒原料等一批具有区域特色的产加销一体化的典型。

（2）农业产业化经营组织规模不断扩大。至 2015 年底，全省农业产业化组织总数达 9010 个，比上年增长 18.8%。从产业类型看，龙头企业带动型 2783 个，增长 9.8%，占全省农业产业化组织总数的 30.9%。中介组织带动型 5552 个，增长 31.3%，占产业化组织总数的 61.6%；专业市场带动型 340 个，增长 5.9%，占产业化组织总数的 3.8%；其他形式带动型 355 个，减少 31%，占业化组织总数的 3.7%。从产业化组织与农户利益连接方式上看，合同关系 4035 个，比上年增长 12.5%，占全省产业化组织总数的 44.7%；按利润返还的合作关系 2155 个，增长 30.9%，占产业化组织总数的 24%；按股分红的股份合作方式 1153 个，增长 4.4%，占产业化组织总数的 12.8%；其他方式 1667 个，增长

社长致辞

伴随着今冬的第一场雪，2017年很快就要到了。世界每天都在发生着让人眼花缭乱的变化，而唯一不变的，是面向未来无数的可能性。作为个体，如何获取专业信息以备不时之需？作为行政主体或企事业主体，如何提高决策的科学性让这个世界变得更好而不是更糟？原创、实证、专业、前沿、及时、持续，这是1997年“皮书系列”品牌创立的初衷。

1997～2017，从最初一个出版社的学术产品名称到媒体和公众使用频率极高的热点词语，从专业术语到大众话语，从官方文件到独特的出版型态，作为重要的智库成果，“皮书”始终致力于成为海量信息时代的信息过滤器，成为经济社会发展的记录仪，成为政策制定、评估、调整的智力源，社会科学研究的资料集成库。“皮书”的概念不断延展，“皮书”的种类更加丰富，“皮书”的功能日渐完善。

1997～2017，皮书及皮书数据库已成为中国新型智库建设不可或缺的抓手与平台，成为政府、企业和各类社会组织决策的利器，成为人文社科研究最基本的资料库，成为世界系统完整及时认知当代中国的窗口和通道！“皮书”所具有的凝聚力正在形成一种无形的力量，吸引着社会各界关注中国的发展，参与中国的发展。

二十年的“皮书”正值青春，愿每一位皮书人付出的年华与智慧不辜负这个时代！

社会科学文献出版社社长

中国社会学会秘书长

谢寿光

2016年11月

社会科学文献出版社简介

社会科学文献出版社成立于1985年，是直属于中国社会科学院的人文社会科学专业学术出版机构。

成立以来，社科文献依托于中国社会科学院丰厚的学术出版和专家学者资源，坚持“创社科经典，出传世文献”的出版理念和“权威、前沿、原创”的产品定位，逐步走上了智库产品与专业学术成果系列化、规模化、数字化、国际化、市场化发展的经营道路，取得了令人瞩目的成绩。

学术出版 社科文献先后策划出版了“皮书”系列、“列国志”、“社科文献精品译库”、“全球化译丛”、“全面深化改革研究书系”、“近世中国”、“甲骨文”、“中国史话”等一大批既有学术影响又有市场价值的图书品牌和学术品牌，形成了较强的学术出版能力和资源整合能力。2016年社科文献发稿5.5亿字，出版图书2000余种，承印发行中国社会科学院院属期刊72种。

数字出版 凭借着雄厚的出版资源整合能力，社科文献长期以来一直致力于从内容资源和数字平台两个方面实现传统出版的再造，并先后推出了皮书数据库、列国志数据库、中国田野调查数据库等一系列数字产品。2016年数字化加工图书近4000种，文字处理量达10亿字。数字出版已经初步形成了产品设计、内容开发、编辑标引、产品运营、技术支持、营销推广等全流程体系。

国际出版 社科文献通过学术交流和国际书展等方式积极参与国际学术和国际出版的交流合作，努力将中国优秀的人文社会科学研究成果推向世界，从构建国际话语体系的角度推动学术出版国际化。目前已与英、荷、法、德、美、日、韩等国及港澳台地区近 40 家出版和学术文化机构建立了长期稳定的合作关系。

融合发展 紧紧围绕融合发展战略，社科文献全面布局融合发展和数字化转型升级，成效显著。以核心资源和重点项目为主的社科文献数据库产品群和数字出版体系日臻成熟，“一带一路”系列研究成果与专题数据库、阿拉伯问题研究国别基础库及中阿文化交流数据库平台等项目开启了社科文献向专业知识服务商转型的新篇章，成为行业领先。

此外，社科文献充分利用网络媒体平台，积极与各类媒体合作，并联合大型书店、学术书店、机场书店、网络书店、图书馆，构建起强大的学术图书内容传播平台，学术图书的媒体曝光率居全国之首，图书馆藏率居于全国出版机构前十位。

有温度，有情怀，有视野，更有梦想。未来社科文献将继续坚持专业化学术出版之路不动摇，着力搭建最具影响力的智库产品整合及传播平台、学术资源共享平台，为实现“社科文献梦”奠定坚实基础。

经 济 类

经济类皮书涵盖宏观经济、城市经济、大区域经济，
提供权威、前沿的分析与预测

经济蓝皮书

2017 年中国经济形势分析与预测

李扬 / 主编　2016 年 12 月出版　定价：89.00 元

◆　本书为总理基金项目，由著名经济学家李扬领衔，联合中国社会科学院等数十家科研机构、国家部委和高等院校的专家共同撰写，系统分析了 2016 年的中国经济形势并预测 2017 年我国经济运行情况。

中国省域竞争力蓝皮书

中国省域经济综合竞争力发展报告（2015 ~ 2016）

李建平　李闽榕　高燕京 / 主编　2017 年 2 月出版　估价：198.00 元

◆　本书融多学科的理论为一体，深入追踪研究了省域经济发展与中国国家竞争力的内在关系，为提升中国省域经济综合竞争力提供有价值的决策依据。

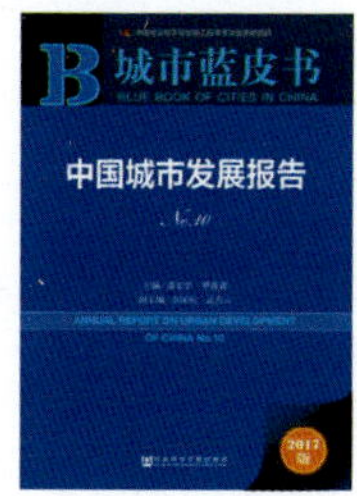

城市蓝皮书

中国城市发展报告 No.10

潘家华　单菁菁 / 主编　2017 年 9 月出版　估价：89.00 元

◆　本书是由中国社会科学院城市发展与环境研究中心编著的，多角度、全方位地立体展示了中国城市的发展状况，并对中国城市的未来发展提出了许多建议。该书有强烈的时代感，对中国城市发展实践有重要的参考价值。

人口与劳动绿皮书

中国人口与劳动问题报告 No.18

蔡昉　张车伟 / 主编　2017 年 10 月出版　估价：89.00 元

◆　本书为中国社科院人口与劳动经济研究所主编的年度报告，对当前中国人口与劳动形势做了比较全面和系统的深入讨论，为研究我国人口与劳动问题提供了一个专业性的视角。

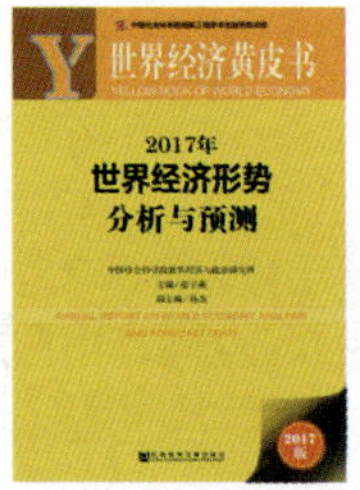

世界经济黄皮书

2017 年世界经济形势分析与预测

张宇燕 / 主编　2016 年 12 月出版　定价：89.00 元

◆　本书由中国社会科学院世界经济与政治研究所的研究团队撰写，2016 年世界经济增速进一步放缓，就业增长放慢。世界经济面临许多重大挑战同时，地缘政治风险、难民危机、大国政治周期、恐怖主义等问题也仍然在影响世界经济的稳定与发展。预计 2017 年按 PPP 计算的世界 GDP 增长率约为 3.0%。

国际城市蓝皮书

国际城市发展报告（2017）

屠启宇 / 主编　2017 年 2 月出版　估价：89.00 元

◆　本书作者以上海社会科学院从事国际城市研究的学者团队为核心，汇集同济大学、华东师范大学、复旦大学、上海交通大学、南京大学、浙江大学相关城市研究专业学者。立足动态跟踪介绍国际城市发展时间中，最新出现的重大战略、重大理念、重大项目、重大报告和最佳案例。

金融蓝皮书

中国金融发展报告（2017）

李扬　王国刚 / 主编　2017 年 1 月出版　估价：89.00 元

◆　本书由中国社会科学院金融研究所组织编写，概括和分析了 2016 年中国金融发展和运行中的各方面情况，研讨和评论了 2016 年发生的主要金融事件，有利于读者了解掌握 2016 年中国的金融状况，把握 2017 年中国金融的走势。

农村绿皮书

中国农村经济形势分析与预测（2016 ~ 2017）

魏后凯　杜志雄　黄秉信 / 著　2017 年 4 月出版　估价：89.00 元

◆　本书描述了 2016 年中国农业农村经济发展的一些主要指标和变化，并对 2017 年中国农业农村经济形势的一些展望和预测，提出相应的政策建议。

西部蓝皮书

中国西部发展报告（2017）

姚慧琴　徐璋勇 / 主编　2017 年 9 月出版　估价：89.00 元

◆　本书由西北大学中国西部经济发展研究中心主编，汇集了源自西部本土以及国内研究西部问题的权威专家的第一手资料，对国家实施西部大开发战略进行年度动态跟踪，并对 2017 年西部经济、社会发展态势进行预测和展望。

经济蓝皮书・夏季号

中国经济增长报告（2016 ~ 2017）

李扬 / 主编　2017 年 9 月出版　估价：98.00 元

◆　中国经济增长报告主要探讨 2016~2017 年中国经济增长问题，以专业视角解读中国经济增长，力求将其打造成一个研究中国经济增长、服务宏微观各级决策的周期性、权威性读物。

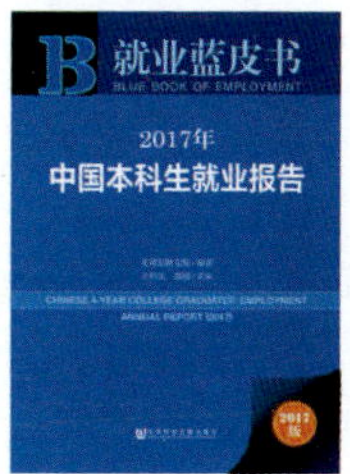

就业蓝皮书

2017 年中国本科生就业报告

麦可思研究院 / 编著　2017 年 6 月出版　估价：98.00 元

◆　本书基于大量的数据和调研，内容翔实，调查独到，分析到位，用数据说话，对我国大学生教育与发展起到了很好的建言献策作用。

社会政法类

社会政法类皮书聚焦社会发展领域的热点、难点问题，
提供权威、原创的资讯与视点

社会蓝皮书

2017年中国社会形势分析与预测

李培林　陈光金　张翼 / 主编　2016年12月出版　定价：89.00元

◆　本书由中国社会科学院社会学研究所组织研究机构专家、高校学者和政府研究人员撰写，聚焦当下社会热点，对2016年中国社会发展的各个方面内容进行了权威解读，同时对2017年社会形势发展趋势进行了预测。

法治蓝皮书

中国法治发展报告 No.15（2017）

李林　田禾 / 主编　2017年3月出版　估价：118.00元

◆　本年度法治蓝皮书回顾总结了2016年度中国法治发展取得的成就和存在的不足，并对2017年中国法治发展形势进行了预测和展望。

社会体制蓝皮书

中国社会体制改革报告 No.5（2017）

龚维斌 / 主编　2017年4月出版　估价：89.00元

◆　本书由国家行政学院社会治理研究中心和北京师范大学中国社会管理研究院共同组织编写，主要对2016年社会体制改革情况进行回顾和总结，对2017年的改革走向进行分析，提出相关政策建议。

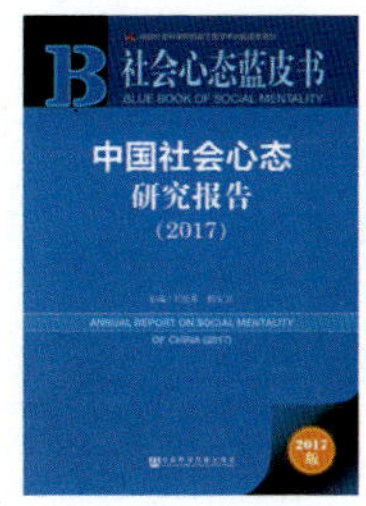

社会心态蓝皮书

中国社会心态研究报告（2017）

王俊秀　杨宜音 / 主编　2017 年 12 月出版　估价：89.00 元

◆　本书是中国社会科学院社会学研究所社会心理研究中心“社会心态蓝皮书课题组”的年度研究成果，运用社会心理学、社会学、经济学、传播学等多种学科的方法进行了调查和研究，对于目前我国社会心态状况有较广泛和深入的揭示。

生态城市绿皮书

中国生态城市建设发展报告（2017）

刘举科　孙伟平　胡文臻 / 主编　2017 年 7 月出版　估价：118.00 元

◆　报告以绿色发展、循环经济、低碳生活、民生宜居为理念，以更新民众观念、提供决策咨询、指导工程实践、引领绿色发展为宗旨，试图探索一条具有中国特色的城市生态文明建设新路。

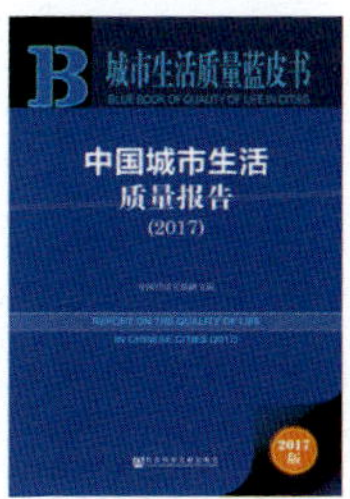

城市生活质量蓝皮书

中国城市生活质量报告（2017）

中国经济实验研究院 / 主编　2017 年 7 月出版　估价：89.00 元

◆　本书对全国 35 个城市居民的生活质量主观满意度进行了电话调查，同时对 35 个城市居民的客观生活质量指数进行了计算，为我国城市居民生活质量的提升，提出了针对性的政策建议。

公共服务蓝皮书

中国城市基本公共服务力评价（2017）

钟君　吴正杲 / 主编　2017 年 12 月出版　估价：89.00 元

◆　中国社会科学院经济与社会建设研究室与华图政信调查组成联合课题组，从 2010 年开始对基本公共服务力进行研究，研创了基本公共服务力评价指标体系，为政府考核公共服务与社会管理工作提供了理论工具。

行业报告类

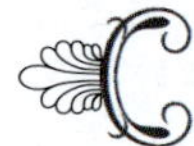

行业报告类皮书立足重点行业、新兴行业领域，
提供及时、前瞻的数据与信息

企业社会责任蓝皮书

中国企业社会责任研究报告（2017）

黄群慧　钟宏武　张蒽　翟利峰 / 著　2017 年 10 月出版　估价：89.00 元

◆　本书剖析了中国企业社会责任在 2016 ~ 2017 年度的最新发展特征，详细解读了省域国有企业在社会责任方面的阶段性特征，生动呈现了国内外优秀企业的社会责任实践。对了解中国企业社会责任履行现状、未来发展，以及推动社会责任建设有重要的参考价值。

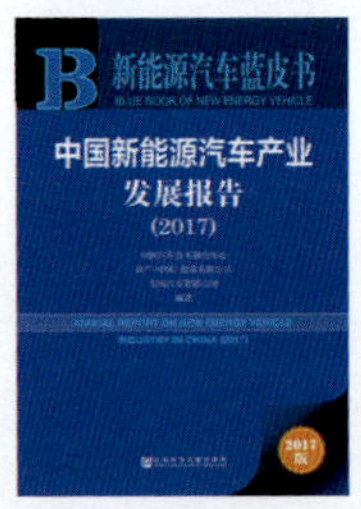

新能源汽车蓝皮书

中国新能源汽车产业发展报告（2017）

黄中国汽车技术研究中心　日产（中国）投资有限公司
东风汽车有限公司 / 编著　2017 年 7 月出版　估价：98.00 元

◆　本书对我国 2016 年新能源汽车产业发展进行了全面系统的分析，并介绍了国外的发展经验。有助于相关机构、行业和社会公众等了解中国新能源汽车产业发展的最新动态，为政府部门出台新能源汽车产业相关政策法规、企业制定相关战略规划，提供必要的借鉴和参考。

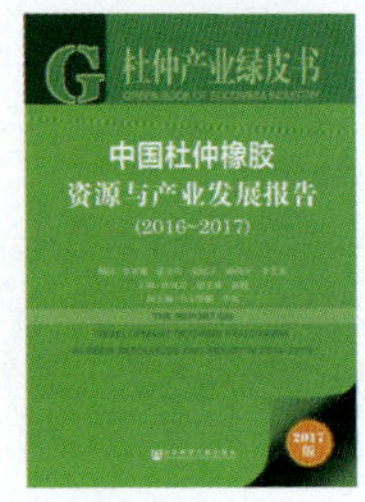

杜仲产业绿皮书

中国杜仲橡胶资源与产业发展报告（2016 ~ 2017）

杜红岩　胡文臻　俞锐 / 主编　2017 年 1 月出版　估价：85.00 元

◆　本书对 2016 年来的杜仲产业的发展情况、研究团队在杜仲研究方面取得的重要成果、部分地区杜仲产业发展的具体情况、杜仲新标准的制定情况等进行了较为详细的分析与介绍，使广大关心杜仲产业发展的读者能够及时跟踪产业最新进展。

企业蓝皮书

中国企业绿色发展报告 No.2（2017）

李红玉　朱光辉 / 主编　　2017 年 8 月出版　　估价：89.00 元

◆　本书深入分析中国企业能源消费、资源利用、绿色金融、绿色产品、绿色管理、信息化、绿色发展政策及绿色文化方面的现状，并对目前存在的问题进行研究，剖析因果，谋划对策。为企业绿色发展提供借鉴，为我国生态文明建设提供支撑。

中国上市公司蓝皮书

中国上市公司发展报告（2017）

张平　王宏淼 / 主编　　2017 年 10 月出版　　估价：98.00 元

◆　本书由中国社会科学院上市公司研究中心组织编写的，着力于全面、真实、客观反映当前中国上市公司财务状况和价值评估的综合性年度报告。本书详尽分析了 2016 年中国上市公司情况，特别是现实中暴露出的制度性、基础性问题，并对资本市场改革进行了探讨。

资产管理蓝皮书

中国资产管理行业发展报告（2017）

智信资产管理研究院 / 编著　　2017 年 6 月出版　　估价：89.00 元

◆　中国资产管理行业刚刚兴起，未来将中国金融市场最有看点的行业。本书主要分析了 2016 年度资产管理行业的发展情况，同时对资产管理行业的未来发展做出科学的预测。

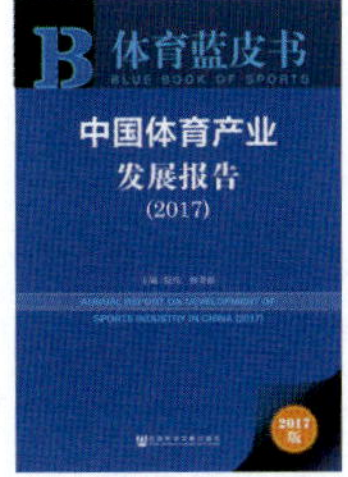

体育蓝皮书

中国体育产业发展报告（2017）

阮伟　钟秉枢 / 主编　　2017 年 12 月出版　　估价：89.00 元

◆　本书运用多种研究方法，在对于体育竞赛业、体育用品业、体育场馆业、体育传媒业等传统产业研究的基础上，紧紧围绕 2016 年体育领域内的各种热点事件进行研究和梳理，进一步拓宽了研究的广度、提升了研究的高度、挖掘了研究的深度。

国别与地区类

国别与地区类皮书关注全球重点国家与地区，
提供全面、独特的解读与研究

美国蓝皮书

美国研究报告（2017）

郑秉文　黄平 / 主编　2017 年 6 月出版　估价：89.00 元

◆　本书是由中国社会科学院美国所主持完成的研究成果，它回顾了美国 2016 年的经济、政治形势与外交战略，对 2017 年以来美国内政外交发生的重大事件及重要政策进行了较为全面的回顾和梳理。

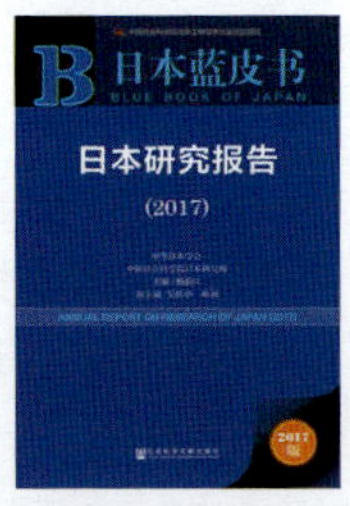

日本蓝皮书

日本研究报告（2017）

杨伯江 / 主编　2017 年 5 月出版　估价：89.00 元

◆　本书对 2016 年拉丁美洲和加勒比地区诸国的政治、经济、社会、外交等方面的发展情况做了系统介绍，对该地区相关国家的热点及焦点问题进行了总结和分析，并在此基础上对该地区各国 2017 年的发展前景做出预测。

亚太蓝皮书

亚太地区发展报告（2017）

李向阳 / 主编　2017 年 3 月出版　估价：89.00 元

◆　本书是中国社会科学院亚太与全球战略研究院的集体研究成果。2016 年的“亚太蓝皮书”继续关注中国周边环境的变化。该书盘点了 2016 年亚太地区的焦点和热点问题，为深入了解 2016 年及未来中国与周边环境的复杂形势提供了重要参考。

德国蓝皮书

德国发展报告（2017）

郑春荣 / 主编　2017 年 6 月出版　估价：89.00 元

◆　本报告由同济大学德国研究所组织编撰，由该领域的专家学者对德国的政治、经济、社会文化、外交等方面的形势发展情况，进行全面的阐述与分析。

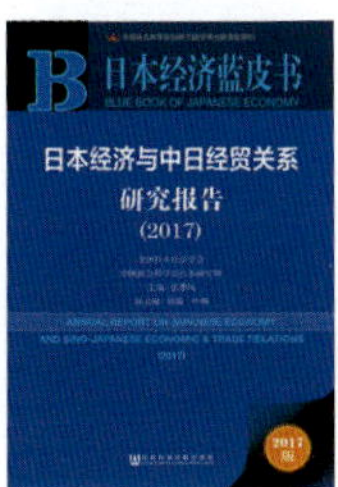

日本经济蓝皮书

日本经济与中日经贸关系研究报告（2017）

王洛林　张季风 / 编著　2017 年 5 月出版　估价：89.00 元

◆　本书系统、详细地介绍了 2016 年日本经济以及中日经贸关系发展情况，在进行了大量数据分析的基础上，对 2017 年日本经济以及中日经贸关系的大致发展趋势进行了分析与预测。

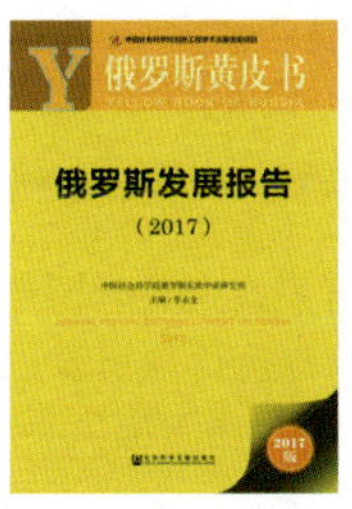

俄罗斯黄皮书

俄罗斯发展报告（2017）

李永全 / 编著　2017 年 7 月出版　估价：89.00 元

◆　本书系统介绍了 2016 年俄罗斯经济政治情况，并对 2016 年该地区发生的焦点、热点问题进行了分析与回顾；在此基础上，对该地区 2017 年的发展前景进行了预测。

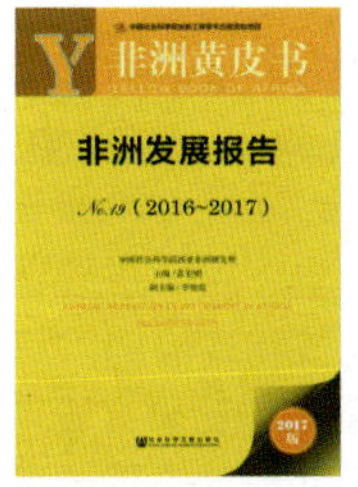

非洲黄皮书

非洲发展报告 No.19（2016 ~ 2017）

张宏明 / 主编　2017 年 8 月出版　估价：89.00 元

◆　本书是由中国社会科学院西亚非洲研究所组织编撰的非洲形势年度报告，比较全面、系统地分析了 2016 年非洲政治形势和热点问题，探讨了非洲经济形势和市场走向，剖析了大国对非洲关系的新动向；此外，还介绍了国内非洲研究的新成果。

地方发展类

地方发展类皮书关注中国各省份、经济区域，
提供科学、多元的预判与资政信息

北京蓝皮书

北京公共服务发展报告（2016~2017）

施昌奎 / 主编　2017 年 2 月出版　估价：89.00 元

◆　本书是由北京市政府职能部门的领导、首都著名高校的教授、知名研究机构的专家共同完成的关于北京市公共服务发展与创新的研究成果。

河南蓝皮书

河南经济发展报告（2017）

张占仓 / 编著　2017 年 3 月出版　估价：89.00 元

◆　本书以国内外经济发展环境和走向为背景，主要分析当前河南经济形势，预测未来发展趋势，全面反映河南经济发展的最新动态、热点和问题，为地方经济发展和领导决策提供参考。

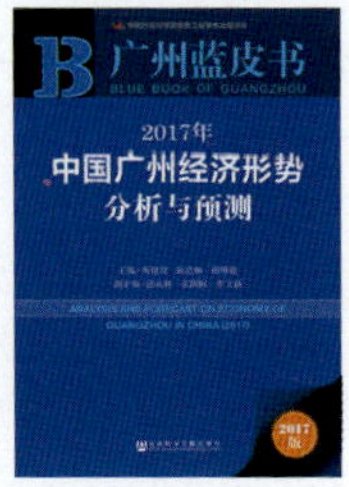

广州蓝皮书

2017 年中国广州经济形势分析与预测

庾建设　陈浩钿　谢博能 / 主编　2017 年 / 月出版　估价：85.00 元

◆　本书由广州大学与广州市委政策研究室、广州市统计局联合主编，汇集了广州科研团体、高等院校和政府部门诸多经济问题研究专家、学者和实际部门工作者的最新研究成果，是关于广州经济运行情况和相关专题分析、预测的重要参考资料。

文化传媒类

文化传媒类皮书透视文化领域、文化产业，
探索文化大繁荣、大发展的路径

新媒体蓝皮书

中国新媒体发展报告 No.8（2017）

唐绪军 / 主编　2017 年 6 月出版　估价：89.00 元

◆　本书是由中国社会科学院新闻与传播研究所组织编写的关于新媒体发展的最新年度报告，旨在全面分析中国新媒体的发展现状，解读新媒体的发展趋势，探析新媒体的深刻影响。

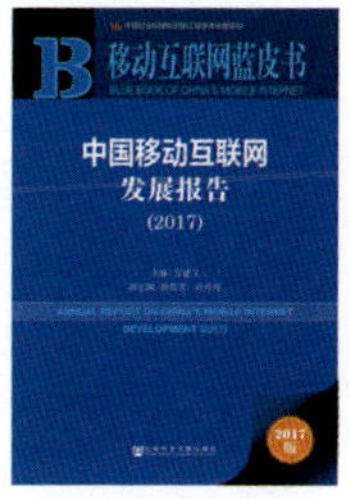

移动互联网蓝皮书

中国移动互联网发展报告（2017）

官建文 / 编著　2017 年 6 月出版　估价：89.00 元

◆　本书着眼于对中国移动互联网 2016 年度的发展情况做深入解析，对未来发展趋势进行预测，力求从不同视角、不同层面全面剖析中国移动互联网发展的现状、年度突破及热点趋势等。

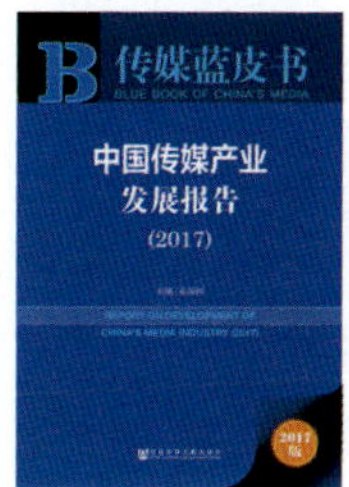

传媒蓝皮书

中国传媒产业发展报告（2017）

崔保国 / 主编　2017 年 5 月出版　估价：98.00 元

◆　“传媒蓝皮书”连续十多年跟踪观察和系统研究中国传媒产业发展。本报告在对传媒产业总体以及各细分行业发展状况与趋势进行深入分析基础上，对年度发展热点进行跟踪，剖析新技术引领下的商业模式，对传媒各领域发展趋势、内体经营、传媒投资进行解析，为中国传媒产业正在发生的变革提供前瞻行参考。

经济类

“三农”互联网金融蓝皮书
中国“三农”互联网金融发展报告（2017）
著(编)者：李勇坚 王弢 2017年8月出版 / 估价：98.00元
PSN B-2016-561-1/1

G20国家创新竞争力黄皮书
二十国集团（G20）国家创新竞争力发展报告（2016~2017）
著(编)者：李建平 李闽榕 赵新力 周天勇
2017年8月出版 / 估价：158.00元
PSN Y-2011-229-1/1

产业蓝皮书
中国产业竞争力报告（2017）No.7
著(编)者：张其仔 2017年12月出版 / 估价：98.00元
PSN B-2010-175-1/1

城市创新蓝皮书
中国城市创新报告（2017）
著(编)者：周天勇 旷建伟 2017年11月出版 / 估价：89.00元
PSN B-2013-340-1/1

城市蓝皮书
中国城市发展报告 No.10
著(编)者：潘家华 单菁菁 2017年9月出版 / 估价：89.00元
PSN B-2007-091-1/1

城乡一体化蓝皮书
中国城乡一体化发展报告（2016～2017）
著(编)者：汝信 付崇兰 2017年7月出版 / 估价：85.00元
PSN B-2011-226-1/2

城镇化蓝皮书
中国新型城镇化健康发展报告（2017）
著(编)者：张占斌 2017年8月出版 / 估价：89.00元
PSN B-2014-396-1/1

创新蓝皮书
创新型国家建设报告（2016～2017）
著(编)者：詹正茂 2017年12月出版 / 估价：89.00元
PSN B-2009-140-1/1

创业蓝皮书
中国创业发展报告（2016～2017）
著(编)者：黄群慧 赵卫星 钟宏武等
2017年11月出版 / 估价：89.00元
PSN B-2016-578-1/1

低碳发展蓝皮书
中国低碳发展报告（2016~2017）
著(编)者：齐晔 张希良 2017年3月出版 / 估价：98.00元
PSN B-2011-223-1/1

低碳经济蓝皮书
中国低碳经济发展报告（2017）
著(编)者：薛进军 赵忠秀 2017年6月出版 / 估价：85.00元
PSN B-2011-194-1/1

东北蓝皮书
中国东北地区发展报告（2017）
著(编)者：朱宇 张新颖 2017年12月出版 / 估价：89.00元
PSN B-2006-067-1/1

发展与改革蓝皮书
中国经济发展和体制改革报告No.8
著(编)者：邹东涛 王再文 2017年1月出版 / 估价：98.00元
PSN B-2008-122-1/1

工业化蓝皮书
中国工业化进程报告（2017）
著(编)者：黄群慧 2017年12月出版 / 估价：158.00元
PSN B-2007-095-1/1

管理蓝皮书
中国管理发展报告（2017）
著(编)者：张晓东 2017年10月出版 / 估价：98.00元
PSN B-2014-416-1/1

国际城市蓝皮书
国际城市发展报告（2017）
著(编)者：屠启宇 2017年2月出版 / 估价：89.00元
PSN B-2012-260-1/1

国家创新蓝皮书
中国创新发展报告（2017）
著(编)者：陈劲 2017年12月出版 / 估价：89.00元
PSN B-2014-370-1/1

金融蓝皮书
中国金融发展报告（2017）
著(编)者：李杨 王国刚 2017年12月出版 / 估价：89.00元
PSN B-2004-031-1/6

京津冀金融蓝皮书
京津冀金融发展报告（2017）
著(编)者：王爱俭 李向前
2017年3月出版 / 估价：89.00元
PSN B-2016-528-1/1

京津冀蓝皮书
京津冀发展报告（2017）
著(编)者：文魁 祝尔娟 2017年4月出版 / 估价：89.00元
PSN B-2012-262-1/1

经济蓝皮书
2017年中国经济形势分析与预测
著(编)者：李扬 2016年12月出版 / 定价：89.00元
PSN B-1996-001-1/1

经济蓝皮书·春季号
2017年中国经济前景分析
著(编)者：李扬 2017年6月出版 / 估价：89.00元
PSN B-1999-008-1/1

经济蓝皮书·夏季号
中国经济增长报告（2016～2017）
著(编)者：李扬 2017年9月出版 / 估价：98.00元
PSN B-2010-176-1/1

经济信息绿皮书
中国与世界经济发展报告（2017）
著(编)者：杜平 2017年12月出版 / 估价：89.00元
PSN G-2003-023-1/1

就业蓝皮书
2017年中国本科生就业报告
著(编)者：麦可思研究院 2017年6月出版 / 估价：98.00元
PSN B-2009-146-1/2

就业蓝皮书
2017年中国高职高专生就业报告
著(编)者：麦可思研究院 2017年6月出版 / 估价：98.00元
PSN B-2015-472-2/2

科普能力蓝皮书
中国科普能力评价报告（2017）
著(编)者：李富 强李群 2017年8月出版 / 估价：89.00元
PSN B-2016-556-1/1

临空经济蓝皮书
中国临空经济发展报告（2017）
著(编)者：连玉明 2017年9月出版 / 估价：89.00元
PSN B-2014-421-1/1

农村绿皮书
中国农村经济形势分析与预测（2016～2017）
著(编)者：魏后凯 杜志雄 黄秉信
2017年4月出版 / 估价：89.00元
PSN G-1998-003-1/1

农业应对气候变化蓝皮书
气候变化对中国农业影响评估报告 No.3
著(编)者：矫梅燕 2017年8月出版 / 估价：98.00元
PSN B-2014-413-1/1

气候变化绿皮书
应对气候变化报告（2017）
著(编)者：王伟光 郑国光 2017年6月出版 / 估价：89.00元
PSN G-2009-144-1/1

区域蓝皮书
中国区域经济发展报告（2016～2017）
著(编)者：赵弘 2017年6月出版 / 估价：89.00元
PSN B-2004-034-1/1

全球环境竞争力绿皮书
全球环境竞争力报告（2017）
著(编)者：李建平 李闽榕 王金南
2017年12月出版 / 估价：198.00元
PSN G-2013-363-1/1

人口与劳动绿皮书
中国人口与劳动问题报告 No.18
著(编)者：蔡昉 张车伟 2017年11月出版 / 估价：89.00元
PSN G-2000-012-1/1

商务中心区蓝皮书
中国商务中心区发展报告 No.3（2016）
著(编)者：李国红 单菁菁 2017年1月出版 / 估价：89.00元
PSN B-2015-444-1/1

世界经济黄皮书
2017年世界经济形势分析与预测
著(编)者：张宇燕 2016年12月出版 / 定价：89.00元
PSN Y-1999-006-1/1

世界旅游城市绿皮书
世界旅游城市发展报告（2017）
著(编)者：宋宇 2017年1月出版 / 估价：128.00元
PSN G-2014-400-1/1

土地市场蓝皮书
中国农村土地市场发展报告（2016～2017）
著(编)者：李光荣 2017年3月出版 / 估价：89.00元
PSN B-2016-527-1/1

西北蓝皮书
中国西北发展报告（2017）
著(编)者：高建龙 2017年3月出版 / 估价：89.00元
PSN B-2012-261-1/1

西部蓝皮书
中国西部发展报告（2017）
著(编)者：姚慧琴 徐璋勇 2017年9月出版 / 估价：89.00元
PSN B-2005-039-1/1

新型城镇化蓝皮书
新型城镇化发展报告（2017）
著(编)者：李伟 宋敏 沈体雁 2017年3月出版 / 估价：98.00元
PSN B-2014-431-1/1

新兴经济体蓝皮书
金砖国家发展报告（2017）
著(编)者：林跃勤 周文 2017年12月出版 / 估价：89.00元
PSN B-2011-195-1/1

长三角蓝皮书
2017年新常态下深化一体化的长三角
著(编)者：王庆五 2017年12月出版 / 估价：88.00元
PSN B-2005-038-1/1

中部竞争力蓝皮书
中国中部经济社会竞争力报告（2017）
著(编)者：教育部人文社会科学重点研究基地
南昌大学中国中部经济社会发展研究中心
2017年12月出版 / 估价：89.00元
PSN B-2012-276-1/1

中部蓝皮书
中国中部地区发展报告（2017）
著(编)者：宋亚平 2017年12月出版 / 估价：88.00元
PSN B-2007-089-1/1

中国省域竞争力蓝皮书
中国省域经济综合竞争力发展报告（2017）
著(编)者：李建平 李闽榕 高燕京
2017年2月出版 / 估价：198.00元
PSN B-2007-088-1/1

中三角蓝皮书
长江中游城市群发展报告（2017）
著(编)者：秦尊文 2017年9月出版 / 估价：89.00元
PSN B-2014-417-1/1

中小城市绿皮书
中国中小城市发展报告（2017）
著(编)者：中国城市经济学会中小城市经济发展委员会
中国城镇化促进会中小城市发展委员会
《中国中小城市发展报告》编纂委员会
中小城市发展战略研究院
2017年11月出版 / 估价：128.00元
PSN G-2010-161-1/1

中原蓝皮书
中原经济区发展报告（2017）
著(编)者：李英杰 2017年6月出版 / 估价：88.00元
PSN B-2011-192-1/1

自贸区蓝皮书
中国自贸区发展报告（2017）
著(编)者：王力 2017年7月出版 / 估价：89.00元
PSN B-2016-559-1/1

社会政法类

北京蓝皮书
中国社区发展报告（2017）
著(编)者：于燕燕　2017年2月出版 / 估价：89.00元
PSN B-2007-083-5/8

殡葬绿皮书
中国殡葬事业发展报告（2017）
著(编)者：李伯森　2017年4月出版 / 估价：158.00元
PSN G-2010-180-1/1

城市管理蓝皮书
中国城市管理报告（2016~2017）
著(编)者：刘林　刘承水　2017年5月出版 / 估价：158.00元
PSN B-2013-336-1/1

城市生活质量蓝皮书
中国城市生活质量报告（2017）
著(编)者：中国经济实验研究院
2017年7月出版 / 估价：89.00元
PSN B-2013-326-1/1

城市政府能力蓝皮书
中国城市政府公共服务能力评估报告（2017）
著(编)者：何艳玲　2017年4月出版 / 估价：89.00元
PSN B-2013-338-1/1

慈善蓝皮书
中国慈善发展报告（2017）
著(编)者：杨团　2017年6月出版 / 估价：89.00元
PSN B-2009-142-1/1

党建蓝皮书
党的建设研究报告 No.2（2017）
著(编)者：崔建民　陈东平　2017年2月出版 / 估价：89.00元
PSN B-2016-524-1/1

地方法治蓝皮书
中国地方法治发展报告 No.3（2017）
著(编)者：李林　田禾　2017年3出版 / 估价：108.00元
PSN B-2015-442-1/1

法治蓝皮书
中国法治发展报告 No.15（2017）
著(编)者：李林 田禾　2017年3月出版 / 估价：118.00元
PSN B-2004-027-1/1

法治政府蓝皮书
中国法治政府发展报告（2017）
著(编)者：中国政法大学法治政府研究院
2017年2月出版 / 估价：98.00元
PSN B-2015-502-1/2

法治政府蓝皮书
中国法治政府评估报告（2017）
著(编)者：中国政法大学法治政府研究院
2016年11月出版 / 估价：98.00元
PSN B-2016-577-2/2

反腐倡廉蓝皮书
中国反腐倡廉建设报告 No.7
著(编)者：张英伟　2017年12月出版 / 估价：89.00元
PSN B-2012-259-1/1

非传统安全蓝皮书
中国非传统安全研究报告（2016～2017）
著(编)者：余潇枫 魏志江　2017年6月出版 / 估价：89.00元
PSN B-2012-273-1/1

妇女发展蓝皮书
中国妇女发展报告 No.7
著(编)者：王金玲　2017年9月出版 / 估价：148.00元
PSN B-2006-069-1/1

妇女教育蓝皮书
中国妇女教育发展报告 No.4
著(编)者：张李玺　2017年10月出版 / 估价：78.00元
PSN B-2008-121-1/1

妇女绿皮书
中国性别平等与妇女发展报告（2017）
著(编)者：谭琳　2017年12月出版 / 估价：99.00元
PSN G-2006-073-1/1

公共服务蓝皮书
中国城市基本公共服务力评价（2017）
著(编)者：钟君 吴正杲　2017年12月出版 / 估价：89.00元
PSN B-2011-214-1/1

公民科学素质蓝皮书
中国公民科学素质报告（2016～2017）
著(编)者：李群　陈雄　马宗文
2017年1月出版 / 估价：89.00元
PSN B-2014-379-1/1

公共关系蓝皮书
中国公共关系发展报告（2017）
著(编)者：柳斌杰　2017年11月出版 / 估价：89.00元
PSN B-2016-580-1/1

公益蓝皮书
中国公益慈善发展报告（2017）
著(编)者：朱健刚　2017年4月出版 / 估价：118.00元
PSN B-2012-283-1/1

国际人才蓝皮书
海外华侨华人专业人士报告（2017）
著(编)者：王辉耀 苗绿　2017年8月出版 / 估价：89.00元
PSN B-2014-409-4/4

国际人才蓝皮书
中国国际移民报告（2017）
著(编)者：王辉耀　2017年2月出版 / 估价：89.00元
PSN B-2012-304-3/4

国际人才蓝皮书
中国留学发展报告（2017）No.5
著(编)者：王辉耀 苗绿　2017年10月出版 / 估价：89.00元
PSN B-2012-244-2/4

海洋社会蓝皮书
中国海洋社会发展报告（2017）
著(编)者：崔凤 宋宁而　2017年7月出版 / 估价：89.00元
PSN B-2015-478-1/1

行政改革蓝皮书
中国行政体制改革报告（2017）No.6
著(编)者：魏礼群 2017年5月出版 / 估价：98.00元
PSN B-2011-231-1/1

华侨华人蓝皮书
华侨华人研究报告（2017）
著(编)者：贾益民 2017年12月出版 / 估价：128.00元
PSN B-2011-204-1/1

环境竞争力绿皮书
中国省域环境竞争力发展报告（2017）
著(编)者：李建平 李闽榕 王金南
2017年11月出版 / 估价：198.00元
PSN G-2010-165-1/1

环境绿皮书
中国环境发展报告（2017）
著(编)者：刘鉴强 2017年11月出版 / 估价：89.00元
PSN G-2006-048-1/1

基金会蓝皮书
中国基金会发展报告（2016~2017）
著(编)者：中国基金会发展报告课题组
2017年4月出版 / 估价：85.00元
PSN B-2013-368-1/1

基金会绿皮书
中国基金会发展独立研究报告（2017）
著(编)者：基金会中心网 中央民族大学基金会研究中心
2017年6月出版 / 估价：88.00元
PSN G-2011-213-1/1

基金会透明度蓝皮书
中国基金会透明度发展研究报告（2017）
著(编)者：基金会中心网 清华大学廉政与治理研究中心
2017年12月出版 / 估价：89.00元
PSN B-2015-509-1/1

家庭蓝皮书
中国“创建幸福家庭活动”评估报告（2017）
国务院发展研究中心“创建幸福家庭活动评估”课题组著
2017年8月出版 / 估价：89.00元
PSN B-2012-261-1/1

健康城市蓝皮书
中国健康城市建设研究报告（2017）
著(编)者：王鸿春 解树江 盛继洪
2017年9月出版 / 估价：89.00元
PSN B-2016-565-2/2

教师蓝皮书
中国中小学教师发展报告（2017）
著(编)者：曾晓东 鱼霞 2017年6月出版 / 估价：89.00元
PSN B-2012-289-1/1

教育蓝皮书
中国教育发展报告（2017）
著(编)者：杨东平 2017年4月出版 / 估价：89.00元
PSN B-2006-047-1/1

科普蓝皮书
中国基层科普发展报告（2016～2017）
著(编)者：赵立 新陈玲 2017年9月出版 / 估价：89.00元
PSN B-2016-569-3/3

科普蓝皮书
中国科普基础设施发展报告（2017）
著(编)者：任福君 2017年6月出版 / 估价：89.00元
PSN B-2010-174-1/3

科普蓝皮书
中国科普人才发展报告（2017）
著(编)者：郑念 任嵘嵘 2017年4月出版 / 估价：98.00元
PSN B-2015-513-2/3

科学教育蓝皮书
中国科学教育发展报告（2017）
著(编)者：罗晖 王康友 2017年10月出版 / 估价：89.00元
PSN B-2015-487-1/1

劳动保障蓝皮书
中国劳动保障发展报告（2017）
著(编)者：刘燕斌 2017年9月出版 / 估价：188.00元
PSN B-2014-415-1/1

老龄蓝皮书
中国老年宜居环境发展报告（2017）
著(编)者：党俊武 周燕珉 2017年1月出版 / 估价：89.00元
PSN B-2013-320-1/1

连片特困区蓝皮书
中国连片特困区发展报告（2017）
著(编)者：游俊 冷志明 丁建军
2017年3月出版 / 估价：98.00元
PSN B-2013-321-1/1

民间组织蓝皮书
中国民间组织报告（2017）
著(编)者：黄晓勇 2017年12月出版 / 估价：89.00元
PSN B-2008-118-1/1

民调蓝皮书
中国民生调查报告（2017）
著(编)者：谢耘耕 2017年12月出版 / 估价：98.00元
PSN B-2014-398-1/1

民族发展蓝皮书
中国民族发展报告（2017）
著(编)者：郝时远 王延中 王希恩
2017年4月出版 / 估价：98.00元
PSN B-2006-070-1/1

女性生活蓝皮书
中国女性生活状况报告 No.11（2017）
著(编)者：韩湘景 2017年10月出版 / 估价：98.00元
PSN B-2006-071-1/1

汽车社会蓝皮书
中国汽车社会发展报告（2017）
著(编)者：王俊秀 2017年1月出版 / 估价：89.00元
PSN B-2011-224-1/1

青年蓝皮书
中国青年发展报告（2017）No.3
著(编)者：廉思 等　2017年4月出版 / 估价：89.00元
PSN B-2013-333-1/1

青少年蓝皮书
中国未成年人互联网运用报告（2017）
著(编)者：李文革 沈杰 季为民
2017年11月出版 / 估价：89.00元
PSN B-2010-156-1/1

青少年体育蓝皮书
中国青少年体育发展报告（2017）
著(编)者：郭建军 杨桦　2017年9月出版 / 估价：89.00元
PSN B-2015-482-1/1

群众体育蓝皮书
中国群众体育发展报告（2017）
著(编)者：刘国永 杨桦　2017年12月出版 / 估价：89.00元
PSN B-2016-519-2/3

人权蓝皮书
中国人权事业发展报告 No.7（2017）
著(编)者：李君如　2017年9月出版 / 估价：98.00元
PSN B-2011-215-1/1

社会保障绿皮书
中国社会保障发展报告（2017）No.9
著(编)者：王延中　2017年4月出版 / 估价：89.00元
PSN G-2001-014-1/1

社会风险评估蓝皮书
风险评估与危机预警评估报告（2017）
著(编)者：唐钧　2017年8月出版 / 估价：85.00元
PSN B-2016-521-1/1

社会工作蓝皮书
中国社会工作发展报告（2017）
著(编)者：民政部社会工作研究中心
2017年8月出版 / 估价：89.00元
PSN B-2009-141-1/1

社会管理蓝皮书
中国社会管理创新报告 No.5
著(编)者：连玉明　2017年11月出版 / 估价：89.00元
PSN B-2012-300-1/1

社会蓝皮书
2017年中国社会形势分析与预测
著(编)者：李培林　陈光金　张翼
2016年12月出版 / 定价：89.00元
PSN B-1998-002-1/1

社会体制蓝皮书
中国社会体制改革报告No.5（2017）
著(编)者：龚维斌　2017年4月出版 / 估价：89.00元
PSN B-2013-330-1/1

社会心态蓝皮书
中国社会心态研究报告（2017）
著(编)者：王俊秀 杨宜音　2017年12月出版 / 估价：89.00元
PSN B-2011-199-1/1

社会组织蓝皮书
中国社会组织评估发展报告（2017）
著(编)者：徐家良 廖鸿　2017年12月出版 / 估价：89.00元
PSN B-2013-366-1/1

生态城市绿皮书
中国生态城市建设发展报告（2017）
著(编)者：刘举科 孙伟平 胡文臻
2017年9月出版 / 估价：118.00元
PSN G-2012-269-1/1

生态文明绿皮书
中国省域生态文明建设评价报告（ECI 2017）
著(编)者：严耕　2017年12月出版 / 估价：98.00元
PSN G-2010-170-1/1

体育蓝皮书
中国公共体育服务发展报告（2017）
著(编)者：戴健　2017年12月出版 / 估价：89.00元
PSN B-2013-367-2/4

土地整治蓝皮书
中国土地整治发展研究报告 No.4
著(编)者：国土资源部土地整治中心
2017年7月出版 / 估价：89.00元
PSN B-2014-401-1/1

土地政策蓝皮书
中国土地政策研究报告（2017）
著(编)者：高延利 李宪文
2017年12月出版 / 估价：89.00元
PSN B-2015-506-1/1

医改蓝皮书
中国医药卫生体制改革报告（2017）
著(编)者：文学国　房志武　2017年11月出版 / 估价：98.00元
PSN B-2014-432-1/1

医疗卫生绿皮书
中国医疗卫生发展报告 No.7（2017）
著(编)者：申宝忠 韩玉珍　2017年4月出版 / 估价：85.00元
PSN G-2004-033-1/1

应急管理蓝皮书
中国应急管理报告（2017）
著(编)者：宋英华　2017年9月出版 / 估价：98.00元
PSN B-2016-563-1/1

政治参与蓝皮书
中国政治参与报告（2017）
著(编)者：房宁　2017年9月出版 / 估价：118.00元
PSN B-2011-200-1/1

中国农村妇女发展蓝皮书
农村流动女性城市生活发展报告（2017）
著(编)者：谢丽华　2017年12月出版 / 估价：89.00元
PSN B-2014-434-1/1

宗教蓝皮书
中国宗教报告（2017）
著(编)者：邱永辉　2017年4月出版 / 估价：89.00元
PSN B-2008-117-1/1

行业报告类

SUV蓝皮书
中国SUV市场发展报告（2016~2017）
著(编)者：靳军　2017年9月出版 / 估价：89.00元
PSN B-2016-572-1/1

保健蓝皮书
中国保健服务产业发展报告 No.2
著(编)者：中国保健协会 中共中央党校
2017年7月出版 / 估价：198.00元
PSN B-2012-272-3/3

保健蓝皮书
中国保健食品产业发展报告 No.2
著(编)者：中国保健协会
中国社会科学院食品药品产业发展与监管研究中心
2017年7月出版 / 估价：198.00元
PSN B-2012-271-2/3

保健蓝皮书
中国保健用品产业发展报告 No.2
著(编)者：中国保健协会
国务院国有资产监督管理委员会研究中心
2017年3月出版 / 估价：198.00元
PSN B-2012-270-1/3

保险蓝皮书
中国保险业竞争力报告（2017）
著(编)者：项俊波　2017年12月出版 / 估价：99.00元
PSN B-2013-311-1/1

冰雪蓝皮书
中国滑雪产业发展报告（2017）
著(编)者：孙承华 伍斌 魏庆华 张鸿俊
2017年8月出版 / 估价：89.00元
PSN B-2016-560-1/1

彩票蓝皮书
中国彩票发展报告（2017）
著(编)者：益彩基金　2017年4月出版 / 估价：98.00元
PSN B-2015-462-1/1

餐饮产业蓝皮书
中国餐饮产业发展报告（2017）
著(编)者：邢颖　2017年6月出版 / 估价：98.00元
PSN B-2009-151-1/1

测绘地理信息蓝皮书
新常态下的测绘地理信息研究报告（2017）
著(编)者：库热西·买合苏提
2017年12月出版 / 估价：118.00元
PSN B-2009-145-1/1

茶业蓝皮书
中国茶产业发展报告（2017）
著(编)者：杨江帆 李闽榕　2017年10月出版 / 估价：88.00元
PSN B-2010-164-1/1

产权市场蓝皮书
中国产权市场发展报告（2016~2017）
著(编)者：曹和平　2017年5月出版 / 估价：89.00元
PSN B-2009-147-1/1

产业安全蓝皮书
中国出版传媒产业安全报告（2016~2017）
著(编)者：北京印刷学院文化产业安全研究院
2017年3月出版 / 估价：89.00元
PSN B-2014-384-13/14

产业安全蓝皮书
中国文化产业安全报告（2017）
著(编)者：北京印刷学院文化产业安全研究院
2017年12月出版 / 估价：89.00元
PSN B-2014-378-12/14

产业安全蓝皮书
中国新媒体产业安全报告（2017）
著(编)者：北京印刷学院文化产业安全研究院
2017年12月出版 / 估价：89.00元
PSN B-2015-500-14/14

城投蓝皮书
中国城投行业发展报告（2017）
著(编)者：王晨艳　丁伯康　2017年11月出版 / 估价：300.00元
PSN B-2016-514-1/1

电子政务蓝皮书
中国电子政务发展报告（2016~2017）
著(编)者：李季 杜平　2017年7月出版 / 估价：89.00元
PSN B-2003-022-1/1

杜仲产业绿皮书
中国杜仲橡胶资源与产业发展报告（2016~2017）
著(编)者：杜红岩 胡文臻 俞锐
2017年1月出版 / 估价：85.00元
PSN G-2013-350-1/1

房地产蓝皮书
中国房地产发展报告 No.14（2017）
著(编)者：李春华 王业强　2017年5月出版 / 估价：89.00元
PSN B-2004-028-1/1

服务外包蓝皮书
中国服务外包产业发展报告（2017）
著(编)者：王晓红 刘德军
2017年6月出版 / 估价：89.00元
PSN B-2013-331-2/2

服务外包蓝皮书
中国服务外包竞争力报告（2017）
著(编)者：王力 刘春生 黄育华
2017年11月出版 / 估价：85.00元
PSN B-2011-216-1/2

工业和信息化蓝皮书
世界网络安全发展报告（2016~2017）
著(编)者：洪京一　2017年4月出版 / 估价：89.00元
PSN B-2015-452-5/5

工业和信息化蓝皮书
世界信息化发展报告（2016~2017）
著(编)者：洪京一　2017年4月出版 / 估价：89.00元
PSN B-2015-451-4/5

工业和信息化蓝皮书
世界信息技术产业发展报告（2016~2017）
著(编)者：洪京一　2017年4月出版 / 估价：89.00元
PSN B-2015-449-2/5

工业和信息化蓝皮书
移动互联网产业发展报告（2016~2017）
著(编)者：洪京一　2017年4月出版 / 估价：89.00元
PSN B-2015-448-1/5

工业和信息化蓝皮书
战略性新兴产业发展报告（2016~2017）
著(编)者：洪京一　2017年4月出版 / 估价：89.00元
PSN B-2015-450-3/5

工业设计蓝皮书
中国工业设计发展报告（2017）
著(编)者：王晓红 于炜 张立群
2017年9月出版 / 估价：138.00元
PSN B-2014-420-1/1

黄金市场蓝皮书
中国商业银行黄金业务发展报告（2016~2017）
著(编)者：平安银行　2017年3月出版 / 估价：98.00元
PSN B-2016-525-1/1

互联网金融蓝皮书
中国互联网金融发展报告（2017）
著(编)者：李东荣　2017年9月出版 / 估价：128.00元
PSN B-2014-374-1/1

互联网医疗蓝皮书
中国互联网医疗发展报告（2017）
著(编)者：宫晓东　2017年9月出版 / 估价：89.00元
PSN B-2016-568-1/1

会展蓝皮书
中外会展业动态评估年度报告（2017）
著(编)者：张敏　2017年1月出版 / 估价：88.00元
PSN B-2013-327-1/1

金融监管蓝皮书
中国金融监管报告（2017）
著(编)者：胡滨　2017年6月出版 / 估价：89.00元
PSN B-2012-281-1/1

金融蓝皮书
中国金融中心发展报告（2017）
著(编)者：王力 黄育华　2017年11月出版 / 估价：85.00元
PSN B-2011-186-6/6

建筑装饰蓝皮书
中国建筑装饰行业发展报告（2017）
著(编)者：刘晓一 葛顺道　2017年7月出版 / 估价：198.00元
PSN B-2016-554-1/1

客车蓝皮书
中国客车产业发展报告（2016~2017）
著(编)者：姚蔚　2017年10月出版 / 估价：85.00元
PSN B-2013-361-1/1

旅游安全蓝皮书
中国旅游安全报告（2017）
著(编)者：郑向敏 谢朝武　2017年5月出版 / 估价：128.00元
PSN B-2012-280-1/1

旅游绿皮书
2016～2017年中国旅游发展分析与预测
著(编)者：张广瑞 刘德谦　2017年4月出版 / 估价：89.00元
PSN G-2002-018-1/1

煤炭蓝皮书
中国煤炭工业发展报告（2017）
著(编)者：岳福斌　2017年12月出版 / 估价：85.00元
PSN B-2008-123-1/1

民营企业社会责任蓝皮书
中国民营企业社会责任报告（2017）
著(编)者：中华全国工商业联合会
2017年12月出版 / 估价：89.00元
PSN B-2015-511-1/1

民营医院蓝皮书
中国民营医院发展报告（2017）
著(编)者：庄一强　2017年10月出版 / 估价：85.00元
PSN B-2012-299-1/1

闽商蓝皮书
闽商发展报告（2017）
著(编)者：李闽榕 王日根 林琛
2017年12月出版 / 估价：89.00元
PSN B-2012-298-1/1

能源蓝皮书
中国能源发展报告（2017）
著(编)者：崔民选 王军生 陈义和
2017年10月出版 / 估价：98.00元
PSN B-2006-049-1/1

农产品流通蓝皮书
中国农产品流通产业发展报告（2017）
著(编)者：贾敬敦 张东科 张玉玺 张鹏毅 周伟
2017年1月出版 / 估价：89.00元
PSN B-2012-288-1/1

企业公益蓝皮书
中国企业公益研究报告（2017）
著(编)者：钟宏武 汪杰 顾一 黄晓娟 等
2017年12月出版 / 估价：89.00元
PSN B-2015-501-1/1

企业国际化蓝皮书
中国企业国际化报告（2017）
著(编)者：王辉耀　2017年11月出版 / 估价：98.00元
PSN B-2014-427-1/1

企业蓝皮书
中国企业绿色发展报告 No.2（2017）
著(编)者：李红玉 朱光辉　2017年8月出版 / 估价：89.00元
PSN B-2015-481-2/2

企业社会责任蓝皮书
中国企业社会责任研究报告（2017）
著(编)者：黄群慧 钟宏武 张蒽 翟利峰
2017年11月出版 / 估价：89.00元
PSN B-2009-149-1/1

汽车安全蓝皮书
中国汽车安全发展报告（2017）
著(编)者：中国汽车技术研究中心
2017年7月出版 / 估价：89.00元
PSN B-2014-385-1/1

汽车电子商务蓝皮书
中国汽车电子商务发展报告（2017）
著(编)者：中华全国工商业联合会汽车经销商商会
北京易观智库网络科技有限公司
2017年10月出版 / 估价：128.00元
PSN B-2015-485-1/1

汽车工业蓝皮书
中国汽车工业发展年度报告（2017）
著(编)者：中国汽车工业协会 中国汽车技术研究中心
丰田汽车（中国）投资有限公司
2017年4月出版 / 估价：128.00元
PSN B-2015-463-1/2

汽车工业蓝皮书
中国汽车零部件产业发展报告（2017）
著(编)者：中国汽车工业协会 中国汽车工程研究院
2017年10月出版 / 估价：98.00元
PSN B-2016-515-2/2

汽车蓝皮书
中国汽车产业发展报告（2017）
著(编)者：国务院发展研究中心产业经济研究部
中国汽车工程学会 大众汽车集团（中国）
2017年8月出版 / 估价：98.00元
PSN B-2008-124-1/1

人力资源蓝皮书
中国人力资源发展报告（2017）
著(编)者：余兴安　2017年11月出版 / 估价：89.00元
PSN B-2012-287-1/1

融资租赁蓝皮书
中国融资租赁业发展报告（2016～2017）
著(编)者：李光荣 王力　2017年8月出版 / 估价：89.00元
PSN B-2015-443-1/1

商会蓝皮书
中国商会发展报告No.5（2017）
著(编)者：王钦敏　2017年7月出版 / 估价：89.00元
PSN B-2008-125-1/1

输血服务蓝皮书
中国输血行业发展报告（2017）
著(编)者：朱永明 耿鸿武　2016年8月出版 / 估价：89.00元
PSN B-2016-583-1/1

上市公司蓝皮书
中国上市公司社会责任信息披露报告（2017）
著(编)者：张旺 张杨　2017年11月出版 / 估价：89.00元
PSN B-2011-234-1/2

社会责任管理蓝皮书
中国上市公司社会责任能力成熟度报告（2017）No.2
著(编)者：肖红军 王晓光 李伟阳
2017年12月出版 / 估价：98.00元
PSN B-2015-507-2/2

社会责任管理蓝皮书
中国企业公众透明度报告(2017)No.3
著(编)者：黄速建 熊梦 王晓光 肖红军
2017年1月出版 / 估价：98.00元
PSN B-2015-440-1/2

食品药品蓝皮书
食品药品安全与监管政策研究报告（2016～2017）
著(编)者：唐民皓　2017年6月出版 / 估价：89.00元
PSN B-2009-129-1/1

世界能源蓝皮书
世界能源发展报告（2017）
著(编)者：黄晓勇　2017年6月出版 / 估价：99.00元
PSN B-2013-349-1/1

水利风景区蓝皮书
中国水利风景区发展报告（2017）
著(编)者：谢婵才 兰思仁　2017年5月出版 / 估价：89.00元
PSN B-2015-480-1/1

私募市场蓝皮书
中国私募股权市场发展报告（2017）
著(编)者：曹和平　2017年12月出版 / 估价：89.00元
PSN B-2010-162-1/1

碳市场蓝皮书
中国碳市场报告（2017）
著(编)者：定金彪　2017年11月出版 / 估价：89.00元
PSN B-2014-430-1/1

体育蓝皮书
中国体育产业发展报告（2017）
著(编)者：阮伟 钟秉枢　2017年12月出版 / 估价：89.00元
PSN B-2010-179-1/4

网络空间安全蓝皮书
中国网络空间安全发展报告（2017）
著(编)者：惠志斌 唐涛　2017年4月出版 / 估价：89.00元
PSN B-2015-466-1/1

西部金融蓝皮书
中国西部金融发展报告（2017）
著(编)者：李忠民　2017年8月出版 / 估价：85.00元
PSN B-2010-160-1/1

协会商会蓝皮书
中国行业协会商会发展报告（2017）
著(编)者：景朝阳 李勇　2017年4月出版 / 估价：99.00元
PSN B-2015-461-1/1

新能源汽车蓝皮书
中国新能源汽车产业发展报告（2017）
著(编)者：中国汽车技术研究中心
日产（中国）投资有限公司 东风汽车有限公司
2017年7月出版 / 估价：98.00元
PSN B-2013-347-1/1

新三板蓝皮书
中国新三板市场发展报告（2017）
著(编)者：王力　2017年6月出版 / 估价：89.00元
PSN B-2016-534-1/1

信托市场蓝皮书
中国信托业市场报告（2016～2017）
著(编)者：用益信托工作室
2017年1月出版 / 估价：198.00元
PSN B-2014-371-1/1

信息化蓝皮书
中国信息化形势分析与预测（2016~2017）
著(编)者：周宏仁　2017年8月出版 / 估价：98.00元
PSN B-2010-168-1/1

信用蓝皮书
中国信用发展报告（2017）
著(编)者：章政 田侃　2017年4月出版 / 估价：99.00元
PSN B-2013-328-1/1

休闲绿皮书
2017年中国休闲发展报告
著(编)者：宋瑞　2017年10月出版 / 估价：89.00元
PSN G-2010-158-1/1

休闲体育蓝皮书
中国休闲体育发展报告（2016～2017）
著(编)者：李相如　钟炳枢　2017年10月出版 / 估价：89.00元
PSN G-2016-516-1/1

养老金融蓝皮书
中国养老金融发展报告（2017）
著(编)者：董克用　姚余栋
2017年6月出版 / 估价：89.00元
PSN B-2016-584-1/1

药品流通蓝皮书
中国药品流通行业发展报告（2017）
著(编)者：佘鲁林 温再兴　2017年8月出版 / 估价：158.00元
PSN B-2014-429-1/1

医院蓝皮书
中国医院竞争力报告（2017）
著(编)者：庄一强　曾益新　2017年3月出版 / 估价：128.00元
PSN B-2016-529-1/1

医药蓝皮书
中国中医药产业园战略发展报告（2017）
著(编)者：裴长洪 房书亭 吴滌心
2017年8月出版 / 估价：89.00元
PSN B-2012-305-1/1

邮轮绿皮书
中国邮轮产业发展报告（2017）
著(编)者：汪泓　2017年10月出版 / 估价：89.00元
PSN G-2014-419-1/1

智能养老蓝皮书
中国智能养老产业发展报告（2017）
著(编)者：朱勇　2017年10月出版 / 估价：89.00元
PSN B-2015-488-1/1

债券市场蓝皮书
中国债券市场发展报告（2016～2017）
著(编)者：杨农　2017年10月出版 / 估价：89.00元
PSN B-2016-573-1/1

中国节能汽车蓝皮书
中国节能汽车发展报告（2016~2017）
著(编)者：中国汽车工程研究院股份有限公司
2017年9月出版 / 估价：98.00元
PSN B-2016-566-1/1

中国上市公司蓝皮书
中国上市公司发展报告（2017）
著(编)者：张平 王宏淼
2017年10月出版 / 估价：98.00元
PSN B-2014-414-1/1

中国陶瓷产业蓝皮书
中国陶瓷产业发展报告（2017）
著(编)者：左和平 黄速建　2017年10月出版 / 估价：98.00元
PSN B-2016-574-1/1

中国总部经济蓝皮书
中国总部经济发展报告（2016～2017）
著(编)者：赵弘　2017年9月出版 / 估价：89.00元
PSN B-2005-036-1/1

中医文化蓝皮书
中国中医药文化传播发展报告（2017）
著(编)者：毛嘉陵　2017年7月出版 / 估价：89.00元
PSN B-2015-468-1/1

装备制造业蓝皮书
中国装备制造业发展报告（2017）
著(编)者：徐东华　2017年12月出版 / 估价：148.00元
PSN B-2015-505-1/1

资本市场蓝皮书
中国场外交易市场发展报告（2016～2017）
著(编)者：高峦　2017年3月出版 / 估价：89.00元
PSN B-2009-153-1/1

资产管理蓝皮书
中国资产管理行业发展报告（2017）
著(编)者：智信资产管理研究院
2017年6月出版 / 估价：89.00元
PSN B-2014-407-2/2

文化传媒类

传媒竞争力蓝皮书
中国传媒国际竞争力研究报告（2017）
著(编)者：李本乾 刘强
2017年11月出版 / 估价：148.00元
PSN B-2013-356-1/1

传媒蓝皮书
中国传媒产业发展报告（2017）
著(编)者：崔保国 2017年5月出版 / 估价：98.00元
PSN B-2005-035-1/1

传媒投资蓝皮书
中国传媒投资发展报告（2017）
著(编)者：张向东 谭云明
2017年6月出版 / 估价：128.00元
PSN B-2015-474-1/1

动漫蓝皮书
中国动漫产业发展报告（2017）
著(编)者：卢斌 郑玉明 牛兴侦
2017年9月出版 / 估价：89.00元
PSN B-2011-198-1/1

非物质文化遗产蓝皮书
中国非物质文化遗产发展报告（2017）
著(编)者：陈平 2017年5月出版 / 估价：98.00元
PSN B-2015-469-1/1

广电蓝皮书
中国广播电影电视发展报告（2017）
著(编)者：国家新闻出版广电总局发展研究中心
2017年7月出版 / 估价：98.00元
PSN B-2006-072-1/1

广告主蓝皮书
中国广告主营销传播趋势报告 No.9
著(编)者：黄升民 杜国清 邵华冬 等
2017年10月出版 / 估价：148.00元
PSN B-2005-041-1/1

国际传播蓝皮书
中国国际传播发展报告（2017）
著(编)者：胡正荣 李继东 姬德强
2017年11月出版 / 估价：89.00元
PSN B-2014-408-1/1

纪录片蓝皮书
中国纪录片发展报告（2017）
著(编)者：何苏六 2017年9月出版 / 估价：89.00元
PSN B-2011-222-1/1

科学传播蓝皮书
中国科学传播报告（2017）
著(编)者：詹正茂 2017年7月出版 / 估价：89.00元
PSN B-2008-120-1/1

两岸创意经济蓝皮书
两岸创意经济研究报告（2017）
著(编)者：罗昌智 林咏能
2017年10月出版 / 估价：98.00元
PSN B-2014-437-1/1

两岸文化蓝皮书
两岸文化产业合作发展报告（2017）
著(编)者：胡惠林 李保宗 2017年7月出版 / 估价：89.00元
PSN B-2012-285-1/1

媒介与女性蓝皮书
中国媒介与女性发展报告(2016~2017)
著(编)者：刘利群 2017年9月出版 / 估价：118.00元
PSN B-2013-345-1/1

媒体融合蓝皮书
中国媒体融合发展报告（2017）
著(编)者：梅宁华 宋建武 2017年7月出版 / 估价：89.00元
PSN B-2015-479-1/1

全球传媒蓝皮书
全球传媒发展报告（2017）
著(编)者：胡正荣 李继东 唐晓芬
2017年11月出版 / 估价：89.00元
PSN B-2012-237-1/1

少数民族非遗蓝皮书
中国少数民族非物质文化遗产发展报告（2017）
著(编)者：肖远平（彝） 柴立（满）
2017年8月出版 / 估价：98.00元
PSN B-2015-467-1/1

视听新媒体蓝皮书
中国视听新媒体发展报告（2017）
著(编)者：国家新闻出版广电总局发展研究中心
2017年7月出版 / 估价：98.00元
PSN B-2011-184-1/1

文化创新蓝皮书
中国文化创新报告（2017）No.7
著(编)者：于平 傅才武 2017年7月出版 / 估价：98.00元
PSN B-2009-143-1/1

文化建设蓝皮书
中国文化发展报告（2016~2017）
著(编)者：江畅 孙伟平 戴茂堂
2017年6月出版 / 估价：116.00元
PSN B-2014-392-1/1

文化科技蓝皮书
文化科技创新发展报告（2017）
著(编)者：于平 李凤亮 2017年11月出版 / 估价：89.00元
PSN B-2013-342-1/1

文化蓝皮书
中国公共文化服务发展报告（2017）
著(编)者：刘新成 张永新 张旭
2017年12月出版 / 估价：98.00元
PSN B-2007-093-2/10

文化蓝皮书
中国公共文化投入增长测评报告（2017）
著(编)者：王亚南 2017年4月出版 / 估价：89.00元
PSN B-2014-435-10/10

文化蓝皮书
中国少数民族文化发展报告（2016~2017）
著(编)者：武翠英 张晓明 任乌晶
2017年9月出版 / 估价：89.00元
PSN B-2013-369-9/10

文化蓝皮书
中国文化产业发展报告（2016~2017）
著(编)者：张晓明 王家新 章建刚
2017年2月出版 / 估价：89.00元
PSN B-2002-019-1/10

文化蓝皮书
中国文化产业供需协调检测报告（2017）
著(编)者：王亚南 2017年2月出版 / 估价：89.00元
PSN B-2013-323-8/10

文化蓝皮书
中国文化消费需求景气评价报告（2017）
著(编)者：王亚南 2017年4月出版 / 估价：89.00元
PSN B-2011-236-4/10

文化品牌蓝皮书
中国文化品牌发展报告（2017）
著(编)者：欧阳友权 2017年5月出版 / 估价：98.00元
PSN B-2012-277-1/1

文化遗产蓝皮书
中国文化遗产事业发展报告（2017）
著(编)者：苏杨 张颖岚 王宇飞
2017年8月出版 / 估价：98.00元
PSN B-2008-119-1/1

文学蓝皮书
中国文情报告（2016～2017）
著(编)者：白烨 2017年5月出版 / 估价：49.00元
PSN B-2011-221-1/1

新媒体蓝皮书
中国新媒体发展报告No.8（2017）
著(编)者：唐绪军 2017年6月出版 / 估价：89.00元
PSN B-2010-169-1/1

新媒体社会责任蓝皮书
中国新媒体社会责任研究报告（2017）
著(编)者：钟瑛 2017年11月出版 / 估价：89.00元
PSN B-2014-423-1/1

移动互联网蓝皮书
中国移动互联网发展报告（2017）
著(编)者：官建文 2017年6月出版 / 估价：89.00元
PSN B-2012-282-1/1

舆情蓝皮书
中国社会舆情与危机管理报告（2017）
著(编)者：谢耘耕 2017年9月出版 / 估价：128.00元
PSN B-2011-235-1/1

影视风控蓝皮书
中国影视舆情与风控报告 （2017）
著(编)者：司若 2017年4月出版 / 估价：138.00元
PSN B-2016-530-1/1

地方发展类

安徽经济蓝皮书
合芜蚌国家自主创新综合示范区研究报告（2016～2017）
著(编)者：王开玉 2017年11月出版 / 估价：89.00元
PSN B-2014-383-1/1

安徽蓝皮书
安徽社会发展报告（2017）
著(编)者：程桦 2017年4月出版 / 估价：89.00元
PSN B-2013-325-1/1

安徽社会建设蓝皮书
安徽社会建设分析报告（2016～2017）
著(编)者：黄家海 王开玉 蔡宪
2016年4月出版 / 估价：89.00元
PSN B-2013-322-1/1

澳门蓝皮书
澳门经济社会发展报告（2016～2017）
著(编)者：吴志良 郝雨凡 2017年6月出版 / 估价：98.00元
PSN B-2009-138-1/1

北京蓝皮书
北京公共服务发展报告（2016～2017）
著(编)者：施昌奎 2017年2月出版 / 估价：89.00元
PSN B-2008-103-7/8

北京蓝皮书
北京经济发展报告（2016～2017）
著(编)者：杨松 2017年6月出版 / 估价：89.00元
PSN B-2006-054-2/8

北京蓝皮书
北京社会发展报告（2016～2017）
著(编)者：李伟东 2017年6月出版 / 估价：89.00元
PSN B-2006-055-3/8

北京蓝皮书
北京社会治理发展报告（2016～2017）
著(编)者：殷星辰 2017年5月出版 / 估价：89.00元
PSN B-2014-391-8/8

北京蓝皮书
北京文化发展报告（2016～2017）
著(编)者：李建盛 2017年4月出版 / 估价：89.00元
PSN B-2007-082-4/8

北京律师绿皮书
北京律师发展报告No.3（2017）
著(编)者：王隽 2017年7月出版 / 估价：88.00元
PSN G-2012-301-1/1

北京旅游蓝皮书
北京旅游发展报告（2017）
著(编)者：北京旅游学会　2017年1月出版 / 估价：88.00元
PSN B-2011-217-1/1

北京人才蓝皮书
北京人才发展报告（2017）
著(编)者：于淼　2017年12月出版 / 估价：128.00元
PSN B-2011-201-1/1

北京社会心态蓝皮书
北京社会心态分析报告（2016～2017）
著(编)者：北京社会心理研究所
2017年8月出版 / 估价：89.00元
PSN B-2014-422-1/1

北京社会组织管理蓝皮书
北京社会组织发展与管理（2016～2017）
著(编)者：黄江松　2017年4月出版 / 估价：88.00元
PSN B-2015-446-1/1

北京体育蓝皮书
北京体育产业发展报告（2016～2017）
著(编)者：钟秉枢 陈杰 杨铁黎
2017年9月出版 / 估价：89.00元
PSN B-2015-475-1/1

北京养老产业蓝皮书
北京养老产业发展报告（2017）
著(编)者：周明明 冯喜良　2017年8月出版 / 估价：89.00元
PSN B-2015-465-1/1

滨海金融蓝皮书
滨海新区金融发展报告（2017）
著(编)者：王爱俭 张锐钢　2017年12月出版 / 估价：89.00元
PSN B-2014-424-1/1

城乡一体化蓝皮书
中国城乡一体化发展报告•北京卷（2016～2017）
著(编)者：张宝秀 黄序　2017年5月出版 / 估价：89.00元
PSN B-2012-258-2/2

创意城市蓝皮书
北京文化创意产业发展报告（2017）
著(编)者：张京成 王国华　2017年10月出版 / 估价：89.00元
PSN B-2012-263-1/7

创意城市蓝皮书
青岛文化创意产业发展报告（2017）
著(编)者：马达 张丹妮　2017年8月出版 / 估价：89.00元
PSN B-2011-235-1/1

创意城市蓝皮书
天津文化创意产业发展报告（2016～2017）
著(编)者：谢思全　2017年6月出版 / 估价：89.00元
PSN B-2016-537-7/7

创意城市蓝皮书
无锡文化创意产业发展报告（2017）
著(编)者：谭军 张鸣年　2017年10月出版 / 估价：89.00元
PSN B-2013-346-3/7

创意城市蓝皮书
武汉文化创意产业发展报告（2017）
著(编)者：黄永林 陈汉桥　2017年9月出版 / 估价：99.00元
PSN B-2013-354-4/7

创意上海蓝皮书
上海文化创意产业发展报告（2016～2017）
著(编)者：王慧敏 王兴全　2017年8月出版 / 估价：89.00元
PSN B-2016-562-1/1

福建妇女发展蓝皮书
福建省妇女发展报告（2017）
著(编)者：刘群英　2017年11月出版 / 估价：88.00元
PSN B-2011-220-1/1

福建自贸区蓝皮书
中国（福建）自由贸易实验区发展报告（2016～2017）
著(编)者：黄茂兴　2017年4月出版 / 估价：108.00元
PSN B-2017-532-1/1

甘肃蓝皮书
甘肃经济发展分析与预测（2017）
著(编)者：朱智文 罗哲　2017年1月出版 / 估价：89.00元
PSN B-2013-312-1/6

甘肃蓝皮书
甘肃社会发展分析与预测（2017）
著(编)者：安文华 包晓霞 谢增虎
2017年1月出版 / 估价：89.00元
PSN B-2013-313-2/6

甘肃蓝皮书
甘肃文化发展分析与预测（2017）
著(编)者：安文华 周小华　2017年1月出版 / 估价：89.00元
PSN B-2013-314-3/6

甘肃蓝皮书
甘肃县域和农村发展报告（2017）
著(编)者：刘进军 柳民 王建兵
2017年1月出版 / 估价：89.00元
PSN B-2013-316-5/6

甘肃蓝皮书
甘肃舆情分析与预测（2017）
著(编)者：陈双梅 郝树声　2017年1月出版 / 估价：89.00元
PSN B-2013-315-4/6

甘肃蓝皮书
甘肃商贸流通发展报告（2017）
著(编)者：杨志武 王福生 王晓芳
2017年1月出版 / 估价：89.00元
PSN B-2016-523-6/6

广东蓝皮书
广东全面深化改革发展报告（2017）
著(编)者：周林生 涂成林　2017年12月出版 / 估价：89.00元
PSN B-2015-504-3/3

广东蓝皮书
广东社会工作发展报告（2017）
著(编)者：罗观翠　2017年6月出版 / 估价：89.00元
PSN B-2014-402-2/3

广东蓝皮书
广东省电子商务发展报告（2017）
著(编)者：程晓 邓顺国　2017年7月出版 / 估价：89.00元
PSN B-2013-360-1/3

广东社会建设蓝皮书
广东省社会建设发展报告（2017）
著(编)者：广东省社会工作委员会
2017年12月出版 / 估价：99.00元
PSN B-2014-436-1/1

广东外经贸蓝皮书
广东对外经济贸易发展研究报告（2016~2017）
著(编)者：陈万灵 2017年8月出版 / 估价：98.00元
PSN B-2012-286-1/1

广西北部湾经济区蓝皮书
广西北部湾经济区开放开发报告（2017）
著(编)者：广西北部湾经济区规划建设管理委员会办公室
广西社会科学院广西北部湾发展研究院
2017年2月出版 / 估价：89.00元
PSN B-2010-181-1/1

巩义蓝皮书
巩义经济社会发展报告（2017）
著(编)者：丁同民 朱军 2017年4月出版 / 估价：58.00元
PSN B-2016-533-1/1

广州蓝皮书
2017年中国广州经济形势分析与预测
著(编)者：庾建设 陈浩钿 谢博能
2017年7月出版 / 估价：85.00元
PSN B-2011-185-9/14

广州蓝皮书
2017年中国广州社会形势分析与预测
著(编)者：张强 陈怡霓 杨秦 2017年6月出版 / 估价：85.00元
PSN B-2008-110-5/14

广州蓝皮书
广州城市国际化发展报告（2017）
著(编)者：朱名宏 2017年8月出版 / 估价：79.00元
PSN B-2012-246-11/14

广州蓝皮书
广州创新型城市发展报告（2017）
著(编)者：尹涛 2017年7月出版 / 估价：79.00元
PSN B-2012-247-12/14

广州蓝皮书
广州经济发展报告（2017）
著(编)者：朱名宏 2017年7月出版 / 估价：79.00元
PSN B-2005-040-1/14

广州蓝皮书
广州农村发展报告（2017）
著(编)者：朱名宏 2017年8月出版 / 估价：79.00元
PSN B-2010-167-8/14

广州蓝皮书
广州汽车产业发展报告（2017）
著(编)者：杨再高 冯兴亚 2017年7月出版 / 估价：79.00元
PSN B-2006-066-3/14

广州蓝皮书
广州青年发展报告（2016～2017）
著(编)者：徐柳 张强 2017年9月出版 / 估价：79.00元
PSN B-2013-352-13/14

广州蓝皮书
广州商贸业发展报告（2017）
著(编)者：李江涛 肖振宇 荀振英
2017年7月出版 / 估价：79.00元
PSN B-2012-245-10/14

广州蓝皮书
广州社会保障发展报告（2017）
著(编)者：蔡国萱 2017年8月出版 / 估价：79.00元
PSN B-2014-425-14/14

广州蓝皮书
广州文化创意产业发展报告（2017）
著(编)者：徐咏虹 2017年7月出版 / 估价：79.00元
PSN B-2008-111-6/14

广州蓝皮书
中国广州城市建设与管理发展报告（2017）
著(编)者：董皞 陈小钢 李江涛
2017年7月出版 / 估价：85.00元
PSN B-2007-087-4/14

广州蓝皮书
中国广州科技创新发展报告（2017）
著(编)者：邹采荣 马正勇 陈爽
2017年7月出版 / 估价：79.00元
PSN B-2006-065-2/14

广州蓝皮书
中国广州文化发展报告（2017）
著(编)者：徐俊忠 陆志强 顾涧清
2017年7月出版 / 估价：79.00元
PSN B-2009-134-7/14

贵阳蓝皮书
贵阳城市创新发展报告No.2（白云篇）
著(编)者：连玉明 2017年10月出版 / 估价：89.00元
PSN B-2015-491-3/10

贵阳蓝皮书
贵阳城市创新发展报告No.2（观山湖篇）
著(编)者：连玉明 2017年10月出版 / 估价：89.00元
PSN B-2011-235-1/1

贵阳蓝皮书
贵阳城市创新发展报告No.2（花溪篇）
著(编)者：连玉明 2017年10月出版 / 估价：89.00元
PSN B-2015-490-2/10

贵阳蓝皮书
贵阳城市创新发展报告No.2（开阳篇）
著(编)者：连玉明 2017年10月出版 / 估价：89.00元
PSN B-2015-492-4/10

贵阳蓝皮书
贵阳城市创新发展报告No.2（南明篇）
著(编)者：连玉明 2017年10月出版 / 估价：89.00元
PSN B-2015-496-8/10

贵阳蓝皮书
贵阳城市创新发展报告No.2（清镇篇）
著(编)者：连玉明 2017年10月出版 / 估价：89.00元
PSN B-2015-489-1/10

贵阳蓝皮书
贵阳城市创新发展报告No.2（乌当篇）
著(编)者：连玉明　2017年10月出版 / 估价：89.00元
PSN B-2015-495-7/10

贵阳蓝皮书
贵阳城市创新发展报告No.2（息烽篇）
著(编)者：连玉明　2017年10月出版 / 估价：89.00元
PSN B-2015-493-5/10

贵阳蓝皮书
贵阳城市创新发展报告No.2（修文篇）
著(编)者：连玉明　2017年10月出版 / 估价：89.00元
PSN B-2015-494-6/10

贵阳蓝皮书
贵阳城市创新发展报告No.2（云岩篇）
著(编)者：连玉明　2017年10月出版 / 估价：89.00元
PSN B-2015-498-10/10

贵州房地产蓝皮书
贵州房地产发展报告No.4（2017）
著(编)者：武廷方　2017年7月出版 / 估价：89.00元
PSN B-2014-426-1/1

贵州蓝皮书
贵州册亨经济社会发展报告 (2017)
著(编)者：黄德林　2017年3月出版 / 估价：89.00元
PSN B-2016-526-8/9

贵州蓝皮书
贵安新区发展报告（2016~2017）
著(编)者：马长青 吴大华　2017年6月出版 / 估价：89.00元
PSN B-2015-459-4/9

贵州蓝皮书
贵州法治发展报告（2017）
著(编)者：吴大华　2017年5月出版 / 估价：89.00元
PSN B-2012-254-2/9

贵州蓝皮书
贵州国有企业社会责任发展报告（2016～2017）
著(编)者：郭丽 周航 万强
2017年12月出版 / 估价：89.00元
PSN B-2015-512-6/9

贵州蓝皮书
贵州民航业发展报告（2017）
著(编)者：申振东 吴大华　2017年10月出版 / 估价：89.00元
PSN B-2015-471-5/9

贵州蓝皮书
贵州民营经济发展报告（2017）
著(编)者：杨静 吴大华　2017年3月出版 / 估价：89.00元
PSN B-2016-531-9/9

贵州蓝皮书
贵州人才发展报告（2017）
著(编)者：于杰 吴大华　2017年9月出版 / 估价：89.00元
PSN B-2014-382-3/9

贵州蓝皮书
贵州社会发展报告（2017）
著(编)者：王兴骥　2017年6月出版 / 估价：89.00元
PSN B-2010-166-1/9

贵州蓝皮书
贵州国家级开放创新平台发展报告（2017）
著(编)者：申晓庆　吴大华　李泓
2017年6月出版 / 估价：89.00元
PSN B-2016-518-1/9

海淀蓝皮书
海淀区文化和科技融合发展报告（2017）
著(编)者：陈名杰 孟景伟　2017年5月出版 / 估价：85.00元
PSN B-2013-329-1/1

杭州都市圈蓝皮书
杭州都市圈发展报告（2017）
著(编)者：沈翔 戚建国　2017年5月出版 / 估价：128.00元
PSN B-2012-302-1/1

杭州蓝皮书
杭州妇女发展报告（2017）
著(编)者：魏颖　2017年6月出版 / 估价：89.00元
PSN B-2014-403-1/1

河北经济蓝皮书
河北省经济发展报告（2017）
著(编)者：马树强 金浩 张贵
2017年4月出版 / 估价：89.00元
PSN B-2014-380-1/1

河北蓝皮书
河北经济社会发展报告（2017）
著(编)者：郭金平　2017年1月出版 / 估价：89.00元
PSN B-2014-372-1/1

河北食品药品安全蓝皮书
河北食品药品安全研究报告（2017）
著(编)者：丁锦霞　2017年6月出版 / 估价：89.00元
PSN B-2015-473-1/1

河南经济蓝皮书
2017年河南经济形势分析与预测
著(编)者：胡五岳　2017年2月出版 / 估价：89.00元
PSN B-2007-086-1/1

河南蓝皮书
2017年河南社会形势分析与预测
著(编)者：刘道兴 牛苏林　2017年4月出版 / 估价89.00元
PSN B-2005-043-1/8

河南蓝皮书
河南城市发展报告（2017）
著(编)者：张占仓 王建国　2017年5月出版 / 估价：89.00元
PSN B-2009-131-3/8

河南蓝皮书
河南法治发展报告（2017）
著(编)者：丁同民 张林海　2017年5月出版 / 估价：89.00元
PSN B-2014-376-6/8

河南蓝皮书
河南工业发展报告（2017）
著(编)者：张占仓 丁同民　2017年5月出版 / 估价：89.00元
PSN B-2013-317-5/8

河南蓝皮书
河南金融发展报告（2017）
著(编)者：河南省社会科学院
2017年6月出版 / 估价：89.00元
PSN B-2014-390-7/8

河南蓝皮书
河南经济发展报告（2017）
著(编)者：张占仓　2017年3月出版 / 估价：89.00元
PSN B-2010-157-4/8

河南蓝皮书
河南农业农村发展报告（2017）
著(编)者：吴海峰　2017年4月出版 / 估价：89.00元
PSN B-2015-445-8/8

河南蓝皮书
河南文化发展报告（2017）
著(编)者：卫绍生　2017年3月出版 / 估价：88.00元
PSN B-2008-106-2/8

河南商务蓝皮书
河南商务发展报告（2017）
著(编)者：焦锦淼 穆荣国　2017年6月出版 / 估价：88.00元
PSN B-2014-399-1/1

黑龙江蓝皮书
黑龙江经济发展报告（2017）
著(编)者：朱宇　2017年1月出版 / 估价：89.00元
PSN B-2011-190-2/2

黑龙江蓝皮书
黑龙江社会发展报告（2017）
著(编)者：谢宝禄　2017年1月出版 / 估价：89.00元
PSN B-2011-189-1/2

湖北文化蓝皮书
湖北文化发展报告（2017）
著(编)者：吴成国　2017年10月出版 / 估价：95.00元
PSN B-2016-567-1/1

湖南城市蓝皮书
区域城市群整合
著(编)者：童中贤 韩未名
2017年12月出版 / 估价：89.00元
PSN B-2006-064-1/1

湖南蓝皮书
2017年湖南产业发展报告
著(编)者：梁志峰　2017年5月出版 / 估价：128.00元
PSN B-2011-207-2/8

湖南蓝皮书
2017年湖南电子政务发展报告
著(编)者：梁志峰　2017年5月出版 / 估价：128.00元
PSN B-2014-394-6/8

湖南蓝皮书
2017年湖南经济展望
著(编)者：梁志峰　2017年5月出版 / 估价：128.00元
PSN B-2011-206-1/8

湖南蓝皮书
2017年湖南两型社会与生态文明发展报告
著(编)者：梁志峰　2017年5月出版 / 估价：128.00元
PSN B-2011-208-3/8

湖南蓝皮书
2017年湖南社会发展报告
著(编)者：梁志峰　2017年5月出版 / 估价：128.00元
PSN B-2014-393-5/8

湖南蓝皮书
2017年湖南县域经济社会发展报告
著(编)者：梁志峰　2017年5月出版 / 估价：128.00元
PSN B-2014-395-7/8

湖南蓝皮书
湖南城乡一体化发展报告（2017）
著(编)者：陈文胜 王文强 陆福兴 邝奕轩
2017年6月出版 / 估价：89.00元
PSN B-2015-477-8/8

湖南县域绿皮书
湖南县域发展报告 No.3
著(编)者：袁准 周小毛　2017年9月出版 / 估价：89.00元
PSN G-2012-274-1/1

沪港蓝皮书
沪港发展报告（2017）
著(编)者：尤安山　2017年9月出版 / 估价：89.00元
PSN B-2013-362-1/1

吉林蓝皮书
2017年吉林经济社会形势分析与预测
著(编)者：马克　2015年12月出版 / 估价：89.00元
PSN B-2013-319-1/1

吉林省城市竞争力蓝皮书
吉林省城市竞争力报告（2017）
著(编)者：崔岳春 张磊　2017年3月出版 / 估价：89.00元
PSN B-2015-508-1/1

济源蓝皮书
济源经济社会发展报告（2017）
著(编)者：喻新安　2017年4月出版 / 估价：89.00元
PSN B-2014-387-1/1

健康城市蓝皮书
北京健康城市建设研究报告（2017）
著(编)者：王鸿春　2017年8月出版 / 估价：89.00元
PSN B-2015-460-1/2

江苏法治蓝皮书
江苏法治发展报告 No.6（2017）
著(编)者：蔡道通 龚廷泰　2017年8月出版 / 估价：98.00元
PSN B-2012-290-1/1

江西蓝皮书
江西经济社会发展报告（2017）
著(编)者：张勇 姜玮 梁勇　2017年10月出版 / 估价：89.00元
PSN B-2015-484-1/2

江西蓝皮书
江西设区市发展报告（2017）
著(编)者：姜玮 梁勇　2017年10月出版 / 估价：79.00元
PSN B-2016-517-2/2

江西文化蓝皮书
江西文化产业发展报告（2017）
著(编)者：张圣才 汪春翔
2017年10月出版 / 估价：128.00元
PSN B-2015-499-1/1

街道蓝皮书
北京街道发展报告No.2（白纸坊篇）
著(编)者：连玉明　2017年8月出版 / 估价：98.00元
PSN B-2016-544-7/15

街道蓝皮书
北京街道发展报告No.2（椿树篇）
著(编)者：连玉明　2017年8月出版 / 估价：98.00元
PSN B-2016-548-11/15

街道蓝皮书
北京街道发展报告No.2（大栅栏篇）
著(编)者：连玉明　2017年8月出版 / 估价：98.00元
PSN B-2016-552-15/15

街道蓝皮书
北京街道发展报告No.2（德胜篇）
著(编)者：连玉明　2017年8月出版 / 估价：98.00元
PSN B-2016-551-14/15

街道蓝皮书
北京街道发展报告No.2（广安门内篇）
著(编)者：连玉明　2017年8月出版 / 估价：98.00元
PSN B-2016-540-3/15

街道蓝皮书
北京街道发展报告No.2（广安门外篇）
著(编)者：连玉明　2017年8月出版 / 估价：98.00元
PSN B-2016-547-10/15

街道蓝皮书
北京街道发展报告No.2（金融街篇）
著(编)者：连玉明　2017年8月出版 / 估价：98.00元
PSN B-2016-538-1/15

街道蓝皮书
北京街道发展报告No.2（牛街篇）
著(编)者：连玉明　2017年8月出版 / 估价：98.00元
PSN B-2016-545-8/15

街道蓝皮书
北京街道发展报告No.2（什刹海篇）
著(编)者：连玉明　2017年8月出版 / 估价：98.00元
PSN B-2016-546-9/15

街道蓝皮书
北京街道发展报告No.2（陶然亭篇）
著(编)者：连玉明　2017年8月出版 / 估价：98.00元
PSN B-2016-542-5/15

街道蓝皮书
北京街道发展报告No.2（天桥篇）
著(编)者：连玉明　2017年8月出版 / 估价：98.00元
PSN B-2016-549-12/15

街道蓝皮书
北京街道发展报告No.2（西长安街篇）
著(编)者：连玉明　2017年8月出版 / 估价：98.00元
PSN B-2016-543-6/15

街道蓝皮书
北京街道发展报告No.2（新街口篇）
著(编)者：连玉明　2017年8月出版 / 估价：98.00元
PSN B-2016-541-4/15

街道蓝皮书
北京街道发展报告No.2（月坛篇）
著(编)者：连玉明　2017年8月出版 / 估价：98.00元
PSN B-2016-539-2/15

街道蓝皮书
北京街道发展报告No.2（展览路篇）
著(编)者：连玉明　2017年8月出版 / 估价：98.00元
PSN B-2016-550-13/15

经济特区蓝皮书
中国经济特区发展报告（2017）
著(编)者：陶一桃　2017年12月出版 / 估价：98.00元
PSN B-2009-139-1/1

辽宁蓝皮书
2017年辽宁经济社会形势分析与预测
著(编)者：曹晓峰　梁启东
2017年1月出版 / 估价：79.00元
PSN B-2006-053-1/1

洛阳蓝皮书
洛阳文化发展报告（2017）
著(编)者：刘福兴 陈启明　2017年7月出版 / 估价：89.00元
PSN B-2015-476-1/1

南京蓝皮书
南京文化发展报告（2017）
著(编)者：徐宁　2017年10月出版 / 估价：89.00元
PSN B-2014-439-1/1

南宁蓝皮书
南宁经济发展报告（2017）
著(编)者：胡建华　2017年9月出版 / 估价：79.00元
PSN B-2016-570-2/3

南宁蓝皮书
南宁社会发展报告（2017）
著(编)者：胡建华　2017年9月出版 / 估价：79.00元
PSN B-2016-571-3/3

内蒙古蓝皮书
内蒙古反腐倡廉建设报告 No.2
著(编)者：张志华 无极　2017年12月出版 / 估价：79.00元
PSN B-2013-365-1/1

浦东新区蓝皮书
上海浦东经济发展报告（2017）
著(编)者：沈开艳 周奇　2017年1月出版 / 估价：89.00元
PSN B-2011-225-1/1

青海蓝皮书
2017年青海经济社会形势分析与预测
著(编)者：陈玮　2015年12月出版 / 估价：79.00元
PSN B-2012-275-1/1

人口与健康蓝皮书
深圳人口与健康发展报告（2017）
著(编)者：陆杰华 罗乐宣 苏杨
2017年11月出版 / 估价：89.00元
PSN B-2011-228-1/1

山东蓝皮书
山东经济形势分析与预测（2017）
著(编)者：李广杰 2017年7月出版 / 估价：89.00元
PSN B-2014-404-1/4

山东蓝皮书
山东社会形势分析与预测（2017）
著(编)者：张华 唐洲雁 2017年6月出版 / 估价：89.00元
PSN B-2014-405-2/4

山东蓝皮书
山东文化发展报告（2017）
著(编)者：涂可国 2017年11月出版 / 估价：98.00元
PSN B-2014-406-3/4

山西蓝皮书
山西资源型经济转型发展报告（2017）
著(编)者：李志强 2017年7月出版 / 估价：89.00元
PSN B-2011-197-1/1

陕西蓝皮书
陕西经济发展报告（2017）
著(编)者：任宗哲 白宽犁 裴成荣
2015年12月出版 / 估价：89.00元
PSN B-2009-135-1/5

陕西蓝皮书
陕西社会发展报告（2017）
著(编)者：任宗哲 白宽犁 牛昉
2015年12月出版 / 估价：89.00元
PSN B-2009-136-2/5

陕西蓝皮书
陕西文化发展报告（2017）
著(编)者：任宗哲 白宽犁 王长寿
2015年12月出版 / 估价：89.00元
PSN B-2009-137-3/5

上海蓝皮书
上海传媒发展报告（2017）
著(编)者：强荧 焦雨虹 2017年1月出版 / 估价：89.00元
PSN B-2012-295-5/7

上海蓝皮书
上海法治发展报告（2017）
著(编)者：叶青 2017年6月出版 / 估价：89.00元
PSN B-2012-296-6/7

上海蓝皮书
上海经济发展报告（2017）
著(编)者：沈开艳 2017年1月出版 / 估价：89.00元
PSN B-2006-057-1/7

上海蓝皮书
上海社会发展报告（2017）
著(编)者：杨雄 周海旺 2017年1月出版 / 估价：89.00元
PSN B-2006-058-2/7

上海蓝皮书
上海文化发展报告（2017）
著(编)者：荣跃明 2017年1月出版 / 估价：89.00元
PSN B-2006-059-3/7

上海蓝皮书
上海文学发展报告（2017）
著(编)者：陈圣来 2017年6月出版 / 估价：89.00元
PSN B-2012-297-7/7

上海蓝皮书
上海资源环境发展报告（2017）
著(编)者：周冯琦 汤庆合 任文伟
2017年1月出版 / 估价：89.00元
PSN B-2006-060-4/7

社会建设蓝皮书
2017年北京社会建设分析报告
著(编)者：宋贵伦 冯虹 2017年10月出版 / 估价：89.00元
PSN B-2010-173-1/1

深圳蓝皮书
深圳法治发展报告（2017）
著(编)者：张骁儒 2017年6月出版 / 估价：89.00元
PSN B-2015-470-6/7

深圳蓝皮书
深圳经济发展报告（2017）
著(编)者：张骁儒 2017年7月出版 / 估价：89.00元
PSN B-2008-112-3/7

深圳蓝皮书
深圳劳动关系发展报告（2017）
著(编)者：汤庭芬 2017年6月出版 / 估价：89.00元
PSN B-2007-097-2/7

深圳蓝皮书
深圳社会建设与发展报告（2017）
著(编)者：张骁儒 陈东平 2017年7月出版 / 估价：89.00元
PSN B-2008-113-4/7

深圳蓝皮书
深圳文化发展报告(2017)
著(编)者：张骁儒 2017年7月出版 / 估价：89.00元
PSN B-2016-555-7/7

四川法治蓝皮书
丝绸之路经济带发展报告（2016~2017）
著(编)者：任宗哲 白宽犁 谷孟宾
2017年12月出版 / 估价：85.00元
PSN B-2014-410-1/1

四川法治蓝皮书
四川依法治省年度报告 No.3（2017）
著(编)者：李林 杨天宗 田禾
2017年3月出版 / 估价：108.00元
PSN B-2015-447-1/1

四川蓝皮书
2017年四川经济形势分析与预测
著(编)者：杨钢 2017年1月出版 / 估价：98.00元
PSN B-2007-098-2/7

四川蓝皮书
四川城镇化发展报告（2017）
著(编)者：侯水平 陈炜 2017年4月出版 / 估价：85.00元
PSN B-2015-456-7/7

四川蓝皮书
四川法治发展报告（2017）
著(编)者：郑泰安　2017年1月出版 / 估价：89.00元
PSN B-2015-441-5/7

四川蓝皮书
四川企业社会责任研究报告（2016～2017）
著(编)者：侯水平 盛毅 翟刚
2017年4月出版 / 估价：89.00元
PSN B-2014-386-4/7

四川蓝皮书
四川社会发展报告（2017）
著(编)者：李羚　2017年5月出版 / 估价：89.00元
PSN B-2008-127-3/7

四川蓝皮书
四川生态建设报告（2017）
著(编)者：李晟之　2017年4月出版 / 估价：85.00元
PSN B-2015-455-6/7

四川蓝皮书
四川文化产业发展报告（2017）
著(编)者：向宝云 张立伟
2017年4月出版 / 估价：89.00元
PSN B-2006-074-1/7

体育蓝皮书
上海体育产业发展报告（2016～2017）
著(编)者：张林 黄海燕
2017年10月出版 / 估价：89.00元
PSN B-2015-454-4/4

体育蓝皮书
长三角地区体育产业发展报告（2016～2017）
著(编)者：张林　2017年4月出版 / 估价：89.00元
PSN B-2015-453-3/4

天津金融蓝皮书
天津金融发展报告（2017）
著(编)者：王爱俭 孔德昌
2017年12月出版 / 估价：98.00元
PSN B-2014-418-1/1

图们江区域合作蓝皮书
图们江区域合作发展报告（2017）
著(编)者：李铁　2017年6月出版 / 估价：98.00元
PSN B-2015-464-1/1

温州蓝皮书
2017年温州经济社会形势分析与预测
著(编)者：潘忠强 王春光 金浩
2017年4月出版 / 估价：89.00元
PSN B-2008-105-1/1

西咸新区蓝皮书
西咸新区发展报告（2016~2017）
著(编)者：李扬 王军　2017年6月出版 / 估价：89.00元
PSN B-2016-535-1/1

扬州蓝皮书
扬州经济社会发展报告（2017）
著(编)者：丁纯　2017年12月出版 / 估价：98.00元
PSN B-2011-191-1/1

长株潭城市群蓝皮书
长株潭城市群发展报告（2017）
著(编)者：张萍　2017年12月出版 / 估价：89.00元
PSN B-2008-109-1/1

中医文化蓝皮书
北京中医文化传播发展报告（2017）
著(编)者：毛嘉陵　2017年5月出版 / 估价：79.00元
PSN B-2015-468-1/2

珠三角流通蓝皮书
珠三角商圈发展研究报告（2017）
著(编)者：王先庆 林至颖
2017年7月出版 / 估价：98.00元
PSN B-2012-292-1/1

遵义蓝皮书
遵义发展报告（2017）
著(编)者：曾征 龚永育 雍思强
2017年12月出版 / 估价：89.00元
PSN B-2014-433-1/1

国际问题类

“一带一路”跨境通道蓝皮书
“一带一路”跨境通道建设研究报告（2017）
著(编)者：郭业洲　2017年8月出版 / 估价：89.00元
PSN B-2016-558-1/1

“一带一路”蓝皮书
“一带一路”建设发展报告（2017）
著(编)者：孔丹 李永全　2017年7月出版 / 估价：89.00元
PSN B-2016-553-1/1

阿拉伯黄皮书
阿拉伯发展报告（2016～2017）
著(编)者：罗林　2017年11月出版 / 估价：89.00元
PSN Y-2014-381-1/1

北部湾蓝皮书
泛北部湾合作发展报告（2017）
著(编)者：吕余生　2017年12月出版 / 估价：85.00元
PSN B-2008-114-1/1

大湄公河次区域蓝皮书
大湄公河次区域合作发展报告（2017）
著(编)者：刘稚　2017年8月出版 / 估价：89.00元
PSN B-2011-196-1/1

大洋洲蓝皮书
大洋洲发展报告（2017）
著(编)者：喻常森　2017年10月出版 / 估价：89.00元
PSN B-2013-341-1/1

德国蓝皮书
德国发展报告（2017）
著(编)者：郑春荣　2017年6月出版 / 估价：89.00元
PSN B-2012-278-1/1

东盟黄皮书
东盟发展报告（2017）
著(编)者：杨晓强 庄国土
2017年3月出版 / 估价：89.00元
PSN Y-2012-303-1/1

东南亚蓝皮书
东南亚地区发展报告（2016～2017）
著(编)者：厦门大学东南亚研究中心　王勤
2017年12月出版 / 估价：89.00元
PSN B-2012-240-1/1

俄罗斯黄皮书
俄罗斯发展报告（2017）
著(编)者：李永全　2017年7月出版 / 估价：89.00元
PSN Y-2006-061-1/1

非洲黄皮书
非洲发展报告 No.19（2016～2017）
著(编)者：张宏明　2017年8月出版 / 估价：89.00元
PSN Y-2012-239-1/1

公共外交蓝皮书
中国公共外交发展报告（2017）
著(编)者：赵启正 雷蔚真
2017年4月出版 / 估价：89.00元
PSN B-2015-457-1/1

国际安全蓝皮书
中国国际安全研究报告(2017)
著(编)者：刘慧　2017年7月出版 / 估价：98.00元
PSN B-2016-522-1/1

国际形势黄皮书
全球政治与安全报告（2017）
著(编)者：李慎明　张宇燕
2016年12月出版 / 估价：89.00元
PSN Y-2001-016-1/1

韩国蓝皮书
韩国发展报告（2017）
著(编)者：牛林杰 刘宝全
2017年11月出版 / 估价：89.00元
PSN B-2010-155-1/1

加拿大蓝皮书
加拿大发展报告（2017）
著(编)者：仲伟合　2017年9月出版 / 估价：89.00元
PSN B-2014-389-1/1

拉美黄皮书
拉丁美洲和加勒比发展报告（2016～2017）
著(编)者：吴白乙　2017年6月出版 / 估价：89.00元
PSN Y-1999-007-1/1

美国蓝皮书
美国研究报告（2017）
著(编)者：郑秉文 黄平　2017年6月出版 / 估价：89.00元
PSN B-2011-210-1/1

缅甸蓝皮书
缅甸国情报告（2017）
著(编)者：李晨阳　2017年12月出版 / 估价：86.00元
PSN B-2013-343-1/1

欧洲蓝皮书
欧洲发展报告（2016～2017）
著(编)者：黄平 周弘 江时学
2017年6月出版 / 估价：89.00元
PSN B-1999-009-1/1

葡语国家蓝皮书
葡语国家发展报告（2017）
著(编)者：王成安 张敏　2017年12月出版 / 估价：89.00元
PSN B-2015-503-1/2

葡语国家蓝皮书
中国与葡语国家关系发展报告·巴西（2017）
著(编)者：张曙光　2017年8月出版 / 估价：89.00元
PSN B-2016-564-2/2

日本经济蓝皮书
日本经济与中日经贸关系研究报告（2017）
著(编)者：张季风　2017年5月出版 / 估价：89.00元
PSN B-2008-102-1/1

日本蓝皮书
日本研究报告（2017）
著(编)者：杨柏江　2017年5月出版 / 估价：89.00元
PSN B-2002-020-1/1

上海合作组织黄皮书
上海合作组织发展报告（2017）
著(编)者：李进峰 吴宏伟 李少捷
2017年6月出版 / 估价：89.00元
PSN Y-2009-130-1/1

世界创新竞争力黄皮书
世界创新竞争力发展报告（2017）
著(编)者：李闽榕 李建平 赵新力
2017年1月出版 / 估价：148.00元
PSN Y-2013-318-1/1

泰国蓝皮书
泰国研究报告（2017）
著(编)者：庄国土 张禹东
2017年8月出版 / 估价：118.00元
PSN B-2016-557-1/1

土耳其蓝皮书
土耳其发展报告（2017）
著(编)者：郭长刚 刘义　2017年9月出版 / 估价：89.00元
PSN B-2014-412-1/1

亚太蓝皮书
亚太地区发展报告（2017）
著(编)者：李向阳　2017年3月出版 / 估价：89.00元
PSN B-2001-015-1/1

印度蓝皮书
印度国情报告（2017）
著(编)者：吕昭义　2017年12月出版 / 估价：89.00元
PSN B-2012-241-1/1

印度洋地区蓝皮书
印度洋地区发展报告（2017）
著(编)者：汪戎　　2017年6月出版 / 估价：89.00元
PSN B-2013-334-1/1

英国蓝皮书
英国发展报告（2016~2017）
著(编)者：王展鹏　　2017年11月出版 / 估价：89.00元
PSN B-2015-486-1/1

越南蓝皮书
越南国情报告（2017）
著(编)者：广西社会科学院 罗梅 李碧华
2017年12月出版 / 估价：89.00元
PSN B-2006-056-1/1

以色列蓝皮书
以色列发展报告（2017）
著(编)者：张倩红　　2017年8月出版 / 估价：89.00元
PSN B-2015-483-1/1

伊朗蓝皮书
伊朗发展报告（2017）
著(编)者：冀开远　　2017年10月出版 / 估价：89.00元
PSN B-2016-575-1/1

中东黄皮书
中东发展报告 No.19（2016~2017）
著(编)者：杨光　　2017年10月出版 / 估价：89.00元
PSN Y-1998-004-1/1

中亚黄皮书
中亚国家发展报告（2017）
著(编)者：孙力 吴宏伟　　2017年7月出版 / 估价：98.00元
PSN Y-2012-238-1/1

皮书序列号是社会科学文献出版社专门为识别皮书、管理皮书而设计的编号。皮书序列号是出版皮书的许可证号，是区别皮书与其他图书的重要标志。

它由一个前缀和四部分构成。这四部分之间用连字符“-”连接。前缀和这四部分之间空半个汉字（见示例）。

《国际人才蓝皮书：中国留学发展报告》序列号示例

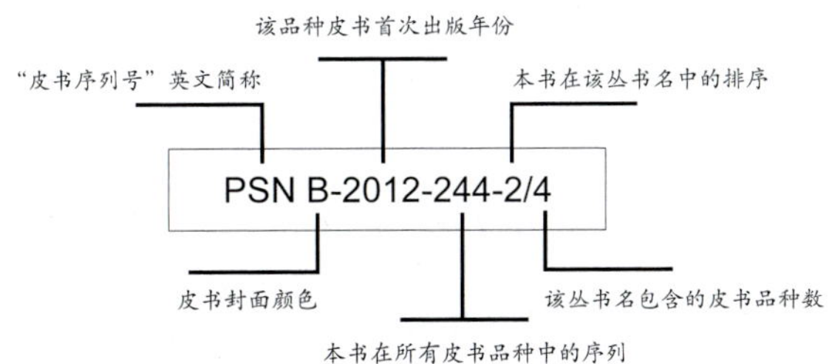

从示例中可以看出，《国际人才蓝皮书：中国留学发展报告》的首次出版年份是2012年，是社科文献出版社出版的第244个皮书品种，是“国际人才蓝皮书”系列的第2个品种（共4个品种）。

皮书起源

“皮书”起源于十七、十八世纪的英国，主要指官方或社会组织正式发表的重要文件或报告，多以“白皮书”命名。在中国，“皮书”这一概念被社会广泛接受，并被成功运作、发展成为一种全新的出版形态，则源于中国社会科学院社会科学文献出版社。

皮书定义

皮书是对中国与世界发展状况和热点问题进行年度监测，以专业的角度、专家的视野和实证研究方法，针对某一领域或区域现状与发展态势展开分析和预测，具备原创性、实证性、专业性、连续性、前沿性、时效性等特点的公开出版物，由一系列权威研究报告组成。

皮书作者

皮书系列的作者以中国社会科学院、著名高校、地方社会科学院的研究人员为主，多为国内一流研究机构的权威专家学者，他们的看法和观点代表了学界对中国与世界的现实和未来最高水平的解读与分析。

皮书荣誉

皮书系列已成为社会科学文献出版社的著名图书品牌和中国社会科学院的知名学术品牌。2016 年，皮书系列正式列入“十三五”国家重点出版规划项目；2012~2016 年，重点皮书列入中国社会科学院承担的国家哲学社会科学创新工程项目；2017 年，55 种院外皮书使用“中国社会科学院创新工程学术出版项目”标识。

中国皮书网

www.pishu.cn

发布皮书研创资讯，传播皮书精彩内容
引领皮书出版潮流，打造皮书服务平台

栏目设置

关于皮书：何谓皮书、皮书分类、皮书大事记、皮书荣誉、
皮书出版第一人、皮书编辑部

最新资讯：通知公告、新闻动态、媒体聚焦、网站专题、视频直播、下载专区

皮书研创：皮书规范、皮书选题、皮书出版、皮书研究、研创团队

皮书评奖评价：指标体系、皮书评价、皮书评奖

互动专区：皮书说、皮书智库、皮书微博、数据库微博

所获荣誉

2008 年、2011 年，中国皮书网均在全国新闻出版业网站荣誉评选中获得“最具商业价值网站”称号；

2012 年，获得“出版业网站百强”称号。

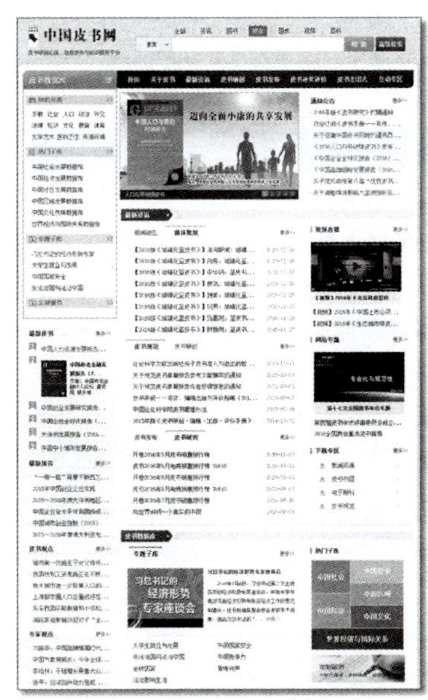

网库合一

2014 年，中国皮书网与皮书数据库端口合一，实现资源共享。更多详情请登录 www.pishu.cn。

权威报告·热点资讯·特色资源

皮书数据库

ANNUAL REPORT(YEARBOOK) DATABASE

当代中国与世界发展高端智库平台

所获荣誉

- 2016年，入选“国家‘十三五’电子出版物出版规划骨干工程”
- 2015年，荣获“搜索中国正能量 点赞2015” “创新中国科技创新奖”
- 2013年，荣获“中国出版政府奖·网络出版物奖”提名奖
- 连续多年荣获中国数字出版博览会“数字出版·优秀品牌”奖

WWW.PISHU.COM.CN

成为会员

通过网址www.pishu.com.cn或使用手机扫描二维码进入皮书数据库网站，进行手机号码验证或邮箱验证即可成为皮书数据库会员（建议通过手机号码快速验证注册）。

会员福利

● 使用手机号码首次注册会员可直接获得100元体验金，不需充值即可购买和查看数据库内容（仅限使用手机号码快速注册）。

● 已注册用户购书后可免费获赠100元皮书数据库充值卡。刮开充值卡涂层获取充值密码，登录并进入“会员中心”—“在线充值”—“充值卡充值”，充值成功后即可购买和查看数据库内容。

数据库服务热线：400-008-6695
数据库服务QQ：2475522410
数据库服务邮箱：database@ssap.cn

图书销售热线：010-59367070/7028
图书服务QQ：1265056568
图书服务邮箱：duzhe@ssap.cn

33.3%，占产业化组织总数的18.5%。

（3）龙头企业经济实力不断增强。全省农业产业化龙头企业达到2783个，固定资产533亿元，较上年增长5.1%，销售收入800.6亿元，增长8.2%。销售收入10亿元以上的龙头企业6个，1亿元以上的106个，2000万元以上的805个，500万元以上的1152个。国家级重点龙头企业27家，省级重点龙头企业405家，市级重点龙头企业946家，上市龙头企业7家。省级以上龙头企业（不含专业市场）固定资产总额264.4亿元，销售收入416.4亿元，净利润36.6亿元，出口创汇1.89亿美元，上缴税金8.6亿元。

（4）种植养殖基地规模及质量逐步扩大提升。各类农业产业化经营组织共建设种植基地202.9万公顷、饲养牲畜3069万头、饲养禽类7191万只。省级以上龙头企业建设种植基地63.53万公顷、饲养牲畜275万头、饲养禽类1417万只；获得“三品一标”认证的省级以上龙头企业种植基地27.9万公顷，牲畜饲养量75万头，禽类饲养量153万只；获得出口备案的省级以上龙头企业种植基地3.4万公顷，牲畜饲养量8.5万头。省级以上龙头企业对农产品原料生产基地的投入46.9亿元，其中基础设施建设投入24.6亿元，占52.5%。

（5）各行业产业化经营组织蓬勃发展。2015年，甘肃省农业产业化经营组织中，从事种植业的4721个，较上年增长15.3%，占产业化组织总数的52.4%；从事畜牧业的2960个，较上年增长18.7%，占产业化组织总数的32.9%；从事水产业的53个，较上年增长43.2%，占产业化组织总数的0.6%；从事林特产业的624个，较上年增长24.5%，占产业化组织总数的6.9%；从事其他产业的652个，较上年增长41.7%，占产业化组织总数的7.2%。

（6）农业专业化、标准化生产不断推进。全省432家省级以上龙头企业科技研发投入7.3亿元，占销售收入的1.75%，科技研发投入占企业年销售收入比重超过1%的龙头企业120家、建有专门研发机构的龙头企业186家、获得省级以上科技奖励或荣誉的龙头企业96家，分别占省级以上龙头企业的27.8%、43%和22.2%。省级以上龙头企业在质检、认证、检疫等保障产品质量安全方面的投入1.7亿元，占销售收入的0.4%，建有专门质检机构的龙头企业240家、通过ISO9000、HACCP、GAP、GMP等质量体系认证的龙头企业255家、获得省以上名牌产品或著名商标的龙头企业185家、获得“三品一标”认证的龙头企业131家，分别占省级以上龙头企业的55.5%、59%、42.8%和30.3%。

（7）促进农民增收作用明显。2015年，农业产业化经营组织带动农户总数317万户，经营的土地面积接近作物总播种面积的40%，较上年增长5.1个百分点，其中省级以上龙头企业带动农户128万户，占带动总数的40.4%；农业产业化经营组织带动农户从事产业化经营增收总额达到85.2亿元，增长10.5%，其中省级以上龙头企业带动基地农户增收总额48.4亿元，占产业化经营组织的56.8%；农业产业化经营组织从业人数52.3万人，较上年增长18%，其中省级以上龙头企业解决了10.9万人的就业，占产业化经营组织的20.8%。

三　甘肃省农业产业化存在的困难和问题

经过近30年的发展，甘肃农业产业化进入快速发展、提升层次和重点突破的新阶段。虽然与过去相比取得了很大进步，但与发达地区相比，甘肃省的农业产业化还存在许多问题与困难。目前，由于整体宏观经济下行压力加大，农产品市场持续低迷，农业生产成本不断推高，农业比较效益相应降低。龙头企业经营较为困难，订单大幅减少，产能过剩，成本优势丧失，资金回笼过慢，企业贷款融资难，导致企业经常面临资金链断裂的风险。除此之外，农业产业化经营还存在发展环境不佳、发展水平不高、发展机制不完善、农业生态问题凸显等问题。

1. 农业产业化发展环境与支撑条件有待改善

（1）政策环境有待优化。农业生产由于具有周期长、季节性强、回收期长、利润小的特点，且受自然条件的影响极大，加之甘肃省农业基础设施落后，历史欠账较多，投资严重不足，使得农业产业抵御自然灾害的能力不强，具有不稳定性，故而龙头企业、农民专业合作社、种养大户融资较难，且信贷资金供给结构不佳，导致农业企业由于资金紧张而影响正常运营。

（2）农业科技创新支撑体系不完善。农业产业化技术储备不足，拥有自主知识产权的技术成果缺乏，农业科研投入不足农业总产值的0.3%，远低于世界1%的平均水平。以甘南州畜牧产业为例，牦牛、藏羊品种退化、生长发育缓慢造成了饲养周期长、周转慢，生产收益受到严重影响。目前牲畜良种率仅为48%，适龄母牛比例56%，适龄母羊比例63.5%。与20世纪70年代相比，牦牛个体平均变小21.8%，牦牛产肉量平均下降31.2%，牦牛产奶量下降17.8%。欧拉羊个体平均变小16.7%，欧拉羊产肉量平均下降了18.3%，双羔率几乎为零。全国各地在2008年后就已经普遍开展的农业产业技术体系和农业（公益）行业专项计划，甘肃省至今尚未开展。农业产业技术咨询、信息服务体系尚未形成，许多支撑技术和组织形式还处于学习、试验、研究等探索阶段，难于为急速增长的农业产业化提供有效的科技支撑。

2. 农业产业化水平有待进一步提高

（1）甘肃省农业产业化龙头企业数量少、规模小，缺乏知名度高、市场占有率高、带动能力强的大型企业，难以在激烈的市场竞争中处于优势地位。

（2）产业发展、加工层次较低，科技含量不高，企业多以原料营销为主，缺乏附加值高的精深加工企业。甘肃省产业化经营组织中，中介组织数量占到60%以上，龙头企业中仅对农产品进行清洗、分级、包装等简单加工的企业数量庞大，从整体来看，甘肃省的农产品加工以粗加工为主。

（3）品牌建设滞后，监管体系还不完善，农产品质量安全水平有待进一步提高。这些问题导致经营主体抗风险能力弱，增值比重小，市场竞争力弱，直接影响着农业产业化的整体效益。

3. 农业产业化机制有待完善

（1）利益联结机制不完善，缺乏订单农业合同管理的相关制度和法规。合同关系是甘肃省产业化经营组织和农户利益联结的主要方式，占到总数的44.8%，但是在合同执行过程中，往往存在农产品供给大于需求，龙头企业压价收购或不予收购；农产品需求大于供给时，农户抬价销售产品，使得合同难以执行。目前，订单农业的履行率普遍较低，个别地区甚至低到只有25.3%。

（2）农民专业合作经济组织发育不充分，运行不规范。至2015年底，甘肃省合作经济组织数量已接近9000家，但这些组织多数刚刚成立，参加人员众多、组织松散，条件简陋、缺乏运行资金和设施，利益分配机制不完善，缺乏有效的监督管理机制，管理人员素质偏低，远未达到法人治理的水平，难以提供产业化需要的市场、技术、信息服务。

4. 农业产业化过程中的生态问题不容忽视

（1）农业生产条件硬约束依然突出。由于甘肃省自然条件严酷，水资源严重短缺，自然灾害频繁多发，北部的风沙盐碱，中部气候干旱土地瘠薄，南部和黄土高原水土流失严重，甘南高原土壤沙化、草场退化，低温冻害、冰雹、洪涝、泥石流等自然灾害时有发生，严重制约着全省的农业产业化进程。

（2）不合理的生产组织方式造成土壤退化，阻碍了产业化的快速发展。农业产业集约化、专业化生产要求在区域内集中、连续生产，如不注意科学合理地组织生产极易造成生态问题。比如定西芹菜产业以高耗水、高施肥、高农药的“三高”换来芹菜的高产量，势必对水土资源的可持续利用和农产品的安全埋下隐患。芹菜耗水量很大，在当地正常年降水量400毫米的情况下，从播种到收获一共需要灌13次水，每次灌水750～1050立方米/公顷，共需水9750～13500立方米/公顷，而且装车时为了保鲜还需要用大量的水来浸泡和冲洗芹菜茎叶。如此高的耗水量是普通农作物的5～10倍，而当地水资源严重不足，芹菜生长完全依靠地下水（水质微咸略苦，不宜饮用）灌溉。2013年用于灌溉的机井深度普遍在15～18米，到了2016年，受春夏降水量少（1～7月只有168.5毫米，是往年同期的56%）和前3年连续开采的双重影响，机井深度普遍增加到20米以下。同时不合理的灌溉、化肥和农药的大量使用、沙土混合使土壤质量迅速下降。白银市水川的日光温室土壤退化、定西马铃薯连作障碍、晚疫病的普遍发生都说明了生态问题不容忽视。

四　未来甘肃农业产业化发展的机遇与形势研判

“十三五”时期是甘肃省农牧业和农村经济发展的重要战略机遇期，但随着国情、农情的深刻变化，同时也面临着诸多风险和挑战。从中央到地方高度重视“三农”工作，把推进农业产业化发展作为加快转变经济发展方式的重大任务，把同步推进工业化、城镇化和农业现代化作为政策导向，把统筹城乡发展作为全面建设小康社会的根本要求，全社会形成了关心农业、支持农业、关注农业的浓厚氛围。

1. 国家将进一步强化政策支持

随着国家综合国力和财政实力不断增强，国家支持甘肃力度将进一步加大，支持现代农业发展的物质基础更加牢固。“一带一路”战略的实施，为甘肃省名特优农产品的加工、流通、市场开发拓展了新的发展空间；中央和甘肃省委关于打赢脱贫攻坚战的决定，将成为甘肃省破解难题、补齐短板、推进农业现代化的重大机遇；加快转变农业发展方式，促进西北旱区农业、高原畜牧业可持续发展等一系列国家重大战略的实施，为加快中部农牧业现代化提供了多极突破口。

2. 农业科技成果支撑将更加有力

特色作物优良品种的选育、设施园艺生产技术、节水节肥技术、覆盖栽培、特色林果栽培技术、草食畜牧业、饲草料加工利用等方面取得了一批全省先进的实用技术成果，为全省农牧业可持续发展提供了有力的技术支撑。科技创新孕育着新突破，良种良法配套、资源高效利用等新技术、新品种、新方法、新材料、新能源和先进装备等将会不断涌现，现代农牧业发展的动力将更加强劲。

3. 工业化、城镇化的引领推动作用将更加明显

工业化快速发展，信息化水平不断提高，为发展传统农业提供了现代生产要素和管理手段；城镇化加速推进，农村劳动力大量转移，为农业实现规模化生产、集约化经营创造了有利条件；城市人口增加和生活水平不断提高，为扩大农产品消费需求、拓展农业功能提供了更为广阔的空间。

4. 农村改革深入推进，体制机制不断完善

以土地确权登记为核心的农村土地制度改革、集体产权制度改革、林权制度改革试点工作纵深推进，将进一步激发各类生产要素的活力，农业和农村经济发展的制度基础更加坚实，发展活力将进一步增强。发展现代农业的制度更加完善、机制更加灵活、保障更加有力。

5. 农牧业供给侧结构改革凸显发展优势

随着新型城镇化进程的加快，消费者对无公害、绿色、有机农产品需求的不断增加，优质农产品的生产、供给获得更大空间，同时对农产品的质量标准要求更高。而甘肃省大部分地方干旱少雨，隔离条件好，病虫害发生少，农业污染轻，发展高原夏菜、无公害、绿色农产品自然环境优越，生产潜力巨大。经过“十二五”的实践与探索，全省因地制宜调结构转方式，面向市场，积极实施特色农业战略，特色农业规模优势凸显、产品品质风味独特、市场前景看好，将成为农业现代化发展的新起点。

五　进一步发展农业产业化的思路及重点工作

今后农业产业化发展必须认真贯彻落实中央及甘肃省扶持农业产业化龙头企业各项政策，牢固树立创新、协调、绿色、开放、共享的发展理念，以精准扶贫、精准脱贫为中心，紧紧围绕草食畜、特色林果、蔬菜、中药材、马铃薯、制种业等特色优势产业，加快培育产业链条长、市场份额大的龙头企业，进一步完善“公司＋基地＋农户”等利益联结机制，努力提高农业产业化经营水平和规模效益，引领现代农业发展。

1. 实施“十百千万工程”，推动一二三产业融合发展

按照《甘肃省人民政府办公厅关于深入推进“365”现代农业发展行动着力实施“十百千万”工程的意见》精神，支持龙头企业引进先进设备、开展技术改造、加快产业转型升级。围绕全省特色优势产业发展农产品加工业，延长产业链，推动农产品产加销一体化，促进一二三产业融合发展。

2. 优化产业布局，推进特色优势产业规模化、标准化生产基地建设

甘肃省将继续支持龙头企业等新型农业经营主体根据当地资源禀赋和企业战略定位，在特色产业的优势产区建设标准化生产示范基地，做到规模化种植、标准化生产、商品化加工和品牌化销售。

3. 以减损增收为目标，大力实施农产品产地初加工项目

一是实施好农产品产地初加工补助项目，按照先建后补的原则，筛选确定试点县区组织实施马铃薯、苹果贮藏设施和枸杞、中药材等烘干设施建设任务。二是采取先建后补形式，支持新型经营主体建设苹果、蔬菜等鲜活农产品储藏保鲜设施，延长农产品上市时间，稳定农产品市场价格。

4. 加快龙头企业转型升级，引领农业发展方式转变

引导龙头企业由要素驱动向创新驱动、生产导向向消费导向、粗放增长向集约节约增长转型发展。高度重视技术研发和产品创新，认真开展市场调研，开发优质化、个性化、便利化的新产品，促进产品提档升级。实现农业经营方式、生产方式、资源利用方式和管理方式根本性转变。

5. 完善联农带农利益联结机制，探索龙头企业示范带动方式方法

发展订单农业，支持龙头企业建设稳定的原料生产基地，与农户、农民合作社形成稳定购销关系。鼓励和引导龙头企业为基地农户提供贷款担保、资助订单农户参加农业保险。总结龙头企业联农带农的经验做法，研究创新支持农业产业化发展的政策措施。

6. 推进一村一品强村富民工程，拓宽示范村镇市场开发空间

加快一村一品专业示范村镇建设，积极创建全国一村一品示范村镇。加快示范村镇特色产品的品牌培育、推进特色产业提档升级。大力推动村企对接，积极引导专业村镇发展电子商务等新型业态，加大市场开拓力度，拓宽特色产业市场空间。

7. 实施品牌战略，建立专业管理制度

一是组织企业参加各种推介会，鼓励龙头企业“走出去”，建设特色农产品出口基地，扩大出口规模。二是改进农业产业化和农产品加工业统计方法，真实、准确、完整、及时地掌握全省农业产业化发展状况及存在的问题。

8. 统筹协调、绿色发展

一是制定农业产业化发展实施细则与制度法规，规范龙头企业、农民经济合作组织、种养大户行为，使其朝着正确的方向发展。二是加强技术创新与宣传推广，保证产业化发展的同时，保护生态环境质量和生物多样性，大力发展生态农

业。三是协调统筹农业产业化发展与特色旅游、文化产业发展，促进农业产业持续、快速、稳定、健康地发展。

参考文献

郭建宇：《农业产业化研究的国际比较》，《生产力研究》2007 年第 8 期。

《农业产业化》，百度百科，http：//baike. baidu. com/item。

夏庆利：《基于农业产业化视角的我国农业市场发育研究》，华中农业大学博士学位论文，2007。

陶怀颖：《我国农业产业区域集群形成机制与发展战略研究》，中国农业科学院博士学位论文，2006。

周海秀：《打造农业区域化经营　提高农业经济效益》，《中国农业信息》2015 年第 6 期。

王栋：《基于专业化水平分工的农业产业集聚机理研究》，《科学学研究》2007 年第 12 期。

陈林、龙自云：《规模化生产：中国农业的产业转型对策》，《山西财经大学学报》2010 年 3 月 28 日。

董楠：《论农业规模化经营理念》，《农民致富之友》2016 年 2 月 25 日。

罗富民、段豫川：《农业集约化发展的内在机理与制约因素分析》，《华中农业大学学报》（社会科学版）2013 年 4 月 22 日。

易正兰：《基于农业产业集群的新型农业社会化服务体系模型构建》，《新疆财经》2012 年 8 月 25 日。

梁贤、林涛、李达球：《农业企业化是农业产业化的替代战略——农业企业化创新研究之二》，《广西农业科学》2007 年 5 月 30 日。

范丽霞：《国际比较视角下的农业产业化经营》，《技术经济与管理研究》2011 年第 11 期。

《甘肃省农业产业化发展报告》，《甘肃省农业产业化发展综述》，甘肃农业信息网，http：//www. gsny. gov. cn，2014 年 9 月 19 日。

张静：《浅谈甘肃农业产业化发展存在的问题及对策》，《农业科技与信息》2012 年第 24 期。

罗哲、曲玮：《促进甘肃省农业产业化龙头企业融资的问题与建议》，《开发研究》2011 年第 6 期。

于民：《甘肃省农业产业化发展存在的问题及对策》，《现代农业科技》2012 年第 13 期。

原霁虹：《马铃薯连作障碍的研究进展》，《中国马铃薯》2015 年 2 月 25 日。

胡宇：《施肥对不同连作年限马铃薯生长及土壤养分的影响》，甘肃农业大学硕士学位论文，2009。

黄焱宁、任晓艳等：《甘肃中部日光温室土壤剖面理化特征》，《冰川冻土》2009 年 6 月 15 日。

G.22

甘肃省农业信息化发展研究报告

秦春林*

摘　要：　农业信息化是农村经济社会发展、产业结构调整、农业技术推广和精确扶贫的一件利器。我国农业信息化经过起步、发展、应用、城乡融合四个阶段的发展，城乡“数字鸿沟”逐渐缩小或消失。“十二五”以来，甘肃省努力把农村信息化建设与全省农业和农村经济发展相结合，把农村信息“最后一公里”作为农业信息建设的突破口，在网络基础建设、农业信息服务、农业信息系统开发和农村电子商务等方面取得显著成效，并探索出一些行之有效、全国知名的发展模式。但甘肃经济基础薄弱，农业人口文化素质偏低，农业信息化应用水平与发达省份相比落后。本文提出农业信息化专业人才培养、农民信息化应用技能培训、降低农村信息消费成本、大力发展农村电子商务和快递业务等方面的发展思路和对策建议。

关键词：　甘肃　农业信息化

一　我国农业信息化发展概述

我国农业信息化发展历程，基本可划分为四个阶段。

1978～1990 年，起步阶段。1979 年，由中国农业大学从国外引进遥感技术并应用于农业资源调查与监测。1981 年，中国农业科学院建立计算中心，开始应用微型计算机进行农业科学数据计算分析、规划模型设计、农作物种质资源数

---

* 秦春林，甘肃省农业科学院农业经济与信息研究所高级农艺师，高级程序员，长期从事农业信息技术研究与应用工作。

据库管理等工作。1987 年，农业部组建农业部信息中心，开始用计算机系统存储和处理农业相关统计数据，供国务院、农业部决策使用。这一时期农业信息化还未普及，只是计算机系统在政府部门的小范围应用。

1991～2005 年，发展阶段。1992 年，农业部提出了《加强农村经济信息体制建设的总体构想》。1994 年，农业部部署并实施“金农工程”一期，中国由此进入农业信息化快速发展阶段。国家“863”计划“智能化农业信息技术应用示范工程”、“农业专家决策系统与信息技术系统研究”等项目开始实施，形成了一批农业信息资源数据库。从 2000 年开始，国家开始重视农业信息化建设工作，农业部主持制定了《农业信息化“十五”发展规划》，科技部也把农业信息技术和精准农业列入重大攻关项目。2005 年，中央 1 号文件提出“加强农业信息化建设”。这是中央第一次在 1 号文件中明确提出有关农业信息化的问题。这一时期，我国农业信息化主要在农业专家系统、农业基础数据库、农业信息网站建设方面取得了显著成就。

2006～2010 年，应用阶段。2006 年，中央 1 号文件把推进农业信息化建设作为现代农业和新农村建设的一项重要内容，积极推进村村通广播、村村通电视、村村通电话、村村通网络工程。2010 年，中央 1 号文件提出“推进农村信息化，积极支持农村电信和互联网基础设施建设，健全农村信息服务体系”。这个阶段，是我国农村信息基础设施建设突飞猛进的时期。至 2010 年底，我国已实现农村广播电视全覆盖，99% 的行政村和 93% 自然村通电话，96% 的乡镇通宽带，91% 的行政村能上网。这一时期，我国农业信息网站、农业专业数据库、管理信息系统、专家系统、决策支持系统开发建设及农业信息服务体系建设突飞猛进，并取得了一批重要科研成果，某些领域甚至达到国际先进水平。

2011 年至今，城乡融合发展阶段。随着移动互联、物联网技术的成熟和融合以及农村信息基础设施的快速建设，“互联网 +”思维深入渗透农业、农村。“互联网 + 农业”已成为现代农业发展、农村经济转型、缩小城乡差距的主要手段和驱动力。这一时期，中央、地方把农村信息化作为农业发展的战略问题来抓，政策、规划、措施密集出台。2012 年，中央 1 号文件尤其强调农业农村信息化，全文直接出现农业农村信息化的关键词达 16 次之多，直接阐述农业农村信息化政策达 10 处。2013 年中央 1 号文件提出“促进工业化、信息化、城镇化、农业现代化同步发展”，启动“金农工程”二期，推进国家农村信息化试点建设。2014 年，中央 1 号文件提出“建设以农业物联网和精准装备为重点的农业全程信息化和机械化技术体系”。2015 年，李克强总理在政府工作报告中首次提出制定“互联网+”行动计划，其中一项为“互联网+现代农业”。2015年9月23日农业部、发改委、商务部颁布《推进农业电子商务发展行动计划》。这一时期，农村电子商务、智慧乡村、物联网智能温室等遍地开花，针对农业的数据平台大量建设，信息网络基本延伸到行政村一级；县、乡、村三级农业信息服务体系初步形成，以“农技云”、“12316三农服务热线”、“12396农科热线”为代表的农业综合信息服务体系在农村普及，以中国农业信息网为代表的涉农网站迅速增长。据不完全统计，全国涉农网站已达2万多个，城乡“数字鸿沟”逐渐缩小或消失。

二 甘肃农业信息化发展现状与问题

甘肃为西部欠发达省份，农业经济基础薄弱，农村贫困面大，计算机和网络普及率低，解决农村信息“最后一公里”，一直是政府和广大农民群众面临的一个艰巨任务。近年来，甘肃省将农村信息化建设与全省农业和农村经济发展相结合，联合各行业、各部门，认真研究农村信息的供需主体，加大偏远地区农村信息化基础设施建设，探索真正适合本地的农村信息服务模式，把农村信息“最后一公里”作为农村信息建设的突破口。通过积极努力，“十二五”期间，甘肃省农业信息化工作在网络基础建设、农业信息服务、农业信息系统开发等方面取得飞跃性发展，并在实践中不断创新，探索出一些行之有效、全国知名的发展模式。

（一）甘肃省农业信息化发展现状与“十二五”发展成就

评价农业信息化发展水平指标有三方面内容：一是信息化基础设施，如计算机网络、广播电视网络覆盖情况；二是农业信息技术的应用和推广情况，包括涉农信息系统、农业专家系统、管理与预警系统等；三是信息服务体系的建设，包括信息服务机构、农业信息人才以及为农业生产提供服务的信息平台。

1. 信息化基础设施建设

2005年以来，电信、移动、联通三大运营商联合启动，实施“三网惠农工程”，加大在农村信息基础设施、信息下乡方面的投入和建设。到“十二五”期末，甘肃省农村通信服务水平得到极大改善。截至2016年8月中国电信在甘肃省农村地区实现70%的行政村通宽带，其中光网覆盖率达22%，通宽带行政村普遍具备4M（有线、无线）以上带宽接入能力。中国联通信号实现全省乡镇全覆盖，行政村覆盖率达到90%，高速公路沿线基本覆盖，主要景区实现全覆盖。中国移动在2015年底就实现全省乡镇、旅游景区、公路沿线4G网络全覆盖，行政村4G网络覆盖率达到99%，自然村达到95%，40%的行政村可以通过无线猫实现高速上网（见表1、表2）。

表1　甘肃省农村信息基础设施入村入户情况（2014年）

市州	固定电话用户	固定电话入户率（%）	移动电话用户数	移动电话入户率（%）	互联网宽带接入用户数	宽带入户率（%）	村委会个数	通宽带村个数	宽带入村率（%）
兰州市	625622	62.91	4489699	451.45	540303	54.33	651	554	85.10
金昌市	43700	26.60	450340	274.15	40734	24.80	147	138	93.88
白银市	144368	28.20	926989	181.10	71717	14.01	697	411	58.97
武威市	217576	41.85	1362970	262.17	139051	26.75	1115	837	75.07
张掖市	284553	68.95	914910	221.69	165228	40.04	829	806	97.23
酒泉市	203086	56.68	1092789	305.00	135617	37.85	437	395	90.39
天水市	292538	31.25	1981941	211.69	174787	18.67	2587	2247	86.86
平凉市	184455	30.74	1545745	257.57	141203	23.53	1419	1069	75.33
庆阳市	296178	43.16	1320538	192.45	153179	22.32	1233	455	36.90
定西市	147570	18.63	1664143	210.14	97664	12.33	1888	464	24.58
陇南市	199908	26.84	674646	90.59	123706	16.61	3201	900	28.12
临夏州	145366	30.34	1115559	232.84	37871	7.90	1150	535	46.52
甘南州	59310	32.09	319286	172.75	24479	13.24	753	374	49.67
全　省	2844230	38.52	17859555	241.85	1845539	24.99	16107	9185	50.67

资料来源：《2015年甘肃农村统计年鉴》。

表2　截至2016年甘肃各市（州）电信光网覆盖情况

市州	城市光网用户数(千户)	城市光网覆盖率(%)	乡镇光网覆盖数	乡镇光网覆盖率(%)	行政村光网覆盖数	行政村光网覆盖率(%)
兰　州	826.21	53.77	36	58	160	21
天　水	257.82	73.34	110	97	602	24
白　银	230.42	79.96	68	100	140	21
酒　泉	257.95	80.3	61	94	237	40
张　掖	222.81	85.53	59	100	509	68
武　威	169.90	78.57	95	100	120	10
金　昌	141.53	86.12	10	100	58	41
嘉峪关	125.98	76.83			17	100
定　西	283.20	76.29	106	95	269	14

续表

市州	城市光网用户数(千户)	城市光网覆盖率(%)	乡镇光网覆盖数	乡镇光网覆盖率(%)	行政村光网覆盖数	行政村光网覆盖率(%)
平　凉	227.05	74.88	70	71	532	35
庆　阳	253.34	79.57	68	54	324	28
陇　南	143.60	92.88	148	80	413	14
临　夏	139.78	78.72	24	19	174	15
甘　南	66.46	73.3	56	65	73	7
全　省	3346.05	71	911	76	3628	22

资料来源：中国电信甘肃分公司。

2. 农业信息技术应用

（1）涉农网站建设

甘肃农业信息网：甘肃农业信息网于2004年10月正式开通，是本省最大的农业信息综合网站。发布农业政策法规，报道“三农”工作动态，提供农业技术、市场等信息服务。网站设有甘肃农业概况、农业要闻、政策法规、简捷联播、价格信息、分析预测、科技动态、实用技术、劳动力转移、农业专家库等45个一级栏目，110个二级栏目，96个三级栏目，地方特色明显。2015年甘肃省农业信息网改版后，整合甘肃省农机购置补贴信息管理系统、农村集体三资管理平台、甘肃农业行政综合执法网、农业信息快报等28个农业信息化应用系统平台和全省14个市州、86个县区的农业信息联播子系统，形成甘肃农业信息站群体系，涉及行政事业单位104个，覆盖全省各市州、县区，网站数量达到160个，网站维护人员达到300多人，每天发布信息500条以上。截至目前，甘肃农业信息网累计发布信息160万条，访问量达到2.2亿人次，日均访问量突破12万人次。甘肃农业信息网站多次被农业部评为农业类网站100强，在每年全省政府门户网站综合评定和全国农业网站综合评定中均名列前茅。

近年来，随着信息化建设步伐加快，甘肃省涉及农业的网站数量逐年增加，除甘肃农业信息网站以外，还有甘肃农业经济网、甘肃新农村网、甘肃农业网、甘肃新农村商务网、甘肃扶贫网等网站。根据特色产业发展需要，甘肃省又先后创办了甘肃种业信息网、甘肃数字智能农业网、甘肃马铃薯信息网、甘肃啤酒原料网等专业网站；设计开发了蔬菜病虫害咨询诊断系统、甘肃种子质量跟踪与追溯系统、甘肃农业技术转移平台、兰州市种业信息网络服务平台、甘肃昆虫数据库、甘肃土壤数据库、基于GIS的甘肃土壤施肥专家系统等农业信息系统。

（2）涉农信息系统建设

甘肃精准扶贫大数据管理平台：根据甘肃省委省政府制定的甘肃“1+17”精准扶贫方案，设计建设“甘肃精准扶贫大数据管理平台”，该平台于2015年底正式上线运行，是全国第一个精准扶贫大数据管理平台。精准扶贫大数据管理平台设省、市、县、乡、村5个层级，设计扶贫对象、扶贫措施、扶贫成效、数据分析、绩效考核5个管理子系统。通过大数据平台应用，管理部门可以对全省贫困人口和预脱贫人口的分布、致贫原因、健康状况、教育程度等情况进行全面分析；对精准贷款、危房改造、教育扶贫、卫生扶贫等政策措施落实进度进行专项分析。目前平台已覆盖甘肃13个市州、84个县、1万多个村的101万户、417万人口以及近10万各级政府工作人员，精确定位“扶持谁”、“谁来扶”、“怎么扶”的问题，创建了“互联网+扶贫”工作模式。

甘肃农业信息监测预警系统：依托“金农”工程建设项目，在全省56个县、8个农产品批发市场，建立60个农情信息采集点和省级农业数据中心，构建了五大数据库、部署了三大应用系统，初步形成农业农情监测预警体系，为全省农业经济运行和农产品产销分析提供了信息支撑。

测土配方施肥系统：随着化肥使用量的不断增加，其危害也开始显现，特别是化肥过量施用造成耕地质量的退化，化肥残留超标、土地板结、土壤酸化等来自化肥的危害严重。测土配方施肥就是针对这些问题提出来的。甘肃省自2005年实施测土配方施肥项目以来，累计采集土样37.08万份、分析化验土样21.52万份、大量元素95.84万项次、中微量元素61.55万项次，建立了不同区域粮食作物、果蔬、马铃薯施肥指标体系，设计出了400多个施肥配方，推广测土配方施肥技术880万公顷，研发出“甘肃省测土配方施肥专家系统”。

农业专家系统：农业专家系统是国家“863”计划智能农业项目的一部分，甘肃省从1998年开始，共承担了3次项目建设任务。通过整理研究本地农业专家的经验，建立专家知识库，经过通用平台处理，形成不同作物的专家系统软件，开发出小麦、玉米、大豆、高原夏菜及养殖业等方面的农业专家系统28个。农民运用农业专家系统可获得生产栽培方法，如播种期、播种量、病虫害防治等方面的知识和生产指导信息。在武威、张掖、天水等10个市区经济条件较好的乡村，建立了农业专家系统示范点，并和省级专家系统平台联网，进行农业生产咨询服务。在较偏远的乡村配备电脑、打印机设备，建立电脑农业咨询室，服务农业生产。

（3）农业物联网与智慧乡村建设

农业物联网是在农业生产系统各个节点安装部署各种传感器（温湿度、土壤水分、二氧化碳、摄像头等环境感知设备），通过无线或有线通信网络、计算机分析系统共同合作，实现农业生产环境的智能感知、智能预警、智能决策、专家在线指导，为农业生产提供精准化种植、可视化管理、智能化决策。近年来，甘肃省各地积极开展形式多样的物联网试点工作。其中，兰州市建设了设施农业智能化管理系统，开发了农业远程视频专家诊断系统，建成了1个控制中心，两个诊断分中心，100个远程视频点，提高了诊断效率和服务水平。民勤县建设大棚管家系统、日光温室智能控制系统。高台县建设了AUTO温室监控与管理系统。物联网技术及产品的不断开发应用，助推了现代农业的发展。

“智慧乡村”是“互联网+”背景下提出的新农村建设的重要内容之一。2015年，中国电信与榆中县合作，投资5000多万元，对全县整体通信网线路进行光网改造，实现全县237个行政村光纤到户，为智慧乡村的实现打下基础。2016年6月，甘肃省第一“智慧乡村”在榆中县城关镇李家庄落户，全村600多户全部接入百兆光纤，实现村内WIFI无线全覆盖。帮助村建设智能温室，通过智能手机实时掌控温室大棚的温度湿度、控制灌溉系统；通过开办电商，村民可以在网上销售农产品。

（4）农村电子商务发展

农村电子商务是“互联网+”背景下发展起来的新的商业模式，买卖双方通过网络完成产品或服务的交易和电子支付业务过程。近年来甘肃省把农村电子商务作为农村转变发展方式的重要手段，出台多项政策，大力引导和鼓励农村电子商务发展。2015年10月，省政府制定颁发了《甘肃省电子商务发展规划（2015－2017年）》，2016年4月又制定了《关于促进农村电子商务加快发展的实施意见》，2015年6月，省商务厅牵头制定了《甘肃省精准扶贫电商支持计划实施方案》。在甘肃省政府和阿里集团共同推动下，2014年4月28日淘宝网“特色中国—甘肃馆”线上馆运行，同年11月，“特色中国—甘肃馆”线下体验馆开馆，目前已有500多家农产品商铺进驻淘宝，产品涵盖5000多种甘肃特色农产品和文化产品，如兰州百合、岷县当归、陇西党参、渭源黄芪、苦水玫瑰、静宁苹果、庆阳香包等。截至2015年底，全省已建成71个县级电子商务服务中心，897个乡级电子商务服务站，3385个村级电子商务服务点，农村三级电商服务网络基本形成，电子商务交易额达到了780亿元。

农村电商在甘肃遍地开花的同时，农村电商模式也不断创新。华池县探索

“互联网 + 电商 + 旅游” 的模式，实现了餐饮、旅游、文化与电子商务有效对接；成县探索出“网店”带贫、“就业”带贫、“平台”带贫、“信息”带贫和“工程”带贫五种电商扶贫模式；“文县优选”是文县创立的区域门户型购物类平台，采用了四网融合的手段，将网站、手机网页、手机 APP、微信商城结合在一起，形成全方位购买渠道，支付手段多样，支付宝、微信、网银均可无忧付款。多种农村电商模式的创新与竞争发展，最终将带动甘肃农村经济迈上新的台阶。

3. 农村信息化服务系统建设

（1）“12316 三农服务热线”

“12316 三农服务热线”是甘肃省应用最广泛的农业信息服务平台，经过近 10 年的发展，甘肃“12316”，从最初的一部热线发展成为集“12316”热线、短彩信平台、网站、远程视频诊断系统、微博、微信、QQ 交流群，以及两档广播节目、一档电视节目等为一体的综合信息服务平台，该平台为广大农民群众解决了生产生活中大量的困惑和难题。截至 2015 年底，该平台累计发送各类短信近 1300 万条，服务对象达到 20 多万人，其中农民超过 16 万人，并在国内率先开发建设《甘肃农业信息快报》《甘肃视频诊断》2 个省级手机客户端，指导建设 8 个市县级手机客户端，客户端共发布各类信息近 6000 条，下载次数达 1700 次，为广大农业工作者和农民群众提供及时高效的信息服务，在实践中探索出一条从中央到基层到农户的农业信息服务之路。

（2）基于移动互联的农业技术推广服务云平台（农技云/农技宝）

基于移动互联的基层农技推广服务云平台（农技云/农技宝），由中国农科院信息所研发。农技云利用 GIS、移动互联等现代信息技术，搭建起农业技术推广管理、农情信息采集、农业科技服务的移动平台，包括农技推广服务、推广管理、信息采集三大类功能。基层农技推广管理者、专家、技术指导员可利用台式机、上网本、平板电脑、智能手机等现代信息终端，随时随地对农民进行生产指导，还可进行远程视频咨询和培训。从 2015 年开始该云平台在甘肃省 14 个市（州）农技推广人员中推广使用。基层农技人员有了“农技云”，随时可以获取最新的农业政策、农产品价格信息及科技知识，遇到解决不了的问题，还可以建立群组，寻求“专家会诊”，大大提高了工作效率。“农技云”由于具有携带方便、GPS 定位、专家会诊等功能，已成为农技推广管理者的千里眼、顺风耳，农民身边“跑不了”的专家。

4. 甘肃农业信息化发展经验和模式

（1）“金塔模式”。依托“国家农村中小学现代远程教育工程”，整合各种信息资源，建设县级信息平台和村级信息服务点，发挥农村中小学老师和学生的作用，把农业信息传送到农户家里。县信息中心信息员按农时，从县农技站、经贸委、气象局等部门和全国主要农产品批发市场以及互联网，采集整理各类农业生产和市场方面信息，汇编成《经济信息导报》，上传到“中国金塔经济信息网站”，由专门信息员通过设在农村中小学校的信息站下载后，打印分发给学生带回家中，让信息进村入户。而农户的反馈信息，写成便条由学生带到学校，由专人汇总后发给县信息中心，县信息中心根据反馈信息从网络上搜集或者向相关技术人员咨询农民所需要的信息，用同样的方式传送到农民手中。这种模式看起来较原始，但在边远乡村确实达到信息进村入户的目的，也促进了上级信息中心的发展。

（2）“金昌家家 e 模式”。金昌市针对当地农村信息渠道不畅问题，于 2004 年实施“家家 e”信息工程。其做法是依托已开通运行的金昌农村综合信息网，借助固定电话网短信平台，为农户提供农产品供求信息、农业实用技术等资讯，农户若有生产方面的问题，也可向“家家 e”平台反映，实现双向联动，使各家各户的生产与市场紧紧联系起来。

（3）“农民信息之家”模式。泾川县为解决农村信息不畅问题，从基础设施建设入手，按照有固定场所、有工作人员、有工作经费、有配套设备的“四有”标准，在 11 个乡（镇）建立了“农民信息之家”，农民通过互联网与“平凉农业信息网”连接，可以从“信息之家”查询农业生产方面的信息和产业结构调整方面的政策，工作人员还通过张贴、向农民印发资料等方式向农民宣传农业实用信息和政府产业政策。

（4）“酒泉三电合一”模式。由酒泉市开展的“三电合一”农业信息服务模式，其做法是将现有电视网、电话网、互联网三个平台有机结合，实现互联、互补。指定专门技术人员从互联网上收集农业实用技术，建立农业技术资源数据库，作为电话语音技术咨询和农业电视节目制作的基础资源；利用电话语音平台，为农民提供语音咨询服务和专家远程在线解答；对于电话咨询过程中反映较多的共性问题和农业生产热点问题，制作电视节目播放服务于农民。

（二）甘肃农业信息发展中的主要问题

甘肃省是自然条件较为恶劣的省份，经济发展落后，贫困人口多，农业信息化投入不足，造成农业信息化发展缓慢，甘肃与发达省份相比还有很大差距，主要表现在以下几个方面。

1. 农业信息供需矛盾突出

农业信息的需求方是农业经营主体，主要是分散的广大农民群众，他们获取农业信息的能力较低，渠道较窄，存在“四不知现象”，即“农民不知道市场需要什么，不知道应该种（养）什么，不知道什么时候卖，不知道卖给谁”。从信息供给方来看，信息分散在不同涉农部门，内容单一，缺乏有效的分析整理，无法实现信息共享。涉农网站信息更新速度缓慢，重复过时信息较多，缺乏信息共享机制。

2. 农业信息资源匮乏，实用性差

根据走访调查情况，广大农民主要需要三方面的信息，一是种什么，二是怎么种，三是卖给谁。但这三个方面的信息农民的确很难从网络上得到。目前多数农业网站信息实用性差，更新缓慢，基本是综合性的信息多、专业性的信息少，报道性的多、预测分析性的少。农业信息与生产脱离，例如农民真正关心的新品种、新技术、新产品等与农业生产活动密切相关的信息缺乏，这在一定程度上制约了农业信息化的发展与推广应用。根据调查，甘肃省农民获取农业生产与经营信息的主要渠道还是电视。因此，如何让网络信息真正为农民所用，是亟待解决的问题。

3. 农业信息化人才短缺，农民信息意识淡薄

农业信息化工作主要分为农业信息系统开发和信息服务与应用两个方面。但实际上一方面农业行业地域广阔，机构庞杂，专业信息化人才非常匮乏，大大制约了农业信息技术和农业信息资源整合与开发；另一方面农业从业人员整体素质偏低，对信息技术不甚了解，信息化意识和利用信息的能力很低，这使得农村信息技术应用与推广阻力重重。根据实地调查，在农村 20～40 岁的农民基本上外出打工，剩下的大多是一些老弱病残者和妇女儿童，他们对新事物接受力差，甚至不愿意接受，对信息化保持一定距离和神秘感，望而却步。

4. 农村信息消费成本偏高

甘肃经济落后，农村贫困面广，农民的收入水平普遍不高，而目前的宽带网络以及 3G、4G 手机通信收费偏高，计算机等设备对村民来说价格偏高，农民对计算机等信息设备的购买力不足。从政府管理层面看，对适合农村廉价的信息设备和信息终端研发缺乏足够的支持资金补贴；从企业层面看，由于农村用户居住分散，网络基础建设费用较高，投资收益比小，市场驱动力较弱，面向农村通信的技术研发较为滞后，这在一定程度上影响了农村信息化的推广与普及。

三　甘肃农业信息化发展思路与对策建议

（一）甘肃农业信息化发展思路

1. 充分发挥政府的引导和带动作用

农业信息化是一个涉及多部门、多学科的综合性系统工程，政府重视与参与必不可少。其一，建立健全强有力的领导机构和政府参与引导机制，从顶层设计、资金投入、政策扶持和协调管理方面来促进农业信息的发展。其二，在农业信息化发展过程中，必须有政府的参与和干预，提高信息资源的利用率，避免出现重复建设和形成“信息孤岛”。目前，一些发展省份都将农业信息化工作列入当地农村经济和社会发展规划中，加大工作力度，增加投资金额，特别是在农村信息基础设施建设、农业信息服务体系建设方面，政府的参与、引导是保证农村信息化健康可持续发展的前提。

2. 因地制宜，探索农业信息化发展模式

甘肃地域辽阔，社会、经济、自然等条件千差万别，农村经济发展不均衡，贫困面广，区域特色明显，信息化发展水平也表现出明显的区域性特征和不平衡性，有些地方农业信息服务开展得好，有些地方农村电商发展快。因此，农业信息化的推进，应从各地区的实际情况出发，遵循“政府主导，社会参与，资源共享，服务农民”的方针和“因地制宜，量力而行，逐步提高”的思路，贴近基层和农民需求，以促进甘肃特色农业发展为目标，以提供广大农民急需的市场和技术信息为重点，突出甘肃特色农业，通过多种信息手段构建甘肃省城乡一体化信息服务体系和发展模式。

3. 发挥农业经营组织的领头作用

农业经营组织主要指扎根于农村的专业市场、专业合作社以及龙头企业。这些农业经营组织基本上是围绕当地主导产业和特色产业进行生产经营活动，具有一定的规模和经济实力，直接面向市场，熟知市场发展动态，具有开拓市场、引导生产、深化加工、配套服务的功能，在农业信息化的发展中所起的作用巨大。相对普通农户而言，农业经营组织对农业新技术、新装备以及信息化需求迫切，具有组织和人才优势。因此在农业信息化发展中，应把农业经营组织作为根据地，进行重点武装，以点带面，辐射推广，增强农业信息化发展动力。

4. 加强农业信息人才培养

拥有一支责任心强、素质高、知识结构合理的信息人才队伍，对全省农业信息化发展至关重要。现阶段，甘肃省农业信息人才流失严重，复合型人才非常缺乏。在农业信息化人才培养方面，一要加大对农业信息人才培养的硬件、软件投入；二要建立农业信息化人才培养和接力机制，树立“人才资源是第一资源”、“信息人才先行培养”等观念；三要制定信息化人才培养、选拔、使用、评价和激励政策。

（二）甘肃农业信息发展重点与关键技术

1. 重点发展农村电子商务

电子商务是基于信息化时代的新型经济活动，已广泛渗透国民经济和社会生活的各个领域，成为当前经济转型发展的新动力和调结构、扩内需、促就业、惠民生的新手段。甘肃省位于我国西北地区中心地带，是“丝绸之路经济带”黄金段，甘肃农业地方特色优越，民族特色明显。近年来甘肃省政府高度重视农村电子商务发展，将其作为促进农村经济转型跨越发展的重大战略，出台了《关于加快电子商务产业发展的意见》，提出到2020年，实现农村电子商务应用基本普及，农户能通过电子商务销售自产产品、购买生产生活资料的目标。结合省情，甘肃应开发建设具有地方特色、民族特色的“甘肃特色农产品电商平台”。该电商平台应面向农户、农村，对接农企农户，对接甘肃省及全国农产品批发市场，形成甘肃特色农产品集聚平台。同时鼓励电商、物流、商贸、金融、供销、邮政、快递等各类社会资源加强合作，共同推动农村电子商务发展。

2. 建设甘肃农业大数据云平台

随着甘肃省农村网络信息基础设施逐步完善，农业信息技术大范围应用，农业大数据应用市场需求逐步显现，特别是移动互联网、云计算、物联网等新一代信息技术的快速发展应用，各种类型的海量数据快速形成，为发展农业农村大数据平台创造了良好条件。因此，谋划建设涵盖甘肃省农业环境资源、农业科研、农业生产经营、农业服务管理的全产业链大数据平台，逐步实现第一产业与第二、第三产业的数据融合，建立农业科研、农业生产、农业经营管理上下贯通的大数据云平台意义重大。

3. 建设甘肃农业智库系统

当前，农业农村经济发展内外部环境正在发生深刻变化，加快转变农业发展方式、推进农业现代化的任务十分艰巨。以大数据搜索、大数据整合存储、大数据分析运用为手段，建立甘肃农业智库系统，为甘肃农业的智能决策提供科学依据。比如借助互联网技术和GIS技术，建设包括农村基础数据库、农村调查库、农村案例库、农村多媒体库、农村文明传承库、农村村情观测系统，实现对全省村庄的“数字化”管理，使决策部门与科研部门足不出户、“一图知农”，打开系统即可快速查询到所需的详细信息，并能实现对村庄社会经济发展、历史变迁的动态记录、历史对比、统计分析和趋势预测。

4. 建设全省农产品质量追溯平台

根据农业部《关于加快推进农产品质量安全追溯体系建设的意见》，加快构建甘肃省统一的农产品质量安全追溯体系，实现全省农产品源头可查询、流向可跟踪、信息可溯源、责任可追究，保障公众消费安全，促进甘肃省特色农产品健康可持续发展。通过建设集农产品生产、经营档案管理以及责任管理于一体的信息采集平台，实现对农产品生产、收购、储存、运输全过程的信息跟踪。通过建立全省统一质量追溯平台，对农产品质量安全相关信息实行集中管理，确保农产品质量安全信息及时、准确、有效、完整，健全全省农产品质量安全追溯体系与追溯系统，并与农业部农产品质量安全追溯系统有效对接，有效提升甘肃省农产品市场竞争力。

（三）甘肃农业信息化发展对策措施

1. 加大政策扶持力度

甘肃认真落实李克强总理2015年10月14日主持召开的国务院常务会议精神，推行电信服务补偿机制，支持农村及偏远地区宽带建设，补齐农村信息服务“短板”，促进城乡协同发展。根据中央财政引导，甘肃鼓励广电、电信等企业和民间资本参与农村宽带建设和运营，探索PPP、委托运营等市场化方式调动各类经营主体参与农业农村信息化投资和建设，全面实现信息应用城乡一体化。

2. 加快发展农村快递业

农村快递业是农产品进城、工业品下乡的关键瓶颈，也是农业信息化取得实效的“最后一公里”问题。农村快递业务的发展完善，可以畅通农村物流渠道，改善农村创业环境，对工业品下乡、农产品进城，促进供给侧改革，具有重要意义。一是向各类资本开放农村快递市场，鼓励快递企业向农村发展。二是引导快递企业与电商合作，推进“互联网+快递”深度融合，培养订单农业市场。三是加快实施农产品冷链物流“上车上船上机”工程，给予快递专用车辆特别通行证，吸引运输行业加入农村快递业务。四是出台涉及农村快递业的用地、金融、财税等优惠政策，重点支持中西部偏远农村公益性、基础性快递设施建设，促进农村电子商务。

3. 农业基础设施建设与信息化融合发展

随着移动互联技术和各种智能终端的大范围应用，农业信息系统也将快速进入移动互联时代，利用互联网思维，实现各类涉农业务系统创新是甘肃省农业信息化建设的重中之重。一是探索和创新多种信息进村入户的新载体，使广大农户可以通过电脑、手机、IPTV（网络电视）等途径方便地获取信息和发布信息。二是探索建立农民用得起的宽带网络服务的模式，使农村电信服务从电话手机普及扩大到互联网宽带普及。三是积极推进农业基础设施、装备与信息化的深度融合，研制农田管理地理信息系统、智能节水灌溉系统、病虫害监测预报防控系统等，并在农业生产中推广应用，设计建设一批集智能感知、远程控制于一体的设施温室、畜牧业养殖场和 GIS 定位的智能农机具装备，提高现代农业生产设施装备的数字化、智能化水平，示范带动甘肃省现代农业发展。

4. 充分利用信息技术，促进农产品品牌和标准化建设

引导省内从事农产品销售的电子商务企业加强品牌建设，避免同类产品无序竞争，提升产品品质和附加值，鼓励传统品牌向网络延伸，扩大品牌网上知名度。支持特色农产品申请“绿色”、“有机”、“地理标识保护”和“甘肃名特优产品”等认证。充分利用现代物联网技术和移动通信技术，建立健全涵盖农业产地环境、生产、加工、储存、包装、运输和流通各环节的现代农业标准体系，指导龙头企业、农业合作社和农户按标准种植、加工、包装，从源头保证网货供应质量，保证甘肃省农产品电商持续稳定发展。

5. 降低农村信息消费成本，提高应用实效

相对于甘肃省偏远地区农民的实际收入水平，智能手机价格和 4G 资费水平相对偏高，政府应通过政策手段促进技术改进，降低农村信息消费成本，让广大农民能用得起、用得好信息化这一利器。鼓励信息服务企业深入探索多元投入机制，降低资费，形成有利于增强农业信息化后劲的发展机制，真正使农民受益于信息化。

6. 加强农民素质培训与农业信息化人才培养

农民素质较低限制了农民对信息技术和网络知识的学习和接受能力，这是导致农业信息应用水平低下的重要原因。另外，农业信息方面的专业人才也是影响农业信息化发展的重要因素。因此，农业信息化人才的培养和农民的培训缺一不

可。信息化人才培养和农民素质培训要有人才观念和长效机制。一是发挥政府管理者的作用，加快建立农业信息人才的培养机制、激励机制和竞争机制，大力发展农业信息技术教育。二是学校在人才培养、学科建设方面主动与农业信息产业紧密结合，课程设置应注重实用性与探索性，侧重农业信息系统需求分析、数据挖掘、电子商务经营管理等课程内容。三是重视农村信息职业教育，可以在农业院校设置各种农业信息技术短期训练班和流动训练班，为农村培养初中级信息技术人才。四是建立农业信息人才孵化基地，学习、培训、经营一起进行，多中选优，真正培养出一批会操作、懂经营的本地农业信息化人才。五是制定优惠政策，提高农业信息从业人员待遇，留住本地人才，吸引域外人才，造就一支高水平的农业信息化专家队伍，保证农业信息化研发工作。

参考文献

梅方权：《农业信息化带动农业现代化的战略分析》，《农业经济》2002 年第 12 期。

刘恩平等：《中国热带地区农业信息化发展研究》，中国农业科学技术出版社，2013。

刘世洪：《农业信息技术与农村信息化》，中国农业科学技术出版社，2005。

王文生：《中国农村信息化服务模式与机制》，经济科学出版社，2007。

颜波：《农产品物联网研究与应用》，电子工业出版社，2012。

朱会霞等：《物联网在中国现代农业中的应用》，《中国农学通报》2011 年第 27 期。

张晋平：《我国农业信息服务模式的生成条件与发展特点》，《中国信息界》2012 年第 4 期。

陈宝玉：《甘肃省农业信息化水平的测算及发展趋势研究》，兰州大学硕士学位论文，2013。

宋燕华：《甘肃省农村信息化发展水平研究》，甘肃农业大学硕士学位论文，2012。

王淑琴等：《农业信息化建设存在的问题及对策研究》，《现代农业》2014 年第 5 期。

吴宇平：《甘肃电信拓展农村信息化市场的策略研究》，兰州大学硕士学位论文，2007。

王炬：《农业信息化进程中的问题及对策研究》，西南农业大学硕士学位论文，2003。

李雪：《黑龙江省农村信息化发展模式研究》，中国农业科学院博士学位论文，2008。

张晓军：《河北省农村信息化发展对策研究》，西北农林科技大学硕士学位论文，2007。

张云帆：《福建农业信息化发展研究》，福建农林大学硕士学位论文，2009。

黄婷婷：《我国农业信息化的现状、问题与对策研究》，安徽农业大学硕士学位论文，2007。

张伟等：《利用数据挖掘技术建设农业智能综合信息服务平台》，《农业网络信息》2011 年第 8 期。

《淘宝网“特色中国—甘肃馆”线下馆开馆》，中国甘肃网，http：//gansu. gscn. com. cn/system/2014/11/26/010858661. shtml，2014 年 11 月 26 日。

《甘肃精准扶贫大数据平台功能初步形成》，《三农时政》2016 年第 4 期。

赵颜华等：《甘肃省区域特色农业信息化建设现状调查研究》，《农业图书情报学刊》2014 年第 1 期。

《甘肃测土配方施肥项目效益显著》，甘肃新闻网，http：//gansu. gscn. com. cn/system/2015/07/08/011055929. shtml，2015 年 7 月 8 日。

《农技宝：科技种田新帮手》，每日甘肃网，http：//gansu. gansudaily. com. cn/system/2015/06/01/015545755. shtml，2015 年 6 月 1 日。

《甘肃首家大型电商平台“三维商城”今日试运行》，每日甘肃网，http：//gansu. gansudaily. com. cn/system/2014/04/30/014993551. shtml，2014 年 4 月 30 日。

《甘肃农村互联网电商发展调查》，中国甘肃网，http：//gansu. gscn. com. cn/system/2015/09/28/011125728. shtml，2015 年 9 月 28 日。

《甘肃省多部门关于精准扶贫电商支持计划的实施方案》，每日甘肃网，http：//gansu. gansudaily. com. cn/system/2015/06/29/015589192. shtml，2015 年 6 月 29 日。

《全省“第一智慧乡村”在榆中县启动》，新华网甘肃频道，http：//www. gs. xinhuanet. com/news/2016 - 06/20/c_ 1119074387. htm，2016 年 6 月 20 日。

甘肃省统计局：《2015 年甘肃农村统计年鉴》，中国统计出版社，2015。

甘肃省通信管理局：《甘肃省宽带发展规划（2015 ~ 2017）》，http：//www. gsca. gov. cn/upload/webInfo/content/1438915248576_ 2014SN00341 - 01WLZQ. pdf，2015 年 7 月。

《农业部关于加快推进农产品质量安全追溯体系建设的意见》，http：//www. moa. gov. cn/govpublic/ncpzlaq/201606/t20160623_ 5184476. htm，2016 年 6 月。

中国电子商务中心：《2015 年“互联网 + 农业”领域政策汇总》，http：//www. xinshangwu. net/Article_ details. asp? id = 2156，2015 年 11 月 17 日。

张惠珍：《福建省农业信息化模式发展研究》，福建师范大学硕士学位论文，2011。

G.23
甘肃省农业机械化科技发展研究报告

杜永清　雷高宁　刘鹏霞*

摘　要： 农业机械化是现代农业的重要标志。"十二五"期间，甘肃省农业机械化"产学研推"科技创新体系基本形成，以玉米、小麦、马铃薯为代表的旱作农业机械化技术体系及其配套机具逐步完善和健全。今后甘肃要将设施农业、畜禽养殖业、中药材、果业等的自动化、智能化、机械化发展，以及高效、节能、环保的农业机械研究作为工作重点，对甘肃现代农业发展起到助推作用。

关键词： 甘肃　农业机械化　科技发展

一　农业机械化的战略地位和甘肃农机化发展成就

（一）农业机械化的地位和作用

农业机械化是农业现代化的前提条件和技术基础，是建设社会主义新农村的引擎，对保障粮食安全、改善农民生活条件、转变农业生产方式、提升农业劳动生产率等具有举足轻重的地位。

1. 保障粮食安全和农产品有效供给

国务院颁布的《全国新增1000亿斤粮食生产能力规划（2009～2020年）》

---

* 杜永清，硕士，甘肃省农牧厅党组成员、农业机械管理局局长，主要从事农牧经济管理研究；雷高宁，硕士，甘肃省农业机械管理局主任科员，主要从事农业机械化管理与研究工作；刘鹏霞，硕士，高级工程师，甘肃省农业机械化技术推广总站技术开发科科长，主要从事农业机械化技术及其机具研发及示范推广工作。

提出，到2020年全国粮食生产能力达到5500亿千克以上，比现有产能增加500亿千克；耕地保有量保持在1.2亿公顷，基本农田面积1.04亿公顷，粮食播种面积稳定在1.05亿公顷以上，粮食单产水平达到350千克/公顷。农业部重点推广的十几项粮食增产技术和农业新技术中，90%以上需要借助农业机械作为载体。为此，要解决粮食危机，实现千亿斤粮食增产，迫切需要发展农业机械化科技，提高农业机械的作业质量，科学制定粮食增产技术路线，从改造中低产田、选育示范推广优良品种、提高农机化水平等方面挖掘粮食增产潜力。

2. 推动现代农业发展

农业机械化是现代农业的重要标志，也是现代农业高效、低耗、标准化生产的基本条件，农机化科技是现代农业科技的重要组成部分。农业要实现可持续发展，承担支撑经济社会长期发展的重任，就必须加快转变增长方式，改变粗放的经营方式，坚持科技创新，加快农机行业技术创新的结构调整，以现代化的装备发展农业。必须加快农机科技进步的步伐，实现农艺与工程技术的协调发展，持续增强现代农业综合生产能力、抗风险能力和市场竞争力。

3. 增加农民收入

经验证明，农业劳动生产率决定着农民收入水平。提高农业劳动生产率的重要手段和渠道，就是转变传统的农业生产方式，提高农业机械科技含量，提高农业机械化水平。我国农业人口多、比重大，农机装备和生产方式落后，农业劳动生产率低导致农产品国际竞争力弱，是制约农民收入增长的重要原因。因此大力发展农业机械化科技，提高我国农业装备水平，调解农业机械供给的结构性矛盾，对增加农民收入有着重大意义。

4. 转移农村劳动力，加快农业发展方式转变

随着城镇化和工业化的快速推进，我国农业劳动力不断转移至非农产业，农业所需劳动力进一步减少，农业劳动力结构性、季节性、区域性短缺的矛盾日益凸显，对农机化提出了更高的要求。农村在留人员大部分为老人、妇女、儿童，农业机械化发展所需的人才紧缺，需要加快农业机械化科技的发展，研发适合各区域的农业机械，提高农业机械化对农业生产的支撑和保障能力。同时随着农业劳动力的转移，农业用工成本上升，比较效益下降，农业资源约束日益突出。因此亟须加快农机科技进步，发展增产增效、资源节约、环境友好的农业机械化新技术、新机具，不断提高土地产出率、资源利用率和劳动生产率，促进农业发展方式转变。

（二）甘肃农业机械化发展成就

1. 农机购置补贴政策成效显著

“十二五”期间，全省各级农机部门认真落实农机购置补贴政策，不断完善创新补贴政策落实机制和方式，层层落实工作责任，加强政策宣传、培训和督导，确保补贴政策落实到位。全省累计争取落实中央财政和省级财政资金23.5亿元，补贴购置农机具近90万台（套），受益农户69万多户，拉动农民和经营组织投入50亿元以上（见表1）。

表1　甘肃省农机购置补贴情况统计

年份	合计(万元)	国补资金(万元)	省补资金(万元)	补贴机具(万台/套)	受益农户(万户)
2011	32000	30000	2000	14.13	12.85
2012	44500	41000	3500	21.03	18.95
2013	47500	44000	3500	20.20	14.13
2014	53500	50000	3500	20.17	13.72
2015	57500	53000	4500	14.09	9.74
合计	235000	218000	17000	89.62	69.39

资料来源：2011～2015年甘肃省农业机械购置补贴网上管理系统。

2. 农机装备持续增长

坚持盘活存量和优化增量并重，农机装备结构和布局不断优化，重点作物关键环节机械大型化、复式化、配套化趋势明显。到2015年底，全省农机总动力达到2684.95万千瓦，比“十一五”期末的1977.6万千瓦增长35.8%，全省农机总动力连续5年以平均100万千瓦以上的速度递增；农用拖拉机达到77.36万台，配套机具达到163.6万台（套），分别比“十一五”期末增长44.9%和45.7%；全省大中型拖拉机年均增长1.74万台，累计达到16.03万台，比“十一五”期末翻了一番多（见表2）。

3. 农业机械化水平大幅提升

2013年甘肃省主要农作物耕种收综合机械化水平超过40%，农业机械化实现了由初级阶段迈入中级阶段的历史性跨越。到2015年底，甘肃省主要农作物耕种收综合机械化水平达到48.4%，比“十一五”末期增长13.7个百分点；小麦、玉米、马铃薯综合机械化水平分别达到80.43%、46.92%、36.15%（见表3），河西地区机采棉实现了零的突破；丘陵山区及少数民族地区“以机代牛”成效显著，推动农业生产方式实现由人畜力为主向机械化作业为主的跨越。

表 2　甘肃省农机装备情况统计

年　份	农机总动力（万千瓦）	农用拖拉机（万台）	大中型拖拉机（万台）	配套机具（万台/套）
2010	1977.55	53.39	7.32	112.31
2011	2136.48	58.36	9.29	125.94
2012	2279.08	66.47	11.62	131.4
2013	2418.46	70.61	13.04	139.82
2014	2545.7	74.26	14.43	153.49
2015	2684.95	77.36	16.03	163.6
“十二五”增长率(%)	35.8	44.9	118.9	45.7

资料来源：2010～2015 年甘肃省农业机械化统计报表。

表 3　甘肃省农业机械化水平情况统计

单位：%

年　份	主要农作物耕种收综合机械化水平	小麦生产机械化水平	玉米生产机械化水平	马铃薯生产机械化水平
2011	37.04	73.39	34.71	27.60
2012	38.92	69.58	35.56	22.38
2013	42.18	71.00	41.38	26.39
2014	45.59	77.08	42.27	31.22
2015	48.44	80.43	46.92	36.15

资料来源：2011～2015 年甘肃省农业机械化统计报表。

4. 农机化新技术新机具推广成效明显

“十二五”期间，全省投入农机科研推广经费 2.1 亿元，推广新机具 23.9 万台，示范推广农机化新技术作业面积 5830 万亩，保护性耕作工程建设项目县 32 个。围绕农业生产急需，组织研发了双垄沟起垄铺膜机、旋耕起垄覆膜播种机、残膜捡拾机等系列农机具 122 种，制定发布农机化甘肃省地方标准 42 项，开展农机化教育培训大行动，培训各类农机实用人员 127.1 万人次。

5. 农机社会化服务程度持续提升

到 2015 年底，全省农机合作社达到 954 个，比 2010 年末增长 553%。农机作业、信息、技术、维修等服务专业化程度不断提高。农机社会化服务的不断发展，促进了农业的规模化、专业化、标准化生产和产业化经营，提高了劳动生产率、土地产出率、资源利用率，为建设现代农业提供了有效的保障。2015 年，全省实现农机经营服务总收入107.5亿元，比2010年末增长41.7%；实现经营纯收入40.8亿元，增长51.4%。

6. 农机化政策法规进一步完善

“十二五”期间，甘肃省先后出台了《甘肃省农业机械管理条例》《关于促进农业机械化和农机工业又好又快发展的实施意见》《甘肃省农机专业合作社建设方案2015～2020年》和《甘肃省现代大型农机发展规划2015～2020年》等法规和政策，并决定从2015年开始增加1000万元补贴资金扶持农机专业合作社购置大型农机。农牧及农机主管部门也相继出台了22项相应的政策法规和规范性文件。基本构建起一个包括财政补贴、税费减免、金融支持、土地使用在内的农机化扶持政策法规体系，为农机化发展提供了有力保障。

二　农业机械化科技发展趋势

（一）国内外农机化科技发展现状

欧美等发达国家的农业生产已实现高度机械化，形成了相对稳定的机械化生产体系和配套机具。美国、加拿大等国主要发展大规模集约化经营所需要的大型高效农业机械。美国是世界上最早实现粮食生产机械化和农业机械化水平最高的国家，其农机装备已采用卫星全球定位系统等高新技术，并向精准化方向发展。德国在20世纪70年代实现了农业机械化，而且根据实际需要研发新技术、新农机，近年已经实现农业机械大型化和大功率化。英法等国主要发展适用于中等集约化经营的中型机械，随着社会进步和信息、生物、自动化与农业生态生产技术的逐渐发展，近年不断产生以农业可持续发展和增产增收为目的的新型农业机械化技术和农机具。日本耕种收及田间管理均实现了机械化，日光温室栽培技术非常发达，因而其温室内作业的中小型农机具功能齐全。许多发展中国家，如菲律宾、印度、泰国、巴西等，也在大力加快发展农机化装备，并积极采用拖拉机等配套农机具进行农业生产，但总体上发展中国家的农机化发展水平存在很大差异，而且发展也极不平衡。

近年来，我国中央、地方财政连续加大了农机购置补贴力度，充分调动了农民购机、用机的积极性，并引导更多的社会资金投入农机化发展，逐步形成了依法促进农机化发展的推动力和政策引导力，促进农机业出现了较快的发展势头。许多农机新产品研发及投入市场速度加快，农机化技术取得了很大进步，并得到了有效利用。“十二五”期间，全国农机装备、作业、科技、安全和社会化服务等水平实现了前所未有的快速提升。主要表现在：农机装备结构显著优化，农机总动力已达到11亿千瓦，插秧机、联合收割机、大中型拖拉机保有量分别是“十一五”期末的2.1倍、1.75倍和1.53倍，小型拖拉机占比持续下降，粮食生产环节高性能机具占比持续提高；主要农作物薄弱环节机械化快速推进，耕种收综合机械化水平年均提高2个百分点，达到63%；玉米收割、水稻种植机械化率分别比“十一五”期末分别提高37个和19个百分点，超过63%、40%，棉油糖主要经济作物机械化取得实质性进展。

（二）国内外农机化科技发展趋势

近年一些发达国家为了促进农业机械的智能化发展，不断将高新技术应用于农业机械，如GPS定位系统、地理信息系统、遥感系统、专家系统、电气控制、激光、产量计算器、微波、超声波等。这些技术的应用显著提高了农业机械的工作效率，并促使农业发展上了一个新台阶。总体上，发达国家现代农业机械正向着大型、高效、机电一体化和智能化方向发展。

我国农业机械化科技发展的总体趋势是：发展领域由田间机械向农业生产全过程及成套深加工装备方向发展；由价廉向性能优、质量高和产品独特方向转变；由注重增产目标向增产增收并重、提高效率与降低能耗并重、改善环境与保护生态并重的多目标方向发展。技术创新模式开始由“选、改、创、仿”逐步向引进消化吸收再创新和集成创新转变。产品技术开始由中小型、单一功能向多品种、多功能、高技术化方向发展，由注重单项技术向注重液压、气动和机电一体化技术的综合运用方向发展，具体表现为以下方面。

1. 大型化、多功能、高效率、复式联合作业成为主要方向

农村劳动力的转移进程进一步加快，农业经营规模不断扩大，拉动农业机械产品进一步向大功率、大型化方向发展。我国农业机械化未来的发展将达到更高的水平，因此要兼顾快速发展和“以人为本”，这也就要求在农业装备设计和使用上加强安全性、舒适性的研究。复式作业和联合作业机不断发展，要进一步研发免耕深松、灭茬、施肥、精量播种、超低量施药的联合作业功能。

2. 高新技术在农业机械化的应用更加广泛

进入21世纪以来，大量的高新技术成果得到了广泛应用，使现代农业正在向产业化、智能化、自动化、多样化方向发展。改革开放以来，一批科技含量高、促进农业高产稳产的现代农业技术如深耕深松、节水灌溉、化肥深施、设施

农业、烘干贮运等大面积的推广应用，既提高了我国农业生产水平，又为农机化发展进一步开辟了空间。随着农机化科技的发展，更多高新技术将在农业机械化多领域、多环节有更加广泛的应用。

3. 控制智能化、操作自动化发展迅速

随着计算机和电控技术的快速发展，农业机械装备也向自动化、智能化方向发展，电子技术的应用使农业机械装备完成了从监控功能向智能控制的过渡。农用传感器的广泛使用，为农业机械的自动化、智能化打下了基础。信息与微电子技术的应用，代表农机化科技发展踏上了新的里程。机器人典型体现了机电一体化，集成了机械、电子、计算机、自动控制及人工智能等最新高科技研究成果。随着计算机技术的发展，农业机器人的实用化步伐将会加快。

4. 节约资源、保护环境成为重点方向

土壤耕作目标定位为降低成本和保护性耕作两个重点。近年来，可持续发展受到高度重视，秸秆覆盖播种等新技术快速发展，出现了系列免耕播种机、自走式耕播联合作业机等农机装备。播种机械朝精量播种方向发展，植保机械致力于防止漂移和超低量喷洒，加装风幕的机型增多。喷洒系统计算机控制装置，可根据作业速度、大气参数、农机具具体位置确定单位面积喷量。

三 甘肃省农机化科技发展成效和面临的挑战

（一）发展成效

1. “产学研推”科技创新体系基本形成

“十二五”期间，借力国家实施农机具购置补贴政策的良好机遇，甘肃省初步形成了以农机生产企业为主体，以市场为导向，省、市、县农机管理、推广、鉴定、监理等部门以及甘肃农业大学、甘肃省机械研究院等机构为辅助的“产学研推”农机具研发及科技创新体系。“产学研推”的紧密结合，协调推进，形成合力攻克研发难点，解决了技术薄弱环节，提高了农业机械化科技成果研究、转化、应用效率。据统计，五年来国家及省科技部门共安排甘肃省农机科技创新、成果转化、科技支撑等科技项目 97 项，投入资金 6217 万元，其中农机生产企业承担科技项目 88 项，推广、鉴定、高校等部门承担项目 9 项。以这些项目为依托，先后研发玉米、马铃薯生产全程机械化系列作业机、中药材和牧草收获等机具 132 种，已通过省级农机推广鉴定 113 种。借助项目实施，甘肃省农机研发成果获省级科技进步奖5项，国家及省级农牧渔业丰收奖22项，取得国家实用新型专利32项，这些成果的取得，为农作物增产、农业增效和农民增收发挥了积极的作用。

2. 农机装备制造工业蓬勃兴起

据统计，“十二五”期间，甘肃省农机生产企业从过去的不足30个增加到现在的130多个，其中规模以上15个，涌现出如大禹、奥凯、瑞盛凯美特、兰石、洮河、三牛、铸陇等一批具有明显发展优势的骨干龙头企业。“十二五”期末农机装备制造业规模以上企业工业增加值达到7.51亿元；工业总产值达到25.04亿元，年均增速约为13%。总而言之，甘肃省农机装备制造业规模以上企业工业增加值、工业总产值和利税总额等主要指标持续增长（见表4）。全省农业机械及配套农机具生产能力覆盖11大类46个小类76个品目400多个品种，基本形成了以旱作农机具为主、种类齐全、型号多样且具有地方特色的农机装备制造企业群。特别是种子加工、节水滴灌、覆膜播种、马铃薯种植收获、深松联合整地、葡萄埋藤等自主品牌的农机具广受欢迎，企业研发产品服务现代农业的意识不断增强，技术改造与研发能力不断提升，为农业机械化发展提供了有力的装备支撑。

表4　甘肃省农机装备制造业规模以上企业主要经济指标情况统计

年　份	企业单位数（个）	从业人员（万人）	工业增加值（亿元）	工业总产值（亿元）	利税总额（亿元）
2011	14	0.6	4.67	15.56	0.71
2012	15	0.62	5.74	19.13	1.46
2013	15	0.63	6.54	21.81	1.26
2014	15	0.63	6.68	22.28	3.15
2015	15	0.64	7.51	25.04	2.55

资料来源：参照甘肃省统计局和甘肃省农业机械鉴定站相关数据。

3. 农机化标准体系日趋完善

“十二五”以来，全省共制修订《深松机械作业技术规范》等42项地方标准，较“十一五”末增加5项，其中产品标准20项，应用标准22项，全部以地方标准发布。同时甘肃农机化信息网开辟了农机化标准专栏，结合农机化适用技术培训、科技下乡等机会，广泛开展农机化标准的宣贯工作，扩大了标准的宣传面，增强了执行力。

4. 形成了完整的农业机械化科技推广体系

截至2015年底，全省共有省、市、县、乡四级农机化技术推广机构1179个，其中省级1个，市级12个、县级71个、乡级1095个。全省14个市（州）中，除嘉峪关和陇南两市外，其余市州均设有农机推广站。71个县区级推广机构中，有5个县（区）独立建站，其余均为县农机（业）局内设机构。乡镇级农机推广机构中，92.8%的乡站已与农技、林业、畜牧等部门合并，基本实行了“四（五）站合一”，成立了农业技术综合服务站（中心）。截至2015年底，全省实有农机科技推广人员2569人，其中省级33人、市级233人、县级491人、乡级1695人。

5. 形成了稳定的农业机械化教育培训体系

截至“十二五”末，全省14个市（州）共有农机化技术学校和拖拉机驾驶员培训学校86所，其中市州级6所、县区级79所、企业自主创办1所，有独立事业机构和编制的农机化学校数量为52所，拥有教学人员998人。五年来，通过加强农机化教育培训机构软硬件设施建设，农机管理系统充分发挥整体效能作用，积极创新培训方式，累计培训各类农机化人才120.8万人；其中农机管理人员1.6万人、农机技术人员8.3万人、农机操作人员110.9万人。积极争取“阳光工程培训”、“新型职业农民培育工程”等培训资金1287.9万元，培训新型职业农民3.23万人；以农业—113站为龙头，全省建立35个职业技能工作站，通过农机职业技能鉴定并获得职业资格证书达5200人。

6. 重点技术推广成效显著

（1）国家重点保护性耕作项目顺利实施。“十二五”期间，全省共建立保护性耕作示范县55个。其中农业部财政项目县23个，累计投资860万元；国家发改委、农业部基本建设项目县32个，累计投资1.09亿元。带动全省完成保护性耕作示范面积20.1万公顷，免耕播种面积8.9万公顷，机械化秸秆还田面积14.1万公顷，机械深松面积18.7万公顷。通过项目实施，适应甘肃省农业生产特点的保护性耕作技术模式进一步完善了，取得了显著的经济、社会和生态效益。据测算，实施保护性耕作节约机械作业费730元/公顷，小麦增产315千克/公顷，玉米增产390千克/公顷，油菜增产104千克/公顷。

（2）旱作农业机械化技术体系进一步健全。玉米机械化重点以全膜双垄沟播技术为主推技术模式，组装配套了机械深松、旋耕整地、点播、植保和田间废膜捡拾等技术，形成了较为完整的机械化技术体系，年推广机械起垄覆膜面积73.3万公顷，占总面积70%以上，配套机具保有量达到15万多台。小麦机械化重点推广全膜覆土穴播技术模式，年推广面积在6.7万公顷以上。马铃薯机械化重点推广以机械整地、播种、中耕培土、植保、杀秧和挖掘为主的全程机械化技术模式。三大作物机械化技术体系及其配套机具的进一步完善和健全，为保障全省旱作农业区粮食安全，促进农民增收，推动现代农业发展奠定了重要基础。同时，围绕中药材、林果业、蔬菜等特色产业的机械化关键技术进行全面试验示范。

（3）主要农作物生产全程机械化推进行动全面启动。2014年省农牧厅印发了《关于加快推进粮食生产全程机械化的意见》，并在武威市召开了全省主要农作物生产全程机械化推进会。2015年又出台了《甘肃省农牧厅关于开展主要农作物生产全程机械化推进行动的实施意见》，明确了发展目标、重点内容及区域布局，在全省安排了7个省级玉米、马铃薯机械化示范点，不同作物的市级示范点38个，省政府在酒泉召开全省农业机械化现场推进会，标志着主要农作物生产全程机械化推进工作全面启动。

（二）面临的挑战

1. 农作物生产的多样性与农机供给不相适应

受地理条件和环境气候的影响，甘肃省农作物种类多，农艺栽培技术模式多样，特别是随着现代农业建设进程的加快，马铃薯、制种玉米、蔬菜、药材、瓜果、棉花等特色优势产业发展势头强劲，但与之配套的农机具研发相对滞后，相关制度、政策不配套，难以满足现代农业发展需要。

2. 农机化科技创新、推广资金投入不足

近几年，甘肃省对农机化科技创新的投入严重不足，特别是农机具研发资金严重不足，致使一些农业生产急需的先进实用机械化技术及其配套农机具无法及时引进、消化、吸收、研制、试验、示范和推广，严重制约了农机科技创新能力的提升。受农机科技推广经费和技术人才制约，部分农机化科技成果在农业生产中得不到有效应用，农机化对现代农业发展的科技贡献率还较低。

3. 农机化科技创新体系有待完善

一是基层农机专业技术人员占比低，知识更新慢，队伍老化，发展后劲不足，专业实用人才缺乏，使行业职能发挥不够充分，难以适应新时期农机化跨越发展的需要；二是农机化科技推广手段落后，缺少必要的试验样机、测试仪器、交通工具和试验基地；三是农机化教育培训缺乏有效抓手，培训效果不佳。

4. 农机装备不足与结构不合理矛盾并存

农业机械装备总量还不能满足农业生产特别是特色产业快速发展的需要。装

备结构不合理，表现为“三多三少”，即动力机械多、配套机具少，小型拖拉机多、大中型拖拉机少，粮食生产机械多、经济作物及特色产业机械少。

5. 区域发展不平衡，中南部地区发展难度加大

以主要农作物耕种收综合机械化水平衡量，酒泉、金昌、张掖、嘉峪关4市率先进入高级阶段，武威、庆阳、白银、兰州、临夏5市步入中级阶段，平凉、定西、天水、甘南、陇南5市州还处于初级阶段。中南部及少数民族地区加快农机化发展的难度大。

四　甘肃省农机化科技发展目标任务

（一）总体思路和发展目标

1. 总体思路

围绕全面建成小康社会的目标，树立“创新、协调、绿色、开放、共享”的发展理念，以转变农业生产方式、农业节本增效、优化农机装备结构、提升农产品竞争力为主线，以农机化实现“全程、全面、高质、高效”为目标，以农机购置补贴政策落实和安全生产为重点，以农机社会化服务组织建设为突破口，以农机质量安全为保障，以主要农作物全程机械化推进和新机具研发推广为抓手，大力推广农机深松整地增产措施，突出“调结构、提品质、降成本、补短板、促融合、可持续”六项重点任务，努力推动全省农业机械化持续健康协调发展，为现代农业发展提供人才、技术和机具保障。

2. 发展目标

“十三五”期间全省要大力推进农业机械化，扶持发展大中型、多功能、高性能、节能环保的农业机械，加快废旧机具报废更新，逐步解决农业机械结构性过剩与不足并存的矛盾；积极研发推广农业生产急需的各类农机装备，全面推进主要农作物生产全程机械化，大力发展农机社会化服务组织，鼓励农机合作社和大户发展农业生产全程托管或主要生产环节托管服务，着力拓宽农机社会化服务范围。支持新型农机社会化服务主体开展代耕代种、联耕联种等专业化、规模化服务，加快设施农业、畜禽养殖业、中药材、果业的自动化、智能化、机械化发展。力争到“十三五”末，全省农机总动力达到3150万千瓦以上；主要农作物机械化综合水平提高11.6个百分点，达到60%；农机经营服务总收入达到130亿元以上，纯收入达到50亿元以上。农机安全生产形势持续稳定向好，规范和

扶持农机专业合作社达到1500个以上；累计实施农机深松整地作业补贴面积156.7万公顷。

表5 甘肃省“十三五”农业机械化发展主要指标

指 标	单位	2015年	2016年	2017年	2018年	2019年	2020年	年均增长（%）
农业机械总动力	万千瓦	2685	2770	2860	2960	3050	3150	3.25
主要农作物耕种收综合机械化水平	%	48.4	50	52.5	55	57	60	4.4
拖拉机拥有量	万台	77.4	80	82	84	87	90	3.06
规范和扶持农机专业合作社	个	150	400	650	900	1200	1500	58.49
拖拉机配套农具	万台(套)	163.6	167	173	180	187	195	3.57
农机经营服务总收入	亿元	107.5	110	114	119	124	130	3.87
农机经营服务纯收入	亿元	40.8	41.7	43.5	45.5	47.6	50	4.15

（二）重点研究任务

1. 加强共性技术研究

（1）机械化耕作技术。重点研究不同模式保护性耕作技术体系与配套农机具，提升山地耕作机械作业性能。

（2）机械化种植技术。重点研究种子等离子、包衣等播前处理、精量播种、膜上播种、高效移栽技术与配套农机具。

（3）机械化田间管理技术。重点研究高效中耕、膜上追施肥、精准施药、高构架跨行自走式中耕施肥喷药技术与配套农机具。

（4）节水技术与装备。重点研究膜下微滴灌、注水补灌技术与配套农机具。

（5）机械化收获技术。重点研究玉米籽粒收获、马铃薯挖掘装袋联合收割、青饲料收割打捆裹包、果蔬类作物收割技术与配套农机具。

（6）农业资源综合利用技术。重点研究作物秸秆覆盖种植、秸秆还田等机械化技术与配套农机具。

（7）种业机械化技术。重点研究种子干燥等生产机械化技术与配套农机具。

（8）农机鉴定与检测技术。重点研究农机试验鉴定方法、检测技术、农机安全监理检测技术。

2. 突破关键技术，完善技术体系

（1）玉米：重点研究膜上直插式精量播种、双垄沟不对行收获、茎穗兼收、籽粒收获、青贮收获、秸秆捡拾打捆、秸秆捡拾装箱等技术与配套农机具。

（2）马铃薯：重点研究撒肥、起垄播种铺膜等复式种植、挖掘分装袋等联合收割机械化技术与配套农机具。

（3）中药材：重点研究中药材直播机械化技术与装备，挖掘、分离、收集等多功能联合收割机械化技术与装备，清洗、切片、烘干等产后加工技术与配套农机具。

（4）油菜：重点研究油菜直播、高效低损失收割机械化技术与配套农机具。

（5）果蔬：重点研究果园管理、蔬菜移栽与收割、干燥等机械化技术与配套农机具。

3. 拓宽研究范围

（1）畜禽养殖机械化技术。重点研究畜禽圈舍自动化饲喂和粪便资源化利用等机械化技术与配套农机具。

（2）渔业机械化技术。重点研究增氧、投饵、水质监控、水产品综合利用技术与配套农机具。

（3）草业机械化技术。重点研究山地中小型牧草收获、深加工、便携草原喷药等技术与配套农机具。

（4）农产品深加工机械化技术。重点研究农副产品综合利用机械化技术与配套农机具。

4. 加强软科学研究

重点研究农机化发展理论、战略与政策，研究全程农机化技术模式与技术路线、农机化技术推广理论与方法、农机化生产与服务信息化、农机化标准等。

（三）支持保障措施

1. 加强领导，靠实责任

各级政府及农机部门要加强对农机化发展的组织领导，健全机构，明确责任，加强协调，将目标任务分层、分级落实到各有关单位，靠实责任，形成齐抓共管，抓好落实工作格局。完善考核办法，加大考核和监督检查力度。全面落实农机安全生产和农机补贴政策一把手负责制，确保“十三五”农机化发展目标顺利实现。

2. 加大投入，落实惠农政策

以完善落实政策为重点，继续发挥好农机购置补贴政策的导向和助力作用，积极争取政府、财政和有关部门支持，努力为农机化科技创新推广提供良好的发展环境，不断增强农机科技创新动力。同时，全面落实国家和省出台的各项农机化政策扶持措施，用足用活农机购置补贴政策，有效调动和保护农民购机、用机积极性。鼓励企业生产和支持农民购置技术先进、实用可靠、节能环保的农业机械装备，加快提高全省农机化综合水平，改善农机装备结构。扩大农机具购置补贴范围，大幅度增加深松整地、秸秆还田等增产效果显著、生态效益突出的机械化作业面积。积极推广农机政策性保险、农机抵押贷款及信贷贴息等政策。

3. 科技引领，培养人才队伍

深入开展农机科技教育培训行动，加快建设管理、技术、作业服务三支保障有力的农机化人才队伍。农机管理部门要积极作为，做好与财政、教育、劳动保障、科技、计划、社会办学力量等相关部门的沟通和协调，构建广泛参与的新型农民教育培训体系，以提高农机手职业技能和致富能力为重点，创新培训方法，通过集中讲授、现场演示观摩、示范带动、跟踪指导进一步提高农民的素质，大力培养一批农机操作、维修、经营高手，从而助推农机化新技术、新机具的大面积示范推广。

4. 建立技术创新平台、完善创新体系及运行机制

农机管理部门大力鼓励企业与大专院校、科研院所、推广部门合作，将“产学研推”的合作模式拓展到“产、学、研、推、管”的联合创新研发机制。该机制将高校院所的技术力量、机具生产企业的加工生产能力和推广部门的大力示范推广、农机管理部门的协调指导集合在一个平台上，这个平台将充分利用全省的农机行业资源，形成稳定的研发团队，为全省农业机械化科技创新提供全面、有效的支撑。并从遵循农业区域性特征出发，以农业生产区域为基础，根据区域特色，分区域、分作物建立科研攻关小组和作业示范点，使农机科研工作更适合本地区的特点和发展需要，避免现有科研的低水平重复和恶性竞争，提高研发水平，实现关键技术的突破。

5. 构建多元化的新型农机推广体系，加速成果转化

在不断完善和加强农业机械化基层推广体系的同时，大力调动农机科研机构、高等院校、农机企业、农机协会、农机学会、农机专业合作社、农机大户等社会力量参与到农业机械化技术的推广工作中来，实现农机科技推广组织的多元化、推广形式多样化，加速农机化技术成果的推广和应用，促进农机社会化服务体系的建设和发展。一是建立健全以县乡农机推广机构为重点的基层农机化技术

推广体系，推进机构、人员、素质和制度建设，发挥主体作用。二是引导企业与农机科研机构紧密结合，增加创新投入，提升科研实力，不断研发新技术、新产品，逐步完善多元化农机科技创新推广体系，积极探索新型运行机制和服务模式，建立以市场为导向、创新为基础、服务为手段的推广机制。三是利用“专家+试验示范点+技术指导员+示范户+辐射带动户”的农业科技成果转化机制，转变科技推广与服务模式。

6. 扶持农机社会化服务组织发展

大力扶持新型农机社会化服务组织发展，鼓励和引导农民带土地、机具、资金、技术等加入合作社，并在项目、培训、机具购置等方面给予一定的政策和资金扶持倾斜，促进农机合作社规范化发展。建立健全以农机服务组织为主体，农机中介服务为纽带，农机供应、作业、维修、租赁为主要服务内容的农机社会化服务组织，将农机社会化服务组织建设成为实施农机化科技推广的主要载体。

参考文献

罗锡文、廖娟等：《提高农业机械化水平促进农业可持续发展》，《农业工程学报》2016 年第 1 期。

李涛：《对国内外农业机械化新技术的现状与发展的探讨》，《农业与技术》2013 年第 10 期。

崔冰：《简述农业机械化现状与发展趋势》，《现代农业》2010 年第 11 期。

张建军、严森：《国内外农业机械化发展现状及趋势》，《农业机械》2010 年第 20 期。

赵军平：《国内外农机装备发展现状及发展趋势》，《河北农机》2012 年第 2 期。

《张桃林副部长在全国农业机械化工作会议上的讲话（摘要）》，《中国农机化导报》2016 年 2 月 22 日。

农业部农业机械化管理司编《中国农业机械化科技发展报告，1949～2009》。

农业部农业机械化管理司编《中国农业机械化科技发展报告，2009～2010》。

中国农业机械化协会编《中国农业机械化发展报告，2004～2014》。

张仕力：《我国农机化发展中存在的问题及对策探讨》，《湖南农机》2014 年第 7 期。

现代农业研究中心：《农业部办公厅关于印发全国农业机械化专项发展规划的通知》，http：//blog. sina. com. cn/s/blog_ 943b2df30100yytx. html，2012。

易中懿：《依靠科技进步，引领和支撑农机化又好又快发展》，《现代农业装备》2011 年第 10 期。

广隶：《努力推动甘肃农机化事业跨越发展》，《中国农机化导报》2012 年 11 月 12 日。

《加快转变发展方式　努力推动农业机械化科学发展——农业部张桃林副部长在全国农业机械化工作会议上的讲话摘要》，《农业机械》2011 年第 1 期。

G.24

从《甘肃农业科技》文献计量看甘肃农业科技发展

王恒炜　刘润萍　梁志宏*

摘　要：笔者对2011～2015年《甘肃农业科技》涉及甘肃农业科技的1726篇文献、10130个关键词进行文献计量分析，发现载文量、页码数、基金项目论文数均逐年上升，篇密度却呈下降趋势。文献集中在农作物、旱作农业、蔬菜学、植物保护、土壤肥料、中药材等学科，年际变化不大。排名前10的关键词是新品种、旱作农业、玉米、产量、小麦、全膜、品比试验、马铃薯、双垄沟播、播种技术。文献主要作者来自县、市级机构和省属科研院校，有高产机构21个，核心作者351位，高产作者21位。进入文献高产机构排名前10的有5个县（区）、5个研究院所。以全膜双垄沟播为代表的旱作农业及其配套技术，是"十二五"期间甘肃农业科技持续关注的热点，关注的主要作物是玉米、小麦、马铃薯，关注点是产量。日光温室也是持续关注的另一个热点。关键词和研究热点年际变化不大。

关键词：甘肃　《甘肃农业科技》　文献计量分析　农业科技　热点学科

《甘肃农业科技》1963年创刊，甘肃省农业科学院主管、主办，是甘肃农业

* 王恒炜，研究员，现任甘肃省农业科学院农业经济与信息研究所副所长，《甘肃农业科技》主编。主要从事瓜类育种和农业科技信息传播工作；刘润萍，甘肃省农业科学院农业经济与信息研究所副研究员，主要从事期刊编辑及农业科技信息传播工作；梁志宏，甘肃省农业科学院农业经济与信息研究所副研究员，主要从事期刊编辑及农业科技信息传播工作。

科技领域刊载论文数量最多、连续出版时间最长、发行量和影响力最大的综合性农业科技期刊。《甘肃农业科技》作为甘肃农业科技对外的重要窗口和名片，始终坚持“理论与实际结合，学术与技术并重，普及与提高兼顾”的办刊方针，对甘肃农业科技进步和农村经济发展产生了较大的影响，比较客观地反映了甘肃农业科技进步的历程和总体水平。《甘肃农业科技》1992 年入选《中文核心期刊要目总览》（中文核心），连续入选中文科技期刊数据库、中国核心期刊（遴选）数据库、中国期刊全文数据库（CJFD）、中国学术期刊综合评价数据库（CAJCED）、超星期刊域出版平台、中国终身教育学术研究数据库。曾获全国优秀农业期刊二等奖、《CAJ－CD 规范》执行优秀奖、全国优秀科技期刊三等奖、甘肃省优秀期刊奖等。

文献计量分析是一种基于数理统计的定量分析方法，通过分析可以对某一学科领域的发展前沿与热点、某一地区的科技发展水平、某一群体的科研产出情况、科技人员的研究能力等做出科学的评价，是目前绩效考核评价普遍采用的定量参考指标。

本报告试图通过对涉及甘肃农业科技的文献进行定量分析，透过文献看到“十二五”期间甘肃农业科技关注的热点、前沿、总体变化趋势以及取得的成就等，为各级决策机构确定科研重点、学科建设、科技资源配置、科技发展规划等提供参考。

一　数据来源及方法

利用中国知网（CNKI）的中国期刊全文数据库高级检索功能，设定检索控制条件：发表时间为“2011 年 1 月 1 日至 2015 年 12 月 31 日”，文献来源为“甘肃农业科技”，文献分类目录中学科领域选择为“全选”。检索时间 2016 年 5 月 2 日，进行期刊发表文献检索。得到的结果为：来源数据库“中国学术期刊网络出版总库”，共检索到文献 2024 篇，其中 2011 年 385 篇，2012 年 392 篇，2013 年 391 篇，2014 年 403 篇，2015 年 453 篇。

剔除征稿简则、专家和机构简介、著作权声明、法定计量单位及符号、征订启事等非科技文献，再剔除不涉及甘肃农业科技的文献，仅保留涉及甘肃农业科技方面的文献，但对作者机构是否属于甘肃行政区不作排除。另外，笔者在稿件的组稿编审过程中，从未刻意偏重某一学科或研究领域，不存在人为干涉稿件的学科分布问题，因此，对《甘肃农业科技》进行文献计量分析，基本可以客观地反映甘肃农业科技活动概况。

在完成数据人工筛选后，利用网络数据库自带的功能和 Excel 等工具，笔者分别对《甘肃农业科技》的载文量、高频次文献学科及年度分布、作者分布及高产作者、文献高产地区及高产机构、关键词、基金论文情况等指标进行统计分析。

二 文献计量分析

（一）载文量

载文量是指一定时期内期刊所刊载的相关学科的文献数量。对检索到的2024篇文献进行筛选，得到科技文献1876篇，年均载文量375.2篇。其中，涉及甘肃农业科技的文献1726篇，占5年载文量的92.0%（见表1、图1），另有150篇内容涉及全国其他25个省（市、区），说明《甘肃农业科技》具有鲜明的地域性，在省内具有广泛的代表性和较高的知名度与影响力，得到了省内农业科技工作者广泛的认同与支持，其文献可以反映甘肃农业科技发展的概貌。

从表1可以看出，年载文量、页码数、期均载文量逐年稳步上升，篇密度呈逐年下降的趋势，说明载文信息量和信息输出量在稳步提升，文献的篇幅增加，研究和探讨的深度广度相对拓展。

表1　2011～2015年《甘肃农业科技》科技文献统计

年份	2011	2012	2013	2014	2015	合计
全部科技文献						
年载文量(篇)	355	361	362	381	417	1876
期数(期)	12	12	12	12	12	60
页码数(页)	796	768	816	864	1134	4378
篇密度(篇/页)	0.45	0.47	0.44	0.44	0.37	0.43
期均载文量(篇)	29.58	30.08	30.17	31.75	34.75	31.27
涉及甘肃农业科技的文献						
年载文量(篇)	332	340	347	358	349	1726
占全部载文量之比(%)	93.5	94.2	95.9	94.0	83.7	92.0

（二）文献分布

1. 年度分布

文献的年度分布是期刊在某一时期内各年度发表文献数量的分布情况。进行年度分析可以看出总体变化趋势，以及科技活动及产出情况。

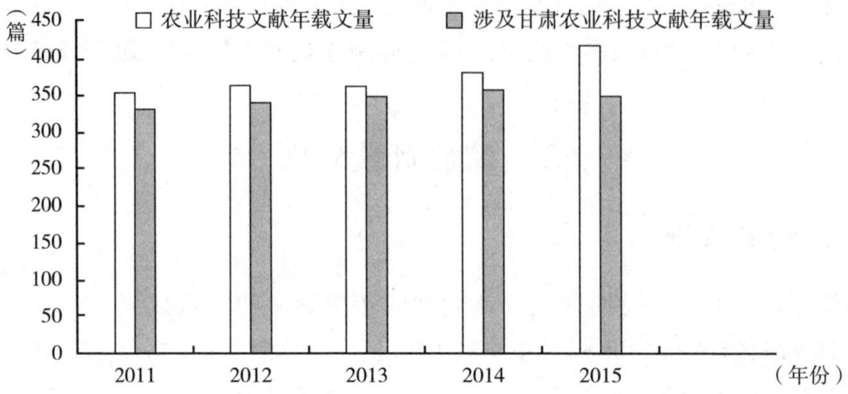

图1　2011～2015年《甘肃农业科技》年载文量

2011、2012、2013、2014、2015年涉及甘肃农业科技活动的文献，分别为332、340、347、358、349篇，年载文量持续上升（见表1、图1）。

2. 学科分布

（1）文献总的学科分布

按文献主要研究内容进行归类，对跨学科的文献，不重复计量。比如，主要研究农作物遗传育种、耕作栽培技术等内容的划入“农作物”学科，而主要研究干旱半干旱地区农作物品种选育、栽培技术、耕作制度、施肥技术等内容的列入“旱作农业”学科。由于园艺学文献数量较大，故进行了进一步细分，拆分为“蔬菜学”、“果树学”，并把观赏园艺划归“林业及绿化”。把文献数量较少的学科统计到“其他”学科（见表2）。由表2可以看出，排在前5位学科的是：农作物、旱作农业、蔬菜学、植物保护、土壤肥料，分别占总文献数的23.8%、14.8%、13.5%、9.9%、7.6%，合计占总文献数69.6%。说明从主要研究内容分类，这5个学科在甘肃农业科技体系中占有重要地位。

（2）学科年度分布

从表2、图2可以看出，农作物、旱作农业、蔬菜学、植物保护4个学科文献数量连续5年进入前5位，农作物、植物保护科学是传统学科，文献数量一直较多。旱作农业、蔬菜学文献数量连续5年进入前5位，与甘肃省“十二五”期间大力推广旱地农业新技术、调整农业产业结构密切相关。土壤肥料学科4年文献数量进入前5位，除了作为传统学科外，还与农业部“十二五”期间开展的测土配方施肥项目有关。中药材学科2014年文献数量进入前5位，这与“十二五”期间甘肃省大力扶持中药材产业有关。

表 2　2011～2015 年《甘肃农业科技》文献的学科分布（以文献研究内容划分）

单位：篇，%

学科	文献数量						占比
	2011 年	2012 年	2013 年	2014 年	2015 年	5 年合计	
农作物	78	92	62	90	88	410	23.8
旱作农业	48	50	57	63	38	256	14.8
蔬菜学	47	46	42	46	52	233	13.5
植物保护	28	44	36	33	30	171	9.9
土壤肥料	25	18	28	31	30	132	7.6
中药材	19	17	44	24	22	126	7.3
环境科学与资源利用	11	14	16	13	17	71	4.1
林业及绿化	18	11	11	7	10	57	3.3
果树学	9	10	11	10	16	56	3.2
农业经济	8	11	7	11	6	43	2.5
生物技术	10	5	8	6	10	39	2.3
其他	31	22	25	24	30	132	7.6
合　计	332	340	347	358	349	1726	100.0

综上所述，从文献的学科分布来看，“十二五”期间《甘肃农业科技》文献分布的热门学科是：农作物、旱作农业、蔬菜学、植物保护、土壤肥料、中药材。

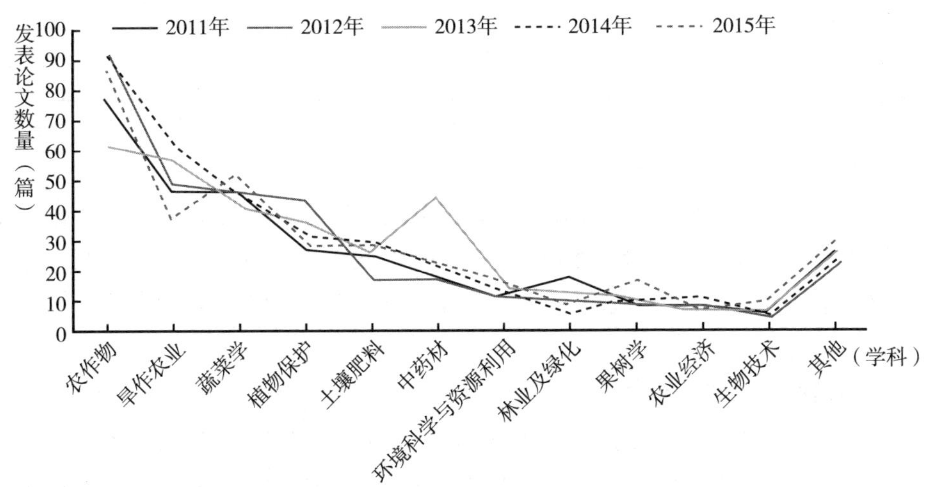

图 2　2011～2015 年《甘肃农业科技》文献的学科分布

（三）文献机构分布及高产机构

文献机构分布是指第一作者所在的机构分布，分布越广，说明期刊越具有开放性，作者队伍越具有广泛性。从文献计量的角度看，学术成就和造诣与科技人员发表的文献数量有关，地区或机构科技发展水平也与文献的产出有关。通过分析文献产出的地区或机构分布，读者不仅可以看出期刊文献的覆盖面和影响力，而且也可以了解一个地区或机构科研生产活动的活跃程度。通常以第一作者所在地作为文献的产出地，但笔者在对机构数据进行提取时发现，“十二五”期间有一批机构更名，因此，笔者以更名后的机构名称进行了统一规范。

1. 系统分布

从表3统计结果看，在5个作者系统分类中，文献数量排名依次是：县级机构、高校及省属科研院所、市级机构、省级机构、企业，文献数分别占41.5%、27.9%、24.9%、3.7%、2.1%，说明《甘肃农业科技》的主要作者是县、市级科研推广等机构和高校及省属科研院所。

表3　2011～2015年《甘肃农业科技》第一作者系统分布

单位：篇，%

系统	文献数	占比
县级机构	716	41.5
高校及省属科研院所	482	27.9
市级机构	429	24.9
省级机构	63	3.7
企业	36	2.1
合　计	1726	100

2. 市州与省级院校分布

按全省14个市（州）和甘肃省农业科学院、甘肃农业大学两个省级科研教学机构统计，发表文献数量排在前5位的是：甘肃省农业科学院、平凉市、定西市、武威市、天水市，分别占总文献量的17.79%、11.82%、10.37%、8.92%、8.63%（见表4）。

3. 县域或县级机构分布

按甘肃省县级行政区和县（处）级及以上有关农业科技机构统计，涉及甘肃农业科技的1726篇文献分布在全省14个市（州），72个县（市、区），126个县级机构，覆盖率为83.7%。发文数量排名前50名的机构见表5。

表 4　2011 ~ 2015 年《甘肃农业科技》稿件第一作者市州或机构分布

单位：篇，%

排名	市州与省级院校	文献数	占比
1	甘肃省农业科学院	307	17.8
2	平凉市	204	11.8
3	定西市	179	10.4
4	武威市	154	8.9
5	天水市	149	8.6
6	兰州市	104	6.0
7	酒泉市	98	5.7
8	甘肃农业大学	92	5.3
9	张掖市	85	4.9
10	白银市	75	4.4
11	庆阳市	69	4.0
12	临夏州	63	3.7
13	陇南市	30	1.7
14	甘南州	23	1.3
15	金昌市	13	0.8
16	嘉峪关市	3	0.2

表 5　2011 ~ 2015 年《甘肃农业科技》文献县域或县级机构分布（机构发文量 10 篇以上）

单位：篇

序号	县域或县级机构	文献数	排名
1	临洮县	88	1
2	天水市农业科学研究所	75	2
3	庄浪县	58	3
4	甘肃省农业科学院土壤肥料与节水农业研究所	44	4
5	定西市农业科学研究院	39	5
6	古浪县	37	6
7	甘肃农业大学农学院	34	7
8	凉州区	32	8
9	天祝县	32	8
10	甘肃省农业科学院作物研究所	30	10
11	平凉市农业科学研究所	29	11
12	甘肃省农业科学院植物保护研究所	28	12
13	静宁县	28	12
14	酒泉市农业科学研究院	28	12

续表

序号	县域或县级机构	文献数	排名
15	泾川县	27	15
16	甘肃省农业科学院蔬菜研究所	26	15
17	民勤县	26	15
18	甘肃省农业科学院农业经济与信息研究所	25	18
19	甘肃省农业科学院旱地农业研究所	24	19
20	景泰县	23	20
21	临夏州农业科学研究院	23	20
22	会宁县	22	22
23	甘肃省农业科学院生物技术研究所	21	23
24	灵台县	20	24
25	甘肃省农业科学院畜草与绿色农业研究所	17	25
26	环县	17	25
27	兰州市农业研究技术推广中心	17	25
28	甘肃省农业科学院林果花卉研究所	16	28
29	安定区	15	29
30	甘肃省农业科学院经济作物与啤酒原料研究所	15	29
31	玉门市	15	29
32	白银市农业科学研究所	14	32
33	甘肃农业大学资源与环境学院	14	32
34	甘肃省农业科学院小麦研究所	13	34
35	庆阳市农业科学研究院	13	34
36	肃州区	13	34
37	榆中县	13	34
38	瓜州县	12	38
39	民乐县	12	38
40	山丹县	12	38
41	甘南州农业科学研究所	11	41
42	华池县	11	41
43	临泽县	11	41
44	张掖市农业科学研究院	11	41
45	甘谷县	10	45
46	临夏县	10	45
47	陇西县	10	45

（1）县（处）级及以上农业科研机构　排在前10位的是：天水市农业科学研究所、甘肃省农业科学院土壤肥料与节水农业研究所、定西市农业科学研究

院、甘肃农业大学农学院、甘肃省农业科学院作物研究所、平凉市农业科学研究所、甘肃省农业科学院植物保护研究所、酒泉市农业科学研究院、甘肃省农业科学院蔬菜研究所、甘肃省农业科学院农业经济与信息研究所。

（2）县级行政区　排在前 10 位的是：临洮县、庄浪县、古浪县、凉州区、天祝县、静宁县、泾川县、民勤县、景泰县、会宁县。

（3）县级行政区和县（处）级及以上农业科研机构综合排名　排在前 10 位的依次是：临洮县、天水市农业科学研究所、庄浪县、甘肃省农业科学院土壤肥料与节水农业研究所、定西市农业科学研究院、古浪县、甘肃农业大学农学院、凉州区、天祝县、甘肃省农业科学院作物研究所，分别占总发文量的 5.1%、4.4%、3.4%、2.6%、2.3%、2.1%、2.0%、1.9%、1.9%、1.7%。这些机构合计发表文献数占总文献数的 27.3%。

发文量在 8 篇以上县（区）正是甘肃省农业科技发展较好的县（区），发文量分布情况与县域的农业科技实力及活跃程度基本相符。而广河县、合作市、徽县、康县、两当县、碌曲县、玛曲县、平川区、西和县、夏河县、舟曲县、卓尼县等 14 个县发表文献数为 0，说明这些地区的农业科技工作发展不足或科技活动不够活跃。

4. 高产机构

发表 2 篇以上文献的机构有 205 个。我们把排在前 10% 的机构认定为高产机构，《甘肃农业科技》共有高产机构 23 个，其中，农业技术推广中心（站）9 个，甘肃省农业科学院下属的研究所有 8 个，市级农业科学研究院所 5 个，甘肃农业大学下属学院 1 个，说明《甘肃农业科技》为甘肃农业科研、推广、人才培养、学科建设搭建了一个较好的交流平台（见表 6）。

表 6　2011～2015 年《甘肃农业科技》文献高产机构分布

单位：篇

排名	机构	文献数
1	天水市农业科学研究所	74
2	临洮县农业技术推广中心	57
3	庄浪县农业技术推广中心	50
4	甘肃省农业科学院土壤肥料与节水农业研究所	44
5	定西市农业科学研究院	39
6	甘肃农业大学农学院	33
7	甘肃省农业科学院作物研究所	30
8	平凉市农业科学研究所	29

续表

排名	机构	文献数
9	甘肃省农业科学院植物保护研究所	28
10	酒泉市农业科学研究院	27
11	甘肃省农业科学院蔬菜研究所	26
12	甘肃省农业科学院农业经济与信息研究所	25
13	甘肃省农业科学院旱地农业研究所	24
14	临夏回族自治州农业科学研究院	23
15	民勤县农业技术推广中心	21
15	甘肃省农业科学院生物技术研究所	21
15	武威市凉州区农业技术推广中心	21
16	泾川县农业技术推广中心	20
16	天祝藏族自治县农业技术推广中心	20
20	甘肃省农业科学院畜草与绿色农业研究所	17
21	景泰县农业技术推广中心	16
21	静宁县农业技术推广中心	16
21	甘肃省农业技术推广总站	16

（四）文献作者

1. 作者群变化

从文献第一作者（不含通信作者）职称分布统计结果来看（见表7），“十二五”期间，由于载文量增加，第一作者呈小幅增加，副高职称以上作者数量增加明显；初级职称人数变化不大，博士和在读硕士人数明显增多。甘肃行政区以外作者及其所在区域基本稳定。

表7　2011～2015年《甘肃农业科技》第一作者职称分布

单位：人

年份	正高	副高	中级	初级	合计
2011	8	10	191	99	2319
2012	20	55	174	110	2371
2013	21	61	165	108	2368
2014	13	72	184	100	2383
2015	12	91	195	112	2425

2. 核心作者

作者群和主要作者分布，可以反映科技工作的活跃情况和期刊对不同地区农业生产的影响及所产生的社会效益。依据文献计量学中的普勒斯公式：M = 0.749（Nmax），其中 M 为文献篇数，Nmax 为统计年限中最高产作者的文献数，发表文献在 M 篇以上的作者即为核心作者。《甘肃农业科技》 M = 1.8347 ≈ 2，即发表 2 篇以上文献的即为《甘肃农业科技》的核心作者，2011 ~ 2015 年共有核心作者 351 名。

3. 高产作者

高产作者是指长期持续活跃在某一专业领域前沿，发文量较高，对学科领域贡献和影响较大的科技人员，也是使刊物不断发展的中坚力量。笔者把排在前 5% 的核心作者列为期刊的高产作者，即发表文献 4 篇以上的作者为高产作者，共有高产作者 21 位。

（五）关键词与热点学科

关键词从一个高度概括的角度反映研究的内容、方法、地域、对象等，通过分析关键词，人们可以把握学科发展的热点及动态，了解过去的关注点、现在的热点以及将来的发展趋势。在没有刻意组稿和人为干涉稿件的情况下，关键词在文献中随机出现的时间及频次，基本可以反映出某一时间段所研究的问题被社会的关注度，出现频次较高的关键词往往与科技发展中热点问题、焦点问题呈正比关系。从关键词出现频次的时间更迭还可以看出研究的变化趋势。从高频关键词的分布可以看出研究的热点，而低频关键词则可能包括创新点。由于关键词由作者自行抽取，不同的人抽取方法不同，给统计带来一定的困难，但事实上关键词是作者认为文献的关键所在，能够在一定程度上表达文献的主题。

1. 关键词词频分析

涉及甘肃农业科技的 1726 篇文献共列出关键词 10130 个，每篇文献均标有关键词。在提取关键词时，笔者发现同一关键词在不同文献中有不同的表达方法，所以，先对关键词进行了规范，然后进行分类汇总分析。规范采用了两种方法：一是统一，即将同义词和不规范词进行统一。例如：将胡麻、亚麻规范为亚麻，当归、岷归、秦归规范为当归，栽培技术、种植技术等规范为栽培技术，双垄沟播、全膜双垄沟、双垄沟、垄作沟播、全膜双垄沟播等全部规范为全膜双垄沟播，播种面积、种植面积、栽植面积统一为播种面积，旱作农业、雨养农业、干旱半干旱农业、旱地农业统一为旱作农业，品比试验、品种比较试验、引种试验、品种引进试验等统一为品比试验。二是归类，即将同一类别的关键词归到大类。例如：将药剂、杀虫剂、杀菌剂、烟雾剂、烟剂、除草剂等归到药剂，将间作套种、间作、套种、套作、复种等归到间作套种，将兰州和兰州市归为兰州，河西地区、河西和河西走廊归为河西走廊等。

从表 8 关键词的统计结果可以看出，词频排在前 10 位的是：新品种、旱作农业、产量、玉米、小麦、品比试验、全膜、马铃薯、双垄沟播、播种技术，即以全膜覆盖双垄沟播技术为中心的新品种及其播种技术，研究的主要作物为玉米、小麦、马铃薯及其产量。这与《甘肃省“十二五”规划纲要》，提出“四

表 8　2011 ~ 2015 年《甘肃农业科技》频次为前 50 位的关键词

单位：次

排序	关键词	频次	排序	关键词	频次
1	新品种	312	26	病虫草害	53
2	旱作农业	212	27	标准化	52
3	产量	195	28	灌溉	51
4	玉米	195	29	药剂	48
5	小麦	177	30	资源	48
6	品比试验	173	31	生态环境	43
7	全膜	173	32	防效	41
8	马铃薯	152	33	覆土穴播	41
9	双垄沟播	125	34	间作套种	41
10	播种技术	117	35	辣椒	41
11	日光温室	116	36	播种面积	40
12	地膜覆盖	105	37	灌区	40
13	土壤	93	38	管理	39
14	产业	87	39	番茄	38
15	选育	81	40	节水	37
16	油菜	76	41	品质	37
17	蔬菜	74	42	施肥	35
18	防治	70	43	亚麻	35
19	高产栽培	70	44	栽培模式	35
20	温度	70	45	覆盖技术	34
21	配方施肥	65	46	增产效果	34
22	种子	60	47	日照时数	33
23	气候	56	48	土壤养分	33
24	大棚	54	49	大豆	32
25	密度	54	50	早熟	31

个一千万亩”工程，以及“把全膜双垄沟播技术作为确保全省粮食安全的新技术，要求每年推广1000万亩以上”高度吻合。“新品种”以及“品比试验”进入前10位，这与甘肃省复杂的区域小气候条件对品种的特殊需求有关，也说明甘肃省广大农业科技工作者重视生产实际需求和新品种选育。

因此，“十二五”期间，《甘肃农业科技》关注的热点是：以全膜双垄沟播技术为代表的旱作农业技术及其与之配套的新品种引进和选育、栽培技术，关注的主要作物是玉米、小麦、马铃薯，关注点是产量。

2. 地域名关键词分析

对文献中列为关键词的地域名进行词频排序，可以看出：以甘肃省大的生态区域统计，文献关键词涉及的区域除甘肃省行政区排第一位外，集中在河西走廊、甘肃省中部、陇东旱塬区、高寒阴湿区；以市州级行政区统计，排在前5位的分别是：兰州市、天水市、平凉市、临夏州、定西市；以县区为单位统计，排在前10位的是：庄浪县、临洮县、凉州区、天祝县、静宁县、泾川县、古浪县、临夏县、红古区、民勤县。这与上述地区农业科技活动比较活跃，农业生产发展水平较好的情况基本一致（见表9）。

表9 2011~2015年《甘肃农业科技》高频次地域名关键词

单位：次

排序	关键词(区域)	词频	关键词(市州)	词频	关键词(县区)	词频
1	甘肃省	104	兰州市	35	庄浪县	46
2	河西走廊	50	天水市	34	临洮县	29
3	甘肃省中部	38	平凉市	28	凉州区	28
4	陇东旱塬区	30	临夏州	20	天祝县	23
5	高寒阴湿区	26	定西市	18	静宁县	20
6	小陇山	7	白银市	16	泾川县	18
7	流域	5	酒泉市	15	古浪县	13
8			庆阳市	12	临夏县	11
9			张掖市	12	红古区	10
10			甘南州	8	民勤县	10
11			金昌市	4	瓜州县	9
12					灵台县	9
13					秦安县	9
14					甘谷县	8
15					会宁县	8
16					积石山县	7

续表

排序	关键词(区域)	词频	关键词(市州)	词频	关键词(县区)	词频
17					玉门市	7
18					崇信县	6
19					皋兰县	6
20					环　县	6
21					景泰县	6
22					民乐县	6
23					山丹县	6
24					肃州区	6
25					敦煌市	5
26					靖远县	5
27					崆峒区	5
28					陇西县	5
29					安定区	4
30					武山县	4

3. 关键词年际变化与热点学科

由于统计的时间只有 5 年，而且正处于“十二五”期间，因此，文献关键词和研究热点年际虽有所变化，但变化不大。各年度关键词频次排在前 10 位的见表 10。

表 10　2011～2015 年《甘肃农业科技》年度频次为前 10 位的关键词

单位：次

排序	2011 年		2012 年		2013 年		2014 年		2015 年		5 年合计	
	关键词	词频	关键词	词频	关键词	词频	关键词	词频	关键词	词频	关键词	词频
1	新品种	61	新品种	61	新品种	59	新品种	66	新品种	65	新品种	312
2	旱作农业	44	玉米	47	旱作农业	48	产量	50	品比试验	44	旱作农业	212
3	小麦	37	产量	45	全膜	41	旱作农业	47	玉米	40	产量	195
4	玉米	35	全膜	42	产量	36	品比试验	44	小麦	35	玉米	195
5	产量	32	旱作农业	39	品比试验	33	小麦	44	旱作农业	34	小麦	177
6	全膜	25	播种技术	38	玉米	33	马铃薯	43	产量	32	品比试验	173
7	选育	25	马铃薯	32	马铃薯	32	全膜	42	马铃薯	24	全膜	173
8	品比试验	24	双垄沟播	31	小麦	32	玉米	40	全膜	23	马铃薯	152
9	马铃薯	21	日光温室	30	播种技术	29	双垄沟播	34	日光温室	20	双垄沟播	125
10	日光温室	21	小麦	29	产业	27	土壤	26	选育	19	播种技术	117

由表10可见，《甘肃农业科技》对旱作农业研究给予持续且高度的关注，5年间，年度最高频关键词几乎被旱作农业相关技术和玉米、小麦、马铃薯占据。以全膜双垄沟播技术为代表的旱作农业技术及与之配套的新品种引进和选育、栽培技术是《甘肃农业科技》持续关注的热点和重点，关注的主要作物是玉米、小麦、马铃薯，关注点是产量。另外，在5年间"日光温室"有3年进入年度关键词频次排名前10位，说明设施园艺也是《甘肃农业科技》持续关注的一个热点和重点领域。

（六）基金论文及年度分布统计

基金资助论文是指由各级政府部门、各类基金组织和企事业单位提供科研经费而产生的研究论文。分析基金论文，可以从另一个侧面看出政府和社会对科技活动引导的动向和领域。2011～2015年《甘肃农业科技》共刊载各类基金项目论文144篇，占发文总数的8.34%，国家自然科学基金、甘肃省自然科学基金、国家科技攻关计划资助的基金项目论文数，均呈现出逐年增多的趋势（见表11）。其中2015年增幅最为明显，超过前4年的总和。特别是国家科技攻关计划和国家自然科学基金项目资助的论文显著增加，说明"十二五"期间国家对西部政策的倾斜，而且成果已进入产出阶段。

表11　2011～2015年《甘肃农业科技》刊发基金论文情况

单位：篇，%

基金项目	文献数						比例
	2011年	2012年	2013年	2014年	2015年	合计	
国家自然科学基金	1	3	3	2	18	27	1.56
甘肃省自然科学基金	3	4	3	4	21	35	2.03
国家科技攻关计划	5	5	9	11	52	82	4.75
合　计	9	12	15	17	91	144	8.34

资料来源：CNKI。

（七）期刊影响力

根据中国知网"个刊影响力统计分析数据库"：《甘肃农业科技》2011～2014年（统计数据滞后1年）复合影响因子分别为0.170、0.175、0.139、

0.144，年际变化不大；复合总被引频次分别为1025、1111、977、1272次，呈上升趋势。

三 小结

借助中国知网（CNKI），对《甘肃农业科技》“十二五”期间涉及甘肃农业科技的文献进行计量分析，得到如下结论。

1.《甘肃农业科技》基本客观地反映了甘肃农业科技发展的概貌。载文量、页码数、基金项目论文数均呈逐年上升趋势，篇密度呈下降趋势。文献地域性强，信息量稳步提升，篇幅增加，深度相对提高。涉及甘肃农业科技的文献1726篇，占全部文献的92.0%；各类基金项目论文144篇，占全部文献的8.3%。

2.文献主要集中分布的学科是：农作物、旱作农业、蔬菜学、植物保护、土壤肥料、中药材等，学科间文献数量的年度排名变化不大。依CNKI学科分类法分：文献涉及40个学科，排在前5名的学科从多到少依次是农作物、园艺、植物保护、农业基础科学和农业经济，合计占总文献数的79.6%。依文献的研究内容分：文献数量排在前5位的学科从多到少依次是农作物、旱作农业、蔬菜学、植物保护、土壤肥料，合计占总文献数的69.6%。

3.文献的主要作者是县、市级科研推广机构和省属科研院校。文献的核心作者有351位，高产作者有21位，高产机构有21个。文献数量排在前10位的依次是：临洮县、天水市农业科学研究所、庄浪县、甘肃省农业科学院土壤肥料与节水农业研究所、定西市农业科学研究院、古浪县、甘肃农业大学农学院、凉州区、天祝县、甘肃省农业科学院作物研究所。《甘肃农业科技》为省内农业科技人才培养、学科建设搭建了一个好的平台。

4.文献的高频关键词主要集中在玉米、小麦、马铃薯等作物的新品种选育及其旱作栽培技术等，“十二五”期间，关键词和研究热点年际变化不大。以全膜双垄沟播技术为代表的旱作农业技术，及与之配套的新品种引进和选育、栽培技术是甘肃农业科技持续关注的热点和重点，关注的主要作物是玉米、小麦、马铃薯，关注点是产量。设施园艺也是持续关注的一个热点和重点领域。文献的10130个关键词中，词频排在前10位的是：新品种、旱作农业、玉米、产量、小麦、全膜、品比试验、马铃薯、双垄沟播、播种技术。地域名作为关键词，词频与对应地区科技活动活跃程度基本一致。

5. “十二五”期间，由于国家对西部政策的倾斜，而且成果已进入产出阶段，因此，国家科技攻关计划和国家自然科学基金项目资助的论文显著增加。

参考文献

李建伟：《甘肃省农业科技论文的文献计量分析》，兰州大学农业推广硕士学位论文，2011。

倪丽娟、于淑丽：《档案学研究热点分析》，《档案学通讯》2010 年第 1 期。

产 业 篇

Agro-Industry Reports

G.25
甘肃省马铃薯科技发展研究报告

文国宏 李 掌 陆立银 齐恩芳 张 武 张 荣*

摘 要： 甘肃是我国马铃薯生产第二大省，马铃薯加工业是甘肃最具优势、最具特色的产业之一，对甘肃中部地区农民脱贫致富做出了重大贡献，“十二五”期间，甘肃马铃薯产业发展继续保持良好势头，科技创新取得显著成效，但在育种技术、繁种技术、栽培技术、贮藏加工等方面还存在诸多问题。“十三五”时期，甘肃应从全产业链着手，以主食化为加工重点，建立产业技术创新联盟，提高科技支撑水平。

关键词： 甘肃 马铃薯 科技 创新体系

* 文国宏，甘肃省农业科学院马铃薯研究所副所长，研究员。研究方向为马铃薯遗传育种；李掌，甘肃省农业科学院马铃薯研究所研究员；陆立银，甘肃省农业科学院马铃薯研究所研究员；齐恩芳，甘肃省农业科学院马铃薯研究所研究员；张武，甘肃省农业科学院马铃薯研究所研究员；张荣，甘肃省农业科学院马铃薯研究所助理研究员。

一　马铃薯科技发展动态

（一）国内外马铃薯产业发展现状

1. 世界马铃薯产业发展现状

马铃薯在其原产地作为食物消费已有大约八千年的历史，自十六世纪西班牙人将其带到欧洲，目前已在157个国家种植。

（1）世界马铃薯种植面积和产量的变化：据联合国粮农组织（FAO）统计，2013年世界马铃薯种植面积为1946万公顷，总产量达到了3.68亿吨，平均单产18.9吨/公顷。世界马铃薯主产区是亚洲和欧洲，面积和总产占世界的80%以上。欧洲的平均单产已达40吨/公顷，而非洲的单产仅为15吨/公顷。目前，中国是世界上最大的马铃薯生产国。

（2）马铃薯消费趋势的变化：世界上大约有2/3的人口将马铃薯作为主粮消费，占总生产量的51.1%；饲用占总生产量的21.5%；种用占总生产量的12.9%；工业加工占总生产量的3.8%。世界人均马铃薯消费量30.7千克/年。2011年欧洲人均马铃薯消费量84.2千克，分别是世界和亚洲平均水平的2.4倍和2.9倍。

（3）马铃薯国际贸易额上涨：2000～2013年，世界的马铃薯贸易额平均年增长17%～19%，贸易产品以鲜马铃薯、冷冻马铃薯、冷藏马铃薯为主。北美和欧洲是主要贸易地区。欧洲国家法国和荷兰等出口鲜马铃薯最多，荷兰马铃薯加工产品主要用于出口；作为马铃薯加工产品出口大国的美国，其冷冻薯条主要出口到日本和中国。美国、英国和法国在世界马铃薯出口国家中分别排名前三位。

2. 国内马铃薯产业现状

继小麦、水稻和玉米之后，马铃薯是我国第四大粮食作物，栽培历史已经有400多年，分布区域广、栽培模式多、可周年生产、经济效益好。

（1）面积和总产量持续增加：1993年以来，中国成为世界马铃薯生产第一大国，面积和总产量稳定增长。据《中国农业年鉴》统计，2014年全国马铃薯种植面积557.3万公顷，产量8860万吨，总产在900万吨以上的省区有甘肃、四川、内蒙古和贵州。

（2）单产稳定增长：我国马铃薯平均单产稳定缓慢增长，单产仍然较低。根据《中国农业年鉴》统计，2014年平均单产为17.14吨/公顷，达历史最高水平，但仍低于世界平均水平 19.4 吨/公顷。单产低于全国平均水平的主产省区有河北、宁夏、内蒙古、贵州、陕西、山西、湖北和云南等，广东、黑龙江、新疆、青海和河南的平均单产在 20～27 吨/公顷，平均单产在 30 吨/公顷以上有山东、辽宁、吉林和西藏，其中山东的单产最高达到 37.5 吨/公顷以上。

（3）种植范围广大，主产区集中：我国马铃薯生产区划分为北方一季作区、中原二季作区、南方冬作区和西南一二季混作区 4 大区域，形成了东北、华北、西北、西南和南方五个优势区域。全国总产的 71% 来自甘肃、四川、内蒙古、贵州、云南、黑龙江、重庆和山东等主产省区，总产量占全国总产量的比例在 10% 以上的是甘肃、四川、内蒙古和贵州等省区。

（4）生产形式多元化：我国马铃薯生产有冬播、秋播、早春播、春播等多种栽培形式。冬、秋和早春播马铃薯主要作为菜用薯上市，春播是我国北方和西南马铃薯主要生产形式。总体呈现出以下特点：①冬作栽培大幅增加。主要包括两广和福建的大部分地区，以及云、贵、川和甘肃低海拔的低坝河谷地带。②秋作生产迅速发展。主要在川和渝平坝区域、湖北和湖南东部、广西北部、山东和安徽等地。③早春生产稳定增长。主要在广东和广西北部，云南和四川等平坝区域，湖北东部，江西大部分地区，江苏、浙江、安徽、山东和河南，河北和陕西南部，甘肃河谷流域，辽东半岛等地。④北方一季生产相对稳定。主产区包括内蒙古、吉林、黑龙江、宁夏、甘肃、青海和新疆，河北、山西和陕西北部等地。该区域种植面积变化小，总产稳中有增。⑤西南混作区实现周年生产。主要包括四川、贵州、云南、重庆、西藏，湖南和湖北西部，陕南等地。此区已初步形成周年生产和供应的局面。

（5）马铃薯消费结构稳定：作为世界马铃薯消费大国，马铃薯主要被作为蔬菜、粮食和加工原料。人均马铃薯占有量约 44 千克。马铃薯消费比例，粮食和蔬菜占 61%，加工占 16% 左右，种薯占 12% 左右，贮藏损失 10% 左右，饲用占 0.6%，出口占 0.4%。

（6）马铃薯加工业蓬勃发展：目前我国马铃薯加工产品主要为淀粉及其衍生产品，全粉、薯片和薯条等休闲食品，拥有相当规模的加工生产线。有 50 余家万吨级马铃薯淀粉加工企业，数千家小企业。全粉加工产量 6 万吨左右，比 2010 年增长 16.9%。袋装马铃薯鲜切片、鲜切丁、鲜切丝等马铃薯半成品，将成为我国马铃薯加工业新亮点。

（7）贮藏能力增强，经济效益提高：各省区加大贮藏设施建设力度，农产品产地初加工惠民工程“马铃薯贮藏设施建设”项目自 2011 年实施以来，内蒙古、甘肃、河北、湖北陆续新建了大量贮藏窖（库）。

（8）生产经营组织化加强：马铃薯行业协会与合作组织有700多个，生产种薯和商品薯，加工马铃薯，营销马铃薯产品以及开展技术服务等，年经营规模32亿元以上。

（二）国内外马铃薯科技发展动态

1. 种业科技

（1）欧美种业科技研发情况

荷兰种薯出口量超过了其他国家出口量的总和，在全球排第一位，这与以下几方面的成功分不开：①新品种适应区域广泛和满足不同消费需求；②品种保护法；③种薯生产技术成熟和设备精良；④高度集中的生产模式和生产准入机制，保证了质量监督管理措施与种薯生产技术的精准；⑤种薯质量认证制度与种薯市场准入机制，实现了优质种薯在马铃薯产区的全覆盖；⑥完善的“教学－科研－推广”体系，能够帮助人们及时发现并迅速解决马铃薯生产问题。

在欧美等马铃薯科技先进国家，育种目标与市场结合紧密。按照消费、加工和环保对品种的要求而确立育种目标，育成品种专用性强，类型多。科研服务生产，生产满足市场，市场反馈科研，科研成果转化高效。

欧美国家在马铃薯育种目标中，重视抗晚疫病、抗线虫、加工品质、营养品质、外观品质和耐贮藏等，抗病毒不是主要育种目标，但把对由蚜虫传播的PVY、PLRV两种病毒的抗性作为育种目标之一。

在马铃薯育种方面，发达国家都十分重视种质资源的搜集、保存、评价和利用，设有专门研究机构。美国马铃薯种质资源站负责种质资源的搜集、保存、分类、评价和发放工作，每年到南美地区进行种质资源搜集，登记编号、分类评价。

生物技术育种方面，美国Monsanto公司获得抗PVY、抗科罗拉多甲虫马铃薯转基因株系，进行田间试验。苏格兰作物研究所采用转基因方法获得多基因抗PLRV病毒马铃薯材料。法国将马铃薯野生种抗块茎蛾基因转移到马铃薯栽培种植株上。

（2）中国在马铃薯种质创新、分子生物学、育种和种薯繁育等方面开展了研究

①国际马铃薯基因组测序合作项目，完成的马铃薯全基因组序列图和生物学分析研究成果，以封面文章正式发表于*Natuer*（2011年7月14日）。②全国保存

马铃薯种质资源3000多份，开展种质资源和品种遗传多样性研究，构建了217份国内审定品种的分子遗传指纹图谱；定位和克隆了部分品种的抗病、抗逆等功能基因。③“十二五”期间育成审定新品种178个，生产上大面积应用品种121个。④组培快繁技术和病害分子检测技术应用取得创新，建立了脱毒种繁育技术体系，原原种（微型薯）产能达到20亿粒。

2. 栽培技术

（1）国外马铃薯栽培技术发展动态：主要是水分与营养管理和轮间（套）作等对产量与品质的影响，以及氮流失方面的研究。①水分管理研究：在有灌溉的条件下，覆盖干草也能提高土壤温度；在不灌溉的条件下，覆盖能提高土壤湿度5.7～9.5个百分点，因此，土壤湿度和温度在一定范围受覆盖措施调节，同时，覆盖还能增加土壤中的有机质含量。马铃薯滴灌系统中，覆盖和施用有机肥对土壤湿度及水分分布有影响。前期灌水对早熟马铃薯效率较高，在低氮情况下，充分灌溉的马铃薯的产量明显高于灌溉不足的产量，但在高氮情况下，差异不明显。②施肥管理研究：不同国家或地区、不同品种马铃薯对氮的需求量不一样，施钾的多少影响了马铃薯产量和品质，随着施钾量增加，块茎干物质和维生素C含量增加，薯片颜色改善。配合施用氮肥和有机肥，对叶绿素含量、块茎糖苷生物碱含量和产量影响明显。生化模型参数、羧化速率、二磷酸核酮糖的再生、磷酸丙糖的利用在缺磷时降低，中等磷水平时，在高浓度CO_2和低浓度磷条件下，冠层蒸腾速率减少。③轮套（间）作及其他研究：马铃薯块茎大小、品质在前茬为绿肥作物时得到很好改善。高原地区高蛋白玉米与马铃薯间作，马铃薯的产量最高，但马铃薯品种不同对间作影响很大。

（2）我国马铃薯栽培技术发展的主要特点：一是优化种植结构，推广脱毒种薯；二是推广覆盖栽培、大垄栽培、间作套作等栽培技术；三是推广平衡施肥，施用微肥和植物生长调节剂；四是科学使用农药，防控病虫害。

3. 贮藏加工

荷兰、美国、英国和法国等将马铃薯贮藏保鲜和加工放在马铃薯产业发展的重要位置。近年来，由于我国政府部门对马铃薯产业的高度重视，研究内容涉及马铃薯贮藏设施及通风系统建设、强制通风智能化控制系统研发、马铃薯抑芽剂及其使用设备研发和马铃薯贮藏病害的综合防治等方面。“十二五”期间，在全国14个省区示范推广了马铃薯贮藏设施及技术。

在欧美发达国家马铃薯加工比例较高，40%以上用于加工，有的加工量高达60%～70%，淀粉的深加工量占10%～20%，加工制品上千种，研究内容涉及淀粉、全粉、薯条、薯片、净薯的加工技术以及龙葵素和丙烯酰胺含量的变化等方面。在我国马铃薯22%用作加工原料，研究内容涉及马铃薯营养成分、抗氧化活性物质、淀粉颗粒特性、变性淀粉、全粉、马铃薯废渣的资源化利用及其主食化产品的开发等方面。

二 甘肃省马铃薯科技现状与问题

（一）甘肃省马铃薯产业概况

甘肃省是中国马铃薯重要产区，种植面积和总产量均约占全国的1/8。全省年播种面积稳定在千万亩以上，占到了全省三大粮食作物总播种面积的36%，年产鲜薯1000万吨，种植面积和总产量分别居全国第二位和第一位，鲜薯外销近500万吨，总产值110亿元。全省农民每年人均从马铃薯生产获得纯收入228元，占农民人均纯收入的19.3%。马铃薯产业已成为甘肃省最具经济优势和最有特色的产业之一。

“十二五”期间，马铃薯作为甘肃省三大特色产业之一，实现脱毒种薯全覆盖；初步形成了以马铃薯产业协会为“生力军”的新型经营主体，以流转土地为基础的规模化、机械化经营方式。目前，已形成脱毒种薯繁育供应体系、商品薯生产基地、精深加工体系、市场营销体系。

1. 产业基地基本建成

2011～2014年甘肃马铃薯种植面积67.7万～69.9万公顷，其中种薯生产面积8.3万公顷左右，生产种薯186万吨；脱毒种薯播种面积61.1万公顷，生产商品薯1145万～1223万吨。形成了四大优势生产区域，一是中部高淀粉及菜用型，二是河西及沿黄灌区全粉及休闲食品加工型，三是陇南、天水早熟菜用型，四是高寒阴湿区脱毒种薯繁育，四大优势产区马铃薯种植面积占全省马铃薯面积的70%以上。

2. 育种体系更加健全，设施设备日臻完善

甘肃省开展马铃薯育种工作已有58年历史，育成了陇薯、甘农薯、天薯、临薯、武薯、定薯和庄薯等系列新品种（系）70多个，引进推广了大西洋、费乌瑞它、夏波蒂等十几个国外优良品种，优良品种普及率达到了95%以上。

马铃薯育种研究平台得到加强。“十二五”期间建设了农业部“西北旱作马铃薯科学观测实验站”、农业部“甘肃省农科院抗旱高淀粉马铃薯育种研究创新

基地”、甘肃省科技厅“马铃薯脱毒种薯（苗）病毒检测安全评价工程技术中心”、甘肃省发改委“马铃薯种质资源创新工程实验室”；省农科院马铃薯研究所得到3个团队建设支持，即“国家马铃薯产业技术体系西北区育种岗位团队”、“甘肃省科技厅专用马铃薯品种选育与产业化关键技术创新团队”、“甘肃省农业科学院马铃薯种质资源创新与新品种选育学科团队”。

3. 良种繁育体系基本形成

建立了甘肃特色的马铃薯三级脱毒种薯繁育体系，即在茎尖组培培养获得脱毒苗后，用脱毒苗无土栽培生产原原种（微型薯），用原原种在高山隔离条件下繁育原种，用原种在高海拔冷凉山区繁育良种。2014年基本实现了原种繁育由网室扩繁向隔离区露地繁育节本增效的转变。2014年原原种产量9.1亿粒，原种0.51万公顷，产量15.47万吨，良种5.98万公顷，产量161.23万吨；供应到国内12个省（区）的原原种3亿粒以上。

4. 种薯监管检测体系不断完善

建成了马铃薯种薯质量检测中心省级1个、县级28个，初步建成了三级种薯质量检测体系，在基础种薯生产单位建成了病毒检测室；颁布了《甘肃省马铃薯脱毒种薯质量管理办法》，制定了《马铃薯种薯生产、经营许可审查细则》，建立了省、市、县三级种薯市场监管体系。制定了《甘肃省马铃薯种薯认证方案》和《甘肃省马铃薯脱毒种薯质量检验规程》。开展脱毒种薯生产田间检验、种薯质量抽查检验、种薯标签真实性认定及种薯市场监管等工作。

5. 标准化生产水平不断提升

通过推广脱毒种薯、全膜沟垄栽培、病虫害综合防控及测土配方施肥等技术，有效提高马铃薯产量。全省马铃薯单产由过去的7500～10500千克/公顷提高到现在的15000～25500千克/公顷。通过对脱毒种薯、全膜沟垄栽培、病虫害综合防控和测土配方施肥等技术集成应用，适宜于不同区域的不同品种配套栽培技术体系逐步形成。

6. 贮藏能力明显提高

现有1000吨的原种贮藏库20座，贮藏能力达到2万吨；245座1000吨的一级种薯贮藏库，贮藏能力达到24.5万吨；195座1000吨生产用种薯贮藏库，贮藏能力达到19.5万吨，种薯贮藏体系进一步完善。“十二五”期间新建10吨、20吨和60吨三种贮藏量的农户贮藏窖10728座，新增贮藏能力17.86万吨，并安装了通风保温设施。

7. 加工体系基本形成

据统计，2010 年全省已建成规模以上马铃薯加工企业约 60 家，精淀粉生产能力稳定在 60 万吨左右，其中 20% 以上的精淀粉进一步加工转化成变性淀粉；全粉生产能力 5 万吨左右；速冻薯条、薯片等马铃薯休闲食品生产能力 1 万吨左右。到 2015 年，由于受环保问题制约和原料不足的影响，马铃薯加工企业数量和加工能力均有所降低。

8. 营销能力持续提高

全省建成 10 多个大型马铃薯批发市场，有 1500 多个购销网点、3500 多户运销大户，10 万多营销人员。销往北京、上海、广东等 20 多个省（区、市）的鲜薯每年达 350 万吨，鲜薯外销 35% 以上；国外销售 30 万吨，占鲜薯总产量的 3% 以上。

（二）甘肃省“十二五”期间马铃薯科技发展成效

1. 甘肃省“十二五”期间马铃薯科技发展概述

马铃薯科学研究在甘肃省一直受到重视，拥有一批较强科研实力与较高水平的马铃薯研究单位，长期从事马铃薯育种、栽培、生物技术及工业加工研究，取得了丰硕的科技成果。

据甘肃省科技厅网站资料，“十二五”期间全省登记的马铃薯相关科技成果 86 项，其中栽培方向最多，为 20 项，其次为育种 13 项，病虫害 11 项，机械化 10 项，繁种 9 项，加工利用 9 项，示范推广与成果转化 5 项，新产品 3 项，信息技术 1 项。

“十二五”期间，甘肃省先后育成审定新品种 13 个。新品种的推广，基本实现了新一轮马铃薯品种更换，陇薯 3 号、陇薯 5 号等原有主栽品种种植面积减少，陇薯 7 号、青薯 9 号、陇薯 10 号、冀张薯 8 号和天薯 11 号等新品种得到推广应用。品种需求向优质、抗病、抗旱等综合性状优良发展。本省育成和引进品种在生产中应用的有 40 多个，主栽品种有陇薯 3 号、陇薯 7 号、陇薯 10 号、庄薯 3 号、青薯 9 号、新大坪、克新 1 号和大西洋，种植面积达 33 公顷以上。

甘肃省开展马铃薯分子育种研究的单位有兰州大学、甘肃农业大学和甘肃省农业科学院三家单位，取得了很大的进展。比如兰州大学通过转基因育种技术，分别将胡杨油菜素内酯合成酶基因 PeCPD、拟南芥热南芥 Na +/H + 反向交换体基因 AtNHX5 和 AtNHX5 转化到马铃薯中，获得耐盐性明显强于对照的马铃薯转基因株系。甘肃农业大学克隆了马铃薯糖苷生物碱 SGAs 合成代谢途径末端 SGT

酶基因、马铃薯软腐病菌 Ecc71 四种胞外酶基因、马铃薯乙烯响应基因 ERF1、马铃薯蔗糖非酵解型蛋白激酶 StSnRK2.4 基因、马铃薯抗逆相关基因 SnRK2 家族和马铃薯 HD-zip1 家族 ATHBI2 基因等大量基因，并且对部分基因进行了生物信息学分析及功能鉴定。通过转基因技术，甘肃农业大学先后将控制叶绿体分裂的 FtsZ1 基因、乙烯形成酶 ACS 基因、乙烯氧化酶 ACO 基因、马铃薯 ADP 核糖基化因子 ARF 基因、抗虫基因 cry3A 和雪花莲凝集素基因 GNA、可溶性淀粉合成酶基因 SSIII、颗粒结合型淀粉合成酶基因 GBSS 和 PPase 等大量基因转化马铃薯，获得了休眠期明显延迟、支链淀粉含量升高和抗虫性增强等特性的马铃薯新种质。甘肃省农业科学院通过转基因育种技术，先后将棉花转录因子 GhABF2 基因、拟南芥转录因子 DREB1A 基因和草铵膦抗性基因 Bar 转化马铃薯，获得了一批抗旱、耐盐和抗除草剂的优良种质资源。

在马铃薯脱毒种薯生产技术方面，茎尖脱毒、试管苗快繁、开放式组培、试管薯生产、微型薯生产（基质和无基质栽培）、病毒、类病毒和重要病虫害检测以及大田种薯生产等技术得到熟化和普及。

优良品种的引进、选育、推广和脱毒种薯、黑膜覆盖、双垄栽培等新型技术的大面积应用，使全省马铃薯产量、品质不断提高。企业、合作社、家庭农场等新型经营主体广泛参与马铃薯种植，拉动了机械化的应用，尤其是中部半干旱的安定等县区机械化种植推进良好。

马铃薯贮藏方面的研究主要在马铃薯贮藏设施与通风系统建造技术、强制通风智能化控制、贮藏环境条件的在线监控技术、抑芽防腐保鲜技术等方面。设计出利用自然冷源“自然通风+强制自控通风”的马铃薯贮藏设施建造技术模式；研制出我国首台马铃薯抑芽剂雾化机（KY-2 型）及其配套剂型热雾剂，实现了抑芽剂施用的自动化；筛选出两种对马铃薯贮藏期间干腐和软腐病防治效果较好的药剂仲丁胺和二氧化氯，有效降低了马铃薯贮藏腐烂损失。

马铃薯加工方面的研究方向主要在马铃薯半成品加工与机械损伤检测技术，淀粉和全粉深加工技术，粉条、粉丝、粉皮以及薯条和薯片加工技术，龙葵素的检测与提取技术，马铃薯废渣废水的资源化利用技术，马铃薯抗氧化物质提取及其蒸馏酒的制作等方面。

2. 甘肃省马铃薯科技需求态势及对产业支撑作用评述

（1）甘肃省马铃薯科技需求发展态势：①马铃薯育种目标向多元化发展，在原来的鲜食型、淀粉加工型和休闲食品加工型基础上，增加了主食加工型和特色功能型。从传统的“经验育种”到定向高效的“精确育种”的转化。②马铃薯繁种体系由四级向三级发展，经营主体和种植户对原原种的需求量不断增加，急需种薯质量检验、合格证、追溯制度的跟进。③马铃薯栽培要推进马铃薯生产全程机械化，创新应用农机农艺融合技术，晚疫病、土传病害等重大病害的绿色防控技术和水肥一体化技术，推行轮作倒茬制度。④马铃薯贮藏能力还严重不足，尤其是全粉加工原料薯对贮藏设施与保鲜技术的要求较高，需要通过开展大中型马铃薯贮藏设施建造技术及强制通风的智能化控制技术，结合抑芽防腐技术的应用，解决甘肃省部分全粉加工原料薯的贮藏问题。⑤甘肃省的马铃薯淀粉加工起步较早，全粉加工起步较晚，各种必要的产品标准、行业标准没有制定完善。需要开展马铃薯废渣、废水的资源化利用技术研究，开展马铃薯主食方面的研究。

（2）甘肃省马铃薯科技对产业的支撑作用：甘肃省“十二五”期间，推广应用了一批抗旱抗病优质马铃薯新品种，实施脱毒种薯全覆盖工程，推广黑色地膜覆盖等抗旱栽培技术。2014 年甘肃省马铃薯种植面积 68.59 万公顷，占全国的 12.25%；产量 1189.5 万吨，占全国的 12.45%；平均单产 17427 千克/公顷，比全国高 3.03%；面积与总产量分别列全国第 2 和第 1 位。甘肃省 70% 的马铃薯种植在干旱半干旱贫困地区，单产不足 16500 千克/公顷，新品种提高作物产量的贡献率在 30% 以上；近年甘肃马铃薯淀粉加工业发展十分迅速，鲜薯年加工能力达 419 万吨，淀粉总产能达 60 万吨/年以上。2012 年全省实际生产马铃薯淀粉 21.59 万吨，实际加工马铃薯鲜薯 200 万吨左右，缺口达 200 多万吨。

（三）甘肃省马铃薯科技发展中的主要问题

1. 育种技术问题

（1）马铃薯常规育种发展中的主要问题：①品种单一，缺乏优质专用型品种：甘肃省当前马铃薯生产上的主栽品种除个别高淀粉含量的淀粉加工型品种外，都是清一色的粮菜兼用型品种，十分缺乏各类加工专用品种，尤其是适合在广大低水肥地区大规模推广种植的加工专用品种。②资源贫乏，品种改良可利用优良性状有限：马铃薯生产中应用的是普通栽培种，国内马铃薯种质的遗传背景极其狭窄。自 20 世纪 50 年代中期我国开展马铃薯杂交育种工作以来，至今已育成 200 多个马铃薯品种，有 137 个来源于 7 个亲本材料，存在着明显的共祖关系。③手段落后，难以有效发掘和利用优良性状：马铃薯野生种具有多种特异性状，但在杂交利用中会带来一些难以克服的不良性状，限制了野生种利用。急需建设生物技术资源创新平台来突破马铃薯种质短缺的现状。④设施落后，育种技术难以改进：改变马铃薯生长环境可以促进其开花结果，改善育种基地的设施条件，可以有效地提高育种技术。甘肃省由于受各方面条件的限制，实验设备及田间设施相对落后，在种质材料保存、改良、应用方面还远远满足不了育种工作的需要。

（2）马铃薯分子育种技术发展中的主要问题：转基因技术还存在着转化效率不高、适应性不强等方面的问题。进行分子标记时所选的性状不够明确，目标基因的标记和育种工作往往分开进行，造成两项工作无法很好衔接；遗传图谱的饱和度不高，而且功能基因特别是有重大经济价值的数量性状标记相对偏少；SNP、基因芯片、新一代测序技术和设计育种等新型技术在甘肃省马铃薯中的研究较少，严重限制了遗传育种的研究速度。其次，研发投入不足，研究成果转化率低。

2. 繁种技术问题

（1）马铃薯种薯质量检测工作基础薄弱：甘肃省部分种薯生产单位的种薯田的田间检验人员不具备田检员的资质，专业知识缺乏，各级别种薯的质量得不到保证。

（2）马铃薯种薯生产田间管理薄弱：种植分散、商品与种薯生产交错分布、隔离差、轮作倒茬困难；病虫害防治不及时、病杂株淘汰不到位；田间管理跟不上，甚至调运商品薯作为生产种薯；部分种薯企业质量自检和自律性差；市场准入缺位。

（3）马铃薯脱毒种薯检测体系和质量监控体系执行不力：需要完善马铃薯脱毒种薯检测体系和质量监控体系，制定统一的种薯生产监管制度。

3. 栽培技术问题

（1）种薯质量差：全省推广脱毒种薯全覆盖，但还存在农户自留种薯的情况。

（2）栽培模式落后，机械化进程迟缓：干旱区种植马铃薯以传统的小垄平作栽培模式为主，测土配方施肥和病虫草害综合防控技术未能得到广泛应用，机械化应用跟进速度缓慢，主要在种薯企业、合作社土地流转中应用，广大农户没有普及使用。

（3）栽培技术没有与品种配套：生产中一般做不到结合品种、栽培模式和土壤肥力情况来配套组装栽培技术，品种的优点难以发挥。

（4）施肥不科学：主要表现在“重视氮肥，轻视有机肥和磷肥，忽视钾肥”，施肥的氮磷钾比例不当。化学肥料投入不合理，易造成土壤板结、土壤盐渍化，甚至造成环境污染。

（5）病虫害防治不到位：农户缺乏系统预防病虫害的意识，用药时间、药剂选择和用药次数不科学。

（6）管理较为粗放。土地耕作质量差，种植随意，以追施尿素为主，杂草多，病虫害防治意识差等等。

4. 储运保鲜与加工利用问题

甘肃省的马铃薯贮藏设施建设标准不高，对市场的调控能力有限。千万农户自建的窑窖标准低，贮藏量小，通风不良，目前建设的大多数贮藏设施仍然不规范。

马铃薯精深加工能力有限，产品竞争能力弱。大多数加工企业规模较小，设备档次较低，变性淀粉研发生产滞后，设备更新速度和生产工艺落后，产品质量等级低，生产成本高，企业利润空间小，市场竞争能力较弱。

三　甘肃省马铃薯科技创新发展思路目标及重点

（一）基本思路与发展目标

1. 基本思路

立足甘肃自然资源禀赋，充分发挥马铃薯产业化开发优势，从产业链关键环节着手，针对制约产业发展的关键技术瓶颈问题开展创新研究，产、学、研、用结合，一二三产业融合，全产业链整体联动，创新、组装、优化、集成高新技术成果，按照五大发展理念，构建全新产业链，为马铃薯产业高效、环保、可持续发展提供科技支撑。

2. 发展目标

在马铃薯育种、种薯繁育、栽培管理、贮藏保鲜、加工应用等方面，取得突破性进展和一系列成果，“十三五”预期育成新品种 4 ~5 个，建立新技术 9 ~10 项，完成新产品 5 ~6 个，获得专利 3 ~4 项，制定标准（规程）5 ~6 个。

（1）品种选育：采用先进的测试手段鉴定筛选，经过多代无性繁殖定向系统选育获马铃薯新品种。在中晚熟品种选育的基础上，育成不同熟性，抗旱、抗病、耐瘠薄各种用途品种。

（2）种薯繁育：提高脱毒种薯覆盖率，建成全国最大的马铃薯脱毒种薯生产基地、优质商品薯基地，以企业为主体的脱毒种薯繁育体系和流通体系，以种子管理部门和科研单位为主体，建立种薯质量监督检测体系。

（3）栽培管理：集成旱作马铃薯高产高效技术，创新抗旱节水标准化栽培技术体系，集成水肥药一体化技术、重大病害综合防控技术，全程推进机械化。

（4）贮藏加工：开展大中型马铃薯贮藏设施及通风系统建造技术、贮藏环境条件在线即时监测及强制通风智能化控制技术等方面的研究。研发出具有甘肃当地特色的马铃薯主食化系列产品。

（二）发展重点与主要方向

1. 种薯关键技术创新与集成示范

（1）开展马铃薯种质资源搜集、鉴定评价及保存技术研究：主要是田间种植保存和离体保存。

（2）开展马铃薯优异种质资源的创制与优质专用品种选育：常规杂交育种技术和分子生物学技术相结合，创新优异种质资源，选育专用新品种。

（3）开展优质专用马铃薯品种脱毒繁种技术创新研究：探索简化马铃薯原原种、原种繁育模式。

（4）建立马铃薯脱毒种薯质量评价技术体系：研究准确、快速、易操作的马铃薯病毒检测方法。制定符合甘肃实际的种薯质量评价技术体系。

（5）开展马铃薯新品种适应性试验及示范：确定育成新品种的最适生态区域，并进行种薯繁育、展示与示范，加速新成果转化。

2. 栽培关键技术创新与集成示范

（1）马铃薯抗旱节水标准化栽培技术体系研究与示范：旱地马铃薯增产技术途径及群体构建，马铃薯地膜覆盖种植增产增效技术集成，马铃薯水肥调控耦合互作抗旱增产技术应用，马铃薯连作障碍防控与适度连作高效栽培技术示范，旱地马铃薯农艺农机融合关键环节技术推进。

（2）旱作马铃薯高产高效技术集成示范：集成马铃薯抗逆高产品种、机械覆膜机播与垄沟种植、专用缓控释肥施用、连作障碍调控、田间水肥信息化管理、机械化收获机具等关键技术，并大面积应用。

（3）水肥药一体化技术创新与集成示范：旱区马铃薯药肥一体化减施增效技术集成，灌区马铃薯水肥药一体化减施增效技术集成。

（4）重大病害综合防控技术创新与集成示范：开展马铃薯晚疫病适时防控技术研究，马铃薯土（种）传病害减药防控技术研究，马铃薯化学农药减施增效技术集成。

3. 贮藏保鲜与加工关键技术创新与集成示范

（1）马铃薯采后商品化处理及贮藏保鲜技术研究：开展逆境效应对马铃薯贮藏特性的影响研究，马铃薯的分级、包装等商品化处理技术开发。

（2）低成本马铃薯食品多元加工技术研究与示范：研究以鲜马铃薯为原料的面制品加工工艺特性及配套设备，并开发系列产品。

（3）马铃薯加工废弃物综合利用研究示范：针对马铃薯加工过程中产生的大量皮渣废水，以及马铃薯茎叶等废弃资源，开展综合利用关键技术研究。

四 甘肃省马铃薯科技创新载体建设与保障措施

（一）建设甘肃省马铃薯产业技术创新体系

产学研用有机结合，构建甘肃马铃薯产业技术创新体系，集中科研院所、大专院校、农技农机推广体系、种薯企业、加工企业的马铃薯专业优秀人才，组建马铃薯技术创新大团队。

（二）保障措施

设立马铃薯科技创新专项，稳定支持科技创新，加大对产业链资金支持力度。

（1）建立完善脱毒种薯繁育供应体系：加大对马铃薯新品种的引进、选育及脱毒种薯繁育推广的投入，建立长期稳定的投入机制。

（2）建立完善技术推广体系：主产区农业主管部门组织农业技术推广部门，做好品种布局，抓好单项技术与集成技术等各类示范点、片、带建设。利用国家和省上的农机补贴政策，推进马铃薯生产全程机械化。

（3）建立完善精深加工产业体系：政府充分发挥投资导向和宏观调控职能，按照“抓大、扶中、汰小”的原则，重点扶持万吨以上大型和符合环保要求的加工企业，积极扶持废水和薯渣综合利用，发展循环经济。

（4）建立完善贮藏销售体系：鼓励社会投资，推行“市场 + 贮藏窖群”的模式，提高贮藏、销售能力；大力发展企业、协会、农户三个层次的贮藏设施，按照市场需求的时空分布，调节和延长上市时间，保证市场价格平稳。对现有的专业批发市场进一步改扩建，实现软硬件配套完善；培育发展专门从事马铃薯营销的运销公司、专业协会、贩运大户，实施品牌战略，提高市场竞争力和抗风险能力。

参考文献

金黎平、罗其友：《我国马铃薯产业发展现状和展望》，《马铃薯产业与农村区域发展》，2013。

李文刚、曹春梅、刘富强、郭景山、李树生等：《国际马铃薯种业现状及发展综述Ⅱ——国际马铃薯新品种选育现状及趋势》，《马铃薯产业与小康社会建设》，2014。

杨祁峰、岳云、熊春蓉、张永祥、王宏康：《甘肃省马铃薯产业发展现状及思考》，《马铃薯产业与小康社会建设》，2014。

樊民夫、李久昌、王春珍、王淑仔：《欧美马铃薯育种考察见闻》，《中国马铃薯》2000 年第 1 期。

文国宏、师祎、田世龙、胡新元、李建武：《2012 年甘肃省马铃薯产业现状、存在问题及发展建议》，《马铃薯产业与农村区域发展》，2013。

吴正强、岳云、赵小文、陈炳东、葛玉冰：《甘肃省马铃薯产业发展研究》，《中国农业资源与区划》2008 年第 6 期。

胡新喜、庞万福、金黎平、黄科、刘明月、熊兴耀：《2012 年国外马铃薯栽培领域研究概况》，《中国马铃薯》2013 年第 3 期。

李福、岳云：《甘肃省马铃薯产业集群发展思路》，《作物杂志》2011 年第 4 期。

张维华：《甘肃马铃薯生产的现状与发展对策》，《甘肃农业》2009 年第 9 期。

李剑：《景福乡马铃薯产业现状与发展对策》，《云南农业》2011 年第 4 期。

G.26

甘肃省蔬菜科技发展研究报告

王晓巍*

摘　要：本研究报告通过分析国内外蔬菜产业的发展现状与科技发展动态，总结了甘肃省“十二五”期间蔬菜产业的发展情况与蔬菜科技发展成效及存在的问题，提出了“十三五”期间甘肃蔬菜科技创新发展思路及目标，重点在蔬菜高效育种技术及新品种选育、蔬菜安全高效标准化生产技术、蔬菜产品采后质量保持关键技术、技术培训与示范的方式方法研究等方面开展关键性的难题攻关。从构建蔬菜种质资源创新平台、健全蔬菜科技创新体系、创建高水平蔬菜科研团队、完善蔬菜科技推广服务体系等方面提出了加快甘肃省蔬菜科技发展的建议。

关键词：甘肃　蔬菜　产业现状　科技创新　发展重点

一　蔬菜科技发展动态

（一）国内外蔬菜产业发展现状

蔬菜是重要的园艺产品，是种植业中最具活力的经济作物，在世界农业生产中占有重要地位和优势。据联合国粮农组织（FAO）数据估算，2013 年世界蔬菜收获面积约为 5823 万公顷，总产量约为 11.35 亿吨，较 2012 年均增长约 2.3%。蔬菜收获面积排名前五的国家为中国、印度、尼日利亚、土耳其和美国，分别占全球收获总面积的 41.69%、14.85%、3.25%、1.91% 和 1.80%，产量

* 王晓巍，博士，甘肃省农业科学院蔬菜研究所所长，研究员，主要从事蔬菜栽培与植物营养等方面的技术研究与示范推广工作。

排名前五的国家为中国、印度、美国、土耳其和伊朗，分别占全球总产量的51.13%、10.65%、3.01%、2.49%和2.08%。全球蔬菜生产主要分布在亚洲、欧洲和非洲，亚洲是全球最主要的蔬菜生产区域，中国与印度是亚洲最主要的蔬菜生产国家；欧洲和非洲蔬菜生产的比例远小于亚洲。

蔬菜是我国重要的农产品之一，我国政府十分重视蔬菜生产，先后通过菜篮子工程和制定蔬菜发展规划等措施，积极引导蔬菜产业发展，取得了巨大成就。据统计，20世纪80年代我国蔬菜播种面积年均增长近10%，90年代年均增长14.5%，21世纪以来年均增长2.5%。蔬菜播种面积由1985年的475.3万公顷增加到2014年的2133.3万公顷，产量由8243万吨提高到7.48亿吨，人均占有量由170kg增加到500kg；2014年蔬菜总产值超过1.3万亿元，蔬菜生产对我国农民人均纯收入贡献额达到830元，占到农民人均纯收入的14%。2014年我国设施蔬菜面积达386.2万公顷，产量2.63亿吨，占同年蔬菜瓜类总产量的32.3%，设施蔬菜及瓜类人均占有量达190千克左右。我国已经成为世界上最大的蔬菜生产国和消费国，收获面积、产量以及人均占有量均居世界第一位。我国已形成华南冬春蔬菜、长江上中游冬春蔬菜、黄土高原夏秋蔬菜、云贵高原夏秋蔬菜、黄淮海与环渤海设施蔬菜、东南沿海出口蔬菜、西北内陆出口蔬菜以及东北沿边出口蔬菜等八大蔬菜重点生产区域。蔬菜也是我国最主要的出口农产品之一。根据FAO统计，1990年我国蔬菜出口量约为142万吨，列全球第六位；2001年已达到511万吨，位居全球第一；2015年，我国蔬菜出口量为1018.72万吨，出口额132.67亿美元，较2014年分别增长4.37%和6.15%。

（二）国内外蔬菜科技发展动态

全球各国蔬菜科技发展模式正在按照其自身气候与自然条件进行本地化研究，其研究方向可归纳为三大类：一是相关高新技术研究，如无土栽培技术、生物防治技术、智能化控制技术等。二是蔬菜生产中农业装备技术研究，如温室优化结构技术、覆盖材料透光技术、热能的多用途利用和余热回收技术、节能光源LED技术、雨水收集、水资源和营养液的循环利用技术、植物工厂和机器人技术等。三是保障技术研究，如农业网络信息支持系统技术研究，计算机技术、微电子技术、通信技术、光电技术、遥感技术等信息技术已广泛应用于蔬菜生产的各个领域。

科技创新是实现蔬菜产业可持续发展的重要支撑，目前我国蔬菜科技贡献率达到56%。我国拥有国家级的蔬菜科研单位1个，省级蔬菜科研单位30余个，地市级蔬菜科研单位150余个，从事蔬菜领域科研、教学的人员大约有2800人。近年蔬菜科研经费不断增加，国家重大科研计划中都设有相关蔬菜研究课题，各省区市的蔬菜科研项目也逐渐增加。特别是我国农业部设立了大宗蔬菜产业技术体系，现有岗位专家43位，综合试验站51个，每年投入科研经费5660万元开展技术研究与示范推广，大力推动了我国蔬菜产业快速发展。我国蔬菜育种形成了比较完整的技术体系，本国蔬菜品种占有全国约80%的播种面积，每年新审（鉴、认）定的品种超过300个，蔬菜良种覆盖率达到90%以上。目前国家种质库、种质圃已搜集、保存属于27科、67属、130多个种的蔬菜种质资源3.6万余份。育种技术快速发展，分子育种技术日益完善，国内自主开发了与控制重要园艺性状基因紧密连锁的分子标记；以十字花科小孢子培养、瓜类大孢子培养和甜辣椒的花药培养为代表的单倍体育种技术可大规模应用到育种中；完成了白菜、西瓜、甘蓝、马铃薯和辣椒等全基因组测序和近千份蔬菜资源的重测序。“十二五”期间我国在设施装备研发、蔬菜生长发育的生物学研究、抗逆机制与设施环境调控技术研究、病虫害抗性机制与防治、优质与安全生产技术研究以及连作障碍克服与嫁接育苗技术研究等方面均取得了重大成就。在植物工厂、光伏温室、物联网等现代设施园艺的新技术研究方面也取得重大进展。

二 甘肃蔬菜科技发展现状与问题

（一）甘肃省蔬菜产业概况

甘肃省是我国五大商品蔬菜基地之一，也是我国西北内陆出口蔬菜重点生产区域。2015年，全省蔬菜种植面积52.7万公顷，较2010年增加13.2万公顷，增幅33.48%，年均增长6.7%；产量达到1823.14万吨，较2010年增加587.68万吨，增幅47.57%，年均增长9.51%；产值335亿元（见表1）。2015年全省设施蔬菜播种面积10.4万公顷，占蔬菜总播种面积的19.73%；产量540.55万吨，占蔬菜总产量的29.65%，总产值达到了170亿元。蔬菜生产对全省农民人均纯收入的贡献额达1161元，占农民人均收入的20.2%，重点生产区域蔬菜纯收入占当地农民纯收入的60%以上。全省人均蔬菜占有量达509千克，位居全国前列。蔬菜产业已成为甘肃省农业增效、农民增收的主要支柱产业。

表1 2010～2015年甘肃省蔬菜产业发展情况

年份	种植面积（万公顷）	比上年增长（%）	占农作物播种面积（%）	蔬菜产量（万吨）	比上年增长（%）	产值（亿元）	占全省农业总产值比重（%）
2010	39.50	6.28	9.89	1235.46	7.87	205.30	27.10
2011	41.54	5.17	10.21	1320.60	6.89	210.54	24.82
2012	45.40	9.30	11.02	1460.42	10.59	165	16.76
2013	48.19	6.14	11.52	1578.72	8.10	301.52	27.30
2014	50.69	5.19	12.08	1705.19	8.01	331.99	28.26
2015	52.72	4.01	13.20	1823.14	6.92	335	

资料来源：《甘肃农村年鉴》和《2015年甘肃省国民经济和社会发展统计公报》。

经过多年发展，甘肃省形成了河西走廊灌区、沿黄灌区、泾河流域、渭河流域和“两江一水”流域五大优势产区。全省14个市州均有蔬菜种植，其中7个县区蔬菜面积在1.33万公顷以上，26个县区蔬菜种植面积在0.67万～1.33万公顷，22个县区蔬菜种植面积在0.33万～1.33万公顷，涌现出了榆中、凉州、武山等一批进行蔬菜规模化种植、标准化生产、品牌化销售、商品化处理、产业化经营的典型。全省已建成国家级无公害蔬菜标准化生产示范县12个、省级示范县49个，有291个蔬菜有效使用绿色标识。在全国大中城市蔬菜质量安全例行检测中，甘肃省的合格率为96%。现有248家蔬菜精深加工企业，年加工蔬菜150多万吨，可实现产值21.8亿元。冷链保鲜贮藏规模达50万吨，年周转量近300万吨；组建各类蔬菜专业合作社98个，入社人员3.62万；现有30多个规模较大的蔬菜专业批发市场，年蔬菜交易量480万吨，交易额达58.5亿元。

（二）甘肃省“十二五”期间蔬菜科技发展成效

1.“十二五”期间蔬菜科技发展总述

“十二五”期间，甘肃省在辣椒、番茄、洋葱、黄瓜、西瓜、甜瓜、花椰菜等蔬菜新品种选育，日光温室蔬菜系统技术工程研究，非耕地蔬菜高效栽培技术研究，高原夏菜高品质栽培技术研究等方面取得了丰硕的成果，为甘肃蔬菜产业发展提供了有力的技术支撑。其中，甘肃农业科技部门获得国家科技进步二等奖2项，甘肃省科技进步二等奖7项、三等奖11项，地厅级奖二十多项；申请国家发明专利1项、实用新型专利10项；审定植物新品种权1项，认定瓜菜品种三十多个；制定发布并组织实施地方标准累计达到90项。

近年来，甘肃省委、省政府把蔬菜产业作为全省重要的特色优势产业，大力推进蔬菜生产。甘肃省制定了《蔬菜产业发展规划（2009～2012）》，出台了《蔬菜产业扶持办法》，从政策和资金方面给予重点扶持。2011 年全省筹措资金 1 亿多元，拉动地方投资二十多亿元发展蔬菜生产。全省每年列支 5000 多万元专项资金，开展蔬菜新品种、新技术示范推广和农民技术培训。

2. 主要蔬菜品种和栽培方式分论

甘肃省目前栽培的蔬菜种类涉及 13 大类、150 多个种类、2000 多个品种，按食用器官分类法，主要有根菜类（萝卜、胡萝卜、大头菜、芜菁甘蓝和根用甜菜等）、茎菜类（石刁柏、莴笋、球茎甘蓝和榨菜等）、叶菜类（小白菜、菠菜、芹菜、结球甘蓝、葱、韭菜、芫荽、洋葱、大蒜和百合等）、花菜类（花椰菜、金针菜、青花菜和芥蓝等）、果菜类（茄子、番茄、辣椒、菜豆、豇豆、蚕豆、黄瓜、南瓜等）。

栽培方式主要为露地栽培、塑料拱棚栽培、日光温室栽培。上述蔬菜种类在甘肃省适宜区域均可露地栽培，上市时间主要集中在 6～9 月。日光温室栽培主要有秋冬茬、早春茬、一大茬，甘肃省大部分地区日光温室蔬菜生产以秋冬茬接早春茬种植为主，占 70% 以上，种植作物以番茄、辣椒、茄子、黄瓜、西甜瓜、西葫芦等为主。塑料拱棚以春提早、秋延后为主，种植作物以叶菜类和果菜类为主。

3. 甘肃省蔬菜科技需求动态及对产业支撑作用评述

（1）蔬菜育种。甘肃省各育种单位在辣椒、番茄、黄瓜、西瓜、甜瓜、花椰菜等传统优势育种研究上取得新进展。经过全省蔬菜育种者的奋力拼搏，研究筛选出辣椒雄性不育三系配套、花椰菜雄性不育系、白黄瓜雌性系、设施专用硬肉番茄、白兰瓜、西瓜等各种优良瓜菜自交系 1000 余份。育成蔬菜、瓜类新品种三十多个。

（2）设施建造与设施蔬菜栽培。“十二五”以来，甘肃省在蔬菜设施建造和设施蔬菜生产技术方面取得了显著成绩。2013 年甘肃省农牧厅正式下发了由省农科院蔬菜研究所提出的甘肃省不同生态区园艺设施类型及建造技术规范，为新型日光温室的建造提供了技术依据。新型组装式日光温室和连栋塑料大棚，日光温室自动卷帘通风设备、水幕墙蓄放热系统、气源热泵蓄放热系统、温室翻地起垄机等新型设施和设备在甘肃省迅速推广。蔬菜良种种苗集约化统繁统供技术、蔬菜设施高标准轻简化建造技术、设施蔬菜机械化自动化等轻简化栽培技术、设施蔬菜节本增效精量化水肥一体灌溉技术、以有机生态型无土栽培为核心的非耕地设施蔬菜高效栽培技术、老旧蔬菜设施高标准轻简化改造技术等新技术在生产中逐步推广。

（3）高原夏菜标准化栽培技术研究。科研人员针对高原夏菜产业发展的科技需要，从产地环境，产前、产中、产后各个环节的技术关键展开研究并做了大量工作。高品质高原夏菜标准化栽培技术、水肥一体化技术、化肥减量施用技术、全膜双垄旱作栽培技术、麦后复种技术、高效间作套种模式、蔬菜病虫害绿色防控技术取得了重大进展。积极实施了同一海拔区域错期播种，不同海拔区域按照垂直分布延期播种，使高原夏菜产品分期上市。延长了市场供应期，保障了基地效益的持续稳定。

（4）蔬菜生物技术的相关研究。建立了番茄抗 TYLCV 的分子标记体系及室内根癌农杆菌的侵染鉴定体系。建立了辣椒雄性不育评价方法，总结出了较为成熟高效的白皮黄瓜雌性系选育程序。开展花椰菜温敏雄性不育的分子标记筛选技术、细胞质雄性不育的回交转育技术及雄性不育育种技术研究，初步建立了小孢子培养技术体系。建立了高效的甜瓜组织培养和遗传转化体系，克隆了甜瓜 MLO 基因，为研究甜瓜白粉病的发病和抗性机理奠定了基础。开展了黄瓜与根结线虫非亲和互作相关 WRKY 基因的分离与鉴定，克隆获得了与根结线虫抗性密切相关的 9 个野生黄瓜 CmWRKY 基因，阐明了 CmWRKY 基因的遗传进化、系统分类以及 CmWRKY 基因编码的蛋白质结构。

（5）技术培训、新品种与新技术示范推广。“十二五”期间，甘肃省积极开展蔬菜技术培训和科技成果转化工作。每年举办各类技术培训班 5000 余期，培训农民 120 万余人次；每年示范推广蔬菜新品种 100 多个，蔬菜良种率达到 95% 以上；每年推广新技术 40 余项，科技成果转化率达 50%。利用中国农业信息网供求一站通系统，开展名、特、优、新农产品销售信息的网上发布工作。同时，积极创新科技服务体制，在充分发挥农业科技特派员与农技中心区域站作用的基础上，开通了“12316”“三农”服务热线；形成了以蔬菜科技特派员、农技中心区域站、专家直通车、“12316”“三农”服务热线为主的“四位一体”科技服务模式。

（三）甘肃省蔬菜科技发展中的主要问题

一是对蔬菜科学研究的科技投入不足，特别是对基础性、公益性研究缺乏稳定的支持。

二是蔬菜种质创新能力弱，优异种质资源缺乏。在蔬菜种质资源的收集、整理、评价及育种方法等基础研究上深度不够。

三是在重大关键技术研究，如标准化设施建造技术、信息化的生产技术、有机蔬菜种植技术等方面，还缺乏重大突破。

四是科研成果转化机制不够灵活，基层蔬菜技术推广服务人才短缺，技术进村入户难。

三　甘肃蔬菜科技创新发展思路、目标及重点

（一）基本思路和发展目标

1. 基本思路

以确保城乡蔬菜市场均衡供应和农民增收为目标，坚持节能、高产、优质、高效、生态、安全的蔬菜发展道路，立足全省蔬菜产业的资源优势，提高蔬菜整体生产能力，以提升蔬菜生产区域化、标准化、集约化和产业化水平为重点，推进蔬菜生产现代化。

2. 科技工作的目标

（1）蔬菜产业发展目标。因地制宜，合理利用资源，注重粮菜统筹，依靠科技支撑，坚持露地与设施种植并存发展，通过科技创新和科技成果转化，实现全省蔬菜产业的生产设施现代、蔬菜种类多样、生产手段先进、生产过程规范、产品质量安全、产品供应均衡、资源利用高效。到 2020 年，全省蔬菜种植面积达到 66.7 万公顷，总产量达到 2500 万吨，总产值达到 450 亿元，其中设施蔬菜达到 16.7 万公顷。把甘肃省建成为全国一流的高原夏菜生产基地、西北内陆蔬菜出口创汇基地和冬春淡季反季节蔬菜供应中心。

（2）科技工作目标。建立起常规育种与生物育种相结合的蔬菜育种技术体系，创制一批应用价值高的优异种质，育成一批设施蔬菜、高原夏菜专用新品种。加强设施蔬菜与高原夏菜高效安全关键栽培技术、有机蔬菜栽培技术、机械化信息化生产技术等研究，加大新技术示范推广力度，强化技术培训，全面提升蔬菜产品质量安全水平。

（二）发展重点与主要方向

1. 蔬菜高效育种技术及新品种选育

（1）蔬菜种质资源研究。开展蔬菜作物种质资源收集、繁殖与表型鉴定研究。通过开展不同蔬菜作物种质资源保存技术、不同蔬菜作物种质资源繁殖技

术、不同蔬菜作物种质资源室外表型鉴定技术与不同蔬菜作物种质资源室内表型鉴定技术研发，制定蔬菜作物种质资源农艺性状描述规范与技术标准，建立蔬菜作物种质资源基础数据库，建立蔬菜作物种质资源应用与评价技术体系。

（2）育种技术与种质创新研究。重点开展蔬菜作物细胞工程育种技术、分子育种技术和优异新种质创制研究。通过开展不同蔬菜作物染色体工程育种技术、高效单倍体育种技术、分子标记辅助育种技术研发，建立蔬菜作物高效倍性育种技术体系和高效分子设计育种技术体系，创制生态适应性强、复合抗病性强、商品外观品质和风味品质优良的育种材料，培育优质、适应性强的蔬菜作物新品种。

2. 蔬菜安全高效标准化生产技术

（1）蔬菜产品安全生产控制技术。①产地环境控制，生产过程中投入品的控制技术。建立蔬菜产地环境地理信息系统，研究不同蔬菜肥药供给时期、用量、方式及配套施用方法，集成蔬菜生产过程中投入品的控制技术。②环境友好型生产资料（生长调节剂、生物肥料、生物农药等）的研制和利用技术。针对不同蔬菜作物创制抗逆增产、改善品质、省工增效等功能的调节剂新产品，研制集根际促生、溶磷解钾、土壤改良等功能于一体的新型微生物肥料，研发微生物农药、植物源农药、生物化学农药和天敌昆虫农药等农田有害生物防控技术和产品，开发环境友好型生产资料和配套综合应用新技术。③病虫害可持续控制技术。在探明蔬菜主要病虫害发生规律基础上，研究以性诱剂、杀虫灯、黄板、蓝板和防虫网等使用技术有机组合，适时、适量、科学使用高效、低毒、低残留的化学农药，集成出一套以生态控制、农业防治、生物防治、物理防治为主，适当辅以化学防治的蔬菜病虫害可持续防控技术体系。④产品质量安全追溯源检测和源头控制技术。制定蔬菜产品质量追溯管理技术标准，建立蔬菜产品质量追溯管理制度。

（2）蔬菜作物资源高效利用技术。①非耕地高效利用技术。开展非耕地设施标准化设计与建造技术研究、农业废弃物资源化成套技术研究、适宜蔬菜作物标准化栽培技术研究。②水肥资源高效利用及其水肥一体化关键技术。明确蔬菜作物水肥需求规律，研究水肥一体化微灌制度、施肥制度、肥料选择、膜下滴灌技术；探究精准灌溉施肥控制技术；研发适于不同蔬菜作物和不同生产条件的养分原位监测技术和水肥一体化技术。③基于设施结构与材料优化的光温资源高效利用技术。以西北型节能日光温室和塑料大棚为主要研究对象，开展不同生态区域设施标准化设计与建造技术、设施环境调控技术研究，明确不同生态区域设施建造标准和参数，提出蔬菜设施栽培环境调控技术措施。重点开展设施结构优化及建造技术研究、温室蓄热增温设备研制、设施环境调控技术研究、塑料大棚多层覆盖技术研究。④土壤资源可持续高效利用技术。研究种植方式、灌溉方式、机械化操作、有机肥施用等农耕管理模式影响蔬菜种植土壤质量机制及驱动因素，研究新型物理土壤处理技术、生物熏蒸技术以及高效安全化学农药土壤处理新技术、新产品及智能化配套装备；提出耕地地力资源可持续高效利用新途径。

（3）蔬菜作物环境精准控制与标准化栽培技术。①蔬菜作物生理机制和发育模型研究。建立综合植物生理机制、空间形态和环境的植物形态结构模型技术体系。②设施蔬菜轻简省力化栽培技术。筛选和研发出适用于土壤作业、种苗生产作业、管理作业、收获及运输作业等设施蔬菜主要生产环节装备；构建设施蔬菜机械化、轻简化生产装备数据库；实现设施蔬菜生产自动化管理。③基于生长模型和设施内环境因子监控的智能化、精准化控制技术研究，研究开发出蔬菜作物模型，量化各项管理指标，包括不同蔬菜作物不同生育期的水肥管理指标、环境控制指标及病虫害绿色防控。通过作物管理模型与环境控制相结合，实现蔬菜作物生产的智能化、精准化控制。

3. 蔬菜产品采后质量保持关键技术

重点开展蔬菜采后品质形成、劣变的机理和调控机制，蔬菜产品采后处理、精选分级包装技术，蔬菜产品低能耗冷链贮运系统和气调贮藏技术，低能耗预冷技术，蔬菜产品保鲜和物流配送与相应的冷链运输系统技术等研究，制定主要蔬菜的产品标准、贮运技术规程等。

4. 技术培训与示范的方式、方法创新

根据蔬菜产业发展的新形势和新要求，研究新形势下蔬菜科技培训、技术示范等方式方法。

四 蔬菜科技创新载体建设与保障措施

（一）蔬菜科技创新载体建设

1. 构建种质资源创新平台，加快蔬菜种质资源创制

以甘肃省农业科学院蔬菜研究所为依托单位，吸纳省内蔬菜科研力量，建设全省蔬菜种质资源创新平台。加快对已有蔬菜资源的鉴定和评价，完善种质资源

信息，建立蔬菜种质资源数据库系统，实现数字化管理。广泛搜集国内外优异蔬菜种质资源，拓宽种质资源的遗传背景。充分利用基因工程、辐射诱变等现代高科技手段，创制蔬菜优异种质资源。

2. 健全科技创新体系，加快蔬菜产业技术创新

健全全省“一盘棋”的蔬菜科技创新体系。以省级蔬菜科研院所、高校为主体，建设省级蔬菜遗传育种和栽培重点实验室、工程技术中心、蔬菜科研基地，以应用基础及应用研究为主，重点解决蔬菜科技发展带有方向性、关键性的重大难题。以市县级优势蔬菜科研机构为主体，以应用研究为主，重点开展关键技术集成组装，进行区域内蔬菜技术创新与推广工作。大力支持民营等其他形式科研机构的发展，形成以省、地方、企业、民营科研机构等为主体的多形式、多类型的蔬菜科研机构，提升全省蔬菜科技创新能力和水平。

3. 创建高水平蔬菜科研团队，加快蔬菜科技人才培养

实施现代蔬菜产业人才培养工程，加快培养蔬菜科技创新人才和团队。同时，建立一套适应蔬菜科技创新要求的人才培养、使用、评价和激励机制，完善包括对蔬菜科研机构、人员和成果的科学评价体系和考核方法。出台相关激励优秀科技人才和创新团队的政策措施，营造人尽其才、才尽其用的良好创新环境。

4. 完善蔬菜科技推广服务体系，加快新成果的推广应用

逐步建成以蔬菜科研机构为科技源头，与技术推广中心、企业和中介服务组织相连接的蔬菜科技推广网络；建立以蔬菜科技企业为主体，高新蔬菜科技示范园区和标准化生产基地为依托的成果转化体系，积极推广“专家 + 协会 + 农户”、“科研院所 + 公司 + 农户”等技术推广新模式，加快蔬菜科技成果的转化和应用。

（二）保障措施

1. 加强领导

组建蔬菜科技创新工作领导小组，加快推进科技创新载体建设。

2. 保障投入

蔬菜科技创新作为公益性事业，应加大财力、物力投入，提升省级蔬菜遗传育种和栽培重点实验室装备，为蔬菜科技创新提供物质支撑。

3. 建立机制

积极探索蔬菜科技创新管理机制，积极引导各类高层次人才科技创新载体体

制、机制的创新，鼓励技术、资本、人力资本等生产要素参与创新载体建设，健全创新载体内部激励机制和持续发展机制，不断激发创新活力，为高新技术产业发展和社会进步提供坚实的基础支撑。

参考文献

国家大宗蔬菜产业技术体系：《2014 年度大宗蔬菜产业技术发展报告》，http://www.wxphp.com/wxd_ 8x8cq9qnls6i8st1cmuz_ 1.html，2016 年 7 月 22 日。

贺超兴、于贤昌：《世界主要蔬菜生产的发展趋势与展望》，《蔬菜》2012 年第 12 期。

李崇光、包玉泽：《我国蔬菜产业发展面临的新问题与对策》，《中国蔬菜》2010 年第 15 期。

丁海凤、于拴仓、王德欣等：《中国蔬菜种业创新趋势分析》，《中国蔬菜》2015 年第 8 期。

沈辰、吴建寨、王盛威等：《中国蔬菜调控目录制度的展望》，《中国食物与营养》2015 年第 9 期。

杨其长：《供给侧改革下的设施园艺将如何发展》，《中国农村科技》2016 年第 5 期。

韩婷、穆月英：《中国蔬菜生产自然风险省际比较研究》，《世界展望》2015 年第 8 期。

何启伟、焦自高：《山东省出口蔬菜的良性发展与启示》，《山东蔬菜》2005 年第 4 期。

徐克、李辉尚、马娟娟等：《2015 年中国蔬菜进出口贸易状况及展望》，《农业展望》2016 年第 5 期。

杜艳艳：《国内外设施农业技术研究进展与发展趋势》，《广东农业科学》2010 年第 4 期。

丁燕：《设施园艺在国外的发展及启示》，《现代园艺》2013 年第 4 期。

朱宁、曹博、朱勋等：《搭建产学研合作平台推动科学技术落地转化——“‘中国蔬菜科技与产业化’博士后学术论坛”综述》，《中国蔬菜》2016 年第 5 期。

魏玉栋、郑金海：《科技创新推动蔬菜产业发展——访中国农业科学院蔬菜花卉研究所方智远院士》，《农村工作通讯》2010 年第 9 期。

徐东辉、方智远：《中国蔬菜育种科研机构及平台建设概况》，《中国蔬菜》2013 年第 21 期。

王立浩、方智远、杜永臣等：《我国蔬菜种业发展战略研究》，《中国工程科学》2016 年第 1 期。

张扬勇、方智远、刘泽洲等：《中国蔬菜育成品种概况》，《中国蔬菜》2013 年第 23 期。

喻景权、周杰：《“十二五”我国设施蔬菜生产和科技进展及其展望》，《中国蔬菜》2016 年第 8 期。

李天来：《我国设施蔬菜科技与产业发展现状及趋势》，《中国农村科技》2016 年第 5

期。

甘肃省经济作物技术推广站：《甘肃省蔬菜产业发展现状及存在的问题》，《甘肃农业》2015 年第 10 期。

张玉芳：《“高原夏菜”铸成金字招牌——甘肃省蔬菜产业发展综述》，http：//gsnmb. gansudaily. com. cn/system/2016/06/03/016121417. shtml，2016 年 6 月 4 日。

王朝霞：《流金溢翠春满园——甘肃省蔬菜产业发展巡礼》，http：//epaper. gansudaily. com. cn/gsrb/html/2015 -02/03/content_ 236546. htm，2015 年 2 月 3 日。

刘彩虹、王和平：《山西省蔬菜科技创新平台建设构想和思考》，《山西农业科学》2013 年第 5 期。

G.27

甘肃省草地农业与草食畜牧业科技发展研究报告

吴建平　郎 侠*

摘　要：草食畜牧业是甘肃省农业和农村经济发展的支柱产业之一，也是增加农牧民经济收入的朝阳产业和脱贫致富的抓手。“十二五”以来，通过不断优化和调整畜牧业结构，大力推广设施养殖技术，甘肃省牛、羊产业发展迅速，区域布局更加合理，草食畜牧业的集约化、规模化、产业化程度逐步提高。但天然草地严重退化，生态环境保护滞后，饲养管理粗放，产业化水平较低等问题依然突出。今后甘肃省应以草食畜标准化生产、现代畜牧良种繁育、饲草料生产、牛羊养殖技术服务、畜产品质量安全、生态环境保护等科技体系建设为重点，加快推进现代畜牧业发展。

关键词：草食畜牧业　肉牛　肉羊

草地农业是一种强调禾本科牧草和豆科牧草对于牲畜和土地经营的重要性的农业生产系统。草食畜牧业是以牛羊等反刍家畜生产为主的畜牧业，主要产品有肉、奶、毛、皮等，是草地农业的具体组织和运作模式。甘肃省地域宽广，气候类型多样，饲草料资源丰富，牛羊品种多、存栏量大，具有发展草食畜牧业的良好条件。“十二五”以来，甘肃省草食畜牧业发展迅速，产业结构多元化，农区和牧区及半农半牧区草食畜牧业并重，并取得了长足的发展，生产规模显著扩

* 吴建平，博士，教授，博士生导师，主要从事动物遗传育种与繁殖及草食畜生产系统研究。现任甘肃省农业科学院院长；郎侠，博士，甘肃省农业科学院畜草与绿色农业研究所副研究员，主要从事绵羊、山羊育种，动物分子遗传学及动物遗传资源保护利用和现代生态畜牧业研究。

大，区域布局更加合理，草食畜牧业发展迅速，其组织化、产业化、集约化、规模化的水平日益提高。

一 草地农业与草食畜牧业科技发展动态

（一）草地农业与草食畜牧业发展概况

草地农业高度依赖于作为反刍家畜食物基础的最初牧草来源。发展草食畜牧业可以发挥缓解粮食供求矛盾、保障畜产品有效供给的资源效应。改革开放以来，我国草食畜牧业发展取得了长足进步，养殖规模不断扩大，技术水平不断提高，区域布局不断优化，产品供给能力不断提高。2014 年底，我国大牲畜头数达到 12022.9 万头，其中，牛 10578.04 万头、马 604.33 万头、驴 582.61 万头、骡 224.56 万头、骆驼 33.35 万头。2014 年年末全国羊存栏总数为 30314.9 万只，其中山羊 14465.92 万只、绵羊 15849.01 万只，出栏总数为 28741.6 万只。2014 年我国牛肉产量 689 万吨，比上年增长 2.4%；羊肉产量 428 万吨，比上年增长 4.9%；牛奶产量 3725 万吨，比上年增长 5.5%。从 1980 年到 2014 年，牛肉产量从 26.9 万吨增加到 689.24 万吨，羊肉产量从 44.5 万吨增加到 428.21 万吨，牛奶产量从 114.1 万吨增加到 3724.64 万吨。牛肉年均增长率超过 18%，牛奶年均增长率超过 100%，羊肉年均增长率达到 10%。牛羊肉占肉类产量的比重从 6% 增加到 12.7%，翻了一番。另外，兔肉、兔毛、牛皮、羊皮、鹅肉、鹅绒等草食畜产品的生产也都呈现快速发展态势。草食畜牧业的发展为优化畜牧业产业结构、增加农牧民收入、满足城乡居民多样化消费需求做出了积极贡献。

（二）甘肃省草食畜牧业发展现状

与我国改革开放的发展步伐一致，甘肃省立足于现有的资源优势，不断优化和调整农业产业结构，积极推广适合甘肃省情的先进科学技术，大力发展牛、羊产业，反刍家畜养殖业综合生产能力有了很大提高，使甘肃省草食畜牧业成长为农村经济发展中具有很大潜力的产业，成为农牧民的主要收入来源之一。甘肃省草食畜牧业的发展历程分为四个阶段。

第一阶段：初步发展阶段（1979 ~ 1983 年）

从 1979 年开始，甘肃省政府部门根据草食畜牧业的发展状况，逐步出台并实施多项扶持政策，支持草食畜牧业的发展，在一定程度上调动了农牧民的生产主动性和积极性。1983 年，甘肃省牛出栏 6.99 万头、羊出栏 132 万只，与 1978 年相比，牛出栏量增长 14.20%、羊出栏量增长 53.20%，但羊存栏量有明显的下降趋势（见图 1）。1983 年，甘肃省生产牛肉 0.53 万吨、羊肉 1.39 万吨，与 1979 年相比，牛、羊肉产量分别增长 43.20%、15.80%。

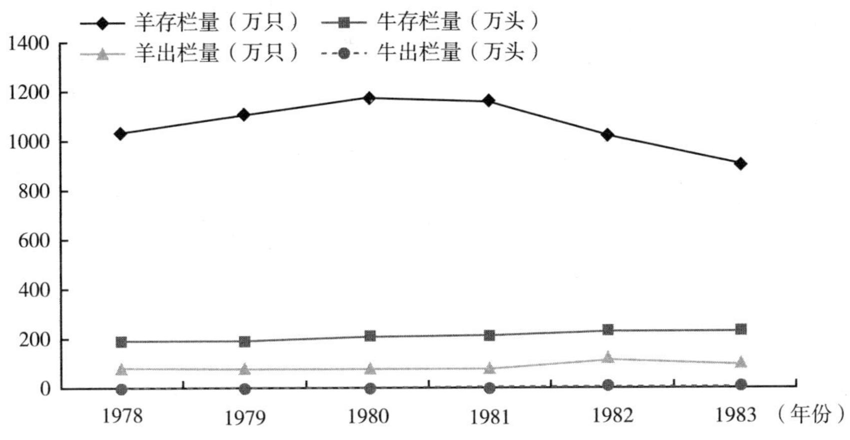

图 1 1978 ~ 1983 年甘肃省牛羊的存、出栏量

资料来源：《甘肃发展年鉴》，2015。

第二阶段：种养结合和畜产品生产基地建设阶段（1984 ~ 1992 年）

1984 年，甘肃省政府引导各地区建设畜产品生产商品基地，发展牧草种植和牛羊养殖，先后投资建设了张掖、临泽、高台等 7 个奶牛、肉牛、肉羊产品商品生产基地，有效推动了牛、羊养殖规模化、区域化发展。1992 年，甘肃省有 342.40 万头牛、1012.20 万只羊存栏，与 1984 年相比，牛存栏量增加 38.90%、羊存栏量增加 8.80%（见图 2）；50.80 万头牛出栏、346.60 万只羊出栏，分别是 1984 年的 7.3 倍和 2.6 倍；生产 4.28 万吨牛肉、4.43 万吨羊肉，分别比 1983 年增长了 7.10 倍和 2.20 倍。

第三阶段：支柱产业建设阶段（1993 ~ 2000 年）

从 1993 年开始，甘肃省政府又相继出台了《关于加快发展畜牧业的决定》等多项政策，坚持“小畜种起步，草食畜先行”的发展理念和原则，加大资金和科学技术等方面的投入，促进草食畜牧业区域化、规模化发展，使其成为农村经济发展中的支柱产业。2000 年，甘肃省牛出栏 80 万头、羊出栏 478.50 万只（见图 3），分别比 1993 年增加 57.50% 和 38.10%；牛肉产量 7.85 万吨、羊肉产

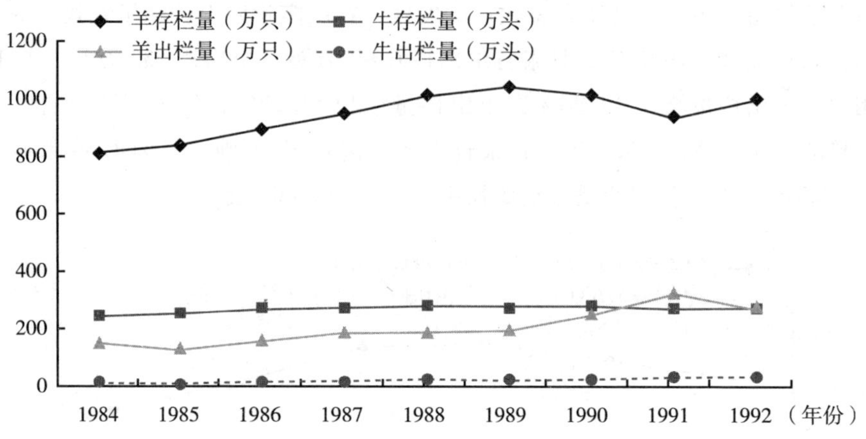

图 2　1984～1992 年甘肃省牛羊的存、出栏量

资料来源：《甘肃发展年鉴》，2015。

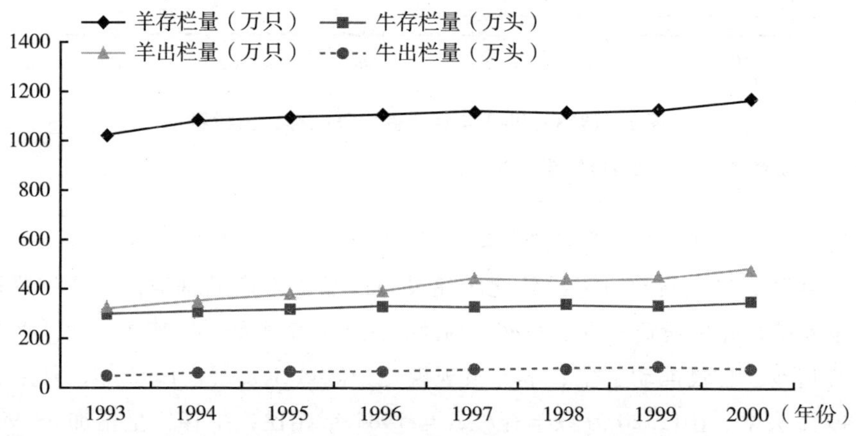

图 3　1993～2000 年甘肃省牛羊的存、出栏量

资料来源：《甘肃发展年鉴》，2015。

量 7.54 万吨，分别较 1993 年增长 83.40% 和 70.20%。

第四阶段：主导产业培育阶段（2001 年至今）

随着经济社会的快速发展，甘肃省各级政府把发展牛、羊产业作为草食畜产业的重点给予扶持，并积极争取国家扶持建设了 11 个种羊场及良种奶（肉）牛场；同时，奶牛良种养殖补贴计划的实施，畜牧业特产税的废除等一系列政策的贯彻落实，积极促进了牛、羊产业的快速发展（见图 4）。

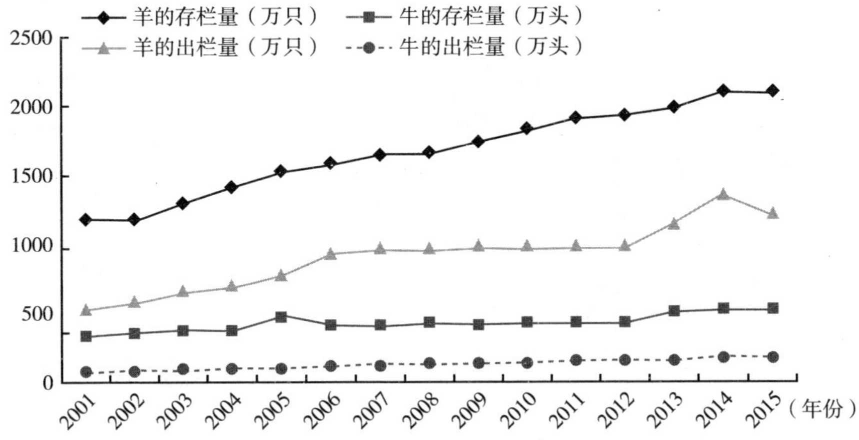

图4　2001～2015年甘肃省牛羊的存、出栏量

资料来源：《甘肃发展年鉴》，2015。

二　甘肃省草地农业与草食畜牧业科技发展现状与问题

（一）甘肃省草地农业与草食畜牧业概况

甘肃省草地资源丰富，拥有1790.42万公顷天然草地，其中可利用草地1607.16万公顷。相对全省面积而言，天然草地的面积比例是39.4%，在中国大陆草地面积中，甘肃省占比为4.56%。根据全国草地面积排名顺序，甘肃省位列第六，前五位依次为新疆、内蒙古、青海、西藏、四川。境内甘南高原、祁连山地、省境北部的荒漠、半荒漠沿线一带是甘肃省天然草地的主要分布区，这些地区是全省大多数少数民族聚居区，也是甘肃传统牛羊等放牧家畜商品生产基地。目前甘肃省农作物秸秆、农副产品等资源量超过4000万吨，丰富的饲草料资源为甘肃省发展牛、羊产业提供了坚实的物质基础。

通过长期的自然选择及人工选育，甘肃省拥有独具特色、类型多样的牛、羊遗传资源，如秦川牛系列中的早胜牛、青藏高原独特家养动物（甘南牦牛、天祝白牦牛，甘肃高山细毛羊、欧拉羊、甘加羊、乔科羊、岷县黑裘皮羊等）。近年来，通过牛羊产业大县建设等项目的带动和示范，甘肃扶持牛羊良种繁育体系建设，开展了早胜牛、甘南牦牛、兰州大尾羊、岷县黑裘皮羊、滩羊、陇东白绒山羊、河西绒山羊、藏羊等优良地方牛、羊品种资源的保护行动，实施“河西肉牛”、“陇东肉牛”和“中部肉羊”新品种（系）选育等工作。从澳大利亚、新西兰等草地畜牧业发达国家引进肉用西门塔尔种牛、安格斯种牛、海福特牛等丰富了种牛资源；育成了高山型美利奴羊新种群，引进并推广肉羊品种，如无角陶赛特羊、萨福克羊、特克塞尔羊、澳洲白等，商品肉羊杂交生产体系已初步建立。通过地方品种保护、新品种培育、品种引进等进一步充实了甘肃省草食畜遗传资源，为甘肃草地畜牧业发展提供了丰富的品种资源。

（二）甘肃省“十二五”期间草地农业与草食畜牧业科技发展成效

1. 草地产业发展取得新突破

2015 年，甘肃省人工草地面积达 167 万公顷，其中 145 万公顷为多年生牧草，包括 67 万公顷苜蓿。人工牧草良种化率超过 80%，草产品加工能力达 180 万吨，繁育人工牧草的种子田种植面积达到 6.7 万公顷。已形成三类饲草种植加工的主要模式，即自产自用型、生态功能型、商品生产型。全省基本形成专业化人工牧草生产基地格局，为甘肃省乃至全国牛、羊养殖业发展提供了有力的支撑保障。

2. 草原建设成效显著

（1）全面落实国家草原生态保护补奖政策。2011 年以来，1780 万公顷草原被甘肃省划定为基本草原面积，落实草原承包权 1600 万公顷，667 万公顷草原禁牧，940 万公顷草原达到了草—畜动态平衡，并完成 225 万个羊单位减畜量，牧草良种补贴面积 96 万公顷，30.8 万公顷草地实现了人工种草和更新改造，34 亿元草原生态保护补助奖励资金已兑现到户。

（2）稳步推进退牧还草建设工程。从 2003 年开始，甘肃省全面落实国家退牧还草工程建设项目，702 万公顷退牧还草及围栏建设任务在甘肃省 23 个县（市、场）已完成，其中禁牧 245 万公顷、休牧 430 万公顷、轮牧 27 万公顷划区；176 万公顷天然草场被补播改良，新建 1.93 万公顷人工饲草地，9000 户舍饲棚圈建设完成。

3. 牛、羊产业发展明显增速

牛、羊生产总体保持健康、快速、稳定的发展态势，产业转型升级、提质增效效果显著。通过大幅提高牛、羊产业的规模化、标准化、产业化、组织化程度，牛、羊养殖业综合生产能力显著增强，以草食畜牧业为主体产业的畜牧业强省建设目标得到初步实现。统计数据表明，2015 年甘肃省草食畜牧业经济增加值达到 195 亿元；全省牛饲养量 716. 4 万头，存栏 525 万头、出栏 191. 4 万头，与 2012 年比较，分别增长 8. 3%、7. 4% 和 10. 9%；羊饲养量 3402. 4 万只，存栏 2136. 7 万只、出栏 1265. 7 万只，分别比 2012 年增长了 12. 7%、10. 6%、16. 4%。牛肉、羊肉和奶类每年分别以 4. 5%、6. 8% 和 6% 的速度递增；2015 年，牛肉产量 20. 5 万吨、羊肉产量 21 万吨、奶类产量 58 万吨，在肉类生产中，牛羊肉的比重上升到 52% 以上。肉牛、肉羊良种化程度大幅提高，良种化率均超过 75%，牛、羊出栏率分别由 2012 年的 35% 和 56% 提高到 2015 年的 40% 和 75。

4. 草食畜产业化程度显著提升

目前，甘肃省有 150 家各种形式的畜牧业产业化组织，已带动 2000 个规模养殖场和 10 万户规模养殖户。在草食畜生产中，全省羊肉总量的 50% 以上为规模化生产。

5. 取得明显的综合效益

牛羊肉加工总量的 20% 以上为精深加工产品，养殖牛羊的农牧民人均纯收入 800 元以上。牛羊等草食畜牧业的发展提升带动了相关产业的进一步发展，为 300 万人直接或间接地创造了就业机会，进一步带动了农村产业结构调整和优化升级，积极促进了牛、羊饲养业的良性循环和可持续发展。

（三）甘肃省草地农业与草食畜牧业科技发展面临的挑战

1. 天然草地生产能力低，区域间差异显著

在甘肃省，目前有可利用天然草地 1604. 00 万公顷，可折算为 1384 万只羊单位的理论载畜量，承载能力为 1. 16 公顷饲养一个羊单位，低于新西兰的 1/10，而新西兰草地载畜能力为 10 ~ 15 只羊/公顷或 3 头奶牛/公顷。甘肃省天然草地生产力居全国中下水平，且在省内不同地区，天然草场生产能力表现为多样性，存在较大差异。省内天然草场牧草生产力较高的地区为甘南、陇南、武威等地，这些地区饲养 1 个羊单位所需天然草地面积分别为 0. 73、0. 75、0. 42 公顷；天然草地生产力水平较低的地区为兰州、金昌、白银、酒泉、临夏等地，按养殖 1 个羊单位家畜需要的天然草场衡量，兰州为 2. 03 公顷、金昌为 2. 03 公顷、白银为 2. 49 公顷、酒泉为 2. 53 公顷、临夏为 2. 43 公顷。

2. 天然草地超载过牧，严重退化

天然草场严重退化的因素主要是气候干旱、过度放牧等。目前，甘肃省

退化的天然草场面积为71300公顷，天然草场的退化速度是每年10.00万公顷，其中22300公顷为重度退化草原，19700公顷为中度退化草原，29300公顷为轻度退化草原。“黑土滩”型退化是甘南高寒草甸地区的主要表现形式；草地植被稀疏、毒草滋生、水土流失严重是陇东和祁连山区部分天然草地退化的主要特点；植被破坏、土地沙漠化、盐碱化是河西走廊荒漠草原退化的主要形式。

3. 草地生态破坏现象不容忽视

在人们长期利用草地的过程中，掠夺式经营草地资源，以及草原保护投资错位，草地保护措施执行不力，从而使甘肃省不同地区草地被毁草开垦或开辟为其他用途，主要是半农半牧区、中部干旱地区、高寒阴湿地区的14.45万公顷天然草地。樵采使河西荒漠草原区严重破坏，每年有6万公顷左右草场因挖灌木而受到破坏；在中部干旱地区及高寒阴湿地区（以定西为代表），当地百姓长期依赖铲草皮、挖草层、烧山灰等行为来解决“三料”（饲料、燃料、肥料）问题，每年破坏草地28.45万公顷；另外每年有6.67万公顷草地由于挖中药材和搂发菜被破坏。目前，随着草原保护执法力度的加强，以及农牧民群众草地生态保护意识和素质的提高，天然草地的破坏程度有所减轻，但人为破坏草地生态所造成的损失难以在短期内弥补和恢复。

4. 生境破坏，特色畜种资源濒危

长期以来，农牧民不合理利用草地，导致优势可食牧草减少，有毒有害草增加，草地退化，特色家畜生存环境破坏；另外，对特色畜种资源无序利用和开发，导致群体数量锐减、基因资源流失和污染，造成特色畜种资源濒危，如河曲马、藏羊、蕨麻猪、兰州大尾羊、岷县黑裘皮羊、山丹马和白牦牛等特有畜种的生存面临很大的威胁。

5. 家畜品种退化、老化，饲养水平低，生产能力低下

以放牧为主的草食畜牧业经营方式是对天然草地的掠夺利用，也是对畜种资源的无计划开发，随着畜牧业市场效益的增加，在经济利益驱动下，农牧民以追求效益为目的，忽视草地和畜种质量的提高，草地的退化导致牧草品质和产量降低，长期的营养匮乏胁迫导致畜种退化。另外，无计划的杂交、不重视畜种选育提高、小群体近交等也导致畜种退化；牧区的闭锁繁育造成牛、羊近交衰退，致使草食畜品种老化，个体生产性能降低，商品率降低。

6. 良种繁育体系不完善、杂交体系不健全

没有形成“金字塔”形良种繁育体系，且目前存在的种畜场制种机制不完

善、制种供种能力不强，从事草食动物良种繁育的人员不固定，技术人员的技术水平和业务素质有待提高，待遇偏低，受重视程度不够。没有专门化的具有自主知识产权的牛羊良种，主管部门对草食动物良种引进缺乏计划指导和统筹安排。引进种畜的繁育利用尚未形成有计划的草食畜牧业产业化发展的分级分层良种繁育体系和杂交改良体系，没有建立起有计划的多元杂交体系。

7. 饲养管理粗放

虽然在政府大力倡导下，甘肃省草食畜牧业发展取得了显著的成效，建设了一批养殖小区、规模化养殖场、家庭牧场等，但是粗放的饲养管理局面依然存在，先进实用技术的推广应用率仍然很低，主要表现为疫病防控体系不健全，从业人员科技素质低，饲草料没有配合化利用，营养调控不科学。

8. 科技投入欠缺

甘肃省为西部经济欠发达地区，在经济社会发展和项目建设投资中，对畜牧业科研和技术开发投入增长缓慢，草食畜牧业科技投入水平较低，低于发达地区，远远落后于发达国家，不足发达国家的1/10。尤其对家畜育种等长线项目的投资小，科研和技术服务体系不健全，技术推广经费不足，草食畜牧业关键养殖技术的推广力度弱，科研成果转化效率低。

9. 龙头企业数量有限、规模小，带动能力弱

甘肃省经济社会发展滞后，与草食畜牧业相关的大型龙头企业数量少，现有的牛、羊养殖企业生产规模小，以生产初级产品为主，精深加工产品不多，尚未形成全产业链生产模式。畜产品精深加工龙头企业数量少，几乎无辐射带动能力。

10. 草食畜养殖规模小，集约化水平低

千家万户的分散饲养依然是甘肃省农区牛羊养殖的主要生产模式，养殖规模小，比较效益低，单产能力低，规模经营比重小，既不能满足消费市场对牛羊产品的数量需求，也无法确保其产品的质量安全。

11. 草食畜牧业基础设施落后

甘肃省草食畜牧业基础设施落后，家畜疫病防治和养殖设施不配套，牛羊产品质量监测体系不健全。牧区草地畜牧业水利建设几乎为空白，草地生态设施畜牧业发展起步晚，牲畜暖棚、饲草料基地、畜种改良、疫病防治等基础设施建设不到位，牧区畜牧业仍处于“靠天养畜”的被动局面，牧区草地畜牧业抗御自然灾害的能力弱，面临的自然风险和市场风险大。

三 甘肃省草地农业与草食畜牧业科技发展思路、目标及重点

（一）基本思路与发展目标

1. 基本思路

依照优质、高效、安全、生态的发展要求，甘肃省坚定不移地贯彻执行转变草食畜牧业发展和生产方式这条主干线，以保生态、促供给、保安全“三大任务”为核心，构建现代饲草料架构生产、饲草料和牛羊产品质量安全保障、畜禽标准化生产、畜禽牧草种业、现代畜牧业服务、草地生态保护等“六大体系”，保障饲草料和牛羊产品质量安全，不断提高牛羊综合生产能力，加强草地生态保护建设力度和措施，为草食畜牧业发展提供强力支撑。

2. 发展目标

以科学发展观统揽全局，以推进产业结构调整、加强草食畜牧业综合生产能力和生态环境建设为契机，以国内国际两种资源两个市场为依托，以农民增收为目标，以科技化、特色化、区域化、规模化、优质化发展为方向，提高全省草食畜牧业规模化生产经营水平、适龄母畜比例、良种生产与供应能力、饲草料科学加工利用水平、畜产品加工能力和质量检测水平，全力推动草食畜牧业向现代化方向迈进，努力促进农民收入持续稳定增长。全面实施科技兴牧战略，加快草食畜牧业向内涵效益型和集约化、现代化方向发展，转变农区、半农半牧区及牧区畜牧业发展方式，努力提高出栏率，扩大饲养规模。实施以优取胜的战略措施，打造名优品牌，做大做强草食畜市场，促进草食畜牧业发展步入社会效益、经济效益、生态效益兼顾，以及协调发展、良性互动的可持续发展轨道。

（二）发展重点

1. 建设草食畜标准化生产体系

以“养殖设施化、生产规范化、畜禽良种化、粪污处理无害化、防疫制度化”为出发点和立足点，完善政策支持措施，强化关键养殖及管理技术培训，大力推广草食畜养殖标准化技术。进一步规范标准化养殖措施的落实，加强草食畜养殖废弃物无害化处理，粪污资源无害化利用，因地制宜推广牛羊生态种

养相结合饲养模式，大力推进标准化规模养殖，建立健全草食畜标准化生产体系。

2. 建设草食畜、现代牧草种业体系

以“引种强监管、保种打基础、育种上水平、供种提质量”为原则，加强对草食畜地方遗传资源、牧草种质资源的保护和科学利用，完善畜、草育种管理机制，提升良种繁育、供给和自主育种能力，逐渐扭转良种草食畜品种、牧草品种长期依赖进口的被动局面。建设草食畜、牧草种子育种基地，增强良种制种供种能力，积极推进畜、草遗传改良计划，主推市场欢迎的畜、草良种，实施良种补贴，建设草食畜、现代牧草种业体系。

3. 建设饲草料生产体系

以“增加效益、转变方式、提高门槛、加强监管、减少数量、保证安全”为原则，实行饲草料生产经营许可审查制度，严格淘汰不合格生产经营者，规范饲草料企业生产行为；生产加工安全、优质的牛羊饲草料产品；引导饲草料生产经营者建立行业诚信机制，强化饲草料生产过程的质量安全监管，构建优质、安全、高效的现代饲草料产业体系。加强饲草料资源开发利用。在牛、羊饲养规模化程度高、秸秆资源丰富的地区，积极开展秸秆养畜技术示范、青贮饲料专业化生产技术示范，通过完善秸秆加工基础设施，增强秸秆饲用化能力。扶持百万亩苜蓿生产基地建设，提高优质粗饲料供给水平，推动实施优质牧草基地建设工程。支持建设饼粕、糠麸、糟渣等农副产品饲料化加工示范企业。大力推广牛、羊精准饲养技术。

4. 建设牛羊养殖业服务体系

加强牛羊饲养管理技术推广体系建设并深化技术推广体系改革，研发和推广突破牛羊产业发展瓶颈的关键技术；提高服务质量和水平，强化公共防疫服务；加大信息引导产业发展力度，完善畜牧业监测预警体系。

5. 建设牛羊产品质量安全和饲草料安全保障体系

建立饲草料行政许可管理制度，并由相关管理机构严格执行，提高饲料添加剂、饲料生产机构等的准入条件。强制执行畜产品运输车辆、生鲜乳收购站（点）的准入许可制度，加强生鲜乳收购站（点）标准化、规范化建设力度。加强监管执法、风险评价、品质检测体系建设，提升执法效率，增强监管力度；建立健全草食畜信息档案管理制度、产品标识制度，完善动物产品质量追溯体系，健全质量安全监管制度。

6. 建设草地生态环境保护保障体系

完善政策措施，加大扶持力度，构建草地生态环境保护的可持续发展长效机制；提高从业人员素质，改善物质、技术装备条件，增强执法监管力度，提升服务能力，加强草原执法监督和技术推广体系建设；进一步完善草场承包经营制度，坚持实施草地生态环境保护重大工程，贯彻落实草场保护制度，如禁牧、休牧、轮牧、草畜平衡等，建设草地生态环境保护保障体系。

（三）主要内容

1. 继续加强草食畜牧业基础设施建设

一是加强畜牧业产前和产后技术与信息服务体系建设，如草食畜牧业信息化管理、牛羊良种化繁育、动物疫病防治等重点建设内容。二是加强畜产品生产基地建设，优先建设优质奶基地和畜产品出口基地。三是加快牛羊肉生产，突出奶类生产。

2. 扩大养殖规模

5 年内新建 15 万规模养殖户、2240 个标准化养殖小区和 245 个工厂化养殖企业。

3. 加快牛羊品种改良步伐

以牛羊饲养集中的县区为重点，在饲养黄牛 3000 头以上、肉羊 1 万只以上的乡镇配套建设牛羊人工授精站（点）1 处，每站人工授精授配黄牛 1000 头以上、肉羊 3000 只以上。

4. 建立健全牛羊良种繁育体系

积极争取国家和省上立项，在有基础的酒泉、张掖、白银、定西、临夏配套新建原种肉羊场 5 个，改（扩）建 10 个肉用种羊扩繁场，每年向社会提供 13000 只良种肉羊；在兰州、天水、张掖、酒泉等奶牛主产区，争取配套建设 5 个良种奶牛扩繁场，每年向社会提供良种奶牛 3000 头。

5. 加大牧草开发与秸秆等农副产品利用力度

每年饲用玉米、紫花苜蓿、红豆草等优良禾本科及豆科牧草种植面积达到 6.7 万公顷以上，其中河西走廊地区种植 2 万公顷以上，其他市（州）种植 4.7 万公顷以上。加大秸秆等农副产品氨化、青贮等加工技术利用力度，使全省年秸秆等农副产品加工总量达到 600 万吨以上，加工利用率提高到 50% 以上，其中 15 个肉牛产业大县（区）和 20 个肉羊产业大县（区）加工利用率达到 60% 以上，其他地区加工利用率达到 45% 以上。

（四）区域布局

1. 在全省范围内把草食畜牧业作为战略性主导产业来培育，分区域推进

（1）农区及农牧交错区：要保持草食畜存栏稳中有增，积极推进舍饲圈养，采用胚胎移植、冻精配种、畜种改良等措施，提高牛、羊良种化普及率，配套品质育肥技术，增加牛、羊出栏率，提高草食畜产品质量，提升综合生产性能，建立健全肉羊、肉牛、奶牛良种繁育体系，构建产—加—销一体化经营体系。

（2）牧区：加快推进牧区生产方式的转变，大力推广轮牧、休牧、围栏放牧、退牧还草、草地复壮等技术，建植人工草地，保护天然草场，增加单位面积草地生产能力；因地制宜建设适合牧区条件的牛、羊暖棚，加强牧区牛、羊舍饲化养殖，合理配置畜群结构，推进牧区牛、羊复壮改良，增强草食畜新品种培育能力，增大良种草食畜饲养量，提升畜群周转效率，大力推广“牧繁农育”的易地养殖生产模式，降低载畜量、减轻草场放牧压力，促进草地畜牧业走可持续发展之路。

（3）城市郊区：发展以奶牛生产为主的都市型草食畜牧业。

2. 优先在重点区域把草食畜牧业作为区域性优势产业来突破，加快优势产业带建设

（1）肉羊产业：以甘南、甘肃中部地区、河西走廊牧区为重点，采用集中连片开发，辐射带动全省各地。

（2）肉牛产业：以甘南、临夏、陇东、河西为重点，在做好甘南牦牛、秦川牛、早胜牛、天祝白牦牛等优良地方品种（类群）保种的基础上，在农区建设年存栏 10 万头以上、出栏 5 万头以上的肉牛产业大县（区）15 个（凉州、甘州、肃州、灵台、崆峒、宁县、泾川、镇原、岷县、张家川、临泽、华亭、礼县、清水、武都）。

（3）奶产业：奶牛产业带、牦牛产业带建设齐抓。

四　甘肃省草地农业与草食畜牧业科技创新体系建设与保障措施

（一）草食畜牧业科技创新团队及产业联盟建设

以甘肃省农牧业科研最高机构——甘肃省农业科学院为牵头组织单位，面向省

内外、国际聚集草食畜牧业优秀科技人才，建立开放有序的甘肃省草食畜牧业科技创新团队。根据团队具体情况，按需设岗，包括教授岗、副教授岗、高工岗等。按岗位需求，可向国内外公开招聘优秀人才到团队开展合作研究。团队成员享有对团队管理、科技创新目标、发展方向提出意见和建议的权利。获得资助的研究群体，纳入相关人才计划支持范畴，在职务评聘、人才引进等方面给予相应政策支持。

科研方面，要与国内外一流科学家及科研单位建立广泛的联系与合作。开展共建团队科研平台、联合研究课题、考察访问、学术研讨与交流等科研活动，每年择优选派当年支持的创新团队成员赴国内外高水平大学访学；团队在资助期内至少应组织一次相关专业领域有一定规模和影响力的国内或国际学术会议。

由科研院所、高校和畜牧业主管机构牵头，网罗草食畜牧业生产企业、饲草料生产企业、畜产品加工企业、贸易机构、社会团体等人才形成互相协作和资源整合的产业联盟，开展重点、难点技术攻关，突破产业发展的瓶颈性关键技术，尤其是普遍性关键技术；搭建专业平台，有效整合并共享行业资源，促进成员间的互助、支持与合作，开发高品质、安全、无抗和健康畜产品，为实现联盟各成员共同推动行业健康发展创造条件，为更多消费者提供优质健康的畜产品；搭建服务平台，弘扬“时尚、绿色、优质、安全、环保”的时代发展健康理念，倡导无抗和健康养殖，推动优质、安全畜产品基地建设，带动全省草食畜牧业健康发展；搭建发展平台，倡导科学生产，传播先进管理方式，提高联盟成员生产管理水平；开展生产指导、技术培训等活动，切实提高联盟成员的生产技术水平；组织成员单位开展相关技术标准制定，推动知识产权共享；开拓国内外市场，组织开展对外技术交流与合作。

（二）加大政策扶持力度，努力创造良好的发展环境

按照“产品有市场、龙头有基地、基地有资源、资源有潜力、科技有支撑”的要求，综合运用资金、项目、技术、土地、劳动力等生产要素促进和提升规模化经营水平。一是要充分利用财政资金，有效利用银行信贷资金，鼓励加工企业兴办养殖小区或与规模养殖户、养殖小区（场）签订生产协议；积极引导企业吸纳社会资金和个人资金发展规模经营，创建高效、绿色、守信的产业链。同时，要鼓励有条件的养殖大户、养殖小区向规范化养殖场方向发展。二是要进一步落实中央和省里农民增收草食畜牧业增收行动的政策措施，制定村镇规模经营建设规划，积极引导农民利用荒山、荒地和未利用土地开展牛、羊规模养殖。三是要将草食畜养殖小区、养殖场的粪便、污水无害化处理工程建设纳入当地城市

环境保护和生态建设支持范畴，落实国家配套优惠政策，鼓励、引导和扶持企业及养殖小区积极投资建设粪便、污水集中处理车间，大力开发清洁能源。四是要充分发挥畜牧养殖农民合作组织的协调、沟通能力，规范和组织标准化的规模生产经营模式，努力增强规模经营者的话语权和市场主导作用，推动规模草食畜养殖产业健康、稳定、有序发展。

（三）提升草食畜牧业科技支撑地位

现代畜牧业科学技术是草食畜牧业快速发展的助推剂，大力推广应用牛、羊生产先进适用技术，健全技术服务机制，加强草食畜牧业科技支撑体系建设。引导各市（州）结合自身实际，建立健全地区性现代牛、羊养殖业科技支撑体系，着力促进产—学—研、农—科—教紧密结合，形成良性互动的牛、羊养殖业科技创新体系。围绕畜禽养殖过程的关键环节，实施畜禽养殖过程的健康管理，控制质量安全，减少养殖废弃物排放，严格疫病防控，开发、推广和应用草食动物养殖设施设备，推进饲料资源、饲草料产业化开发与安全高效利用、牧草种业创新开发、草食畜种业引领产业等重大项目，努力突破制约牛、羊生产的关键技术瓶颈，提升草食畜牧业科技支撑地位。

（四）提升草食畜牧业组织化程度

发挥龙头企业的带动作用，建设牛、羊标准化生产基地，推广“公司+农户”的模式，用示范效应带动养殖户的积极性，大力发展草食畜牧业。因地制宜发展专业合作组织，充分发挥合作组织在市场开拓、产业行为自律、行业保障维权、牛羊生产技术推广等方面的作用，增强市场主导地位及话语权；为专业合作组织开展技术培训与推广，生产资料供应、加工、运输、销售等提供优惠政策。鼓励和引导牛羊规模养殖场户、屠宰及产品加工企业、大中型超市形成产销直接对接联动关系，实现产加销利益最优化组合运行机制；支持有条件的养殖场（户）自创品牌，提升产品附加值。

参考文献

〔美〕M. E. 希斯、R. F. 巴恩斯、D. S. 梅特卡夫：《牧草－草地农业科学》，黄文惠等译，农业出版社，1992。

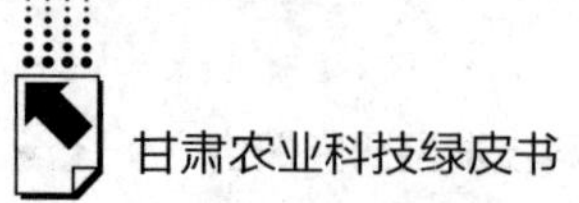

王莉、沈贵银等：《中国草食畜牧业发展研究》，中国农业出版社，2015。

《2015 中国畜牧兽医年鉴》，中国农业出版社，2015。

甘肃发展年鉴编委会：《甘肃发展年鉴 2015》，2015。

中华人民共和国农业部畜牧兽医司、全国畜牧兽医总站：《中国草地资源》，中国科学技术出版社，1996。

康国玺：《2016 甘肃畜牧业新篇章——加快转变农业发展方式加力推进农业现代化推动农业农村经济持续健康发展》，《甘肃畜牧兽医》2016 年第 3 期。

李积友：《甘肃草食畜牧业发展技术支撑体系的创新思考》，《甘肃畜牧兽医》2014 年第 10 期。

万占全：《做大做强甘肃现代草食畜牧业》，《甘肃农业》2014 年第 4 期。

李积友：《基于甘肃省草食畜牧业可持续发展的战略思考》，《中国牛业科学》2015 年第 1 期。

丁连生：《甘肃草业可持续发展战略研究》，科学出版社，2008。

甘肃省草原总站：《甘肃草地资源》，甘肃科学技术出版社，1999。

郎侠：《甘肃省绵羊遗传资源研究》，中国农业科技出版社，2009。

《全国畜牧业发展第十二个五年规划（2011～2015 年）》，《中国饲料》2011 年第 24 期。

《全国草食畜牧业发展规划（2016～2020 年）》，《饲料广角》2016 年第 13 期。

G.28

甘肃省特色林果产业科技发展研究报告

王发林*

摘　要：“十二五”期间，甘肃特色林果产业科技支撑作用明显。针对苹果、梨、葡萄、桃、樱桃、杏、核桃、枣、油橄榄、花椒、枸杞等11个主要或特色树种，甘肃省林果业科研人员研发、示范并推广了低效果园改造、果园省力化栽培、病虫害综合防控、节水及水分高效利用等技术三十多项，示范推广各类果树新品种100多个。“十三五”期间，甘肃应在建立健全产业技术体系的基础上，进一步完善果树栽培、管理技术方案，推广绿色生产理念，实现甘肃林果产业由数量扩张型向质量效益型转变。

关键词：甘肃　果树　育种　栽培　科技　发展

一　国内外林果业发展现状与科技发展动态

依据《全国优势农产品区域布局规划（2008～2015）》《特色农产品区域布局规划（2006～2015）》《全国优势特色经济林发展布局规划（2013～2020）》，结合甘肃省林果产业发展实际，本研究报告涉及苹果、梨、葡萄、桃、樱桃、杏、核桃、枣、油橄榄、花椒、枸杞11个树种。

（一）国内外林果产业发展现状

根据联合国粮食及农业组织（Food and Agriculture Organization of the United Nations，FAO）2013年的统计资料（见表1），中国的苹果、梨、葡萄、桃、樱

* 王发林，博士，研究员，博士生导师。享受政府特殊津贴，荣获全国五一劳动奖章。现任甘肃省农业科学院林果花卉研究所所长。主要研究方向为果树育种栽培。

桃等水果总产量占世界总产量的14.6%，印度占8.7%、巴西占8.4%，其后依次是美国、意大利、西班牙、法国、墨西哥、伊朗和土耳其。中国、印度、巴西成为世界水果总产量排名前三位的国家。

表1 2013年我国与世界主要经济林果面积、产量比较

树种	中国		世界	
	面积(公顷)	产量(吨)	面积(公顷)	产量(吨)
苹果	2410170	39684118	5217601	80822521
梨	1276000	17440751	1766984	25203754
葡萄	733000	11650024	7155187	77181122
桃	777400	11954085	1538174	21638953
樱桃	8200	35700	405129	2294455
杏	22500	84000	504319	4111076
李	1762700	6123000	2660799	11528337
核桃	425000	1700000	999081	3458046
油橄榄	280	2000	10305183	15516981

资料来源：FAO（2013）。

1. 国内外苹果产业发展现状

世界苹果总种植面积521.7万公顷，总产量8082万吨。中国的苹果栽培面积和产量最大，分别达到241万公顷和3968万吨，分别占世界总面积的46.2%、总产量的49.1%。世界苹果流通量仅占总产量的10.64%，世界各国苹果进口总量为861万吨，其中中国苹果进口量30万吨，占世界总进口量的3.49%；出口量103.5万吨，占世界总出口量的12.06%，总体出口大于进口。国际上对苹果需求最多的国家是墨西哥、德国、加拿大和美国，这几个国家是中国苹果出口的主攻方向。法国、智利和美国的苹果出口做得较好，如法国的苹果出口占本国总产量41.72%，智利占38.59%（美国农业部海外农业服务局，2015）。中国苹果出口量仅占产量的不足1%。总体来看，我国苹果消费主要依靠国内市场，年人均消费量达到30千克。

2. 国内外梨产业发展现状

世界上栽培梨树的国家有76个，栽培品种可分为东方梨（亚洲梨）和西洋梨两大类。东方梨主要产于中国、日本、韩国等亚洲国家，包括砂梨、白梨和秋子梨等；西洋梨主要产于欧洲、美洲、非洲和大洋洲等，主产国有美国、意大利、西班牙、德国等。

据FAO最新的统计数据，2013年世界梨栽培面积和总产量分别为176.7万公顷和2520.4万吨，我国梨栽培面积和产量分别为127.6万公顷和1744万吨，分别占全世界的72.2%和69.2%，均居世界首位。世界各国梨出口总量为248万吨，中国占15.6%；世界梨进口总量为251万吨，中国占3.14%。世界梨果出口总体呈现增长趋势，荷兰从2014年开始出口超越中国而跃居第一。我国是梨生产与消费大国，但是梨贸易量与其产量地位不符，梨果出口的主要市场为东盟和我国香港，2013、2014年出口量仅分别为24.8万吨、29.73万吨，贸易量占产量的比重远低于世界其他国家（赵德英，2016）。

3. 国内外葡萄产业发展现状

据FAO统计，2013年世界葡萄收获面积和总产量分别为715.5万公顷和7718.1万吨，我国葡萄栽培面积和产量分别为73.3万公顷和1165万吨；分别占世界总面积和总产量的10.2%和15.1%，均居世界前列。2014年世界葡萄贸易进口量为394.8万吨，出口量408.2万吨，鲜食葡萄主要进口国家有美国、荷兰、德国、英国和中国等，中国的进口量和进口额均居世界第五位；主要出口国有智利、美国、意大利和荷兰等。中国进口量21.1万吨，占世界鲜食葡萄进口量5.34%；中国出口量12.59万吨，占世界鲜食葡萄出口量3.08%。

2014年，世界葡萄酒进、出口量分别为956171万升和985967万升，美国、英国、德国、加拿大和中国为较大的葡萄酒进口国，而法国、意大利、西班牙、智利和澳大利亚是较大的出口国。中国葡萄酒进口量36952万升，占世界3.86%，进口量世界排名第五位。

4. 国内外桃产业发展现状

据FAO统计，2013年世界桃收获面积和总产量分别为153.8万公顷和2163.8万吨，我国桃栽培面积和产量分别为77.7万公顷和1195.4万吨，分别占全世界的50.5%和55.2%，均居世界第一位。世界桃出口国家及地区主要有：欧盟、白俄罗斯、智利、美国、中国、土耳其、南非、乌兹别克斯坦、澳大利亚、阿根廷等，其中，欧盟和白俄罗斯是最主要出口国（地区），占世界总出口量的54.16%。中国桃出口量占世界桃出口总量的2%。世界桃进口国家及地区主要有：俄罗斯、白俄罗斯、哈萨克斯坦、加拿大、美国、瑞士、乌克兰、墨西哥、欧盟、巴西等，其中，俄罗斯和白俄罗斯是最主要进口国（地区），约占世界总进口量的52.07%。

5. 国内外核桃产业发展现状

核桃的分布和栽培遍及亚洲、欧洲、拉丁美洲、非洲和澳洲等五大洲的40多个国家和地区。其中，亚洲、欧洲和北美洲的核桃栽培面积最大、产量最高。中国、美国、土耳其、伊朗、乌克兰和罗马尼亚为世界六大核桃生产国。核桃年产量在20万吨以上的国家仅有中国和美国，中美两国的核桃产量占世界核桃总产量的77%。美国是核桃生产大国，也是世界上核桃出口量最大的国家，年出口量在10万吨以上，占核桃国际贸易量的50%。中国是世界上最大的核桃生产国和消费国，有27个省、自治区、市栽培核桃。2014年，我国核桃栽培面积达到333万公顷，年产量128万吨，居世界之首。

6. 国内外李、杏、樱桃产业发展现状

李、杏、樱桃原产于亚洲西部，被归类为小水果，最近二十多年来甜樱桃栽培面积和总产量稳定增长。据联合国粮农组织公布的数据，全球共有67个国家种植甜樱桃，而主产区在亚洲西南部及整个欧洲、北美的美国和加拿大。截至2013年底，世界甜樱桃栽培面积和产量分别达到40.5万公顷和230万吨，排名前5位的国家是土耳其、美国、伊朗、中国、意大利。2013年世界樱桃贸易量37万吨，出口排名前五位的国家为：土耳其、美国、智利、西班牙、澳大利亚。

我国甜樱桃种植业起步较晚，规模化种植始于20世纪80年代末期。据2014年5月全国大樱桃年会通报数据，至2013年底我国大樱桃栽培区域已扩大至北京、陕西、河南、江苏、甘肃、湖北、山西、河北、四川等16个省市，总面积约13.49万公顷，年产量52万吨。我国已成为近年来甜樱桃发展速度最快的国家，种植面积和产量均已超过世界第一的甜樱桃种植国土耳其，成为世界甜樱桃第一生产大国。

据FAO统计，2013年世界李、杏栽培面积和产量分别为316万公顷、1564万吨，主产国为中国、伊朗、意大利、西班牙、法国、叙利亚、美国等。目前，国内李、杏栽培格局为“南李北杏”，主产省区为新疆、广东、辽宁等。

7. 国内外油橄榄产业发展现状

油橄榄为亚热带果树。世界40多个国家种植油橄榄，遍布北纬45°到南纬37°，但集中在西班牙、意大利、希腊、突尼斯、土耳其、叙利亚、摩洛哥等地中海沿岸国家。据FAO统计，2013年以来全球油橄榄种植面积维持在1030万公顷左右，年产鲜果1500万~1700万吨，其中，85%用于生产橄榄油，15%用于生产餐用油橄榄。2015年，中国油橄榄栽培面积约6万公顷，主要集中在甘肃、四川、云南和重庆，其中，甘肃陇南油橄榄面积3.5万公顷，占全国种植面积的一半，年产鲜果2.59万吨，橄榄油产量占全国的93%，已成为全国油橄榄栽培面积最大、加工企业最集中、橄榄油产量最多、全国最大的初榨橄榄油生产基地。

8. 国内外枸杞产业发展现状

枸杞分布于南北美洲、欧亚大陆和非洲、太平洋诸岛。我国枸杞属植物记录有7个种和2个变种，在我国西北、北方地区的宁夏、内蒙古、甘肃、青海、陕西、山西、河北、西藏等地均有分布。宁夏枸杞分布最为广泛，2013年宁夏栽培面积约5.71万公顷，主产于银川平原、卫宁灌区、黄河沿岸以及黄河支流沿岸的盐碱地。甘肃省也是我国枸杞的传统产区，目前栽培面积约2万公顷，年产量约3.5万吨，主产于白银市的景泰县、靖远县，酒泉市的瓜州县、玉门县，武威市的民勤县、古浪县。内蒙古自治区枸杞种植区毗邻宁夏，同为黄河沿岸的盐碱地，目前栽培面积约0.65万公顷，年产量约2万吨。青海省是我国枸杞生物多样性发源中心之一，目前种植面积已达2万公顷，产量约4万吨，成为我国优质枸杞的主产区。新疆目前枸杞种植面积约1.83万公顷，年产量约2.72万吨。

9. 国内外枣产业发展现状

我国是枣生产大国，产量占世界总产量的90%以上，种植面积达到150万公顷，产量超过300万吨，冀、鲁、晋、豫、陕五大传统产枣大省仍占据全国90%的栽培面积和产量；新疆异军突起，正凭借其得天独厚的自然条件优势打造中国和世界上最大的优质干枣生产基地。枣产品不仅满足国内需求还远销海外，出口国家达30余个，其中亚洲地区占出口量的40%左右。目前国内枣产品市场以鲜食和干食枣为主，鲜食品种迅速成为枣业发展的生力军。目前我国制干、鲜食、兼用和蜜枣品种的数量和产量比分别为35∶35∶20∶10和60∶10∶20∶10左右，主要品种有金丝小枣、灰枣、婆枣、赞皇大枣、圆铃枣、红枣、木枣等。

10. 国内外花椒产业发展现状

花椒主产我国，主要分布于我国北部至西南地区，在华北、华中、华南也有分布。甘肃天水、陇南地区的花椒，自古有名，曰：“秦椒出天水，蜀椒出武都”。山西运城，陕西韩城、合阳，河南省伏牛山、太行山，山东沂源栽培较为集中，由于地理气候等原因，尤以南太行山顶端马圪当地区的大红袍为佳，鄢陵各处均有栽培。

11. 国内外设施果树产业发展现状

果树设施栽培已有100多年的历史。我国利用日光温室发展果树生产目前在全世界规模最大，栽培面积5.3万公顷，树种包括桃、葡萄、草莓、杏、李、樱桃、枣及枇杷、青枣、火龙果、莲雾等南果北移栽培的树种35个以上。甘肃省设施果树以桃的促早栽培和葡萄的延后栽培为主，面积0.2万公顷。以红地球葡萄为主的延后栽培技术全国领先。

（二）国内外林果科技发展动态

1. 优质、安全是当今世界果品生产和消费的总趋势

欧洲等一些国家和地区在苹果等果树上推行果品生产综合体系（Integrated Fruit Production，IFP），该体系涵盖果品生产的全过程，其关键技术包括：病虫害综合防治体系（Integrated Pest Management，IPM）、果园综合管理体系（Integrated Ochard Management，IOM）和水果质量保持体系（Fruit Quality Assurance，FQA）。在生产中综合应用各学科的最新研究成果，采用能保护生态环境的生产措施，尽可能地减少化肥、农药、除草剂、生长调节剂等化学物质的应用，尽量减少生产活动对环境造成的破坏和对人类健康带来的危害。带有IFP标签的果品在市场上具有强大的竞争力。

2. 低效果园改造关键技术研发

针对成龄果园光照不良，果园郁闭，病害发生普遍，果园有机质含量低，土壤肥力逐年下降等主要问题，研究示范郁闭果园群体结构优化与改造技术、果园肥水高效利用技术、病虫害综合防控技术和老龄低效果园更新技术。

3. 果园省力化栽培技术及模式研发

针对农村劳力资源日益匮乏，劳动力成本逐年上升的现实问题，研究示范简化树形与简易修剪技术、省力化花果管理技术和土肥水管理技术，缓解劳动力成本上涨引发的果园经营问题。针对我国老果园更新淘汰或新建果园，建立与国际接轨的矮砧集约栽培制度，推动苹果产业持续健康发展。

4. 优良品种的评价与选育

我国林果产业品种结构、品种熟期搭配不合理，对引进和选育的品种缺乏区域比较试验、综合评价及配套技术研究，限制了林果产业发展。在我国不同生态区建立品种区域试验示范园，开展品种及砧木区域化评价，筛选出适合各区域发展的配套品种及砧木，选育出具有自主知识产权的林果新品种。

5. 果园病虫害综合防控技术研发

针对我国不同生态区林果产业主要病虫危害，生产上防控主要依靠化学药剂，用药量大，成本高，果园生态环境恶化，食品安全生产存在隐患等问题，研

究掌握主要病虫害发生规律，筛选安全高效防治药剂，研究精准施药技术，制订科学综合防治方案。

6. 果品贮藏、保鲜与综合加工利用技术研究

针对苹果、梨等季产年销水果，桃、葡萄等时令性水果气调贮藏、机械制冷贮藏率低；采后冷链物流技术体系不完善、果品加工副产品的综合利用等问题，研究开发适合我国国情的产地简易高效贮藏技术，研究或完善冷链物流技术；开展非商品果和果渣综合利用、1 – MCP 结合 MAP 处理延长果实的储藏期问题等研究。

二 甘肃林果科技发展现状与问题

（一）甘肃省林果产业概况

根据《甘肃农村年鉴 2015》资料，截至 2014 年底，甘肃省林果总面积 140.8 万公顷，挂果面积 115.1 万公顷，全省经济林总产量 547.9 万吨。其中水果面积 63.7 万公顷，种植面积排名前五位的是苹果（44.9 万公顷）、梨（7.06 万公顷）、葡萄（4.32 万公顷）、杏（4.15 万公顷）、桃（1.34 万公顷）；水果产量 503.5 万吨，产量居前五位的是苹果、梨、葡萄、桃和杏。干果面积 42.85 万公顷，种植面积前五位的是核桃（33.6 万公顷）、枣（4.7 万公顷）、山杏（1.93 万公顷）、银杏（1.34 万公顷）和板栗（0.89 万公顷）。干果产量 27.8 万吨，产量居前五位的是枣、核桃、柿子、山杏仁和仁用杏。

截至 2014 年底，全省花椒种植面积 22.7 万公顷，年产量 4.96 万吨。全省木本油料种植面积 4.61 万公顷，产量 18198 吨；其中油橄榄种植面积 2.31 万公顷，结果面积 0.67 万公顷，产量 14322 吨；文冠果种植面积 1.56 万公顷，结果面积 0.37 万公顷，产量 1422 吨。

甘肃果树栽培面积超过十万亩的县市区有 51 个，产值超亿元的县市区有 43 个；建成各类果品加工企业 272 家，年加工能力 130 万吨，其中，年销售额超过亿元的龙头企业达到 25 家；建成以苹果为主的各类贮藏库 3 万多个，储藏能力达到 150 万吨；建成各类果品产地交易及中小型批发市场 168 处，年交易量达到 145 万吨。

（二）甘肃省“十二五”林果科技发展成效

1. “十二五”期间林果科技发展综述

“十二五”期间，在国家苹果、梨、葡萄、桃产业技术体系经费的稳定支持

下，依托在甘肃省设立的区域性综合试验站在甘肃省庆阳、平凉、天水、兰州、白银、武威、张掖、酒泉等市的果树主产区的20个县（区）建立试验示范基地，开展了低效果园改造、苹果矮砧集约栽培、果园省力化栽培、优良品种和砧木的评价与选育、果园病虫害综合防控、郁闭果园光能评价与群体结构优化、果园土壤培肥、节水及水分高效利用、果品产地高效贮藏与综合加工等技术研发和示范。同时，开展了苹果、梨、桃、葡萄等产业经济信息、产业基础数据平台建设；针对产业生产和市场的异常变化、突发性事件及农业重大灾害，及时制订应急预案与技术指导方案；组织开展应急性技术指导和培训工作。

“十二五”期间，依托天水师范学院成立的“甘肃省大樱桃工程技术研究中心”、依托甘肃省林科院成立的“油橄榄工程技术研究中心”等科研机构，开展了樱桃、油橄榄新优品种引进筛选，生理生态与无公害生产技术、果园土壤和优质高效节本生产配套技术集成与示范推广及加工工艺优化与设备选型引进，新产品的开发等工作。结合甘肃省科技重大专项、农业部公益性行业（农业）科研专项等项目实施，开展了李杏、花椒、核桃等林果树种的产业关键技术研究与示范，支撑了产业发展。

2. 主要林果品种和生产现状

（1）苹果主要栽培品种和生产现状

甘肃省苹果栽培面积44.9万公顷，苹果主栽品种主要分为红富士系和元帅系2大类型，其他有嘎啦、秦冠、金冠等品种，主要作为授粉品种栽培。红富士系品种栽培面积36万公顷，品种主要有普通型品种长富2号、岩富10号、秋富1号、烟富3号、天富1号，短枝型品种主要有宫崎短枝富士、礼泉短枝富士、惠民短枝富士、成纪1号、烟富6号。红富士系品种在全省苹果栽培产区均有分布，但以平凉市、庆阳市栽培比重最大，占当地苹果栽培总面积的95%以上。

元帅系品种栽培面积8万公顷，实现了从普通型品种向短枝型品种的转变，解决了普通型元帅苹果结果晚、成花难、坐果率低、大小年结果严重的突出问题。目前生产中栽培的短枝型元帅品种主要有瓦里短枝、俄矮2号、栽培2号、纽红、超首红、阿斯、天汪1号、新红星、超红、艳红10个品种。元帅系苹果在全省苹果栽培产区也均有分布，但以天水市、陇南市栽培比重最大，天水市元帅系苹果占当地苹果栽培面积的60%。天水市是我国和亚洲地区最大的元帅苹果生产基地，所产元帅苹果冠名“花牛苹果”，其产地条件和苹果品质与美国华盛顿州出产的“美国蛇果”相媲美，天水花牛苹果也是我国第一个出口国际高端市场（香港地区）的苹果品种。

“十二五”期间，国家苹果产业技术体系平凉综合试验站从国内引进了短枝型红富士新品种天红1号、晋18、龙富1号3个，普通型新品种昌红富士、烟富0号、烟富10号等；同时，自主选育出了短枝型红富士新品种甘选1号、甘选2号。

（2）桃主要栽培品种和生产现状

甘肃省是桃的原产地，全省84个县（区）中的51个县（区）种植桃树，栽培品种30多个。据统计，2014年底全省桃栽培面积为1.34万公顷，其中秦安县的桃栽培面积0.7万公顷，是全国桃栽培面积超十万亩的5个县（区）之一。“十二五”期间，国家桃产业技术体系兰州综合试验站在甘肃省秦安县、皋兰县、安宁区、嘉峪关市建立桃新品种区域试验园，从72个桃新品种（系）中筛选出适宜不同生态区发展的优良新品种19个，其中普通桃6个、油桃9个、蟠桃3个、黄肉桃1个。甘肃省农科院自主选育的京陇7号、陇蜜9号、陇蜜12号普通桃，陇油桃1号、陇油桃2号等优良新品种通过甘肃省农作物审定（认定）委员会认定登记，开始在桃产区示范应用；一批优良新品系继续在不同生态区试验，为适应市场、消费需求优化、调整甘肃省桃品种结构打下了坚实基础。

（3）葡萄主要栽培品种和生产现状

甘肃省作为全国优质酿酒葡萄原料生产基地，酿酒葡萄栽培面积2.2万公顷，占到全省50%以上，品种以赤霞珠、蛇龙珠、美乐、黑比诺为主。鲜食葡萄2.06万公顷，主要集中在甘肃省的敦煌、天水及兰州周边，品种以红地球、巨峰、无核白鸡心、无核白为主。“十二五”期间，国家葡萄产业技术体系兰州综合试验站在麦积区、红古区、民勤县、高台县、敦煌市建立试验示范基地，从引进新品种（系）中筛选出系列优良新品种。甘肃省农科院自主选育的“醉人香”、“美红”等品种，通过甘肃省农作物审定（认定）委员会认定登记。

（4）梨主要栽培品种和生产现状

“十二五”期间，国家梨产业技术体系兰州综合试验站在秦州、秦安、景泰、静宁、肃州区建立试验示范基地，从引进的33个梨新品种中筛选出玉露香、翠玉、中梨4号、秋月、早酥红等5个综合性状表现优良的品种，栽培面积已达万余亩。甘肃省农科院自主选育的极早熟优质梨新品种“甘梨早6”，早熟优质梨新品种“甘梨2号”，在景泰、静宁、天水、武威、张掖等地进行示范推广，使甘肃省梨的上市期提早了20多天。

（5）核桃主要栽培品种和生产现状

甘肃省核桃栽培面积32.4万公顷，形成了以陇南市康县、成县、武都区、徽县等县区为主的陇南山地核桃产业带，以天水市清水、麦积等县区为主的陇南浅山丘陵核桃产业区，以平凉市华亭为主的陇东黄土高原产区，以临夏市积石山、永靖等为主的陇西南产区。目前生产上栽培的主要品种有香玲、清香及中林系列，晋龙系列，辽核系列中的中林 1 号、晋龙 1 号、晋龙 2 号、辽核 4 号等品种。

“十二五”期间甘肃省选育审定的核桃品种有 5 个，其中，甘肃省农业科学院从甘肃省地方晚实核桃中选育出了陇薄香 1 号、陇薄香 2 号、陇薄香 3 号等三个品种；成县农业技术推广中心和成县林业局从晚实核桃中选出的陇南 15 号、陇南 755 号两个品种。这些从甘肃省地方核桃资源中选育出的优良新品种在生产应用上表现出较好抗逆性。

（6）杏、李主要栽培品种和生产现状

甘肃省以杏栽培为主，全省栽培面积 4.67 万公顷。其中，山杏和仁用杏面积 1.63 万公顷，品种主要是龙王帽、白玉扁和山杏；鲜食和加工杏面积 3.04 万公顷，品种主要是曹杏、张公园杏、牛心杏、唐汪川大接杏、李光杏等。

甘肃省农科院以选育花期抗冻能力强、自花结实、品质优良、极早熟和晚熟优良新品种为主要育种目标，“十二五”期间选育出自花结实能力强、综合品质优良的新品种 3 个：陇杏 1 号、陇杏 2 号和陇杏 3 号。李在全省零星种植，品种主要有大石早生、黑宝石、红宝石、西梅李等。

（7）油橄榄主要栽培品种和生产现状

甘肃陇南油橄榄种植面积 3.5 万公顷，集中在“三江一水”（白龙江、白水江、嘉陵江、西汉水）流域的半山干旱区域栽植。主栽品种有佛奥、莱星、皮削利、鄂植 8 号、科拉蒂等 13 个品种，其中含油率超过 20% 的只有 3 个品种。甘肃省林科院从国外引进、收集保存种质资源 40 份，利用分子标记技术对国内外 107 份材料进行遗传多样性分析。筛选出 5 个优良品种：科拉蒂、佛奥、皮削利、莱星、鄂植 8 号；2 个餐用品种，分别为阿斯和戈达尔。通过省级审定的有 3 个良种：科拉蒂、莱星、鄂植 8 号。

（8）樱桃主要栽培品种和生产现状

甘肃省大樱桃栽培面积约 0.47 万公顷，天水、陇南、平凉、庆阳、定西、兰州、白银、甘南等地都有种植。其中甘肃省甜樱桃 90% 以上种植在天水地区，天水樱桃又主要分布在秦州、麦积两区，80% 的果园分布在海拔 1100 ~ 1400 米的山地。栽培品种 20 多个，老果园以红灯、佳红、巨红、先锋、8 - 102 等品种为主；新建果园以红灯、早大果、美早、滨库、拉宾斯、甜心、艳阳、萨米脱、布鲁克斯、雷吉娜等品种为主。砧木仍然以当地樱桃为主，国内外优良的矮化或半矮化砧木应用较少。

（9）花椒主要栽培品种和生产现状

甘肃省花椒种植总面积27.04万公顷，栽培有大红袍、秦安1号、油椒、绵椒、刺椒等优良花椒品种。甘肃秦安县林业局选育的秦安1号新品种，具有丰产、稳产、优质，抗寒性、抗旱性强的特点；陇南市花椒研究所，引进、收集国内外及市内花椒资源23个，为培育优良品种奠定了基础。

（10）枸杞主要栽培品种和生产现状

甘肃省是我国枸杞的传统产区，目前栽培面积约2.67万公顷，主产于白银市的景泰县、靖远县，酒泉市的瓜州县、玉门县，武威市的民勤县、古浪县。主栽品种为宁杞1号，生产上占到80%以上。甘肃省立足光热丰富、灌溉便利的区域优势，通过科技服务、典型示范、产业带动、开发精品等措施，枸杞产业得到健康、持续、高效发展，建成枸杞太阳能制干、果汁、饮料、枸杞酒生产加工基地。

3. 甘肃林果科技发展主要成效

（1）果树优良新品种的选育为产业的可持续发展奠定了基础

“十二五”期间，在果树主产区建立区域试验示范园，引进区试了各类林果新品种（系）200多个，筛选出适宜各生态区发展的优良新品种30多个。具有自主知识产权的林果新品种选育取得较大进展，选育出桃新品种5个、葡萄新品种2个、梨新品种2个、核桃新品种5个、花椒新品种1个、鲜食杏新品种3个。

（2）旱地果园水分高效利用技术研发取得突破，提质增效效果显著

针对甘肃省果树主产区旱地果园面积大、雨养农业区自然降水特点和果树需水规律，由甘肃省农业科学院林果花卉研究所研发的“旱地果园垄膜保墒集雨技术”在苹果、梨、桃、葡萄、核桃、杏等栽培上大面积应用，年应用面积13万公顷。该项技术的应用使果园缺水的3～6月，20～60厘米土壤的含水量由11%提高到16%，缓解或满足了果树在关键物候期对水分的需求。产量平均提高8.2%～14.9%、品质得到改善，667平方米增加收益800～1000元。

（3）灌区果园膜下滴灌水肥一体化技术应用，节水效果明显

甘肃省中部及河西产区梨园灌溉方式多为大水漫灌，年灌水量600～800立方米/667平方米，土壤管理采用清耕法，存在水分利用效率低，水资源浪费严重等问题。采用“膜下滴灌”节水灌溉技术，较漫灌节水33.8%～41.2%，省

工150元/667平方米；梨树新梢停长早，枝条充实，花芽饱满，花芽越冬冻害轻，果实品质优于漫灌。

（4）低效果园改造成效显著，提高了产业整体效益

苹果郁闭低效果园改造取得显著成效，全省改造面积16万公顷。对10年左右的乔砧密闭苹果园主要采取了间伐、提干、落头、疏枝、开角等关键技术，保留22株/667平方米、修剪后667平方米枝数控制在7万~8万个，树冠透光率达到25%以上，树冠采光率达到70%以上，优质果率85%以上，每667平方米产量维持在3000千克以上。

（5）果园省力化栽培技术示范应用，降低了劳动成本

果树长梢修剪技术克服了传统修剪技术复杂的缺陷，操作简便、容易掌握，冬季和夏季修剪量少，每667平方米修剪成本减少65元。针对甘肃省山坡地桃园面积大不利于机械化作业，施肥困难，肥料利用率低的实际情况，开展的山坡地果园省力化施肥技术，节约施肥用工支出50%，节约氮肥施用量16.9%。果树壁蜂授粉、轻简化整形修剪、机械化喷药施肥等技术的应用，降低劳动成本35%左右。

（6）苹果现代矮砧集约栽培技术示范园建设取得成效

20世纪80~90年代发展起来的乔砧密植栽培方式已不能适应现代苹果产业的发展。“十二五”期间在甘肃省平凉、庆阳、天水等地研究推广苹果现代矮砧集约高效栽培技术，将矮化中间砧、矮化自根砧与普通型红富士、短枝型红富士进行砧穗组合，实现了在甘肃雨养区旱地果园双矮栽培模式。栽后第2年挂果，5~6年每667平方米产量4000~5000千克，推动了甘肃省苹果栽培制度变革。

（7）“高优省”栽培模式示范园建设，引领甘肃省林果产业升级

苹果采取“大冠稀植”自由纺锤形整形栽培方式，株行距（2~3）×（4~5）米，定植后5~6年进入盛果期，盛果期产量可达每667平方米4000千克左右。梨采取“宽行密株”（4×1米）主干形整形栽培方式，定植后3年进入盛果期，盛果期产量可达每667平方米4000千克左右。桃采取“宽行密株”Y字形整形栽培方式，株行距2×4米，栽植后第4年进入盛果期，盛果期产量维持在每667平方米4000千克左右。酿酒葡萄采取单臂篱架倾斜独龙蔓“厂”形架式栽培方式，株行距1×3米，栽植后第3年进入盛果期，盛果期产量维持在每667平方米800千克左右。新的栽培模式与传统栽培模式相比，便于机械化操作，省工30%，节水40%，节肥20%，增收30%以上。

（8）改革土壤管理制度，有效培肥果园地力

雨养农业区果园实施果园生草制，5年生草果园土壤有机质含量提高0.6～1.0个百分点。果园生草有利于改善土壤理化性状，增强土壤通透性；可增加土壤的腐殖质，缓解施用化肥造成的土壤板结；增加土壤中的有益微生物，快速增加有机质，有肥沃土壤的效果；减少地表失水，增强根系抗逆性；坡耕地上自然生草，能有效减少水土流失。

（9）重要病虫害综合防控技术研究取得进展

梨小食心虫属鳞翅目卷蛾科，是桃、梨、苹果、李、杏、樱桃等果树上的主要蛀果害虫。甘肃桃产区梨小食心虫一年产生3～4代，专家提出其生产高峰后7天内为喷药防治的关键时期；利用梨小食心虫迷向素生物防控，每年减少喷药次数2～3次。掌握了甘肃省葡萄主要病害白粉病、霜霉病的发病规律；研究并首次发现真菌杏链格孢在桃树上的危害；研究提出了综合防控技术，减少农药用量30%～50%。

（10）果品采后贮藏、加工及冷链物流技术研究与应用取得进展

甘肃省每年销往上海、福州、广州等地的桃果3万吨左右，由于对桃果长途冷链物流技术和操作技术掌握不够，损失率高达20%左右。针对目标市场的桃果采收、分级标准，预冷及冷链运输技术使损失率降低到了8%左右。1－甲基环丙烯（1－MCP）果品保鲜技术的应用，使早酥梨的保绿期由3～5天延长至10～14天。苹果白兰地酿造工艺技术研究取得了重大突破，建成年产2000L生产线一条。

（11）设施果树栽培技术进一步提高，栽培种类扩大

在河西走廊非耕地区域重点示范推广了桃、葡萄非耕地栽培技术。葡萄延后栽培在甘肃省河西走廊冷凉区发展面积达到0.25万公顷，桃日光温室促早栽培面积200公顷，设施草莓面积460公顷，杏、枣、樱桃、李、葡萄等设施促早栽培面积近100公顷。果树专用日光温室结构设计日趋合理，产量与品种逐步提升，品种更新换代速度加快。研发了日光温室温度智能管理系统、日光温室水分智能管理系统。研究并示范推广了日光温室台湾青枣、木瓜等南方果树栽培技术。草莓立体栽培、无土栽培、四季生产等技术日益完善。“促早－延后”栽培和“错季－复合型”设施果树栽培模式的创建，降低了生产风险，提高了农民收入。

（三）甘肃省林果科技发展中存在的主要问题

林果产业涉及从产地到餐桌、从生产到消费、从研发到市场各个环节。2010

年以来，甘肃省林果产业发展呈现出喜人局面。但与全国林果生产先进省(区)、世界先进国家相比，甘肃省林果科技发展中还存在以下几方面的突出问题。

1. 林果资源收集评价与新品种选育差距较大

长期以来，甘肃省对林果资源的收集保存评价与创新利用重视不够，自主选育的林果良种在生产上所占的比例偏低。甘肃省是多种北方落叶果树的原产地或原产地之一，林果资源丰富且种类繁多。针对甘肃省旱、寒栽培环境引进筛选与自主选育相结合，示范推广适宜栽培的优良新品种是甘肃省林果产业持续健康发展的基础。

2. 苹果矮砧集约化栽培模式需要进一步优化

矮砧集约栽培是苹果生产发展方向。“十二五”期间，甘肃省同全国一样开展了矮砧集约栽培模式的探索和苹果矮砧集约栽培示范园建设。我国苹果栽培区域广阔，生态条件差异较大，不同生态区域适宜的砧木、品种及砧穗组合不同，特别是自根砧模式，对除富士以外的其他品种比较适宜，但对于生长较旺、幼树难于成花、大小年结果现象严重、占甘肃省栽培面积80%以上的富士品种，直接应用T337自根砧木或双矮栽培模式，还存在诸多问题，需要研究优化。

3. 果园病虫害综合防控技术体系有待完善

不同树种、不同生态区主要病虫害种类、发生规律不同。缺乏对不同生态区域果园病虫流行或成灾规律的研究；以农业防治为基础，生物防治、物理防治技术相结合的病虫害综合防控体系尚没有建立起来。生物防治、物理防治技术等尚需进一步改善。生产上病虫害防控主要依靠化学药剂，用药量大、成本高的局面未得到大的改观。

4. 果品采后商品化处理及精深加工关键技术缺乏，企业化运营滞后

总体上讲，甘肃省果品采后商品化处理程度低，采后处理不科学、冷链流通体系不健全。苹果是甘肃省主要水果品种，采后贮藏加工不足产量的15%，而发达国家为80%以上，全国平均为30%；苹果加工的主要形式是浓缩汁，产品过度依赖国外市场，原料利用率低、产品单一、产能严重过剩、人工成本上涨，导致大部分浓缩汁生产企业处于亏损状态。因此，研究开发适合甘肃省省情的高效贮藏技术和加工产品，实现苹果营养化利用、最大化利用和高附加值利用，是产业可持续发展的前提。

5. 苗木繁育体系不健全，影响建园质量

良种良砧是果树实现早果、高产、优质、高效的基础。甘肃省果树苗木供需

矛盾仍然没有得到根本性的解决，果树苗木还是以外调为主，苗木质量、品种的纯度难以得到保证，最终影响建园质量。

三　甘肃林果科技创新发展思路、目标及重点

（一）基本思路与发展目标

1. 基本思路

甘肃省林果产业发展的总体思路是：立足国内，面向国际，以绿色增长和农民持续增收为目标，以提高基地综合生产能力为基础，以加快转变产业发展方式为主线，以科技进步和体制机制创新为动力，稳步扩大规模，切实加强管理，着力提高品质，加快产业配套，打造知名品牌，全力开拓市场，努力实现全省林果产业由数量扩张型向质量效益型转变，走出一条符合甘肃省情、具有地方特色的现代林果产业发展路子。

2. 发展目标

到2020年，甘肃省林果栽培总面积达到160万公顷，总产量达到1800万吨，总产值达到950亿元，林果纯收入占全省农民人均纯收入的比重达到40%以上。建成比较完善的标准化生产体系、科技服务体系和市场营销体系，林果产品的质量、效益和市场竞争力明显提高，优势区域促进农民增收能力进一步增强。

（二）发展重点和主要方向

针对省委、省政府提出的甘肃省林果产业发展目标，笔者提出林果科技支撑重点和主要方向，具体如下。

1. 老龄低效果园更新改造技术研究示范

甘肃省以苹果为主的果园30%以上树龄在20年以上，树体老化严重，产量下降，品质降低，管理成本逐年上升，如果不及时更新，产业将面临难以持续健康发展的问题。研究诊断各类老果园淘汰后土壤肥力状况特点，研究评价果园深翻换坑改土、施用有机物料或新型生物菌肥、种植绿肥休耕等土壤修复技术效果，形成相应的老果园土壤修复与质量提升技术规范和技术模式；研究分枝大苗或容器大苗建园以及幼树早果丰产技术，形成技术规范，在不同生态区建立示范园进行示范。

2. 果园省力化栽培技术研发与示范

“十二五”甘肃省基本建立了果园省力化栽培模式的技术框架，“十三五”时期需要细化、熟化和完善技术方案。研究示范与机械轻简化作业相配套的果园栽培方式，集成示范简化树形及整形修剪技术，壁蜂授粉与化学（或机械）疏花疏果、低成本套袋或无袋栽培等果园花果管理技术，降低果园用工量及生产成本，提高果园综合生产能力和经济效益。

3. 果园病虫害发生规律及绿色控制技术研究与示范

目前，对果树病虫害的防控还主要依靠化学药剂。大量化学农药使用增加了果园管理成本，同时使果园生态环境恶化，对食品安全生产构成威胁。果园病虫害绿色防控技术研究与示范，其目的是在研究掌握主要病虫害发生规律、流行条件的基础上，筛选安全高效的防治药剂，研究精准的施药技术，制订科学的病虫害综合防治方案；综合应用物理防治、生物防治、农业防治等绿色防控技术，在有效地控制各种病虫害的前提下，减少化学农药的投入次数和投入量，生产出安全、优质的果品。

4. 果品采后商品化处理及精深加工关键技术研发

果品采后贮藏加工是延长产业链的重要方式，产后增值幅度大，产业发展空间大。针对甘肃省果品采后商品化处理程度低，采后处理不科学、冷链流通少、贮藏能力不足、加工产品少等问题，进一步研究优化产地高效贮藏技术；开展生物发酵关键技术研究与产品开发。研究开发不同果品冷链物流保鲜技术，使鲜食果品物流保鲜朝着绿色化、高品质化和智能化方向迈进。

5. 林果种质资源创新与品种改良

持续开展林果新品种育种技术研究，引进筛选与自主选育相结合，充分利用甘肃省地方特色资源，培育适应甘肃省旱、寒栽培环境的优良新品种，满足不断变化的市场对新品种的需求。

四　林果科技创新载体建设与保障措施

（一）相关政策和规划的出台，为科技创新和科技支撑指明了方向

《全国优势农产品区域布局规划（2008～2015）》《特色农产品区域布局规划（2006～2015）》《全国优势特色经济林发展布局规划（2013～2020）》，明确了甘肃省特色林果产业优势树种和产业布局。2010 年以来，政府先后出台了

《千万亩优质林果基地建设发展规划》《苹果产业发展扶持办法》《林果产业发展扶持办法》和《“365”现代农业发展行动计划》，积极推进传统林果产业向现代林果产业的转变。

（二）国家现代农业产业技术体系建设，对甘肃省林果科技创新起到关键作用

为了解决长期制约我国农业科技创新能力和对经济发展支撑能力的“瓶颈”问题，在现有体制的前提下，按照产业链部署创新链、资金链，通过管理创新和机制创新，农业部、财政部联合建立了国家现代农业产业技术体系。在国家现代农业产业技术体系的建设中，依托甘肃省农业科学院和地方科研单位设立了苹果、梨、桃、葡萄4个树种的5个区域性综合试验站和1个科学家岗位，甘肃省在林果主产区的20多个县（区）建立试验示范基地，联合地方林业（果业）管理、技术单位，围绕产业需求开展大联合、大协作，形成了一支服务甘肃省林果产业的基本研发队伍。

（三）科技创新平台建设取得成效，科技创新手段得到改善

“十二五”期间，为助推甘肃省特色林果产业发展，加强科技创新，2010年经甘肃省科技厅批准，依托天水师范学院成立“甘肃省大樱桃工程技术研究中心”，占地面积400平方米，建有品种、砧木试验园，保存国内外大樱桃优良品种35份，优良砧木15份，野生资源8份。依托甘肃省农业科学院林果花卉研究所设立了“农业部西北地区果树科学观测实验站”，依托陇南经济林研究院成立了“甘肃省核桃工程技术中心”；2009年经省科技厅批准，依托省林科院成立了省级“油橄榄工程技术研究中心”；2010年甘肃省工信委批准以陇南市祥宇油橄榄开发有限责任公司和甘肃省轻工研究院为依托的“甘肃省油橄榄行业技术中心”；2010年甘肃省发改委认定陇南田园油橄榄科技开发有限公司为“甘肃省油橄榄工程实验室”；2015年国家林业局批准依托甘肃省林科院成立了“国家林业局油橄榄工程技术研究中心”。这些科技创新平台主要致力于良种繁育、丰产栽培，优良品种的引进、驯化和推广，加工工艺优化与设备选型引进，新产品的开发，技术培训与示范推广，实用技术人才和创新团队的培养。

（四）实施林果科技知识产权、标准化和品牌战略

通过研究国外标准化组织及企业在技术标准化、技术壁垒及知识产权保护战

略等方面的制度、政策和实践经验，为我国林果业相关部门提供富有建设性的建议，加强区域优势农产品品牌培育和农业科技知识产权工作，开发无公害农产品、绿色食品和有机食品，采用国内外先进的标准组织生产。充分整合政府资源、利用地域品牌资源、结合企业自身实力，明确水果品牌定位，正确处理地域品牌、产品品牌、企业品牌的关系，深入挖掘品牌资源，如历史文化、公益活动、营养、绿色认证、无公害认证等，大力推进品牌发展。

项目组成员名单：王发林　马　明　王　鸿　刘小勇　郝　燕
李红旭　王玉安　呼丽萍　姜成英　李建红
王有科　班明辉

参考文献

联合国粮农组织（FAO），2013，http：//faostat3. fao. org/browse/Q/QC/E。

农业部：《全国优势农产品区域布局规划（2008～2015）》，2008。

农业部：《特色农产品区域布局规划（2006～2015）》，2007。

国家林业局、国家发展改革委、财政部：《全国优势特色经济林发展布局规划（2013～2020 年）》，2014。

甘肃农村年鉴编委会：《甘肃农村年鉴 2015》，中国统计出版社，2015。

甘肃省人民政府：《甘肃省千万亩优质林果基地建设发展规划》，2010。

甘肃省人民政府：《甘肃省苹果产业发展扶持办法》，2010。

甘肃省人民政府：《甘肃省林果产业发展扶持办法》，2011。

美国农业部海外农业服务局：《世界苹果、葡萄和梨产量、市场及贸易情况》，孙平平、王文辉译，《中国果树》2016 年第 3 期。

赵德英、徐锴、袁继存、程存刚、闫帅：《世界梨主产国产销概况及发展趋势分析》，《中国果树》2016 年第 2 期。

G.29

甘肃省中药材科技发展研究报告

王国祥*

摘　要：甘肃是我国重要的中药材生产区，中药材是甘肃优势特色产业之一。“十二五”期间，中药材产业稳步发展，但科技支撑乏力，科研力量薄弱，创新成效不显著，产业化程度不高等问题突出。“十三五”时期，甘肃中药材创业应优化产业布局，提高加工能力，强化科技创新，实现产业升级。

关键词：甘肃　中药材　科技发展　中药材产业

一　中药材科技发展动态

（一）国内外中药材产业发展现状

中药在我国有悠久的历史，是自古传承下来的民族瑰宝。中药产业兴盛于我国是由其具备的比较优势决定的，第一，地道的中医药文化产生于我国，流传于世界，博大精深，是其他国家无法比拟的；第二，我国自然气候条件适宜，中药材品种多样、种植规模大，广泛分布于众多省区；第三，我国参与中药产品生产各环节的劳动力资源丰富，为中药材的种植、半成品加工以及新型中药产品研发提供人力保障；第四，全国中药企业众多，中药产业资产总值不断扩大，中药产业形成规模化发展；第五，近年来政府顺应市场发展趋势，有意扶持中药产业，重视和鼓励中药产业的发展。

国外学者对我国中药产业发展的研究，主要集中在中药产业对外贸易上，还

* 王国祥，农学硕士，甘肃省农业科学院中药材研究所所长，副研究员，主要研究领域为中药材资源保护利用与种质创新。

有较大比重的文献是有关中药提取物的生物活性、中药的质量控制方法（如中药材 DNA 条形码鉴定系统、指纹图谱）、中医药临床实践等方面的研究，涉及中药产业发展的研究和论述尚不深入。国际上对中药产业的研究，严格来讲，主要是对天然药物进行研究，对中药的研究大多集中于华人圈内。

（二）国内外中药材科技发展动态

伴随着科学技术的发展，中药材产业近年来取得长足的发展，各种新技术应用于中药材产业的各个环节，比如生物技术在中药材资源鉴定及育种方面的应用、仪器分析技术在中药材质量控制方面的应用、信息技术在中药材产业布局及仓储物流方面的应用，这些新技术的应用极大地推动了中药材产业的发展。

19 世纪以来，科学家陆续从植物中分离出一系列疗效卓著的药物。其中包括由罂粟中提取的吗啡、由洋地黄中提取的毛地黄毒苷与地高辛、由金鸡纳树中提取的奎宁、由古柯树中提取的可卡因及其系列衍生物、由颠茄中提取的阿托品与天仙子碱（莨若胺）、由杨树树枝中提取的水杨酸（后合成出著名的解热镇痛药“阿司匹林”）、由印度蛇根木提取物制成的抗高血压药“利血平”、由长春花中提取物制成的抗癌药“长春碱”与“长春新碱”、由黄花蒿提取物制成的抗疟药“青蒿素”以及由紫杉树皮提取物制成的抗癌新药“紫杉醇”等。

二　甘肃中药材科技发展现状与问题

（一）甘肃省中药资源概况

1. 野生资源

甘肃自然条件复杂，气候多样，形成了植被类型的多样性，植物种类繁多，有高等植物 4000 多种，其中木本植物 1500 多种。甘肃是全国中药材主产区之一，经中药资源普查，全省中药材总计 1527 种，其中植物药有 1270 种，动物药有 214 种，矿物药有 43 种，此外还有藏药 500 多种。有 276 种中药材被列入全国重点品种。大宗道地药材 300 余种，当归、黄芪、红芪、党参、大黄、甘草、板蓝根等产量大、品质优，特别是久负盛名的“岷归”和“纹党”是甘肃传统的出口中药材。野生药材种类较多，其中购销量较大的有甘草、柴胡、麻黄、秦艽、羌活、猪苓、贝母、款冬花、牛蒡子、远志、赤芍、升麻、地骨皮、龙骨、鹿茸、麝香等。

2. 栽培资源

中药材栽培在甘肃省历史悠久，如当归已有上千年栽培历史。大宗栽培的品种主要有当归、黄芪、红芪、党参、甘草、大黄、柴胡、板蓝根等；商品量较大的品种有罂粟、麻黄、枸杞、款冬花、玫瑰等品种；形成一定规模药材商品的品种有川芎、独活、丹参、半夏、穿龙薯蓣等；食药两用品种有木耳、橘、百合、胡桃、大枣、柿、石榴、辣椒、花椒、大蒜、亚麻子、紫苏等；药用与观赏品种，如牡丹、芍药、射干、川射干、丝石竹、鸡冠花、凤仙花、青葙等。药用菌类品种，如猪苓、茯苓、木耳等。养殖动物药不足10种，起步较晚，比较薄弱，如赛加羚羊、梅花鹿、马鹿、马麝、全蝎、乌龟等。有小面积栽培，未形成商品者未统计，如小叶黑柴胡、独一味、锁阳等。

2014年全省中药材种植面积25.6万公顷、产量98.14万吨、产值86.76亿元，面积和产量已跃居全国前列。目前，全省有20多个县、区中药材呈现规模化种植态势，其中陇西县中药材种植面积约2万公顷，渭源、岷县中药材种植面积在1.7万公顷以上，武都、宕昌、漳县、民乐、瓜州等县种植面积在1万公顷以上；全省有家种药材品种110多种，规模化种植品种20多种。

2015年，甘肃省主要栽培的大宗中药材有当归、黄芪、红芪、党参、大黄、甘草、柴胡、麻黄、板蓝根等，总面积25.9万公顷，总产量108.2万吨。其中定西市以9.1万公顷居全省首位，占全省中药材种植总面积的35.1%；金昌市种植面积最少为1400多公顷，仅占全省中药材种植总面积的0.57%（见图1）。此外，根据2014年全省各（市、州）调查统计，全省种植面积6700公顷以上的药材有当归、党参、黄芪、柴胡、板蓝根、甘草、枸杞、银杏（见图2）；单品种种植面积3400~6700公顷（10万亩）的药材有大黄、款冬花（见图3）。

2014年，甘肃省中药材产量达到98.14万吨，定西市以29.02万吨位居全省第一，占全省中药材总产量的29.57%（见图4）；全省中药材产值达到86.76亿元，定西市以27.69亿元位居全省第一，占全省中药材总产值的31.92%（见图5）。

（二）甘肃省“十二五”中药材科技发展成果

1. “十二五”期间中药材科技发展综述

甘肃地处青藏、黄土、内蒙古三大高原交汇地带，其地形地貌、气候条件、生态环境等丰富多样，为药用植物的生长提供了适宜的环境。中药材的品种多、

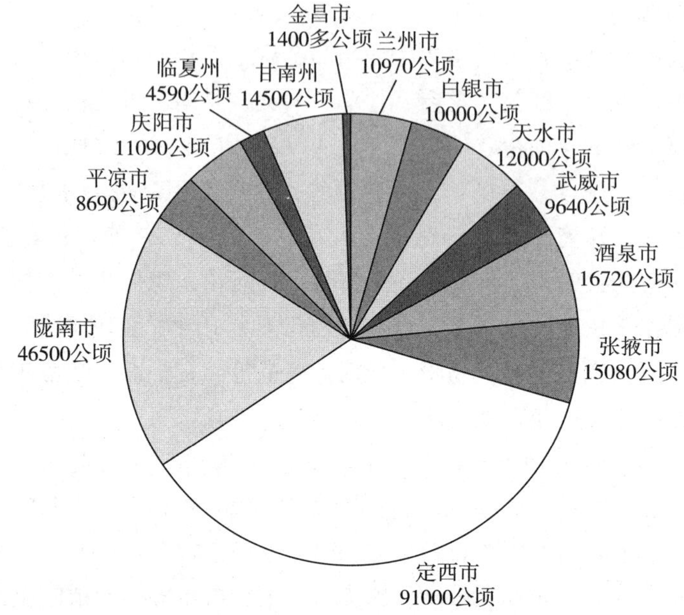

图1　甘肃省各市（州、直管市）中药材种植面积分布

资料来源：2014 年各市（州、直管市）政府上报的调查统计。

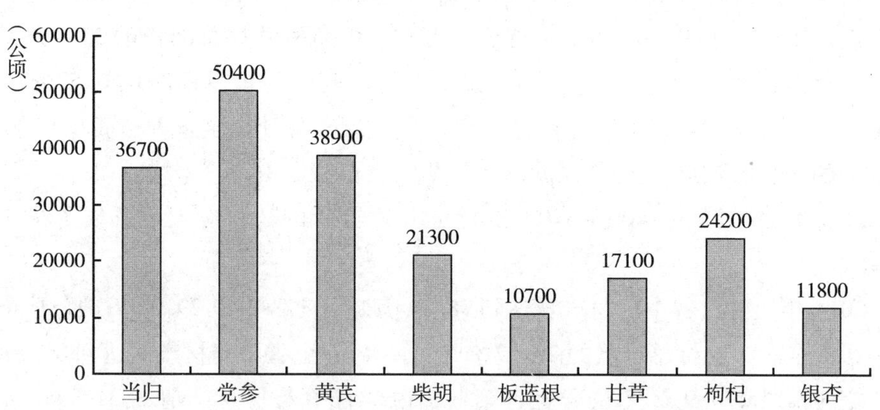

图2　甘肃省中药材单品种植面积 6700 公顷以上的品种统计

资料来源：2014 年各市（州、直管市）政府上报的调查统计。

分布广、蕴藏量大。甘肃传统的道地药材最著名的为“五朵金花”，即当归、黄芪、大黄、党参、甘草，此外还有红芪、秦艽、柴胡、贝母、板蓝根、锁阳、牛蒡子、款冬花等。全省累计有 6 个中药材种植基地通过国家食品药品监督管理局

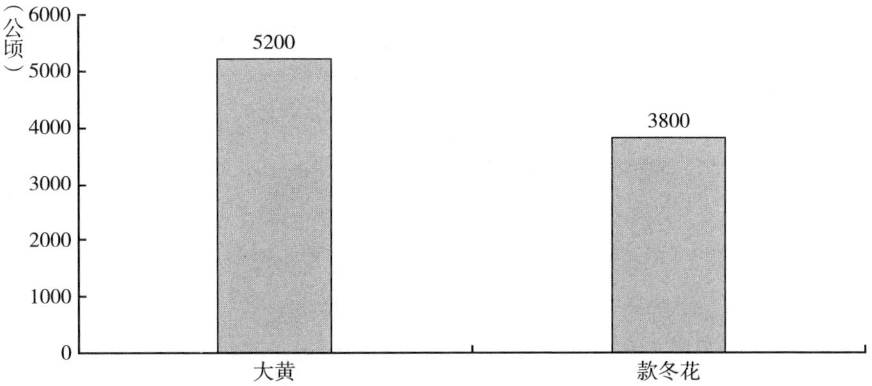

图3　甘肃省中药材单品种植面积3400～6700公顷的品种统计

资料来源：2014年各市（州、直管市）政府上报的调查统计。

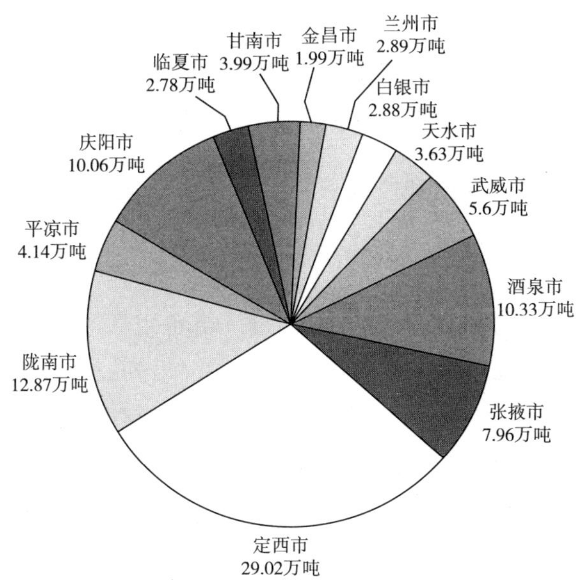

图4　甘肃省各市（州、直管市）中药材产量

资料来源：2014年各市（州、直管市）政府上报的调查统计。

的《中药材生产质量管理规范》（GAP）认证；7个中药材种植基地通过农业部无公害认定；18个道地中药材通过国家原产地标志认证。

2. 主要道地中药材品种分论

当归为伞形科当归属植物当归的根。有上千年的栽培历史和丰富的加工

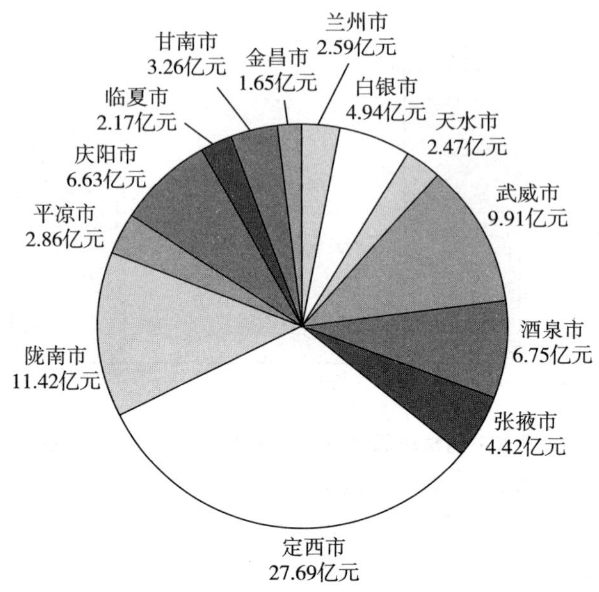

图5　甘肃省各市（州、直管市）中药材产值

资料来源：2014 年各市（州、直管市）政府上报的调查统计。

技术。甘肃历来是当归的道地产区，在《神农本草经》《名医别录》和《本草纲目》中均有记载。西汉《范子计然》云："当归，出陇西（治所位于今甘肃临洮南），无苦者善"，《本草经》谓其陇西川谷。陶弘景云："今陇西叨阳黑水当归，多肉少枝气香，名马尾当归，稍难得"。现主要分布于甘肃岷县、漳县、宕昌、渭源等地，品质优良，享誉国内外，尤以岷县出产者为佳，称"岷归"。

黄芪为豆科黄芪属植物蒙古黄芪或膜荚黄芪的根，始载于《神农本草经》，列为上品。根据历代本草记载，黄芪的道地产区随时代的变更而变迁，始产于四川中部、北部，陕西西南部及甘肃南部地区，唐代移至甘肃东北部和宁夏南部，清代后，黄芪道地产地扩展至内蒙古，至民国时期扩展到东北。20 世纪 70 年代末期，人工种植的黄芪逐渐成为商品主流，种植区域不断扩展，内蒙古包头地区、甘肃陇西地区成为蒙古黄芪的主产区。梁代医药学家陶弘景《本草经集注》云："黄芪第一出陇右，色黄白，味甜美，今亦难得。"

红芪为豆科岩黄芪属植物多序岩黄芪的根。在历史上记载的红芪和黄芪并未区分，原为野生。1980 年以来开始进行驯化栽培，经大面积种植，形成了当今甘肃著名的道地药材。以产于武都米仓山者为佳品，称"米仓红芪"，为甘肃著名的道地药材，现主要分布于武都区、宕昌县、武山县、礼县、西和县、两当县、漳县、岷县、榆中县、卓尼县、临潭县等地。

党参为桔梗科党参属植物党参、素花党参或川党参的干燥根。党参始载于《本草从新》，甘肃党参于清代道光时期开始入药，历史上采自野生，自1958年后走向栽培。甘肃省党参药材的主要来源为党参和素花党参。商品统称为“西党”，主要包括两个品名：纹党和白条党。以文县、舟曲等县所产的“纹党”最负盛名，具有“蚕头蛇尾美人面，肉实纹细冰糖芯”的特点，已成为重要出口药材。陇西“白条党”是近年来新发展起来的党参品种。白条党实属“甘肃潞党”，因其质量优异，遂自立品名“白条党”。近年来，甘肃省党参产量居全国首位，约占全国40%。

大黄为蓼科大黄属植物掌叶大黄、药用大黄或唐古特大黄的根和根茎。依生长习性和地理气候条件，掌叶大黄主要栽培于礼县，宕昌山地适宜区和庄浪、华亭、陇南山地适宜地。唐古特大黄主要栽培于甘南夏河、玛曲、卓尼、临潭等地。甘肃产大黄质量好、品质优、产量大。

甘草为豆科甘草属植物甘草、光果甘草或胀果甘草的根及根茎。甘草是甘肃分布极广的药材之一，整个河西走廊、从陇中至陇东黄土高原北部呈带状分布，在中南部的定西、临夏、天水等地亦有零星分布。明清二代的甘肃各地方志中绝大多数有产出记载。本品为甘肃自古以来的道地药材，历史上一向以量大质优闻名于世，近年来野生资源锐减，部分地区已展开人工栽培。现在民勤生产的红皮甘草已供出口。甘肃省甘草分布区域广，从河西地区的金塔县、高台县、临泽县、民勤县直到中东部的景泰县、镇原县等地。以前均为采挖野生药材，现在部分地区已人工栽培成功，产量较大。

川贝母为百合科贝母属植物川贝母、暗紫贝母、甘肃贝母、梭砂贝母、太白贝母或瓦布贝母的干燥鳞茎。甘肃主要分布有甘肃贝母、川贝母。适宜生长在陇南、甘南等海拔较高山地。陇南和岷县一带的甘肃贝母（岷贝母）质量较佳。甘肃贝母属于川贝中的优质品种，为甘肃省名贵药材之一。

款冬花为菊科款冬属植物款冬的干燥花蕾。甘肃出产款冬花的历史最早可以追溯至南北朝陶弘景时代，《集注》云：“第一出河北……次亦出蜀北部宕昌”。《明一统志》：“（款冬花）合水县（今甘肃合水县）南山出者最良”，清代甘肃地方志中多处有款冬花产出的记载。现以产于甘肃灵台地区者品质最优，称为灵台冬花，简称“灵冬”。适宜生长在半湿润、半干旱地区和沟谷湿地，在定西、天水、平凉、庆阳等地多有种植。

秦艽为龙胆科龙胆属植物秦艽、麻花秦艽、粗茎秦艽、小秦艽的干燥根。西汉《范子计然》载："秦艽，出陇西天水，细者善"。秦艽是著名的"秦药"，为甘肃省的特产药材之一。1976 年开始进行人工驯化，现多地已可人工栽培，适宜生长在亚高山草甸，高山草甸。主要分布于甘南、天祝、山丹、古浪、陇南等地。

锁阳为锁阳科锁阳属植物锁阳的肉质茎。本草始载于《本草衍义补遗》，宋代《癸辛杂识》所载锁阳产地为"西凉野地"。锁阳是甘肃河西地区的道地药材，以酒泉瓜州所产锁阳最为著名，锁阳城位于甘肃省瓜州县南，因附近盛产锁阳而得名。锁阳主要分布于民勤、金塔、武威、张掖、酒泉等地。

3. 道地中药材新品种选育初步进展

近年来，中药材品种选育工作逐渐受到重视，在科研人员的不懈努力之下，取得了一定的成绩。选育的中药材品种的数量和质量、选育的技术水平和人才队伍建设方面均取得了长足的进展（见表 1）。但中药材品种选育工作相比主要农作物仍显落后，多数研究尚停留在种质资源评价筛选阶段，现代分子生物学技术等先进手段和方法未能得到广泛的应用；新品种选育体系、评价体系、繁育体系尚未建立。此外中药材有较大部分为多年生植物，生长周期长，使得育种周期更长，也增加了育种工作的难度。

表 1　甘肃省道地中药材新品种选育情况

序号	品种	品种/品系	选育方法	选育年份	选育单位
1	当　归	岷归 1 号	系统选育	2004	定西市农科院
		岷归 2 号	系统选育	2006	
		岷归 3 号	辐射选育	2008	
		岷归 4 号	辐射选育	2011	
		岷归 5 号	系统选育	2013	
		岷归 6 号	辐射选育	2015	
2	黄　芪	陇芪 1 号	系统选育	2004	定西市农科院
		陇芪 2 号	系统选育	2008	
		陇芪 3 号	辐射选育	2012	
3	党　参	渭党 1 号	系统选育	2004	定西市农科院
		渭党 2 号	系统选育	2008	
		渭党 3 号	辐射选育	2012	

续表

序号	品种	品种/品系	选育方法	选育年份	选育单位
4	半　夏	BY－1	系统选育	2011	甘肃省农科院
5	秦　艽	陇秦1号	系统选育	2015	
		陇秦2号	系统选育	2015	
6	柴　胡	JX06－1－6	系统选育	2012	陇西稷丰种业有限公司
7	大　黄	DH2006－1	系统选育	2012	陇南市农科所
8	板蓝根	定蓝1号	系统选育	2014	定西市农科院
9	甘　草	甘育甘草1号	系统选育	2015	甘肃农业大学
		甘育甘草2号	系统选育	2015	
		甘育甘草3号	系统选育	2015	
10	大青叶	中青1号	辐射选育	2015	中国科学院近代物理研究所
11	枸　杞	银杞1号	系统选育	2015	白银市农业技术服务中心

（三）甘肃省中药材科技发展中的主要问题

1. 品种选育和推广工作滞后，优良品种缺乏，野生资源保护工作尚需加强

中药材相当一部分为多年生植物，生长周期长，使得育种周期更长，新品种选育严重滞后。甘肃缺乏专业规范的中药材种子生产机构，品种系统选择、提纯复壮工作未能有效开展，致使品种混杂退化，出苗率无法保证，播种量也难以确定，严重影响中药材的生产和农民的收入。

野生药材资源保护和开发利用研究滞后，珍稀品种濒临灭绝，供求矛盾进一步加剧。由于资金短缺，科技力量薄弱，一些珍稀野生药材资源的人工驯化和开发利用工作尚未开展。

2. 种子、种苗生产流通体系不完善，种子、种苗质量无法保证

目前生产中所用的种子、种苗多为种植户“自繁自育”，育苗方式沿袭传统，不能适应现代标准化、规模化的要求。同时，市场上流通的种子，大多缺乏质量标准，常有陈年种子、假种子混杂于市场，中药材产量和质量难以保证。

3. 科技含量不高，技术体系不全

国家和省级部门对甘肃中药材生产方面的科研、技术推广、示范等方面立项投资较少，中药材标准化生产基地建设、良种繁育体系建设、适用栽培技术研究及推广应用、新品种选育和推广、野生资源保护及人工栽培驯化、新产品开发利用、科技成果转化等工作还较为落后。中药材栽培技术缺乏规范，影响中药材的产量和质量，多数中药材栽培技术仍依靠经验或传统。甘肃省内专门从事中药材

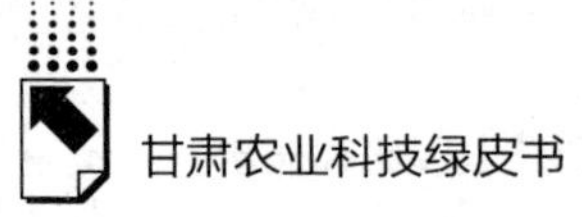

科研的相关人才相对缺乏，且力量分散，技术装备不够先进，科研力量较为薄弱，产学研缺乏有效的组织。

4. 产业化程度不高，加工业能力较弱，缺乏宏观规划，基础条件薄弱

甘肃中药材种植面积大，生产已形成规模，比较优势明显。但由于以往在产业政策上缺乏足够的重视，中药材产业管理渠道不畅。与粮食、水果、蔬菜等农作物相比，缺乏大型综合性项目的带动，资金投入也比较少。企业规模较小，深加工比例较低。据测算，甘肃省中药材产后初加工量只占全省中药材产量的20%左右，大多数地方仍以出售原料药材为主，加工增值严重不足，极大地制约了中药材产业的发展和药农增收。

5. 机械化程度低，劳动力投入比重大

甘肃省中药材生产主要集中在贫困地区，种植区地块相对较小、分散、平整度不足，不适应大型农机作业，生产效率难以提高。甘肃省主要中药材多为根类药材，人工成本占总种植成本的50%以上，随着农村劳务的转移，农村青壮年劳力短缺、用工成本不断增高的问题日益突出。

三　甘肃省中药材产业创新发展的思路

（一）优化区域产业布局，提升生产加工能力

1. 优化甘肃中药材优势产业带布局

中药材生产最应讲究地道性。甘肃中药材优势区域布局总体原则应是：按照不同种类药材的生长习性、分布范围，结合产区传统栽培习惯，选择最适宜生态区域，集中连片建立优质中药材标准化生产基地，形成甘肃省中药材优势产业带：在渭源、文县、宕昌、陇西、临洮等海拔1600～2000米的温凉半湿润、半干旱气候区集中建立优质党参生产基地；在岷县、宕昌、漳县、渭源等海拔2300～2800米的二阴地区，以山坪地为主集中建立优质当归生产基地；在陇西、宕昌、武都、漳县等海拔1800～2500米的高原台地、沟谷边缘集中建立优质黄芪、红芪生产基地；在礼县、宕昌、华亭等海拔2000米左右的区域内，选择气候凉爽、光照充足、干湿适中的山台地集中连片建立优质大黄生产基地；在河西走廊、黑河流域的金塔、高台以及民勤沙漠边缘，海拔1000～1500米的区域，结合生态建设，集中建立优质甘草生产基地；在漳县、陇西海拔1500～2000米的区域内干旱山区及川灌区集中建立优质柴胡生产基地；在祁连山北麓的民乐等

地适当集中建立优质板蓝根生产基地；在定西、陇南、河西最适宜种植区域集中建立甘肃区域特色其他药材生产基地，主要发展黄连、半夏、银杏、天麻、杜仲、麻黄、肉苁蓉等药材品种（见表2）。

表2　甘肃道地中药材优势区域布局

种类	县名	优势生产区域(乡、镇)
当归	岷　县	梅川、中寨、文斗、禾驮、寺沟、秦许、蒲麻、马坞、申都、麻子川、闾井
	宕昌县	哈达辅、阿坞、理川、八力、牛家、木耳、金木、大舍、簸箕
	漳　县	四族、大草滩、金钟、马泉、盐井、三岔、殪虎桥
	渭源县	连峰、麻家堡、锹峪、会川、峡城、田家河
白条党参	渭源县	北寨、清源、新寨、路园、蒲川、连峰
	陇西县	首阳、文峰、巩昌、云田、通安、马河、福星、双泉、德兴、柯寨
	临洮县	窑店、石家楼、塔湾、连儿湾、康家集
	通渭县	常河、李店、襄南
	安定区	黑山、东岳、高峰
纹党	文　县	中寨、堡子坝、马营、铁楼、临江、桥头、黎坪、石鸡坝
	宕昌县	好梯、韩院、竹院、官亭、狮子、秦峪
	舟曲县	博峪
黄芪	陇西县	首阳、文峰、巩昌、云田、通安、马河、福星、双泉、德兴、柯寨
	宕昌县	临江、甘江头、将台、韩院、沙湾
红芪	武都区	安化、甘泉、鱼龙、柏林、汉王、马街、龙凤、郭河
	宕昌县	临江、将台、韩院、甘江头、沙湾
	漳　县	三岔、、城关盐井
	岷　县	文斗
大黄	礼　县	铨水、白关、桥头、沙金、草坪、白河、上坪、洮坪
	宕昌县	好梯、官亭、竹院、韩院、狮子
	华亭县	上关、马峡、西华、麻庵、山寨
柴胡	陇西县	首阳、文峰、巩昌、云田、通安、马河、福星、双泉、德兴、柯寨
	漳　县	四族、大草滩、金钟、马泉、盐井、三岔、殪虎桥
甘草	金塔县	双城、天仓、鼎新、芨芨
	高台县	骆驼城、宣化、新坝、罗城
	民勤县	西渠、中渠、收成、北山
板蓝根	民乐县	六坝、洪水、三堡、李寨

2. 优化中药材市场区域布局

在现有市场的基础上，根据产能和种植区域分布，筛选适宜的位置，高标准配置仓储、物流、网络等硬件设施，规范管理、提高服务水平、改善经营环境等，以促进产区特色中药材品种的贸易（见表3）。

表3　甘肃省中药材优势区域主要市场布局

主要市场	所在县	带动优势生产区域(乡、镇)	主要交易种类
文峰、首阳	陇西县	首阳、文峰、巩昌、云田、通安、马河、福星、双泉、德兴、柯寨及周边县的药材产区	综合及黄芪、党参
城郊	岷　县	梅川、中寨、文斗、禾驮、寺沟、秦许、蒲麻、闾井、马坞、申都、麻子川等	当归
哈达铺	宕昌县	哈达铺、阿坞、理川、八力、牛家、木耳、金木、庞家、大舍、官亭、簸箕、将台、临江、甘江头	当归、党参
殪虎桥	漳　县	四族、大草滩、金钟、马泉、盐井、三岔、殪虎桥等	柴胡、党参
会川	渭源县	连峰、麻家堡、锹峪、峡城、北寨、田家河、新寨、路园、清源	党参
	临洮县	窑店、塔湾、石家楼、连儿湾、康家集	党参
中寨	文　县	中寨、马营、堡子坝、桥头、临江、黎坪	纹党
	舟曲县	博峪	
安化	武都区	安化、甘泉、鱼龙、柏林、汉王、马街、龙凤、郭河等	黄(红)芪、大黄
铨水	礼　县	铨水、草坪、桥头、白关、洮坪、沙金、上坪	大黄
	宕昌县	好梯、竹院、韩院、狮子等	
酒泉	肃州区	瓜州、金塔、民乐、民勤	甘草、板蓝根、枸杞

3. 完善中药材质量监测体系

建立和实施中药材生产质量管理规范、中药饮片炮制规范，逐步实现中药材来源和质量的可追溯管理。加强甘肃中药材规范化生产，严格控制每个环节，实现药材生产规范化、标准化，保证药材质量的可控与稳定，基本解决农药残留和重金属含量超标问题。通过规范化的实施，促进药材生产逐步走向规模化、集约化。

加强甘肃（省级）中药原料质量监测技术服务中心与各级市场的联系，构建甘肃省中药资源市场信息动态监测网络。

依靠甘肃（省级）中药原料质量监测技术服务中心，加强以标准制定为核心的检测体系的建设，开展种子种苗质量、中药材及相关产品的检验检测服务。打造我国西北地区药材检测领域的第三方机构，为保证全省生产质量合格、优质的药材提供保障平台。

（二）加强科技与体制机制创新，提升中药材产业发展能力

1. 加快优良品种选育进程，完善种子、种苗生产体系

引进、筛选优良种质资源，建立规范的种质资源圃、品种选育圃；开展精简、高效育苗体系研究，完善大田育苗体系，育苗技术逐步实现规范化。制定种子鉴别技术、质量分级标准、品种选育、种子种苗繁育标准操作规程。建立良种选育、繁育基地，使种子生产规范化，稳定种子市场价格。设立新品种选育扩繁专项，鼓励科研机构、企业进行中药材品种选育及扩繁，对选育出的品种进行财政奖励加速快繁，实现中药材规模化、集约化、规范化育苗，走可持续发展之路。

2. 加快生产技术标准制订，形成道地药材独特优势

倡导中药材向“有机中药材”方向发展，加大“有机中药材”投入品研究，对中药材投入品结构进行调整优化，积极研发物理防治、生物防治等无化药病虫害防治技术，大力推广“预防为主，综合防控”的无化药防治技术，从源头提升中药材质量水平。加强基地环境保护和监测，加强土壤、水质改良，规范生产技术环节，形成中药材绿色生产基地。通过对药材有效成分的积累动态、药材加工、卫生包装、仓储等具体操作技术方法的研究和集成，建立严格的中药材全产业链可追溯体系，制订采收加工标准、储藏运输标准、饮片质量标准，构建并完善从种子种苗到药材精深加工的一整套“陇药”全产业链质量追溯体系，强化标准推广，从根本上提升甘肃省中药材质量，更好地保障百姓用药安全，形成道地药材独特优势。

3. 加快产业技术体系建设，建立稳定技术研发团队

尽快启动甘肃省中药材现代产业体系建设，整合优势人才资源，建立一支精干稳定科研创新团队，形成从省到市到县科技支撑网络。参照国家现代农业产业技术创新体系模式，设立甘肃省中药材产业发展技术创新体系，围绕中药材适生区组建中药材产业技术创新团队，通过对道地中药材开展产前、产中、产后各阶段系统研究，在中药材产业应用基础、产业共性问题、关键技术等方面取得重大突破，显著增强甘肃省中药材产业科技成果供给能力、成果转化与推广服务能力，使中药材产业成为甘肃省中药产业科技创新的主力军。

4. 加快配套机械研发，形成降本增效的生产体系

有针对性地加大精细化作业的中小型农机具研发力度，研发和推广适宜本地区主产中药材的播种、移栽、采收、干燥和初加工机械，优化中药材机械装备结构，提高中药材生产过程中机械化作业水平，降低劳动力投入，提升效率，提高

种植效益，尽快形成降本增效的生产体系。

5. 强化中药材品牌意识，带动中药材产业快速发展

精选如当归、党参、黄芪、大黄和甘草等资源优势突出、市场前景好、企业积极性高的知名大品种中药材，按照“大中药、全产业链”模式，进行从种到收、从初级加工到深加工、从中药制剂到多用途开发的全产业链建设；积极鼓励中药材初加工企业和中药企业立足甘肃省道地中药材产业，与科研单位和高等院校积极合作进行研发，打造中药材产品品牌，带动中药材产业发展。

6. 加快药材储备库建设，稳定市场价格

中药材是国家的战略性资源，甘肃省作为全国的中药材生产大省，气候干燥、温度适中，是中药加工、储备的最佳区域，素有“天然药仓”之美称，独特的气候环境为“南药北储”提供了极大的便利，甘肃应积极申请建设中药材储备库，为甘肃省的中药材产业提升打造新领域、新空间，为稳定中药材价格提供保障。

7. 开拓国际合作机制，形成陇药国际通道

“一带一路”对中药材产业的发展是一个极大的利好。抓住“一带一路”建设机遇，借鉴欧美对天然药物及日、韩等国“中药西制”的研发模式，引进国外企业联合甘肃省有实力的药材加工企业深入发掘甘肃省道地中药材精深加工潜力；积极研究开发药食同源产品，加强同“一带一路”沿线国家的合作交流，扩大和提升中医药健康服务国际影响力，使“陇药”产品借“一带一路”东风，快步进入国际市场。

参考文献

甘肃省农牧厅：《甘肃省中药材优势区域发展规划（2003～2007）》，2004。

钱加绪：《破解生产技术瓶颈　助推陇药产业发展》，《甘肃日报》2014 年 3 月 21 日，第 11 版。

马志林、周心澄：《甘肃药用植物资源区域分布特征及保护利用》，《中国林副特产》2009 年第 2 期。

辛辰：《甘肃中药材的分布特点与蕴藏量》，《西部论丛》2005 年第 5 期。

索国勇：《建立中药材产业发展机制，促进农民增收——以甘肃省为例》，《开发研究》2009 年第 5 期。

张军：《甘肃省药用植物资源区域特征及开发利用》，《甘肃农业科技》2000 年第 8 期。

康天兰，刘学周：《甘肃省中药种子、种苗产业现状及发展对策》，《甘肃农业科技》2016 年第 4 期。

G.30 甘肃省种业科技发展研究报告

常　宏*

摘　要：甘肃是我国最大的玉米制种基地、马铃薯种薯生产基地和重要的蔬菜、花卉种子生产基地。“十二五”期间，甘肃在种业基础性研究、农作物新品种选育、制种技术研究、种业科技体系建设等方面取得丰硕成果。今后甘肃应以进一步提升种业创新能力为目标，在主要农作物、蔬菜、花卉三个重要领域，强化种业资源优化配置，推进种业科技人才、基地、平台一体化建设，实现现代种业自主创新能力、持续发展能力和国际竞争力的全面提升。

关键词：甘肃　种业　育种能力　现状　问题

一　甘肃种业科技发展情况

（一）甘肃种业发展概况

1. 种子优势产业集群初步形成

目前，甘肃省已发展成为全国最大的杂交玉米种子、马铃薯脱毒种薯生产基地和全国重要的蔬菜、花卉种子生产基地，建成以河西走廊为主的全国最大、产业化水平最高、最具优势的玉米制种基地。“张掖玉米种子”已获得全国唯一的种子国家地理商标证书，国家已将甘肃玉米制种基地建设和管理由地方层面提升到国家战略层面，张掖市及甘州区等 7 个市、县（区）被认定为国家级杂交玉

* 常宏，农学博士，甘肃省种子管理局局长，农业技术推广研究员，主要从事农作物育种、种子管理、种业生产关键技术研究与推广。

米种子生产基地。2015 年甘肃省杂交玉米制种面积 10 万公顷，产种量 53 万吨，面积和产量均位居全国第一，分别占全国玉米制种总面积和总产量的 43.5% 和 48.3%；蔬菜花卉种子生产面积 2.3 万公顷，产种量达到 3.2 万吨。脱毒种薯生产面积 7.7 万公顷，产原原种 10 亿粒、原种和合格种薯 171 万吨。全省有种子企业 485 家，其中玉米种子企业 113 家、马铃薯种薯企业 72 家。全省玉米种子企业中注册资本 1 亿元以上的有 9 家，销售额 1 亿元以上达到 6 家，前十强企业销售额占全省玉米种子企业总销售额的 46.2%；种子企业集聚度进一步提高，建成玉米果穗及籽粒烘干线 217 条，成套加工线 96 条，种子加工能力 60 万吨以上，已成为国内最为重要的种子生产、加工技术中心，初步形成了制种优势产业集群。

2. 育种创新能力不断提升

“十二五”以来，玉米、小麦、啤酒大麦、胡麻和马铃薯改良分中心及一批品种区域试验站的建成，有力促进了甘肃省育种创新能力的提高。全省选育审定（认定）农作物新品种 980 个，其中审定玉米品种 105 个、马铃薯品种 14 个，种子企业选育审定的玉米新品种所占比重达到 85%。“吉祥 1 号”玉米、“陇薯 6 号”马铃薯等成为最具优势和潜力的新品种。良种覆盖率达到 95% 以上，小麦、玉米品种经过四次更新换代，培育了世界首个杂交胡麻品种及一大批抗锈冬小麦、南瓜、番茄等优良品种。

3. 种业法律体系初步完善

甘肃省人民政府先后出台了《贯彻〈国务院关于加快推进现代农作物种业发展意见〉的实施意见》等 3 个省政府规范性文件，明确了一系列种业扶持措施，制定了相关配套管理制度和种子生产、贮藏、销售等方面的地方标准，形成了以《种子法》为核心，地方性法规、政府规章及各类规范性文件为基础的种子法律体系，为种业发展提供了有利的发展环境。

4. 种业监管体系逐步健全

全省健全了省、市、县三级种子管理体系，建立了一支 1360 人的专业化种子管理队伍，取得行政执法资格证的人员达到 56.6%，专业技术人员占 51.5%，基本满足市场监管的需要。全省基本形成了以区试主持单位为纽带，覆盖主要生态类型的农作物品种试验网络；形成了以省级种子质量检测中心为龙头，市级种子质量检测中心和县级种子质量检测机构为骨干的种子质量检测体系，种子质量年检测能力达到 3 万多份。省级种子质量检测中心实现了常规检验向转基因、品种真实性分子检测及马铃薯病毒检测的转型。

5. 促进基地农户稳定增收

种业的快速发展不仅提高了农业生产效益，而且确保了全国农业用种安全，为全国粮食等主要农产品连续增产、农民持续增收奠定了坚实的基础，做出了突出贡献。2015 年玉米和瓜菜、花卉制种业带动农户增收 55 亿元，其中玉米制种带动农户增收 36 亿元，瓜菜、花卉制种带动农户增收 19 亿元。特别是玉米制种业，为张掖市等主产区农民人均收入贡献 4000 元，成为河西走廊产业化程度最高、联系农户最广的支柱产业和“黄金产业”，并成为推进社会经济发展的母体产业。同时，制种业也有效带动了包装、运输、建筑、服务等二、三产业的快速发展。

（二）甘肃“十二五”种业科技发展现状及成效

1. 种业基础性和公益性研究

“十二五”期间，甘肃省科研院所在种业基础性公益性研究方面的成就主要有：陇东学院与庆阳中庆农产品有限公司联合开发的白瓜籽自动控制生产线与加工技术，不仅促进了科研成果的产业化应用，加速了企业产业升级和创收，实现年销售收入 23787 万元、年利润 14788 万元，出口创汇 3000 万美元；而且形成了“农户 + 基地 + 公司”的农业产业化模式和“市场 + 龙头 + 基地”的财富化格局，把当地的特色资源优势转化成商品优势和经济优势，为地方经济的发展做出了积极贡献。

甘肃省农科院农产品贮藏加工研究所针对本省马铃薯贮藏存在的关键技术问题，经过 8 年的潜心研究，在贮藏设施与通风系统建造模式、贮藏环境调控技术、安全高效的抑芽防腐保鲜技术以及药剂轻简处理技术等研究方面成效显著。研发出了用于商品薯的抑芽剂新产品 3 种，研制出了抑芽剂雾化机 1 种，筛选出了马铃薯贮藏防腐剂 1 种，并获得发明专利 6 项；设计出了 3 种马铃薯贮藏设施建造模式，研发出适用于中小型马铃薯贮藏设施强制通风的智能化自控装置等一系列科技成果。该成果在定西、平凉、白银、临夏等 9 个马铃薯主产区进行了大规模示范推广，建成贮藏设施超过 1.3 万座，涉及农户 8645 家、合作社 313 个，示范贮藏马铃薯 40 多万吨，年均损失率降到 10% 以下，新增经济社会效益 4.81 亿元。该技术大大提升了马铃薯产地的贮藏能力，激发了农户和合作组织利用该技术贮藏马铃薯的积极性，达到了减损增效、错峰销售、均衡上市的目的，为马铃薯产业健康发展做出了积极贡献。

与此同时，甘肃省农科院林果花卉研究所培育出“醉人香”、“甘梨 2 号”、

“陇杏3号”、“陇油桃2号”、“陇蜜12号”等优质葡萄、梨、杏、桃等新品种；甘肃省农科院小麦所、生技所在小麦抗条锈病研究方面取得重要进展；甘肃农业大学在粮饲兼用型玉米丰产栽培技术方面实现新突破；天水市农科所培育出了辣椒新品种天椒8号、14号、18号、19号、20号。这些基础性、公益性研究的新进展，为全省种业发展做出了积极贡献。

2. 农作物重大品种创制和育种技术研究应用

“十二五”期间，甘肃省共审（认）定了各类农作物新品种980个，是“十一五”审（认）定品种数量的2.3倍，满足了全省农业生产需求，为全省粮棉油稳步增产和农民增收做出了重要贡献。

（1）主要农作物品种审定情况。2011～2015年，甘肃省先后有237个主要农作物新品种通过审定，其中，小麦新品种61个、玉米105个、马铃薯14个、油菜25个、大豆11个、棉花13个、胡麻8个。这些新品种中由科研院所等事业单位选育的有114个，占48.1%；由企业和个人选育的有97个，占40.9%；由科研单位和企业合作选育的品种有26个，占11.0%。总体来看，由企业和个人及合作选育的品种已超过一半。但按照作物种类及其种子商品性来看，部分作物品种选育的主体与过去相比发生了新的变化。“十二五”期间审定小麦品种共61个，由科研院所等事业单位选育的品种有56个，占小麦品种的91.8%；审定马铃薯品种14个，由科研院所等事业单位选育的品种有12个，占85.7%；审定大豆品种11个，由科研院所等事业单位选育的品种有8个，占72.7%；审定胡麻品种8个，由科研院所等事业单位选育的品种有7个，占87.5%；审定棉花品种13个，由科研院所等事业单位选育的品种有10个，占76.9%；审定油菜品种25个，由科研院所等事业单位选育的品种有13个，占52%；审定玉米品种105个，由企业和个人选育的品种有79个，科研单位和企业合作选育的18个，分别占75.2%和17.1%。小麦、马铃薯、大豆、棉花和胡麻等因其种子商品性低，企业育种利润少，品种选育工作仍然由科研院所等事业单位完成；而玉米和油菜种子商品性较高，其品种选育由企业完成，玉米新品种选育已大部分由企业和个人完成；油菜新品种由企业和个人育种也接近一半。这表明甘肃省在推进种业科研分工和企业商业化育种方面已取得阶段性成效。

（2）非主要农作物品种认定登记情况。“十二五”期间，甘肃省共认定登记杂粮杂豆、经济作物、蔬菜、瓜果、药材和花卉等56种作物的新品种743个，其中杂粮杂豆品种39个、经济作物品种86个、蔬菜品种489个、瓜类品种105个、果树品种10个、药材品种12个、花卉品种2个。认定品种中由科研院所等事业单位选育（引进）的品种有111个，占14.9%；由企业和个人选育（引进）的品种有610个，占82.1%；由科研单位和企业合作选育（引进）的品种有22个，占3.0%。总体来看，随着农业产业化的不断发展，对各类农作物商品种子的需求亦逐渐上升，种子企业参与品种选育和引进的积极性进一步提高。

（3）缺陷品种的停止推广情况。“十二五”期间，甘肃省先后三次清理退出在生产上已出现缺陷或未提交标准样品的主要农作物品种214个，其中水稻5个、小麦111个、玉米44个、大豆7个、棉花17个、油菜12个、马铃薯12个、胡麻6个，为生产上使用品种排除了隐患。

3. 主要农作物和花卉制繁种技术研究

“十二五”期间，甘肃省玉米种子生产在品种、栽培、管理、制种技术上，形成了一套严格的技术规程。在品种选择上以紧凑型玉米为主，平展型为辅，在栽培技术上应用地膜覆盖种植技术、育苗移栽技术、配方施肥技术、二比扔种植技术，在田间管理上应用超前抽雄技术、站秆扒皮技术，同时机械化去雄逐渐得到推广应用，种子生产机械化将成为新的发展趋势。建立了“原原种—原种—一级种—二级种”的四级马铃薯脱毒种薯扩繁体系，完善改进了马铃薯茎尖剖离培养技术、高倍扩繁技术、分子病毒检测技术，育种研究领域不断拓展，建立了马铃薯常规和分子设计育种平台。小麦种子繁育过程中主要采取引进原种、原种圃提纯、繁殖田生产的繁种模式，从地块选择、品种布区、种子处理、集中连片种植、田间水肥管理及病虫草害防治、田间去杂去劣到分品种单收单打单晒单贮实行严格管理，严防混杂，严格按照小麦良种生产技术规程管理，同时各县区种子管理部门都组织检验员对各县区的小麦种子繁殖田进行田检，市种子管理局进行抽检，确保种子质量。全省种子生产进一步向优势区域集中，专业化、规模化种子生产基地基本形成，初步形成了制种优势产业集群，种子综合生产能力和抗风险能力进一步增强。

4. 种子加工和质量控制技术

“十二五”期间，省内种子机械公司在引进、消化、吸收国外先进种子加工设备及技术的基础上，研制出一批适合国情的种子烘干和精选加工成套设备，提高了种子加工成套设备的研制生产能力。同时，省内部分合资公司、玉米种子公司积极引进国外最先进的种子脱粒、精选、包衣、包装、烘干和种子加工技术，采用了先进的种子生产、加工工艺，实行的玉米鲜穗收购、烘干等先进技术在酒泉市、张掖市得到了广泛推广应用，建成了一批现代化的玉米种子加工厂及种子烘干、脱粒、精选、包衣、包装全套自动化生产线，极大地提升了甘肃省玉米种子烘干、加工能力。2015 年底，全省玉米种子企业共有种子成套烘干及精选加工线 302（条），其中玉米果穗烘干线 111 条，籽粒烘干线 98 条，成套加工线 93 条。种子年加工能力 60 万吨以上。同时，加强种子质量监测体系建设，先后建成了农业部玉米种子质量监测中心（兰州）、酒泉、张掖等 8 个种子质量检测中心（分中心），建立了省级马铃薯质量检测中心及张掖等 4 个区域中心。形成了以企业自检为主，管理部门监督抽查为辅的种子质量控制体系。大力推广分子检测技术、病毒检测技术及活力检测技术，拓展了种子质量监督检查范围，各企业从重点环节着手，制定种子质量控制技术方案及措施，提高了种子质量，达到了精量播种要求。

5. 种业科技体系建设

（1）种业基础性公益性研究体系。甘肃省政府颁布的《农作物种业发展规划（2014～2020 年）》明确要求加强公益性和基础性研究，提出建设省级农作物种子资源库、作物改良分中心及常规作物育种创新基地等重点工程，并加大科研院校基础性公益性研究的支持力度。

为加强基础性和公益性研究，全省形成了六大制种基地：以河西走廊为主的 9.7 万公顷玉米制种基地，以定西为主的 8.3 万公顷马铃薯种薯繁育基地，以河西走廊为主的 1.7 万公顷蔬菜花卉制种基地，以天水、陇南为主的 2.7 万公顷小麦原（良）种生产基地，以武威、张掖为主的 0.13 万公顷杂交油菜制种基地，以金昌、张掖为主的 0.33 万公顷啤酒大麦种子生产基地。

“十二五”期间，以甘肃省农科院为主体，以市州农科院所为支撑，16 家科研院所在种业基础性公益性研究方面做了大量的投入，532 人从事相关研究工作，投入总经费达 6657 万元。

为调动科研院所和高等院校科技人员积极性，甘肃省通过支持科技人员兼职、挂职、签订合同等方式，鼓励科研人员从事商业化育种工作，从中获取科研成果转化收益；鼓励科研人员创新创业，并保留其原有身份和职称、档案和工资的正常晋升，确实保障科研院所和高等院校科技人员的切身利益，最大限度地调动他们的积极性。

（2）种子企业商业化育种体系。“十二五”期间，省内种子企业选育主要农作物品种 91 个，占审定主要农作物品种总数的 38.4%；省内企业认定非主要品种 496 个，占认定非主要农作物品种总数的 67%。玉米制种企业中有 56 家开展新品种选育，占全部企业的 44%，其中 25 家企业选育出品种 94 个，有 124 家非主要农作物种子企业开展品种认定工作，有 13 家建立了南繁育种基地，甘肃敦煌种业股份有限公司和甘肃金源种业股份有限公司建立了育、繁、推一体化的商业化育种机构，2015 年企业单独选育审定的新品种数量占省级品种审定总数的 42%。

（三）甘肃种业科技发展中存在的主要问题

1. 种业基础性公益性研究方面

种业基础性、公益性研究薄弱，经费投入不足，种子生产加工、品种试验鉴定和种子检验检测等关键技术不能满足实际需要。农作物良种选育目标不明确，科研单位与企业缺乏有效协作，选育品种同质化严重，抗逆水平较低。种业科研成果评价、奖励及转化应用机制还不健全，科研人员及资源向企业流动不畅，科研成果转化率不高。

2. 种子企业商业化育种研究方面

种子企业品种研发投入不足、自身积累少，60% 的玉米制种企业和 80% 的瓜菜花卉制种企业没有专门的科研育种机构和育种人员，新品种研发能力弱，缺乏自主知识产权的品种，核心竞争力不强，种子企业尚未成为真正的科技创新主体。

二　甘肃种业科技发展思路、目标及主要任务

（一）总体思路

围绕深化种业体制改革提高创新能力，按照省政府关于加快推进现代农作物种业发展的具体要求，以提升全省种业创新能力为目标，以主要农作物、蔬菜和花卉三个领域为重点，推进种业资源整合利用和优化配置，突破种质资源创新、新品种创制、制繁种、种子加工和质量控制等关键技术，培育现代种业主体，推进种业科技人才、基地、平台一体化建设，实施良种科研重大创新专项与种业战略联盟，提升全省现代种业自主创新能力、成果转化能力、持续发展能力和国际影响力。

（二）发展目标

到 2020 年，构建起基础性公益性研究与商业化育种有序分工、密切配合的种业科技创新体系。建立企业为主体、科技为依托、产学研融合、育繁推一体化

的现代种业体系。选育一批高产、优质、专用、多抗及适应机械化生产的新品种；建立玉米、马铃薯、小麦等主要农作物种质资源库；建成相对集中、长期稳定的规模化、标准化、集约化和机械化的玉米、马铃薯、蔬菜、花卉、油菜、大麦种子生产基地19.3万公顷，建成南繁科研鉴定基地；打造10家繁育能力强、生产加工技术先进、市场营销网络健全、技术服务到位的育繁推一体化现代农作物种业集团。扶持和建立20家育繁推一体化的优势企业。选育具有广阔应用前景和自主知识产权的优良品种20～30个，制定和形成100个以上生产主导品种并具有新品种保护权和种业产业新标准、新专利。培养一批具有国际竞争力的科技创新人才和优势团队。不断提高省内自主知识产权品种在全国种子市场份额，使甘肃省玉米自主产权品种在全国的市场占有率提升到5%以上，农作物良种覆盖率达到95%，在粮食增产中的贡献率达到40%。种业科技创新能力、企业竞争能力、供种保障能力和市场监管能力进一步增强，全面提升种业发展水平。

（三）重点任务

1. 种业基础性和公益性研究

（1）作物种质资源鉴定评价与创新。开展全省农作物种质资源普查与搜集，建立种质资源索引目录及开放共享平台；构建动植物重要性状的精准鉴定与评价技术体系，评价全省农作物遗传资源多样性、资源分布规律、生态适应性等；研究明确种质资源中重要性状结构和功能，发掘一批具有重大利用价值的优异种质资源。广泛应用基因工程、远缘杂交、单倍体诱导培养、分子标记辅助选择、航天诱变等新技术，创制具有重要应用价值的玉米、马铃薯、蔬菜、小麦、啤酒大麦等优异种质和新材料，提高种质创新效率。加强本土种质和引进种质抗旱节水、耐寒、耐瘠等生理生态学鉴定及基因挖掘。研究种质资源保存体系及种质活力监测技术。

（2）作物重要性状遗传机理研究。广泛利用现代生物与信息技术，研究主要农作物和蔬菜、林果花卉的产量、品质、抗性等性状遗传机理与调控；研究主要农作物和蔬菜雄（雌）性不育、育性恢复、配合力、异交生物学等生物学机制，杂种优势形成的遗传机理及分子调控技术；探索粮食作物、油料和蔬菜杂种优势利用的理论和方法，进一步完善杂种优势作物雄性不育系的遗传机理和利用技术。

2. 农作物重大品种创制和育种技术研究应用

（1）农作物强优势杂交种创制。主要攻克不同作物杂种优势利用的技术瓶颈，建立主要农作物杂种优势利用的基础群体、杂交模式。重点创制早熟、矮秆、耐密、高抗、籽粒灌浆和脱水速度快等适宜机械化收割的玉米育种材料及品种，创制适于机械化播种和制种去雄的优良玉米自交系，加强玉米胞质不育材料和核不育材料研究；强化雄性不育突变材料、强优势杂交亲本创制和规模化制种关键技术研究；加强早熟、双低、适宜机收油菜，以及早熟、抗逆、高产葵花强优势杂交亲本的筛选；继续开展蔬菜雄性不育、杂交小麦强优势组合筛选研究。

（2）农作物抗逆高产优质新品种选育。以提高产量、改善品质、增强抗性为重点，综合应用生物育种技术和常规育种技术，选育抗病、高淀粉、早熟菜用马铃薯，抗旱、抗病、节水小麦，节水、耐瘠啤酒原料大麦，加工专用和抗除草剂糜谷等作物新品种；建立新品种联合测试平台。

（3）农作物高效育种技术研究与应用。以常规育种技术为主，完善农作物优良亲本筛选技术、杂交后代高效鉴定技术和品种广泛适应性评价技术。加强转基因、分子标记辅助选择，细胞工程与航天诱变等育种技术的应用，建立高效诱变育种技术体系，开展小麦、蔬菜和花卉等航天诱变材料的鉴定筛选。加快应用分子标记辅助选择和双单倍体育种技术，推进玉米商业化育种进程，提升育种效率和水平。建立生物育种信息平台，创建高效育种技术体系，选育高产、优质、抗病、抗逆新品种和新品系。

3. 主要农作物和花卉制繁种技术研究

（1）农作物规模化制繁种技术研究。在河西制种基地加快玉米雄性不育化制种、玉米制种机械化去雄、父母本行比优化和杂交种种子水肥调控等技术研究与应用；进一步完善马铃薯高效低成本脱毒种薯繁育技术体系，蔬菜高效亲本繁殖、制种及其种子（苗）脱毒繁育技术；采用分子标记、单倍体纯化等技术，研究农作物亲本保纯及繁育技术。制订主要农作物和蔬菜杂交制种技术标准、农作物良种标准化生产技术规程。

（2）花卉规模化种子（苗）生产技术研究。采用分子标记、组织培养、无病毒繁育等技术，开展高产、高效新品种繁育技术研究。研发良种规模化快繁、种子（苗）脱毒快繁和种子园丰产等技术；完善高效无性繁育和轻基质容器苗生产技术等，建设花卉等繁育基地，筛选适合市场需求的优质特色品种。

4. 种子生产加工和质量控制技术

（1）农作物种子生产加工和检测技术。研究农作物种子生产控制技术与适期采收技术，种子干燥、精选、分级、包装等加工技术，种子（苗）安全储藏与质量控制技术，种子引发、包衣、丸粒化和提高幼苗抗逆性的物理、化学处理技术；研究种子穗萌和休眠控制技术，农作物良种病害和生理质量等精准快速检测技术，主要农作物 DNA 指纹检测及亲本种子验证技术；建立杂种优势作物良种质量控制体系和追溯系统。

（2）农作物良种良法配套应用关键技术。研究主要农作物、蔬菜、花卉等新品种的机械化作业、水肥管理、轮作倒茬技术，重点突破关键生产环节机械化作业、地力培育与合理施肥、密植高产与资源高效利用（玉米）、深松改土等关键技术；建立新品种网络化试验与示范基地。

5. 种业科技创新体系构建

（1）明确种业科研分工。理顺“产学研、育繁推”关系，基础性、公益性研究主要由科研院所、高等院校承担，杂交玉米、杂交油菜、杂交棉花和蔬菜等作物的商业化育种由种子企业承担。

（2）推进育种资源优化配置。推动科研人员和育种资源向企业流动。支持公益性科研院所和高等院校对拥有的育种材料、新品种和技术成果进行知识产权申请、作价到企业投资入股或上市公开交易。鼓励科研院所、高等院校和国有企事业单位种业职务科技成果的所得收益，按 60% 划归参与种业研发的科技人员及其团队所有。转化种业职务科技成果给予科技人员个人奖励的暂不征收个人所得税。鼓励科研院所、高等院校和事业单位科研人员（包括担任行政领导职务的科研人员）到种子企业开展商业化育种或离岗创业。商业化育种成果及推广面积可以作为职称评定的重要依据。

（3）引导企业与科研教学单位共建联合创新平台，推进科技成果向企业转化；创新种业产学研结合的组织模式，以品种为纽带，逐步形成“分工明确、布局合理、协作紧密、运转高效”的产学研合作格局。优化知识产权管理模式，形成科技成果公共管理服务平台。搭建专业化的种业交易平台，推动成果商品化、股权化和高效转化；充分发挥种业领域知识产权战略联盟的作用，促进和规范科研成果转让。

6. 种业科研创新能力提升

（1）种业基础性公益性研究机构创新能力提升。选择优势较强的科研机构和高等院校，积极争取国家品种改良分中心和重点实验室建设，新建一批省级重点实验室、种子质量检测中心、品种区域试验站和抗性鉴定站，开展种质材料的搜集、整理、鉴定、交换及品种真实性和纯度鉴定工作，在主产区构建杂交种和大宗作物育种材料、优良品种联合测试基地，建立品种评价体系；开展杂交种亲本材料和种质创新研究，为相应生态区域内优良品种选育提供新的育种材料；承担大宗农作物种质资源创新利用与新品种选育工作，以及良种良法配套推广。

（2）种子企业创新能力提升。建立以企业为主体的商业化育种体系，支持育繁推一体化种子企业整合现有育种力量和资源，充分利用公益性研究成果，按照市场化、产业化育种模式开展品种研发，提高育种效率和水平。建立运行高效的规模化育种技术体系，培育一批具有广阔应用前景和自主知识产权的新品种。支持育繁推一体化种子企业聚集育种材料、技术、人才等要素资源，鼓励科研院所种业科技人才向企业合理流动，增强企业种业科研创新能力；优先在符合条件的“育繁推一体化”种子企业布局建设工程技术研究中心、企业技术中心、重点实验室等种业产业化技术创新平台。科研计划和专项重点向“育繁推一体化”种子企业倾斜。在规模大、实力强、成长性好的玉米、油菜和蔬菜种子企业建设商业化育种中心，建立规模化育种技术体系。

项目组成员：常　宏　李友强　马洪波　雷云周　王宏康　戴　铮

参考文献

《甘肃省深化种业体制改革提高创新能力实施方案》（甘政办发〔2014〕108号），2014年6月8日。

《甘肃省农作物种业发展规划（2014～2020年）》（甘政办发〔2014〕102号），2014年5月30日。

甘肃省科技厅：《甘肃省现代种业科技发展规划（2014～2020年）》，2014年3月19日。

G.31
甘肃省水产（渔业）科技发展研究报告

张艳萍*

摘　要：甘肃水产（渔业）产业正处在结构调整期和转型升级期，特色渔业、休闲渔业、渔业资源与环境保护、质量安全与渔政管理等是全省水产（渔业）发展的重点。甘肃水产（渔业）科技必须紧密围绕产业发展需求，开展技术创新，使甘肃水产（渔业）发展由要素驱动转变为创新驱动，解决制约产业发展的关键技术，创新成果转化机制，加强人才队伍建设，为甘肃现代渔业健康可持续发展提供科技支撑。

关键词：甘肃　渔业　创新驱动　成果转化　人才建设

一　水产（渔业）科技发展动态

（一）国内外水产（渔业）产业发展现状

1. 国外水产（渔业）产业发展现状

（1）渔业正成为人类食物生产的重要领域。人类食物90%是在陆地生产的，只有10%来自水域。世界经济要持续发展将更多地依靠海洋，海洋牧场规模化后，足够维持相当于200亿人口的生活所需。

（2）水产增养殖业异军突起。欧洲国家的筏式、网箱养殖技术，美国的工厂化养殖系统等都达到较高水平，“栽培渔业”（水产增养殖业）飞速发展。

（3）远洋渔业方兴未艾。目前，很多国家近海资源日益枯竭，远洋渔业迫

* 张艳萍，博士，甘肃省水产研究所所长，二级研究员。主要从事鱼类遗传育种和渔业资源保护研究。

切需要开发新的渔场。

（4）全球海洋渔业进入全面科学管理时代。①海洋渔业管理区域化。有关国家对其专属经济区的渔业管理不断完善和不断加强，国家管辖范围外的公海渔业主要通过有关国际组织和协议进行管理和解决争端。②全球渔业正从捕捞开发型向科学管理型过渡，各种渔业法规也正在从不断的调整中趋向合理。

2. 国内水产（渔业）产业发展现状

（1）渔业经济稳定发展。“十二五”期间，我国水产品产量年均递增3.8%，渔业经济总产值年均递增11%，渔业经济增加值年均递增18.07%；水产品出口量年均递增5.7%，出口额年均递增12%；远洋渔业产值年均递增11.5%，加工产值年均递增11.9%，渔民人均纯收入年均递增12.6%。

（2）渔业产业结构优化。水产品总产量中养捕比例由“十一五”期末的71∶29提高到76∶24。农业部水产健康养殖示范场总数达到5800个左右；新增通过国家级验收的水产原良种场26家；评审通过全国现代渔业种业示范场66家；继续严格执行海洋捕捞“双控”制度；创建全国休闲渔业示范基地500家。

（3）渔业资源养护和环境保护持续推进。“十二五”期间，全国共增殖放流各类水生生物苗种1583.5亿。国家级水产种质资源保护区总量达到492个；国家级水生生物自然保护区总量达到23个。加强水生野生动植物保护与管理；坚持休渔禁渔管理制度；组织开展重要渔业水域环境状况监测；全面施行涉渔工程环境评价制度；加大对违规渔具清理整治力度。

（4）渔业安全态势平稳向好。创建“平安渔业示范县”88个，“文明渔港”28个。推进建立渔业安全生产长效机制，完善渔业安全生产制度。渔业防灾减灾能力不断提升，成功应对低温、冰冻、雨雪、台风、干旱和洪涝灾害。开展水产品违法添加禁用物质专项整治行动，强化水产品产地监测，合格率由2010年的97.9%提高到2015年的99.6%。

（二）国内外水产（渔业）科技发展现状

1. 国外水产（渔业）科技发展现状

（1）育种技术。欧美各国广泛启动了水产养殖动物的基因组计划，利用遗传连锁图谱和共显性分子标记，探索了与生长相关/性别/抗病等数量性状基因在遗传连锁图上的位点，并正在设计数量性状的DNA辅助育种技术路线。

（2）鱼类病害防治研究。国外对水产动植物病害的研究起步较早，理论基础雄厚。目前已有IPNV、IHNV的基因工程疫苗使用。

（3）水产动物疫病诊断技术。通过现代生物技术为多种水产动物病毒、细菌等病害找到了常规诊断方法。

（4）资源利用研究。以建立在生理生态学数据基础上的鱼类生物能量学模型为轴心，结合种群动态模型，建立渔业管理模型。

（5）现代技术应用。在渔机产品方面注重采用新材料，配置自动驱动系统和电子监视器，全球定位系统、地理信息系统等已广泛地应用于育种和渔业资源管理。

2. 国内水产（渔业）科技发展现状

（1）加强主导产品培育研究。开展了重要水产养殖种类的遗传多样、分子标记和功能基因组研究，加强大众化、出口创汇和名特优新品种选育，通过水产良种新品种认定60个。

（2）加强重大疫病防控技术研究。我国已建立嗜水气单胞菌、温和气单胞菌、爱德华氏菌、副溶血弧菌、创伤弧菌、哈维氏弧菌、溶藻胶弧菌、KHV、IHHNV、TSV的快速检测技术，研制了嗜水气单胞菌、对虾病毒WSSV、对虾TSV等试剂盒。

（3）加强健康养殖技术研究。在生态系统水平上的水产养殖、陆基工厂化养殖、深海大型养殖工程研究方面取得重大进展。

（4）加强水产品质量安全研究。对质量安全及控制技术、加工流通过程质量控制技术、质量安全溯源关键技术与技术体系建设、养殖病害控制与药物安全、大宗水产品生产过程安全控制技术等进行了深入研究。

（5）加强水生生物资源合理利用与环境保护技术研究。开展了水生生物资源调查评估、珍稀濒危物种驯养繁殖与救护、渔业生态环境监测、评价与修复技术研究工作。

（6）加强渔业节能减排技术研究。开展养殖设施节能降耗、养殖用水循环减排、海洋捕捞渔船等关键技术和节能设备开发，建立了系统的渔业节能减排技术体系。

二　甘肃水产（渔业）科技发展现状与问题

（一）甘肃省水产（渔业）产业概况

1. 基本情况

截至2015年底，全省渔业养殖面积达1.34万公顷，水产品总产量达1.47

万吨，较2010年增长19.51%；全省渔业产值达到5.3亿元，较2010年提高183.4%；渔民人均年纯收入超过5700元，较2010年提高136%。产地水产品质量安全抽检合格率连续5年保持在100%；省级以上水产良种场达到24个，较2010年增加15个，年水产苗种投放达到1.6亿尾，年鲑鳟鱼发眼卵及苗种生产能力超过2000万粒（尾），供应周边14个省份；省级以上渔业产业化龙头企业达到4个，比2010年增加3个；农业部水产健康养殖示范场达到50个，比2010年增加30个；水产品加工取得突破，年加工能力达到242吨，较2010年增加92吨。

2. 现代特色渔业发展情况

"十二五"期间，全省大规格网箱、流水池塘、工厂化、设施温棚养殖等现代渔业养殖方式发展迅速，在永靖县刘家峡水库、文县汉坪咀水库、卓尼县九甸峡水库形成了25万平方米的3个大型网箱养殖基地。全省网箱养殖面积达到25.67公顷，鲑鳟鱼养殖扩展到全省12个市州25个县，养殖面积33.33公顷，产量约3000吨，养殖户年均收入80000～100000元。鲟鱼人工孵化技术实现突破，养殖面积约400公顷，其中流水池塘、网箱及工厂化养殖面积约8公顷，大水面放养393公顷，产量约1200吨。休闲渔业开始提档升级，全省休闲渔业企业700多家，吸引投资1.2亿元以上，年接待游客72万人次，共创建全国休闲渔业示范基地9个。大鲵养殖持续良性发展，全省大鲵养殖户超过450户，养殖面积超过18.67公顷，存塘数量超过20万尾，普通养殖户年均收入30000～50000元。

3. 水生生物资源养护情况

"十二五"期间，全省各地累计投入增殖放流资金2280万元，放流各种苗种2亿尾。建成省级水生野生动物自然保护区6个，其中2个晋升为国家级自然保护区，占全国水生野生动物自然保护区的1/9，建成国家级水产种质资源保护区20个，保护物种24种，保护区面积达到30万公顷。五年来共组织各种工程渔业生态环境影响评价27起，争取渔业生态补偿资金3000多万元。人工成功繁殖极边扁咽齿鱼、秦岭细鳞鲑、齐口裂腹鱼、花斑裸鲤、厚唇重唇鱼、兰州鲶、祁连山裸鲤、黄河裸裂尻鱼等具有生态价值和重要经济价值的土著鱼类。

4. 渔政管理情况

"十二五"期间，甘肃省政府修改了《甘肃省实施〈中华人民共和国渔业法〉办法》，在全省自然水域实行了5年禁渔，全面清理行政审批事项，取消下放行政审批事项2件。全省共组织打击电毒炸鱼、非法经营水生野生动物行为，自然水域禁渔、水产品质量安全及渔业安全生产专项整治行动1100余次，出动执法人员8200余人次，没收渔获物220千克，处罚违法人员75人次。组织开展5个渔业重要水域生态环境监测，调查处理23起渔业水域污染事故，为渔民挽回经济损失400万元。举办15期全省渔政执法骨干培训班，培训渔政执法人员900人次。

5. 渔业政策保障情况

2014年，甘肃省政府办公厅发布《关于进一步加快现代渔业发展的意见》，这是时隔15年后第一个以省政府名义发布的渔业政策性文件。2015年，省政府《关于深入推进“365”现代农业发展行动计划着力实施“十百千万”工程的意见》首次将渔业标准化示范基地纳入其中。省委、省政府《关于扎实推进精准扶贫工作的意见》对渔业产业进行了布局安排。

（二）甘肃省“十二五”期间水产（渔业）科技发展成效

1. “十二五”期间水产（渔业）科技发展总述

（1）水产（渔业）科技投入力度不断加大。据不完全统计，“十二五”以来，全省水产（渔业）科技资金投入达到3500万元，渔业科研和技术推广条件得到改善，在水产良种培育、水产健康养殖、渔业资源保护、水产品加工、节能型渔业装备研发等方面形成一批重大科研技术成果。甘肃自主选育的鲑鳟鱼新品种“甘肃金鳟”通过全国水产原良种审定，引进新品种、新技术10项，推广面积0.16万公顷。

（2）水产（渔业）科技创新能力不断增强。“十二五”以来，水产（渔业）承担国家自然科学基金项目2项，参加国家科技支撑计划项目1项，承担省部厅局级科技项目40余项。

（3）水产（渔业）科技成果不断涌现。全省水产（渔业）共获得省级以上科技进步奖6项，农牧渔业丰收奖2项，5项技术装备获得国家发明专利，完成4项渔业行业标准审定工作。

（4）科技服务成效显著。“十二五”以来，全省水产（渔业）科技工作者大力开展科技下乡、科技入户、科技培训、科技咨询等科技服务活动，成效显著。甘肃省水产研究所研发示范推广的三倍体虹鳟网箱养殖技术，带动全省养殖三倍体虹鳟2000吨，成为甘肃鲑鳟鱼产业转型升级的典范；各地推广的大宗淡水鱼类养殖技术，保障了甘肃省水产品产量稳步增长和质量安全，为广大养殖农户增产增效发挥了重要作用。

（5）科研平台建设取得重大进展。截至2015年底，全省有省级水产研究所1个，水产（渔业）领域共建成国家级良种场1个，全国现代渔业种业示范场1个，国家大宗淡水鱼类产业技术体系综合试验站1个，省级重点实验室1个，省级工程中心1个，省级科技创新团队2个，省级创新研究群体1个，省级引智示范基地1个。

2. 主要水产（鱼类）养殖品种和养殖技术分论

（1）虹鳟。虹鳟是甘肃省在国内养殖鱼类中唯一占有一席之地的品种，年产量3000多吨，占国内鲑鳟鱼产量的1/6左右。以虹鳟为育种材料，选育开发的有金鳟、三倍体虹鳟、全雌虹鳟、晚熟虹鳟等多个品种。养殖方式主要有传统的流水池塘养殖和高密度集约化网箱养殖两种方式。目前，甘肃省养殖的网箱结构有普通钢制和HDPE结构，单个箱体的体积从200立方米到5000立方米。

（2）四大家鱼。四大家鱼是对鲤科鱼类青鱼、草鱼、鲢鱼、鳙鱼的统称，是我国养殖产量最大、养殖范围最广的鱼类。甘肃省四大家鱼以静水土池塘养殖为主，生产操作方便，适合发展休闲游钓业。

（3）大鲵。大鲵是甘肃省近年来发展较快的水产养殖品种，非常适合山区群众利用资源优势发展产业脱贫致富，目前，天水、陇南等地大鲵养殖户超过450户，养殖面积超过18公顷，存塘数量超过20万尾，普通养殖户年均收入30000～50000元。

3. 科技对水产（渔业）产业支撑作用综述

“十二五”以来，甘肃水产（渔业）科技对产业发展的支撑作用表现在以下几个方面。

一是特色渔业产业关键技术取得突破。甘肃省水产研究所联合中国科学院水生生物研究所、中国海洋大学、永靖虹大三文鱼有限责任公司等单位共同攻关，解决了三倍体虹鳟大规格苗种培育技术、商品鱼网箱养殖管理及质量控制技术、三倍体虹鳟初加工及保鲜技术等产业共性关键技术，构建了三倍体虹鳟网箱养殖技术操作规程，引领甘肃鲑鳟鱼产业转型升级。敦煌金博特种水产养殖有限公司实现鲟鱼全人工孵化，增强了甘肃省鲟鱼养殖生产能力。

二是大宗养殖品种生产技术全面提升。依托国家大宗淡水鱼产业技术体系5个县级平台，共推广新技术10项，示范面积1600公顷，为全省群众水产养殖业及休闲渔业健康可持续发展奠定了坚实的基础。

三是渔业资源环境保护能力得到加强。极边扁咽齿鱼、秦岭细鳞鲑、齐口裂腹鱼、花斑裸鲤、厚唇重唇鱼、兰州鲶、祁连山裸鲤、黄河裸裂尻鱼等具有生态价值和重要经济价值的土著鱼类人工繁殖技术实现突破，涉渔工程环境影响评价工作逐步实现规范化，开展了鱼类放流效果跟踪监测研究。

（三）甘肃水产（渔业）科技发展中的主要问题

1. 自主创新能力不足

由于受到社会经济条件的制约，甘肃水产（渔业）科技总体实力不强，自主创新能力有待进一步提升。许多严重制约水产（渔业）发展的技术问题还未得到根本解决，如鲑鳟鱼传染性疾病防控问题、水产品深加工问题等；关系水产（渔业）可持续发展的基础研究、应用研究工作还需继续加强，如鲑鳟鱼多倍体制种研究、土著鱼生态保护研究等；影响水产（渔业）产业化、现代化的配套应用技术仍需加强，如网箱养殖机械化自动化装备应用研究、水产（渔业）生产技术信息系统建设等。同时，对甘肃省水产（渔业）产业化、现代化发展对科技需求的研究不足，预见性不强，缺乏对全省水产（渔业）科技发展前瞻性、战略性研究，重大科技成果储备不足。

2. 科技成果转化机制有待完善

总的来看，甘肃水产（渔业）科技与产业结合、科技成果向现实生产力转化的能力还不强，科技成果评价、科技人员参与成果转化开发的机制还不完备。上级部门对于科研单位管理完全实行公务员化，科技人员在科研工作中的劳动价值得不到充分体现，科技人员的工作积极性特别是成果转化的积极性不高。

3. 渔业科技投入不足

虽然甘肃省水产（渔业）行业在争取各类科技项目方面与“十一五”期间相比有较大进展，但是难以满足水产（渔业）产业发展的需求。由于甘肃省水产（渔业）行业在全省大农业中的地位不高，在国内影响力不大，因此争取和参加国家级、部级重大水产（渔业）科技项目的难度较大，省级财政支持的力度有限，市县级财政、农牧部门对水产（渔业）的科技投入极少，能够积极主动自筹资金用于科学研究的水产养殖企业也不多，一般农户更不会投入开展科学研究。

4. 人才队伍建设滞后

甘肃省地处西部地区，对高端人才的吸引力较弱。全省从事水产科研、技术推广的技术人员仅百余人。学科优势还不突出，科技领军人才和中青年优秀人才数量偏少，难以引进外地优秀人才。科技队伍年龄结构和知识结构趋于老化，科技人员中大多为20世纪八九十年代参加工作的人员，能够熟练掌握应用现代水产（渔业）科技新理念、新技术、新方法的科技人员不多。

5. 科研基础条件相对薄弱

甘肃省水产（渔业）产业起步晚，科研基础相对薄弱。省水产研究所是全省唯一的水产（渔业）科研机构，目前存在的问题，一是办公、实验用房紧张，二是缺乏高端先进的试验仪器设备，三是试验基地基础设施功能不配套。省部级水产（渔业）科技平台缺乏持续稳定的经费保障，没有与国家同类平台接轨。市县水产（渔业）技术推广部门缺乏起码的服务手段，对养殖农户、企业服务能力不强。

三　甘肃水产（渔业）科技创新发展思路、目标及重点

（一）基本思路与发展目标

1. 指导思想

以邓小平理论、“三个代表”重要思想、科学发展观和习近平总书记系列重要讲话精神为指导，甘肃省认真贯彻落实《中共中央国务院关于深化体制机制改革加快实施创新驱动发展战略的若干意见》的精神，着力提升自主创新能力和支撑产业发展能力，围绕甘肃省水产（渔业）发展的重点工作，明确“坚持产业导向，加强科技创新，加快成果转化”的科技发展方针，为发展现代渔业提供强大的科技支撑。

坚持产业导向，就是针对甘肃省水产（渔业）科技创新不能完全适应产业发展要求的问题，围绕产业发展全局性、关键性重大问题开展攻关，加快推进水产（渔业）科技进步。加强科技创新，就是大力加强原始创新、集成创新、消化吸收再创新的能力，开展前沿技术和基础研究，掌握一批核心技术，拥有一批自主知识产权。加快成果转化，就是实施产学研用一体化的机制，加强成果转化，加大技术示范基地（企业）对科技成果转化推广的作用。

2. 发展目标

到2020年，形成“研究特色突出、成果转化有力、人才培养有序”的科技发展体系，把甘肃建设成为特色水产（渔业）科技创新基地、优质水产（渔业）产品（冷水性鱼类）生产基地，使甘肃水产（渔业）科技水平整体达到国内平均水平，个别研究领域达到国内先进水平，在国内冷水鱼领域形成具有学术竞争力和行业影响力的科技研发平台。

建设特色突出的技术研究体系，重点是围绕冷水性鱼类产业和甘肃渔业资源保护技术需求，建立实验仪器设备先进配套、学科创新与机制创新相协调、学科

研究成果突出的在国内处于先进水平的研究体系。

建设转化有力的成果应用体系，重点是围绕特色渔业产业示范基地（企业），实施产学研用一体化的运行机制，加强实用技术集成示范、技术培训、绩效考评机制创新，全面提升甘肃水产（渔业）科技成果转化能力，促进水产（渔业）产业升级、结构调整和渔农增收。

建设高效有序的人才培养体系。以甘肃省水产研究所为核心，围绕培育人才、引进人才、用好人才三个环节，多渠道、多形式培养科技创新、成果转化的人才队伍，重点培养年轻学科带头人和领军人才，打造一支学科特色突出、研发能力强的区域性科技创新团队，使其成为我国水产（渔业）科技创新体系的重要组成部分。

（二）发展重点与主要方向

1. 水产（渔业）产业共性关键技术研究

（1）水产（渔业）种质创新技术研究。以现代生物学理论为依据，利用传统遗传学及现代生物学技术手段，围绕甘肃省特色优势水产（渔业）养殖品种冷水性鱼类（道氏虹鳟、甘肃金鳟、鲟鱼），以家系选育、杂交育种、分子辅助育种等技术为重点，开展优质、高效、抗病优良品种选育及育种材料创新工作，构建甘肃水产遗传育种技术体系，提高甘肃主要养殖对象的良种覆盖率。

优先发展方向：①鲑鳟鱼家系选育技术；②金鳟提纯复壮技术；③鲑鳟鱼细胞工程育种技术（染色体组和性别控制）；④良种保存与扩繁技术；⑤分子标记辅助育种技术。

拓展方向：我国鲑鳟鱼种质资源调查与评价。

（2）水产（渔业）无公害标准化生产技术。解决甘肃省主要养殖对象营养需求、投喂技术、饲养管理等问题，研究水库网箱、流水池塘集约化养殖技术，研究低碳渔业生产工艺，建立可持续的高效、低耗的水产（渔业）生产模式。

优先发展方向：①水库网箱集约化养殖技术；②池塘、湖泊生态养殖技术；③水产苗种人工繁育技术。

拓展方向：网箱养殖废弃物收集处理技术。

（3）水产（渔业）资源保护技术。开展甘肃三大流域水生生物资源调查与评估，提出资源合理利用、保护措施。研究珍稀濒危水生野生动物保种、人工驯养、繁殖和救护技术，为有效保护甘肃省特有水生野生动物物种提供技术支撑。

优先发展方向：①甘肃水域渔业资源调查与评估；②珍稀濒危水生野生动物保护；③外来物种生物安全评价研究；④珍稀濒危水生野生动物人工繁殖研究。

拓展方向：甘肃重要鱼类遗传多样性研究。

（4）水产（渔业）生态环境评价与保护技术。开展渔业水域生态环境监测，开展养殖生产对水域环境影响研究，进行涉渔工程对渔业环境影响评价工作。

优先发展方向：①甘肃重点渔业水域环境监测；②水库网箱养殖对水域环境影响评价；③工程建设对渔业资源与环境影响评价。

拓展方向：养殖水域物质能量转移交换规律。

（5）水产品质量安全技术研究。以提高甘肃省水产品质量安全为目标，从产地环境、操作规程、产品标准等方面着手，研究养殖、流通各生产环节的质量保障技术。

优先发展方向：①养殖过程质量控制及操作规程；②水产品有害物质检测技术；③水产品重大质量安全突发事件应急机制。

2. 设施水产（渔业）生产技术

甘肃省的设施渔业处于起步阶段，主要有网箱养殖机械化、温棚养殖和工厂化循环水育苗等几种生产方式。

（1）网箱养殖。网箱养殖是高密度集约化的生产方式，适合于机械化操作和标准化生产，特别是大型的 HDPE 深水网箱引进后，依靠人力难以操作。开展网箱养殖机械化装备及配套技术研究，全面提升网箱养殖的生产能力。

优先发展方向：①网箱养殖机械化投饵设备研究；②网箱养殖鱼类起捕设备及配套技术；③网箱养殖水域环境因子在线监测及预警；④鱼类全低温加工保鲜技术。

拓展方向：网箱养殖废弃物收集处理技术。

（2）温棚养殖。甘肃省温棚养殖的主要品种为鲟鱼、虾类等，开展养殖水体的调控，保证养殖对象正常生长。

优先发展方向：①温棚建造及采光技术；②温棚池塘水质调控技术；③温棚高密度养殖模式研究。

拓展方向：循环水设施在温棚养殖中的应用技术。

（3）工厂化循环水育苗。主要培育高档的鲑鳟鱼、鲟鱼苗种，实现对生产用水水质的人工控制，提高生产效率。

优先发展方向：①循环水水质控制系统建设；②循环水理化因子在线监测及预警；③高密度苗种培育管理技术。

3. 名优水产（渔业）新品种养殖技术

（1）虹鳟。虹鳟是甘肃省特色渔业的优势品种，是甘肃省渔业转型、农民增收的关键品种，应开展虹鳟集约化养殖、深加工技术研究。

优先发展方向：①大型虹鳟（三文鱼）网箱养殖标准化技术研究；②虹鳟流水池塘无公害养殖技术；③虹鳟商品鱼均衡上市战略研究。

拓展方向：虹鳟深加工产品开发工艺。

（2）鲟鱼。鲟鱼是继虹鳟之后甘肃省具有较高推广价值的一个冷水鱼名优品种，产业前景十分广阔。

优先发展方向：①鲟鱼苗种高效培育技术研究；②鲟鱼商品鱼规模化无公害养殖技术。

拓展方向：鲟鱼鱼子酱加工技术。

4. 休闲渔业发展战略研究

（1）休闲渔业是以水产（渔业）为基础、以水生动植物为主要对象，通过对资源、环境和人力进行一种全新的优化配置和合理利用，将现代水产（渔业）与旅游、观光、健身、餐饮等有机结合的生产经营方式。它既是第一产业（渔业）的延伸和发展，又是第一产业与第三产业相融合的产物。作为一种新型的水产（渔业）经营形式，它开辟了现代水产（渔业）发展的新途径，也拓宽了水产（渔业）发展的新领域。

优先发展方向：①甘肃休闲渔业发展布局研究；②休闲渔业基地建设技术标准研究；③休闲渔业系列产品开发。

拓展方向：①休闲渔业基地科普教育；②鱼类的饮食文化开发。

四　水产（渔业）科技创新载体建设与保障措施

（一）水产（渔业）科技创新载体建设

1. 水产（渔业）研究开发载体建设

一是加强省级重点实验室、工程技术研究中心、科技创新团队、国家级良种场等科技研发平台建设，根据产业发展需求调整研究方向，加速新技术研究成果向水产（渔业）产业的转移和渗透；不断完善水产（渔业）技术工程化试验、中试装备与生产工艺设计等基础条件，提高技术孵化水平和自主创新能力。

二是加强公益类科研机构创新能力建设。甘肃省水产研究所是甘肃省唯一的公益类水产科研机构，通过进一步优化单位职能，凝练学科方向，精干队伍，转换机制，使甘肃省水产研究所成为甘肃省水产（渔业）研究与服务的主导力量。

三是支持大型水产（渔业）企业建立研发机构。企业是技术创新的主体，企业研发机构是企业开展技术创新、提高自身研发能力、增强市场竞争力和发展后劲的重要技术依托。政府应引导和支持甘肃省有实力的水产（渔业）企业加快自身研发机构建设，增强自主创新能力。

2. 水产（渔业）成果转化载体建设

一是加强水产（渔业）技术示范基地（龙头企业）建设。产业技术示范基地（龙头企业）在成果应用、转化、示范，带动群众发展水产（渔业）生产中具有重要作用。引导产业技术示范基地（龙头企业）与国内水产科研机构、高等院校形成技术合作关系，通过共建研发机构、联合攻关等形式共同推进水产（渔业）成果转化。

二是建设水产（渔业）产业园区。甘肃省刘家峡水库、九甸峡水库、汉坪咀水库已经形成网箱养殖产业集群，具备建设水产（渔业）产业园区的基础条件。通过水产（渔业）产业园区建设，聚集政府、企业、科技、中介、农民等多种社会资源，示范推广水产（渔业）科技新成果，实现水产（渔业）产业化经营，努力将水产（渔业）产业园区建设成为现代水产（渔业）科技示范区。

3. 水产（渔业）创新服务载体建设

一是加强全省水产（渔业）技术推广队伍建设，通过强化市县级水产（渔业）站的科技基础条件，进行人员培训，提升基层水产（渔业）服务能力。

二是鼓励引导各地建设水产（渔业）农民专业合作社及行业协会，增强水产（渔业）农户自我服务、自我协调、自我管理、自我监督的能力和对水产（渔业）行业服务的能力。

（二）保障措施

1. 建立科技创新统筹协调机制

建立和完善促进技术创新工作的统筹协调机制，形成以政府为主导，以企业为主体，产、学、研、用相结合的技术创新格局。省级农业部门要积极加强与教育、科技、财政等部门的协调配合，充分发挥农业主管部门以及省水产学会（协会）等在推动水产（渔业）产业技术创新中的重要作用，科学有效地推进水产（渔业）产业技术创新工作。

2. 加大资金投入力度

加大现有财政资金对水产（渔业）技术创新的支持力度，重点支持水产（渔业）产业急需的重大技术研发、产业关键和共性技术研究，以及鼓励技术创新成果的产业化，鼓励和支持水产（渔业）企业加大引进技术消化吸收和再创新的投入。

3. 发挥政策引导作用

认真贯彻执行《中共中央国务院关于深化体制机制改革加快实施创新驱动发展战略的若干意见》《促进科技成果转化法》《甘肃省促进科技成果转化条例》等法规制度，充分调动科技人员的积极性，加大水产（渔业）技术创新成果产业化力度。

4. 完善水产（渔业）技术标准体系

进一步完善甘肃省水产（渔业）地方标准体系，支持水产（渔业）企业制定有特色的企业技术标准。

5. 加大人才培养力度

加快建立多层次的适合水产（渔业）产业技术创新实际需要的人才培养体系。加快培育一批具有创造性的中青年科技人才，特别要培养领军带头人才。加强基层技术人员培训，夯实产业服务的技术基础。

G.32

甘肃省大麦科技发展研究报告

潘永东*

摘　要：　大麦是粮、饲、酒等多用途作物。21世纪以来，中国大麦种植面积显著减少，其中啤酒大麦面积大幅下降，食用大麦面积相对稳定，而近年来饲料大麦需求增势迅猛。“十三五”时期应顺应大麦产业结构优化调整需要，在继续加强“优质高效”的啤酒大麦新品种选育和生产技术集成创新、“粮草双高”的食用大麦新品种选育的同时，将饲料大麦的新品种选育、优质高产栽培技术及加工技术作为主攻目标。

关键词：　甘肃　大麦　科技　发展

大麦是世界上最古老的粮食作物之一。根据籽粒有无皮壳，大麦分为皮大麦和裸大麦（青稞）；根据用途，分为食用大麦、啤酒大麦和饲料大麦。由于大麦生育期短、早熟、耐低温、抗旱、耐瘠薄、耐盐碱、抗逆性强、适应性广、丰产、营养丰富，具有食用、饲用、酿酒以及医药等广泛的用途，在全球除南极洲之外6大洲均有种植，是世界第四大禾谷类作物。

一　大麦科技发展动态

（一）国内外大麦产业发展现状

大麦最初用作人类食物，后来由于小麦和水稻的广泛食用，大麦最终演变为

* 潘永东，研究员，在甘肃省农业科学院经济作物与啤酒原料研究所从事大麦育种、栽培及推广工作。

主要用作饲料、酿酒原料。21 世纪以来，大麦产量的 55% ~60% 用于饲料，30% ~40% 用来酿酒，只有 2% ~3% 作为食物。自 20 世纪 90 年代以来世界大麦种植面积呈现下降趋势，单产提高，总产量缓慢下降。但近年来，大麦种植面积、产量有所回升。由于发达国家饲料工业和啤酒工业发展早，以及发达国家人们越来越注重饮食健康，食用大麦的风潮再次兴起，虽然全世界种植大麦的国家有 100 多个，但发达国家是世界大麦主要生产国。根据世界粮农组织统计，2006 ~2010 年欧洲、北美洲、大洋洲大麦产量占世界大麦总产量的 80% 左右。

大麦是中国的原产作物之一，距今已有五千年栽培历史。秦汉以前大麦青稞是黄河流域先民主食之一，在黄河、长江流域和西北旱漠等地区曾广泛栽培。至今青藏高原藏族聚居区，仍以裸大麦（青稞）作为主食；在东南沿海地区当地居民习惯于将大麦磨碎和大米煮粥，或磨粉制作糕点。20 世纪 80 年代之前，大麦在我国南起海南，北至黑龙江，东起黑龙江和东南沿海岛屿，西至新疆和西藏都有种植，播种面积和总产量仅次于水稻、小麦、玉米，居谷类作物第 4 位，是全国生产分布最广泛的谷类作物。其垂直分布最高限在西藏自治区境内，海拔高度达 4750 米，也是世界农作物分布的最高限。

自 21 世纪以来，中国大麦种植面积显著减少，总产量也明显下降。究其原因：一是随着我国加入 WTO，啤酒大麦进口关税大幅度下降；与此同时，国内啤酒大麦质量不高，农资价格上涨，生产成本提高，国产啤酒大麦逐步丧失价格优势，国内啤酒企业的生产原料依赖进口啤酒大麦的趋势进一步加剧，使我国也成为世界第一大麦进口国。由此导致国产啤酒大麦价格下降，影响农民种植大麦的积极性。二是随着我国农业结构调整，高效经济作物种植面积增加，以及大量使用玉米为饲料的养殖业发展，挤压了大麦作为饲料的利用空间。三是为保证粮食安全，政府重视水稻、小麦、玉米三大主要粮食作物生产，给予直接补贴的政策，导致大麦比较效益相对降低，农民减少了种植。青藏高原是以裸大麦（青稞）为主的食用大麦主产区，也是我国大麦面积下降相对缓慢的地区，这主要得益于国家对农作物实施的种植补贴、保护价收购及国家对少数民族地区的政策支持。四是大麦虽然是一种优质饲料，并且世界上 60% 以上的大麦用作饲料，但是我国大麦的饲料消费还停留在以农户直接喂饲方式为主的自产自用阶段，经过饲料加工企业生产成配合饲料进入市场的比例极低。但近年来饲料加工企业开始注重大麦的饲用价值，2013 ~2015 年我国的大麦消费从 818 万吨增至 1604 万吨，国外进口量从 234 万吨增至 1074 万吨。尤其是饲料大麦从 2013 年的零进口，猛增到 2015 年的 796 万吨。

目前，我国大麦生产形成了以四川盆地冬大麦区、西南高原冬大麦区和华东中部平原南冬大麦区为主的饲料大麦区；以西北春大麦区、新疆干旱荒漠春大麦区、黄淮冬大麦区、长江中下游冬大麦区、东北平原春大麦区为主的啤酒大麦区；以青藏高原裸大麦生产区为主的食用大麦区。这种形势使得我国的大麦生产被迫压缩集中于青藏高原、沿海滩涂等生态、气候恶劣的农牧交接和老少边穷地区。2015 年大麦种植面积 6.7 万公顷以上的省份有 8 个，分别为云南 25.3 万公顷、西藏 19.24 万公顷、江苏 16.6 万公顷、湖北 13.5 万公顷、四川 10.3 万公顷、内蒙古 9 万公顷、甘肃 8.33 万公顷、青海 6.8 万公顷。

（二）国内外大麦科技发展动态

1. 世界大麦科技发展

欧洲、北美及澳大利亚等发达国家开展大麦科学研究工作起步早。专用大麦品种的选育已有百余年的历史，这些国家在专用大麦品种选育中有以下特点：（1）以制麦与酿造啤酒品质检测分析为基础开展啤酒大麦育种；（2）以饲用品质分析及饲喂试验为基础进行饲料大麦育种；（3）以食用营养品质分析、食品加工技术品质为内容的食用大麦育种；（4）以大麦功能性物质的分析、提取和加工为核心的大麦保健品品种选育等为重点进行育种研究工作。随着农业生产水平的不断提高、耕作制度的变革、鉴定分析方法的增多、现代分子生物学的发展，大麦育种技术发展很快，近年来发达国家以常规杂交技术为基础，开展辐射诱变技术、单倍体育种技术、组织培养技术、分子育种技术、转基因技术应用于育种工作。尤其在 2012 年 *Nature* 公布了目前为止最完善的大麦基因组测序图谱。这项由美国农业部主导的大工程，在德国、日本、芬兰、澳大利亚、英国、美国和中国科学家们的共同努力下，历经六年终于取得了重大进展，上述育种技术的应用更为广泛。在栽培技术方面开展了以少免耕技术、节水抗旱栽培技术、轻简化栽培技术、提高专用品质技术为主要内容的研究。

2. 中国大麦科技发展

（1）大麦品种改良及种质创新

2005 年以来，随着国家大麦产业技术体系等项目的实施，大麦啤酒大麦产量连续 10 年居世界第一位，大麦食品加工产业迅速发展，大麦饲料应用逐年增加，对新品种的要求进一步提高，主要的目标性状包括优质、高产、多抗、专用和广适性，选育出了更多、更好的啤酒、饲料和加工专用优质高产大麦新品种，如优质高产啤酒大麦品种甘啤 6 号、苏啤 6 号，饲料大麦品种保大麦 8 号，青稞品种昆仑13号，等等，单产水平提高到7500千克以上/公顷，品质、抗性和适应性均达到了一个新的历史水平。

（2）大麦育种技术的现状

随着现代分子生物学的发展，大麦育种技术发展很快，在大麦育种历史上起过重要作用的系统选育与直接引种技术已经逐渐退出，常规杂交技术、辐射诱变技术、组织培养技术、分子育种技术、转基因技术等多种育种技术均在大麦育种实践中得到应用。常规杂交技术还是目前我国大麦育种中应用最广泛、最主要的方法。比如甘肃省农业科学院杂交育成甘啤系列优质啤酒大麦品种；江苏的苏啤系列啤酒大麦品种；黑龙江省的垦啤麦系列品种；浙江省的浙皮系列丰产品种；河南省的驻大麦系列；云南省的云啤系列；青海省的昆仑系列青稞品种；西藏的藏青系列青稞品种；甘肃省的甘青系列青稞品种。同时期各地应用的大麦主栽品种主要从这些品种中产生。西北麦区、东南麦区和东北麦区是三大啤酒大麦主产区，与之相对应的生产主栽品种也形成了较具影响力的甘啤系、苏啤系和垦啤系等三大啤酒大麦品种系列。大麦单倍体育种技术应用上如中国科学院遗传所与盐城地区农科所应用花药培养技术育成的“单二大麦”；上海市农科院利用花药和小孢子培养法育成的“花30”和“花11”等大麦品种。盐辐矮早三是由诱变技术育成的在我国推广面积最大、分布地区最广的突变大麦品种。分子标记辅助选择技术、转基因育种技术应用于大麦遗传育种在我国尚处于起步阶段，目前仍主要应用于标记定位和实验验证。

（3）栽培技术的发展状况

大麦栽培技术方面开展了免耕轻简栽培技术、抗旱节水栽培技术、药剂拌种和种子包衣技术等技术研究与推广。

（4）加工技术的发展状况

在大麦食品加工方面，目前国内研究和生产研究较多的是麦片和大麦茶饮料，但对于大麦在焙烤食品、面食、膨化食品中的应用研究较少。国内对大麦保健价值和功能特性相关的研究还停留在实验阶段，中试产品主要有青稞β-葡聚糖胶囊、青稞藏稞红胶囊（含母育酚）、大麦苗粉等。目前以啤酒大麦开展的制麦与啤酒酿造研究居多，已与国际接轨。以青稞为原料开发的酒品主要有青稞白酒、青稞干酒、青稞啤酒和青稞营养酒等。其中青海省的青稞酒已获得国家地理标志产品认证。青稞一直是藏族同胞的主要口粮，长期以来自然形成了一系列的加工利用技术。进一步总结完善青稞地方风味小吃种类和传统生产工艺，有利于全面提升青稞的加工利用价值，有效推进青稞产业化进程。

二 甘肃大麦科技发展现状与问题

（一）大麦产业概况

大麦是甘肃省最古老的农作物之一，栽培历史悠久。民乐县、武威考古出土的裸大麦（青稞）粒系距今三千到四千年。建于公元前121年的山丹军马场，一直种植大麦作为军马精饲料。据记载，陇西南地区在西汉时期已开始屯田，以裸大麦为主栽作物。

20世纪30年代甘肃省大麦种植面积为17.88万公顷，平均单产1029千克/公顷。以后种植面积逐渐下降，单产缓慢上升。到50年代初种植面积为13.33万公顷，单产1125千克/公顷。50年代后期至70年代初期，种植面积稳定在15万公顷左右，单产1200~1500千克/公顷。70年代中后期到80年代初期，种植面积为7.3万公顷，单产1500~1800千克/公顷，其中禾田2.67万公顷，青稞4万公顷，皮大麦0.67万公顷左右。禾田和皮大麦主要用作饲料。20世纪80年代随着我国啤酒工业的兴起，甘肃省大麦种植面积有所回升，面积为8.67万公顷，单产1800~3000千克/公顷。20世纪90年代甘肃省大麦面积随着啤酒大麦面积的增加而进一步扩大，面积为10万公顷，单产2500~4500千克/公顷，其中青稞3.5万公顷，啤酒大麦6.5万公顷左右。到2008年甘肃大麦面积增加到16万公顷，单产5915千克/公顷，而后随着啤酒大麦面积的下降大麦面积减少到2015年的8.3万公顷，单产5706千克/公顷，其中啤酒大麦种植面积5.6万公顷，单产6150千克/公顷，青稞2.82万公顷，单产3765千克/公顷（见表1）。

表1 甘肃省大麦生产情况

年份	大麦			啤酒大麦			青稞		
	面积（万公顷）	单产（千克/公顷）	总产量（万吨）	面积（万公顷）	单产（千克/公顷）	总产量（万吨）	面积（万公顷）	单产（千克/公顷）	总产量（万吨）
2005	14.42	5377	77.53	11.47	5841	67.0	2.95	3575	10.53
2006	14.84	5376	79.78	12.00	5833	70.0	2.84	3444	9.78
2007	14.53	5535	80.43	11.67	5998	70.0	2.86	3648	10.43
2008	16.00	5915	94.64	13.33	6377	85.0	2.67	3609	9.64
2009	11.61	4696	54.52	9.00	5000	45.0	2.61	3646	9.52
2010	9.31	5329	49.61	6.67	5997	40.0	2.64	3642	9.61

续表

年份	大麦			啤酒大麦			青稞		
	面积（万公顷）	单产（千克/公顷）	总产量（万吨）	面积（万公顷）	单产（千克/公顷）	总产量（万吨）	面积（万公顷）	单产（千克/公顷）	总产量（万吨）
2011	8.33	5366	44.70	5.67	6172	35.0	2.66	3647	9.70
2012	8.08	5186	41.90	5.33	6004	32.0	2.75	3600	9.90
2013	7.58	5170	39.19	4.80	6042	29.0	2.78	3665	10.19
2014	7.54	5689	42.9	5.07	6667	33.8	2.76	3684	9.10
2015	8.33	5706	47.52	5.60	6150	36.9	2.82	3765	10.62

资料来源：大麦产业技术体系统计。

甘肃省河西地区自然条件有利于优质啤酒大麦生长发育，所产啤酒大麦不但单产高，而且酿造品质优良。同时，由于啤酒大麦抗旱性强、节水显著（耗水量只有小麦的60%～70%），生产成本较小麦低20%～30%。因此，种植啤酒大麦有利于农民增收。加之甘肃省多年来选育并推广了甘啤系列产量高、品质优的啤酒大麦品种，使得甘肃省啤麦原料质量在国内是最好的，可与国外进口优质啤麦原料相媲美。甘肃省因此成为国家优质啤酒原料生产基地，啤酒大麦生产已成为甘肃省河西及沿黄灌区特色优势产业之一。2008年甘肃省啤麦总播种面积13.33万公顷，总产量85万吨，占国产啤酒大麦的30%以上；有麦芽加工企业41家，设计生产能力85万吨，甘肃省已形成啤酒大麦的产业化经营格局。据测算，2007年全省啤酒大麦及麦芽产业（不含啤酒）产值22亿元。啤酒大麦产业为甘肃省农民增收、农业增效和促进地方经济发展发挥了重要作用。

全国有三个啤酒大麦主产区，分别为西北、东北、黄淮海产区。西北产区主要包括甘肃、新疆、青海等省区，是我国啤酒大麦产量最大、品质最优的产区。甘肃是西北产区中最重要的种植省份，面积与产量占该产区的2/3以上，总产量居全国第一位。甘肃省已基本形成啤酒大麦“科、工、贸一体化”的产业化经营格局。目前，甘肃已成为全国啤酒大麦和麦芽最大调出省份，同时也是国内啤酒大麦良种的最大调出省份。

青稞是甘肃省藏区藏族同胞的主要食粮，也是主要的饲料、饲草作物。而且其早熟、耐低温、抗旱、耐瘠薄、耐盐碱、抗逆性强、适应性广的特性使其成为高海拔地区唯一能够成熟的谷类作物。发展青稞产业有利于促进少数民族地区经济社会稳定发展，加快农牧民脱贫致富步伐。

（二）甘肃省“十二五”期间大麦科技发展成效

1.“十二五”期间大麦科技发展综述

“十二五”期间，在国家现代农业产业技术体系等项目的支持下选育出啤酒大麦新品种4个，青稞品种2个，食用糯大麦品种1个。制定出灌溉农区单产7500千克/公顷左右、旱作农区单产5250千克/公顷左右的优质高产高效生产技术规程2项，甘啤4号优质高产栽培技术规程、甘啤5号优质高产栽培技术规程等技术规程4项。并开展了大麦抗旱、节水栽培技术研究。筛选出大麦田野燕麦防治的药剂爱秀和大麦种子包衣药剂敌委丹。制定了啤酒大麦三级良种繁育技术规程和种子标准化加工技术规程2项，分别在甘肃河西走廊和内蒙古东部地区建立了甘啤系列优良品种的原原种、原种、良种繁育基地。通过示范繁殖推广，累计推广甘啤系列品种种植面积135万公顷。在甘肃省不同生态类型区通过啤酒大麦专用肥施用量和施肥技术试验，总结研制出啤酒大麦专用肥及施肥技术规程，总结出一套啤酒大麦品质快速检测技术。

2.主要大麦青稞品种和栽培技术分论

（1）甘啤5号：甘肃省农科院选育的早熟、旱地啤酒大麦新品种甘啤5号，2008年通过甘肃省品种审定委员会认定，2011年甘啤5号获国家植物新品种保护权，累计在甘、新、蒙、青、云等省区示范推广达35万公顷。

（2）甘啤6号：甘肃省农科院选育的优质高产啤酒大麦新品种甘啤6号，该品种高产、稳产、抗逆性强、适应性广，酿造品质优良。大面积示范单产7500千克/公顷，最高单产可达10500千克/公顷以上；适宜在甘肃省河西走廊、中部沿黄灌区，我国西北及内蒙古、黑龙江等同类地区种植。2009年通过省科技厅组织的鉴定，成果达国内同类研究领先水平。2010年通过甘肃省品种审定委员会认定，2015年获植物新品种权，累计示范推广面积达32万公顷，已成为甘肃及北方春大麦区主栽品种，也是国家北方区试对照品种。

（3）甘啤7号：甘肃省农科院选育的抗旱、耐盐碱、优质高产新品种甘啤7号，抗旱性强，耐盐碱、抗倒伏、抗条纹病。其酿造品质达到国标优级标准，适宜在甘肃省河西走廊、中部沿黄灌区，我国西北及内蒙古、黑龙江等同类地区种植。2010年通过甘肃省品种审定委员会认定，2015年获植物新品种权。2015年通过国家大麦品种鉴定，示范面积达7万多公顷。

（4）甘青5号：甘南州农业科学研究所杂交选育而成。2008年通过甘肃省农作物品种审定委员会认定定名。2010年通过国家小宗粮豆品种鉴定委员会鉴定定名，平均产量在3130.5～5325千克/公顷，目前在甘南州示范推广。

（5）黄青1号：甘南州农业科学研究所杂交选育而成。2012年通过甘肃省农作物品种审定委员会认定定名。2012年通过国家鉴定，平均产量在3345～5250千克/公顷，目前在甘南州示范种植。

（6）食用裸大麦新品种甘垦5号：由甘肃省农业技术工程研究院引进选育，2012年通过甘肃省农作物品种认定，是国内育成的第一个食用糯大麦品种。

（7）甘垦啤7号：由甘肃省农业技术工程研究院选育，单产6785.5千克/公顷。2015年通过国家大麦品种鉴定，2015年获植物新品种权，目前在永昌县示范推广。

（8）啤酒大麦标准化关键生产技术集成示范：制定出灌溉农区单产约7500千克/公顷，旱作农区单产的5250千克/公顷的优质高产高效生产技术规程，甘啤4号优质高产栽培技术规程、甘啤5号优质高产栽培技术规程等技术规程4项，已于2011年发布为地方标准。并开展了啤酒大麦抗旱、节水栽培技术研究。筛选出啤酒大麦田野燕麦防治的药剂爱秀和啤酒大麦种子包衣药剂敌委丹。

（9）啤酒大麦良种标准化繁育体系建设：制定了啤酒大麦三级良种繁育技术规程和种子标准化加工技术规程2项，已于2011年发布为地方标准。分别在甘肃河西走廊和内蒙古东部地区建立了甘啤4号、甘啤5号、甘啤6号及甘啤7号优良品种的原原种、原种、良种繁育基地。通过示范繁殖推广，累计推广甘啤系列品种种植面积达135万公顷。

（10）啤酒大麦专用肥示范推广：在甘肃省不同生态类型区安排啤酒大麦专用肥施用量和施肥技术试验，总结研制出啤酒大麦专用肥。累计推广啤酒大麦专用肥15万公顷。啤酒大麦专用肥于2010年获国家发明专利。

2. 大麦科技需求态势及对产业支撑作用评述

“十二五”期间，甘肃省由于推广甘啤6号、甘啤7号啤酒大麦新品种，甘青5号、黄青1号青稞新品种，优质高产高效生产技术，大麦田野燕麦防治的药剂爱秀，大麦种子包衣药剂敌委丹，使甘肃省大麦青稞产量上了一个新的台阶，啤酒大麦平均单产达到6300千克/公顷，青稞平均单产突破3750千克/公顷，也使甘肃啤酒大麦的品质有了明显的提升，如甘啤6号其产量水平明显高于国内其他品种，受到广大种植户的普遍欢迎，目前已成为我国北方地区的主栽品种，也是国家大麦北方区试验的对照品种。而且同样具有优良的酿造品质，甘啤6号的各项酿造品质指标明显优于国家优级标准和国内其他啤酒大麦新品种，可与北美、澳大利亚和欧盟优质品种比肩。其优异的酿造品质得到国内麦芽制造业及啤酒酿造业的认可和广泛欢迎，成为国内大麦界公认的优质酿造啤酒专用大麦新品种。2013年被全球第一大啤酒集团百威确定为中国第一个可以酿造百威高端啤酒的大麦品种。采用甘啤6号大麦原料制成的麦芽有些主要指标还大大超过进口麦芽的水平。比如糖化力要高出进口麦芽15%～50%，α－氨基氮含量要高出10%～30%，由于这两个指标的提高可以增加辅料的用量，从而大大降低啤酒生产成本。采用甘啤6号大麦原料制成的麦芽质量可达到国外麦芽质量先进水平，不但能生产一般的啤酒，还可以生产优质高档啤酒。在国内市场享有较高的知名度，产品深受国内啤酒生产厂家的青睐，所产啤酒大麦原料及麦芽销往国内各大麦芽和啤酒企业，而且价格一直居国内之首。因此，从2011年起黄河麦芽、华惠麦芽、聚鑫麦芽等甘肃省麦芽公司每年以订单农业的形式建设甘啤6号啤酒大麦优质原料基地1.3万公顷，大大增强了西北啤酒大麦原料的市场竞争能力。

（三）甘肃省大麦科技发展中的主要问题

1. 大麦科研投入严重不足

甘肃省大麦科研起步晚、人员少。20世纪70年代仅有甘南州农科所进行青稞育种，20世纪80年代由于啤酒大麦的发展，甘肃省农科院、农垦科研中心开始啤酒大麦育种，21世纪初期甘肃农业大学开始进行大麦遗传和栽培研究。目前甘肃省开展大麦科研的只有4家。大麦科研经费短缺，设备简陋，育种手段落后，育种水平与先进国家相比，具有较大的差距。大麦新品种育成速度慢，啤麦品质没有大的提高；高产、优质、高效栽培技术的研究和推广工作滞后；良种与良法不配套，生产管理粗放，造成大麦质量下降。

2. 良种繁育不到位、体系不健全

大麦种植品种多乱杂，品种混杂严重，良种繁育体系不健全，良种繁育推广政策，给农户进行良种直补，种子企业因常规种无效益或效益低不经营，育种科研和农技事业单位因体制问题不敢搞经营，有项目进行繁育推广，无项目新品种难以推广。无长期稳定的大麦繁种单位，大麦良种除育种单位进行繁殖推广外，无其他单位进行推广，良种推广以农户串换种子为主，新品种更新慢。

3. 种植大麦的地区生产条件差，品种技术推广难

由于大麦主要种植在农业生产水平相对落后，自然环境相对恶劣的高海拔冷凉地、沟地、山地、旱地，也就是老少边穷地区。条件差，当地居民对新品种、新技术接受慢，进行品种和栽培技术推广难。

三　甘肃省大麦青稞科技创新发展思路、目标及重点

（一）基本思路与发展目标

根据“创新、协调、绿色、开放、共享”发展理念，针对甘肃省及西北地区大麦青稞生产中存在的问题，以优质、高产、高效、节水为核心，以科学技术创新为先导、产业化经营为保证，加快建成规模化发展、区域化种植、标准化生产的优质大麦基地，以提升甘肃省大麦质量水平和市场竞争力为目标；在专用大麦品种创新及产业化发展研究方面，争取并承担各类国家和省级重大科研计划项目，开展大麦育种技术创新、大麦种质资源创新、大麦专用新品种选育、规范化关键生产技术集成示范。为甘肃省优质大麦生产基地建设，大麦新品种的规模化示范、标准化生产和产业化开发提供技术支撑。

（二）发展重点与主要方向

1. 啤酒大麦产业科技发展方向

（1）构建啤酒大麦优质高效育种技术体系：以收集和研究古老的地方品种资源和国内外优异种质基因源为基础，在以往对啤酒大麦早代材料关键品质指标测试的基础上，进一步建立和完善啤酒大麦及麦芽主要品质的快速鉴定筛选技术体系；以生物技术对优质基因进行遗传背景分析和分子标记，采用常规杂交育种、细胞工程育种技术和引进筛选相结合，田间农艺性状选择与制麦和酿造品质测试相结合，建立啤酒大麦高效育种技术创新体系。

（2）培育啤酒大麦优质高产多抗新品种：在以往工作基础上，以优质为主攻目标，选育酿造品质达到国家优级酿造标准，符合现代优质啤酒酿造的需要；产量指标超过主栽品种 5%，抗逆性强、适应性广的啤酒酿造专用大麦新品种，成果达到国内同类研究领先水平。

2. 青稞产业科技发展方向

以“粮草双高、优质卫生、资源高效”作为食用大麦新品种的选育目标。

3. 饲料大麦科技发展方向

随着生活水平的提高，人们对肉、蛋、奶等动物性食品消费不断增加，农业生产结构正沿着“种养一体化”的方向发生根本性调整。尤其是饲料大麦从2013年的零进口，猛增到2015年的796万吨。然而，与之形成鲜明对比的是，国产大麦青稞由于生产成本高、价格高于国际市场、种植分散和运输困难等原因，反而出现了销售难的问题。结合甘肃省草食畜牧业的发展情况，开展饲料大麦新品种选育。

4. 提质降本生产技术研发与集成

以减少化肥和农药用量、节水等降本减污提质增效为目标，通过革新种植方式与养分调施精准化、病虫草害防控一体化，栽培方法轻简化、农艺操作机械化等研究，优化集成啤用、食用（青稞）和饲用（饲料和饲草）大麦“卫生安全、资源高效、环境友好”的优质高效生产技术；创新大麦与豆类及豆科牧草混种等种植模式；制定生产技术规程、规范和标准。

5. 多元产品开发与加工示范

优化提升青稞主粮食品和发酵饮品加工技术；创新主粮复配和绿苗制品等健康营养食品、配方饲料、青饲麦芽、绿植饲料、发酵饲料和秸秆饲料及加工技术研究。

四　大麦科技创新体系建设与保障措施

（一）大麦科技创新团队及联盟建设

启动甘肃省大麦产业技术体系团队建设，长期稳定支撑并加大育种项目资助，提高大麦种业的创新能力与核心竞争力。大麦是影响国计民生的重要战略性物资，是啤酒工业和饲料工业的重要原料和第一生产车间，是藏民的主要口粮。必须加强大麦品种及配套技术的研究队伍建设，增加品种研究投资力度，解决产业发展的瓶颈问题。在研究资金投入上，应首先长期稳定支持大麦青稞产业技术体系的研发与技术示范推广；其次选择一批遗传资源和育种技术研究项目，给予长期高强度和稳定的资金资助；支持建立大麦产学研结合的科技创新和战略发展研究平台，通过突破核心技术问题、成果转化和产业化示范，全面提升甘肃省大麦育种、生产与加工企业的技术创新能力、科技水平和可持续发展能力，显著提高大麦产业发展的核心竞争力，高效转化甘肃省丰富的大麦资源，协调产业发展，推进农业增效，促进农民增收，为实现大麦产业的跨越式发展提供有力的科技支撑。

（二）加大政策和财政扶持力度，尽早使大麦同样享受农业补贴政策

由于大麦主要种植在农业生产水平相对落后，自然资源相对恶劣的高海拔高寒地、山地、旱地上，也就是所谓的老少边穷地区。这些地区只能种植大麦，收入非常低，农民还在贫困线上徘徊，大麦种植对于当地农民的增收和改善生活水平至关重要。因此，为了提高当地农民收入和生活水平，促进老少边穷地区的社会稳定和进步，政府也完全应该出台针对大麦的补贴政策，使大麦能够享受与水稻和小麦同样的国家农业政策。

（三）产业化模式创建与示范

以创制的新品种、新技术和新产品为支撑，联合省内啤酒、麦芽、食品、饲料和饲草加工及畜牧、水产养殖等龙头企业，帮助组建农民生产合作社，结合技术示范建设专用加工原料生产基地，通过订单生产销售，进行专业化生产和规模化经营，创建“市场牵龙头，龙头带基地，基地连农户”的产业化模式。同时在种子、肥料和农药等方面给予优惠政策。

参考文献

王效宗、潘永东、张碎成、王小平等：《甘肃大麦研究与实践》，甘肃省科学技术出版社，2003。

Steven E. Ullrich（美国）：《大麦生产、改良与利用》，张国平、邬飞波等译，浙江大学出版社，2014。

李先德等：《中国大麦产业经济问题研究》，中国农业出版社，2012。

李守谦、王效宗、杨兆兴编：《西北春大麦栽培技术》，甘肃省科学技术出版社，1992。

李先德、孙致陆、张京：《2014 年世界和中国大麦生产与贸易形势及 2015 年展望》，《农业展望》2015 年第 2 期。

唐青萍、刘梅金：《大麦与谷类科学》2012 年第 2 期。

马启龙、刘会琦、陈丽娟、杨林贵：《甘肃省栽培大麦生态区的初步划分》，《甘肃农业科技》1989 年第 1 期。

杨建明、林峰、尚毅、朱靖环、汪军妹、贾巧君、华为：《2009～2010年大麦产业技术与发展趋势》，《浙江农业学报》2010年第8期。

吴昆仑：《青稞功能元素与食品加工利用简述》，《作物杂志》2008年第3期。

杨涛、曾亚文、萧凤回、普晓英、杜娟、杨树明：《药用大麦及其活性物质研究进展》，《麦类作物学报》2007年第6期。

G.33 甘肃省小麦科技发展研究报告

杨文雄*

摘　要：　甘肃是中国小麦种植面积超过千万亩的11个省份之一。“十二五”期间，在优良品种选育、抗旱栽培技术研发以及综合技术集成创新等方面取得长足进步。但相比其他省份，甘肃优良品种短缺、良种繁育体系不健全、新品种新技术成果转化率不高等问题比较突出。通过建立小麦产业技术体系，完善抗旱节水栽培技术、健全良种繁育体系、加强绿色生产基地建设、实现优质专用品种选育突破，是甘肃小麦产业“十三五”期间科技创新的主攻目标。

关键词：　甘肃　小麦产业　科技发展　创新

一　小麦科技发展动态

（一）国内外小麦产业发展现状

1. 世界小麦产业现状

小麦是世界约40%人口的主食，是人类的第一大主粮。世界小麦生产主要集中在亚洲、欧洲和北美洲。从1960年至今，世界小麦种植面积维持在2.0亿~2.4亿公顷，而总产量由2.7亿吨增长至7.2亿吨，增长近1.7倍。单产持续提高是世界小麦总产增加的主要因素。1960年世界小麦每公顷单产仅约1256千克，到2013年已达3268千克，约增长1.6倍。在总产快速增长的同时，世界小麦消费总量也在快速增长，到2014年消费总量达7.14亿吨，比1960年增长

* 杨文雄，博士，研究员，甘肃省农业科学院小麦研究所所长，主要从事小麦遗传育种及栽培研究工作。

近2.1倍。小麦也是世界上贸易额最高的粮食作物。1960年贸易量仅0.40亿吨，到1999年已增加到1.15亿吨，增加近1.9倍。2000年以后，世界小麦年贸易量保持在1.10亿~1.35亿吨，约占世界谷物贸易总量的50%。此外，欧美等发达国家小麦种植策略中也十分注意改善小麦品质和提高种植效益。总的来看，稳定面积、提高单产、改善品质、提高效益是未来世界小麦生产发展的趋势。

2. 中国小麦产业现状

小麦是我国第三大谷物，常年播种面积和产量分别占粮食作物播种面积和产量的22%和21%左右。我国小麦播种面积自1998年连续8年下降之后，由2004年开始恢复性增长，近年稳定在2400万公顷左右。小麦单产自2004年以来屡创新高，到2015年达5243千克/公顷，较2003年提高约37%。小麦总产在稳定面积和单产持续提高的作用下，自2003年起实现“十二连增”，到2015年达到1.26亿吨，比历史最高的1997年增长近6%。我国小麦种植规模较大的省份均在黄淮海平原，包括河南、山东和河北，其常年种植面积和产量分别占全国的45.3%和55.5%。近年来，我国小麦消费持续增长，2015年比2004年增加了848.6万吨，增长近8.4%。我国也是世界小麦贸易大国，从2008年开始我国成为小麦净进口国，贸易量逐年递增，2015年进口达200万吨，为同期出口量的13.3倍，预计未来增速可能有所减缓。总体来讲，在稳定小麦种植面积的基础上，努力提高单产水平，是未来保障国人基本口粮安全供给的主要措施。

（二）国内外小麦科技发展动态

1. 国际小麦科技发展现状

总体来讲，目前国际小麦研究呈现五大特点：（1）保护性耕作技术发展迅速。保护性耕作已成为全球农业持续发展的重要模式，澳大利亚、美国和加拿大采用此技术的小麦播种面积分别占65%、33%和50%。（2）提高产量是发展中国家的战略选择。提高产量仍是发展中国家的主要育种目标，常规育种仍是提高产量的最有效途径。（3）分子育种已逐步走向实用。分子标记辅助选择已成为常规育种的重要组成部分，目前主要用于亲本研究、一些传统方法难以选择的病虫害抗性的培育和累加抗病基因；另外，品质性状标记也有一些应用。（4）慢病性利用已成为抗病育种的主流，多数国家已把抗病性育种的重点转向慢病性利用。（5）品质研究更注重营养特性。

2. 中国小麦科技发展现状

科技对我国小麦生产的支撑主要表现在优良品种的培育和先进适用技术的推

广应用方面。在主要育种技术方面，由于小麦杂种优势利用研究进展缓慢，常规育种在相当长的时间内仍将是小麦新品种选育的主要方法，其技术体系已经成熟，但国内在实施中还存在许多问题，影响了品种选育效率。分子标记辅助选择技术已经成熟，其将对常规育种起到重要补充和提高作用。此外，与大豆、玉米、棉花等农作物相比，转基因小麦研究与产业化还相当落后，转基因技术尚未成熟。在主要栽培技术方面，现阶段研究运用较为成功、对小麦生产影响较大的技术包括：以调整播种量为核心的高产栽培技术、以调节施肥为核心的高产优质栽培技术、小麦垄作技术以及保护性耕作技术。

二　甘肃小麦科技发展现状与问题

（一）甘肃小麦产业概况

小麦是甘肃最主要的粮食作物，播种面积曾多年维持在 133 万公顷左右。近年来，由于种植业结构的调整，小麦种植面积不断压缩，已低于 100 万公顷，总产 260 万吨左右。甘肃是全国小麦种植面积超过千万亩的 11 个省份之一，种植面积和总产量分别占全国的 3.4% 和 2.2%，单产水平约只有全国的一半。甘肃省有 84 个县（区）种植小麦，其中种植面积在 2 万公顷以上的县（区）有 15 个。甘肃小麦生产的主要特点是：以旱作为主，旱薄相连；种植区域广泛，四季都有小麦生长；气候类型复杂、品种生态类型多样；区域发展不平衡，单产水平总体较低。干旱是制约甘肃小麦生产的首要因素。全省旱地小麦约占总面积的 75%，其中冬小麦 90% 以上分布在旱地，年际单产波动幅度较大，而春小麦由于有 20 万公顷可进行灌溉，平均单产较高且稳定。

当前甘肃小麦生产发展面临的主要问题有：（1）种植面积持续萎缩。1978～1996 年，甘肃小麦种植面积多在 133 万～147 万公顷，1997 年开始春小麦大幅减少，种植面积逐年下降，2005 年以后低于 100 万公顷。甘肃目前的小麦生产规模，只能满足本省 60% 左右的需求，如种植面积继续萎缩，将进一步降低省内粮食自给水平。（2）单产低且不稳定。甘肃小麦单产虽有较大提高，但仍处于较低水平，且年际波动大。近 30 年平均单产最高的 2014 年也只有 3420 千克/公顷，与全国平均水平（5250 千克/公顷）有较大差距，其主要是因为冬小麦单产较低，比全国平均水平低 1500 千克/公顷左右。（3）重产量轻品质。一直以来甘肃对发展优质小麦不重视，生产上以产量为主要追求目标。原因主要是：第一，小麦自给率低，淡化了人们对优质的追求；第二，小麦消费以大众主流食品为主，本身对品质的要求不严；第三，小麦产销难以做到优质优价，影响了农民种植的积极性。(4) 比较效益问题。比较效益低是小麦面积缩减、影响农民种植积极性的主要原因。各产区都面临这一问题，以陇中和河西春小麦产区最为突出。

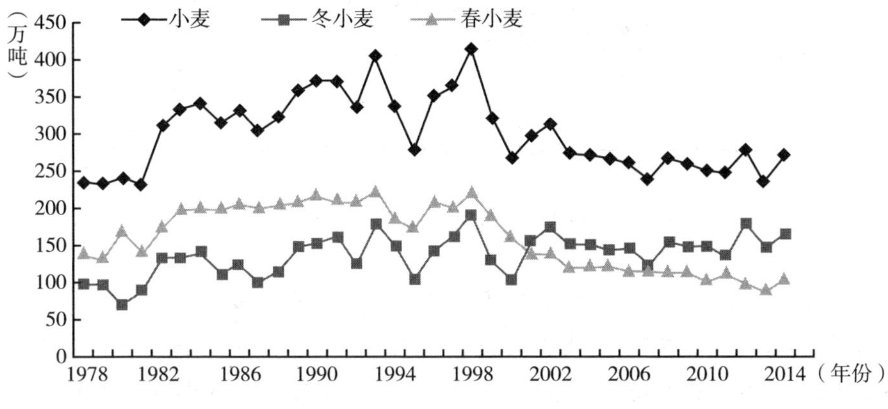

图 1　甘肃省小麦总产量变化

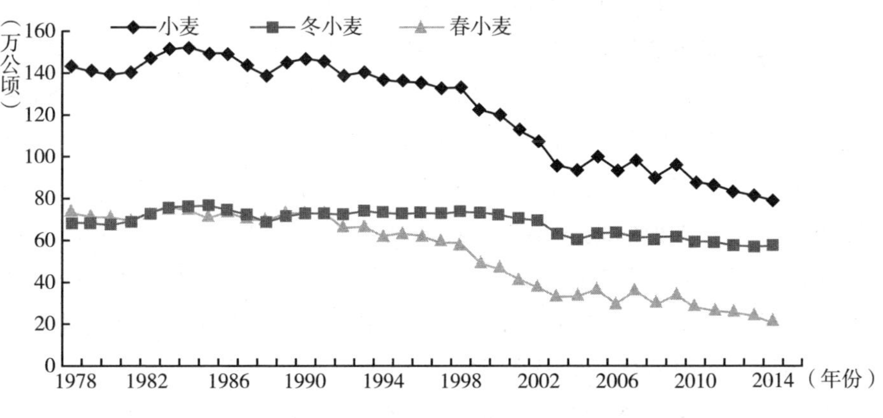

图 2　甘肃省小麦种植面积变化

（二）甘肃省“十二五”期间小麦科技发展成效

1. “十二五”甘肃小麦生产发展的主要科学技术措施

(1) 优良品种技术。“十二五”期间全省共审定新品种 60 个，而生产上应用的品种近 120 个，但年种植面积超过十万亩的品种只有 8 个。其中，冬小麦种

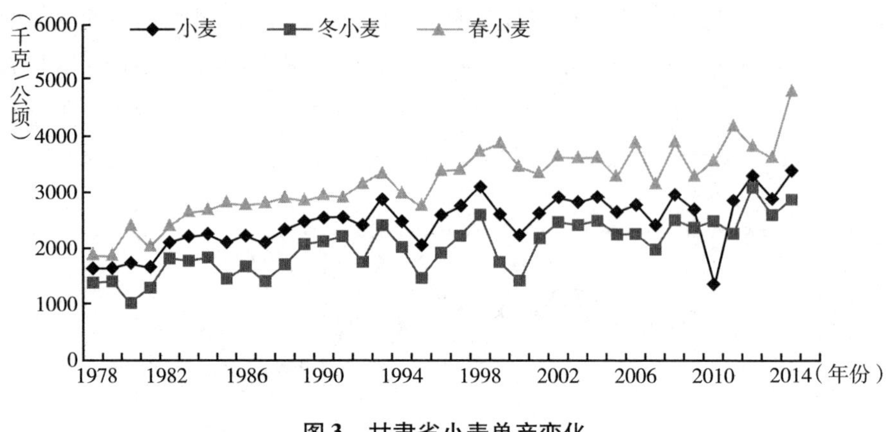

图3　甘肃省小麦单产变化

植范围较大的是以兰天19、26为代表的兰天系列，春小麦则是以宁春4号为代表的宁春系列和以陇春27为代表的陇春系列。在优质品种方面，“十二五”时期重点推广应用的冬小麦品种有陇鉴301、兰天10号等，春小麦品种有陇春27号、西旱2号等。

（2）抗旱节水栽培技术。①旱区覆盖栽培技术。主要包括地膜覆盖和秸秆覆盖。在覆膜栽培技术方面，“十二五”期间，全省在旱地主要应用推广了全膜覆土穴播技术、全膜双垄沟二茬种植小麦技术和膜侧沟播技术，其中全膜覆土穴播每年种植面积约13万公顷。在秸秆覆盖栽培技术方面，主要有休闲期阶段性覆盖技术、全程覆盖技术以及秸秆带状覆盖技术。其中，秸秆带状覆盖技术是由甘肃农业大学于2013年研究提出的一种新型旱地秸秆覆盖栽培技术。该技术利用玉米整秆，采取“种的地方不覆、覆的地方不种”的原则，不减少播种量、局部密植，适用于年降水250～550毫米、一年一熟的广大旱作区冬小麦和马铃薯种植。②旱地工程抗旱技术。在旱地主要推广应用“梯田＋水窖集雨＋地膜＋结构调整”模式的工程抗旱技术，形成了雨水拦蓄入渗、覆盖抑蒸、雨水富集叠加利用等一套比较完整的旱作技术路线，更加增强了应对干旱的主动性。全省工程抗旱技术应用面积约13万公顷。③灌区节水灌溉技术。主要推广了免冬灌免耕覆盖节水灌溉、垄种沟灌、微垄沟灌、隔沟交替灌溉四种节灌技术。“十二五”期间，通过农田水利工程建设，灌渠水利用率由55.4%提高到61.6%，灌溉水利用率由48.2%提高到53.6%。

（3）播种和科学施肥技术。在播种技术方面，广泛宣传“七分种、三分管”理念，提高播种质量。重点推广了精量半精量机条播、宽幅精播、适期晚播、抗旱播种及穴播等技术，一、二类壮苗比例明显提高。在科学施肥方面，测土配方施肥推广面积达到47万公顷，氮肥后移推广面积达到18万公顷。

（4）植保技术。对小麦主要病害条锈病、白粉病，进行综合防控和源头控制。建立了监测预报、带药侦查、“打点保面”、化学除草的综合防控技术体系。同时全面实施小麦“一喷三防”，有效应对锈病、白粉病、蚜虫及干热风的发生。

（5）技术集成。重点结合高产创建活动，推行高产高效、节本、省工、省肥、节水技术的高效集成应用，带动大面积均衡增产。“十二五”期间，甘肃每年落实小麦高产创建万亩示范片40个左右，根据2012～2014年旱地小麦高产创建结果，高产创建田3年平均单产为4483.5千克/公顷，较一般田增产30.9%。

2. 甘肃省小麦科技需求态势及对产业支撑作用分析

（1）品种选育技术。降水400毫米以下旱作区应选育抗旱性较强、耐青秆、中高秆（90厘米）品种；降水400毫米以上地区注重选用对条锈病、白粉病抗（耐）性较强、抗旱性适度、丰产性较突出、抗倒伏的品种；河西走廊灌区春小麦应注意选择中早熟、抗干热风、抗倒伏品种；沿黄灌区春小麦应注意选择抗锈、抗白粉病、抗倒伏、耐盐碱的品种；陇东和陇南冬小麦灌区应注意选择抗锈、抗白粉病、抗倒伏、越冬安全品种。

（2）栽培技术。旱地重点发展各种覆盖保墒栽培技术、播种技术、节肥和培肥技术；灌区重点发展节水省肥省药技术、宽幅精播技术、间套作带田高效栽培技术、抗盐渍化栽培技术。主要技术需求如下：①覆盖保墒栽培技术。在年降水量500毫米以下、易发生春夏旱的地区重点研发推广“全膜覆土穴播”、“一膜两用、多茬种植”、“黑膜微垄穴播”三种地膜覆盖小麦栽培技术和秸秆带状覆盖小麦栽培技术。②播种技术。首先，立足常年抗旱，在干旱年份，主要推广找墒播种、镇压提墒播种、等墒播种和造墒播种等抗旱播种技术；其次，推广精量、半精量播种技术；再次，在冬小麦产区，继续推广适期播种技术，实现冬前苗全、苗匀、苗壮，搭好丰产架子。③土壤培肥技术。以秸秆还田、增施有机肥、轮作倒茬、科学配方为重点，实现用养结合、持续提高土地生产力。“十三五”期间，全省小麦全面推行化肥零增长、加大用秸秆还田和畜禽粪便替代化肥力度，改变以往化肥当家局面。④灌区节水省肥技术。在节水灌区，推广亩节水70立方米、不增施化肥前提下的不减产技术。重点从节水型品种选用、节水灌溉技术、氮肥后移、防止养分淋溶损失等方面，集成组装高产高效、节水省肥技术。

（3）植保技术。以药剂拌种和抗病品种选用为重点，建立生育期及时监测防控技术体系。重点做好小麦条锈病、蚜虫、红蜘蛛等重大病虫害的监测预报和综合防治，锈病易发区继续推行药剂拌种全覆盖工程。扶持建立反应快速、执行有力、运转高效的病虫害专业化防控队伍，建立“公共植保”和“绿色防控”的模式。

（4）技术集成。在“十二五”高产创建活动基础上，重点结合农业部“绿色增产模式”攻关活动，立足保护农业环境、资源高效永续利用和“一控两减三基本”发展目标，以水肥高效利用为主线，重点从节水省肥减药、蓄水保墒、水分资源跨季节调配利用、水肥互调耦合、秸秆覆盖还田资源化利用、低产变中产、中产变高产、农机农艺结合、规模化生产方面进行技术的高效集成。

（三）甘肃省小麦科技发展中的主要问题

1. 兼抗优质品种短缺

回顾甘肃小麦育种工作，虽然通过各种途径和方法选育推广了一大批优良品种，但随着农业的发展和栽培条件的改善，对小麦品种的要求越来越高，而目前的状况是育成品种尚达不到高标准的要求，满足不了农民的迫切需要。比如，近年来育成的品种适用不广，推广面积不大；对优质育种重视得还不够，尽管也选育出一些高产优质品种，但由于缺少必要的测试手段，对优质的选择有很大影响；育成的抗锈品种抗源较单一，在同一时期要用什么抗源大家都用什么抗源，常产生一垮全垮的被动局面。总体来看，问题综合表现为现阶段缺乏优质且兼具抗性的品种，小麦育种处于亟须重大突破阶段。

2. 良种繁殖供应体系不健全

目前，甘肃省小麦大田生产所需种子80%靠农户自己的剩余粮供给，10%靠亲邻之间串换剩余粮，10%靠异地购买，种子质量难以保证。良种繁育体系不健全突出表现在：一是种子育、繁、推一体化程度低，不适应当前农业生产发展的需求；二是种子管理体系不健全，管理工作尚不规范，种子生产经营市场的混乱局面没有得到根本性扭转；三是种子质量监督检验体系不够健全，难以开展正常的监督和管理工作；四是种子加工包装设备落后，大部分种子企业只是加工单机，没有大型的成套加工设备，加工规模小、加工包装质量跟不上种子产业发展的要求；五是缺乏积极而有效的常规种生产补偿机制，这也是最根本的原因，从而造成了小麦等常规种生产面积的萎缩。

3. 新品种新技术成果转化率不高

在品种推广方面，虽然新品种在提高小麦单产中扮演了重要角色，但甘肃省目前各地都存在品种多、乱、杂的现象，新品种推不开，老品种淘汰不下来。首先，要筛选、示范、推广一批适合各地种植的优质、高产小麦主栽品种和配套栽培技术措施，尽快淘汰在生产上已失去利用价值的品种，加快品种更新换代的步伐。其次，要加强小麦优良品种繁育基地建设，提高小麦常规种子生产、加工和供应能力，提高良种覆盖率，发挥良种在小麦增产中的支撑作用。在栽培技术方面，由于缺乏农膜、农机具、肥料等物资扶持机制，小麦栽培新技术新品种推广普及率低，如宽幅精播技术适宜面积33万公顷左右，推广面积不足2000公顷，普及率仅0.6%。

三 甘肃小麦科技创新发展思路、目标及重点

（一）基本思路与发展目标

1. 基本思路

“十三五”期间甘肃小麦产业科技创新发展的总体思路是：遵照中央“全国加快转变农业发展方式”的发展思路，以稳定提高生产力、保障国家粮食安全、合理永续利用农业资源、重视农业生态环境保护与治理，实现农业可持续发展为总目标，在坚持“一控两减三基本”前提下，突出抗旱节水、控量提效，减量替代，实施化肥和农药零增长，强化秸秆覆盖还田资源化利用技术，解决地膜安全生产利用技术问题，在稳定高产田基础上，重点提升中低产田的小麦生产能力。

2. 发展目标

（1）稳定生产面积，提高总产量。“十三五”期间全省小麦生产面积稳定在73万~80万公顷，平均单产达到3900千克/公顷，总产量增加60万吨左右，将甘肃省小麦缺口量减少到35%左右，全省小麦供需矛盾得到明显缓解。

（2）建立两大体系，提供技术支撑。一是建立稳定的小麦品种育、繁、供体系，形成从小麦品种培育到繁育、供应完善的网络体系，加快优良品种更新换代步伐。二是建立小麦高效生产技术产业体系，形成科研、教学和推广相结合，研发、展示和推广相衔接，省市县相统一的小麦生产技术服务体系。

（3）推广六大技术，挖掘增产潜力。采用20万公顷规范化机械条播高产栽

培技术，20 万公顷小麦宽幅精播技术，20 万公顷一膜两年用种植技术，13 万公顷旱地小麦全膜覆土穴播技术，3 万公顷“春小麦改种冬小麦”技术和 3 万公顷“撒播改穴条播”技术。

（4）支持两大环节，实现增产预期。每年筹措 5000 万元资金，针对小麦品种培育和技术研发、小麦高产栽培技术推广两个环节给予支持，加快品种更新步伐，加强先进实用技术推广，实现增产的目标。

（二）发展重点与主要方向

1. 兼抗优质新品种选育

（1）在提高或维持现有单产的基础上，选育和引进筛选出适合于制面包的强筋力硬红（或硬白）小麦品种。要求籽粒产量较当地主推品种高 5% 以上。拟适宜种植的地区主要是西部春麦区海拔 2000 米以下的高产灌区，如绿洲灌区和沿黄灌区。

（2）选育和引进筛选适应半湿润地区种植的，适合制作糕点、饼干或啤酒的兼抗软质小麦品种。要求产量较当地水地普通型对照品种高 5% 以上。

（3）发展适合甘肃省旱地种植的高营养、强筋力的兼抗硬质小麦。品种用途有三：一是生产高营养的面粉，形成西部旱地特色产品。主要用于制作兰州牛肉拉面、北方拉条、大饼等。二是用作优质配料，以兑配品质不良的小麦，生产优质专用粉。三是如果制面包品质优良，可生产面包专用粉。前两者是主要目标。

2. 高值化良种繁育技术研究

“高值化”是高附加值的代名词，指在某个产业领域以较少投入即可获得丰厚回报。目前，由于甘肃小麦生产环境复杂多变、小麦种植效益低，导致小麦良种繁育体系不健全、良种繁育效益低。“十三五”期间要建立高值化的小麦良种发育体系，可从以下几个方面进行考虑：①扶持商业化育种。改革过去的育种科研体制，引导育种人才、育种技术、种质资源由科研院所向种子企业转移，建立以种子企业为核心，按照市场化、产业化育种模式运作，面向农业生产和种子市场需求，育繁推紧密结合的育种体制。②种子繁育基地建设。构建以政府建立的公益性良种繁育基地为主导，以企业自主建立的育种基地为补充，以规模化、标准化、机械化、集约化为目标的、完善的良种繁育基地体系。③制定种子企业引进种业人才鼓励政策。发挥市场资源配置的作用，鼓励科技资源合理流动，支持公益性科研单位、高等院校现有从事商业化育种的科研人员向种子企业流动，支持种子企业引进高新技术人才。④建立覆盖全省的小麦制种保险机制。制种保险以政府引导、市场运作、自主参加、协同推进为原则，以种子生产企业或种子生产企业组织的制种农户为投保人，建立因自然灾害造成的小麦制种损失保险制度。

3. 抗旱节水栽培技术研究示范

“十二五”期间，甘肃省在小麦抗旱节水栽培技术上，主要推广了各种覆盖技术，耕作纳雨蓄墒技术。具体有以全膜覆土穴播、秸秆带状覆盖等为代表的覆盖栽培技术，以“梯田＋水窖集雨＋地膜＋结构调整”模式为代表的旱地工程抗旱技术，以免冬灌免耕覆盖节水灌溉、垄种沟灌等为代表的灌区节灌技术。上述各项技术为甘肃“十二五”小麦持续增产做出重要贡献，同时也是“十三五”期间要继续推广的主要抗旱节水栽培技术。但这些技术都存在不同程度的缺陷，需要在“十三五”期间进行针对性的解决。一是覆膜栽培技术首先要解决机械化作业普及率低的问题，其次要解决残膜回收率不高以及残膜污染土壤问题。二是秸秆覆盖栽培技术上首先也需解决机械化作业的问题，其次还需解决覆盖存在的秸秆压苗问题。此外，秸秆带状覆盖技术作为一项在西北旱区可能与覆膜种植互补共存的新技术，在推广应用中要研发配套农机具，进一步提高作业效率；要针对各地具体条件，确定适宜的早播日期、播种密度等配套技术；在海拔2000米以上的高海拔寒旱区，其应用效果还有待试验验证。三是“梯田＋水窖集雨＋地膜＋结构调整”模式的工程抗旱技术首先要解决梯田建设对活土层破坏较重，地力短期难以恢复的问题；其次要解决集雨水窖淤泥清除费工以及年久失修废弃、造成地表塌陷的问题。灌区节水灌溉首先要解决节水政策落实不到位，农民节水意识不足的问题；其次要解决节水灌溉技术本身投入较大、农事操作较烦琐等问题。

4. 绿色、无公害小麦生产基地建设

河西灌区、陇东、沿黄灌区和徽成盆地是甘肃小麦生产四大优质产区，其充分利用当地开发优质专用小麦得天独厚的自然条件，大力推广优良品种及配套栽培技术，已成为甘肃省重要的优质专用小麦主产区，因此这四大优势产区也应是甘肃省绿色、无公害小麦种植基地建设区。

绿色、无公害种植基地的建设：第一，要成立职能部门领导绿色小麦种植，加大宣传力度，引导农民进行绿色种植。第二，要探索绿色小麦市场体系建设；用经营企业的思维谋划发展，走产业化发展的路子；整合小麦产业各环节，形成一个完善的绿色产品产销管理体系；同时，加强绿色小麦标准体系建设。第三，要加大绿色小麦研究和技术推广。一是加大优良品种培育、无公害生产等关键技术的研究和推广力度。二是按照甘肃的自然和农业经济状况，做好绿色小麦种植规划。三是鼓励大型企业建立原粮生产基地，引导农民进行绿色种植，实现粮食生产与市场需求的有效对接。第四，要加大对绿色小麦的投资力度。政府可以在职能范围内加大财政支持力度；同时，出台优惠政策，吸引和鼓励企业参与投资，合作开发甘肃省农业资源。第五，要完善绿色食品供应链。要在发展绿色种植的同时，大力发展物流产业，优化绿色食品供应链，建成一条安全有效的绿色食品供应链。

四　甘肃小麦科技创新载体建设与保障措施

（一）建立现代小麦产业技术体系

1. 建立小麦生产专家团队

确定小麦首席专家，筛选聘用栽培、植保、土肥、育种、旱农、农机六个岗位专家，全权负责全省小麦生产技术。

2. 建立四个小麦区域试验站

长期开展技术试验、示范和验证，了解掌握小麦发展情况，调度小麦生产。

3. 建立四个技术研发和推广团队

一是建立以农艺为主的增产新技术、新材料研发和推广团队；二是建立以农机为主的机械、设备研制和引进筛选的技术推广团队；三是建立以苗情、墒情和病虫害监测为主的技术研发和管理团队；四是建立以可持续发展为主的轮作倒茬、资源循环利用等技术研发和推广团队，有针对性地开展攻关、技术研发和推广。

（二）制定和完善小麦种子生产经营扶持政策

1. 加强组织领导

充分发挥甘肃省推进现代农作物种业发展工作协调组的作用，加强部门协调，密切合作，研究解决小麦种业发展中的重大问题。省农牧厅和重点市县农业相关行政主管部门要成立小麦种业规划实施小组，负责协调、检查、督促规划的实施。各市州要依据规划，制定本地区小麦种业发展规划，细化各项工作措施。

2. 强化政策支持

加大对小麦种业基础性、公益性研究的投入，支持种质资源保护利用、生物育种及关键技术研究。设立现代小麦种业发展专项资金，支持小麦种业科技创新和商业化育种。建立省级救灾备荒种子储备制度，鼓励相关金融机构加大小麦种子收储的信贷支持。开展小麦种子生产保险试点，建立政府支持、企业参与、商业化运作的小麦种子生产风险分担机制。扶持农机服务组织发展，提高小麦种子生产组织化程度。

3. 完善法律规章

进一步完善小麦种子管理法规体系，修订《甘肃省农作物种子管理条例》及配套规章，完善小麦品种审定、退出、种子生产和经营行政许可监督管理等制度，加大违法行为处罚力度，制定小麦种子生产基地保护、认定等规范性文件，建立基地认定、生产补贴标准，促进小麦种子生产企业进一步整合。

4. 健全管理体系

健全省、市、县三级种子管理机构，保障管理工作经费。制定管理人员考核管理制度和行为准则，实施岗位和业绩考核。建立技术支持和服务体系，提高在小麦品种区试审定、品种保护、质量检验、分子检测、信息发布等方面的服务能力。强化市场监管，加强基地病虫害检验检疫，加大知识产权保护力度。强化行业自律，开展小麦种子企业信用等级评价。加强行业服务，搭建小麦品种展示示范平台，组织开展小麦种子信息交流和产品交易，推进企业间、行业间的国内国际交流与合作。

参考文献

刘定富、李海英：《中国小麦产业发展分析》，http：//www. agrogene. cn/info－2946. shtml。

刘定富、李海英：《全球小麦产业发展分析》，http：//www. agrogene. cn/info－2544. shtml。

国家小麦产业技术体系：《中国现代农业产业可持续发展战略研究》（小麦分册），中国农业出版社，2016。

常宏、吕小瑞：《甘肃省现代农作物种业发展现状及对策建议》，《发展》2015 年第 4 期。

化青春、杨文雄、袁俊秀：《甘肃省小麦生产现状及发展建议》，《甘肃农业科技》2016 年第 5 期。

杨祁峰、柴宗文、李福、岳云：《甘肃省优质专用小麦产业发展现状及对策》，《甘肃农业科技》2008 年第 7 期。

姜楠、张晓颖、韩一军：《我国西北地区小麦产业发展研究》，《农业展望》2012 年第

5 期。

牟丽明：《甘肃省小麦生产及新品种选育繁育问题探析》，《中国种业》2012 年第 4 期。

农业部小麦专家指导组：《中国小麦品质区划与高产优质栽培》，中国农业出版社，2012。

杨文雄：《甘肃小麦生产技术指导》，中国农业科学技术出版社，2009。

G.34

甘肃省玉米科技发展研究报告

寇思荣*

摘　要：　在分析国内外玉米产业和玉米科技发展动态的基础上，本文结合甘肃省的实际情况，回顾了甘肃省玉米发展现状和玉米育种存在的主要问题，并根据国内外玉米科技发展趋势，提出了甘肃省玉米科技创新发展的思路及重点。为促进甘肃省玉米科技创新发展应注重四个方面的工作：普通玉米种质创新及新品种选育，育种技术创新研究，适合全程机械化玉米品种选育，发展青贮玉米。

关键词：　甘肃　玉米产业　科技创新

一　玉米科技发展动态

（一）国内外玉米产业现状

玉米是粮食、饲料和工业原料兼用农作物，全球大部分国家种植玉米，但玉米种植主要集中在少数国家，大多数国家玉米种植面积很小。世界各大洲的玉米种植面积从大到小依次为亚洲、北美洲、非洲、南美洲、欧洲、大洋洲，分别占世界玉米总面积30.6%、28.9%、18.2%、12.6%、9.6%、0.06%。世界玉米集中种植在三大玉米带上：美国早在20世纪40年代就形成了世界著名的玉米带，现在已经扩展到十几个州；欧洲多瑙河玉米带主要包括法国、罗马尼亚、南斯拉夫等国家；我国的玉米带从东北的黑龙江省起延至华北再转向西南，包括十几个省、自治区。新中国成立以来，我国玉米生产得到了快速发展，全国玉米平均亩产水平由1949年的64.10千克提升至目前的约400千克。近年来，我国玉米

* 寇思荣，甘肃省农业科学院作物研究所研究员，主要从事玉米育种研究工作。

需求逐年增加，致使玉米由供大于求逐步转向供应偏紧的状况。2003 年，我国玉米种植面积 2406 万公顷，平均单产 4813 千克/公顷，总产量 1.16 亿吨。2004 年以来，由于玉米的产量和经济效益远高于大豆和小麦，北方春播区尤其是黑龙江和内蒙古大量的大豆和小麦的种植面积被玉米所挤占，加之国内对玉米需求的不断增加等多种因素的综合作用，我国玉米种植面积开始大幅度增长且发展势头强劲。2007 年，我国玉米种植面积 2947 万公顷，取代水稻成为种植面积第一的农作物；2011 年，玉米种植面积达到了 3340 万公顷；2012 年，玉米总产量突破 2 亿吨，超过了水稻的总产量，至此玉米的种植面积和总产量均居我国第一位，成为我国第一大粮食作物；2013 年，玉米种植面积进一步增加，达到 3613 万公顷，总产量达到 2.18 亿吨，平均单产首次突破 6000 千克/公顷；2015 年，我国玉米生产又迎来一个丰收年，种植面积和总产量均再创历史新高，分别达到 3813 万公顷、2.25 亿吨，玉米总产量占全国粮食总产量的 36.14%。2004 ~ 2015 年，我国玉米增产对粮食增产的贡献率近 60%，居粮食作物之首，玉米已成为我国 2004 年后粮食生产“十二连增”的主力军。玉米生产的发展对保障我国粮食安全、增加农民收入、促进国民经济又好又快发展发挥了重要作用。与此同时，随着玉米需求的不断增长，我国玉米的进口量也在持续增长，2012 年进口总量为 520.6 万吨，为 2011 年的 2.97 倍，2013 年全国玉米总进口量 326.5 万吨。

（二）国内外玉米科技发展动态

全球玉米单产在不断提高，其中优良品种对增产的贡献约为 40%。20 世纪 80 年代以来，以分子生物学为核心，分子标记辅助育种技术、双单倍体育种技术以及转基因技术与常规育种技术相结合，使玉米育种水平有质的飞跃。20 世纪 90 年代以来，中国的玉米育种无论在遗传理论还是在育种实践上都取得了很大进展，先后育成了一大批综合性状优良的玉米杂交种，使生产中杂交种覆盖率达到 100%，并保证了品种的更新换代，促使玉米产量逐年提高。但与美国相比，我国的玉米生产在许多环节都存在着差距，尤其在通过生物育种技术手段实施的玉米种质创新、品种选育等方面差距更加明显。近年来我国科研单位和种业公司建立了玉米分子育种技术平台，加强了分子育种关键技术的攻关研究，将表型选择转化为基因型选择，大幅度地提高了育种效率和成功率，有效地提高了玉米杂交种的育种速度，使分子育种技术与常规育种技术相结合，新品种育成时间从 10 ~ 12 年缩短到 5 ~ 6 年。我们应用现代生物技术，建立了快速、高效的分子选择技术体系，进行了玉米基因的鉴定、定位和分离，发掘和定位了玉米抗病、抗虫、耐旱、耐盐、耐瘠薄等重要性状新基因，获得了紧密连锁的分子标记，开展了抗病、耐旱、耐盐、耐瘠薄等优质基因的聚合育种技术研究，为玉米转基因育种奠定了基础。

二　甘肃省玉米发展现状与问题

（一）甘肃省玉米产业概况

玉米是甘肃省主要粮食和饲料作物，在全省农作物生产中占有重要地位。甘肃属于干旱和半干旱农业区，降雨量少，蒸发量大，气候干燥，土壤贫瘠。近年来，随着玉米新品种、新技术的推广应用，尤其是全膜双垄沟播旱作玉米生产技术的应用，全省玉米种植面积逐年扩大，2015 年玉米种植面积 101.4 万公顷，总产量 565.6 万吨。甘肃省玉米种植可分为三个生态类型：一是河西走廊及沿黄灌溉玉米区：这一区域有灌溉保障，光照强、积温高、病虫害较轻、昼夜温差大，非常有利于玉米生长发育，产量高品质优，是我国玉米的高产区，我国玉米制种近一半集中在这一区域；二是中部山区及陇东雨养玉米区：干旱是这一区域的主要威胁，近年来此区玉米种植面积和产量都有显著增加，主要得益于玉米全膜双垄沟播技术的推广应用，此项技术不但提高了水分利用效率，还增加了积温，对玉米生长非常有利；三是陇南山地玉米区：本区域雨量丰沛，水热资源丰富，无霜期较长，但光照条件较差，经常发生春旱和伏旱，病虫害的发生比较复杂且严重。甘肃省的玉米品种经历了由稀植大穗逐步向密植中穗的发展，当前主栽品种有先玉 335、吉祥 1 号、金穗 3 号、陇单 339、大丰 30、陇单 10 号、甘玉 801 等。

（二）甘肃省“十二五”期间玉米科技发展成效

1.“十二五”期间玉米科技发展综述

“十二五”期间，甘肃玉米生产扬帆蓄势，迎来了历史上发展最快、质量最好、水平最高的时期，综合生产能力明显提升，科技支撑水平逐步提高。省内科研单位在玉米丰产、优质、多抗新品种及优良性状改良方面取得了新突破，同时以企业为创新主体的育种创新体系逐步建立。

2.“十二五”期间主要育成玉米品种简介

“十二五”期间甘肃省共审定玉米品种 105 个，其中大部分品种由甘肃省科研单位和企业育成，彻底改变了甘肃省玉米品种长期为外省品种所占据的局面，充分显示了甘肃省玉米育种水平在逐步提升。

（1）陇单 339（甘审玉 2015012）：由甘肃省农业科学院作物研究所选育而成，株型半紧凑，株高 299 厘米，穗位高 106 厘米，穗长 21.5 厘米，穗行数 16~18 行，行粒数 43 粒。属中熟玉米品种，籽粒品质优良，高抗茎基腐病，抗倒伏。在 2012~2013 年甘肃省玉米品种区域试验中，平均单产 13194 千克/公顷，比对照沈单 16 增产 5.3%。2014 年生产试验中，平均单产 14518 千克/公顷，比对照增产 10.9%。适宜在甘肃省年有效积温在 2400℃ 以上的地区推广种植。

（2）金凯 5 号（甘审玉 2011005）：由甘肃省金源种业开发有限公司育成，株型半紧凑，株高 308 厘米，穗位高 133 厘米，穗长 21 厘米。抗茎基腐病、大斑病、矮花叶病，中抗红叶病，感丝黑穗病和瘤黑粉病。2008~2009 年甘肃省玉米品种区域试验，两年平均单产 13424 千克/公顷，较对照沈单 16 增产 7.5%。适宜在甘肃省≥10℃的活动积温在 2650℃ 以上的中晚熟玉米区或积温稍低但覆膜栽培的地区种植。

（3）陇单 10 号（甘审玉 2012007）：甘肃省农业科学院作物研究所育成，株型紧凑，株高 290 厘米，穗位高 115 厘米，穗长 23.5 厘米，生育期 133 天。抗丝黑穗病、大斑病和红叶病，中抗茎腐病和瘤黑粉病，感玉米矮花叶病。在 2010~2011 年甘肃省玉米品种区域试验中，比对照郑单 958 增产 6.37%，平均单产 14739 千克/公顷。适宜在甘肃省河西及中部地区种植。

（4）登义 2 号（甘审玉 2012011）：白银金穗种业公司、高台隆丰种业公司育成，株型半紧凑，株高 294 厘米，穗位高 123 厘米，穗长 26.3 厘米，生育期 137 天。高抗大斑病，抗红叶病、矮花叶病、茎腐病，感丝黑穗病，高抗倒伏。在 2010~2011 年甘肃省玉米区域试验中，平均单产 12399 千克/公顷，比对照豫玉 22 号增产 3.0%。2011 年生产试验中，平均单产 14563 千克/公顷，比对照豫玉 22 号增产 11.6%。适宜在甘肃省中晚熟、晚熟玉米区玉米丝黑穗病不发生地块种植。

（5）五谷 568（国审玉 2015024）：由甘肃五谷种业有限公司选育，生育期 132 天，株型紧凑，株高 305 厘米，穗位高 115 厘米，穗长 19.2 厘米，穗行数 16~18 行。高抗茎基腐病，中抗小斑病、丝黑穗病和穗腐病，感大斑病。2013~2014 年西北春玉米品种国家区域试验，两年平均单产 15834 千克/公顷，比对照增产 5.4%。适宜甘肃、宁夏、新疆和内蒙古西部地区春播种植。

（6）甘玉 801（甘审玉 2014002）：甘肃种业有限公司育成，株型半紧凑，株高 293 厘米，穗位高 127 厘米，穗长 21.3 厘米，穗行数 16～18 行，生育期 135 天。高抗矮花叶病，抗丝黑穗病和红叶病，中抗瘤黑粉病和茎腐病，高感大斑病。在 2012～2013 年甘肃省玉米品种区域试验中，平均单产 15692 千克/公顷，比对照先玉 335 增产 5.4%。2013 年生产试验中平均单产 15471 千克/公顷，比对照增产 5.4%。适宜在甘肃省河西走廊海拔 1800 米以下、全生育期≥10℃有效积温 2700℃以上的地区及中东部玉米大斑病非流行区种植。

（三）甘肃省玉米科技发展中存在的问题

1. 玉米品种不能满足玉米产业发展的需求

甘肃省生态类型复杂，玉米品种不能满足玉米产业的发展需要：①品种布局不合理，根据多年田间调查，除适宜种植晚熟品种的地区，其他地区都大量种植了生育期相对较长的品种，适宜种植早熟品种的地区种植着中早熟品种，适宜种植中早熟品种的地区种植了中熟品种，依此类推。这样种植的结果是品种不能完全成熟，收获时种子含水量过高，增加了种植风险，且奢侈消耗了本来不足的土壤养分。出现这种现象也与现行的审定制度有关，区域试验点的设置脱离生产实际，再者区域试验以产量为主而不注重品种的群体效应和抗逆性。②种植密度不均衡，在甘肃省河西走廊及沿黄灌溉玉米区，种植密度高，一般在 7 万～9 万株/公顷，陇南、天水、陇东和中部半干旱山地及川区无灌溉条件的旱地的种植密度多数不到 4.5 万株/公顷，川区灌溉地的种植密度在 5.7 万～6.8 万株/公顷。甘肃省耕地近七成为旱地，虽然干旱和土壤贫瘠限制了玉米种植密度，但是一味稀植也是不可取的。③稀植大穗高风险品种还在种植，豫玉 22 和沈单 16 这两个曾经的主栽品种，现在年种植面积依然有 13 万公顷左右，豫玉 22 高大晚熟，抗倒性差，穗腐严重，不耐密植，群体内外果穗大小不一致，还有空杆现象。沈单 16 早衰严重还不抗穗粒腐病，增加密度群体内部空杆和果穗秃顶较重。这两个公认的高风险品种，在我国玉米主产区早已淘汰，但在甘肃仍在大面积种植。

2. 玉米全程机械化水平低

玉米全程机械化已成为玉米产业发展的必然趋势。目前甘肃河西走廊及沿黄灌溉玉米区机械化程度相对较高，但与相邻的新疆相比差距还很大，其他地区基本还是人工操作。由于甘肃山地多，严重制约了玉米的机械化操作，一方面适合山区操作的小型玉米播种、收获机械缺乏，另一方面缺乏籽粒脱水快、植株抗倒能力强、适宜机械收获作业特别是机械直收籽粒的玉米品种和配套的栽培技术。

三　甘肃玉米科技创新发展的思路、目标及重点

（一）基本思路和发展目标

针对甘肃省生态特点、生产条件及玉米生产发展的需求，为提升玉米育种为玉米产业发展的贡献率，今后玉米育种须加强以下几个方面工作：①干旱和瘠薄是影响甘肃玉米高产稳产的主要非生物胁迫因素，应把耐旱和耐瘠薄品种选育列为育种工作重点。②随着国家鼓励土地流转，发展专业合作社，促进发展规模化、集约化种植，提高玉米机械化种植水平已成为玉米产业必然的发展趋势，应把选育适宜机械化种植的玉米新品种和相关配套技术作为重点。③针对甘肃玉米品种布局不合理的现状，应把选育中早熟玉米新品种作为玉米育种的重要研究方向。

（二）发展重点及主要研究方向

1. 普通玉米种质创新及新品种选育

优良自交系的选育是成功组配高产优质多抗杂交种的前提，在种质创新及新品种选育上，应注重以下三个方面：①明确杂种优势类群、简化杂种优势模式。明确玉米种质资源的杂种优势类群和杂种优势模式将有效提高玉米杂交育种的效率，甘肃省的玉米育种实践证明，（SS × NSS）的杂种优势模式已经非常成功，这种模式简单有效，我们应尽量人为地扩大两个方向之间的遗传距离，采取向两边推开的循环育种策略。同时注重采用“自育系 × 外引系”的方式，有利于提高育种效率。②系统开展基础种质评价与分析。针对甘肃省气候干旱、耕地贫瘠的农田基本条件，为占全省玉米面积近七成的旱作玉米区提供适宜品种，需大力筛选耐旱和耐瘠薄种质资源。常规育种技术与分子育种技术相结合，对外引和国内主要种质材料进行多年多点、多种生态条件下的鉴定与评价，把研究种质资源的综合农艺性状及配合力表现作为重点，筛选耐旱、耐瘠、养分高效、自身产量高、配合力高的优良种质材料。③新种质创制与改良。对现有玉米种质资源划分优势群，在杂优类群内选择农艺性状优良、一般配合力高且又有一定差异的材料，混合授粉合成群体，自然授粉选择优良单株穗行种植，自

交至3～4代进行早代测配，淘汰配合力低的种质，并适当地利用回交的方法对不良性状进行改良。

2. 育种技术创新研究

针对甘肃省玉米育种现状，必须加强育种技术研究，以追赶国内外育种同行的步伐，选育适合本省的玉米新品种。①密植与抗旱相结合：尽管甘肃省这几年育种方向已经由稀植大穗型品种向密植品种转变，但是生产上还是以稀植大穗型品种为主，这主要是因为现有密植品种还不能适应本省的玉米生产条件。因此，不但要考虑增加密度，更要考虑甘肃省干旱的基本条件，从自交系选育开始在加大种植密度的同时进行抗旱性筛选，在省内干旱区对新组合品种在密植条件下进行多年多点测试，有效提高品种的适应性和稳产性。②育种新技术与常规技术相结合：当前分子标记辅助育种技术、双单倍体育种技术和转基因技术等先进的育种技术已经在先正达、孟山都、先锋、KWS等国外大公司广泛应用。国内一些高水平的科研单位和企业在研究和应用这些新技术选育玉米自交系和杂交种方面已经取得很大成效。甘肃省在这方面远远落后，可以说是基本空白。为了提高育种水平和效率，甘肃农业科研部门必须积极和国内科研单位合作尽快掌握这些先进育种技术，并将这些新技术与常规育种技术相结合建立完善的育种创新体系。

3. 适合全程机械化玉米品种选育

玉米生产全程机械化是现代农业的发展要求。我国玉米生产全程机械化的发展已经取得一些成效，但与发达国家仍有很大差距。甘肃省近年来选育的玉米品种由于生育期偏长、籽粒脱水速度慢、收获时籽粒水分含量高以及倒伏等问题，阻碍了玉米实现全程机械化操作的生产。甘肃玉米生产全程机械化还有很长的路要走，玉米育种单位和企业必须调整育种目标，发掘现有种质中适合全程机械化操作的优良种质，同时要改变以往的选种策略，更多地考虑适合全程机械化操作的品种特性，诸如种子适宜单粒点播、生育期短、耐密植、高抗倒伏、苞叶松散、籽粒脱水速度快、品质优良及收获时茎秆坚硬站立性好等。目前我国大面积种植的适宜机械化生产的优良品种有华美1号、德美亚2号、KWS2564等。

4. 发展青贮玉米

2016年中央1号文件强调：为促进我国畜牧业的可持续发展，国家将大力支持青贮玉米和苜蓿等饲草作物种植，开展粮改饲和种养结合模式试点。同时农业部在《全国种植业结构调整规划》中也提出，巩固提升玉米优势区，适当调减非优势区玉米面积，根据以养带种、以种促养的要求，因地制宜发展青贮玉米，提供优质饲料来源，就地过腹转化增值。甘肃省正好处于国家调控范围，再者近年来也大力发展养殖业，因此，发展玉米青贮势在必行，前景广阔。

四　玉米科技创新体系建设及保障措施

以甘肃省优势玉米育种单位和企业为基础，建成甘肃省玉米科技创新体系。体系下以生态区域为基础，建立生态区域试验站。以此为平台，切实打破行政区域和层级界限，实行真正意义上的玉米科研联合攻关。实行首席科学家、岗位科学家、课题组组长负责制，分别负责玉米科研创新体系区域试验站、课题组的全盘工作。成立由专业和学术骨干组成的专家组，进行课题的咨询和指导。

针对甘肃省玉米育种单位和企业基础薄弱、研究经费有限、育种方法落后的现实，为实现甘肃省玉米育种取得新的更大的突破，应加强以下几个方面工作：①加大对从事玉米育种的科研单位和企业资助力度；②加大引进从事玉米育种的高水平人才；③积极与国内外高水平的玉米育种科研机构建立合作关系。

参考文献

路立平、赵化春、赵娜等：《世界玉米产业现状及发展前景》，《玉米科学》2006 年第 5 期。

赵久然、王荣焕：《中国玉米生产发展历程、存在问题及对策》，《中国农业科技导报》2013 年第 3 期。

赵久然、王荣焕、刘新香：《我国玉米产业现状及生物育种发展趋势》，《生物产业技术》2016 年第 5 期。

岳德荣：《科技创新与玉米产业发展》，《玉米科学》2006 年第 5 期。

戴景瑞、鄂立柱：《我国玉米育种科技创新问题的几点思考》，《玉米科学》2010 年第 1 期。

刘亚、赵久然：《转基因玉米新种质创制若干技术环节的探讨》，《中国农业科技导报》2011 年第 4 期。

G.35

甘肃省胡麻科技发展研究报告

张建平*

摘　要：　本报告从育种、栽培、病虫草害防控、加工及贸易等方面回顾了甘肃省胡麻产业科技发展取得的成就，并针对胡麻产业发展中存在的问题，提出了加强胡麻高产育种技术研究，开展胡麻高产高效栽培技术研究，加快发展胡麻机械化研究及推广，研究实施绿色环保防控技术，提升和完善胡麻高附加值精深加工技术等，进而实现胡麻良种良法、机械化、绿色环保、精深加工、产业一体化等发展目标。

关键词：　甘肃　胡麻　科技

胡麻（*Linum usitatissimum* L），是油用亚麻和油纤兼用亚麻的俗称，其拉丁名意味着“非常有用的”，属亚麻属亚麻科，是一种古老的、重要的油料和纤维作物，具有极高的农业和经济价值。胡麻茎秆含有优质纤维，用于做布料、造纸、建材等。胡麻籽含油率 36.71% ~ 41.93%，其中 a - 亚麻酸含量为 39.00% ~ 60.42%，是 a - 亚麻酸最大的植物油来源。胡麻籽中木酚素含量为 2.58 ~ 10.94 毫克/克，是木酚素含量最高的植物原料。胡麻籽含 20% ~ 30% 蛋白质，含 2% ~ 10% 的亚麻胶，可作为优质食品添加剂、化妆品原粉及医药原料。大量研究证明，胡麻籽和胡麻油具有增强人体智力、促进大脑发育、预防心血管疾病，预防结肠癌、前列腺癌和乳腺癌，抗衰老、抗氧化和提高免疫力，控制肥胖、抗炎症、降低糖尿病、降血压以及降低老年痴呆病的发生等重要功效。因此，随着社会经济的发展，人们生活水平的提高以及对生活品质的追求和自身健康越来越重视，胡麻籽的营养和功能越来越受到关注。

---

* 张建平，研究员，硕士生导师，甘肃省农科院作物研究所副所长，主要从事胡麻遗传育种研究。

一　胡麻科技发展动态

（一）国内外胡麻产业发展现状

胡麻在世界各地有广泛种植，主要生产国为加拿大、俄罗斯、中国、印度和美国。我国胡麻主要分布在西北地区的甘肃、宁夏、新疆和华北地区的内蒙古、山西、河北等省和自治区。2014 年，全世界胡麻收获面积 2.60×10^6 公顷，总产量 2.54×10^6 吨，中国收获面积 3.10×10^5 公顷，总产量 3.50×10^5 吨；分别约占世界的 11.92% 和 13.78%。

（二）国内外胡麻科技发展现状

胡麻对人类健康、环境、经济及农业本身具有重要作用。近年来，加拿大和美国等发达国家对胡麻科技十分重视，制定了以科技为先导的胡麻产业综合发展战略，大力支持胡麻的生物技术、食品、饲料、纤维、健康产品和工业应用等战略性项目，提升胡麻的利用价值和效益，特别是在胡麻基因组学和生物育种技术研究方面取得显著进展。我国胡麻产业发展也受到国家层面的高度重视，2008 年农业部启动了胡麻产业技术体系，从育种、栽培、病虫草害防治和综合加工利用方面进行了全面支持。选育成功一批优良品种应用于生产，研究提出和推广应用了配方施肥、地膜栽培、高效立体栽培，化学除草和机械化栽培等高产高效生产技术，胡麻单产水平有了较大幅度的提高；在胡麻种植业发展基础上，各种深加工业如雨后春笋般兴起，优质胡麻食用油、含有胡麻籽粉的各种食品、胡麻油胶丸以及榨油后的饼提取亚麻籽胶和木酚素产品等深加工产品大量出现。目前，我国已经形甘肃一品弘，山丹军马场胡麻油、河北馨特、吉林圣基、新时代国珍等胡麻知名品牌和产品，这些产品和品牌的崛起极大地提高了胡麻油的知名度，有力地促进了胡麻籽加工产品的发展。

二　甘肃省胡麻发展现状与问题

（一）甘肃省胡麻产业概况

甘肃省是我国胡麻种植最重要区域之一，2014 年甘肃胡麻收获面积 8.82×10^4

公顷，总产量 1.53×10^5 吨，分别约占全国收获面积和总产量的 28.45% 和 43.71%。近年来，随着胡麻体系的建立，各种农业科技推广与服务组织深入胡麻种植区，对种植户进行技术指导与培训。自 2008 年开始，甘肃省胡麻收获面积虽有所降低（见图 1），但总产量保持在 15 万吨左右（见图 2），单产呈逐步上升之势，2014 年达到 1725 千克/公顷，与加拿大的单产水平基本持平。近年来，在种植业发展基础上，压榨制取胡麻籽油为主的深加工业随之涌现而出。创立了甘肃一品弘、益品康、常青、状元楼、香泰乐、陇郁香等知名品牌，促进了胡麻商品率和综合利用水平的提高，进一步加强了胡麻作为经济作物在甘肃农业中的地位。

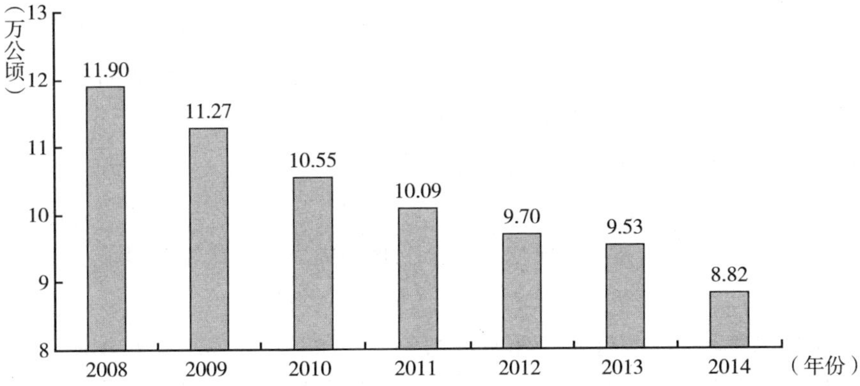

图 1　2008～2014 年甘肃省胡麻收获面积情况

资料来源：甘肃统计数据《甘肃农村年鉴（2015）》。

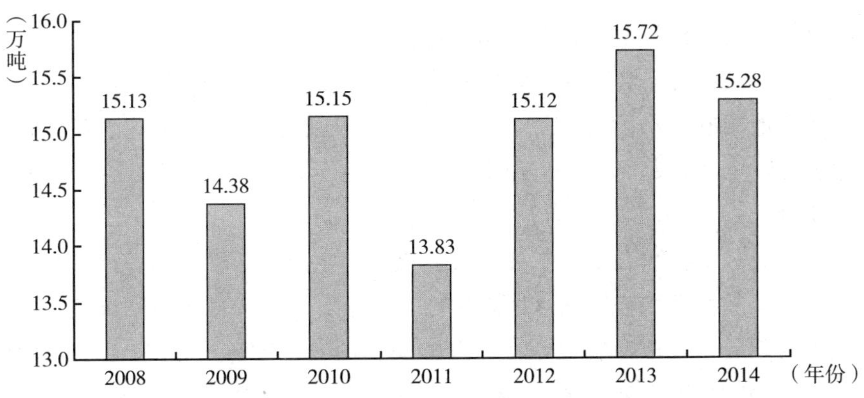

图 2　2008～2014 年甘肃省胡麻收获总产量情况

资料来源：甘肃统计数据《甘肃农村年鉴（2015）》。

（二）甘肃省“十二五”时期胡麻科技发展成效

1. 杂交种选育进展良好，抗旱育种成效显著

“十二五”期间，胡麻杂交种选育进展良好，育成的陇亚杂1号和陇亚杂2号是国内外首批胡麻杂交种，标志着胡麻杂优利用成为现实，随后相继育成陇亚杂3号和陇亚杂4号，这些杂交种增产显著，抗病性突出，品质优良，综合性状优良。这4个品种均通过甘肃省品种审定，其中陇亚杂2号和陇亚杂3号通过国家品种鉴定。胡麻主要种植在干旱地区，抗旱性对胡麻品种具有重要意义。“十二五”期间，甘肃省研究发布了《胡麻抗旱性鉴定评价技术规范》，从国内外胡麻种质资源中筛选出1级抗旱资源110份，提供给全国育种单位。提出了有效提高抗旱性的育种方法，育成陇亚11号等抗旱性突出、丰产性好的品种5个，作为全国主导推广品种进行示范展示。

2. 综合生产能力提升，增产增收效果明显

近十几年来，甘肃省在围绕抗旱增产、高效种植的栽培技术研究方面取得了突破性进展，在生产中进行各项技术综合配套和集成，增产增收显著。主要表现在以下几个方面。

一是抗旱栽培技术。①旧膜重复利用免耕穴播栽培技术：研究并制定了胡麻覆膜厚度、地膜保护、机具改造、适宜种植密度及施肥等技术，累计示范面积超过6.67×10^2公顷，平均产量1440千克/公顷，最高产量达2250千克/公顷，较露地种植增产40%以上。②旱地胡麻垄膜集雨沟播种植技术：研制成功了集开沟、覆膜、播种和施肥一体化的机械种植，确定了最佳沟深、播种密度、带幅及地膜回收等最优种植技术，胡麻平均产量达1380千克/公顷，比露地种植平均产量（1110千克/公顷）增产24.3%左右。该技术已在平凉和固原地区得到大面积推广。③旱地胡麻高产营养施肥技术：在胡麻施肥过程中坚持以“有机肥料为主，化学肥料为辅；基肥为主，种肥、追肥为辅；大量元素为主，合理补充中量元素和微量元素”为原则，实行平衡施肥。

二是高效栽培技术。①胡麻种植机械化：制定出了播种、病、虫、草害防治及机械化收割等技术规程。②立体高效种植栽培：沿黄灌区示范结果按当地农产品市场价估算表明：单种胡麻净收益为9.66×10^3元/公顷，胡麻套种甘蓝净收益为2.28×10^4元/公顷，套种大豆净收益为1.68×10^4元/公顷，套种食葵净收益为1.57×10^4元/公顷，套种玉米净收益为1.60×10^4元/公顷；分别比单种胡麻净收益提高了136.02%、73.91%、62.53%和65.63%。

3. 病虫草害防治技术节本增效突出

（1）胡麻病害：甘肃省胡麻主要病害有枯萎病和白粉病。胡麻枯萎病防治主要是选育和推广抗病品种，例如，陇亚 8 号、陇亚 10 号、天亚 5 号、陇亚杂 1 号、陇亚杂 2 号及陇亚杂 3 号等品种均高抗枯萎病，可因地制宜合理选种。胡麻白粉病防治由于缺乏抗病品种，防治方法主要是在发生较重时采取药剂防治，一般在胡麻白粉病始发前或始发初用药，可用目前筛选出的两种高效低毒低残留杀菌剂：40% 氟硅唑（福星）乳油 112.5 克/公顷，43% 戊唑醇（好力克）悬浮剂 225 克/公顷，用水量均为 675 千克/公顷。

（2）胡麻虫害：甘肃省危害胡麻的害虫主要以蚜虫、盲蝽、蓟马、漏油虫和黑绒金龟甲危害较大。对于蚜虫牧草盲蝽防治研究提出了在发生期喷洒 10% 吡虫啉可湿性粉剂 1500 倍液或 3% 啶虫脒乳油 1500 ~ 2000 倍液、4.5% 高效氯氰菊酯乳油 2000 倍液、20% 氰戊菊酯乳油 2000 倍液、2.5% 溴氰菊酯乳油 3000 倍液的防治技术，防治效果突出。研究明确了害虫蓟马及天敌盲蝽消长动态方面，为害虫的科学防控和天敌的合理利用提供了依据，筛选的高效氯氰菊酯、毒死蜱对蓟马防效优良，农药残留检测结果显示在胡麻籽中均未检出，实现了绿色防控。

（3）胡麻草害：胡麻田杂草危害大，人工拔除费工费力，严重影响着胡麻种植的发展。“十二五”期间，甘肃省科技人员初步明确了甘肃省不同地区杂草发生规律，例如，甘肃庆阳地区胡麻田杂草主要种类有藜、蒺藜、菊叶香藜、碱蓬、刺儿菜、苣荬菜、苍耳、反枝苋、田旋花和打碗花，藜为优势种；兰州地区胡麻田间杂草种类共有 11 科 23 种，其中主要科为禾本科、菊科、藜科、苋科和旋花科，优势种为地肤、狗尾草、藜、苣荬菜、稗草和打碗花。在明确杂草发生规律的基础上，提出了播前使用氟乐灵进行土壤处理兼防禾本科、阔叶杂草，苗期选用 12.5% 烯禾啶乳油、15% 精吡氟禾草灵茎叶喷雾防除禾本科杂草，40% 2 甲·辛酰溴乳油防除胡麻田藜、反枝苋、刺儿菜、荞麦、苦荞麦等阔叶杂草等技术，杂草防治效果显著，节本增收效果突出。

4. 胡麻深加工技术进展良好

目前在市场上销售的胡麻籽加工产品主要有胡麻油、胡麻籽提取油脂后的胡麻饼或胡麻粕、亚麻胶等产品。胡麻油是胡麻籽加工排在首要地位的产品。目前甘肃省胡麻籽油生产实际采取的生产技术主要有：动力螺旋榨油机榨油技术（包括热榨和冷榨）、溶剂浸出制油技术（包括在大油料加工上普遍应用的 6#溶剂浸出技术和新型 4#溶剂临界流体浸出技术）、超临界 CO_2 萃取技术以及通过以上技术提取油脂的满足食用油要求的相配套精制技术。其中动力螺旋榨油机压榨制取胡麻籽油是采用最为广泛的技术，无论是小型胡麻籽加工作坊还是大型胡麻加工企业，都会采取这一技术提取胡麻籽油。目前常用的食用胡麻籽油压榨制取工艺有两种：一种是热榨工艺，将胡麻籽经过炒籽到120℃左右进入榨油机压榨制油；另一种是冷榨工艺，将胡麻籽不经处理或者稍微加热（低于60℃）后进入榨油机压榨制油。热榨工艺中若烤籽温度过高，会使胡麻籽油产生焦煳味，颜色加深，其中α－胡麻酸发生氧化或聚合反应，产生反式脂肪酸、抗氧化成分损失以及维生素全面损失、维生素E含量减少、蛋白质变性和亚麻胶黏度降低等现象，使其含量和生物活性降低，对胡麻籽油的品质产生不利影响。相比热榨工艺制取胡麻籽油，冷榨工艺制取的胡麻籽油脂肪酸氧化程度较低，且保留了胡麻籽油的天然营养成分，饼粕中的胡麻蛋白、亚麻胶、木酚素、植物甾醇、维生素等成分也得到保护，可以进一步开发利用；但是随着冷榨胡麻籽油的市场推广，逐渐暴露出其在存放过程中油色变浑甚至会产生可见絮状沉淀、苦涩味等品质劣化问题；除此以外，压榨过程的动力消耗大，榨条等零部件易磨损，压榨后的饼粕残油含量高，对后续饼粕利用造成了难度，也会造成一定程度的资源浪费。与压榨制取工艺相比，胡麻籽油浸出制取工艺由于浸出法制油效率高、粕中残油低，容易实现大规模自动化生产，使之成为目前大型油厂使用最普遍的方法。但是从人类安全与环境保护的角度而言，现行浸出技术的应用正引起人们的质疑。针对这些存在的问题，“十二五”期间，低温冷榨法制取胡麻籽油、超临界CO_2提取胡麻籽油、水酶法提取胡麻籽油、超声波辅助提取胡麻籽油等新技术研发进展顺利，其次适度精炼、脱胶脱苦脱酸等新的技术和工艺也取得较好进展。另外为提高综合利用率，科研人员针对胡麻籽饼粕中的亚麻胶、木酚素、胡麻蛋白等有效功能成分，开发出了一系列有效功能成分提取技术。

（三）甘肃省胡麻科技发展中存在的问题

1. 新品种不足

胡麻产业技术体系2016年开展的胡麻产业调研发现，产量不高、抗倒伏等抗逆能力不强是种植户普遍反映的问题；希望有更好专用加工品种，提升产品的档次则是加工企业反映的重要问题。另外胡麻缺乏专业化良种生产企业，种子商品化率低，质量不高，推广速度慢。因此需要选育更多的丰产性更好、抗逆能力强，优质专用的品种，并加快胡麻良种专业生产企业的培育，提高良种推广覆盖度，促进新品种的应用。

2. 种植规模小，机械化程度低

胡麻作为特色油料作物，是甘肃省产地主要油料作物和食用油来源，并且风味独特，营养价值高，深受当地居民喜爱。但是长期以来以农户分散经营为主，户均种植一两亩，且多以自产自用为主，种植规模小，胡麻专用播种、收获等关键机械的缺乏，致使种植大户、大型企业、种业公司等不敢涉足大规模胡麻生产，进而对胡麻产业的发展造成较大影响，因此需要进行机械改进，特别是应增加适宜山旱地中小型收获、脱粒等机械。

3. 新技术推广补贴等政策力度不足

旱地地膜覆盖等技术增产增收效果显著，但由于缺少政策和资金的扶持，地膜、配套机具没有补贴，也没有专项推广经费，导致推广力度不够。

4. 商品化率低、加工规模小，龙头企业发展带动能力不强

调查发现，甘肃省胡麻以农民自种自用为主，商品化率在20%～30%，加工以小型作坊为主，大型企业原料不足，缺乏有影响力品牌和商标，产品主要在产区销售。因此需要发展种植大户、专业合作社等规模化生产组织，提高胡麻的商品化率，为大型企业提供原料保障。另外在技术改进、产品质量的提高、著名产品商标的培植、营销网络建设等方面需要大力扶持。

5. 进口胡麻籽对胡麻产业发展造成较大冲击

近年来，与加拿大、美国等相比，我国农产品价格远高于进口。和其他大宗农产品相似，目前进口胡麻籽和国产胡麻籽价差在每吨1000元左右，加之胡麻进口缺少产业保护政策，进口量不受限制，致使胡麻籽进口大幅度增加。由于进口价格低，渠道多，调研发现，目前即使小作坊也有使用进口原料的。胡麻不像小麦、大豆和玉米等作物有国家保护收购价格，因此，大量进口打压了国产胡麻籽的价格，对生产造成较大的冲击。

6. 精深加工及高附加值产业化技术亟须提高

胡麻“全身是宝”。胡麻油（α－亚麻酸、不饱和脂肪酸含量高）、高含量亚麻胶、高含量木酚素、高品质亚麻纤维、亚麻饼粕高蛋白等，特别是具有保健作用的胡麻油，目前已经被广大群众所认识。精深加工和健康产品的宣传和消费引导，已经成为有识之士开拓亚麻产业的重要途径。但是目前普遍存在的产业链短、深加工技术缺乏且应用不足、产品单一和综合效益不高等突出问题，影响了胡麻产业的健康发展。

三　甘肃胡麻科技创新发展的思路、目标及重点

（一）基本思路和发展目标

甘肃胡麻未来发展的基本思路是：注重早熟、抗病、抗倒伏、抗除草剂，适宜机械化收割以及专用型和功能型等类型新品种的选育，以满足生产和产业开发的品种需求；研究开发高产高效轻简化栽培技术，提高胡麻的种植效益和规模化水平；提升深加工技术，开发各类富含亚麻酸、木酚素的食品，功能产品，延长产业链，提高产品附加值，同时树立品牌意识，完善产品售后服务，刺激需求，拉动消费，扩大市场份额，带动胡麻产业不断发展。

（二）发展重点及主要研究方向

1. 胡麻种质创新、新品种选育及育种技术创新研究

（1）育种目标的多样化：虽然产量、抗性、含油率等依然是甘肃省胡麻的主要育种目标，但是为满足工业、饲料和食品等领域的需求，在育种目标上更应该强调专用型、功能性、适于机械化操作品种的选育。功能性品种目标主要包括高亚麻酸、高木酚素、生氰糖苷含量低的品种选育，以期满足高值化产品开发的需要。

（2）技术的创新与提升：育种技术的创新与提升是提高育种效率的关键因素之一。近年来，随着分子生物学和基因组学等新兴学科的飞速发展，育种专家对基因型进行直接选择成为可能，作物分子育种因此应运而生，分子育种可实现基因的直接选择和有效聚合，大幅度提高育种效率，缩短育种年限，实现“精确育种”。长期以来从事胡麻研究单位少，研究力量薄弱，育种技术特别是以分子育种为核心的新技术发展滞后，成为胡麻新品种发展的限制性因素。因此，需要加强传统技术与现代技术结合，提高胡麻育种技术水平和育种效率。另外，甘肃省在胡麻杂优利用方面处于领先地位，一批杂交种已经通过审定，强化对杂种优势技术的研究，进一步持续、深入开展杂交种选育，提高其使用率，对甘肃省胡麻生产也具有重要的意义。

2. 提质增效栽培技术研究

（1）胡麻有机栽培与有机无机配施栽培：研究少施或不施化肥条件下的保优增产技术。

（2）胡麻机械化栽培技术：针对甘肃省胡麻主要为山旱地种植的特点，应重点开发适合山区胡麻一机多用型的中小型农业机械，实现农机农艺相结合，解决山旱地规模化胡麻生产的机械需求问题。

3. 绿色环保防控综合技术

（1）病虫害：胡麻病害主要是枯萎病、白粉病和派斯莫病，应重点针对新的生理小种或者病害，开展其病原生物学、致病性和防控的系统研究。建立胡麻病虫害的预测预报系统，加强对各种病虫害的发生时间和发生危害程度的预测。研发胡麻病虫害生物防治、生态防治技术。

（2）草害：胡麻属密植作物，人工除草费工费时，化学除草较好。针对绿色环保防控技术要求，重点研究高效低毒、对环境友好的新农药新剂型，科学减少用药量；研究覆盖白色地膜、黑色地膜，除草机械及一膜两用或三用模式对杂草的防控作用；研究轮作和深翻对杂草的控制效果。

4. 功能活性成分研究及提取技术

胡麻籽中的功能活性成分主要有亚麻胶、木酚素、胡麻蛋白和 α－亚麻酸等；对其中的功能活性成分分离提纯技术的研究是胡麻籽高值化加工利用的主要方向，特别是木酚素、亚麻胶、蛋白和 α－亚麻酸等高附加值产品高效、安全、绿色的提取工艺及其开发利用；研究 α－亚麻酸、木酚素和亚麻籽胶等成分高效提纯技术，解决目前存在的能耗高和效率低问题。

5. 加工技术及新产品的开发

（1）高附加值产品。开展胡麻籽及胡麻油特殊营养物质、营养协同、营养强化研究，开发出以胡麻籽、胡麻籽油、胡麻籽功能成分原料或配方原料为主的具有高营养价值及保健功能的高附加值产品。

（2）低温压榨冷炼技术。研究胡麻油压榨冷炼技术，解决胡麻油易氧化、难保存、易酸败等问题。

（3）胡麻籽脱皮技术研究。胡麻籽脱皮方法与技术有待进一步深入研究。

（4）胡麻籽油制取方法。①低温冷榨法制取油：低温冷榨法制取的胡麻籽油脂肪酸氧化程度较低，且保留了胡麻籽油中的各种天然营养成分。②超临界 CO_2 提取油：超临界 CO_2 萃取克服了传统压榨收油率低和溶剂萃取法所得产品质量不稳定以及存在溶剂残留等问题。③超声波辅助提取油；超声强化提取油脂不但使提取效率显著提高，还可以改善油脂品质，节约原料。

（5）胡麻籽油精炼发展方向。①适度精炼：根据毛油的品种和质量情况，最大程度地保留有益的物质。适度精炼是未来胡麻籽油精炼技术的重要发展方向之一。②脱胶工艺：主要有酶法脱胶、膜分离脱胶和吸附脱胶技术等。③脱酸工艺：主要有生物脱酸、化学酯化脱酸、超临界萃取脱酸、膜法脱酸及吸附脱酸5种方法。特别是吸附脱酸，已成为当前油脂加工的发展方向之一。④脱苦技术：通常使用端切蛋白酶或使用活性炭吸附。还可以使用大孔树脂吸附，另外还可以使用化学萃取的方法去除。

（6）胡麻籽油发展展望。①作为食用油：目前市场上主要的胡麻油有低温冷榨胡麻籽油、浓香胡麻籽油、孕妇专用胡麻籽油、学生专用胡麻籽油以及胡麻籽油调和油等。②作为食品添加剂：胡麻籽油具有降血脂与降胆固醇活性，抗炎、降血压、抑制癌症的产生和转移以及降低老年痴呆发生率等多种保健功能。③作为医药保健品：主要有软胶囊，也有少量胡麻油口服液。近年来，微胶囊技术在胡麻油产品制备领域已有应用。胡麻籽油在医药工业上的应用则以获得高纯度α－亚麻酸为主。④胡麻籽油在饲料中的应用：富含胡麻油的饲料，一方面提高肉、蛋、奶中n－3脂肪酸的含量，使其更符合人类健康的要求；另一方面，可提高动物自身的健康水平。此外，含有胡麻籽油的面膜，胡麻籽油制作的洗涤剂，是未来胡麻油日化产品的发展方向之一。

四　胡麻科技创新体系建设及保障措施

（一）科研平台建设

“十二五”以来，甘肃省胡麻科研平台受到国家和省有关部门的高度重视，科研平台建设取得了显著成效。国家胡麻产业技术体系研发中心、胡麻产业技术体系实验站、国家油料改良中心胡麻分中心、农业部西北特色油料作物科学观测实验站等国家级平台建设项目落户甘肃省，甘肃省胡麻工程技术研究中心党占海劳模创新工作室等省级平台建设完成。目前已经建成实验室400平方米，新建拼装式冷库1套（67.39立方米），购置仪器设备73台（套），其中分子检测仪器31台、品质分析仪器4台、植物生理仪器5台、种子检测及加工设备10台、信息化设备9台，配套农机具14台，这些建设项目的完成极大地改善了胡麻的科研条件，并为今后胡麻科研水平的进一步提升打下了坚实基础。

（二）科技项目的支撑

“十二五”期间，甘肃省争取到一大批国家和省级科研项目对胡麻科研的支持。国家胡麻产业技术体系甘肃省有首席专家1名，岗位专家4名，试验站4个，每年获得项目经费510万元，“十二五”时期累计经费为2550万元。获得国家科技支撑计划1项，经费为100万元；国家科技成果转化项目2项，项目经费120万元；甘肃省科技重大专项经费100万元。特别是“十二五”期间，甘肃获得国家自然科学地区基金项目5项，获得经费250万元。这些科技项目有力支撑了甘肃省胡麻基础研究和应用技术研发的发展。

（三）创新团队建设

甘肃省著名胡麻专家党占海研究员作为首席科学家组建了国家胡麻产业技术体系，全国胡麻科研人员由不足30人发展为250多人，其中甘肃省占该体系研究力量的40%。胡麻科研已由单一的品种选育发展为集资源创新、基因测序、品种选育、灾害防控、标准化栽培、加工利用等多学科为一体的产业技术研发体系。建成的甘肃省油料作物品种创新科研团队拥有在国内外具有领先水平且有较大影响力的学术领军人物和学术带头人；形成了一支结构合理、创新能力强的科研队伍，队伍“老中青”搭配、高中初级职称相组合；成员专业知识互补，具有吃苦、敬业、合作精神。

参考文献

党占海、赵利、胡冠芳：《胡麻技术100问》，中国农业出版社，2009。

杨金娥、黄凤洪、黄庆德等：《亚麻籽油在化妆品中的应用》，《日用化学工业》2011年第5期。

刘淑霞、潘冬梅、魏国江等：《亚麻籽健康食材的开发利用》，《中国麻业科学》2011年第6期。

郭永利、范丽娟：《亚麻籽的保健功效和药用价值》，《中国麻业科学》2007年第3期。

刘珊：《亚麻籽木酚素预防乳腺癌与雌激素及其受体关系的实验研究》，北京协和医学院硕士学位论文，2012。

赵利、党占海、李毅等：《亚麻籽的保健功能和开发利用》，《中国油脂》2006年第3期。

房娜：《亚麻木酚素抗氧化产品开发》，山东师范大学硕士学位论文，2013。

甘肃农村年鉴编委会编《2015年甘肃农村年鉴》，甘肃鑫统印务责任有限公司承印。

Yasin M，Mussarat W，Ahmad K，Ali A，Shah SWH：Role of Biofertilizers in Flax for

Ecofriendly Agriculture. *Science International*. 2012, 24, 95 – 99.

Zhang JP, Xie YP, Dang Z, Wang LM, Li WJ, Zhao W, Zhao L: Oil Content and Fatty Acid Components of Oilseed Flax under Different Environments in China, *Agronomy Journal*, 2016, 108, 365 – 372.

Diederichsen A, Fu YB: Flax Genetic Diversity as the Raw Material for Future Success. International Conference on Flax and Other Bast Plants 2008, 51, 271 – 280

Gebauer SK, Psota TL, Harris WS, Kris – Etherton PM: n – 3 Fatty Acid Dietary Recommendations and Food Sources to Achieve Essentiality and Cardiovascular Benefits. *American Journal of Clinical Nutrition*. 2006, 83, 1526S – 1535S

Tonon RV, Grosso CRF, Hubinger MD: Influence of Emulsion Composition and Inlet Air Temperature on the Microencapsulation of Flaxseed Oil by Spray Drying. *Food Research International*. 2011, 44, 282 – 289.

Zhang JP, Dang ZH, Xie YP, Wang LM, Dang Z: The Effect of Environment and Genotype on the Lignans Content of Oil Flax in China, Proceeding of the 66th Flax Institute of the United States, 2016, 59 – 66.

Singh KK, Mridula D, Rehal J, Barnwal P: Flaxseed – A Potential Source of Food, Feed and Fiber. *Critical Reviews in Food and Science Nutrition*. 2011, 51, 210 – 222.

Hall C, Tulbek MC, Xu Y: Flaxseed. *Advances in Food and Nutrition Research*. 2006, 51, 1 – 97

Vijaimohan K, Jainu M, Sabitha KE, Subramaniyam S, Anandhan C, Shyamala Devi CS: Beneficial Effects of Alpha Linolenic Acid Rich Flaxseed Oil on Growth Performance and Hepatic cholesterol metabolism in high fat diet fed rats. *Life Science*. 2006, 79: 448 – 454.

Diederichsen A, Raney JP, Duguid SD: Variation of Mucilage in Flax Seed and Its Relationship with Other Seed Characters. *Crop Science*. 2006, 46, 365 – 371.

Hoffmann M, Wagner M, Abbadi A. Fudal M, Feussner I: Metabolic engineering of ω3 – VLCPUFA production by an exclusively Acyl – CoA – dependent pathway. *The Journal of Biological Chemistry*. 2008, 283, 22352 – 22362.

Jenab M, Thompson LU: The influence of flaxseed and lignans on colon carcinogenesis and β – glucuronidase activity. *Carcinogenesis*. 1990, 17, 1343 – 1348.

Lin X, Gingrich JR, Bao W, Li J, Haroon ZA, Demark – Wahnefried W: Effect of flaxseed supplementation on prostatic carcinoma in transgenic mice. *Urology*. 2002, 60, 919 – 924.

Thompson LU, Chen JM, Li J, Strasser – Weippl T, Goss PE: Dietary flaxseed alters tumor biological markers in post menopausal breast cancer. *Clinical Cancer Research*. 2005, 11, 3828 – 3835.

Morris MC, Evans DA, Tangney CC: Relation of the tocopherol forms to incident alzheimer disease and to cognitive change. *American Journal of Clinical Nutrition*. 2005, 81, 508 – 514

Morris DH: Flax—a health and nutrition primer, 4th edn. 2007, Available from: www. flaxcouncil. ca.

Kajla P, Sharma A, Sood DR: Flaxseed—a potential functional food source. *Journal of Food*

Science and Technology, 2015, 52 (4), 1857 - 1871.

Madhusudhan B: Potential benefits of flaxseed in health and disease: A perspective. *Agriculturae Conspectus Scientificus*. 2009, 74, 67 - 72.

FAOSTAT. 2015. Food and Agriculture Organization Statistical Databases. Available at http: //faostat. fao. org/download/Q/QC/E (accessed on 13 Augu. 2016) .

G.36
甘肃省谷子糜子科技发展研究报告

杨天育*

摘　要：　谷子糜子作为甘肃省重要的特色小杂粮作物，2010 年后虽受政策扶持及气候条件等因素和栽培技术影响，种植面积和产量呈稳中略降趋势，但在国家和省科技项目支持下，谷糜应用基础研究、种质资源精准鉴定和评价及创新、新品种选育、提质增效栽培技术研究都取得了明显进展，有效支撑了谷糜特色产业发展。今后几年，谷糜科技工作应在种质资源发掘创新的基础上，重点进行优质、高产、抗逆新品种选育和配套提质增效栽培技术创新，使甘肃谷糜科技研发水平跃居全国先进行列。

关键词：　甘肃　谷子　糜子　品种资源　品种选育　栽培技术　加工利用

谷子、糜子均属禾本科黍族一年生草本作物，是世界上最古老的粮食作物之一，也是起源于中国的特色杂粮作物。谷子、糜子喜温，多数具有耐旱、耐热、耐瘠等特性，生育期较短，种植灵活，丰产性较好，营养丰富，既可以正茬种植，也可以用来填闲备荒种植；既可以用于食品原料生产，也适于牧草收割，在我国北方旱作农业生产和多元化食物消费中都占有重要地位。

一　谷子糜子产业发展现状

（一）国外谷子糜子产业发展概况

世界谷子主要生产国位于亚洲东南部、非洲中部和中亚等地，其中亚洲谷子

---

* 杨天育，硕士生导师，甘肃省农业科学院作物研究所所长，研究员，主要从事谷子糜子科学研究工作。

播种面积和产量占世界的95%以上，中国、印度、尼日利亚、马里、尼日尔、苏丹等6个国家谷子产量约占世界总产量的80%。除中国外，印度是世界第二大谷子种植国，年种植面积10万公顷左右，主要作为营养食品和有机产品。法国、德国、美国、日本、澳大利亚等发达国家仅有少量种植，日本、韩国、新加坡等国主要从中国进口，用于日常点心类食品的添加；法国、德国、美国、澳大利亚等主要用谷子做饲料作物。

世界糜子种植面积最多的是苏联，糜子总产量占到全世界的45%左右。2011年俄罗斯糜子种植面积82.5万公顷，占农作物种植面积的2%，总产量占俄罗斯联邦的99%，最高平均产量可达31.13千克/公顷。美国糜子年种植面积21.3万公顷，平均单产约1500千克/公顷，总产量2.75亿千克。韩国糜子种植面积约2500公顷，约占农作物总种植面积的80%，但单产量仅1200～1500千克，以春播为主；夏播面积较小，单产可达1500～3000千克。

（二）国内谷子糜子产业发展现状

谷子糜子是我国主要的特色杂粮，主要分布在西北、华北、东北地区。我国谷子种植面积约占世界的80%，居第一位，主要产区包括东北平原区、华北平原区、内蒙古高原区和黄土高原区。我国糜子种植面积约占世界的20%，居第二位，有粳、糯性两类，主要产区包括北方春糜子区、东北春糜子区、黄土高原春夏糜子区、西北春夏糜子区、华北夏糜子区。据统计，2015年我国谷子种植面积120万公顷，平均单产2100～2400千克/公顷，主要分布在河北、山西、内蒙古、辽宁、陕西、河南、黑龙江、山东、甘肃、吉林10个省区，占全国总面积的95%；糜子种植面积53.3万公顷，平均单产1500～2250千克/公顷，主要分布在陕西、内蒙古、山西、甘肃、宁夏、河北等6个省区。我国谷子糜子消费以原粮消费（80%）为主，饲料消费和其他消费为辅。近年来，受多种因素影响，谷子糜子市场价格不断上涨，谷子从2012年的4.96元/千克上涨到2014年的11.6元/千克，涨幅为133.87%；糜子从2012年的2.60元/千克上涨到2014年的5.00元/千克，涨幅近50.00%。2015年底，谷子糜子收购价格回落至3.5元左右/千克，农贸市场小米价格6.5～7.5元/千克，黄米价格5.0～6.0元/千克，谷子糜子价格呈现从快速上升逐步回归理性的态势。我国的谷子糜子具有一定海外市场潜力，外销日本、韩国、印度尼西亚、中国台湾等35个国家和地区。日本是中国小米最大出口国，年进口量62万～87万千克，占日本小米进口总量的60%左右。

近年来，由于政府重视、支持产业发展技术水平的提升和受绿色健康消费观念影响，我国谷子糜子需求回升、种植面积回升、价格回升，生产呈现区域化、规模化发展的特征；谷子糜子产业组织形式不断发展，经营主体呈现多样化，龙头企业+基地、专业合作社+基地、种植大户+基地等产业组织形式普遍推广，管理规范。但也看到，由于谷子糜子仍多种在丘陵旱地和老少边贫地区，生产比较分散，农业种植户科技素质较低，病虫害以及自然灾害影响较大，单产依然较低且波动较大；也由于缺少主流产品和高附加值产品，产业开发依然停留在初级加工水平。总体而言，谷子糜子产业发展需要政策呵护，需要产业技术进一步支持，也需要市场经济的进一步推进。

（三）甘肃省谷子糜子产业现状

谷子糜子是甘肃重要的特色小杂粮，主要分布在陇东和中部旱作农业区，因其生长发育与这一区域雨热资源同步，具有广泛的生态适应性和相对稳定的生产力，更兼营养丰富，在粮食增产丰收、有效利用自然资源发展多熟种植、增加农民收入、满足人们多元化食物消费等方面都有重要意义。

甘肃陇中谷子糜子产区包括会宁、靖远、景泰、安定、通渭、陇西、临洮等县（区），常年谷子种植面积0.53万公顷左右，糜子0.47万公顷左右，谷子主要品种有陇谷11号、张杂谷5号、地方品种良谷等，种植方式以留膜免耕穴播栽培和露地等行距条播为主，其中留膜免耕穴播栽培谷子平均单产量3600千克/公顷左右，高产地块单产4500千克；露地条播平均单产2250千克/公顷左右，高产地块单产3000千克/公顷。该区主要糜子种植品种有陇糜5号、陇糜7号、陇糜10号、陇糜11号等，主要是采取露地等行距条播和留膜免耕穴播栽培，其中露地等行距条播平均单产1950千克/公顷左右，高产地块平均单产2700千克/公顷。

甘肃陇东谷子糜子产区包括崆峒、泾川、灵台、镇原、西峰、合水、环县、华池、甘谷、清水等县（区），该区常年糜子种植面积3.33万公顷左右，谷子种植面积1.7万公顷左右，谷子主要品种有金吨谷、长农35、陇谷2129、陇谷11号、地方品种什社黄毛谷、金果银等，以露地等行距条播为主，晚春种，平均产量3900千克/公顷左右，高产地块单产4500千克以上；该区糜子主要品种有陇糜5号、陇糜7号、陇糜10号、陇糜11号、晋黍8号、黑糜子等，主要是采取露地等行距条播复种或晚春播，复种糜子平均单产2250千克/公顷左右，高产地块平均单产3000千克/公顷，晚春播糜子平均单产2625千克/公顷左右，高产地块单产3000千克/公顷以上。近年河西走廊的张掖市谷子发展势头比较好，形成了甘州、山丹新的谷子优势产区，这一产区种植的主要谷子品种有陇谷11号、张杂谷5号等，常年种植面积6.33万公顷左右。由于光热水资源条件好，一般单产600千克/公顷以上，高产田单产900千克/公顷以上。

甘肃谷子糜子用途单一，以加工企业和贸易公司收购做加工原料为主，自留食用和作饲料等相对较少。主要的加工产品是小包装小米和黄米，也培育出市场上有一定声誉的“三利”、“乐百味”、“金花寨”、“金什社”和“耀汉子”等地方品牌，“什社小米”还获得了国家地理标识认证。甘肃谷子糜子市场价格相对稳定，据调查2015年谷子收购价格3.5～4.4元/千克，小米销售价10～16元/千克；糜子收购价2.6～3.4元/千克，黄米销售价8～10元/千克。近年来虽受市场拉动，全省出现了如张掖市金花寨小米种植专业合作社、会宁县黍丰小杂粮专业合作社、甘谷县秀金山小杂粮专业合作社、定西市丰源小杂粮专业合作社、靖远县大地金诺种业种植专业合作社、民乐县五谷丰小杂粮专业合作社、山丹县金谷子专业合作社等专业合作组织，有效推动了谷子糜子产业的发展，但谷子糜子产业发展规模小、效益低、品牌少的问题依然存在。

受政策扶持和气候条件等因素影响与谷子糜子间苗费工费力等技术瓶颈限制，20世纪90年代以来甘肃省谷子糜子种植面积和总产量一直呈下降趋势（见图1、图2），2010年后两者种植面积虽稳定在6万公顷左右，但仍呈递减趋势，总产量相对稳定（见图3、图4、图5、图6）。据统计，2014年全省谷子糜子种

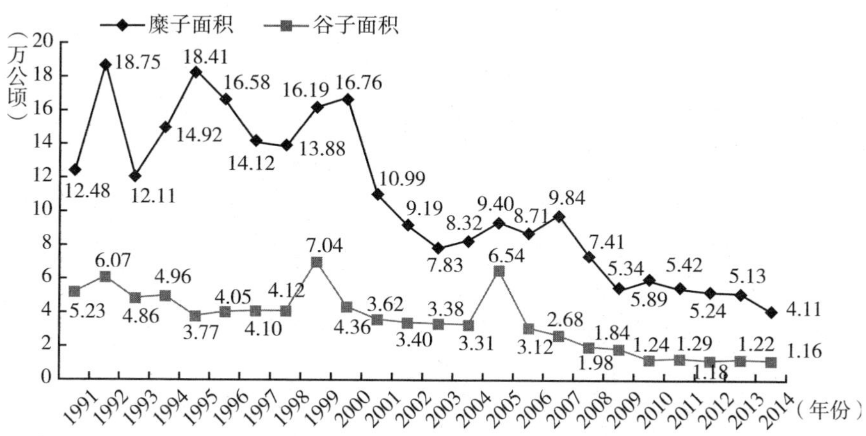

图1　20世纪90年代以来甘肃省谷子、糜子种植面积

资料来源：甘肃农村统计年鉴。

植面积5.3万公顷，总产量7260万千克，总产值2.08亿元；与1995、2000、2005年和2010年相比，面积分别减少16.88万、15.82万、10.64万和1.36万公顷（见表1）。甘肃谷子糜子种植面积减少，与谷子糜子种植效益较低有关，近年来地方政府投资支持玉米、马铃薯等高产作物产业发展，相比较，谷子糜子种植效益偏低，得不到政策支持，农户种植积极性不高；也与谷子糜子机械化程度不高，间苗麻烦，栽培费工，品种布局不合理，种植没形成规模，消费渠道狭窄，加之受鸟害和干旱等灾害影响有关。

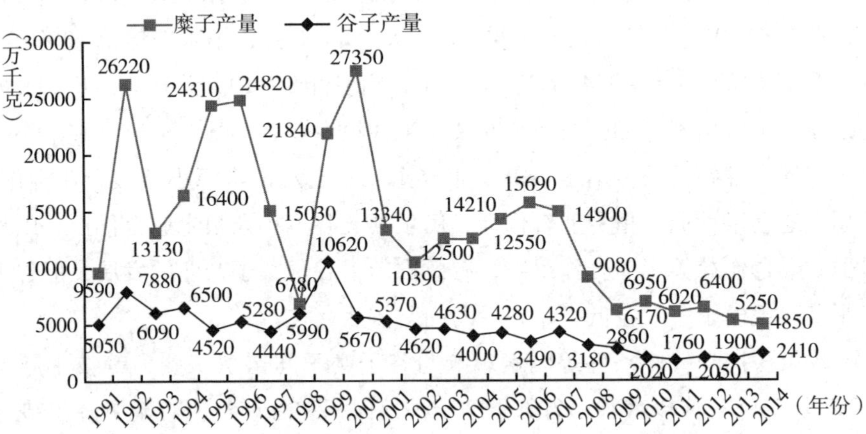

图2　20世纪90年代以来甘肃省谷子、糜子产量

资料来源：甘肃农村统计年鉴。

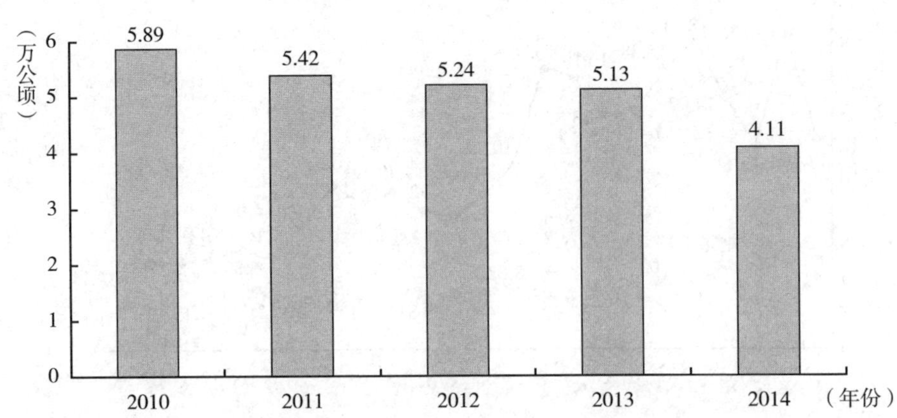

图3　2010～2014年甘肃省糜子种植面积

资料来源：甘肃农村统计年鉴。

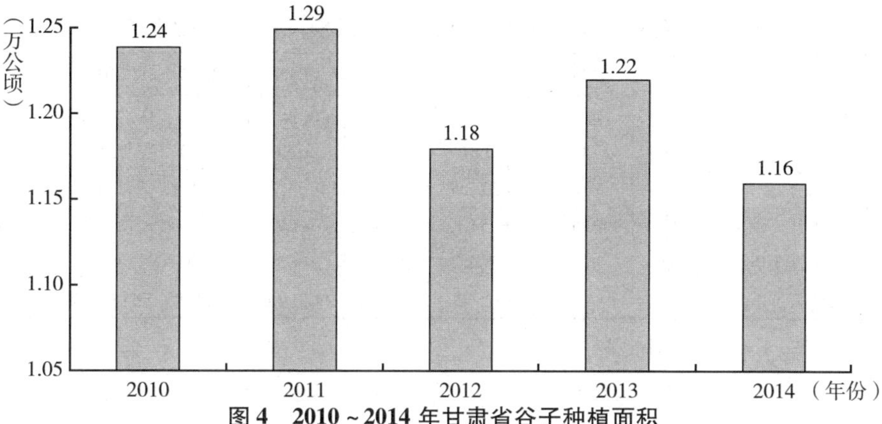

图 4　2010～2014 年甘肃省谷子种植面积

资料来源：甘肃农村统计年鉴。

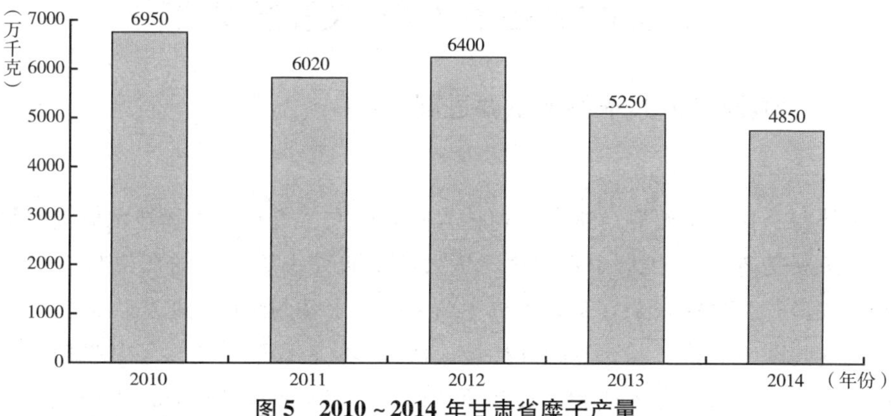

图 5　2010～2014 年甘肃省糜子产量

资料来源：甘肃农村统计年鉴。

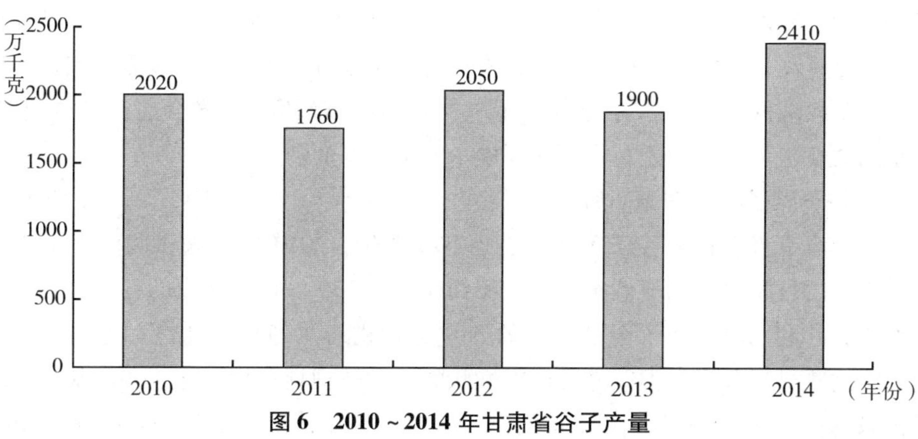

图 6　2010～2014 年甘肃省谷子产量

资料来源：甘肃农村统计年鉴。

表 1　“九五”以来甘肃谷子糜子种植面积、产量与产值情况

年份		1995	2000	2005	2010	2011	2012	2013	2014
糜子	面积(万公顷)	18.41	16.76	9.4	5.89	5.42	5.24	5.13	4.11
	产量(万千克)	24310	27350	12550	6950	6020	6400	5250	4850
	产值(万元)			16052.51	13204.41	11735.31	16004.81	14171.96	13924.37
谷子	面积(万公顷)	3.77	4.36	6.54	1.24	1.29	1.18	1.22	1.16
	产量(万千克)	4520	5670	4280	2020	1760	2050	1900	2410
	产值(万元)			4832.95	3846.34	3425.06	5127.83	5133.33	6902.5

资料来源：甘肃农村统计年鉴。

二　国内外谷子糜子科技发展现状

（一）国外谷子糜子科技主要进展

1. 谷子糜子基础研究

国外谷子科技主要侧重进化、遗传等基础研究，近年来生物技术研究取得的标志性进展是 2012 年美国 JGI 和我国华大两个研究小组，分别在《自然》杂志子刊发表豫谷 1 号和张杂谷基因组测序结果。谷子基因组序列框架图的公布，为谷子功能基因组分析、基因克隆和标记、遗传多样性研究等提供了基础信息。起源进化方面，日本研究了粟类作物来源分布，发现了不同蜡质基因型的谷子、糜子。我国台湾地区证明了我国是欧亚大陆糜子的起源中心。近年来，谷子及其近缘野生种迅速发展成为一个新的功能基因组研究模式作物，谷子和青狗尾草在 SSR 标记开发、遗传转化技术、突变体库构建等方面也都取得了显著进展，2012 年国际最权威的《科学》杂志发表了利用青狗尾草研究 C4 光合途径及构建 C4 水稻的文章，为谷子功能基因组研究展示了更美好的前景。

2. 谷子糜子种质资源研究

目前全世界保存的谷子种质资源有 37320 份，2010 年以来，国际干旱半干旱研究所的科学家利用他们掌握的资源构建了由 155 份材料构成的谷子核心种质资源库，并利用覆盖谷子全基因组的 SSR 标记进行了遗传多样性和遗传关系分析，将这些材料分为三类，并和形态性状的三种类型划分相匹配。印度基于地理学记录的信息和 20 次定性和定量的试验，对来源于国际作物研究所内半干旱热带地区基因库的 833 个糜子品种进行了研究，构建了 106 个糜子品种的核心种质资源库。美国从高粱、谷子和柳枝黍中选择DNA标记定位研究了糜子种质，证明种质的差异主要在抗倒伏和落粒性上。

3. 谷子糜子品种选育

印度、法国、美国、俄罗斯、朝鲜、日本、澳大利亚等国家均开展谷子育种，但这些国家的谷子育种规模很小，育种手段也比较落后，育种方法仍以系统选择和杂交为主，主要是选择或培育抗旱品种、鸟饲品种或饲草专用品种，品种产量水平和综合农艺性状都较低。印度谷子单产水平只有中国的50%左右，它们需要70～90天短生育期、抗除草剂和优质品种。国外糜子育种研究比较广泛而深入，对我国影响较大的是苏联。苏联糜子品种选育主要关注大粒、早熟（安全成熟）、高产、抗落粒、抗病（对黑穗病免疫，抗细菌斑点病、萎蔫病）、品质优（主要是提高好粒中蛋白质、胡萝卜素、脂肪、淀粉含量及高出米率）、饲料等性状，还有抗寒性和抗倒伏性，育种方法主要是品种间杂交、多倍体、化学或辐射诱变等。开展糜子育种的乌克兰和俄罗斯，采用杂交育种方法育成高产、大粒、优质、抗病虫、早熟品种应用于生产，如通过杂交选育和花药培养等方法选育出的Alba、Regent等早、中熟品种，具有高产、抗倒伏、抗落粒和抗病等特性，在俄罗斯北部地区最高单产5910千克/公顷。美国糜子育种主要考虑高产、大粒和适应性以及籽粒的颜色（红色和白色），育成的代表性品种有Earlybird（早熟矮秆大粒）、Sunrise（大粒抗倒中熟）和Hunstman（晚熟高秆高产），目前选育食品加工原料的糯性品种也成为一个热点。韩国公州国立大学开展了糜子SSR分子标记辅助选择育种，2009～2014年利用纯系育种方法育出6个糜子新品种。

4. 谷子糜子栽培技术研究

俄罗斯、乌克兰、美国、韩国、日本等国一直重视农机与农艺的结合，长期开展适于机械化收获的糜子新品种选育及糜子播种机、中耕机械、收获机等机械研究与利用。韩国研究了播种机的最佳播种率和播种深度，建立了最佳栽培模式。印度研究了20个谷子品种16种条件（8个播期，2个肥料水平）对谷子蛋白质、钙含量、胡萝卜素含量的影响；研究了不同化肥和农家肥种类和用量对谷子产量的影响，探讨了肥力措施对谷子产量、营养和经济学的效应。

5. 谷子糜子加工利用研究

国外对谷子糜子食品研究多集中在加工方法上，如磨粉、浸泡、脱壳、加热、发芽、发酵、酶解等工艺对粟米抗营养物质和消化率的影响。日本通过发酵研究谷子蛋白质营养发现发酵有利于提高谷子的营养价值；匈牙利研究了脱壳加工工艺对糜子蛋白及品质的影响，发现去皮并不影响糜子的蛋白质和脂肪的含量，但粗纤维、膳食纤维、矿物质、总酚含量和抗氧化能力显著下降；韩国研究了乙醇提取对高粱、谷子、黍稷中 α－葡萄糖苷酶和 α－淀粉酶活性的抑制作用，以及不同时间、温度下煎煮对糜子多酚、单宁含量以及抗氧化活性的影响，也研究了不同粒色糜子品种的酚类化合物及活性氧代谢，不同糜子品种水分、蛋白质、灰分的差异及 $MgCl_2$、$MgSO_4$ 和 $ZnSO_4$ 处理后不同品种的硬度、黏聚性、胶黏性和黏着性的变化；俄罗斯、乌克兰等国也研究了不同基因型糜子品种蛋白质含量变化特点；印度研究了手指粟粉的含量和品种对饼干面团流变学性质和品质的影响。国外对于粟米的功能特性如抗氧化性、抗心血管疾病、抗癌、美容、助眠等的研究尚在起步阶段，印度研究糜子膳食纤维降糖效果发现糜子有较好的降血脂作用，日本研究发现谷类籽粒蛋白质能显著提高血浆中高密度脂蛋白的浓度。

（二）国内谷子糜子科技研发进展与成效

我国是世界上唯一对谷子进行深入系统研究的国家，糜子研究也比较系统广泛。谷子糜子研究领域包括起源、进化、资源、育种、细胞遗传、分子遗传、生物技术、栽培生理、病理等各个方面。“十二五”以来，立足特色农产品有效供给和特色产业持续发展，我国谷子糜子科技工作者强力攻关，重点突破，取得了一批具有自主知识产权的重大科研成果，为提升谷子糜子国际竞争力奠定了坚实基础，为农业现代化建设提供了重要支撑。

1. 谷子糜子分子生物学研究

“十二五”期间，我国首次系统收集整理并建立了谷子野生种狗尾草种质库；构建了豫谷 1 号 EMS 突变体库，选出重要性状突变体 337 份，完成黄叶、小穗等多个突变体的突变基因定位和克隆，克隆到 3 个关键基因；完成了 520 个谷子核心种质资源重测序，开发 SNP 标记 250 万个，InDel 标记 50 万个，SSR 标记 713 个，系统鉴定了控制谷子 47 个农艺性状的基因组位点。开展了谷子基因组测序和抗旱、抗病、高产等有益基因定位，发现谷子萌芽期与抗旱相关的 18 个 QTL 位点；完成谷子核心种质及关联分析群体生育后期抗旱性鉴定，为发掘谷子中后期抗旱相关基因奠定了基础。利用糜子特异性 SSR 引物研究了 40 份糜子种质资源的遗传多样性，检测出 20 个等位基因变异并聚类分析，推动了糜子分子生物学研究和创新能力提升。

2. 谷子糜子品种资源鉴定与创新

"十二五"期间，我们利用远缘杂交、辐射诱变和杂交及回交等技术手段，培育出新型谷子雄性不育系，创制出抗拿捕净、咪唑乙烟酸等新型谷子除草剂材料应用于育种；研究了谷子糜子抗旱性鉴定评价技术，对谷子糜子种质资源进行了精准鉴定，筛选出了一批强抗旱材料；建立了糜子黑穗病、谷子谷瘟病等病害鉴定技术，研究了谷子锈病、谷瘟病以及糜子黑穗病致病机制，初步发现4种调控谷子抗锈性的途径；鉴定筛选出谷子抗谷瘟材料15个、白发病免疫材料8份、黑穗病免疫材料3份，糜子高抗黑穗病新材料18个，为抗谷子糜子除草剂、抗旱、抗病育种工作提供了资源材料。

3. 谷子糜子品种选育及配套轻简化栽培技术研究

"十二五"以来，我国共培育谷子新品种74个，糜子品种14个。其中抗除草剂谷子新品种14个，并形成配套简化栽培技术；研究制定了适合机械化收获的品种标准，鉴定出适合机械化收获的谷子品种13个，育成的谷子糜子新品种为谷子糜子产量和质量提高、综合效益提升奠定了很好的基础。"十二五"以来，开展了谷子糜子需水、需肥规律及抗旱节水栽培生理研究，探索了轮作对谷子糜子生长发育与土壤微生物种群的影响机制，研制改进适合不同生态类型区应用的大型、小型精量播种、中耕、割晒机等配套机械；研制出谷子糜子专用种衣剂，制定了"以抗病品种为先导、种子处理为重点、苗期和中期以杀虫为主兼顾病害的一喷多防为补充"病虫害的综合防控技术。通过组装集成品种、水肥高效利用技术、配方施肥、病虫害防控等配套技术，形成谷子糜子抗旱、高产栽培相关技术标准8项，集成高效节水和优质高产栽培技术59项，降低了生产成本，促进了生产由小户向大面积产业化的转变，提升了产业化水平。

4. 谷子糜子营养功能和加工利用研究

研究了谷子糜子蛋白质氨基酸和淀粉粒的特性、小米糠膳食纤维功能特性及降血脂功能特性；分析了小米粥挥发性成分构成；研究了谷子糜子蛋白质、色素、淀粉、膳食纤维等功能成分的提取、分离、制备方法；建立了谷子水溶性淀粉加工制备工艺以及小米蛋白质、碳水化合物、脂肪、水分及部分氨基酸的近红外光谱分析方法和模型；研究了发芽粉、熟粉的抗氧化特性和小米膳食纤维调节血糖功能，全小米食品对糖尿病早期、高血压早期人群血糖、胰岛素、血压等生理指标的影响，为功能特异性谷子品种培育奠定了基础；研制成功月子小米及小米挂面、馒头、免煮面条、酒、饮料、营养粉、营养乳、方便面、方便米饭等大众化食品，实现谷子深加工产品的市场化。

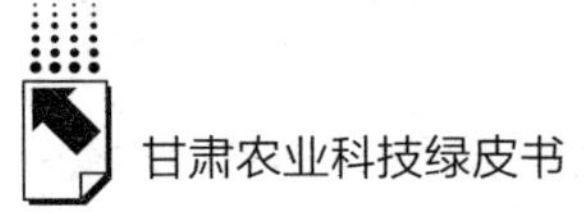

三 甘肃省谷子糜子科技发展现状分析

（一）甘肃省谷子糜子科技进展与成效

与国内外谷子糜子科技发展相比，甘肃省受政策、资源、人才和装备等条件限制，从事谷子糜子研究的单位少，队伍小，谷子糜子科技水平相对比较落后。但“十二五”以来，在国家和省级科技项目支持下，全省谷子糜子科技工作坚持以科技创新为引领，以服务“三农”为目标，紧紧围绕产业发展需求和学科发展方向，推动谷子糜子应用基础研究、种质资源精准鉴定与评价及创新、新品种选育、提质增效技术研究等取得了新进展。

1. 谷子糜子应用基础研究

“十二五”期间，甘肃省农业科学院利用168个株系的重组自交系（RIL）群体，构建了一个包含1013个SSR标记、标记间平均距离为1.27cm、总长度1318.8cm的谷子高密遗传连锁图谱，检测到环境稳定、可解释性状变异7.0%～14.3%的与11个谷子产量性状相关的29个QTL，为谷子相关农艺性状精确定位奠定基础，研究结果在BMC genetics发表；开展了谷子糜子种质资源抗旱性鉴定评价技术研究，筛选出一批强抗旱资源为抗旱育种提供了优异资源材料，明确了芽期20%PEG胁迫法和相对发芽率、苗期反复干旱法和成活率、成株期干旱胁迫处理法和抗旱指数是糜子不同时期抗旱性鉴定的适宜方法和比较理想的评价指标，研制成的“采用底部上渗复水的作物苗期抗旱性的鉴定方法”申请了国家发明专利，制定了国内第一个《糜子抗旱性鉴定评价技术规范》，并通过甘肃省质量技术监督局审定颁布实施，为全省及全国糜子抗旱性鉴定提供了技术支撑；研究了影响糜子小孢子培养的供体材料、培养基、接种密度等优化条件，明确了遗传材料对诱导愈伤组织有较大关系，可以对接种材料优化选择，选择完全未开放或初花期主穗上的花药作为外植体比较合适，进入盛花期的花药不宜作外植体，W14和FHG培养基的诱导率均明显高于MS和N6培养基的诱导率，接种密度高会提高愈伤组织的诱导率；开展了糜子重离子辐射育种技术和EMS诱变育种技术研究，明确了糜子种子适宜的重离子辐射剂量和EMS处理时间和浓度，并获得了辐射诱变材料；开展了糜子SSR分子标记开发研究，从221条糜子EST序列中检测出含微卫星序列56条。

2. 谷子糜子品种资源创新与品种选育

“十二五”期间，围绕丰产、优质、广适、抗逆育种目标，甘肃省农业科学院、张掖市农业科学院等单位开展了谷子糜子优异育种资源材料创新和新品种选育。通过杂交创制了一批糯性糜子资源材料和抗除草剂谷子材料，通过辐射诱变创制了一批谷子糜子特色遗传材料；通过人工接种鉴定筛选高抗糜子黑穗病材料；利用敦煌建立的抗旱鉴定自然平台，筛选出一批强抗旱谷子糜子资源材料，创制的抗病、抗旱和特色资源材料为育种工作奠定了良好基础。“十二五”以来，甘肃省农业科学院先后育成陇谷 12 号、陇谷 13 号、陇谷 14 号和陇谷 15 号四个谷子品种，其中陇谷 13 号通过国家品种鉴定；育成陇糜 10 号、陇糜 11 号、陇糜 12 号和陇糜 13 号四个糜子品种，其中陇糜 10 号通过国家品种鉴定。甘肃省农科院制定了陇糜 9 号、陇糜 10 号和陇糜 11 号糜子品种标准和陇谷 11 号、陇谷 12 号、陇谷 13 号谷子品种标准并颁布实施，为谷子糜子品种质量和种性鉴别提供科学标准；育成的“丰产优质糜子新品种陇糜 7 号”获得甘肃省科技进步三等奖，育成的“抗除草剂谷子新品种陇谷 11 号”获得甘肃省科技进步二等奖；育成的糜子新品种陇糜 10 号、谷子新品种陇谷 11 号具有广适、丰产、抗旱等特性，作为农业部谷子、糜子万亩高产创建示范片主推品种应用。此外，张掖市农科院育成张谷 6 号、白银市农业技术服务中心育成银谷 1 号、张掖市山丹金谷子种植合作社育成丹谷 1 号和丹谷 2 号。全省育成的谷子糜子新品种为产业发展提供了换代品种，新品种大面积应用为全省谷子糜子特色农产品供给做出了较大贡献。

3. 谷子糜子提质增效栽培技术研究

“十二五”期间，围绕如何提高旱作农业区谷子糜子水分利用效率和增产增收问题，我们研究了以地膜覆盖为核心的旱地谷子、糜子提质增效栽培技术模式；对谷子和糜子地膜覆盖栽培的光、温、水、肥效应及作物的响应和不同地膜材料覆盖栽培的温度、水分效应及作物的响应进行了系统研究；研究了全膜覆土穴播栽培和留膜免耕穴播栽培对谷子糜子生长发育的影响及留膜免耕穴播栽培条件下谷子的适宜密度和最佳肥料量与施肥方法，研究工作为弄清地膜覆盖栽培高产高效机理提供了科学依据，丰富了谷子糜子学科研究内容，也为科学指导谷子糜子生产提供了依据。根据生产问题与需求，对谷子糜子播种机进行了技术改造，研制的“可调式小粒种子播种机”获得国家实用新型专利。通过研究集成农机农艺融合、良种良法配套技术，制定了“旱地谷子留膜免耕穴播栽培技术规程”、“旱地糜子丰产栽培技术规程”、“旱地谷子全膜覆土栽培技术规程”、“旱地糜子一膜两年用留膜免耕学播种栽培技术规程”、“旱地糜子全膜覆土栽培技术规程”等 5 项地方标准并颁布实施，为旱作农业区谷子糜子高产高效栽培提供了技术支撑。在张掖市开展的谷子高产创建活动中，0.28 公顷谷子测产达到 10560 千克/公顷，改变人们对谷子低产的认识；在镇原农业部万亩糜子高产创建活动中，百亩核心攻关田平均单产达到 3195 千克/公顷，增产效果十分显著。

4. 谷子糜子科技研发基础信息

“十二五”期间，甘肃省农业科学院承办和协办了“第一届国际糜子学术研讨会”、“谷子糜子育种栽培研讨会暨抗旱鉴定观摩会”和“糜子生产考察及技术创新试验现场观摩会”等国内外专业学术会议，促进了学术交流，还收集整理完成了谷子糜子产业研发人员数据库 56 条信息数据，完成谷子育成品种数据库 10 个品种介绍资料和图片，完成糜子育成品种数据库 12 个育成品种介绍资料和图片，完成谷子病虫草害发生情况数据库主要病虫害发生和防控 90 项数据，完成谷子糜子主产区肥料利用与品种数据库 15 个县土壤肥料利用等数据信息 1100 条，完成谷子糜子主产县数据库甘肃省 85 个县区谷子糜子面积和总产数据 4420 条，完成谷子糜子加工企业数据库 1 家加工企业基本情况和产品及其销售情况 37 项相关数据。产业相关数据库的调研整理为相关管理部门了解掌握产业信息提供了丰富的信息资源。

（二）甘肃谷子糜子科技发展存在的主要问题

科技的创新和发展是社会和经济发展的主要推动力。科技创新和发展离不开政策的有效支持，离不开科技资源的合理配置，也离不开各类创新人才的创新推动。从科技创新发展的这些要素来看，甘肃省谷子糜子科技发展仍存在一些问题。

1. 管理决策层面上的问题

主要表现为政府在配置科技资源方面缺乏整体布局和统一的宏观管理，谷子糜子等小杂粮产业虽然被列为甘肃省特色优势产业，但和主要农作物相比，谷子糜子科研长期没有得到足够重视，科研项目少，科研经费不足，一些原来从事谷子糜子研究的单位撤销了科研课题组和研究平台，致使谷子糜子科技人才队伍不稳定，出现严重萎缩的局面。同时，科研经费和项目缺乏，也限制了科研机构的发展，谷子糜子科技研发基础比较薄弱，特别是科研仪器设备投入不足，加之科研机构科技人才队伍整体素质不高，高层次和高学历人才缺乏，导致研究机构科技创新能力较低，技术相对落后。

2. 科技创新层面上的问题

主要是谷子糜子新品种、新技术支撑产业发展的力度有待进一步加大。品种方面，目前的谷子糜子品种在品质、抗病、抗旱、抗除草剂等性状方面还不能满足产业化生产的需要，育成品种仍然存在着秆高、抗倒性差、不利于机械化操作、抗除草剂品种类型少、优质品种不足、加工专用品种缺乏等需要解决的技术瓶颈，新品种转化与种子产业化推广速度慢，也严重影响着品种的快速应用。栽培技术方面，由于谷子糜子主要种植在干旱半干旱山区，生产生态条件差，生产中的间苗、除草、收获等仍然是影响谷子糜子规模化高效生产的突出问题，传统的山地、丘陵产区依靠人工木耧种植和人工收割仍占有很大比例，因此需要开发适合山地、丘陵的农业多功能机械，特别是能在其他农机上改装的技术和机械将更有利于推广和应用。产后加工研究方面，产业化程度仍然较低，拉动生产的能力有限，多数加工产品都是初级加工产品，缺少可以面市的主流产品和高附加值产品，亟须科研人员针对市场需求，研究精深加工技术，开发大众化食品和功能食品，以满足市场和营养生活的需求。

3. 制度层面上的问题

主要是影响谷子糜子科技创新的体制问题还没有解决，农业科技创新的主体与农业科技需求的主体存在脱节现象，科技创新与经济发展的有效结合没有得到很好解决，农业科技推广体系难以适应农业科技创新的需要，农业科技成果水平不高，转化率较低。

四 甘肃谷子糜子科技创新发展总体目标、基本思路及重点内容

“十二五”以来，虽然甘肃省谷子糜子科技发展取得了一定成效，但随着传统农业向现代农业的转变，农业生产的发展从原来只受资源的单一约束变成受资源和市场的双重约束，从原来增加产量的单一目标为主转向了农产品竞争力增强、农业增效和农民增收等多重目标。在这种形势下，谷子糜子科技发展的重点也将由追求增产技术转向优质、高效、安全、环保技术发展，将在深度和广度上进一步强化提质节本增效和环境友好及应急贮备技术的创新，实现谷子糜子特色农产品总量增加、质量优化、效益提高和竞争力提升。

（一）总体目标

建立具有国内领先水平的谷子糜子科技创新体系，以科技创新为先导，以持

续高效利用农业资源、全面提高特色农业整体素质和效益为目标，以谷子糜子种质基因资源发掘创新为基础，以培育优质、专用、高产、抗逆、广泛适应的谷子糜子新品种和配套提质增效栽培技术创新为重点，力争在谷子糜子优质、高产、抗逆育种，资源高效利用与生态安全技术等领域有较大突破，为提高甘肃省谷子糜子特色农产品的有效供给和市场竞争力提供技术支撑，使甘肃省谷子糜子科技研发水平跃居国内先进行列。

（二）基本思路

紧盯谷子糜子学科发展趋势，根据全省谷子糜子产业发展重大需求，走自主创新为主与跟进吸收融合发展相结合、应用研究和应用基础研究及技术研发相结合的道路，在谷子糜子种质资源创新利用，品质、产量与抗性改良，提质增效、环境友好栽培技术等方面取得重大的创新性突破。谷子糜子种质资源创新利用方面，构建抗旱、抗病等鉴定平台和优异基因库，逐步由种质资源表现型精准鉴定评价向基因型评价转变，创新种质资源材料为育种利用；谷子糜子遗传研究与育种方面，通过生物技术与常规技术结合，突破品质与抗逆性等重要性状遗传改良的技术瓶颈，以优质、专用、抗逆性改良和多元化育种为重点，培育优质、多抗、专用、产量更高和适应性强的新品种，3～5年实现一次品种的更新换代；谷子糜子提质增效栽培技术方面，针对生产上的重大科技需求，以栽培生理和生态研究为基础，在环境友好无公害技术、资源高效利用可持续技术、农机农艺融合轻简化技术等方面重点突破，创新集成一批生产要素的集约化、标准化、产业化的高效适用型栽培新技术。

（三）重点研究内容

1. 谷子糜子种质资源精准鉴定、有益基因挖掘与创新利用

加强国内外谷子糜子研究单位的交流与合作，持续引进优异种质资源，彻底解决甘肃省种子资源遗传基础狭窄的问题；开展大量种质资源表型的精准鉴定和评价，逐步开展种植资源的基因型鉴定评价技术研究，发掘优质专用基因（商品和食味品质好、高蛋白、高赖氨酸、低脂肪、高抗性淀粉）、高产基因、抗逆基因（强抗旱性、高抗病性、耐盐碱与低温冻害等）、资源高效利用基因（水分高效、氮、磷高效等），提高谷子糜子育种应用水平；利用丰富的谷子、糜子遗传资源，通过杂交、理化诱变和生物技术等手段，创制品质、抗旱、耐逆、抗病等性状有显著改变的新材料；利用谷子、糜子野生资源，通过远缘杂交、理化诱

变等手段，创制类型多样的抗除草剂新材料。

2. 谷子糜子抗逆、专用优质品种创新与育种技术研究

针对目前谷子糜子品种在品质、抗病、抗旱、抗除草剂等性状方面还不能满足产业化生产的需要，以高效育种技术创新为目标，利用现代生物学和分子遗传学技术，加强对谷子抗旱、耐逆、品质、产量等关键基因的解析和重要性状的分子遗传研究，建立高效谷子糜子分子育种技术平台，提高定向育种水平和育种效率；针对目前谷子糜子育成品种仍然存在秆高、抗倒性差、不利于机械化收获、抗除草剂品种类型少、优质品种不足、加工专用品种少等问题，以优质、高产、多抗、广适应性等性状在更高水平上的协调改良为目标，创新重要数量性状、品质、产量、抗逆性同步改良提高技术，积极培育中矮秆适合机械化和轻简栽培的新品种，培育适合大众日常煮粥消费的优质米品种，培育拉动消费适合主食加工和干饭烹制的专用品种。

3. 谷子糜子轻简化技术研究与集成

谷子糜子生产中的间苗、除草、收获等仍然是影响规模化高效生产的突出问题，谷子轻简生产技术配套农业机械是今后科技创新和研究的重点。要针对农机农艺集成配套中不同生态区从播种到收获农机农艺配套技术尚不成熟的问题，对谷子糜子不同生态区的播种、中耕、施肥、割晒、脱粒和联合收割等机械进行改进完善与配套，建立谷子糜子主产区从播种到收获轻简化农机农艺配套集成技术，引导谷子糜子实现机械化、规模化和产业化生产。谷子糜子主要种植在丘陵山旱地，要针对不同产区生态条件，加强以抗旱和提高雨水高效利用率为主的谷子糜子光、水、肥高效利用关键栽培技术研究集成，制定谷子糜子抗旱保苗、水肥高效利用、减量施肥、改善品质等增产增效种植规程，提升谷子糜子主产区综合生产能力与产业化水平。

4. 谷子糜子绿色防控技术

农产品无公害化生产是农业现代化的重要标志之一，保持传统保健食品原料谷子糜子产品的绿色纯净是确保产业发展优势、提升经济效益的根本保障。要针对全球气候变化造成的谷子糜子病虫害逐年加重态势，评估新形势下病虫害种群动态变化对甘肃省谷子糜子产业带来的影响；针对谷子糜子病菌毒性变异导致的抗原缺乏、农药不合理施用带来的抗药性日渐突出等问题，大力挖掘国内抗病虫资源，积极从外缘材料中挖掘新的抗病虫基因和抗源；积极开展谷子白发病、红叶病、褐条病和糜子黑穗病、灰斑病等发病规律、药剂筛选和防控技术研究，开发新型高效低毒化学农药品种，研究新的

减缓农药抗药性的绿色防控新技术。

5. 谷子糜子健康营养产品研发

针对谷子糜子产业化程度仍然较低，拉动生产的能力有限，谷子大众化食品加工产品少，产业链短，市场拉动力不足等问题，研究不同谷子糜子品种粗蛋白质、粗脂肪、碳水化合物、氨基酸等营养成分含量及加工特性，采用生物酶解、发酵技术、风味控制、质构重组、低温干燥等现代食品分析手段和现代检测技术，优化工艺条件参数，明确变化规律，确定加工工艺及设备选型配套，开发谷子糜子休闲食品、即食方便食品、富含营养成分的大众化产品，以满足市场和营养生活的需求。

五 甘肃谷子糜子科技创新的对策建议

（一）建立谷子糜子科技发展的政策支持与保障体系

1. 科学合理制定谷子糜子科技发展中长期规划

农业科学研究具有复杂多变性、区域性、时效性和长期性的特点，要遵循谷子糜子科技发展的规律和特点，保持科研工作的连续性和稳定性，制定具有前瞻性、长期性的科技计划和项目，不能因“一揽子”计划和“大口袋”式的项目忽略了谷子糜子这些小作物的立项，要合理布局，长期立项，在种业科技项目、科技成果转化基金项目中侧重支持谷子糜子科研。

2. 建立健全多层次谷子糜子科技投入体系

要建立政府支持农业的新机制，健全完善以政府投入为基础、企业投入为主体、金融信贷和风险投资为补充的多元化、多渠道、多层次农业科技投入体系，加强政府对谷子糜子科研工作经费、条件的支持，要稳定地大幅度增加农业科技投资强度，彻底解决科研经费没有保障和不足的问题，解决科技力量薄弱、科技人员改行流失和部分人员素质不高等问题。同时要鼓励、吸引企业等社会力量增加农业科技投入，加强金融、税收、保险对农业科技的支持，通过支持农业科技，加强对农业的支持和保护。

（二）加强谷子糜子科技创新发展的平台和基地建设

1. 加强谷子糜子科技平台与创新联盟建设

加强谷子糜子科技研发平台建设，积极争取创建国家级和省级重点实验室、工程技术研究中心等，促进发展创新，提升发展水平。组建一个由管理、科研、生产、加工企业和贸易公司等广泛参与的谷子糜子科技产业创新联盟，针对学科进步和产业发展的需求，做好科技发展规划，明确产业发展目标，共同协调解决科研、生产和加工利用等产业链环节的科技问题，联手推动科技和产业共同发展。

2. 抓好谷子糜子良种繁育和商品生产基地建设

要抓好科研与生产的对接，育种家和种子管理、种子生产及经营部门联手，建立谷子糜子良种繁育基地，从生产源头解决品种不对路和产品质量不稳定的问题；要推动生产与加工利用的对接，科研单位和技术推广要与龙头企业和种植专业合作社联手，搞好谷子糜子原料生产基地建设，研发并推行标准化技术规范，实施标准化规模化企业化生产，积极引导龙头企业和农户形成生产、加工、销售利益共同体，建成谷子糜子优势产业带。

（三）实施创新驱动，增强谷子糜子科技发展的内生动力

1. 着力打造谷子糜子科研人才队伍

要坚持需求导向和产业化方向，全面实施创新驱动发展战略，不断增强谷子糜子内生发展动力和活力。要深入实施人才优先发展战略，以大专院校和研究院所为依托，引进和培育国内外高层次农业科技领军人才，以示范基地为依托，培养和造就一批快速转化科技成果的人才队伍，引导农业科技领军人才和团队、农业科技服务人才开展创新创业，筑牢谷子糜子科技创新根基。

2. 着重培育谷子糜子科技新的增长点

从资源、技术、区位、产业等实际出发，围绕种质创新、育种新技术、新品种选育、良种繁育等科技创新链条，加强基因调控及分子育种基础研究，重点突破基因挖掘、品种设计和种子质量控制等核心技术，创制重大品种。以转变农业发展方式和围绕农业发展“一控两减三基本”的要求，重视新材料、智能装备与配套机具研制，构建集约、高效持续的谷子糜子智能装备支撑体系；研究谷子糜子化肥减量与替代增效技术，农药减施及绿色防控技术，加快建设谷子糜子绿色发展科技支撑体系。以谷子糜子健康营养产品研发为目标，加强谷子糜子特色农产品加工利用技术分析研究，挖掘产品中的健康功能组分；研究稳态化提取分离技术，产品绿色和高附加值加工利用技术，现代物流保鲜、安全控制智能技术等。

国家谷子糜子产业技术研究中心提供部分资料，特此致谢！

课题组成员：杨天育　何继红　张　磊　董孔军　任瑞玉　刘天鹏

参考文献

刁现民主编《中国谷子产业与产业技术体系》，中国农业科学技术出版社，2011。

《甘肃农村统计年鉴》（2009～2015 年），中国统计出版社。

任瑞玉、何继红、董孔军、张磊、杨天育：《甘肃省小杂粮产业竞争力分析及对策建议》，《中国农业资源与区划》2014 年第 8 期。

李顺国、刘斐、刘猛、赵宇、王慧军：《我国谷子产业现状、发展趋势及对策建议》，《农业现代化研究》2014 年第 5 期。

杨天育、何继红、董孔军、任瑞玉、张磊：《旱地谷子地膜覆盖栽培技术的研究与实践》，《中国农学通报》2010 年第 26 期。

董孔军、杨天育、何继红、任瑞玉、张磊：《西北旱作区不同地膜覆盖种植方式对谷子生长发育的影响》，《干旱地区农业研究》2012 年第 5 期。

何继红、刘天鹏、董孔军、刘敏轩、陆平、任瑞玉、张磊、杨天育：《糜子育成品种成株期抗旱性鉴定与评价》，《植物遗传资源学报》2016 年第 1 期。

Chaiyan and Feng Baili：*Advances in Broomcorn Millet Research*，西北农林科技大学出版社，2012。

CheolHoPark Kooyeon Lee：*Advances in Broomcorn Millet Research.* Kangwon National University 2015.

Xiaomei Fang，Kongjun Dong，Xiaoqin Wang，Tianpeng Liu，Jihong He，Ruiyu Ren，Lei Zhang，Rui Liu，Xueying Liu，Man Li，Mengzhu Huang，Zhengsheng Zhang and Tianyu Yang. A High Density *Genetic Map and QTL for Agronomic and Yield Traits in Foxtail Millet* [Setaria italica（L.）P. Beauv.]. BMC Genomics，2016，17（336）：1－10.

G.37

甘肃省花卉业科技发展研究报告

王卫成　韩富军*

摘　要：本文分析了国内外花卉生产、贸易现状，分析了甘肃花卉生产以及花卉科研、新品种研发方面存在的诸如科技对产业的带动性不强、区域优势不能很好地转化为产业优势等问题，并提出了健全科技信息服务系统，优化布局配套运行机制，创新优化产业人才队伍等建议。

关键词：甘肃　花卉　特色　科技

花卉作为城乡绿化美化、环境品位提升、农业新兴产业的主要组成部分，越来越受到人们的关注和青睐，带动了花卉产业的快速发展并成为一些地方的支柱产业。随着世界花卉贸易的繁荣，花卉业已成为很多发展中国家和地区农业创汇的支柱，显示了其作为“效益农业”的发展潜力。甘肃自然条件多样，生态类型复杂，为花卉的生长繁殖提供了良好的土壤、气候条件。“紫斑牡丹”、“大丽花”、“苦水玫瑰”等具有浓郁地方特色的花卉品种蜚声国内外。随着人民生活水平的不断提高，农业产业结构的优化调整，花卉产业的发展势头迅猛，发展前景广阔。

一　花卉科技发展动态

（一）国外花卉产业发展现状

1. 花卉生产量稳步提升

目前，荷兰、哥伦比亚、厄瓜多尔等传统花卉生产大国仍保持世界花卉生产

* 王卫成，副研究员，现任甘肃省农业科学院林果花卉研究所副所长，兼任甘肃省园艺学会理事，甘肃省花卉协会理事，主要从事园林花卉技术研发工作；韩富军，甘肃省农业科学院林果花卉研究所高级农艺师，主要从事园林花卉技术研究工作。

的前端地位，但随着花卉需求量的逐年增加和劳动力成本的进一步提高，发达国家将本国的花卉产业逐步转移到有较多土地和廉价劳动力资源的发展中国家，带动了发展中国家花卉产业的迅速发展，花卉种植面积稳步增加，花卉生产规模稳步扩大。近十年，中国、肯尼亚、津巴布韦、波多黎各、墨西哥、印度等发展中国家在世界花卉生产中的地位越来越凸显。

荷兰是世界花卉产业走在最前列的国家，花卉出口额占世界花卉出口总值的52%。哥伦比亚2013年的花卉出口总值超过13亿美元，成为仅次于荷兰的第二大花卉出口国，出口额占世界花卉出口总值的12%。

2. 花卉消费量逐年增加

全球花卉消费市场仍以欧盟、北美和日本为主。德国是欧盟排名第一的花卉进口国，花卉进口额年均增长率一直保持在3.7%左右。北美市场的盆栽花卉、绿化植物主要来自本国生产，而60%以上的鲜切花、切叶类依赖进口，且占比逐年上升。日本是亚洲最大的花卉消费市场。

（二）国内花卉产业现状

1. 花卉生产面积和生产量增长速度稳中有降

2014年，国内各类花卉生产总面积127.02万公顷，比上年增加了3.51%，但增幅明显回落（见图1）。我国的花卉种植面积和花卉生产量均居世界首位。随着市场竞争的进一步加剧，我国花卉企业进一步提高了花卉产品的质量要求，努力提高花卉生产管理水平，不断改进栽培技术，改善设施条件，国内花卉产品正逐步由数量效益向质量效益转变。

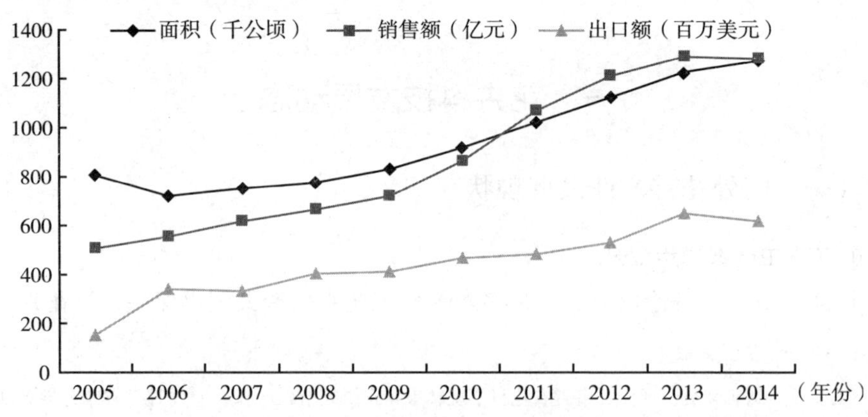

图1　2005~2014年全国花卉生产面积、销售额、出口额变化趋势

2. 我国花卉销售在波动中缓慢增长

近十年来，我国花卉产品销售额总体上呈逐年上升的趋势，但2014年出现小幅下滑，销售总额1279.45亿元，比2013年的1288.11亿元降低0.67%；出口额6.20亿美元，比2013年的6.46亿美元降低4.08%。云南仍是我国花卉重点出口省份，2014年出口额2.5亿美元，占全国总出口额的40.26%。我国花卉出口整体呈徘徊状态，但食用药用、工业用花卉出口大幅增长。花卉国内销售呈稳步增长态势。

二 甘肃花卉科技发展现状与问题

（一）甘肃省花卉产业概况

2000年，为引导甘肃花卉事业发展，甘肃省政府印发了《关于加快全省花卉产业发展的意见》，从加快基地建设，完善市场体系，引入竞争机制，鼓励社会各界投身花卉产业开发和建设等方面提出了指导性意见。全省各地依托各自自然气候条件，资源、科技优势，加大扶持力度发展以鲜切花、种球、种苗等生产为主的花卉产业，在兰州地区，榆中的和平镇、定远镇、连搭乡等乡镇大力发展设施反季节鲜切花生产，逐步形成以兰州市榆中县为主要栽植地的优质鲜切花生产基地；兰州和平镇、定西临洮县以及临夏州临夏市、临夏县、永靖县等地多年发展生产紫斑牡丹、芍药种苗和大丽花、百合、唐菖蒲种球（块根）等种苗、种球类甘肃特色花卉，已形成以兰州、定西、临夏为主的紫斑牡丹种苗和大丽花、唐菖蒲种球（球根）花卉生产基地；河西酒泉、张掖等地利用夏季干热、温差大的气候优势，大力发展三色堇、矮牵牛等草花制种产业，形成以河西张掖、酒泉、嘉峪关为主要栽植地的草本花卉制种基地。

为进一步建立健全花卉行业服务体系，省花卉协会先后组织成立了君子兰、球根花卉、牡丹芍药等7个专业委员会，各级政府和主管部门先后成立18个花卉协会，充分发挥桥梁和纽带作用，为甘肃花卉产业科技、生产、服务各环节搭建交流的平台，进一步加强同行间的信息沟通，促进甘肃省花卉产业的持续发展。

2014年末，甘肃生产鲜切花17673.91万枝、盆栽植物861.81万盆。经过引进、驯化、筛选，已培育出一批具有地方特色的名优拳头产品。甘肃花卉种植面积从2011年最低谷的820公顷逐年上升到2014年的1360公顷，但因受外部环境的影响，花卉销售近几年一直处于徘徊状态（见图2）。目前甘肃省有花卉市场81个，花卉企业223个，其中大中型企业46个，全省从事花卉产业的花农

13300户，从业人员17501人。初步建立了以合作社基地化栽培、公司集约化经营、科研开发与生产销售紧密结合的产业化发展体系，初步形成了“龙头企业+协会+基地+农户”的经营模式。

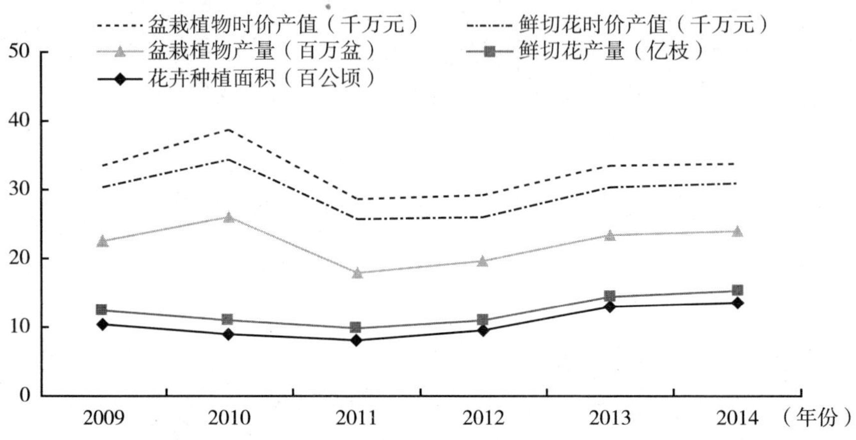

图2　2009~2014年甘肃省花卉栽植面积、产量、产值变化趋势

资料来源：甘肃省农村统计年鉴（2009~2014年）。

（二）甘肃省“十二五”期间花卉科技发展成效

1. 花卉科技创新能力稳步提升

甘肃省围绕花卉产业升级增效目标，依托花卉资源优势，依靠科技创新培育出了一批具有地方特色的花卉品种。比如，兰州诺克牡丹园艺有限公司技术顾问陈德忠先生选育出的紫斑牡丹栽培品种几百个，紫斑牡丹的栽培品种快速增加，在国内市场逐步形成了较强的品种优势、品牌优势。

2. 花卉基础研究方面取得一定进展

“十二五”期间，甘肃省农业科学院林果花卉研究所、甘肃农业大学林学院园林系、甘肃林业职业技术学院、兰州园艺学校、甘肃省林业技术推广总站牡丹研究中心、甘肃中川牡丹研究所、兰州市农业科技研究推广中心等甘肃省内主要科、教、研力量，先后以紫斑牡丹、大丽花、月季、唐菖蒲、玫瑰、观赏百合、康乃馨等花卉作为甘肃省优势产品开展甘肃特色花卉品种的收集、整理、育种、栽培管理、繁育技术等方面的课题研究，同时进行了研究成果的生产示范和技术推广服务。

甘肃省农科院林果花卉研究所先后完成“花卉苗木新优品种引进筛选及本土化繁殖技术研究与示范”等科研成果3项，引进以彩叶植物为主的新优花卉苗木资源35种，其中乔灌木类品种30个，地被类品种5个。筛选出12个适宜甘肃省推广栽植的花卉苗木新品种，丰富了甘肃省花卉苗木品种资源，并通过繁育技术研究，优质种苗本土化生产，有效提升了甘肃省花卉苗木生产水平。甘肃省牡丹研究中心是经2006年甘肃省林业科学技术推广总站申报成立的研究机构，在牡丹遗传育种及种质资源的保护开发利用等方面成效显著。其承担完成的国家林业局重点科研项目“珍稀特有甘肃紫斑牡丹杂交培育技术开发”，培育牡丹新品种（系）96个，从中选出了25个花色、花香变异明显，单株花期延长一倍的紫斑牡丹优良新品种，申报的6个品种获颁国家林业局植物新品种权证书；开发出了微型盆栽牡丹培育技术，筛选12个适于盆栽品种。兰州市农业科技研究推广中心与甘肃东方天润玫瑰科技发展有限公司“十二五”期间合作完成的“苦水玫瑰工厂化育苗技术研究及产业化应用”项目，在生根机理、激素作用、插穗部位、基质配比及环境控制方面取得了创新性成果，实现了苦水玫瑰苗的工厂化、规格化和无害化生产。通过“苦水玫瑰品种的提纯复壮及新品种引进、杂交育种技术研究”项目实施，引进了39种国内外玫瑰品种资源，建立了玫瑰品种资源圃，筛选出适宜当地栽培、具有较高经济价值的品种和类型，特别是分析了果用玫瑰籽油和果肉的含量及成分，筛选出优良食用玫瑰品种8个，为拓宽玫瑰的产业链奠定了基础。

以上这些基础性项目研究在特色品种培育、野生花卉开发、栽培技术等方面取得了成效，为甘肃省花卉产业下一步转型升级奠定了基础。

（三）甘肃花卉产业科技发展中的主要问题

1. 花卉新品种选育的激励机制缺乏

目前甘肃花卉生产水平和国内其他省份相比仍有一定的差距，特别在花卉育种方面更为突出。甘肃花卉育种单位或个人虽每年均有花卉新品种育出，但大多保存在科研单位或农家院落，有些新品种育成多年后仍只有少量的几株，如兰州诺克牡丹园艺有限公司技术顾问陈德忠先生培育出的黄花紫斑牡丹品种，是紫斑牡丹栽培品种中的稀有品种，只在其自家后院内栽植3株，数量极少，品种优势不能及时转化为产品优势，特色花卉产品的更新换代滞后，影响了甘肃省花卉产业竞争力的提升。

2. 花卉特色资源的开发利用及扶持力度不够

临洮大丽花、永登苦水玫瑰等是甘肃省特色花卉种质资源，尤其是临洮的大丽花，因块根的贮藏瓶颈问题，无法形成产业优势，多年来一直维持在几百亩的生产水平。也偶有省内科研单位申请项目开展相关大丽花的科研工作，但科研工作缺乏持续的经费支持，无法从种苗、栽培到病虫害综合防控、贮藏等各环节给予科技支撑。临洮大丽花生产有所下滑，形势严峻。

三　甘肃省花卉产业科技发展思路、目标及重点方向

（一）基本思路与发展目标

充分利用甘肃省资源优势，进一步加大政策、资金扶持力度，形成生产基地相对集中，区域优势明显的花卉产业布局。以兰州市、定西市、临夏州为主的牡丹种苗和唐菖蒲、大丽花球根花卉生产基地建设，建成全国最具优势的油用紫斑牡丹繁育基地；充分利用甘肃省河西地区优势的光热资源，建成全国优质草花制种基地；以国家级、省级现代农业示范园区为平台，建成天水、兰州为主的特色盆花生产基地；确立特色，树立现代花卉产业观念，不断延伸产业链，建成以兰州为中心的西北花卉交易物流平台。

（二）发展重点与主要方向

1. 集中科、教、研力量，成立花卉科研创新联盟

以现有甘肃农业科学院、甘肃省林业科学技术推广总站、甘肃农业大学、兰州市农业科技研究推广中心、西北师范大学、兰州市园林科研所等花卉科研、教学、生产等单位为基础，参考农业部农业产业技术体系，以紫斑牡丹、苦水玫瑰、大丽花、草花制种等特色领域为突破口，成立花卉科研创新联盟，搭建专业技术人员科研信息交流平台。凝聚全省花卉科研力量，优先从地方品种资源整理、育种、栽培、加工利用等方面开展协作攻关研究，以科技为先导，尽快使甘肃省花卉产业在紫斑牡丹、苦水玫瑰、大丽花、草花制种等特色领域实现新的突破，在全国花卉产业中占领一席之地。

2. 加快品种选育工作，实现特色花卉开发利用

甘肃在其特有的自然条件下，无论在花卉的品种创新、优花培育等方面，仍有明显的比较优势。目前，永登县有 0.72 万公顷的食用玫瑰种植基地，武威市建有 667 公顷的万寿菊色素花卉基地。对这些具有绝对竞争优势的花卉产品，甘肃应加大开发力度，提高市场影响力，创造甘肃花卉产业的核心竞争力。

一是加大对临洮大丽花等特色产品的开发力度。重点解决产业发展中存在的瓶颈问题，使地方特色品种资源尽快形成产品优势和产业优势。同时，加大新、

奇、特花卉品种的选育力度，特别是具有地方特色花卉品种的选育工作，进一步凸显甘肃省花卉的特色优势。

二是进一步加快油用紫斑牡丹品种的选育力度。目前，油用牡丹繁育大多用种子播种，但紫斑牡丹种子播种后分化严重，且童期长，一般需栽植5年才能开花，若品种选错，对生产影响极大，故省内相关科研院所需进一步加快紫斑牡丹油用品种的选育步伐，已通过省级认定的几个紫斑牡丹油用品种加大种苗繁育，尽快实现甘肃省油用紫斑牡丹栽植良种化，同时，配套高效栽培技术指导，促进油用紫斑牡丹产业在甘肃省生根、开花、结果。

三是稳定发展永登苦水玫瑰产业。在现有的基础上，在稳步扩大种植面积的同时，积极拓宽销售渠道，研发提升精细加工工艺。苦水玫瑰产业发展的突破口是采后精深加工工艺的研发及更多领域用途的拓展，这样才能有效避免花贱伤农现象的发生。

3. 加大政策资金扶持力度，提升花卉产业竞争力

甘肃省科技厅、林业厅、农牧厅等省级相关管理部门对特色花卉产业给予持续稳定的研发经费支持，支撑产品的研发，并通过政策激励积极培育花卉实力企业，吸引社会资金参与花卉交易平台和生产基地等基础设施条件建设，促进甘肃省花卉产业的转型升级。

同时，通过政策激励，促使相关单位和企业在引进培育国内外市场畅销的花卉优良品种和名贵花卉品种的同时，注重引进与研究配套先进设施栽培、病虫害综合防控、花卉组织培养等关键栽培技术，引进与研究适应本地区花卉采后加工、保鲜、冷储、包装、运输的技术，进一步提高花卉生产基地设施水平，提高生产效益，带动花农增收致富，提高甘肃花卉产业的竞争力水平。

4. 引进、培养技术人才，稳定花卉科研生产队伍

人才是一个产业持续发展的基础，省内相关大中专院校，增设相关花卉专业，培养专业特色明显的专业技术人才、花卉实用人才，注重教学实习，适当增加实际操作的技能培训，使毕业的学生能尽快适应企业高效、现代的运行环境，为甘肃花卉产业发展增砖添瓦。

四 花卉科技创新载体建设与保障措施

1. 健全科技信息服务系统

依托甘肃花卉科研创新联盟，成立花卉产、学、研相结合的技术创新平台，

充分发挥花卉科研、教学、推广单位各自的优势，初步建立起符合社会主义市场经济和科学发展规律的科技支撑服务体系和运行机制，建立健全为花卉生产和经营者传输市场和科技信息的服务系统。

2. 优化布局配套运行机制

以市场为导向，充分发挥资源优势和区位优势，加大省级花卉科研专项经费的投入，尽快解决因科研经费不足，造成花卉基础性研究薄弱、原始创新不足的问题。利用国内国际两个市场，着力培育甘肃特色品种的市场品牌效应。

3. 创新优化产业人才队伍

加强花卉教学、科研和技术推广队伍的建设。进一步完善人才培养体系，为甘肃省花卉学科的发展培养高素质专业技术人才。探索在科研单位与生产单位之间寻求一种互利互惠的合作方式，形成“企业出资 - 科研新成果 - 再创新效益”的良性循环。

参考文献

蔡萌、林漫婷、黄红星等：《2014 年广东花卉产业发展形势与对策建议》，《广东农业科学》2015 年第 13 期。

丁怀敏：《哥伦比亚切花亟待拓宽出路》，《中国花卉报》，http：//news. china - flower. com/paper/papernewsinfo. aspn_ id = 224162，2012 年 3 月 27 日。

《荷兰花卉出口竞争压力加大》，中国花卉网，http：//news. china - flower. com/news/newsinfo. aspn_ id = 206361，2015 年 1 月 30 日。

旷野：《哥伦比亚花卉世界地位加强》，《中国花卉园艺》2014 年第 7 期。

《西班牙成为欧洲第五大花卉生产国》，中国花卉网，http：//news. china - flower. com/paper/papernewsinfo. aspn_ id = 233645，2013 年 11 月 22 日。

《肯尼亚鲜切花将直飞中国》，中国花卉网，http：//news. china - flower. com/paper/papernewsinfo. aspn_ id = 233644，2013 年 11 月 22 日。

罗利平、蒋勇：《基于 Rotterdam 模型的德国花卉进口需求弹性分析》，《世界农业》2014 年第 1 期。

旷野：《花卉产销增速放缓——2014 年全国花卉统计数据分析》，《中国花卉园艺》2015 年第 15 期。

科技鑫报、俞晨元：《兰州花卉市场亟待花卉物流中心》，http：//www. chla. com. cn/htm/2011/0513/85433_ 2. html，2011 年 5 月 13 日。

《兰州花卉产业目前发展状况及前景分析》，http：//www. yysrf. com/news/3195. html，2014 年 3 月 14 日。

G.38

甘肃省大豆科技发展研究报告

张国宏　王立明　陈光荣　杨如萍*

摘　要：大豆作为甘肃省主栽作物之一，“十二五”时期，大量引进筛选新品种，良种覆盖率达到80%以上，推动了品种升级换代；高产高效栽培技术的研发及集成示范推广，促进了大豆生产技术发展，面积和单产稳步提升，到2015年达到历史最高水平。“十三五”期间，甘肃将持续发挥国家大豆产业技术体系的引领支撑作用，围绕新品种引选和间作套种实用技术的集成推广，主攻大豆产量和品质，推动大豆产业再上新台阶。

关键词：甘肃　大豆　科技现状　产业体系

一　国内外大豆科技发展动态

（一）国内外大豆产业发展现状

随着人民生活水平的提高，国内消费结构多元化以及农产品消费升级步伐加快，近20年中国大豆需求量迅速增长，1996年中国大豆产量为1323万吨，需求量为1799万吨，是产量的1.36倍，至2010年，大豆产量上升到1520万吨，而需求量已达到6532万吨，是产量的4.20倍，到2015年中国大豆产量1215万吨，进口大豆8169万吨，是国内产量的6.7倍，占世界大豆贸易量的比重超过65%，对外依存度达到85%以上。随着我国城乡居民对油脂和膳食中肉、禽、蛋、奶

* 张国宏，甘肃省农业科学院旱地农业研究所研究员，主要从事大豆、小麦遗传育种与栽培技术研究；王立明，甘肃省农业科学院旱地农业研究所高级农艺师；陈光荣，甘肃省农业科学院旱地农业研究所助理研究员；杨如萍，甘肃省农业科学院旱地农业研究所助理研究员。

类需求的不断增长，我国大豆需求缺口仍将呈现逐步扩大态势。

随着我国人口的增加和城镇化发展，人均耕地仍将持续减少，在主粮需求增加的背景下，增加大豆栽种面积显然不太现实。2001 年中国大豆的种植面积 948 万公顷，2005 年创新高为 959 万公顷，而美国、巴西、阿根廷的种植面积分别是 2883 万公顷、2295 万公顷、1403 万公顷，之后中国大豆的种植面积有所下降，2010 年以来我国大豆种植面积一直在 700 万 ~ 850 万公顷之间。

我国大豆生产与美国等大豆主产国相比，产量水平相对较低，近年来我国大豆单产水平始终在 1.45 ~ 1.90 吨/公顷之间，美国、巴西、阿根廷单产水平在 2.3 吨左右/公顷，中国与美洲单产差距较大。

从中国大豆的进出口量分析来看，1995 年大豆出口量大于进口量，以后进口量持续增加，导致中国大豆的进出口格局发生了彻底的改变，由大豆净出口国变成进口国。从 1999 年开始国内大豆需求进入快速增长阶段，2010 年进口量已达 5480 万吨，2015 年进口量达到 8169 万吨，分别为 1996 年的 50 倍和 75 倍。从目前我国发展状况分析，对进口大豆的依赖程度将会逐年加深，80% 以上需求需要国际市场来解决。

（二）国内外大豆科技发展动态

中国是大豆的原产国，已有五千年的栽培历史，拥有世界最丰富的大豆种质资源，总产量曾居世界第一位。20 世纪 80 年代，美国在大豆转基因育种领域走在世界前列，特别是抗草甘膦和抗草丁膦转基因大豆品种选育和应用改变了世界大豆产业的格局。由于南美占据资源丰富的优势，并且种植转基因大豆提高除草效率和含油量，配合机械化的有力支撑，促进了大豆生产迅速发展。目前美国、巴西、阿根廷的大豆生产量占到世界总产量的 70% 以上，而我国大豆生产和玉米等作物相比，大豆种植产量和比较效益低。另外，受到耕地面积的制约，国产大豆生产正陷入困境。我国大豆种植面积、产量虽然排在世界第四位，但只占全球总产量的 10%。

中国由于取消了对大豆的收购保护价，对大豆科研重视不够，导致大豆品种杂、旧、次、混，产量不高。随着人民生活水平的提高，豆油在中国居民消费中的比重持续增加。近年来，中国畜牧业迅猛发展，对豆粕的需求量也迅速增长，这些都加剧了中国大豆生产的供需矛盾。自 1996 年始，中国由传统的大豆生产和出口国转变为世界头号大豆进口国（1996 年进口大豆 111 万吨，2000 年 1042 万吨，2006 年 2827 万吨，2014 年 7140 万吨，2015 年达到 8169 万吨）。这些进口大豆都是转基因大豆，目前国人食用的90%大豆油为转基因大豆产品。

中国目前种植的大豆品种全部为非转基因大豆，我国生产的大豆完全可以满足国内对传统豆制品的需求。但从发展趋势来看，我国大豆转基因技术研发势在必行。从1996年转基因作物开始商业化种植，到2003年全球转基因作物种植面积达到6770万公顷，这一事实说明转基因作物具有巨大应用潜力和商业价值；从现代农业生物技术发展的趋势来看，转基因作物利用分子生物学技术改造生物的遗传物质，对于抵御害虫、病毒和细菌的侵害转基因技术是一种极其有效的高技术手段，并且能够提高作物产量和品质，世界上许多发达国家都将转基因技术作为优先发展的战略性产业进行扶持。我国政府、民间一些非专业人士非理性夸大转基因技术的副作用，使部分官员和民众对转基因技术闻之色变，严重影响了政府决策和科研部门深入研究。在转基因技术已经引领植物育种技术的大趋势下，我国生物技术研究要想跟上科技革命潮流，就必须加强转基因科普，加大宣传力度，使民众了解转基因技术的安全性和重要性，国家也应明确制定转基因发展的政策和规划，支持高等院校和科研机构加强分子生物学基础理论和转基因技术研究，只有这样才能使我们国家在生物技术革命中走向世界的前列。

二　甘肃大豆科技发展现状

（一）甘肃省大豆产业概况

甘肃省是一个内陆省份，大豆种植具有悠久的历史。甘肃位于东经32°~42°，东西跨度1450千米，从干旱区到湿润区（年降雨量40~950毫米）均有大豆种植，主要分布在陇东旱塬区、中部黄灌区、河西灌区与陇南天水地区。新中国成立前甘肃大豆种植面积曾达到13.33万公顷以上。1953年，大豆面积下降到11.8万公顷。此后，大豆种植面积持续下降，1980年大豆播种面积仅3.13万公顷，此后大豆种植面积逐步回升，1993年达到8.47万公顷。进入2000年以来，大豆年播种面积增加并维持在12.03万公顷左右。2015年大豆播种面积发展到13.93万公顷，总产达到32.66万吨。21世纪以来甘肃省大豆播种面积逐步增加，面积和单产均呈现出上升趋势，其主要原因：一是国家大豆产业体系“镇原综合试验站”积极引进新品种，推动了品种更新换代，使大豆单位面积产量得到了大幅度的提高。甘肃省农科院与甘肃省农业厅根据甘肃省大豆生产实际情况，针对主产区品种老化、单产低、品质下降的实际情况，在全国各科研机构、高校引进了大量的新品种，在全省不同区域建立了生态选育点，筛选出了如中黄30、39，冀豆12、17，齐黄36、齐黄34、汾豆78、晋豆34、晋豆39、汾豆79等高产优质大豆新品种，通过几年的示范和推广，在陇东旱塬、中部沿黄灌区和河西绿洲灌区主产县实现了品种的更新换代，良种应用率达到80%以上，较大幅度地提高了大豆的产量。二是研发出了一批高产高效的栽培技术模式，如马铃薯、西瓜、小麦及幼龄果园与大豆间套作栽培技术规程，提高了种植效益。三是科研与推广相结合加快大豆产业发展步伐。同时，甘肃省农业科学院和省农业技术推广总站在全省三大生态区在品种筛选、套种模式、种植密度、播期、抗旱栽培等技术领域进行联合研究，并建立高产技术示范片区，试验示范与推广同步进行，加快了研究成果的转化步伐，转变了农民传统的栽培观念和方式，有力地推动了甘肃大豆生产发展。

（二）甘肃省“十二五”期间大豆科技发展成效

1.“十二五”期间大豆科技发展综述

“十二五”期间，在国家大豆产业技术体系“镇原综合试验站”建设项目、省农牧厅“粮油高产田创建”等项目持续资助和推动下，甘肃引进筛选出高产、优质、抗逆性强的大豆新品种，如中黄30、39，冀豆12、17，齐黄34、汾豆78、晋豆23等且大面积推广应用。针对这些新品种省农技厅还在不同生态区开展了高产高效栽培模式研发、大豆高产田创建、大豆农机农艺结合及标准化栽培技术示范推广等工作，有力推动了甘肃大豆产业发展。省农科院旱农所镇原大豆综合试验站与香港中文大学、山西省农科院等单位联合选育大豆新品种陇黄1号、陇黄2号，已在甘肃东部旱塬、中部沿黄灌区及河西灌区大面积示范推广；试验站经过多年的品种搭配、行穴配置、平衡施肥、适宜播期和密度的试验研究，确定了不同生态区大豆种植技术规程，以“早熟马铃薯套作大豆”、“幼龄果园间作大豆”、“大豆全膜垄沟种植”、“玉米间作大豆机械化栽培”为核心技术开展示范推广。在各级农技推广部门的大力支持下，在东部旱塬开展了幼龄果园间作大豆、全膜双垄沟播抗旱栽培技术、平衡施肥技术等配套集成技术推广应用；在中部沿黄灌区开展小麦、西瓜、马铃薯等矮秆作物间套作大豆高产高效栽培技术示范推广；在河西灌区开展幼龄果园间作大豆模式、孜然套种大豆、瓜沟穴播大豆、玉米间作大豆机械化栽培等技术示范推广。各项技术在示范区均取得了显著的经济、社会和生态效益，为全省大豆产业的可持续发展提供了可靠的品种、技术储备，推动甘肃省大豆生产科技含量不断提高，产量稳步提高，综合生产能力显著增强，为全面提升甘肃省大豆生产水平、增强大豆自给能力和确保甘肃省粮油安全起到积极的推动作用。

2. 甘肃省大豆品种演变及“十二五”大豆主栽品种

甘肃省大豆品种演变分为三个阶段，20 世纪 80 年代以前，种植多年系选地方品种，如一棵树、一窝蜂、六十黄、八月炸、千斤黄等；20 个世纪 80 年代至 2008 年，主要引进种植外省品种，如晋豆 1 号、晋豆 5 号、铁丰 8 号、承豆 1 号、汾豆 8 号、汾豆 17、绵豆 35、丰收 12 号等；从 2000 年开始，从中国农科院、山东农科院、山西省农科院、河北农科院等科研单位引进了一批表现好的品种，结合国家及甘肃省大豆区域试验，在全省不同区域广泛开展大豆新品种比较试验，筛选出了适宜东部旱塬幼林果园间作的大豆品种冀豆 17、汾豆 78、汾豆 79、晋豆 23、晋豆 34、中黄 39、陇黄 1 号等，适宜小麦、油菜收后复种的中黄 30、早熟 4 号、晋豆等 19 种品种；适宜中部沿黄灌区小麦、西瓜、马铃薯等矮秆作物间套作的大豆品种齐黄 34、齐黄 36、冀豆 12、中黄 39 等；适宜于河西灌区幼龄果园间作的中黄 30、冀豆 17、陇黄 2 号等，适宜与玉米间作的大豆中黄 30、齐黄 36 等。目前大豆主产县（区）主栽品种基本实现了品种的更新换代，对甘肃省大豆生产给予有力技术支撑。

3. 甘肃省“十二五”大豆栽培技术模式

“十二五”期间，甘肃省大豆年种植面积都在 13.3 万公顷以上，在庆阳、天水部分一年一熟的地区，通过小麦、油菜收获后复种大豆可以实现二年三熟。因大面积发展豆科单作，必然与粮食作物产生争地矛盾，故该类模式发展空间有限。“十二五”期间，甘肃省农科院旱农所镇原大豆综合试验站与甘肃省农机总站紧密协作，紧抓甘肃省马铃薯和玉米优势产业及特色林果业迅速发展的机遇，以新品种和高产高效栽培技术推动间套作大豆种植模式迅速发展。目前生产上大面积推广应用的大豆栽培模式主要有以下几种。

旱作大豆垄沟覆膜栽培：主要在陇东旱塬及中部干旱半干旱地区种植。选择生育期适中、分枝性强、抗倒伏性良好的丰产品种，如冀豆 17、晋豆 23、中黄 39、汾豆 78 等。

早熟马铃薯/大豆套作：主要在中部沿黄灌区种植，马铃薯选用株型直立、分支少、株高较矮（60 ~ 70cm）的早熟品种，如费乌瑞它、克新 2 号等，大豆选用耐旱、抗倒、丰产的中晚熟品种齐黄 34、冀豆 17、陇黄 2 号等。

西瓜/大豆套作：主要在中部沿黄灌区种植，西瓜选用抗旱、抗病、丰产的中早熟品种，如西农 8 号、甘农 1 号等，大豆选用株型半紧凑、抗旱、丰产的中早熟品种，如齐黄 36、陇黄 2 号等。

春小麦/大豆套作：主要在河西内陆灌区种植（含中部沿黄灌区），春小麦选用茎秆直立、抗倒、丰产性好的中早熟品种，如宁春51号、永春3号等，大豆选用茎秆直立、不易裂荚、抗逆性好、高产的中晚熟品种，如晋豆39、中黄39、齐黄34等。

苹果、梨、桃、枣、杏等幼龄果园/大豆间作：主要在陇东半湿润地区、河西绿洲灌区种植，幼龄果园（1~3年）行间套作大豆模式，间作时要留足果树营养带，现以果树行距4m种植模式分情况说明。1年生果园间作，果树营养带1.5m，大豆种植带为2.5m；2年生果园间作，果树营养带2.0m，大豆种植带为2.0m；3年生果园间作，果树营养带2.5m，大豆种植带1.5m。大豆选用株型紧凑、耐荫、抗旱、抗病、丰产性好的优良品种，如中黄30、齐黄36、晋豆19、冀豆17等。

玉米/大豆间作：在甘肃各灌区均有种植，玉米选用株型紧凑、抗倒、耐密、丰产性好的中晚熟品种，如DK519、金穗4号等，大豆选用株型收敛、耐荫、抗病性好的中早熟品种，如晋豆19、齐黄36、中黄30等。

（三）甘肃省大豆科技发展中的主要问题

长期以来，甘肃省各级行政部门、技术推广部门对大豆生产缺乏客观的认识，没有认识到大豆在轮作倒茬、改善土壤生态环境、提高农田质量、减少化肥和农药施用方面的重要性，具体表现在：一是重视程度不高，从技术、资金、科研等方面都未能提供积极扶持，造成大豆产业科技支撑能力不足。二是对大豆遗传育种、新品种引进工作重视不够；甘肃省目前主产区种植的品种多乱杂现象严重，良种繁殖基地，良繁供种体系不健全，良种应用率低。三是产业开发方面，还没有真正的大型龙头企业带动，未形成集中产地和规模效益，没有充分发挥甘肃省高原大豆生产的绿色、高蛋白的生产优势，造成甘肃省大豆产业链不长，农民的种植效益不高。四是生产机械化程度低，种植成本高，技术措施不到位，特别是间套复种模式，易于操作的机械和栽培技术不能到位，虽然发展潜力巨大，但是发展受到极大的制约。五是绿色环保的病虫草害防治技术滞后，对甘肃省的大豆发展也造成影响。

三　甘肃大豆产业发展思路及重点

（一）发展思路

依托国家大豆产业体系，组织甘肃科研及农技推广部门联合攻关，调动区域内一切积极因素，以品种引进、筛选、选育为突破口，以集成单项实用栽培技术推广和良种繁育为主要手段，以新品种、新技术示范为载体，推广各类间作套种高产高效栽培技术模式，以提高大豆产量为主攻目标，近期内快速提升甘肃大豆研究和生产水平，建立甘肃大豆育种和栽培技术研究平台，推进甘肃大豆生产可持续发展。

（二）发展潜力分析

甘肃大豆产业具有较大的面积扩展潜力、单产提高潜力、品种推广潜力及技术集成潜力等优势，尤其要抓住甘肃马铃薯、玉米、西甜瓜地方优势产业和特色林果业发展的机遇，利用光热资源优势推动间套作大豆发展。甘肃省果园42.67万公顷（其中幼园面积21.3万公顷，4年以下苹果园13.3万公顷），每年新增幼园面积2.67万公顷。幼龄果园间作大豆栽培技术规范已经成形，通过提升品种和栽培技术水平，每年大豆新增面积潜力在1.3万~1.7万公顷。甘肃省马铃薯栽培面积67.4万公顷，其中早熟马铃薯栽培面积10万公顷左右，通过近年来的试验研究，马铃薯套种大豆最佳栽培模式已大面积应用，推广发展比较快，呈现出良好的发展势头，预计每年大豆增加面积潜力在0.45万~1.3万公顷。甘肃省全膜覆土穴播小麦年推广面积将达到20万公顷，全膜覆土穴播小麦栽培技术较露地小麦提早成熟一周以上，部分一年一熟的地区，通过复种大豆可以实现二年三熟。只要引进早熟且综合性状好的品种通过试验示范，在天水、陇南等地区推广，可年新增夏播大豆栽培面积1.3万~2万公顷。甘肃省玉米年种植面积80万公顷以上，玉米间作大豆机械化栽培模式日趋完善，预计每年大豆增加面积潜力在2万~3.3万公顷。同时加大科研投入，加强科技力量，在新品种、新的高产高效栽培技术方面有所创新突破，可以使大豆产量提高10%~15%。

（三）发展的重点与主要方向

1. 提高大豆产业科技含量，提高生产效率。首先要因地制宜选择相应的品种。应根据甘肃省不同生态区无霜期和有效积温的特点，选择适宜品种，保证大豆在初霜期前正常成熟；应根据不同生态环境特点，依据不同区域、不同肥力、不同栽培模式来选择相应品种，按照品种用途实行专用品种区域化规模种植。其次，采用高产栽培技术模式，其中包括陇东、河西地区幼龄果园间作大豆模式，中部灌区小麦、西瓜、马铃薯间套作高效栽培模式，陇东、天水、陇南部分地区小麦、油菜收割后复种栽培模式，灌区玉米间作大豆机械化栽培模式等。

2. 重点加强与高产农艺栽培模式相配套的农业机械研发和应用支持。甘肃省不少地区已经探索出适合当地自然条件和生产类型的大豆间套作栽培模式，有效提高了单位面积的农产品综合产量和整体经济效益，显著提高了光、热、水、土等资源利用效益。甘肃省在全国大豆面积下降的情况下能继续维持甚至扩大大豆种植面积，大豆间套作栽培模式的大力推广是一项有效的技术和途径。

大豆间套作栽培模式目前虽然十分有利于提高农产品综合产量、有利于资源合理利用、有利于农户收入的提高，但从甘肃省经济发展的长期变动趋势来看，劳动力成本持续大幅上升是今后相当一段时期内的常态现象。因此，农业生产中如何控制劳动力成本是关乎农业生产经济可持续性的一个主要影响因素，农机农艺结合替代人工就成为农业生产经济可持续发展的必然选项。另外，农业生产模式的作业强度和操作难易程度也越来越成为农民种植意愿的影响因素。因此，农技、农艺作业的轻简化对栽培技术模式的采用非常重要，与栽培技术模式相配套的农机研发和应用的重要性就日益凸显。因此，甘肃省不仅应当对农机研发加大支持力度，而且应当对新农机的工厂制作和试用推广也进行补贴支持。

3. 完善目标价格试点政策。确定目标价格政策是保护豆农收入，维持农民生产大豆积极性的重要激励政策，要研究制定利用甘肃省不同灌区光、温、水、热等优越资源、环境条件生产优质专用大豆、与种子企业联合建立种子生产合作社繁育国内不同类型大豆优良品种，促进甘肃省大豆产业发展的政策措施。

4. 大力推进适度规模经营。国外大豆扣除物耗的净收入约只有 1200 元/公顷人民币，远远低于甘肃省（3060 元/公顷），但其规模化种植保障了豆农的收入水平；国内种植户因其种植规模小而难以提高农户的收入水准，限制了大豆产业的稳定发展。近年来，随着土地流转政策的逐步实施，全省各区域已出现了大豆大面积连片种植，为大豆规模化种植起到了一定的推动作用。

四　甘肃省大豆发展的建议及政策保障措施

（一）加大科技投入，加大人才培养力度

大豆在甘肃省常年种植面积在 13. 5 万公顷左右，专门从事大豆科研的人员不足 10 人，与大豆在甘肃省农业生产中的地位极不相称。因此，积极培养大豆专业研究人才队伍已经成为当前的紧要任务。一方面，需要在科研院所中培养高素质的科研人才；另一方面，要在基层大力培养科技推广人才与技术人才。同时

还应该加强横向合作与交流，引进新的品种、集约栽培技术，为甘肃省大豆产业发展奠定良好基础。

（二）依托现有技术资源，加强大豆产业共性技术研究

大豆在甘肃省种植已有悠久的历史，其地域差异明显、种植方式多样，“十二五”以来，通过国家与省级审定的适宜品种达十多个，但由于品种布局不合理，良种繁育体系不健全，实际应用于生产中的优良品种混杂退化严重，难以发挥应有的作用。目前，应加强省级科研与地方推广部门的密切联系，特别是与种子推广部门衔接，推广适宜不同地区种植的优良品种，并将主栽品种、搭配品种协调种植。

（三）加大政策扶持力度，建立促进大豆产业发展的长效机制

一要完善科研、推广机制，增加大豆生产研发费用，减少大豆产业的非生产成本因素制约；二要强化财政支农惠农政策作用，加强大豆主产区种子繁育体系建设；三要引导农民合理安排大豆种植面积和品种结构，确保大豆种植业的健康发展；四要实施大豆良种补贴政策；五要把大豆生产机械纳入政策补贴范畴，提高豆农收益。

参考文献

郭天宝、李根：《中国转基因大豆产业资源与发展路径研究》，《中国农业资源与区划》2015 年第 36 期。

周超：《保障转基因农业与非转基因农业共存的政策措施》，《宏观经济研究》2014 年第 2 期。

刘忠堂：《关于中国大豆产业发展战略的思考》，《大豆科学》2013 年第 32 期。

盖钧镒：《中国大豆产业、科技、种业和转基因育种的思考》，《大豆科技》2011 年第 3 期。

祁旺定、尚明瑞：《中国大豆产业发展问题研究》，《中国农学通报》2014 年第 30 期。

张振华、刘志民：《我国大豆供需现状与未来十年预测分析》，《大豆科技》2009 年第 7 期。

肖家建、董丽、邵爽：《我国农业标准化条件下大豆生产成本管理存在的问题及对策》，《现代农业科技》2016 年第 13 期。

周德录、李城德：《发展甘肃大豆产业的思考与建议》，《甘肃农业》2014 年第 15 期。

杨封科、王立明、张国宏：《甘肃旱作大豆全膜双垄种植的土壤水热及产量效应》，《应用生态学报》2013 年第 11 期。

王立明、陈光荣、杨如萍等：《甘肃东部夏播大豆品种引进筛选与评价》，《中国种业》2013 年第 8 期。

杨如萍、张国宏、王立明等：《甘肃省大豆主产区产量性状及品质分析》，《大豆科学》2013 年第 1 期。

陈光荣、杨文钰、张国宏等：《薯/豆套作模式下不同熟期大豆品种的生长补偿效应》，《中国农业科学》2016 年第 3 期。

张国宏、倪胜利、王立明等：《甘肃省大豆生产现状及发展对策》，《甘肃农业科技》2009 年第 8 期。

国家大豆产业技术体系：《中国现代农业产业可持续发展战略研究》，中国农业出版社，2016。

盖钧镒：《中国大豆产业、科技、种业和转基因育种的思考》，《大豆科技》2011 年第 3 期。

G.39
甘肃省食用豆科技发展研究报告

杨晓明*

摘　要： 蚕豆、豌豆、绿豆、芸豆、小豆等食用豆在我国农业产业结构调整、人民膳食结构改善及耕地质量改良等方面发挥着重要作用。“十二五”期间，发达国家食用豆科学技术和产业经济得到较快发展。我国是食用豆生产和消费大国，近几年在食用豆新品种和新技术研发等方面取得显著成效。食用豆产业保持稳定发展，但仍存在机械化程度不高、生产效益偏低等诸多问题。甘肃蚕豆和豌豆在我国食用豆生产中占据重要地位，半无叶型豌豆品种以及高效抗旱种植模式等技术的推广应用有效地促进了甘肃食用豆产业发展，但边缘化生产等问题突出，今后加强农机农艺结合、重大病虫害防控、绿色食用豆生产及产业链延伸是甘肃食用豆产业发展的主要方向。

关键词： 甘肃　食用豆　科技创新　产业发展

食用豆是指除大豆、花生之外的以收获干籽粒作为粮食用的所有豆类作物。目前食用豆生产总量占谷物生产的2.64%，包括冷季豆类和热季豆类。冷季豆类主要有蚕豆、豌豆、鹰嘴豆、扁豆等；热季豆类主要有绿豆、小豆、豇豆、普通菜豆、利马豆、四棱豆、木豆、羽扇豆、黑吉豆等。食用豆种类多，品种资源丰富，适应性强，在世界各国均有种植。按照年生产总量来看，世界范围内种植最多的豆种是普通菜豆，占食用豆总产量的1/3左右，其次鹰嘴豆16%，豌豆14%，豇豆8%；扁豆、木豆和蚕豆占6%，羽扇豆占2%，其他豆种占9%。食

---

* 杨晓明，博士，甘肃省农业科学院作物研究所研究员，硕士生导师，主要从事食用豆育种和病虫害研究。

用豆类在农作物中的地位仅次于谷类，是人类和畜禽重要的蛋白质来源；食用豆固氮养地，耐旱耐瘠，栽培简单易管理，既可净作又能间作套种，在现代农业供给侧结构性改革、转方式调结构，发展高效和旱作农业等方面具有重要作用；发展食用豆产业符合国家“一控、二减、三基本”现代可持续农业发展要求。

一　食用豆产业发展现状

（一）世界食用豆产业发展现状

据联合国粮食和农业组织（FAO）统计，亚洲是世界食用豆主产区，占世界总面积49%，非洲占30%、美洲占13%、欧洲占5%、大洋洲占3%。食用豆主产国及地区有印度、缅甸、加拿大、中国、澳大利亚、巴西、美国、尼日利亚、埃塞俄比亚、欧盟等。2012年这些国家食用豆总产量约占世界总产量的63%。印度食用豆产量占世界23.1%，缅甸占7.6%、加拿大占6.7%、中国占6.0%、澳大利亚占5.5%。印度是最大的食用豆生产国，种植食用豆主要是鹰嘴豆、普通菜豆（包括绿豆）、木豆，分别占世界总量68%、16%、69%。缅甸主要种植普通菜豆和木豆，占世界总量14%和19%。加拿大主要种植豌豆和扁豆，占世界总量32%和39%。中国主要种植蚕豆、豌豆和菜豆（包括绿豆等），占总量40%、10%和7%。澳大利亚种植羽扇豆、蚕豆和鹰嘴豆，占世界总量76%、5%和5%。

1990～2013年全球食用豆播种面积由6880万公顷增加到7600万公顷，增加10.5%，其中发展中国家增加56.7%，发达国家仅增长7.1%；全球食用豆产量由5904万吨增加到6771万吨，增加14.7%。总体来看，全球食用豆产量呈增加的趋势，但增长态势缓慢，年均增长0.73%。食用豆产量在世界各大洲呈现不同的增长态势，大洋洲年均增长9.0%，非洲3.3%、美洲2.4%、亚洲1.33%，而欧洲则处于负增长状态，2012年的产量仅为1980年产量的76%。

（二）我国食用豆产业发展现状

食用豆是我国贫困地区人民主要的食物蛋白质来源和重要的出口创汇特色农副产品，在农业种植结构调整和国民经济发展中占有重要地位。种植食用豆主要有蚕豆、豌豆、绿豆、小豆、芸豆、豇豆等，全国各省区基本都有种植，但主产区相对集中。作为非主要和轮作休闲作物，食用豆多种植在老少边远山区。种植粗放，生产效益普遍较低，规模化生产程度不高。20世纪70年代我国食用豆生产面积较大，进入20世纪90年代面积和总产量逐年下降。2008年以来，在国家和地方部门、国家食用豆产业技术体系及有关国家产业政策支撑下，我国食用豆科技和产业开发得到高度重视，食用豆新品种和配套栽培技术等得到广泛推广和应用，食用豆产业发展呈现出良好的发展势头。特别是在地方政府有关产业政策的扶持下，以集体农场、生产大户或农民合作社等为生产主体，以加工企业商品产销为依托，在我国东北、华北等食用豆优势产区初步形成了集生产和加工为一体的产业布局。但从全国食用豆产业发展总体来看，食用豆消费产品单一，市场缺乏多样化或高附加值的畅销产品；食用豆消费意识有待唤醒，需求潜力有待进一步挖掘；食用豆生产标准化、规模化水平低，品质不优的问题突出；食用豆加工仍以初加工为主，深加工品种少，加工研发能力薄弱；食用豆产量、品质和生产效益有待提高。

我国是世界上种植食用豆种类最多的国家，有20余种。种植面积较大的有蚕豆（33%）、绿豆（23%）、豌豆（20%）、芸豆（17%）、小豆（6%）等。绿豆主要集中在华北北部，芸豆集中在东北，蚕豆、豌豆集中在西北和西南等生态和经济条件较差的丘陵或老少边远山区。

据国家食用豆产业技术体系行业内部统计，近年来我国食用豆种植面积基本保持稳定。2009年以来，蚕豆、豌豆、绿豆、芸豆和小豆5大类食用豆常年种植面积在330万公顷左右，占食用豆总面积的99%以上，约占全国粮食作物播种面积的3%；产量约500万吨，占全国粮食作物总产量的0.8%。此外，菜豆、扁豆、木豆、草豌豆、豇豆、鹰嘴豆等食用豆零星种植面积约3万公顷，占食用豆总面积的0.9%。自2012年以来，我国豌豆小幅减少，蚕豆面积有所上升，小豆年播种面积无显著变化，芸豆、绿豆由于国内出口向好，则保持小幅增长趋势。

据《中国农村统计年鉴》，2013年全国食用豆播种面积275万公顷。种植面积在百万亩以上的省区有云南、四川、内蒙古、黑龙江、贵州、重庆、吉林、山西、江苏、甘肃、新疆、安徽、湖南、湖北14个省区，播种面积占全国的83%。

1998～2014年，以种植蚕豆、豌豆为主的云南和四川省始终保持高位平稳发展态势。近5年来，云南省年播种面积44万公顷，四川省25万公顷；内蒙古下滑较为突出，由2007年的40万公顷下滑到2014年的15万公顷。不同豆种发展速度也不均衡：芸豆增长速度最快，干豌豆发展萎缩，鲜食蚕豆和豌豆部分产区增速较快，绿豆、小豆保持稳定发展态势，干蚕豆生产略有减少。

芸豆增长最快，面积从1990年27万公顷发展到2014年前后的47万公顷，总产量超过80万吨；出口量从20世纪80年代6000多吨增加到2014年的75万吨，成为我国第一大出口农产品。其中2010年出口75.8万吨，创汇5.3亿美元，占粮食出口总量和总额的28.2%和29.5%。我国芸豆有四大产区：东北芸豆产区、北方芸豆产区、新疆芸豆产区和西南芸豆产区。

绿豆是我国出口优势豆种，总产量和出口量居世界首位，年种植63万公顷左右，总产量约100万吨，出口在15万~25万吨之间，最高年份达29万吨。产品主要来自东北、华北、西北等地区，以陕西榆林绿豆、吉林白城绿豆、河北张家口鹦哥绿等最负盛名。我国绿豆主要有三大产区：东北春绿豆区、长城沿线春绿豆区和北方夏绿豆区。

小豆也是我国的出口优势豆种，年种植约17万公顷，总产量35万吨，年出口6万~9万吨。产品主要来自河北、黑龙江、吉林、陕西、山西等省，以天津红小豆、宝清红、东北大红袍、唐山红等出口量为最大。小豆有3大产区：东北春小豆区、华北夏小豆区和黄土高原小豆区。

蚕豆是我国种植面积最大的食用豆种，年种植约92万公顷，总产量186万吨，占世界总量的40%左右。近几年，出口量仅2万~3万吨。与过去相比，干蚕豆种植面积和出口量呈下降趋势；而在南方产区，鲜食蚕豆种植有所增加；蚕豆出口产品主要来自青海、河北、甘肃、云南等省。蚕豆产区主要有华北春蚕豆区、西北春蚕豆区、东南秋蚕豆区和西南秋蚕豆区。

豌豆是我国第二大冷季豆类作物，年种植4.5万公顷，总产量约100万吨，占世界总量的14%。由于粉丝加工需求的增加，我国干豌豆生产远不能满足国内消费需求，进口豌豆急剧增加，2010年以来始终保持在70万吨以上。从全国豌豆生产来看，干豌豆种植面积呈下降趋势，南方鲜食豌豆种植小幅增加。干豌豆产区主要有华北春豌豆区和西北春豌豆区；鲜食豌豆产区主要集中在西南秋豌豆区。

二　国内外食用豆产业科技发展动态

（一）国际食用豆研发机构平台建设不断加强

加拿大、美国、法国、欧盟等发达国家和地区加强了有关食用豆科研和产业协会建设。在“国际食用豆综合计划研究”项目支持下，2009年欧盟食用豆研究协会成立，并建立了食用豆科技转化平台，为食用豆科学研究和产业发展搭建桥梁。2014 年欧盟启动了由 29 家科研机构和生产企业参加的“未来农业豆类”研究项目，旨在全面提高食用豆在生产系统中的竞争力。欧盟和我国于 2016 年 7 月启动了“中欧关于降低豆类蛋白质进口依赖的联合研发计划”合作项目，旨在在豆类作物（大豆、苜蓿、豌豆、蚕豆和小豆等）种质资源交换和信息交流的基础上，筛选或创制新种质，并开展主要目标性状的表型鉴定、遗传多样性分析、关键基因组预测以及育种策论及实施工具的研发。

加拿大在食用豆产业研发方面，重点加强了食用豆标准化种植技术、商品质量检测、病虫害防疫防治、市场信息等体系建设。早在 1997 年加拿大即成立了特色作物（包括豌豆、扁豆等食用豆）协会，制定加拿大特色作物销售和新产品研发计划。加拿大农业部还构建了基于网络的豌豆、扁豆等食用豆病害诊断系统，网上在线提供新品种信息以及施肥技术、病虫害防控技术等栽培管理技术培训。

（二）国际食用豆研发水平不断提升

通过分析食用豆研究出版专著和科技论文，2011 ~2015 年国际食用豆作物科学技术研究取得了显著的进展。在 Springer Link 数据库题名中含有“legumes”或“pulse”（食用豆）的科技论文 152 篇，专著 11 部；在 Science Direct 数据库题名中含有“legumes”（食用豆）的农业生物学论文 220 篇，专著 9 部。这些科技成果代表和反映了国际食用豆研究的趋势和水平。国际食用豆研究在抗逆种质资源创新、远源杂交利用、抗逆基因分子标记、重大病虫害研究以及产品开发利用等方面取得了显著的进展。

（三）国际食用豆重大病虫害研究成效显著

褐斑病、白粉病、锈病、枯萎病、根腐病等真菌性病害是国际食用豆病害研究的重点，发达国家在食用豆抗性种质资源发掘、抗性基因定位、抗性机理研究等方面都取得了显著进展。豆象、蚜虫、豆荚螟是危害食用豆的主要虫害，但以仓储害虫豆象危害最为严重。世界各国在食用豆抗虫种质资源的筛选、鉴定，抗虫生理生化机理和抗虫遗传机制，影响食用豆抗虫性表达的非生物和生物因子研究以及食用豆抗虫新品种选育等方面开展了大量的工作。运用分子生物学标记筛选与抗虫基因连锁的分子标记进行抗虫性状基因定位和性状连锁分析，定向培育抗虫新品种是目前国际食用豆抗虫育种研究的热点。抗豆象资源鉴定、抗豆象机理研究以及抗豆象分子标记和抗豆象育种是欧美等发达国家和国际研究机构研究的重点。2014 年豌豆象种质资源创新和分子生物学研究取得显著进展；在食用豆豆象田间防控技术研究方面，欧美等发达国家在研发植物源、微生物类、低聚糖类等生物农药的同时，提出了生态控制为主要手段的病虫害可持续控制技术。

（四）国际豌豆遗传改良水平大幅度提高

高产、抗倒、抗病、适宜机械化收割是世界豌豆生产大国育种的主要目标。在近 20 年里，法国、德国、澳大利亚、加拿大、美国等加强了半无叶型豌豆基础研究和品种选育。从半无叶型豌豆变态叶的发育、高产机理、光合特性、群体生态、遗传图谱构建等方面，这些国家研究水平都走在世界最前列。加拿大由于适宜机械化收获的半无叶豌豆品种的大力培育和应用，豌豆生产由 1994 年的 140 万吨增加到 2013 年的 330 万吨。

三　甘肃食用豆产业科技发展现状与问题

甘肃食用豆生产在全国占有重要地位，主要是干豌豆和干蚕豆生产。另外，还有零星种植的扁豆、鹰嘴豆、芸豆、豇豆、草豌豆等。由于甘肃自然生态条件复杂，豆类作物适应的自然生态区域或优势产区有较大的差异。

（一）甘肃食用豆产业发展现状

1995 年前后，甘肃豆类作物播种面积在 33 万公顷以上。进入 21 世纪，由于退耕还林还草以及玉米、马铃薯等大宗粮食作物种植业补贴等诸多因素的影响，豆类生产急剧下滑。据《甘肃农业年鉴》，2010 ~ 2014 年甘肃省粮食作物稳定在 329.6 万公顷，豆类仅次于玉米、小麦、马铃薯，居第四位。包括大豆在内的豆类作物种植面积 19 万公顷，占粮食作物的 5.8%；总产约 36 万吨，占粮食作物产量的 4.5%，而进入市场流通环节的不足 20 万吨。

庆阳、陇南、白银等地为甘肃主要豆类产区，种植豆类主要是大豆；定西、兰州、武威和临夏地区则是蚕豆、豌豆、扁豆种植的优势产区。蚕豆主要集中在临夏、康乐、临潭、陇西、渭源、张掖等地县；豌豆主要集中在甘肃中部的定西、会宁、通渭、靖远、永登、皋兰以及河西地区的天祝、古浪、武威、民乐、山丹等地县；扁豆主要在甘肃中部的定西、静宁、会宁等市县；芸豆在平凉、泾川、永靖、陇南等市县有少量种植。从甘肃食用豆产业发展特点来看，不同豆种之间发展很不平衡，不同地区种植规模、种植水平、生产效益都存在明显差异。

近20年来，甘肃以蚕豆、豌豆为主的食用豆生产逐渐下滑，而大豆保持小幅增长态势。从2000年开始，由于国家对大豆产业的重视和政策扶持，大豆逐渐上升为主要豆类作物。2014年甘肃豆类作物播种面积17.6万公顷，其中大豆8.8万公顷，占豆类作物的50%；蚕豆2.7万公顷，豌豆、扁豆等豆类6.0万公顷；在20世纪70年代种植的鹰嘴豆、四棱豆、草豌豆等食用豆目前生产寥寥无几。

蚕豆是甘肃食用豆中的优势豆种，90年代常年播种面积9.6万公顷，占全国春蚕豆的40%。1995年后，由于蚕豆象危害，甘肃及周边省区蚕豆生产急剧下滑。2009年以来，在国家食用豆产业技术体系的支持下，豆象综合防控取得显著成效；特别是2012年开始，由于蚕豆价格走好，种植蚕豆效益转好，种植面积大幅增加，2015年达到4.1万公顷。

豌豆是甘肃第二大优势食用豆种，2010～2015年甘肃豌豆基本保持在3万～5万公顷；早在2000年，由于半无叶型豌豆品种的大力推广和应用，豌豆生产规模急剧扩大，产业发展势头强劲，2009年种植面积突破8万公顷。仅永登县就由2005年的0.33万公顷增加到1.27万公顷。近几年，受加拿大进口豌豆冲击，以及国内市场行情走低与种植投入增加等诸多因素的影响，豌豆种植规模有所收缩。

半无叶型豌豆陇豌1号、银豌1号、古豌1号等新品种的推广和应用，使甘肃豌豆产区由中部旱区向西部灌区扩大，由山区低产田向川水地高产田发展；由传统的单作种植模式向间套作种植模式发展。豌豆产量创历史新高，在河西和中部沿黄灌区平均产量达到5250千克以上/公顷，高产可达6000千克/公顷，是旱作豌豆产量的2～3倍。山区豌豆种植模式以单种为主，河西和中部沿黄灌区以套种为主。间套作种植模式以玉米套种豌豆面积为最大，甘肃白银地区和河西武威地区玉米套种豌豆在0.7万公顷以上。

从甘肃种植食用豆品种来看，蚕豆品种主要是临蚕5号、8号、9号以及青海9号、11号、12号等品种，良种普及率达到85%以上。个别边远山区种植地方蚕豆品种，以适宜炒货的地方尕蚕豆品种为主。豌豆品种分旱地和水地品种。旱地品种以定豌系列为主，有定豌1号、定豌6号等，其中地方品种约占20%，以地方麻豌豆为主；水地品种以半无叶型豌豆（俗称：手拉手、金丝豆、拉拉王、针叶豌豆）和矮生蔓生型豌豆为主。目前推广品种有陇豌1号、陇豌6号、草原276、银豌1号、中豌4和6号等。扁豆品种主要有定选1号以及各地传统的地方品种；鹰嘴豆品种主要有陇鹰1号以及各地传统的地方品种。

作为高原夏菜的鲜食豌豆（荷兰豆和甜脆豆），甘肃种植规模在6000多亩。其生产模式以企业或农民合作社订单经营为主，产品多销往广州、上海等南方市场。种植主要集中在永登、天祝、永昌、景泰和皋兰等高海拔冷凉地区。种植小荚荷兰豆品种主要是红花604、珍宝以及改良的一些品种；大荚荷兰豆品种主要是四川省农科院的食荚大菜豌1号、6号；甜脆豆品种主要有奇珍76、双花101以及改良的一些品种。

（二）"十二五"期间甘肃食用豆科技发展成效显著

甘肃开展食用豆育种、栽培、土壤、病虫害等研究的单位主要有7家，包括甘肃省农科院、甘肃农业大学、定西市农科院、临夏州农科院、武威市农科院、张掖市农科院和白银市农科所等。长期从事食用豆研究的专业技术人员有30多人；2008年甘肃农科院作物所、定西市农科院和临夏州农科院先后进入国家现代农业食用豆产业技术体系研发团队。"十二五"期间，甘肃食用豆产业科研能力得到提升，产业发展水平进一步提高。

1. 食用豆抗性种质创新与新品种选育工作得到加强

甘肃省农业科学院作物研究所和定西市农科院依托国家食用豆产业技术体系平台，对来自国内外的500多份豌豆材料就其农艺学性状、抗性、生态适应性、丰产性进行精准鉴定。特别是在豌豆白粉病抗性、豆象抗性鉴定方面做了大量工作，筛选出了一批抗性资源。对部分优异资源按照国家入库标准鉴定并提交种质资源库保存。

针对我国豌豆生产中种植品种倒伏烂秧、白粉病和根腐病抗性差的问题，甘肃农科院作物所调整传统旱地豌豆育种目标，开展适宜水地种植的高产、优质、矮秆、抗倒伏、专用型半无叶型豌豆育种，育成适宜甘肃乃至西北灌区或二阴地区种植的豌豆品种4个，其中陇豌3号、4号、5号为省级认定品种，陇豌6号为国家认定品种。定西市农科院以传统抗旱、抗根腐病豌豆育种为目标，育成适宜在甘肃中部干旱、半干旱地区以及同类地区种植的豌豆品种定豌7号、8号；白银市农科所育成适宜中部沿黄灌区玉米套种的豌豆品种银豌2号。临夏州农科院选育出适宜甘肃高寒阴湿区及国内春蚕豆产区种植的蚕豆品种临蚕8号、9号。

2. 食用豆节本增效栽培技术研究和示范引领效果显著

在食用豆高效栽培技术研究和示范方面，甘肃省农科院在中部沿黄灌区和河西冷凉绿洲农业区以早熟、中抗白粉病品种陇豌1号、6号为核心技术，联合白银市农科所开展了“玉米套种豌豆”种植模式示范和推广，并已成为甘肃豌豆主要生产模式，年种植面积在0.7万公顷。为解决马铃薯连作障碍问题，白银市农科所探索套种模式下对豌豆象、斑潜蝇和白粉病的有效防治措施，甘肃省农科院作物研究所和定西试验站开展了“全膜双垄沟马铃薯套种豌豆”研究和示范。结果表明：在定西旱作区马铃薯套种豌豆是一种既可解决马铃薯连作问题，又能促进豌豆产业发展的较为理想的旱作种植模式。

3. 食用豆重要病害研究和防控技术水平得到提升

豌豆白粉病研究取得突破性进展。甘肃省农科院作物研究所和中国农业科学院作物所合作，对豌豆白粉病进行了系统性研究，在抗性种质创新和分子标记方面取得突破性进展，掌握了我国豌豆秋播区和春播白粉病种群分布、发生和危害规律。例如，西北春播区豌豆以豌豆白粉菌、蓼白粉菌和三叶草白粉病菌为主；南方秋播区以豌豆白粉菌、普生白粉菌和鲍勒白粉菌为主，冬季病原菌无闭囊壳的形成和越冬；通过不同熟性豌豆白粉病抗性表现研究，探明了豌豆白粉病抗性分三个类型。极早熟品种属于避病型抗性品种；晚熟品种属于耐病型抗病品种；中晚熟品种的抗性表现主要是在白粉病病原菌侵入植株时，在病原菌的侵入部位能够迅速发生过敏性坏死反应，形成抗性病斑来抵御白粉病的发生和流行；并从酶活性、叶绿素含量和蛋白质水平等生理生化指标阐明了豌豆白粉病生理抗性机理；通过对高抗白粉病豌豆品种陇豌5号（X9002）抗性遗传及分子标记研究，进一步发掘了抗性种质、明晰了抗性遗传规律和探明了白粉病分子抗性机理。

豆象田间综合防控技术研究取得阶段性成果。甘肃省农科院作物所豆象田间综合防控技术研究项目实施取得显著成效。重点对蚕豆象、豌豆象发生、流行、危害规律等进行了系统研究，掌握了西北地区蚕豆豌豆象危害特性和发生规律；通过在临夏、定西、成都、重庆、南通等地豆象田间防控试验示范，筛选出瓢甲敌、氯氟氰菊酯、溴氰菊酯等拟除虫菊酯类化学药剂是田间防治豆象较为理想的药剂，防效达到68%；结合豆象全年发生和危害规律以及蚕豆、豌豆生长的关键时期、仓储条件等环节，甘肃省农科院作物所从种子处理、花豆象调查、化学药剂筛选、田间管理、仓储运输等方面制订了详尽的豆象防治技术规程。

（三）甘肃食用豆产业科技发展中的问题

1. 食用豆产业发展的技术支撑不够

品种退化、种植技术落后、投入少、产量低、效益不高是甘肃食用豆产业发展中最突出的问题。一是品种混杂和退化严重，新品种推广速度慢，部分地区仍在使用地方品种。二是种植技术水平低，田间管理粗放。食用豆主要在干旱和半干旱、瘠薄和山坡地种植。生产条件差，生产投入少，农业技术水平低，基本上以传统种植方式为主，规范化栽培管理技术难以在种植生产中得到应用。三是食用豆区域化布局、专业化生产格局还未形成，集约化程度低。全省食用豆种植仍分散，没有形成大规模集中连片种植，机械化作业水平较低。

2. 食用豆产业发展的政策支持力度不够

各级政府部门在制定农业产业发展规划或产业政策的顶层设计上，过度强调玉米、马铃薯、小麦等大宗粮食作物，忽视了食用豆产业在农业可持续发展、耕地质量改善中的隐性效益或长期作用，对食用豆产业发展政策支持不多、有效引导不够；有些地方政府、农业技术人员和农民把食用豆类看成是可有可无的作物，食用豆常常种于零星杂地，管理粗放，产量不高，商品率较低，从而严重影响了食用豆产业的健康发展。

3. 食用豆科研水平和技术推广能力低

食用豆属小宗作物，产业研发长期未受到足够重视，多学科联合的创新研究团队尚未形成，整体研究水平不高、技术推广能力不强。特别是食用豆旱区保护性耕作技术、良种繁育推广技术、节水高效利用技术、机械化生产技术、绿色无公害生产技术、合理轮作倒茬技术、平衡施肥、化学除草、病虫防治及产后加工技术等都没有得到有效的研发和推广。甘肃省食用豆生产整体依靠传统经验多，利用现代技术少。虽然甘肃省食用豆的区域性比较明显，有利于形成食用豆优势产区，但其规模化水平低，各区域食用豆种植零星分散，商品量不够集中，很难形成区域化种植、标准化生产的格局，更不利于产业链的形成。

4. 食用豆产业化发展体系不健全

一是食用豆种植、收购、流通、加工、销售等环节脱节，产业链不紧密、不完善、不平衡，缺乏有序的生产组织，影响产业发展的不确定因素太多，生产盲目性大、跟风情况突出。二是产业发展组织化程度不高，小规模生产特征突出。三是食用豆生产投入主体并未成为获取效益的最大受益者，农民只是种植初级农产品，在产业链中分享利润太低。四是食用豆专业经济组织或行业协会较少，农业技术服务体系不完善。在食用豆示范基地建设方面，很难争取到国家重点项目资金支持。五是从事食用豆专业化经营的企业少、规模小，深加工能力明显不足，没有大的产业带动力。六是食用豆加工、流通、营销企业做大做强的人才、技术、资金及政策等支持力度不足，多数食用豆企业没有能力建立种植基地，高效一体化食用豆产业发展模式尚未形成。

四 甘肃省食用豆科技发展对策和建议

（一）制定食用豆产业发展优惠政策

同发达国家食用豆产业的发展水平来比较，甘肃省乃至全国食用豆产业发展水平整体还处于初级阶段。要使其发展、壮大，需要通过制定和推行合理的产业政策，如产业组织政策、产业结构政策、产业布局政策和产业技术扶持政策等；并制定食用豆布局或种植比例合理的法规性措施，来促进和保证食用豆弱势作物在农业结构中的合理地位。

（二）建立优质食用豆规模化生产基地

根据食用豆优势产区分布状况，政府或行业部门确立食用豆产业发展方向，按照适当集中、规模发展的原则，大力推行土地流转，充分发挥种植大户和农民合作社的生产主体作用，把无序的小生产转变为有组织的规模化生产，整体提高食用豆产量和品质，降低成本，发展规模效益。根据甘肃食用豆生产优势和市场前景，可建立以河西走廊和沿黄灌区、中部旱区为主的豌豆生产基地；以临夏和定西二阴地区为主的优质蚕豆生产基地。政府或行业部门统一食用豆基地建设的生产标准，基地的建设以保护生态环境为基点，以市场为导向，站在大农业的高度，利用当地环境优势，对食用豆生产、大宗作物生产、园艺特产、畜牧生产和农产品加工业通盘考虑、科学规划；增加科技投入，引进优良品种，改善栽培技术，特别是现代机械化种植技术，确保基地科技水平整体提高。

（三）大力提高食用豆产业品牌效益

食用豆是我国传统的、有竞争力的出口农产品，也出现了很多名牌产品，如陕西榆林绿豆、河北张家口绿豆、吉林白城绿豆、云南大白芸豆、天津红小豆、黑龙江宝清红小豆等。甘肃有临夏大白蚕豆、定西麻豌豆、甘肃黑芸豆、兰州甜脆豆、兰州荷兰豆等食用豆品牌产品。加强食用豆名牌产品的创建和管理，形成名牌产品拉动特色资源发展，特色资源发展推动名牌产品的良性循环，实现食用豆产业的可持续发展，真正把食用豆资源优势转变为市场优势和经济优势。

（四）注重食用豆产后开发及产业链的延伸

我国是食用豆生产和出口大国，但由于加工企业少、设备和工艺技术落后、产业链延伸不够等问题，以食用豆为加工原料的中高档产品极其匮乏，不能满足市场需求。因此，要大力加强食用豆产品加工相关的基础和应用研究；强化设备和工艺的升级，把食用豆产品研发同生产和消费习惯紧密联系起来。立足国内消费，因地制宜地开发食用豆深加工技术，使食用豆产业从低附加值向高附加值产业发展，从粗加工向深加工产业发展，从而有效实现食用豆产业链的延伸，进一步提高食用豆的生产效益，使食用豆在农业生产中的优势得到充分发挥。

（五）积极发展新型食用豆种植先进理念

当前应积极开展食用豆新品种选育、配套栽培技术、病虫害防治技术、绿色食品生产技术研究等。在品种选育和生产应用上，注重高产、优质、抗病等优异性状的同时，将农机农艺结合，选择适宜机械化种植的品种是今后品种选择和应用的方向；加强对国外优良品种的引进、筛选和示范工作，尽快解决生产上品种退化和多乱杂的问题。栽培技术方面，要开展适宜不同生态区域关键农机农艺配套种植技术研究，重点研究以节水节肥、适宜机械化种植为中心的旱地农业综合技术措施；开发适合当地种植的食用豆与大宗作物的间作套种模式，缓解食用豆与大宗作物争地争水矛盾；深度研究无公害、环境友好的食用豆病虫害防治技术，有效提高病虫害防控能力，保证食用豆食品质量安全；开展食用豆绿色生产技术研究，为生产绿色食品提供技术支撑。

本报告在撰写过程中得到国家食用豆产业技术体系首席科学家程须珍研究员及食用豆体系岗位和试验站有关专家的大力支持，在此表示衷心感谢！

参考文献

鲍国军、王宗胜：《甘肃省小杂粮产业现状及发展思路》，《甘肃农业科技》2006 年第 4 期。

柴岩、冯佰利：《中国小杂粮产业发展现状及对策》，《干旱地区农业研究》2003 年第 3 期。

郑卓杰:《中国食用豆类学》，中国农业出版社，1997。

宗绪晓、关建平:《食用豆类的植物学特征、营养特点及产业化》，《中国食物与营养》2003 年第 11 期。

程须珍:《国家食用豆产业技术体系建设成效显著》，《植物遗传资源学报》2011 年第 3 期。

郭永田:《中国食用豆产业的经济分析》，华中农业大学硕士学位论文，2014。

刘慧:《世界食用豆生产、消费和贸易概况》，《世界农业》2012 年第 7 期。

刘慧:《中国食用豆贸易现状与前景展望》，《中国食物与营养》2012 年第 8 期。

王瑞民、张蕙杰、周俊玲:《美国食用豆的生产、消费与贸易概况》，《世界农业》2011 年第 10 期。

张雄、王立祥、柴岩、廖允成:《小杂粮生产可持续发展探讨》，《中国农业科学》2003 年第 12 期。

金文林、盖钧镒:《我国食用豆类生产现状与发展策略》，《作物杂志》1994 年第 4 期。

宫慧慧、孟庆华:《山东省食用豆类产业现状及发展对策》，《山东农业科学》2014 年第 9 期。

窦学诚、龚大鑫、关小康:《甘肃省小杂粮产业竞争优势度及影响因素分析》，《干旱地区农业研究》2012 年第 5 期。

国家统计局农村社会经济调查司:《中国农村统计年鉴》，中国统计出版社，2010 ~ 2015。

甘肃农村年鉴编委会:《甘肃农村年鉴》，中国统计出版社，2010 ~ 2015。

FAOSTAT. http://faostat3. fao. org/home/E.

G.40 甘肃省食用菌科技发展研究报告

张桂香*

摘　要：“十二五”期间，甘肃省开展了省内大型食用真菌野生资源的调查收集和保藏、食用菌珍稀种类引进栽培、区域特色主栽种类栽培关键技术、工厂化栽培技术与工艺等方面的研究与推广应用，使甘肃省食用菌栽培种类大幅度增加，结构进一步优化，栽培方式趋于集约化、规模化、工厂化、周年化；在四大生态类型区逐步形成了一批特色食用菌主产区或主产县，栽培规模增大，产值大幅度提升。“十三五”时期甘肃省重点围绕食用菌野生资源收集保藏与驯化栽培、区域特色主栽种类提质增效、工厂化栽培技术研究与应用、食用菌加工与产销对接开展研究与示范，延伸产业链，支撑食用菌产业快速发展。

关键词：甘肃省　食用菌　产业现状　科技发展成效　创新思路

食用菌产业是集高效农业、循环农业、低碳农业和可持续农业特征于一体的现代农业产业，是促进农民增收、农业增效和国民健康的特色产业。发展食用菌产业，对增强蔬菜供给能力，缓解食物安全压力，拓展蛋白质来源，增进全民健康意义重大。

一　食用菌科技发展动态

（一）国内外食用菌产业发展现状

1. 产业发展与产量产值

食用菌产业不论在我国，还是在全世界，都是一个年轻的产业，栽培历史不

* 张桂香，研究员，硕士研究生导师，甘肃省农业科学院蔬菜研究所食用菌研究室主任，主要从事食用菌品种选育、栽培技术研究与示范推广工作。

足百年，但是发展很快，第二次世界大战以来食用菌产量保持了持续性、稳定性的增长。截至2014年全球食用菌年总产量3670多万吨，产值300亿~340亿美元，其中中国食用菌总产量3270万吨，总产值达到了2257.30亿元，产量占全球食用菌总产量的80%以上，我国之外的全球食用菌总产量400万吨。根据联合国粮农组织（FAO）统计，近十年全球食用菌产量年均增长率为5.6%。我国2001~2014年的13年间，生产总量从781.87万吨增长至3270万吨，增加了2488.13万吨，年平均增产率达到11.70%；总产值从314.75亿元增长到2257.30亿元，年平均增长率也达到了15.88%（见图1）。

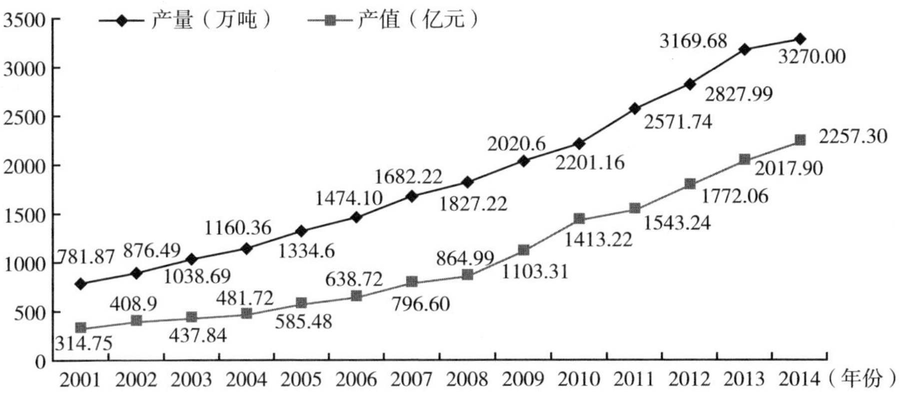

图1　2001~2014年国内食用菌总产量、总产值

资料来源：历年《中国农产品加工业年鉴》。

2. 栽培种类及主产区

目前全球食用菌种类约2000种，能形成商品的60多种，可大规模商业化栽培的种类30多种。我国是世界上栽培种类最多的国家，绝大多数种类都有栽培。其中双孢蘑菇、香菇、平菇、金针菇、黑木耳的产量位居世界第一，是真正的食用菌生产大国，2015年全国食用菌总产量3476.15万吨，双孢蘑菇、香菇、平菇、金针菇、黑木耳5种食用菌的年总产量已达2265.31万吨，占总产量的70%。产量超过百万吨的省有河南、山东、黑龙江、福建、河北、江苏、四川、吉林、湖北、广西、辽宁和江西等12省（区），占全国总产量的82.4%。

除我国之外，全球其他国家食用菌年总产量约400万吨，栽培主要集中在发达国家，其中美国、日本、荷兰、韩国、波兰、越南、西班牙、法国、泰国、英国10个国家的年产量超过10万吨。美国主产双孢蘑菇，年产量41万吨；日本主产香菇、金针菇、杏鲍菇、白玉菇、灰树花、滑子菇、平菇，年产量 38 万吨；荷兰主产双孢蘑菇，年产量 23 万吨，韩国、越南、法国、泰国、英国、波兰主产平菇、香菇、金针菇和双孢蘑菇，年产量 10 万吨以上。

3. 生产技术与水平

西方国家种植种类少，但生产集约化程度高，食用菌栽培的专业化分工十分明确，菌种生产、发酵料配置、覆土材料生产、菌包生产与栽培等环节都由不同的企业相互独立完成，设备供应维修和产品销售由专业公司负责。荷兰是世界上食用菌产业最先进的国家之一。草腐菌双孢蘑菇前三潮菇产量可达 30 ~ 40kg/㎡，而我国最高也只有 20kg 左右/㎡。日本是亚洲的食用菌生产强国，日本木生食用菌的科研水平、工厂化栽培技术水平世界领先。

我国食用菌种类多，总产高，但产业起步晚，受我国经济发展水平的限制，多数以分散农户手工栽培为主，许多农户包揽了制种、备料、接种、发菌、出菇、加工、销售等全部过程，栽培规模小，环境可控性差，总产高，但单位面积产量和质量不高，造成我国虽然是世界食用菌生产大国，但不是食用菌生产强国。

（二）国内外食用菌科技发展动态

1. 食用菌基础科学研究发展动态

国外食用菌的研究主要集中在双孢蘑菇、金针菇、香菇、杏鲍菇等少数种类上。研究内容主要集中在真菌的生态与进化、健康活性物质提取与环境治理等方面，与栽培利用有关的基础科学研究较少。

我国是全世界食用菌栽培种类和食用最多的国家，目前更多的研究主要集中在围绕提高产量、品质、效益的新种类的研发，高产优质抗病品种的选育及高效栽培技术与栽培模式的研究等方面，与产业相关的基础科学的研究相对匮乏。

2. 食用菌产业科技发展动态

（1）栽培种类逐渐增多，更多野生种驯化栽培成功。近年来，相继有白灵菇、杏鲍菇、茶树菇、金福菇、短裙竹荪、灰树花、榆耳、长根菇、大杯伞、大肥菇、羊肚菌等野生珍稀食用菌驯化栽培成功。目前已驯化栽培成功 60 多种。

（2）食用菌优良品种选育取得新的进展。通过选择育种、诱变育种、杂交育种、原生质体融合等育种手段，相继选育了双孢蘑菇、香菇、平菇、金针菇、黑木耳等优良品种。基因工程技术定向育种在提高基因利用率、抗虫抗病能力，提高产量和质量等方面已有研究，但成功的例子不多。

（3）原料选择多样性发展。目前，产业发展对林木资源的依赖性逐渐降低，菌林矛盾得到缓解，段木栽培比例已由20世纪80年代初的90%下降到10%以下。棉籽壳、玉米芯、麦秸、稻草、果树枝条等农作物废弃物，及养殖业产生的牛粪、鸡粪、猪粪等畜禽粪便用于食用菌生产。

（4）栽培模式多样化。根据栽培地域气候条件、栽培原料资源及基础设施形成了栽培模式的多样性。既有代料栽培模式，又有椴木栽培模式；既有床架栽培模式，又有地厢栽培模式；既有简易的棚室栽培模式，又有工厂化设施栽培模式；既有秋冬季常规栽培模式，又有反季节周年栽培模式；既有菇粮套种栽培模式，又有露天袋料栽培模式。各种模式在品种选择、培养料配方、培养料处理方式（如平菇的生料、发酵料、熟料栽培模式）、发菌条件、原基诱导方法和出菇管理等一系列栽培技术环节进行研究，相关管理技术已较为成熟。

二　甘肃省食用菌科技发展现状及问题

（一）甘肃省食用菌产业概况

1. 全省食用菌产业概况

2015年甘肃省栽培的食用菌种类有平菇、香菇、金针菇、黑木耳、杏鲍菇、真姬菇、双孢蘑菇、姬菇、天麻、猪苓、茯苓、鸡腿菇、猴头、秀珍菇、茶树菇、白灵菇、灵芝、滑子菇、毛木耳、羊肚菌。全省年栽培各类袋栽食用菌17470.5万袋（见图2）；地栽食用菌1.1195万亩（见图3）。年总产量11.01万吨（见图4），年总产值8.58亿元（见图5）。

2. 甘肃省14个地州市产业现状

陇南地区是甘肃省食用菌栽培最普遍、种类最多的地区，栽培种类十多种，特色种类有香菇、黑木耳、天麻、猪苓、茯苓，食用菌年总产量占全省食用菌年总产量的17.39%，食用菌年总产值占全省食用菌年总产值的23.10%；张掖地区是全省食用菌工厂化企业最多，食用菌产业转型最快，机械化、集约化和工厂化水平最高，特色最为明显的区域，食用菌栽培种类多达9种，如特色种类双孢蘑菇、工厂化杏鲍菇、真姬菇、姬菇及香菇等，食用菌年总产量占全省食用菌年总产量的13.91%，食用菌年总产值占全省食用菌年总产值的21.55%；金昌、武威、酒泉也是全省食用菌栽培种类和食用菌工厂化企业较多的地区，特

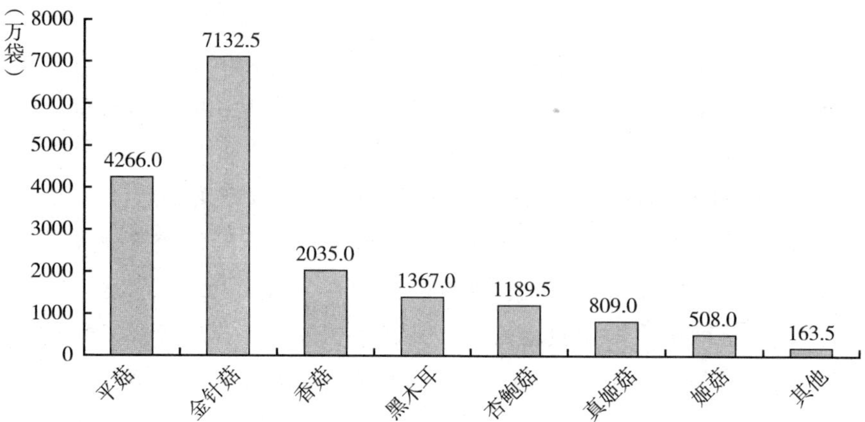

图 2　甘肃省袋栽食用菌生产规模

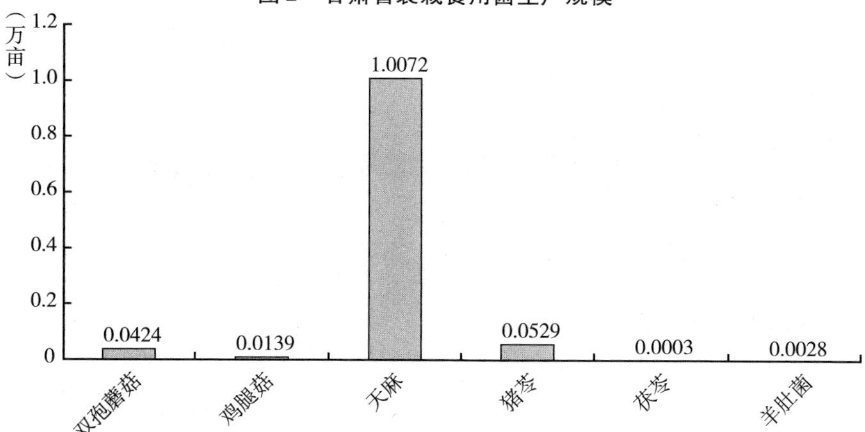

图 3　甘肃省地栽食用菌生产规模

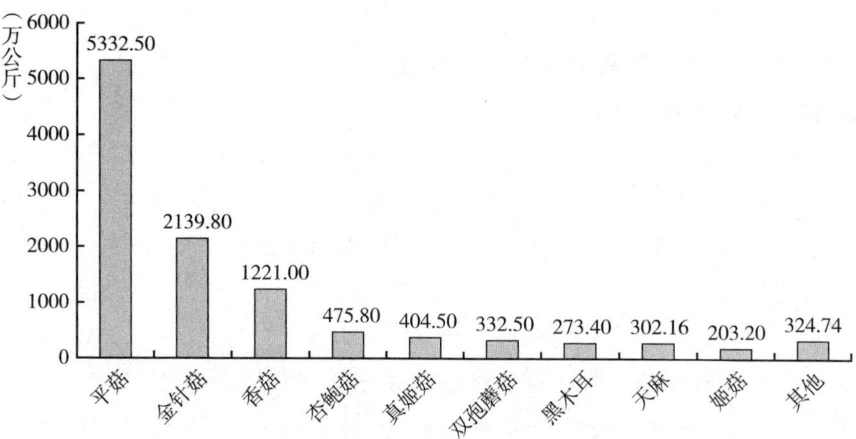

图 4　甘肃省各种类食用菌产量

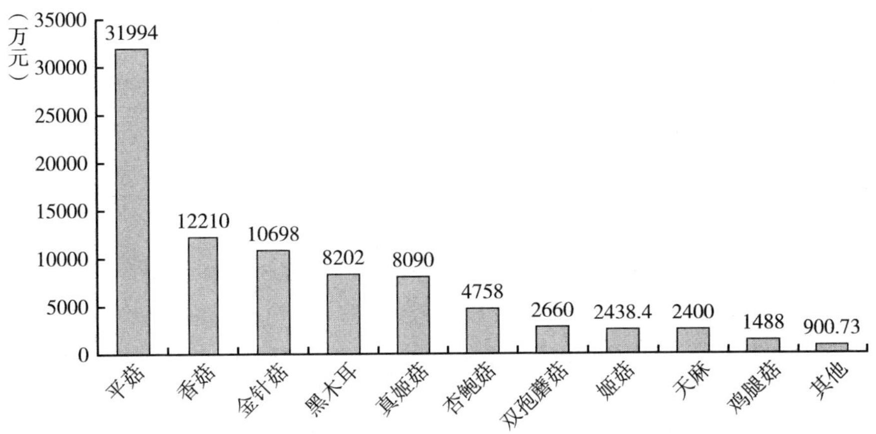

图5　甘肃省食用菌各种类产值

色种类双孢蘑菇、杏鲍菇、金针菇、真姬菇食用菌年总产量分别占全省食用菌年总产量的1.70%、6.33%和5.48%；食用菌年总产值分别占全省食用菌年总产值的1.60%、6.11%、4.37%；天水和兰州相对来讲，种类单纯但规模较大，基本为种植大户或企业生产，种类主要集中在平菇、香菇、金针菇三个种类上，天水和兰州食用菌年总产量分别占全省食用菌年总产量的23.23%和10.60%，食用菌年总产值分别占全省食用菌年总产值的17.09%、8.95%；其他7个地州市种类基本集中在平菇上，兼少部分香菇和其他试验性种类，食用菌年总产量占全省食用菌年总产量不足6.36%，年总产值占全省食用菌年总产值不足5.19%（见图6、图7）。

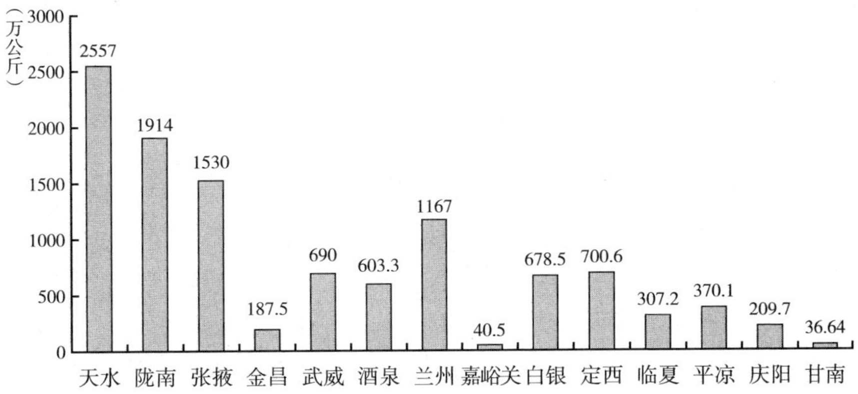

图6　甘肃省14个地州市食用菌年产量

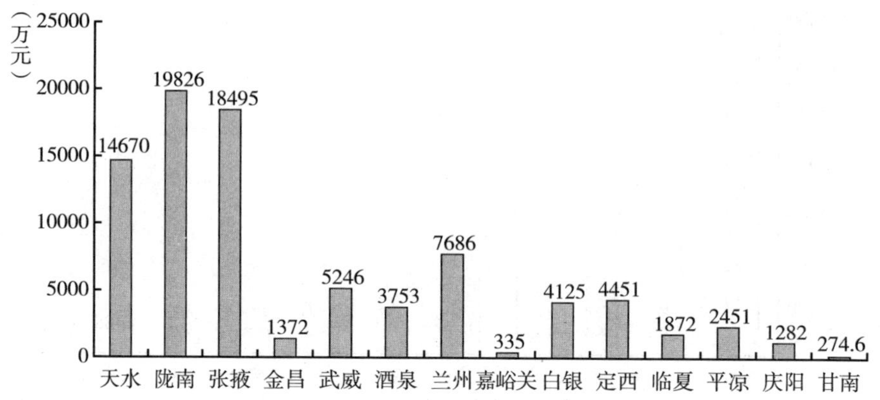

图 7　甘肃省 14 个地州市食用菌年产值

3. 四大生态类型区产业现状

四大生态类型区中，陇南山区种类最多，年产黑木耳、香菇等袋栽食用菌 9590.56 万袋，天麻、猪苓、茯苓地栽食用菌 1.0604 万亩，食用菌年总产量约占食用菌总产量的 40.62%，年产值约占食用菌总产值的 40.19%；河西地区位居第二，年产平菇、香菇、真姬菇等袋栽食用菌 4687 万袋，双孢蘑菇 0.0488 万亩，食用菌年总产量约占食用菌总产量的 27.79%，年产值约占食用菌总产值的 34.02%；黄土高原区年产平菇、香菇等袋栽食用菌 3158.00 万袋，双孢蘑菇等地栽食用菌 0.0076 万亩，食用菌年总产量约占食用菌总产量的 31.26%，年产值约占食用菌总产值的 25.47%；甘南高原区是四个生态类型区中栽培面积最小区域，年产平菇等袋栽食用菌 36 万袋，羊肚菌等地栽食用菌 0.0028 万亩，食用菌年总产量约占食用菌总产量的 0.34%，年产值约占食用菌年总产值的 0.33%（见图 8、图 9）。

（二）甘肃省食用菌产业发展特点

1. 种类增多，产量增加，栽培普遍化，技术精准化，栽培方式集约化、工厂化

甘肃食用菌种类由“十五”期间的 5～6 种，发展到“十一五”期间十多种，“十二五”增加到二十多种，增加了杏鲍菇、真姬菇、秀珍菇、姬菇、羊肚菌等珍稀种类，栽培规模由 2010 年的 13465.4 万袋，达到了 2015 年 17470.5 万袋，增加了 29.74%；年总产量由 10 万吨增加到 11.01 万吨，增加了 10.0%；年总产值由 6 亿元增加到 8.58 亿元，增加了 43.0%。食用菌栽培技术日渐普及，精准化发展，栽培区域逐年扩大，栽培方式趋于集约化、规模化、工厂化、周年化。

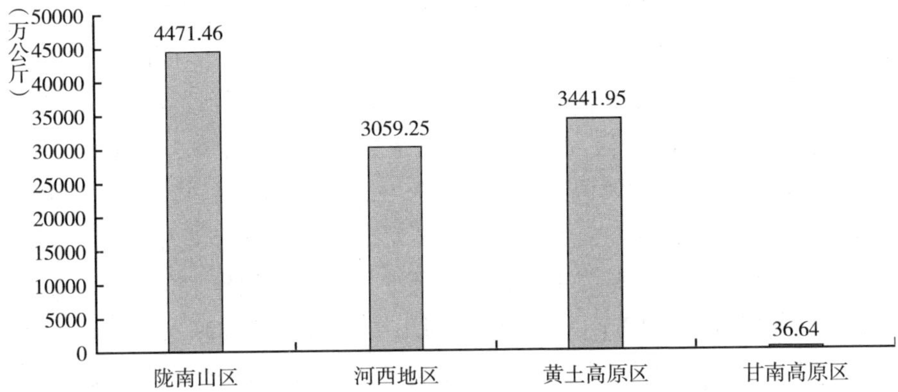

图8　甘肃省四大生态区食用菌产量

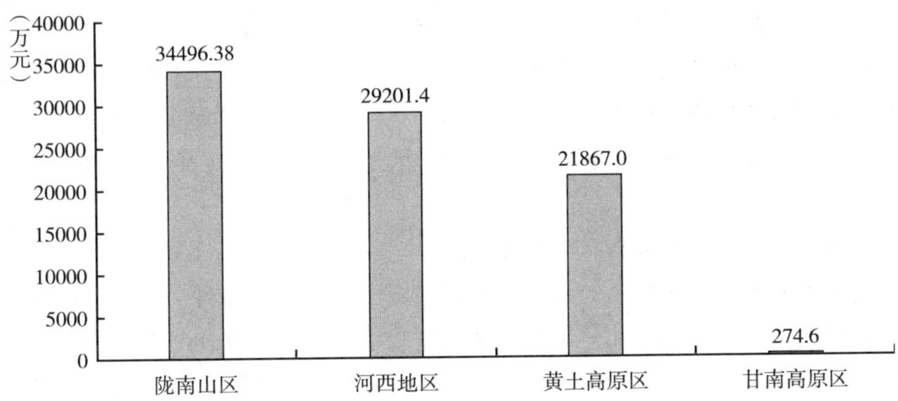

图9　甘肃省四大生态区食用菌产值

2. 政府扶持，产业优势主导地位日渐凸显

比如两当县把食用菌产业作为县上主导产业，引入技术人员和龙头企业，建立生产示范基地，采用“公司 + 基地 + 农户”的产业发展模式发展食用菌产业，在制种、建棚、菌袋生产、产品销售等重要环节给予政策和资金扶持，极大地推动了产业发展，短短几年两当县已发展成为全省食用菌生产重点县或大县，食用菌产业已日渐发展成为富民强县、建设社会主义新农村的重要支撑产业。张掖市在山丹、民乐、甘州等食用菌主产县，采用因势利导，高标准起步、规模化建设、企业化运作的原则和方式，在设施建设及菌种生产等关键环节进行资金扶持，有力地推动了产业的转型发展。目前张掖已成为食用菌产业发展的后起之秀。

3. 充分利用本地资源，形成了特色食用菌种类主产区或主产县

比如河西地区沿祁连山冷凉区充分利用当地丰富的麦草、玉米芯、牛羊粪等农作物资源及气候优势发展双孢蘑菇产业，目前已成为甘肃省双孢蘑菇主产区，年栽培面积28.28万平方米，占全省双孢蘑菇栽培总面积的98.0%以上。两当县充分利用当地丰富的林木资源优势，在左家乡建立核心示范基地，辐射带动张家、西坡、泰山、站儿巷、云屏、金洞、显龙、鱼池、杨店、太阳、广金11个乡镇2个工作站发展以香菇为主的食用菌产业，年栽培规模1500万袋，占陇南山区香菇栽培总面积的63%以上。康县利用丰富的林区资源发展椴木黑木耳，全县的阳坝、铜钱、三河、店子、迷坝等13个林区乡镇的1万多户农户在从事黑木耳种植，年规模15万架。康县的天麻，年种植规模约1万亩，约占陇南地区天麻栽培总规模的99.3%；两当的猪苓，年种植规模约441亩，约占陇南地区猪苓栽培总规模的83.4%。

4. 一家一户小农作坊减少，集约化生产公司大幅涌现

以往甘肃省的食用菌生产多为单家独户分散经营的手工生产模式，机械化程度低，抵御自然风险的能力差。目前甘肃省大大小小的食用菌生产企业有30多家，其中工厂化生产企业就有18家，这些企业影响和带动了全省食用菌产业的发展。

5. 栽培模式多样化并存，周年化生产

比如平菇不同生态区不同设施熟料袋栽周年生产及发酵料、生料日光温室秋冬生产模式；双孢蘑菇沿祁连山冷凉区越夏栽培、日光温室越冬栽培、企业统一供种供料的二次发酵工厂化模式；金针菇、杏鲍菇、真姬菇等企业工厂化周年生产模式；香菇、姬菇、秀珍菇等“公司+基地+农户”产业发展模式等，通过多种类、多种栽培模式并存发展，生产基本达到了周年化。

（三）“十二五”期间食用菌科技发展成效

1. “十二五”期间食用菌科技发展总述

“十二五”期间，食用菌科技人员紧紧围绕甘肃省食用菌产业发展中的重大关键技术问题，开展了食用菌野生资源收集保藏、新种类引进栽培、区域特色食用菌主栽种类栽培关键技术、食用菌工厂化栽培技术与工艺等方面的研究与示范推广工作，取得了显著进展，推动了食用菌产业发展。

（1）食用菌野生资源收集保藏。针对甘肃省野生食用菌资源非常丰富，但开发利用与保护不足，对食用菌野生资源缺乏系统深入的调查研究等现状，多家

单位对甘肃省食用菌野生资源进行了研究。其中甘肃省陇南市森防站何小凤、甘肃省商业科技研究所广忠勇、甘肃省野生动植物管理局何莉萍、甘肃天水师范学院等分别对甘肃南部陇南地区、甘肃插岗梁省级自然保护区、小陇山林区等局部区域的野生食用菌资源进行了调查。河西学院食用菌研究所魏生龙等在对祁连山林区野生食用菌资源进行调查研究的基础上，对荷叶离褶伞进行了驯化栽培研究。甘肃省农业科学院蔬菜研究所张桂香等则对甘肃省不同生态区的食用菌野生资源进行了系统研究。通过“甘肃省食用菌野生资源收集与标本库建立”项目的实施，全面普查了甘肃省不同生态类型区的主要林区、草原分布、植物生长特点及前人对食用菌野生资源的研究报道现状；采集和收集了甘肃省四大生态类型区主要林区的食用菌野生资源；研究提出了干制标本和浸制标本制作保藏技术，建立了标本库。

（2）新种类引进及配套栽培技术研究。针对甘肃省气候冷凉，适宜多种食用菌栽培，且栽培原料取材广泛等特点，甘肃省各级政府通过招商引资，引进外省企业投资建厂进行杏鲍菇、真姬菇、金针菇、姬菇、秀珍菇等食用菌种类的工厂化、规模化生产，增加了花色品种，丰富了菜篮子，极大地提高了食用菌的栽培技术水平。

（3）区域特色食用菌主栽种类栽培关键技术研究。针对甘肃省食用菌栽培中存在的适宜本地气候和原料特点的优良品种缺乏、种植技术不规范、标准化程度不高、单产较低等问题，甘肃省农业科学院蔬菜研究所在国家食用菌产业技术体系兰州综合试验站及甘肃省农牧厅和财政厅立项实施的蔬菜产业科技攻关“不同生态区域食用菌栽培关键技术及模式研究”等项目的扶持下，开展了双孢蘑菇、香菇、平菇、黑木耳栽培关键技术及模式研究，筛选了双孢蘑菇、香菇、平菇优良品种；研究总结了双孢蘑菇培养料简易通气发酵技术模式、覆土材料改良优化配方，及以棉籽壳、玉米芯、麦草、锯末为主料丰产培养料配方，研究集成了相关栽培技术模式。

（4）食用菌工厂化栽培技术及工艺研究。为了充分利用甘肃省气候冷资源、原料及劳动力优势，提升食用菌生产技术水平，天水众兴菌业、天祝天禾生物科技有限责任公司、武威金帆沃菌美生物科技有限公司、武威益菌康生物科技有限公司、张掖善之荣、紫家寨菌种厂、甘肃爱福公司等企业，自日本、韩国及我国台湾、福建、上海引进设备与技术，进行金针菇、真姬菇、杏鲍菇的工厂化生产，取得显著成效。甘肃省农业科学院蔬菜研究所在国家公益性行业专项“西北非耕地园艺作物生态高效生产技术研究与示范”项目扶持下，依托永昌怡泉新禾农业科技有限公司厂房和设备，开展了双孢蘑菇工厂化栽培中就地取材原料配方隧道发酵技术研究，提出了隧道发酵工艺流程。

2. 主要研发方向及进展

“十二五”期间的主要研发方向：食用菌野生资源调查、收集与保藏；区域特色食用菌主栽种类栽培关键技术及模式研究；食用菌工厂化栽培技术与工艺研究等，进展如下。

（1）野生资源的调查、收集与保藏。普查了甘肃省四种不同生态类型区（河西地区、黄土高原区、陇南山区、甘南高原区）大型真菌野生资源的分布状况及分布特点，采集大型真菌野生资源699份，整理鉴定出隶属于2亚门5纲12目38科92属346种，编写了甘肃省大型真菌野生资源名录。明确了甘肃省大型真菌野生资源的常见科属，其中以红菇科、多孔菌科、白蘑科、牛肝菌科为主，分别为51、50、46、29种，属以红菇属、丝膜菌属为主，分别为42、27种。确定了陇南地区有278种，为全省食用菌野生资源的优势分布区。优化了食用菌资源浸制标本和干制标本制作保存技术，筛选出了不同色泽的食用菌子实体在制作浸渍标本时所使用药剂配方和浓度。建成了甘肃省大型真菌野生资源标本库，收集保藏了甘肃省食用菌野生资源标本699份。

（2）区域特色食用菌主栽种类栽培关键技术及模式研究。立足甘肃省四大生态类型区陇南山区、河西地区、黄土高原区和甘南高原区的气候特征、主要农作物秸秆资源及栽培基础等栽培优势，开展了不同生态区域食用菌主栽种类栽培关键技术及模式研究，重点开展了河西地区沿祁连山冷凉区草腐型食用菌双孢蘑菇；陇南山区木腐型食用菌香菇、黑木耳、全省城郊平菇栽培关键技术研究，研究集成了西北高原夏季双孢蘑菇规范化栽培技术模式、陇南山区果树枝条袋料香菇丰产栽培技术模式、陇南山区椴木及代料黑木耳丰产栽培技术模式、平菇熟料袋栽和生料栽培技术模式。明确了各技术模式优良品种、季节选择、宜选设施、培养料配方及栽培过程控制技术。

（3）双孢蘑菇工厂化栽培技术与工艺研究。依托永昌怡泉新禾农业科技有限公司厂房和设备，开展了双孢蘑菇工厂化栽培中就地取材原料配方隧道发酵技术研究，提出了隧道发酵工艺流程。优化工艺流程为：原料浸泡混匀2d建堆→4d翻堆→3d进一次发酵隧道→4d倒仓→3d进二次发酵隧道→巴氏杀菌1d→控温发酵7d，全发酵期24d。

3. 甘肃省食用菌科技需求态势及对产业支撑作用评述

（1）食用菌野生资源收集、保藏与驯化栽培。通过不同生态类型区食用菌野生资源多样性研究，驯化有利用价值的种类，培育新种类，丰富食用菌花色品种，满足了人民日益增长的市场多样性需求。

（2）主栽种类栽培关键技术研究。区域特色主栽种类提质增效关键技术研究是食用菌科技工作者常抓不懈的重点工作。根据目前甘肃省食用菌产业实际，重点解决以下两个方面的问题。

①区域特色精准化栽培技术问题。由于甘肃省食用菌栽培技术基础薄弱，生产方式基本为作坊式手工生产，生产的每个环节以经验为主导，缺乏科学化和量化的技术，导致生产者之间效益差别较大。项目研究提出的各区域适栽种类、丰产培养料配方、高产优质品种、适宜的栽培设施、季节选择及栽培模式，将会立足不同区域气候、原料特点，针对区域主栽种类生产中存在的关键技术问题，从品种、配方、设施、季节及栽培管理进行系统规范，提出科学量化技术指标，通过技术示范带动，显著提升区域特色产业技术水平，提高栽培效益，推动产业发展。

②松散栽培，组织化程度低的问题。食用菌产业在甘肃省起步晚、组织化程度低，栽培者多以单家独户松散栽培为主，缺乏统一规划和科学引导，造成区域特色不明显，产业优势没有得到充分发挥。项目通过甘肃省食用菌产业现状调研、不同生态类型区气候特点与生产优势分析及甘肃省食用菌产业发展区划的制定，将能很好地摸清家底，探明食用菌产业发展情况，为政府决策和产业发展扶持政策的制定提供很好的参考依据，有助于食用菌产业组织化程度的提高。

（3）工厂化栽培技术的研究与应用。工厂化生产是食用菌产业未来发展的主流方向。西方国家及日本等国的食用菌栽培基本是工厂化栽培，集约化程度高，产量高，品质好。我国受经济发展水平的限制，多数以分散农户手工栽培为主，栽培规模小，环境可控性差，总产高，但单位面积产量和质量不高，因此我国虽然是世界食用菌大国，但不是食用菌强国。自 2000 年以来，我国进入食用菌工厂化快速发展的新阶段，据中国食用菌协会统计，2014 年我国的食用菌工厂化企业达到了 729 家，其中甘肃省有 18 家。食用菌工厂化栽培技术的研究与应用，使食用菌生产水平跃上一个新台阶，使工厂化、标准化、规范化栽培技术得以辐射推广，可大幅提高栽培环境的控制水平，提高单位面积产量、效益，提升产品品质和食用安全性。

（四）食用菌产业及科技发展中存在的主要问题

1. 行业科技水平较低

（1）食用菌种质资源开发利用不够，育种创新能力较弱。目前大的工厂化生产企业全部购买的是国外品种使用权。农业栽培应用品种多从外省引入，具有自主知识产权的品种非常稀少。菌种制作的小、散、乱、差、多、杂现象普遍，繁（制）种技术水平较低，没有形成专业化的菌种生产技术工艺，菌种质量差，不能满足产业发展对优良品种和优质菌种的需求。

（2）栽培种类单一，技术简单，缺乏创新性。目前全省大多数地区（尤其黄土高原区和甘南高原区）基本以栽培平菇为主，平菇产量占全省食用菌总产量的48.43%以上，种类单一，技术模式简单。占全省食用菌总产量11.09%的香菇栽培，主要力量为浙江农户，对当地农户带动作用小；陇南的黑木耳椴木栽培技术主要沿用原来菇农自己摸索的老技术，代料栽培技术主要借鉴的是东北（主要是牡丹江）的生产技术，适宜当地气候条件的规范化优质高产栽培技术研发能力弱，标准化生产水平低。

（3）当地农作物秸秆资源开发利用不够，生产成本偏高。比如目前栽培量最大的平菇，生产原料多为外地购入的棉籽壳，对本地较丰富的玉米芯、玉米秆、麦草等农作物秸秆资源，由于加工技术的欠缺，开发利用不够，造成生产成本偏高，栽培效益不够理想。再如，陇南山区多依靠林区资源发展食用菌产业，菌林矛盾突出，再加上政府部门基本没有扶持政策，导致生产规模受限，影响了特色产业的发展。

（4）栽培设施简陋，缺乏专业化生产设施。除工厂化生产外，目前食用菌生产设施多为蔬菜栽培转产的各种类型的日光温室和简易菇棚，缺乏适宜区域气候特点和栽培模式的专业化、规范化栽培设施，栽培环境可控性差。

2. 生产方式较为粗放

虽然近几年规模化、集约化和工厂化发展较快，但是总体上仍以家庭分散的小规模生产为主，栽培设施简单、环境控制能力弱，普遍存在条件较差，标准化、规范化水平较低，精细化管理程度不够等问题，导致病虫害易发、多发和产品产量波动幅度大，质量不稳定。在产品加工环节，技术薄弱，初（粗）加工产品比重过大和加工品种较为单一现象同时存在。这种粗放的生产方式，对产业发展水平提升形成一定的制约作用。

3. 产业组织化水平不高

食用菌生产经营主体在整体上存在着规模偏小、产品层次较低和市场竞争力偏弱状况。科研单位、加工和贸易企业以及栽培农户等产业相关主体之间尚未建立有效的利益分配与合作机制，产供销一体化的产业发展格局尚未形成。在产后和销售环节上，以鲜销、干制、盐渍、速冻等方法为主，在可以延伸产业链条的各类加工领域中，产业技术水平较低，产品开发能力明显不足，严重影响产业规模效益的提升。

4. 产销对接能力较弱

平菇等地销类产品基本为本地市场就近鲜销，市场不稳定，效益得不到保障。香菇、黑木耳、金针菇、杏鲍菇、天麻等规模化外销产品，除少量供应兰州、天水、张掖等地市场外，主要靠外地的小商小贩上门收购外销，缺乏通畅的销售渠道和能打得出去的品牌。生产上常常出现“重规模、轻品质”和“重生产、轻市场”以及“一哄而上、一哄而下”的产业波动现象，影响了食用菌产业的健康发展。

5. 技术服务体系不健全

技术服务体系不健全，缺技术带头人，专业技术人才少，尤其指导区域生产的基层技术人员缺乏，真正掌握技术的菇农更少，技术的研发和技术的服务滞后于产业发展。从政府扶持情况看，14 个地州市中，张掖、陇南、金昌等政府扶持力度大、发展快，多数县区基本处于无业务主管部门，无技术实施队伍，农户自主发展的状态。

三　甘肃省食用菌科技创新发展思路、目标及重点

（一）基本思路与发展目标

1. 指导思想

依据现代食用菌产业建设的总体要求，以促进食用菌产业持续发展为目标，依靠科技进步和产业升级，提高产业经济效益。在食用菌优势生产和具有潜在发展力的区域内，按照高产、优质、高效、生态、安全的基本方针，引导产业聚集，延伸产业链条，增强产业内涵，全面推进食用菌产业的布局区域化、生产标准化、管理规范化、产品优质化、经营产业化，实现产业的平稳、协调、持续和健康发展。

2. 基本原则

（1）坚持优势与重点突出原则。综合考虑气候、原料、市场、技术基础、劳动力、环境和社会经济水平等因素，对具有一定生产条件、市场基础、原料资源、资金、技术等优势的产区进行重点建设，合理布局生产种类，适时推广先进模式，建设相对集中的食用菌生产基地和主导种类突出与区域整体推进的发展

格局。

（2）坚持全面协调发展原则。按照产业一体化发展思路和现代食用菌产业体系建设要求，围绕产业链条整体发展，不断加强种质资源开发、新品种培育、专业化菌种制作、栽培生产、产品加工、市场经营、技术支撑、政策支持等各环节各方面的信息交流与相互衔接，将全产业链、区域市场需求等通盘考虑与整体布局，推进食用菌产业协调发展。

（3）坚持提质增效发展原则。在效益目标的基础上，按照区域集中度、产业链长短及产业成长性，统筹区域布局，稳定规模，优化结构，丰富内涵，转变发展方式，提升产业综合效益，促进产业发展由规模生产型向质量效益型转变。

（4）坚持市场导向发展原则。以国内外市场需求为导向，根据市场多样化、优质化及其动态变化趋势与潜在市场消费需求，重点发展市场占有率高、前景广阔的优势种类和产品，构建不同种类不同类别产品的优势产业集群和以消费市场为中心的周边鲜销生产区，形成特色鲜明、优势突出的食用菌产业发展区域格局。

3. 发展目标

"十三五"甘肃省重点围绕食用菌野生资源收集保藏与驯化栽培、区域特色主栽种类提质增效、工厂化栽培技术研究与应用、食用菌加工与产销对接开展研究与示范。到2020年，全省食用菌年总产量15万吨以上，年总产值11亿元以上，年产量、年产值较"十二五"增加30%以上。建设平菇、香菇、黑木耳、双孢蘑菇等不同种类的优势主产区5～6个，栽培产量达到全省食用菌总产量的70%以上。在稳定平菇生产规模的基础上，适度发展香菇、黑木耳等木屑依赖型种类，扩大双孢蘑菇、姬菇、秀珍菇、杏鲍菇、真姬菇、金针菇等秸秆利用型工厂化珍稀种类的生产，促进产品结构合理化、多样化。研发及推广应用食用菌新品种、新技术5个以上。食用菌加工水平、产业组织化和规模化程度显著提高，栽培方式向集约化、规模化、工厂化发展，在优势区域建设或培育专业菌棒厂和规模化生产企业20家以上。

（二）区域布局发展重点与主要方向

根据自然生态环境特点，甘肃省划分为四大生态类型区，（湿润温暖的）陇南山区、（高寒湿润的）甘南高原区、（温和半干旱的）黄土高原区和（冷暖剧变而干旱的）河西地区。区域布局发展重点与主要方向如下。

1. 陇南山区

包括陇南地区和天水地区。以发展香菇、黑木耳、天麻、猪苓、茯苓等木腐类食用菌为主。在稳定发展香菇、黑木耳生产规模的基础上，辅以发展天麻、猪苓、茯苓、灵芝、猴头等种类，根据市场需求适度发展金针菇、平菇。产业发展模式宜选用“公司+基地+农户”的发展模式，顺应森林资源保育形势，加大林木资源可持续利用和木屑替代料的研发，加快食用菌加工企业的工艺提升和产能扩张，提高研发能力和栽培技术水平，提高生产发展综合效益。

2. 河西地区

包括酒泉、嘉峪关、张掖、武威、金昌五地市。定位于国内夏季市场和国际市场，坚持以发展夏季反季节双孢蘑菇、香菇为主。辅以发展平菇、杏鲍菇、金针菇、真姬菇、秀珍菇等种类，合理控制生产规模，加快产品结构调整。产业发展模式宜选用“公司+基地+农户”的发展模式和工厂化栽培模式，培育壮大龙头企业，增强企业研发能力和带动能力，实现食用菌生产的标准化、规范化、集约化和专业化，促进食用菌产业的快速发展。

3. 黄土高原区

包括兰州、白银、临夏、定西、庆阳、平凉六地州市。兰州近郊面向兰州市场，以发展侧耳类品种（如平菇）和香菇为主。辅以杏鲍菇、金针菇、真姬菇、秀珍菇等工厂化种类，丰富花色品种，提高市场供给率。侧耳类品种可根据市场需求，以农户自主发展为主；香菇可采取“公司+基地+农户”的发展模式；杏鲍菇、金针菇、真姬菇、秀珍菇等可采用工厂化发展模式。重点提高食用菌产业市场培育与组织化程度，提高技术的普及率和设施建造标准及栽培技术水平，加大各种作物秸秆资源利用的研发，加快资源的循环利用。

4. 甘南高原区

包括甘南藏族自治州一个州。以发展反季节平菇、香菇等食用菌种类为主。按照市场差异化发展思路，充分利用气候优势和各类秸秆资源，进行反季节食用菌的生产。重点提高食用菌产业市场培育与组织化程度，加大地方适宜技术研发和新品种、新技术的推广，提高技术的普及率。

四　甘肃省食用菌科技创新体系建设与保障措施

（一）根据不同区域气候和原料特点，合理布局，促进不同种类及品种优势区域的发展

根据不同区域气候和原料特点，进行主栽种类及品种的布局规划，比如，在

林区及果品产区大力发展香菇、黑木耳、天麻、猪苓、茯苓等木腐性食用菌；在牧区及小麦产区发展双孢蘑菇、鸡腿菇等草腐性食用菌；沿祁连山冷凉区发展双孢蘑菇；在城郊及人口密集区发展原料取材和适应温度较广泛、产品能在当地农贸市场销售的平菇等种类。研究形成不同区域内主栽种类的最佳栽培模式。

在食用菌优势区域，明确产业管理机构，按照产业化、市场化的要求，对现有食用菌产前、产中、产后相关管理机构进行优化整合，强化统筹协调和宏观调控职能，建立一体化的管理体制。扶持和发展不同层次的行业协会，充分发挥其行业自律、市场秩序维护、行业信息交流、技术咨询服务等作用。积极发展食用菌专业合作社，加强合作社规范运作，强化风险防控，确保标准化生产，提高品牌建设能力。通过各层级食用菌产业的科学管理和生产经营主体组织的完善，提高产业组织管理水平，促进产业稳定持续健康发展。

（二）加大产业扶持力度，加强宏观调控

当前，食用菌产业的发展处于关键阶段，政府的扶持和引导对产业的发展、基地的建设、龙头企业的形成，具有不可替代的作用。各级政府应当为食用菌产业的发展创造条件，制定相应的配套政策，提供必要的财力、物力支持。同时，加强法制建设，按照菌种质量标准、产品质量标准、产地环境标准、投入品安全质量要求、生产过程规范、加工贮运技术规程等，强化质量安全管理，尤其要加强对菌种、生产过程和流通领域的管理，以促进食用菌产业健康发展。

（三）增加产业投入，建立多元投融资机制

由于各级政府在食用菌产业发展方面投入不足，造成了食用菌产业在资源开发、品种改良、科学研究与技术推广等体系和环节的建设上严重滞后于生产发展。笔者建议建立以政府投入为引导，企业和菇农投入为主体的多层次、多形式、多元化投融资体系，加强对食用菌生产的支持。加大对食用菌标准园及生产基地基本建设支持力度，增加并扩大食用菌良种、机械、生产设施、病虫害绿色防控、冷链等关键技术环节的补贴范围，大力支持菌种、菌包（棒）制作专业化、设施化、工厂化和产后资源循环利用。加大对新品种新技术集成创新、成套技术试验示范和推广应用及农民技术培训的支持力度。有条件的地区要争取建立食用菌风险基金。积极探索产业信贷保障，解决食用菌生产企业和菇农融资困难的问题。在食用菌优势区域，推动完善食用菌生产政策性保险，积极争取政府补贴部分保费鼓励企业及菇农参保，降低企业及菇农在自然灾害及极端天气等情况下的损失。

（四）建立科技服务体系，加大科技研发和推广力度

目前甘肃省的食用菌生产技术多为外省技术人员引进外省技术进行生产，今后要根据甘肃省不同区域气候和原料特点，加强本土化技术的集成与创新。首先，应抓住科技体制改革机遇，加大对食用菌科技创新、科技成果转化与推广、技术人员和技能型人才培训等方面的投资力度。其次，增加对基础研究和技术创新的资金投入，创新并储备一批具有自主知识产权的新品种、新技术、新材料和新设备。再次，加大适用技术集成、示范与推广力度，提高科技成果的配套性及其转化率。

（五）引导扶持龙头企业，搞好产业化经营

建立企业与农户之间长期、稳定、持久的联结合作机制。一是提高龙头企业的综合素质和技术水平，增强企业在产业化生产中的带动性，提高为农户提供各种服务的能力；二是帮助农民建立产品营销合作组织，促进产品销售；三是把保护农民的利益与企业的利益放在同等重要的位置，制定出台相关的保护政策；四是加强法律监督与保护。

（六）加强技术人才的培养

食用菌产业是一个新兴产业，技术人才的缺乏成为制约产业发展的关键因素，各级政府应重视食用菌技术人才的培养，以确保食用菌产业持续、稳定、健康发展。

参考文献

张俊飚、李鹏：《我国食用菌新型产业发展的战略思考与对策建议》，《华中农业大学学报》2014 年第 5 期。

张金霞：《中国食用菌产业科学和发展》，中国农业出版社，2009。

张金霞、陈强、黄晨阳等：《食用菌产业发展历史、现状与趋势》，《菌物学报》2015 年第 4 期。

石焕茂：《试论我国食用菌产业的现状及发展趋势》，《福建热作科技》2013 年第 4 期。

张金霞：《食用菌产量和品质形成的分子机理及调控——食用菌产业发展与技术创新的科学基础》，《菌物学报》2015 年第 4 期。

张桂香、王晓巍、杨建杰等：《甘肃省食用菌产业现状及发展特点》，《中国食用菌》2015 年第 5 期。

张桂香、杨琴、刘明军等：《甘肃省不同生态区大型真菌资源》，《中国食用菌》2014 年第 6 期。

杨琴、张桂香、刘明军：《食用菌浸制标本制作与保存方法研究》，《中国食用菌》2012 年第 1 期。

杨建杰、张桂香、刘明军等：《高海拔地区夏季双孢蘑菇栽培优良菌株的筛选》，《中国食用菌》2011 年第 1 期。

张桂香、王晓巍、任爱民等：《甘肃省无公害双孢蘑菇栽培技术规程》，《中国食用菌》2012 年第 2 期。

张桂香、王晓巍、刘明军等：《西北地区双孢蘑菇栽培技术要点及栽培特点》，《中国蔬菜》2012 年第 8 期。

杨建杰、张桂香、杨琴等：《不同原料基质栽培平菇的生物学研究》，《西北林学院学报》2016 年第 3 期。

马忠明、吕晓东：《甘肃农业环境问题与保护技术》，中国农业出版社，2010。

G.41
甘肃省西甜瓜科技发展研究报告

杨永岗*

摘　要：　文献分析与调查研究表明，中国西甜瓜产业发展较快，但比较效益下降。甘肃省是我国西甜瓜优势产区之一，也是最重要的制种基地，连作障碍突出，产品集中上市，贮藏保鲜滞后成为制约甘肃省西甜瓜产业发展的主要问题。展现西甜瓜科技创新的“高通量化”，新品种的“优质品牌化”、绿色种植技术的“机械精准化”、健康种子生产的“省工安全化”、产品保鲜运销技术的“绿色快捷化”是驱动甘肃省西甜瓜产业可持续发展的主攻目标。

关键词：　甘肃　西甜瓜　高通量　机械精准化　健康种子

一　西甜瓜科技发展动态

（一）世界西甜瓜产业发展现状

从全球范围内来看，西甜瓜生产优势区主要分布在地中海、温带大陆、热带沙漠与亚热带季风气候带区域，主要集中在亚洲、美洲、非洲和欧洲，大洋洲最少。

1. 世界西瓜产业发展现状

2013 年，全世界有 117 个国家生产西瓜，种植面积 348.921 万公顷，总产量 10927.87 万吨，总产量排名前 10 位的国家依次为中国、伊朗、土耳其、巴西、埃及、美国、乌兹别克斯坦、阿尔及利亚、俄罗斯和越南。亚洲西瓜产量居五大洲之首，高达 9120.12 万吨，占世界西瓜总产量的 83.46%；其余依次为美洲、

* 杨永岗，博士，甘肃省农业科学院蔬菜研究所研究员，现从事西甜瓜育种与栽培技术研究。

非洲、欧洲、大洋洲；我国是世界西瓜第一生产大国，总产量是土耳其、伊朗、巴西、埃及和美国总产量之和的5.2倍。2013年世界西瓜单产31.32吨/公顷，近5年来年均增长率为3.13%。2012年，世界西瓜出口量297.69万吨，出口额126088.6万美元，近3年来西瓜出口量与出口额基本保持稳定，世界西瓜贸易主要集中于欧洲，2012年，欧洲西瓜进口量和进口额分别为115.89万吨和62506.9万美元（分别占世界西瓜进口量和进口额的45.40%和56.49%）。各大洲的出口比例依次为欧洲20.51%、美洲15.87%、大洋洲1.61%、非洲0.90%、亚洲0.87%左右。2012年，世界西瓜贸易洲际排名依次为欧洲、美洲、亚洲、非洲、大洋洲。

2. 世界甜瓜产业发展现状

2012年世界甜瓜收获面积133.9万公顷，甜瓜总产量3192.6万吨，其中亚洲、美洲、欧洲、非洲、大洋洲的甜瓜产量分别为2420.87万吨、359.14万吨、203.17万吨、200.88万吨和8.52万吨，在世界甜瓜总产量中所占的比重依次为75.83%、11.25%、6.36%、6.29%和0.27%。世界五大甜瓜主产国分别是中国、伊朗、土耳其、埃及、美国。2012年美国甜瓜产量首次低于印度而跌出前五位。中国甜瓜产量是土耳其、伊朗、埃及和印度四个国家甜瓜产量总和的3.9倍，一直保持着世界最大甜瓜生产国的优势地位。

（二）我国西甜瓜产业发展现状

1. 生产布局

我国西甜瓜生产有五大优势区：黄淮海西瓜甜瓜设施栽培优势产区、华南西瓜甜瓜优势产区、长江流域西瓜甜瓜优势产区、西北西瓜甜瓜优势产区以及东北西瓜优势产区。华东与华中是我国最大的西甜瓜产区，总产量占全国75%。2014年西甜瓜总产量排前10位的省份是河南、山东、安徽、河北、江苏、新疆、湖南、湖北、广西、浙江。

2. 生产规模与产量

2014年，全国西瓜播种面积185.23万公顷，总产量7484.3万吨，单产40.41吨/公顷，与2013年相比，播种面积增加2.4万公顷，产量增加189.98万吨，增幅2.16%，单产提高0.51吨/公顷。全国甜瓜播种面积43.89万公顷，总产量1475.8万吨，单产40.41吨/公顷，与2013年相比，播种面积增加1.59万公顷，产量增加42.1万吨，增幅2.94%，单产提高0.27吨/公顷。

3. 发展趋势

近十几年来，中国西甜瓜产业发展迅猛，总产量占全球50%，远超过土耳其、美国、伊朗、巴西、埃及等其他西甜瓜生产大国。我国西甜瓜生产的相对效益逐年下降的趋势较明显，如十年前，生产旺季每千克西瓜与茄果类蔬菜的单价均在0.8元左右波动，但目前茄果类蔬菜的生产旺季单价升至每千克2元以上，而每千克西瓜的单价仍在0.8元左右波动；与种植蔬菜相比，西甜瓜生产效益不是上升，反而是在下降。受此影响，我国西甜瓜生产规模将在5%～6%的范围内震荡下滑，并且生产将向优势产区进一步集中。

4. 产业化经营

随着农业产业化进程的推进，我国西甜瓜产业的组织化程度将大大提高，各地将呈现出流通市场与生产基地的一体化整合的格局。集中育苗与产销一体的生产经营大户将进一步增多，提高西甜瓜产业集约化、专业化、规模化和组织化水平将是西甜瓜产业发展的主导方向。

5. 贸易情况

近几年来，我国西甜瓜进出口贸易均呈逐渐减少的趋势，2014年，中国西瓜进口4.62万吨，出口20.1万吨，出口与进口数量较2013年分别减少10.5%、9.6%，但出口额增加51.2%，进口额减少21.1%。2014年中国甜瓜为净出口，出口量4.25万吨，较2013年减少19.2%。

（二）国内外西甜瓜科技发展动态

1. 国外西甜瓜科技发展动态

近5年来，国外学者综合利用生物科与智能技术，将基因克隆、基因测序与分子标记等流程实现了机器人智能操作，大大提高了精准度与效率，使西甜瓜种质资源挖掘研究进入“高通量”检测分析时代，并将其推向“数量性状”的基因组学研究方向。西甜瓜科技的重点研究领域包括“基因组学与种质资源挖掘”、“抗病虫与抗逆基因定位及其遗传机理”和“品质性状基因测序与定位”等。2012年完成甜瓜全基因组测序，2013年完成西瓜全基因组测序。

目前国外西甜瓜栽培技术研究聚焦智能化与GPS精准化，美国是目前世界西甜瓜生产水平最高的典型代表，其西甜瓜栽培实现了智能精准化，日本、以色列与西欧一些国家设施西甜瓜栽培达到智能化水平，引领世界西甜瓜设施栽培技术的发展方向。

目前西甜瓜学科难点是多位点基因及其等位基因影响西瓜种质的一些性状，

给西甜瓜育种与遗传研究带来较大困惑：如为什么较小的种子能长出大型植株？为什么较小的花却长出大形果，同样小种子，但在不同品系中表现不一样的大小？为什么聚合抗枯萎病生理小种与高品质性状时，产生不同抗性类型，为什么我们都要选育耐贮运性硬肉品种？为什么小果形材料产量低？为什么因增强耐运性，我们都要选择厚果皮西瓜品种？为什么白肉对红肉为显性等。

2. 国内西甜瓜科技发展动态

“十二五”期间，我国西甜瓜学科发展紧追世界先进水平，围绕提质增效与省工节本两大目标，开展了新品种选育、机械瓜田操作、蜜蜂授粉与保鲜运销等一系列技术研发集成，实现了从常规育种转向常规育种与分子育种相结合的研究，并加快了对种质资源挖掘、品种改良的步伐，育成了一批综合性状优良的主栽品种。虽然在种质资源挖掘方面未达到“高通量”水平，基因组研究与国际水平还有较大差距，但在“优异种质资源创制与新品种选育”，“重要农艺性状基因分子标记”等方面取得较大突破，部分领域的研究达到国际先进水平，如牵头完成世界首张西瓜基因组序列图谱的绘制与破译。

（1）优异种质创制与新品种选育。国家西甜瓜产业技术体系首席研究员许勇牵头，完成世界首张西瓜基因组序列图谱的绘制与破译。王苹等利用 SSR 标记方法研究发现我国籽用西瓜种质资源的遗传背景较窄，不同地区种的资源近亲系数高。“十二五”期间，共创制抗白粉、枯萎病与霜霉病多种病害，抗旱与早熟、高产与商品性好的西甜瓜及砧木育种新材料 200 余份，先后育成并审定（鉴定、认定）抗病优质品种 154 个，育成新品种示范推广累计面积达 900 万亩，为我国保持世界西甜瓜生产大国地位提供了强有力的支撑。

（2）分子育种技术体系构建。①果肉颜色决定基因研究：目前国内学者对甜瓜果皮底色基因与果肉颜色基因进行了精细定位，探讨了红瓤、黄瓤无籽西瓜果实在不同发育时期番茄红素的积累差异，以及番茄红素合成关键酶基因 PSY、PDS、ZDS、CRTISO、LCYb 的表达差异。结果表明，红瓤无籽西瓜 LCYb 基因的表达量一直处于最低水平，而黄瓤无籽西瓜 LCYb 基因的表达量仅低于 PSY，高于其他 3 个基因的表达量。许勇等人完成了西瓜果肉色调控基因 B 与 wf 精细定位。②抗病基因研究：完成甜瓜枯萎病致病菌尖孢镰刀菌基因组测序工作，拼接后的尖孢镰刀菌基因组约为 54Mb，并且含有 2 万余个蛋白编码基因，Yang 等构建了西瓜抗枯萎病品种 PI296341 的全长 cDNA 文库，并且克隆了一个可能与西瓜枯萎病抗性密切相关的基因 ClWRKY1，通过基因表达量分析发现该基因在西瓜受到尖孢镰刀菌侵染后显著上调表达。伊鸿平等利用 SSR 分子标记定位了一个哈密瓜白粉病抗性基因，最近分子标记与抗病基因遗传连锁距离为24.0cM。牛晓伟通过基因定位发现了3个与西瓜炭疽抗病基因连锁的分子标记。总之目前已开发西瓜番茄红素积累、果形、果皮厚度、果肉颜色、可溶性糖含量、果糖与葡萄糖和蔗糖相关分子标记二十多个，开发甜瓜白粉病P. xanthii生理小种1基因连锁SSR标记、果实性状、全雌和抗枯萎病相关分子标记十多个，为我国构建“高通量化”西甜瓜分子辅助育种技术体系奠定了较好基础。

（3）简约化生产技术。西甜瓜简约栽培技术研究围绕“省工节本，优质高效”两大目标、开展了简约化生产技术攻关研究，取得了引领西甜瓜产业未来发展方向的科技成果，主要表现在四个方面：一是研制或改制成功一批简易种瓜机械，如起垄覆膜机、中耕机与移动式农药喷施机械；二是集成示范了蜜蜂授粉技术；三是研究提出“实时定量调控”水肥一体化技术；四是研发集成了哈密瓜无损品质检测、冷水预冷、1－MCP处理等技术。

（4）西甜瓜健康种苗生产技术体系研发。主要研究进展是构建了我国西甜瓜健康种苗生产技术体系，有效提升了我国西甜瓜种子健康生产水平，有力地支撑了我国西甜瓜产品的安全有效供给。主要成果有3项：一是制定了从制种、带菌检测到种子采后处理等为核心技术的健康种子生产技术标准；二是从分子水平探明了西甜瓜种传“细菌性果斑病”病原菌的遗传进化规律；三是开发的胶体金试纸条及简易检测方法的灵敏度及特异性与国外同类产品性能相当。

二　甘肃省西甜瓜科技发展现状与问题

（一）甘肃省西甜瓜产业概况

甘肃省地处我国西北干旱西甜瓜优势生产区，是我国最重要的商品西甜瓜与种子生产基地之一。2015年甘肃省西甜瓜种植总面积达5.3万公顷，其中商品西瓜3.4万公顷，甜瓜1.51万公顷，西甜瓜种子生产面积0.40万公顷。商品西甜瓜总产量209.30万吨，其中西瓜153.93万吨，甜瓜55.36万吨；西甜瓜种子生产总量为0.1607万吨。西甜瓜产业总产值达32.07亿元，仅次于粮食、蔬菜和果树，居种植业的第四位，是甘肃省农民和农村经济来源的支柱产业之一。

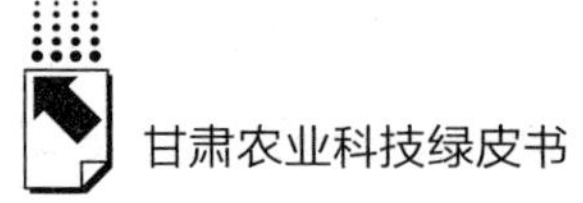

1. 商品西甜瓜生产现状

（1）生产布局。甘肃省商品西瓜产区主要分布在陇东和陇中地区，占西瓜总生产面积的80%以上，其中白银市种植面积最大，达1.71万公顷；其次是庆阳市和兰州市，面积分别为0.83万公顷、0.25万公顷。商品甜瓜产区主要分布在河西和陇中地区，占甜瓜总生产面积90%以上，种植面积最大，其中酒泉市瓜州县达0.71万公顷，其次是武威市、白银市和庆阳市，分别为0.27万公顷、0.25万公顷和0.14万公顷。

（2）产量与品质。2015年甘肃省商品西瓜（含籽瓜）的单产为45.27吨/公顷，厚皮甜瓜的产量为45吨/公顷、薄皮甜瓜产量为27吨/公顷。西瓜中心可溶性固形物含量在10.5%～12.5%，厚皮甜瓜中心可溶性固形物含量在14%～19%，薄皮甜瓜中心可溶性固形物含量在10%～13.5%。

（3）品种结构。甘肃省西瓜生产以大果形中晚熟品种为主，主栽品种有金城5号、西农8号、金桥5号、陇抗9号与丰抗8号等，栽培面积占全省西瓜种植面积的60%以上。小果形早熟主栽品种有美丽与京欣2号，重点分布在武威市和白银市保护地生产区，栽培面积占全省西瓜面积的20%左右。无籽西瓜品种在甘肃省种植较少，主要分布在徽县、瓜州县、金塔县，主栽品种为黑蜜无籽2号、黑蜜无籽5号、郑抗六号与郑抗2008和津蜜5号。

甘肃省甜瓜生产以厚皮类型品种为主，占总面积的70%，哈密瓜类型的品种所占面积已超过白兰瓜，达65%以上，主栽品种有金蜜8号、新蜜杂25号、宝丰蜜、金蜜3号、西州蜜17号、西州蜜25号和杂交伽师等；主栽白兰瓜品种为银蒂3号与金红宝，主要分布在河西走廊的敦煌市、瓜州县、金塔县和民勤县。薄皮甜瓜主栽品种主要有盛开花、甘甜1号、陕甜1号、龙甜1号与龙甜5号等，主要分布在甘肃省庆阳市、天水市和兰州市，栽培面积约占全省甜瓜总面积的30%。

（4）产品加工与运销。甘肃省瓜州和民勤蜜瓜产品主要销往西安、山西、重庆、长沙、武汉、杭州、上海和广州等地，年外销量达30万吨，约占蜜瓜总产量的90%。陇中旱砂西瓜主要销往西安、成都与重庆，年外销售量约30万吨，占总产量的65%；陇中白兰瓜主要销往西安、成都、重庆、长沙、武汉、杭州、上海和广州，年外销售量约1.6万吨，占总产量的80%。陇东旱塬露地西瓜产品主要销往西安、重庆、成都等地，年销售量达40多万吨，占总产量的70%。

目前，甘肃省西甜瓜产品以鲜果上市销售为主，产品加工业尚未兴起，产品外销前未进行预冷处理。虽然开发的西甜瓜加工产品少，但东方瓜园系列籽瓜饮品已为甘肃省政府指定接待饮品。

2. 西甜瓜种子生产现状

（1）西甜瓜种子生产分布区域及规模。甘肃省西甜瓜制种区域较为集中，主要分布在河西走廊的金塔县、肃州区、高台县、凉州区与古浪县等地，其生产面积占全省西甜瓜总制种面积的95%以上，其中金塔县与高台县的制种面积最大，占总面积的60%以上。近5年来，甘肃省西甜瓜制种面积稳定在0.33万公顷左右，其中西瓜制种面积约0.26万公顷，甜瓜制种面积约0.07万公顷。

（2）产量与效益。制种西瓜平均产籽量397千克/公顷、平均产值7.8万元/公顷；甜瓜平均产籽量312千克/公顷，平均产值12.2万元/公顷。甘肃生产的西甜瓜种子基本覆盖了全国西甜瓜种植区域，约占我国西甜瓜种子市场的2/3，并且部分产品出口欧美及东南亚，创汇约4000万美元。

（3）主要种子企业。一些国内外的知名种子企业如美国尤立种子公司、杰尼尔种子公司、安徽丰乐种业、甘肃敦煌种业、甘肃东方种子公司等均在甘肃省建立了稳定的种子生产基地和加工中心。制种企业已由2000年前的26家发展到2015年的60多家，其中，注册资本1000万元以上的种子生产、经营企业6家，500万元以上的14家，500万元以下的48家。

3. 存在的问题

（1）产品大量集中上市导致瓜价偏低、种植效益不高。不论是河西厚皮甜瓜、还是陇东旱塬露地覆膜瓜与陇中的旱砂瓜，产品上市期集中在7月20日至8月5日，在短短的15天之间，有200多万吨西甜瓜产品集中上市，给市场销售带来巨大压力，直接造成瓜价偏低、种植效益不高。

（2）连作障碍突出，死苗率较高的问题普遍发生。在甘肃省陇中旱砂瓜产区，连续5~6年种植西甜瓜的砂田占50%以上，多年重茬带来的连作障碍问题严重，部分砂田死苗率高达50%，平均死苗率达20%以上。

（3）没有保鲜贮藏设施，不了解保鲜贮运技术。重点产区没有适宜西甜瓜保鲜贮藏的恒温库，产品运输前不预冷、运输期间没有降温手段。种植户与客商不了解保鲜贮运技术。

（4）种植机械化水平低，人工劳动强度大、效率低。目前缺少覆砂压砂、播种穴开挖、整枝、农药喷施与采瓜等先进机械，机械化种植水平低，新建砂田、播种与整枝人工劳动强度大、效率低的问题突出。

（二）甘肃省“十二五”期间西甜瓜科技发展成效

1.“十二五”期间西甜瓜科技发展总述

“十二五”期间，甘肃省西甜瓜科技发展进入快速提升阶段，科技发展水平居国内前列，就科技总体实力而言，科技发展成就不小，但缺乏重大成果，科技对产业发展的支撑力度不够强，具体表现在如下六个方面：一是育成新品种较多，但自育成新品种在生产中的应用面积较小。比如2011～2015年，甘肃省共审定西甜瓜新品种93个，其中甜瓜品种44个、籽瓜品种10个、西瓜品种39个，“甜籽一号”选育与推广虽增添了甘肃省“瓤籽”两用西瓜品种新类，并将鲜瓜食用期延长至次年元月份，但新品种在生产中所占比例不足10%；二是利用现代分子生物学技术创制了一批西甜瓜优异种质，探索清楚了甜瓜抗白粉病基因的遗传规律，但尚未建立西甜瓜分子辅助育种技术体系；三是虽然引进或改制了一批简易种瓜机械，但西甜瓜简约化生产技术研究仍处于较低水平，不能满足生产实际需求；四是创新集成西甜瓜健康种子生产技术，不仅支撑了甘肃省西甜瓜制种业的安全发展，而且有力促进了我国西甜瓜产业的高效发展，但尚未建立西甜瓜种传病害快速检测技术体系，制种产业的可发展仍存在较大的潜在风险；五是研究提出灌区甜瓜垄膜沟灌水肥耦合技术，旱砂田全膜覆盖水肥高效利用技术与垄膜沟播集雨高效栽培技术，但要实现“水肥一体化实时调控管理”仍需做较多的研究与开发工作；六是开展抗旱、抗逆与采后生理方面的研究，但未建立西甜瓜保鲜加工与运销技术体系。

2. 主要新品种

“十二五”期间，甘肃省共审定西甜瓜新品种93个，在生产中推广应用的主要西瓜甜瓜新品种如下。

（1）西瓜新品种。①陇科2号。甘肃省农业科学院蔬菜研究所育成的一代杂交种。全生育期约95天，果实发育期28天左右。果实圆球形，翠绿皮上覆深绿色齿条带，瓤色大红，肉质酥脆，中心可溶性固形物含量达12.0%左右，皮薄但硬韧、耐贮运，平均产量60吨/公顷，既适宜露地种植，又适宜保护地栽培。②陇科11号。甘肃省农业科学院蔬菜研究所育成的中晚熟三交种西瓜新品种，全生育期98天，果实成熟期约34天。植株长势强健，节间较短，分枝性强，第一雌花在第7～9叶节出现。果实椭圆形，浅绿底覆墨绿色中齿条带，果形指数1.4左右，果皮硬度大、韧度高，贮运性好，货架期较长，瓤色红，质地酥脆，细嫩多汁，中心可溶性固形物含量平均为12.14%，口感与品质佳，平均单瓜重5.2千克，平均产量45～75吨/公顷，抗病与抗逆性强，适应性广。③甜籽1号是甘肃农业大学瓜研究所育成的“籽瓜”风味西瓜杂交种，全生育期100~110天，果实发育期50~55天，植株长势中等偏弱，果实圆形，单瓜质量5~8千克，果皮浅绿色、有深绿色条带，果肉浅黄色，质地柔软、细腻、汁多，可溶性固形物含量7.0%，可溶性糖6.27%，具有籽瓜特殊的风味，果实在室温下能存放2个月以上。中抗枯萎病，适宜西北地区露地栽培。

（2）甜瓜品种。①甘甜2号。甘肃省农业科学院蔬菜研究所育成的白皮白肉类薄皮甜瓜优良杂交一代品种。果皮白色，果肉白色，果实梨形。果实发育期30~35天，肉质酥脆，中心可溶性固形物含量为13.0%~14.6%，单瓜重0.35~0.75千克，产量27吨/公顷，田间抗性较好，适应地区较广。②银韵。甘肃省农业科学院蔬菜研究所育成的厚皮甜瓜优良杂交一代品种，全生育期85~100天，果实发育期40~45天，果皮白色，果肉淡橘红，果实椭圆形，肉质酥脆，中心可溶性固形物含量为16.5%左右，单瓜重2.2千克，产量45吨/公顷以上，田间抗性较好，适应地区广。③甘甜玉露。甘肃省农业科学院蔬菜研究所选育的白兰瓜类型的厚皮甜瓜一代杂交种。全生育期100天左右，果实发育期约40天。长势中强稳健，高抗甜瓜细菌性叶枯病，中抗甜瓜白粉病。果实高圆形，果形指数1.0~1.05，果皮玉白色有网，果肉浅绿纯正，肉质酥软多汁，含糖量16%左右，平均单瓜重2.0千克，产量45吨/公顷，适宜厚皮甜瓜生态区域（新疆、甘肃、宁夏、内蒙古等地）露地及保护地种植。

3. 栽培技术

（1）简约化生产技术。一是引进或改制成功一批简易种瓜机械，如改制起垄覆膜机、旱塘开沟犁、移动式农药喷施机、瓜塘除草机、打瓜机等，机械与农艺技术结合，不仅可降低亩生产成本580多元，而且提高劳动效率30个百分点以上；二是研究示范了旱砂田机械补灌水肥一体化技术；三是集成了无籽西瓜杂交雄蜂授粉制种技术，制订并示范了西瓜杂交蜜蜂授粉技术规范，显著提高了生产效率，降低了劳动强度。

（2）水肥高效利用技术。国家西甜瓜产业技术体系土壤肥料岗位研究提出西甜瓜水肥高效利用技术，在生产中得到大面积推广应用，不仅增产20%以上，而且有效提高了产品品质。主要创新成果有3项：一是在阐明垄膜沟灌模式下水氮耦合效应机理的基础上，提出灌区甜瓜垄膜沟灌水肥耦合技术；二是在明确旱砂田水热与肥力变化规律的同时，提出旱砂田全膜覆盖水肥高效利用技术；三是探明了半干旱区西瓜垄上沟播模式的土壤水热变化特征，优化了当地种植模式，提出垄膜沟播集雨高效栽培技术。

4. 西甜瓜健康种子生产技术

国家西甜瓜产业技术体系兰州综合试验站集成西甜瓜亲本种子处理、水肥管理、杂交授粉、种瓜采收，种子加工处理、带菌种子检测与种子质量标准等技术，制定《西瓜健康种生产技术规程》与《甜瓜健康种生产技术规程》2 项，出版该两项技术光盘 4000 张。以金塔县中东镇屯庄村西甜瓜健康种子生产示范基地为中心，示范西甜瓜健康种子生产技术 1 万多亩，推广 2 万多亩，有效提升甘肃省西甜瓜健康种子生产水平，有力地支撑了我国西甜瓜产品的安全有效供给。

5. 种质资源挖掘与分子育种技术

“十二五”期间，甘肃省西甜瓜种质资源挖掘研究进展较快，在国内取得了一定地位，如程鸿等利用基因沉默技术探明了甜瓜抗白粉病基因的遗传机理，并创制了一批抗性材料。陈年来等以国家蔬菜工程技术研究中心提供的 768 西瓜种质资源为材料，研究了西瓜 24 个性状表现多样性，发现 13 个数量性状的平均变异系数为 23.28%，11 个质量性状的平均变异系数为 43.21%。张建农等研究了不同籽瓜风味西瓜品种间的品质、生理及储藏特性的差异，为该类品种果实的储藏运输及市场运销提供了理论依据。

6. 甘肃省西甜瓜科技需求态势及对产业支撑作用评述

甘肃省西甜瓜产业存在机械化生产水平低、产品大量集中上市、连作障碍严重与缺乏保鲜贮藏设施及技术等四大问题，现迫切需要解决以下问题。

（1）绿色产品简约化生产技术，指中、小型机械与覆砂压砂、播种定苗、施肥灌水、整枝与采收等相结合的“全程机械化”省工绿色种植技术。该项技术容易达到绿色产品标准化生产要求，是解决目前影响产业稳定发展最突出问题（用工密集、劳动强度大、种植相对效益低）的核心技术。研发与推广应用绿色产品简约化生产技术，必将推动甘肃省西甜瓜产业提质、增效、稳步发展。

（2）产品网上销售与电商技术体系，是产品畅销的“润活”技术。产品网上销售与电商技术体系是指以现代互联网与物流网为平台，实现种植者与运销商、超市、餐厅或消费者“面对面”销售的电商技术体系。该项技术是使 200 多万吨产品在短期（15～20 天）内顺畅上市销售的“润活”技术，是解决产业发展受市场影响波动较大的关键技术。

（3）分期分批上市技术。分期分批上市技术是指合理播期、工厂化育苗、育苗移栽、小拱棚覆盖”等集成技术，是实现西甜瓜产品提早上市、分期分批上市的技术。该项技术能够延长西甜瓜产品上市期与促进产品均衡有效供给，是降低西甜瓜产业风险，提高效益的“支点”技术。

（4）优质抗病适合简约栽培的西甜瓜新品种。利用分子标记与常规育种相结合的方法，选育出高抗白粉病兼抗枯萎以及霜霉等病害，优质（糖和风味）、高产、易坐瓜，适宜简约化栽培的西瓜（籽瓜）与甜瓜新品种。适宜甘肃省生态环境、符合市场要求的西甜瓜新品种是西甜瓜产业高效发展的基础，产业可持续发展的“龙头”。

（5）西甜瓜保鲜与长途运输关键技术。西甜瓜保鲜与长途运输关键技术是通过产品产地预冷、保鲜包装与加工，运输途中模拟创造较适保鲜贮藏与运输条件，实现产品安全运输的技术。该项技术可以解决目前产业发展中产品粗放运输，野蛮装卸，产品损耗大的问题。

（6）西甜瓜连作障碍克服技术。连作障碍克服技术的核心是根据化感作用原理，通过土壤处理、嫁接、伴生和填闲等措施，改善土壤生态环境和小气候环境，控制病害发生，提高西甜瓜产量与品质的技术。该项技术可以解决甘肃省2万公顷旱砂瓜死苗严重的问题，是支撑旱砂瓜产业发展的核心技术。

（7）西甜瓜健康种子简约化生产技术。西甜瓜健康种子简约化生产技术是制种田机械化管理、蜜粉杂交授粉、种子加工处理等的集成技术。该项技术是甘肃省西甜瓜制种产业安全高效发展的支撑技术，是提升甘肃省乃至我国西甜瓜健康种子生产水平，支撑我国西甜瓜产品安全有效供给的“支柱”技术。

（三）甘肃省西甜瓜科技发展中的主要问题

1. 育种技术与手段落后，缺乏耐贮运高品质、适宜简约种植的优良新品种

目前甘肃省农业科学院蔬菜所、甘肃农业大学园艺学院、兰州市农业科技研究推广中心与酒泉市农科院等科研院所及数十家企业从事西甜瓜新品种选育研究，但目前均采用常规育种技术，与国际和国内先进单位相比，育种手段与技术落后，难以育成如“白兰瓜”叫得响的本省品种，导致甘肃省西甜瓜产业缺乏耐贮运、高品质、适宜简约化种植的优良新品种，主产区主栽品种多为外省品种。

2. 没有研发简约化生产技术的专业团队

简约化生产技术是引领甘肃省西甜瓜产业未来发展方向的技术，但目前尚未建立由农机设计、遥感、自动控制与栽培育种等高级专家组成的简约化生产技术研发团队，造成目前简约化生产技术处在引进与改制的初级水平，与国外基于GPS系统的简约化精准生产技术相比，差距非常大。

3. 尚未建立健康种子生产技术体系

目前虽然制定了西甜瓜健康种子生产技术标准，出版发行了配套的技术光盘，但技术标准尚未通过省级认证、发布实施。目前尚未建立健康种检测站、配备检测仪器与设备，还没有健康种子检测技术标准与评价体系。

4. 旱砂田土壤修复与连作障碍克服仍是一大难题

甘肃省旱砂田多数为5~8年的老砂田，旱砂田土壤修复不仅是国内面临的技术难题，也是国际技术难题，虽然采用嫁接技术，能显著减少死苗，但对西瓜产品品质的影响较大，而甜瓜尚未有理想的砧木。新建砂田不仅劳动强度大、成本高，而且目前可用来开发旱砂田的耕地资源已很少了，解决旱砂田土壤修复与连作障碍克服问题还有一段较长的路要走。

5. 尚未建立西甜瓜保鲜与运销技术体系

目前，无论是河西瓜州与民勤蜜瓜产区，还是陇中旱砂瓜与陇东旱塬西瓜产区，均尚未建成西甜瓜产品保鲜与贮运设施，尚未制定西甜瓜保鲜贮运技术规范，还没有组建西甜瓜产品保鲜运输技术研发团队，研建西甜瓜保鲜与运销技术体系是甘肃省西甜瓜科研工作的一项迫切任务。

三　甘肃省西甜瓜科技创新发展思路、目标及重点

（一）基本思路与发展目标

以建设西甜瓜科技创新平台与省级产业技术体系为主要手段，以精准、高效与绿色安全为主攻方向，以“建立常规与分子标记相结合的西甜瓜育种技术体系，研发商品西甜瓜简约化绿色种植与健康种子生产技术”为三大突破口，积极开展西甜瓜种质资源创制与新品种选育、机械化绿色种植、健康种苗培育与产品安全运销等方面的科技创新研究，建成以“现代分子育种实验室、健康种子检测实验室、种质资源繁育温室与种质资源库，农业机械设计与试制实验室”为主构架的甘肃省西甜瓜科技创新平台，建立由种质资源创新与新品种选育、机械化生产技术、产品加工与保鲜、健康种子生产四个岗位加7个试验站组成的甘肃省西甜瓜产业技术体系，努力实现西甜瓜科技创新手段的“高通量化”、育成新品种的“优质品牌化”，绿色种植技术的“机械精准化”、健康种子生产的“省工安全化”、产品保鲜运销技术的“绿色快捷化”，最终达到科技创新驱动甘肃省西甜瓜产业可持续发展的目标。

（二）发展重点与主要方向

1. 西甜瓜产业共性关键技术研究

（1）种质资源创制。种质资源创制研究是一项长期基础性科研工作。西甜瓜种质资源创制研究的主攻方向是利用现代分子生物学技术，挖掘抗旱、抗病虫害、耐贮运及适合机械化生产的优异资源，为新品种选育打好坚实基础。重点任务有3项：一是创制抗旱、高抗枯萎病兼抗白粉与蔓枯及叶枯病，无杈或不整枝、中大果型、肉质紧实、品质好与商品佳、耐贮运的西瓜种质资源材料；二是创制抗旱、高抗枯萎病兼抗白粉与蔓枯及叶枯病、种子大、板正美观、蛋白质与不饱和脂肪酸含量高、瓤质细腻、风味佳、适宜加工的籽瓜优异种质资源；三是创制抗旱、高抗枯萎与白粉兼抗蔓枯及叶枯病，不整枝、肉质脆、品质好与商品佳、耐贮运的厚皮与薄皮甜瓜种质资源材料。

（2）简约化生产技术。西甜瓜简约化生产技术研发的主攻方向是节本、高效与精准化，研发的重点任务有5项：一是设计与研制适宜甘肃省推广应用的中、小形种瓜机械，如穴盘播种、嫁接、覆砂压砂、补灌施肥、农药喷雾、采瓜等机械；二是研发西甜瓜水肥一体化节水灌溉或补灌系统；三是研究西甜瓜产品加工设备与机械，如鲜瓜切片真空机；四是研发西甜瓜种子生产与种子加工设备和机械；五是进一步改制提升现有种瓜机械的精准水平。

（3）产品电商技术。开发西甜瓜产品网上销售平台，与阿里巴巴、京东与天猫等电商平台对接，充分利用现代互联网与物流资源，实现种植者与运销商、超市、餐厅与个体消费者的直接“面对面”的产品销售，达到自建“产品优质安全信誉”，促进产品销售，提高效益的目标。

2. 西甜瓜新品种选育与示范推广

新品种选育是西甜瓜科技研究中最重要任务之一，新品种选育研究应做好露地与保护地两类品种的选育。甘肃省西甜瓜新品种选育研究主攻方向是建立常规育种与分子育种相结合的育种技术体系，提高育种效率与水平，选育出抗旱、抗病虫害、优质、耐贮运及适合机械化生产的优良品种；新品种示范推广的方向是创品牌，建基地，引领产业高效发展。

（1）露地新品种选育与示范推广。露地西甜瓜新品种选育重点任务有3项：一是选育抗旱、高抗枯萎病兼抗白粉与蔓枯及叶枯病，无杈或不整枝、中大果型、肉质紧实、品质优、商品性好、耐贮运，适宜旱砂田与旱塬种植的西瓜优良品种；二是创制抗旱、高抗枯萎病兼抗白粉与蔓枯及叶枯病、种子大、板正美观、蛋白质与不饱和脂肪酸含量高，瓤质细腻、风味佳、贮藏期长，适宜加工的籽瓜优良品种；三是选育抗旱、高抗枯萎与白粉病，兼抗蔓枯及叶枯病，不整枝、肉质脆、品质好与商品佳、耐贮运，适宜甘肃省中部及河西地区种植的厚皮甜瓜优良新品种；适宜陇东与天水地区种植的薄皮甜瓜新品种。

（2）保护地新品种选育。保护地西甜瓜新品种选育重点任务有 2 项：一是选育早熟大果、高抗枯萎病，兼抗白粉病与蔓枯及叶枯病、肉质紧实、品质优、商品性好、耐贮运的西瓜优良品种；二是选育早熟、高抗枯萎，兼抗白粉病与霜霉病、肉质脆、品质好与商品性佳、耐贮运的甜瓜优良新品种。

（3）新品种示范推广。西瓜新品种示范推广重点是在白银与兰州市建立 2 万公顷旱砂西瓜示范基地。甜瓜新品种示范推广重点是在瓜州与民勤建立 5000 公顷具有“白兰瓜血统”的蜜瓜示范基地，打造甘肃省优质蜜瓜品牌，改变“哈密瓜类型品种”东移所带来的品质不高、病害威胁较大的生产突出问题。保护地新品种示范重点在皋兰与民勤建立 400 公顷白兰瓜基地。

3. 栽培技术研究与示范推广

（1）绿色产品种植技术。研究主攻方向是提升“旱砂瓜”优质品牌，确保产品绿色优质，重点研究内容有 3 项：一是调查研究产区土壤肥力状况，研发基于重点产区土壤肥力状况的西甜瓜（补灌）水肥一体化精准施肥技术，并通过技术示范，实现省工、绿色优质；二是调查研究旱作区西甜瓜病虫害发生规律，筛选高效低毒、低残留的新农药，研发基于病虫害发生规律的精准施药技术；三是在示范“芽苗”坨播、穴盘苗“大坨”栽植与嫁接苗的基础上，总结提出压砂瓜连作障碍防治措施 1 ~ 2 套，以减少防治田间“死苗”所带来的农药过量使用问题。

（2）分期分批上市技术。重点研发任务 4 项：一是制定甘肃省西甜瓜产业发展规划，科学规划“绿洲旱塘”、“旱砂田”、“旱砂田小拱棚”与“旱塬垄沟集雨”等不同区域最佳经济播种期（或育苗期）与定植期；二是研制与开发本土化低成本的西甜瓜育苗基质及其工厂化健康种子生产技术；三是集成日光温室与塑料大棚设施建造，现代化育苗、嫁接、定苗等技术，建立工厂化育苗中心，示范生产穴盘育苗基质，芽播坨、穴盘苗栽植坨，嫁接健康种苗等系列产品，为分期分批上市提供健康种苗及其配套产品；四是示范“育苗移栽”、“两膜一砂”（砂田小拱棚）、“多层覆盖”等标准化栽培模式，改变产区单一生产方式，促进产区多种生产方式的形成，以实现分期播种、分期定苗、分期采收，延长上市期，产品均衡供应的目标。

（3）技术示范推广。在河西“绿洲蜜瓜”、陇中“旱砂瓜”与陇东旱塬瓜产区示范推广简约化绿色种植与分期分批上市技术，提升名优品牌，促进产业可持续发展。

4. 健康种子生产技术集成与示范推广

研究主攻方向是建立西甜瓜健康种子生产技术体系，重点研究任务 2 项：一是继续创新完善包括制种田机械化管理、蜜粉杂交授粉、种子加工处理等在内的西甜瓜健康种子生产技术规范；二是集成包括酶联免疫、分子标记与 PCR 适时快速检测等技术，制订种传检疫病害快速检测技术标准与评价体系。集成上述 2 项研究成果，构建西甜瓜健康种子生产技术体系。

在西甜瓜种子生产重点区域如金塔县与高台县，建立种传检疫病害检测点 2～3个、示范基地 70 公顷，示范推广西甜瓜健康种子生产技术，提升甘肃省西甜瓜健康种子生产水平，最终达到带动建成“国家级”西、甜瓜种子安全生产基地的目标。

5. 产品保鲜加工与运销技术集成与示范

研究主攻方向是降低产品腐烂率，延长产品销售期，并达到绿色与高效的目标。重点研究任务 3 项，一是引进新型保鲜膜（或袋）、保鲜剂（或杀菌剂），研究其对西甜瓜产品保鲜与贮藏性的影响；二是研究气调、风冷与不同库温等环境条件对西甜瓜产品采后生理的影响，提出最佳保鲜与贮藏技术；三是通过反复模拟示范验证，提出优化西甜瓜贮藏与运输技术参数，制订示范西甜瓜长途运输与保鲜关键技术规范。

在河西与陇中西甜瓜重点产区示范建立西甜瓜保鲜与运输中心，促进形成长距离的产品安全运销冷链，实现产品安全营销。

四　西甜瓜科技创新载体建设与保障措施

1. 建立省级西甜瓜科技平台，加快科技创新步伐

以政府投资为主，在省级科研院所与大学建立西甜瓜种质资源创新平台，重点是建立现代分子育种实验室、健康种子检测实验室、种质资源繁育温室与种质资源库，农业机械设计与试制实验室等，为种质资源创新与简约化生产技术研究提供先进工作平台，以加快科技创新步伐。

2. 保护知识产权、加快技术标准制订，建设现代育种技术体系

以科技创新平台为抓手，增加科技投入，支撑多方位科技创新，重点措施：

一是支持西甜瓜种质资源创新，加快现代分子标记在种质资源创制中的应用，促进多样性优异种质资源创制，获得较多的具有知识产权的优异资源，同时制定出西甜瓜分子标记辅助育种技术标准，以知识产权和技术标准转让的方式，尽快将优异种质与技术标准提供给育种科研单位及企业，促进甘肃省尽快建立常规与分子标记相结合的西甜瓜现代育种技术体系。二是支持西甜瓜生产机械设计与试制研究，促进中、小型精准新机械及设备开发，并通过专利转让或共同开发等方式，吸纳企业参与机械生产，加快甘肃省西甜瓜产业“简约化”发展的步伐。

3. 建立甘肃省西甜瓜产业技术体系，建立完善长效的科技创新投入机制与科学考核评价机制

根据甘肃省西甜瓜产业对科技需求的实际，考虑科技研究特殊性，着眼长远，建立甘肃省西甜瓜产业技术体系，体系下设西甜瓜种质资源创新与新品种选育、机械化生产技术、产品加工与保鲜、健康种子生产四个岗位，在河西瓜州、金塔、民勤、皋兰、靖远、镇塬与宁县设立7个试验站，将试验站设在产区内的企业与合作社。每年固定投入科技创新基金，支持科技创新工作，同时制订科学的考核与奖惩制度，鼓励科技团队积极创新，实现科技创新驱动西甜瓜产业发展的目标。

参考文献

Guo S, Zhang J, Sun H, et al. The Draft Genome of Watermelon（Citrullus Lanatus）and Resequencingof 20 Diverse Accessions. *Nat Genet*. 2013. 45（1）: 51 - 58.

Todd C. Wehner *Watermelon Breeding Questions from 22 Years of Research*. Michigan: cucurbitaceae. 2014. p. 91.

Ping Wang, Jiecai Liu and Shi Lei etc. Microsatellite Marker-based Genetic Diversity of Seed-use Watermelon（Citrullus Lanatus ssp. Vulgaris var. Megalaaspermus Lin et Chao）Collections cucurbitaceae 2014. p. 87）.

G.42

甘肃省油菜科技发展研究报告

庞进平　刘婷婷　徐一涌*

摘　要：　油菜是我国播种面积最大的油料作物，也是甘肃省主要油料作物之一。“十二五”期间油菜种植面积保持稳定，总产量稳定上升；“双低”油菜种植面积进一步扩大，机械化收割试验获得成功。加强油菜轻简化育种技术研究、高效高产栽培技术研究，加快油菜全程机械化生产技术研究，研究油菜深加工技术，提高油菜综合利用效率成为今后的主攻方向。

关键词：　甘肃　油菜　科技发展

油菜籽油产量约占我国植物油总产的50%。油菜籽是我国食用植物油的主要来源，具有极高的经济价值，菜籽油含有丰富的脂肪酸和多种维生素，其中饱和脂肪酸含量不超过7%，且易于消化；油菜饼粕蛋白质含量达34%～45%，还含有粗脂肪、纤维素和多种维生素，是优良的饲料蛋白源；菜籽油及其副产品在工业中也有广泛的应用，是发展生物柴油最理想的原料来源。油菜生产过程中的落花落叶和根茎，含有丰富的氮、磷、钾等元素，能供给土壤大量有机物，具有良好的改善肥田能力。同时油菜花是主要的蜜源作物和观赏作物，可促进养蜂业和旅游业的发展。

油菜是甘肃省植物油的主要来源，在甘肃省有悠久种植历史，种植面积常年保持在300万亩左右。随着社会经济的发展以及科技水平的提高，甘肃省油菜科技发展取得了巨大成就，“十二五”期间先后育成陇油系列（陇油7号、陇油10号、陇油16号等）、天油系列和甘油系列等油菜新品种15个，庆阳实现油菜机

* 庞进平，甘肃省农业科学院作物研究所副研究员。主要研究油菜育种。刘婷婷，甘肃省农业科学院作物研究所研究实习员；徐一涌，甘肃省农业科学院作物研究所高级工。

械化收割试验。甘肃省油菜种植面积保持稳定，双低油菜种植面积进一步扩大，产量稳中有升，油菜生产基地基本形成。

一　油菜科技发展动态

（一）国内外油菜产业发展现状

1. 国外油菜产业发展状况

第二次世界大战以后，世界油菜产业生产发展迅速，年播种面积从 20 世纪 50 年代的 270 万公顷扩大到 3000 万公顷。据统计，2013 ~ 2014 年世界油菜生产总面积 3615.7 万公顷，其中加拿大面积最大（22.15%），其次是中国（20.77%）、印度（19.72%）、欧盟（18.81%）。2012 年世界油菜总产量达到 59071 万吨，我国总产量约占 1/4（13082 万吨），居世界第一。其后依次是加拿大（11866 万吨）、德国（5698 万吨）、法国（4816 万吨）。2009 年世界油菜籽出口市场总交易量为 1007.1 万吨，加拿大占出口份额的 78.43%，菜籽油出口市场交易量为 789.9 万吨；油菜籽进口市场总交易量为 1225.8 万吨，欧盟、中国、日本、墨西哥为主要进口国，菜籽油进口市场交易量为 242.3 万吨。

2. 国内油菜产业发展状况

2010 ~ 2014 年我国油料作物播种面积占农作物播种面积的 8.5% 左右，从 2012 年开始油料播种面积逐年增加（见表 1）。油料总产量年际变化不稳定，单产水平呈现逐年提高。近年来，油菜播种面积约占油料播种面积 53%，2014 年达到 54.03%，是食用植物油的主要来源。2011 年以来油菜总产量和单产水平逐年提高。

表 1　中国油菜播种面积及产量

年份	类别	播种面积（万公顷）	构成（%）	总产量（万吨）	产量（千克/公顷）	比上年增减绝对量		
						播种面积（万公顷）	总产量（万吨）	产量（千克/公顷）
2010	油　料	1388.96	8.64	3230.1	2326	23.75	75.8	15
	油菜籽	736.97	53.06	1308.2	1775	9.19	-57.5	-101
2011	油　料	1385.51	8.54	3306.8	2387	-3.45	76.6	61
	油菜籽	734.74	53.03	1342.6	1827	-2.23	34.4	52

续表

年份	类别	播种面积（万公顷）	构成（%）	总产量（万吨）	产量（千克/公顷）	比上年增减绝对量		
						播种面积（万公顷）	总产量（万吨）	产量（千克/公顷）
2012	油　料	1392.98	8.52	3436.77	2467.21	7.469	129.97	80.21
	油菜籽	743.19	53.35	1400.73	1884.77	8.446	58.13	57.77
2013	油　料	1402.26	8.52	3517	2508	9.28	80.2	41
	油菜籽	751.94	53.62	1445.8	1923	8.76	45.1	38
2014	油　料	1404.28	8.48	3507.43	—	11.296	-9.57	—
	油菜籽	758.79	54.03	1477.22	1946.81	15.606	31.42	23.81

资料来源：2010、2011、2013 年数据均来自《中国年鉴》，2012、2014 年数据均来自国家数据，http：//data. stats. gov. cn“—”表示数据缺失。

我国是世界油菜籽最大的生产国，食用油用量居世界之首，但我国是世界第一人口大国，自给率不足40%，剩余加工用量主要依靠进口。我国油菜籽进口总量和贸易额从2010年开始逐年增加，加拿大是我国油菜籽的主要进口国，2010～2012年占进口总量的99%以上，至2014年，我国油菜籽进口国新增加了澳大利亚、智利、俄罗斯等国。

（二）国内外油菜科技发展动态

1. 国外油菜科技发展状况

（1）国外育种技术发展状况。目前，国外双低油菜育种处于常规育种、杂交育种与生物技术相结合的阶段，先进国家在双低油菜育种中运用生物技术早于我国，技术比较成熟。国外利用转基因技术已经育成一些抗虫、抗病、抗除草剂等转基因油菜品种，如美国 Pollard 等育成的月桂酸油菜，加拿大育成的抗除草剂转基因油菜品种，如 LG3315、LG3295、N CN92、GT73 和 GT1200 等。寡核苷酸定点诱变、锌指核酸酶技术、同源转基因技术、RNA 介导的 DNA 甲基化、反向育种、转基因砧木嫁接和农杆菌浸润等育种技术在欧洲发展迅速，这些新技术比常规育种技术更具特异性和针对性，为油菜育种提供准确和有效的方法。

（2）国外油菜新品种推广状况。由于新的育种技术的应用，油菜品种更新速度不断加快，新品种推广面积不断扩大。双低油菜有效提高了油菜的单产水平，促使双低油菜品种种植面积不断扩大。国外从事油菜育种的单位主要是私人企业，从育成的品种数量和推广面积分析，德国拜耳公司和美国孟山都公司基本上垄断了国际市场。加拿大是世界第二大油菜生产国，也是唯一大面积种植转基因油菜的国家，从1995年开始种植抗除草剂转基因油菜品种，2005年该品种种植面积占油菜总面积的77%，据澳大利亚农业生物技术委员会（ABCA）数据，2014年澳大利亚耐除草剂转基因油菜种植面积达到34.9万公顷。

（3）国外油菜现代化发展状况。国外油菜现代化注重以下几方面：①土地集约化，生产规模化、机械化；②建立完善的科研、教育、推广体系；③促进生产产业化、专业化和组织化；④政府保护和支持农业现代化发展。油菜现代化不是简单的机械化，而是油菜生产的一体化和思想现代化。

2. 国内油菜科技发展状况

（1）国内油菜育种技术发展状况。我国油菜育种起步较晚，与国外先进技术存在差异，育种技术缺乏推广。我国1987年才培育出第一个油菜杂交种秦优2号。生物技术的应用克服了油菜育种中的远缘杂交不亲和，加快了育种进程，可进行针对性育种。我国现阶段油菜育种技术得到突飞猛进的发展，从传统育种技术发展到生物技术和杂交育种相结合，转基因技术研究日益受到重视。

（2）国内油菜新品种发展状况。“十二五”期间育成高含油量品种，适宜机械化技术品种，抗逆性品种79个。浙江省作为油菜主要产区，在“九五”期间育成了浙优油1号和浙优油2号，实现了浙江省单双低优质油菜零的突破；“十五”期间育成双低油蔬两用型油菜新品种浙双72，使浙江省油菜从双高走向双低；“十一五”期间育成首个适宜机械化生产的品种浙油18，“十二五”育成油菜新品种浙油50和浙大619，现已在生产上大面积推广应用，其中浙油50的产量、含油量和株型等主要性状取得重要突破。

（3）国内油菜现代化发展状况。2000～2011年，我国油菜育苗移栽、直播和机械收获平均面积分别为381.7万公顷、321.4万公顷和27.8万公顷。机械收获面积逐年增加，从2007年的13.9万公顷增加到2011年的52.1万公顷。2013年5月，由中国农科院油料作物研究所联合南京农机化所等多家科研单位，共同实施的油菜全程机械化生产在湖北云梦的千亩示范基地获得成功，这标志着我国油菜实现了全程机械化生产。

二　甘肃油菜科技发展现状与问题

（一）甘肃省油菜产业概况

油菜是甘肃省主要油料作物和经济作物，2010～2014年全省油菜种植面积占油料作物总面积的50%以上，油菜产量占油料总产量的50%左右（见表2）。

表 2　甘肃省油菜播种面积和产量所占比重

单位：%

年份	油菜播种面积占油料比重	油菜产量占油料比重
2010	53	52
2011	53	52
2012	52	51
2013	50	48
2014	51	48

资料来源：《甘肃省统计年鉴 2010 ~2014 年》。

1. 甘肃省油菜种植面积分布广，自然环境恶劣

油菜播种面积超过 0.67 万公顷的有天水、武威、张掖、平凉、庆阳、陇南、临夏、甘南等 8 个市州，合计播种面积超过 15.3 万公顷，占全省油菜播种面积的 92% 以上。其中武威市和张掖市位于河西，且主要分布于祁连山高寒半干旱区；其余 6 个市州位于河东、天水市和陇南市，属于温暖带半湿润气候区；平凉市、庆阳市和临夏市都属于冷温带半湿润气候区；甘南州属高寒湿润气候区。甘肃省油菜种植区气候环境严峻，易遭受自然灾害，且多为雨养农业，主要依靠天然降水，极大限制了甘肃省油菜产业发展。

2. 甘肃省油菜生产基地逐渐形成并壮大

甘肃省油菜种植面积保持平稳发展，地区分布日益科学，逐步形成地区特色优势。甘肃省油菜生产基地主要在河西和河东，河西地区主要集中在张掖和武威沿祁连山南部山区；河东集中在甘南、临夏、陇南、平凉和庆阳等雨养农业地区，是甘肃省油菜主要产区，种植面积大、产量高，产业优势明显，油菜种植技术比较先进。

甘肃省 2010 年为 34.3 万公顷，油菜播种面积为 18.2 万公顷，占油料播种面积 53.12%；到 2014 年油料播种面积为 32.2 万公顷，油菜播种面积为 16.7 万公顷，占油料播种面积 51.98%（见表 3）。2014 年与 2010 年相比，播种面积略有下降，主要受到国际油菜市场的冲击，油菜价格偏低，农民种植积极性不高。2010 ~2012 年油菜播种面积占全省油料播种的面积比例超过油料播种面积 10% 的市有：天水市、张掖市和庆阳市，2013 年以后油菜播种面积占全省油料播种的面积比例超过 10% 的市有：天水市、张掖市、庆阳市和陇南市。其中天水市、张掖市和庆阳市 5 年油菜平均播种面积占全省油料播种面积比例分别为 19.71%、14.15%、19.06%。2010 ~2014

年，油菜种植面积超过该地区油料种植面积90%的市有：张掖市、临夏州，2014年有临夏州油菜种植面积占油料播种面积90%以上。2010年油菜种植面积占油料种植面积50%以上的有5个市州，2011～2014年油菜种植面积占油料种植面积50%以上的只有天水市、张掖市、临夏州和陇南市4个市州。

表3　甘肃省油料及油菜种植情况

年份	地区	油料		油菜			
		面积（万公顷）	产量（万吨）	面积（万公顷）	产量（万吨）	播种面积占油料的比例(%)	产量占油料的比例(%)
2010	天水市	5.01	6.59	3.29	4.28	65.62	64.97
	张掖市	2.94	6.94	2.65	5.74	90.1	82.81
	平凉市	4.76	7.55	1.35	1.93	28.32	25.6
	庆阳市	7.38	10.90	3.76	6.23	50.92	57.1
	陇南市	2.21	3.31	1.67	2.66	75.85	80.54
	临夏州	1.68	5.59	1.56	5.18	92.88	92.7
	其　他	10.29	22.13	3.93	7.17	38.16	52.7
	合　计	34.27	63.00	18.20	33.20	53.12	51.87
2011	天水市	5.05	7.01	3.40	4.62	67.35	65.89
	张掖市	3.15	6.10	2.91	5.20	92.26	85.22
	平凉市	4.73	6.93	1.40	2.11	29.61	30.43
	庆阳市	7.68	12.07	3.42	5.56	44.54	46.06
	陇南市	2.19	3.80	1.67	3.10	76.2	81.67
	临夏州	1.62	5.67	1.49	5.26	92.33	92.66
	其　他	9.89	20.10	3.83	7.12	38.76	53.44
	合　计	34.31	61.68	18.12	32.96	52.83	53.44
2012	天水市	5.06	7.47	3.43	4.89	67.77	65.56
	张掖市	2.48	4.95	2.29	4.25	92.28	85.96
	平凉市	4.61	7.24	1.35	2.21	29.19	30.45
	庆阳市	7.27	13.17	3.45	6.66	47.37	50.6
	陇南市	2.17	3.76	1.65	3.10	76.21	82.39
	临夏州	1.60	5.88	1.47	5.45	91.89	92.67
	其　他	9.75	22.37	3.62	6.86	37.09	51.56
	合　计	32.93	64.84	17.24	33.43	52.35	51.56

续表

年份	地区	油料		油菜		油菜播种面积占油料的比例(%)	油菜产量占油料的比例(%)
		面积（万公顷）	产量（万吨）	面积（万公顷）	产量（万吨）		
2013	天水市	5.02	7.79	3.50	5.31	69.79	68.21
	张掖市	2.48	4.76	2.29	4.10	92.38	86.02
	平凉市	4.68	7.65	1.44	2.38	30.78	31.15
	庆阳市	7.29	14.03	2.98	5.84	40.95	41.65
	陇南市	2.20	3.24	1.72	2.60	78.01	80.28
	临夏州	1.64	5.97	1.52	5.57	92.92	93.37
	其　他	9.72	25.03	3.51	7.30	36.1	48.36
	合　计	33.02	68.47	16.96	33.11	51.37	48.36
2014	天水市	5.01	8.21	3.55	5.65	70.83	68.83
	张掖市	2.55	5.33	2.24	4.13	88.05	77.53
	平凉市	4.02	6.75	1.06	1.90	26.26	28.18
	庆阳市	7.11	14.67	3.05	6.66	42.9	45.39
	陇南市	2.28	3.59	1.81	2.97	79.44	82.55
	临夏州	1.64	5.95	1.52	5.54	92.92	93.16
	其　他	9.61	25.28	3.52	7.63	36.59	49.41
	合　计	32.21	69.78	16.74	34.48	51.98	49.41

资料来源：《甘肃省统计年鉴2010～2014年》。

3. 甘肃省油菜产量稳中有升

2010年甘肃省油菜产量33.22万吨（见图1），占油料产量的51.87%；2014年油菜产量34.48万吨，占油料产量的49.41%。2010～2014年油菜产量变化比较平稳，呈现稳中略有上升趋势。2010～2014年临夏州油菜产量占该地区油料产量比例超过90%，天水、张掖和陇南连续五年油菜产量都超过该地区油料产量的50%。

4. 甘肃省油菜育种稳步推进

近几年，甘肃省油菜育种取得巨大成就，2011年通过甘肃省审定的油菜品种有9个，其中甘肃省本土育成新品种有5个，分别是陇油10号、陇油9号、丰杂2号、天油8号和秦杂油5号。2014年通过甘肃省审定的油菜品种共10个，甘肃省育成品种有8个。

5. 积极推广综合丰产技术及新品种

近年甘肃省油菜栽培技术取得显著成效。采用麦/油、豆/油等合理轮作，有效减轻了油菜田间病害。将科学合理种植密度与直播条播技术相结合，降低了田间间苗和定植等人工操作成本。推广地膜覆盖穴播，有效地提高了土壤温度，起到蓄水保墒作用。进一步实施精耕细作，实现了科学施肥与测土配方施肥相结合。现阶段正在探索甘肃省油菜保护性耕作、节水减肥减药耕作和有机种植。积极推广杂交油菜，“双低”油菜播种面积进一步扩大，“十五”时期结束已经占油菜播种面积40%以上。

（二）甘肃省“十二五”期间油菜科技发展成效

1. 积极培育油菜新品种，双低油菜播种面积进一步扩大

“十二五”期间通过甘肃省品种审定的油菜品种共有24个，甘肃省培育的新品种有15个，占62.5%，其中冬油菜品种4个，春油菜品种20个。甘肃省“十二五”期间主要推广的双低油菜品系有陇油系列、青杂系列等。2011~2014年临夏州推广“双低”油菜1.62万~1.64万公顷，2015年临夏县推广“双低”油菜0.23万公顷。

2. 油菜栽培技术向合理化和机械化发展

“十二五”期间甘肃省油菜栽培向科学化、轻简化、机械化发展。科学施肥，注重有机肥和无机肥配施，氮、磷、钾和微量元素配施。在甘肃省山丹县，油菜一次性施用基肥（长效复混肥）产量高达5250千克/公顷，比常规技术施肥增产15%以上。“十二五”期间推广油菜地膜穴播和全膜覆土穴播技术，有效提高土壤蓄水保墒能力和水肥利用效率。研究油菜一膜多用及覆膜油菜的间套作技术，玉米套种油菜，油菜复种豆角与豇豆。甘肃省庆阳市首先实现油菜机械化收割，截至2013年全市已有油菜收割机26台。

（三）甘肃省油菜科技发展中的主要问题

1. 油菜产量和产值偏低

甘肃省油菜种植受自然条件限制，油菜产量较低。甘肃省地处内陆腹地，降雨量少；受季风气候的影响，极端天气频繁，2011~2014年全省受灾面积355.9万公顷，其中风灾33.1万公顷，风雹灾63.8万公顷，霜冻灾28.1万公顷，分别占9.30%、17.93%、7.90%。

甘肃省油菜的综合利用价值低，产值低。一是缺乏品牌文化和龙头企业带动。甘肃省油菜种植面积大，原产水平高，污染少，原产菜籽油特色没有得到突出宣传；没有形成自身的油菜品牌或品牌竞争力弱，缺乏龙头油脂加工企业的带动。二

是油菜的价值没有得到充分利用。油菜的秸秆含有丰富的营养物质，是很好的有机肥和饲料，但目前甘肃省油菜秸秆利用率低。三是缺乏对油菜籽的深加工。甘肃省油菜籽的加工仅停留在生产菜籽油上，缺乏油菜油脂的氢化、油的酶促酯交换和营养保健油的深加工。四是甘肃省油菜产业链短。油菜秸秆和饼粕不仅是油菜生产的废料，还是生产原料，秸秆可用于食用菌培养，饼粕可用于蛋白生产。

2. 缺乏优质油菜品种和先进育种技术

甘肃省仍缺乏适应性广、抗逆性强、适合轻简化栽培的“双低”油菜品种，且油菜品种竞争力弱，缺少优质油菜品种。油菜育种技术与其他省份存在差距，育种技术落后，油菜品种选育时间长，缺乏对育成油菜品种的基因筛选。

3. 油菜科技发展缺少保障机制

首先，甘肃省油菜科技发展离不开资金的长效支持。在油菜选育过程中，由于油菜新品种的选育周期长，需要长期的连续性的资金支撑。其次，油菜科技发展离不开有效的保障机制。在油菜新品种、新技术的推广示范中，新品种和配套栽培技术的使用有一定的风险性，应该建立油菜推广保障机制，既保障农民的利益不受损害，又降低科技人员推广新品种、新技术的负担。

4. 油菜科技发展缺乏政策支持

甘肃省应该加大对油菜科技发展的政策支持，出台相应政策支持本省油菜科技发展。一是进一步扩大良种种植面积、提高油菜品质，推广高效增产技术、增加油菜产量；二是提升油菜加工技术，积极探讨油菜深加工技术，提高油菜利用率；三是鼓励本省油菜走出去，扩大油菜品牌效应；四是延伸油菜产业链，增加油菜附加值。

5. 油菜科技普及不足和缺乏科技交流

甘肃省油菜科技在油菜品种改良、播种期选择、水肥施用时间、病虫害防治方面，已取得较全面的成效，但由于普及、综合指导和长效培训滞后而没有被广泛推广。此外，甘肃省地处内陆，油菜科技发展起步晚，技术落后，与其他省份及国外存在差距，相关机构应该积极交流学习，缩短差距。

三 甘肃油菜科技创新发展思路、目标及重点

（一）基本思路与发展目标

1. 加大油菜新品种选育和“双低”油菜品种推广

优质油菜品种是油菜科技的基石。甘肃应选育适应性广、抗逆性强、适宜轻

简化栽培的“双低”品种，进一步推广含油量高、抗逆性强的“双低”油菜品种，扩大全省“双低”油菜种植面积，加快提升全省油菜品质。

2. 推广高效高产油菜栽培技术

高效高产油菜栽培技术是油菜科技的支柱。进一步扩大油菜高效栽培技术推广面积，实现油菜的减肥、减药种植。推广地膜油菜种植，提高油菜水肥利用效率，增加油菜产量。甘肃省油菜主要分布在河东、河西山地，不适合大型机械的投入和使用，因以应研究适宜甘肃省油菜播种、管理和收割的机械一体化操作规模。

3. 提高油菜利用率

提高油菜的综合利用率是油菜科技发展的最终目标。油菜的综合利用，不仅能提高油菜产值，还能延长油菜产业链，提高油菜附加值。一是提高油菜副产品的综合使用量，如从脱臭馏出物中提取微生物 E 和淄醇。二是菜籽皮的开发利用，可用于食用菌生产，生产可降解环保餐具及精细化工产品。三是油脚和皂脚的开发利用，用于生产脂肪酸和生物柴油等化工产品。

（二）发展重点与主要方向

1. 油菜产业共性关键技术研究

（1）油菜种质创新技术研究。“十三五”期间，引进国内外先进的育种技术，加强省级科研单位、地区科研单位和育种企业的交流合作，实现资源共享。选育出适应性广，抗逆性强，适宜机械化操作的油菜品种。

（2）油菜深加工研究。创建规模化、产业化和现代化的油菜深加工企业，提高菜籽油的加工技术水平。通过脱皮冷榨工艺、脱皮膨化工艺和脱皮冷榨膨化工艺，提高油菜籽加工效率。加快研究油脂的深加工，如油脂的氢化、油的酶促酯交换和营养保健油。精深加工菜籽蛋白饼粕，如菜籽蛋白的制备、蛋白深加工制取多肽及复合氨基酸、饼粕的饲用。

2. 油菜高产技术研究

（1）新品种示范与推广。一是加大油菜新品种的示范力度，建立新品种示范与推广的保障机制，减少新品种示范的阻碍。二是扩大新品种的推广面积，建立联合机制，在新品种推广中联合科研人员、技术推广中心和农民，达到出现问题有专家及时指导，有技术人员高效解决。

（2）油菜栽培技术研究。在“十三五”期间提高甘肃油菜机械化程度。研究油菜综合栽培技术，实现油菜轻简化种植；研究油菜节水高产栽培技术，

“产、供、销”高产、高效、安全、生态技术；加大推广油菜覆膜、秸秆还田和保护性耕栽培技术。

3. 油菜标准化生产、销售和加工

实现油菜生产、加工、销售的标准化，实现油菜生产、销售安全以及油菜加工产品高品质。建立油菜标准化生产是实现油菜精细加工、提高油菜产值的基础，实现油菜标准化种植、标准化施肥、标准化施药，达到油菜无公害和有机生产。建立标准化销售方式，在油菜运输过程中达到安全运输。在销售过程中做到信息真实、清楚。建立标准化加工厂，达到安全加工，生产出安全、高品质的油菜产品。

4. 实施油菜农产销一体化

鼓励油菜企业做大做强，带动油菜产业有序渐进发展。建立油菜种植合作社，与企业合作，实现油菜生产销售一体化。鼓励油菜企业延长油菜加工链，扩宽油菜利用路径，提高油菜产值，促进油菜生产。

四　油菜科技创新载体建设与保障措施

（一）加强交流与合作，实现资源共享

积极参加油菜交流会议，加强与其他科研单位交流，就油菜科技发展的现状和问题进行交流，集中各方面信息，整合资源，取长补短。积极争取与其他省市或国外科研单位合作，搭建合作平台，就油菜科技进行合作，提高油菜科技创新能力。建立油菜科技共享平台，实现油菜科技信息畅通，减少油菜科技重复性研究，实现油菜科技资源共享。

（二）成立油菜综合指导组，多举措保障油菜科技推广

建立综合油菜指导小组，由全省油菜科技专家与农业气象专家及农业市场分析专家等，成立油菜综合指导小组，通过移动电信公司，直接与农民联系，针对油菜种植面积、种植方式、水肥施用和病虫害防治及油菜销售价格走势等问题，做到实时监控，实时指导，实时解决生产问题，多举措解决油菜科技问题，提高油菜种植的积极性和油菜推广的积极性。

（三）建立油菜科技知识产权保障机制，加快油菜科技成果转化

建立健全油菜科技产权保障机制。对知识产权法加大宣传力度，做到人人懂

法，有法可依，违法必究。建立公共信息平台，对新油菜科技产权进行公示。建立油菜科技成果转化保障体系，提高油菜科技创新能力。将油菜科技推向市场，经受市场的考验，优胜劣汰，加快油菜科技提高速度。

项目组成员：庞进平　徐一涌　刘婷婷　董云　王毅　靳丰蔚

参考文献

梁传基：《世界油菜简史》，《粮油市场报》2010 年 6 月 24 日，第 B03 版。

戚存扣：《澳大利亚双低杂交油菜育种》，《世界农业》1991 年第 12 期。

王兆木：《加拿大的油菜育种田》，《新疆农业科学》1992 年第 2 期。

官春云：《俄罗斯油菜育种》，《作物研究》2003 年第 2 期。

赵华：《法国油菜育种进展》，《上海农业科技》1990 年第 6 期。

陈社员、官春云、工国槐等：《基因工程技术与油菜育种》，《中国油料作物学报》2002 年第 4 期。

王新发、王汉中、刘贵华：《现代生物技术在油菜育种中的应用及前景》，《中国油料作物学报》2002 年第 3 期。

卢长明：《加拿大转基因油菜产业化与安全管理现状》，《中国油料作物学报》2005 年第 4 期。

王道杰、王灏、李殿荣：《生物技术在油菜遗传改良中的应用》，《西北农业大学学报》1999 年第 2 期。

童建新、许玲、来文国：《植物体细胞杂交技术在油菜育种中的研究进展》，《江西农业学报》2008 年第 11 期。

王爱云、李栒：《植物细胞工程技术在油菜育种中的应用现状与进展》，《中国农学通报》2005 年 4 期。

王新发、王汉中、刘贵华：《现代生物技术在油菜育种中的应用及前景》，《中国油料作物学报》2002 年第 3 期。

孙晓敏、李英、李艳明、刁广清、堪国鹏、邓根生：《我国油菜育种研究技术和品质育种研究进展》，《安徽农学通报》2011 年第 3 期。

黎妮：《转基因技术在油菜育种中的应用》，《作物研究》2005 年第 5 期。

张冬青：《浙江省优质油菜育种进展》，《浙江农业科学》2015 年第 5 期。

周广生、左青松、廖庆喜、吴江生、傅廷栋：《我国油菜机械化生产现状、存在问题及对策》，《湖北农业科学》2013 年第 9 期。

黄艳：《我国油菜实现全程机械化生产》，新华网，2013 年 5 月 11 日。

郭方忠等：《甘肃大辞典》，甘肃文化出版社，2000。

陈其鲜、杨祁峰：《甘肃省油菜产业现状及发展思路》，《甘肃农业科技》2007 年第 7 期。
马晓燕、拜圣德、兰春霞等：《临夏州双低油菜产业化发展现状及发展对策》，《农业科技通讯》2016 年第 5 期。
《测土施肥技术之油菜施肥》，中国化肥网，2015 年 9 月 10 日。
李福、刘广才、李会宾等：《甘肃省旱地油菜全膜覆土穴播栽培技术规程》，《蔬菜农业科技信息》2012 年第 7 期。
崔增团、高飞：《油菜全膜微垄沟灌栽培技术》，《甘肃农业科技》2014 年第 8 期。
付会荣：《全膜双垄沟播玉米一膜两年用与冬油菜栽培技术》，《农业科技与信息》2015 年第 6 期。
郭敏明：《武山县山旱地油菜茬复种全膜双垄沟播豆角栽培技术》，《甘肃农业科技》2014 年第 7 期。
汪东应：《武山县半干旱山区全膜双垄沟播豇豆复种冬油菜豇豆高效种植模式》，《甘肃农业科技》2016 年第 7 期。
王治斌：《庆阳市油菜机械化收获现状及发展思路》，《推广天地》2014 年第 10 期。

G.43 甘肃省棉花科技发展研究报告

冯克云　王 宁　南宏宇*

摘　要： 本报告以“十二五”期间国际国内棉花产业、棉花科技发展现状与动态为背景，从甘肃省棉花产业布局与规模、育种、栽培、轻简化植棉等方面较为系统地回顾了“十二五”期间棉花产业发展与科技创新取得的成就，分析了目前甘肃棉花产业发展存在的主要问题，提出转变生产方式、发展轻简化植棉、加快棉花丰产高效品种创新培育、调整产业布局、发展特色优势棉花产业、改革耕作制度、发展棉粮（油）两熟连作等棉花科技创新发展思路。

关键词： 甘肃　棉花　产业　科技

棉花是我国仅次于粮食的重要农作物，也是关系国计民生的重要战略物资。全国有23个省、市、自治区生产棉花；长期以来棉花产业在整个国民经济中占有举足轻重的地位，是我国广大棉农经济收入的重要来源。“十二五”期间，随着国内外棉花市场对棉花产业结构的影响，棉花价格持续降低，但生产成本却不断提高，棉花种植比较效益低下，棉农积极性受挫，棉花种植面积逐步减小，制约棉花产业稳定发展。

甘肃河西走廊棉区是我国西北内陆棉区的重要组成部分。该地区昼夜温差大，光热充足，属于我国优质棉花生产区，主要分布在敦煌、瓜州、金塔、玉门及民勤等地。国内棉花产业带的“西进与北移”，为甘肃河西走廊棉花产业发展创造了机遇。在棉花产业发展的转型期，创新育种技术手段，改进传统的栽培模

* 冯克云，甘肃省农业科学院作物研究所副研究员，长期从事棉花遗传改良、新品种选育及示范推广工作；王宁，硕士，甘肃省农业科学院作物研究所研究实习员，从事棉花遗传育种研究；南宏宇，甘肃省农业科学院作物研究所副研究员，长期从事棉花抗病育种、新品种选育及示范推广工作。

式，发展新型的轻简化栽培技术，提升棉花产业发展潜力，已成为甘肃河西走廊棉区棉花产业发展亟须解决的问题。

一 棉花科技发展动态

（一）国内外棉花产业发展现状

20 世纪 80 年代中期以后，中国不仅成为世界上最大的棉花生产国，而且其消费量也居世界第一；在 21 世纪以后，中国又成为世界最大的棉花贸易进口国，中国的棉花贸易在世界棉花市场中占据举足轻重的地位。据国家统计局最新统计数据，2015 年我国棉花产量为 560.5 万吨，消费量为 750 万吨，进口量为 125 万吨。2016 年全球棉花消费量预计为 2171 万吨，中国棉花产业的发展对世界棉花市场格局有着重要的影响，同时，世界棉花市场格局的变化也会对中国棉花产业产生一定影响。

1. 国外棉花产业发展状况

棉花是全球的主要经济作物和纺织工业原料，种植地带分布于北纬 47°至南纬 32°之间，主要集中在北纬 38°至南纬 20°之间，收获面积占全球大田作物收获面积的 5%。全球有 80 个国家种植棉花，主要集中在亚洲和北美洲，占全球棉花总产的 80% 以上。其中，中国、美国、印度、巴基斯坦是世界上最大的四个棉花生产国，其棉花产量之和约占世界棉花总产量的 70%。中国、印度和巴基斯坦三个国家同时又是棉花消费大国，棉花消费量占世界棉花消费量的 60% 以上。目前，全球植棉面积在波动中保持相对稳定，据国际棉花咨询委员会网站数据，2014 年，全球植棉面积为 3350 万公顷，产量为 2620 万吨。2015 年全球植棉面积 3120 万公顷，较 2014 年下降 9%，产量为 2390 万吨。“十二五”期间，全球棉花产量为 2300 万～2800 万吨，年均产量大约为 2600 万吨，与“十一五”相比，年均产量相比增长了 5.3%。

据美国农业部数据，“十二五”期间，全球棉花消费保持基本稳定，消费量在 2200 万～2500 万吨之间，年均消费约 2400 万吨，与“十一五”期间年均消费量相比下降了 7.5%。近十年，无论是棉花生产量还是消费量，中国均居世界第一。

2. 我国棉花产业发展现状

棉花是我国重要的经济作物，作为世界最大的棉花生产国，我国棉花种植面积、单产和总产量均居世界首位。同时我国又是最大的棉花消费国，还需要从国外进口30%左右的棉花以满足国内需求。因此，我国棉花产业的健康稳定发展，对于纺织产业的发展、农村劳动力就业以及农民增收具有重要意义。

按照棉花种植区域划分，我国棉花产区主要分为黄河流域、长江流域和西北内陆三大产区。近年来，我国常年棉花种植面积大约为500万公顷，占世界种植面积的15%左右；每公顷平均产量为1200千克，高于世界平均产量50%左右，其总产量约占世界总产量的25%。

目前，我国有5000多家棉花加工企业、1000多家流通企业、上万家纺织企业，棉花产业不仅为棉农提供直接经济来源，而且还为从事棉纺相关人员提供大量的就业岗位。由于近年国际棉花市场的波动和国内调控政策的改变，我国棉花产业受到较大的影响，种植面积持续下降，棉农积极性受挫。全球棉花供过于求的格局短期内难以改变，与国外棉花产业及整个市场相比，我国棉花产量较低，品质不优，机械化程度低、棉农植棉效益低下，棉花产业的持续健康发展受到较大的挑战。

（二）国内外棉花科技发展动态

1. 国外棉花科技发展动态

国外棉花育种者除了选育出产量高、品质好、抗病虫的品种外，还要利用棉籽作为饲料和蛋白质食物的来源，因此，选育无棉毒素的棉花品种，是国外育种目标的一个重点。棉花育种方法从系统选育、品种间杂交逐步转向种间杂交为主的综合育种，同时利用生物技术、物理诱变和化学诱变来增加育种材料的遗传多样性。

（1）广泛收集、整合、利用棉花品种资源。国外对棉花品质资源一直较为重视，育种家致力于世界各地栽培品种及野生种的广泛收集，并进行形态及遗传规律的研究，丰富的遗传资源是亲本选择的材料基础。

（2）注重种质资源的收集与挖掘、分子设计育种和转基因等生物技术研究与运用。尤其是转基因技术应用将使棉花产量、品质和抗性得以同步提升，所以国外育种者十分注重转基因技术开发和应用。目前，育种水平主要体现在分子设计育种、转基因育种、杂种优势利用及分子标记辅助育种。

（3）着重改进棉花纤维品质。为筛选获得高纤维品质的棉花品种，育种家从早期阶段即进行严格的纤维品质测定，确定优异的亲本性状，从而避免育种工作的盲目性，同时广泛研究棉纤维在发育过程中的形态结构及其变异性，以及环境因素对纤维品质的影响等。

（4）生物技术育种。目前，生物技术育种主要集中在目的基因的克隆、转基因技术的创新、分子标记辅助育种以及利用棉花基因组测序结果进行的功能基因组分析。

（5）数字农业。国外已经建立数字化农业系统，综合先进的遥感技术（Rs）、全球定位系统（GPS）、地理信息系统（GIS），能够对棉花生长的整个生育时期各项生长指标进行监测预报，实现整地、播种、施肥、灌溉及化学防控等一系列的数据分析，为精确农业的发展奠定了基础，同时还在开发更为先进实用的数据整合系统。

2. 我国棉花科技发展动态

新中国成立以来，我国棉花科技工作取得较大的突破。棉花育种方面，从初期的广泛引种到选育出大量的陆地棉优良品种，为棉花单产的提升奠定了坚实的基础；并且改一年一熟为一年两熟及多熟的栽培模式，成为长江和黄河流域的主要耕作方式。地膜覆盖、“矮密早”、育苗移栽等栽培模式，化学调控、节水灌溉以及病虫害防治技术都取得了较大的发展，为我国棉花产业的发展做出重要贡献。

（1）优异种质资源材料创新成绩斐然。随着分子生物学技术的迅猛发展，棉花育种技术取得很大的进步；通过自然突变、化学诱变、辐射以及转基因等分子生物学手段，进一步确定了目标性状突出、遗传性状稳定的一系列抗黄萎病、优质、有色纤维等优异种质资源，为进一步挖掘（克隆）利用棉花内源优异基因奠定了坚实的基础。

（2）育成一批高产、优质、抗虫的棉花新品种，棉花产量、品质、抗逆性得到明显提高。2011～2015 年，我国通过国家和省级审定的棉花品种共有 391 个，白色陆地棉品种 345 个，海岛棉品种 12 个，彩色陆地棉品种 12 个。“十一五”期间审定品种 603 个，其中海岛棉 13 个，彩色棉 21 个，白色陆地棉 569 个。

（3）获得一批具有自主知识产权的棉花目的基因，转基因技术不断得到创新，并且逐步成熟。我国拥有一批具有自主知识产权的棉花抗病虫和品质改良基因，成功建立了花粉管通道法、农杆菌介导法、基因枪轰击法等外源基因转化的技术体系，建立了以 PCR 为基础的 RAPD、ALFP、SSR 等棉花大规模分子标记技术体系，为分子标记辅助育种体系奠定了基础。

（4）棉花科技创新体系初步形成。“十二五”期间，随着国家相关重点实验室的建立，棉花科技创新体系初步形成。我国在棉花抗病虫、高产和品质育种、亲本创新及生物技术应用等方面取得显著进展，产量潜力进一步提高。常规育种在品种选育中仍然占主导地位，基于基因组学的基因资源发掘、抗病虫及纤维品质分子育种研究与应用进展迅速，为棉花生产持续发展提供了强有力的技术支撑；形成了覆盖全国主要棉区的棉花育种创新体系，且通过转基因技术与常规技术的有机结合，培育出一系列转基因抗虫棉品种，这些品种的选育和大面积推广，为国产抗虫棉的发展起到很大推进作用。

（5）杂交棉选育取得新的突破。随着抗虫杂交种中棉所 29 的问世及高效人工杂交制种体系的建立，人工杂交制种的规模化、集约化得以实现。我国的杂交棉生产利用方式发生了本质的转变，培育了数十个强优杂交种，在生产上有较大规模的种植。

（6）棉花品种高效保障配套技术成绩显著。棉花高效栽培技术、病虫害综合防治技术是棉花品种高产高效应用的重要保障，通过栽培技术的不断改进，育苗、移栽、施肥及重要棉田病虫害防治技术得到较大的突破，建立了特定品种、区域耕作条件下的配套栽培技术，建立了不同耕作制度条件下的病虫害可持续控制技术体系，提出了转基因抗虫棉主要病虫综合防治技术规程，为我国转基因抗虫棉大面积推广种植奠定了坚实的理论与实践基础。

二　甘肃棉花科技发展现状与问题

（一）甘肃省棉花产业概况

1. 产业布局

甘肃省棉花种植区域主要集中在河西走廊地区，该棉区海拔在 1000～1400m 之间，北纬 38°～39°，东经 90°～104°，无霜期 140～160 天，属于我国西北内陆棉区的组成部分，是甘肃棉花主产区，包括甘肃省武威、张掖、酒泉 3 个地区的 7 个植棉市（县），常年种植面积约 6.67 万公顷，单产皮棉 1950 千克/公顷，单产历年居全国前列；由于棉区光热资源充足，降水稀少，昼夜温差大，非常适宜种植棉花，生产的棉花纤维品质好，色泽纯白。

2. 产业规模

河西走廊是甘肃省棉花主产区。20 世纪 80 年代以来，随着国家棉花政策的调整及科技投入增加，棉花产业得到较快的发展，逐步成为棉区农村经济发展的源动力和农民经济收入的主要来源。“十一五”期间，棉花面积为4.89万~7.38万公顷，皮棉总产量8.53万~12.09万吨，其中2007年，棉花面积高达7.87万公顷；“十二五”期间，受国际棉市、国家棉花政策、植棉比较效益等多种因素影响，棉花面积一路走低，2015年甘肃棉花面积降低至2.57万公顷，达到21世纪棉花种植面积的新低。

表1 “十二五”期间甘肃省棉花面积与产量

年份	面积(万公顷)	产量(万吨)	单产(千克/公顷)	单产全国排名
2011	4.79	7.59	1585.0	6
2012	4.82	8.10	1682.0	6
2013	4.07	7.05	1732.0	2
2014	3.80	6.44	1692.0	3
2015	2.57	4.40	1716.0	2

资料来源：中国农村统计年鉴。

（二）甘肃省“十二五”期间科技发展成效

1. “十二五”期间棉花科技发展总述

（1）棉花新品种更新换代，产量、品质和抗性均得到较大的提升。“十二五”期间，甘肃省棉花新品种选育的主要目标在以前抗病、早熟的基础上，注重纤维品质改良和株型育种研究，以适应国际棉花竞争态势和棉花轻简化栽培；全省通过省级审定的棉花新品种有8个，代表品种有甘肃省农科院作物所育成的高抗枯萎病、抗黄萎病、早熟品种陇棉3号和酒泉农科院育成的酒棉17号、酒棉18号，上述品种株型紧凑，适宜机械化种植和采摘。

（2）彩色棉产量、品质改善明显。甘肃省从1994年以来一直开展彩色棉新品种研发工作，1996年选育出国内第一个绿色棉新品种“陇绿棉1号”后，又陆续选育了“陇绿棉2号”、“陇绿棉3号”和棕色棉新品种“陇棕棉1号”，育成的彩色棉品种在甘肃省敦煌和新疆棉区大面积推广种植，对提高当地棉农的经济收入起到积极作用；经过20多年的研究，绿色棉籽棉产量已达到或超过普通白棉水平，棕色棉籽皮棉产量和品质都已接近常规白棉水平。“十二五”期间，针对彩色棉品种色泽浅、马克隆值低、长度和强度不足等问题，甘肃农科院作物所通过育种技术不断创新，育成彩色棉品种陇绿棉4号和陇棕棉3号，基本解决了纤维长度不足、产量低、色泽浅的主要问题，其中陇绿绵 4 号产量达到普通白棉水平，纤维长度较对照提高 2mm，衣分增加 5.3 个百分点；陇棕棉 3 号色泽深，纤维长度达到 28.8mm，产量较对照增产 17%。

（3）棉花生产布局进一步优化，集中程度大幅度提高。随着全国棉花主产区向西部特别是新疆转移，河西棉区作为西北内陆棉区的重要组成部分，区位优势明显。目前，河西走廊棉区棉花种植面积占到全省面积的 90% 以上。2001 ~ 2009 年，敦煌、瓜州、金塔、玉门 4 个植棉县（市）的棉花面积之和占河西走廊棉区棉花面积的 68.67% ~86.25%，占甘肃省棉花面积的 63.22% ~79.79%，上述 4 个植棉县（市）总产量之和占河西棉区棉花产量的 70.83% ~85.74%，占甘肃省棉花产量的 66.23% ~81.13%。

（4）实施棉花高产创建，推动棉花产业提质增效。通过 2009 ~2015 年敦煌、瓜州、金塔、玉门、民勤 5 个植棉县（市）实施的棉花高产创建活动，甘肃累计建成 14 个 666.7 公顷高产创建示范区，完成示范区面积 11177.0 公顷，平均皮棉单产 2337.0 千克/公顷，较非示范区增加 724.8 千克/公顷，增产 44.4%。14 个 666.7 公顷棉花示范区累计新增皮棉总产 7879.85 吨，累计新增经济效益 1.7578 亿元，经济效益十分显著。

（5）转变生产方式，向轻简化植棉方向发展。“十二五”期间，甘肃省改变传统的生产经营方式和栽培管理技术，通过棉花轻简化栽培试验集成研究，向棉花生产的轻便简捷和节本增效迈进。通过棉花精量播种技术研究，实现了甘肃河西走廊棉区高密度模式下棉花的免间、定苗环节，节省种子和人工。通过选育紧凑株型品种，实现了棉花免整枝环节，降低生产成本；集成研究了封闭除草、化学打顶、精准化控、化学催熟、落叶剂利用等栽培技术，并实现了多道程序的联合机械化作业；开展了机采棉试验示范、棉田生物降解膜、棉田滴灌、配方施肥、水肥一体化等轻简化管理技术、棉田高效间作套种技术的集成、示范与推广，初步迈开了从传统费工费力的植棉技术向现代化、集约化、轻简化方向发展的步伐，取得了初步的成效。

2. 主要棉花品种和栽培方式分论

（1）育种科技发展

①育成了一批丰产、稳产、抗病、优质的棉花新品种。“十二五”期间，甘肃省育成省级审定的棉花新品种 8 个，其中白棉品种 6 个，彩色棉品种 2 个；选育方法主要是通过系统选育和杂交选育，上述品种的育种目标由单一的提高产量，发展到提高抗病性、早熟性和丰产性，农艺性状适于机采机收，实现了产

量、品质和抗性的同步提升，为甘肃省棉花产业的发展提供了强有力的技术支撑。

②创制了一批特异的棉花种质资源。随着甘肃省棉花科研团队建设工作的推进和引种工作的广泛开展及育种方法的进一步创新，甘肃省棉花育种水平取得很大的提高，收集保存棉花资源材料近2000份；在棉花种质创新研究方面，重点开展了棉花种质的航天搭载、化学诱变、远缘杂交、回交转育、聚合杂交、生化育种、转基因育种等新种质创制工作，并对资源材料及新品系开展了抗旱耐盐性和抗病性鉴定、评价与筛选，进一步确定了目标性状突出、遗传性状稳定的一系列抗旱、抗枯黄萎病、优质、有色纤维等优异种质资源，为进一步挖掘（克隆）利用棉花内源优异基因奠定了坚实的基础。

③棉花杂交优势利用研究取得新进展。随着我国抗虫杂交棉的问世及高效人工杂交制种体系的建立，"十二五"期间，甘肃省农科院利用棉花远缘杂交技术创制棉花细胞质雄性不育系，并筛选出了恢复率高、制种产量高的恢复系恢12，实现了棉花杂交种的三系配套；通过杂交转育，选育出综合性状优良、败育彻底的核雄性不育系，并筛选出适宜生产推广应用的抗病、优质、高产棉花杂交组合，产量较常规棉增产14%，实现了人工杂交制种的规模化生产和杂交种示范推广，同时积累了一批不育系材料。

④棉花生物技术研究为棉花育种方法创新提供了新的理论依据。在棉花生物学国家重点实验平台与开放课题的支撑下，甘肃省农科院通过与兰州大学草业学院合作，以霸王液泡膜 Na^+/H^+ 逆向转运蛋白基因 *ZxNHX* 为目的基因，以优质陆地棉为受体材料，采用农杆菌转化法进行转基因研究，以提高棉花的抗旱耐盐性，通过转基因后代不同生育期抗逆性评价、检测液泡膜 Na^+/H^+ 逆向转运活性和质子泵水解活性，为转化荒漠植物例子区域化功能基因、改良棉花品种抗逆性提供了理论与实践依据。

⑤棉花轻简化育种技术体系基本形成。选育适简化品种是轻简化栽培的核心，机械化采摘是轻简化栽培的重要组成部分，为满足轻简化栽培的品种要求，通过前期广泛配置组合和定向筛选，获得了一大批早熟性好、株型紧凑、抗倒伏、吐絮集中的棉花材料，这些基础材料的获得为后续机采棉特定品种的选育奠定了一定的基础；轻简化育种体系基本形成。近两年在河西走廊地区开展了小范围机械化收获观摩，取得良好的试验示范效果。

（2）棉花栽培科技

"十二五"期间，甘肃的棉花栽培在传统矮、密、早、膜的栽培基础上，结合甘肃省棉花产区气候特点和栽培条件，为适应轻简化栽培，从种子包衣、精量播种、封闭除草、减免整枝、化学打顶、化学催熟及机械化采摘等方面做了深入的研究，为轻简化植棉提供理论依据。

①种子包衣和精量播种。选用优质种子，达到种子质量标准，播种前进行种子包衣，保证每一粒种子能够正常出苗；精细整地，合理配置株行距，机械播种，每穴保证下子1～2粒，出苗后不疏苗、不间苗、不定苗，保留所有成苗的大田棉花播种技术。

②封闭除草。甘肃河西走廊棉区降雨稀少，封闭施药后种子不易被除草剂淋融，有利于封闭除草，封闭除草改常规棉田喷雾为铺膜播种前喷施除草剂，即播种期防治草害，杂草处于萌发期，用药安全，防草效果好。

③减免整枝。整枝（去叶枝）是棉花常规田间管理技术之一，在河西走廊棉区俗称“脱裤腿”，整枝可控制棉花生长，调节养分分配，减少养分消耗，具有保蕾、保花、减少棉铃脱落的作用，通过新品种与栽培管理配套措施，减免整枝环节，是实现轻简化栽培、提高植棉效益的有效途径。在河西走廊棉区早熟紧凑型品种配合高密度种植（27万株/公顷），适期化控，可以减免整枝环节，减少用工投入，满足机采棉技术发展的需要。

④膜下滴灌节水灌溉技术。甘肃省棉花种植模式为“矮、密、早、膜”，近年来发展膜下滴灌技术，根据棉花需肥、需水特征，实现了人为控制和调节灌水与施肥量。膜下滴灌有利于控制灌水量，节约水资源，按需施肥，减少化肥浪费，是一种节水节肥的重要措施。

⑤化学打顶。打顶是棉花栽培过程中的关键环节，是解决植棉全程机械化的重要环节，传统打顶是用人工去除主茎生长点，费时费工且劳动效率低下，化学打顶利用植物生长调节剂抑制棉花顶尖的生长，限制了其无限生长，从而达到类似人工打顶的目的。

⑥化学催熟和脱叶剂利用。化学催熟是利用喷施化学催熟剂，促进棉铃提前吐絮，是棉花轻简化栽培的一项重要栽培技术，一方面，甘肃河西走廊棉区无霜期短，霜前花率较低，棉花喷施化学催熟剂，可加速棉花吐絮，提高霜前花率；另一方面，脱叶后可减少机械采收籽棉中的碎叶杂质，脱叶催熟后，棉花吐絮集中，提高机械采摘的功效。

（3）棉花生产机械化

甘肃河西走廊棉区已实现整地、播种、覆膜、施肥、喷药的机械化作业，但没有实现大规模机械化采摘。“十二五”期间，甘肃河西走廊棉区已引进美国采棉技术，分别在棉花种植连片区、农场、合作社开始应用，采摘效果较好，经济效益非常明显。但在棉花机械化采摘过程中也遇到很多问题：适简化品种缺乏、化学催熟技术不成熟、棉田集中程度不高、棉田地势与采棉机不配套等，限制棉花生产的规模化、机械化、集约化，需要进一步解决与完善。

（三）甘肃省棉花科技发展中的主要问题

1. 棉花产量提高，品质有待进一步改善

甘肃省棉花集中在河西走廊，丰富的光热资源有利于棉花生长，棉花产量一直处于我国领先地位，但棉花纤维品质处于中等水平，与优质棉标准还存在一定差距，受优质资源和育种技术限制，育成品种纤维内在品质相对较差，突破性品种少，处于3级水平的占很大比例；平均长度在28mm左右，229级及以上的品种少。另外，纤维长度和强度低，也不利于棉花机械化采摘。

2. 连作棉田面积增加，棉花病虫害加重

随着棉花种植区域的进一步集中，甘肃省棉花种植区向沙漠边缘、盐碱化地区转移，连作棉田面积大幅度上升，棉花病虫害日益加重，防治成本增加，植棉成本加大。

3. 棉花生物技术应用滞后

尽管甘肃省育成一系列棉花新品种，棉花产量、品质、抗逆性都得到提高，但在棉花生物技术应用方面还存在着不足。虽在分子标记辅助育种、生化育种、转基因新材料创新、棉花遗传转化等方面开展了探索性研究，但创造优良外源基因能力弱，优异转基因棉花新材料创造有限。

4. 甘肃省当前植棉最大问题是费工费力，影响棉农植棉积极性。因此，首要问题是规模化种植，只有规模化，才能实现机械化，以提高劳动生产效率。近年来，由于棉花价格受国内外市场的影响，棉花生产大幅下滑。因此甘肃省只能朝着降低成本、提高单位面积产量，提高综合效益方面发展，尽快发展集约化、轻简化的配套高产优质栽培体系。

三　甘肃棉花科技创新发展思路、目标及重点

（一）基本思路与发展目标

重点围绕影响棉花产量、品质和产业效益的耕作方法、肥料施用、水分管

理、栽培调控、植物保护，强化技术集成，形成适用于甘肃河西走廊棉区的现代棉花生产技术体系，显著提高棉花单产和种植效益。大力推进棉花生产规模化，提高农业机械化水平，减少用工量，达到新疆棉区当前棉田用工不足15人/公顷的生产水平。

发展目标：大幅度提高创新能力，以市场需求为导向，以增加农民收入为目的，以提高产量与品质为目标，以科技创新为驱动力，以优化产业区域布局、深加工为重点，通过进一步确立优势棉区，调整棉花产业结构，全面提高棉花产量与品质，并建立收购、加工企业、农户合作组织一体化的产、加、销经营模式，提高当地棉花产业的市场竞争力，从而提高棉农植棉效益。

（二）发展重点与主要方向

1. 转变生产方式，发展轻简化植棉

改革传统的生产经营方式和栽培管理技术，通过完善和推广棉花轻简化种植、缓控释肥、病虫害防治等技术，实现棉花的轻简化生产和节本增效。轻简化植棉主要内容有精量播种、简化施肥、机栽和机采植棉。新疆棉区不仅实现了机械化精量播种，还实现了播种、施肥、喷除草剂、铺设滴管和地膜等多道程序的联合作业。甘肃河西走廊棉区虽然在播种、喷药、施肥等环节实现了机械化，但与新疆机械化水平差距较大，与轻简化植棉目标距离较远，因此，需要大力研究并推广轻简化植棉技术，速效肥与缓控释肥配合施用是棉花生产与简化管理的新方向，一次施肥是今后棉花施肥的发展方向，必须加强成本低、效果好的缓控释肥的研制，制定与之配套的施肥技术。

2. 加快棉花丰产高效品种创新培育

高产、优质、多抗品种的培育依然是甘肃省品种创新的主要方向，另外还需创新“双30”及适应机械化种植的新品种，以提高农业生产效率，增强棉花产业竞争力。

首先，早熟、特早熟新品种的培育不仅是缩短生育期，提倡轻简化栽培的需要，还是“油菜/棉花”、“大豆/棉花”间作套作，提高复种指数、解决粮棉争地矛盾的要求之一，今后急需生育期在100天左右的特早熟棉品种。其次，由于甘肃河西地区瓜州、敦煌等产棉县盐碱地分布广，需培育抗旱耐盐碱新品种，同时，机采棉新品种培育是今后品种选育的重点方向之一，机采棉选育要求株型相对紧凑，第一果枝节位高，品质优良，吐絮集中，主要指标有：农艺性状适合机采，绒长要相对手采棉品种延长1～2mm，强度提高1～2Cn/tex，纤维的整齐度

要好。

3. 调整产业布局，发展特色优势棉花产业

甘肃省农科院作物研究所在近 10 年相继育成绿色棉“陇绿棉 2 号”、“陇绿棉 3 号”、“陇绿棉 4 号”，棕色棉“陇棕棉 2 号”、“陇棕棉 3 号”等彩色棉品种，农户种植彩色棉的效益较白色棉高。但近年来随着彩色棉市场的不断萎缩，其发展受到一定的限制，并且产量较低，进入低谷期。甘肃省河西走廊棉区隔离条件好，发展彩色棉具有区域优势，同时开发天然彩色棉会减少化肥、农药的施用，加工过程中减少燃料等毒性化学物质的排放，具有显著的生态效益与社会效益，目前在提倡绿色、环保等理念大背景下，应积极发展彩色棉，同时，彩色棉加工企业与纺织企业拓宽合作渠道，理清产、加、收等产业链条，促进优势特色彩色棉健康发展。

4. 改革耕作制度，发展棉（油）粮两熟连作

发展棉（油）粮两熟连作，能够提高单位土地的复种指数，也是提高农民收益的一个重要措施。随着北方冬油菜北移，在甘肃河西植棉区推广冬油菜后茬移栽（直播）棉花高效种植模式与技术，在实现农田周年覆盖的同时，改传统的一年一熟为一年两熟/两年三熟，提高了复种指数，使油棉协同增产，生态效益与经济效益同步提高，较好地解决了棉油争地矛盾。但油菜后茬移栽棉花模式中，虽然移栽棉花后期长势与常规棉花相近，但移栽过程中气温高，田间蒸发量大，缓苗期较长且死苗率较高，生长发育后延，秋桃比例大，棉花产量及品质下降，如何促进油菜后茬移栽棉花移栽成苗率提升及保证优质高产成为当务之急。

目前，油菜后茬移栽棉花技术研究主要集中在品种选择、播期掌握、移栽密度、综合田间管理、光合特性及气象影响因素等方面，且主要应用于长江中下游地区，但还不能完全满足西北内陆高密度种植模式及轻简化栽培要求，因此，建立一种适合于北方地区，特别是西北内陆棉区冬油菜后茬移栽棉花新的栽培技术体系十分必要。

5. 紧跟科技前沿，发展棉花生物技术

当前，随着陆地棉（AD 基因组）全基因组测序的完成，棉花分子生物学发展得到较大的提速。甘肃省棉花基因组学研究较为落后，应加强与技术先进的同行单位进行交流学习；通过人才培养加速基因组研究成果在棉花种质资源遗传多样性、基因挖掘及功能基因研究方面的应用，并在全基因组水平上开发快捷的分子育种工具，实现基因组水平上的棉花分子设计育种，大力提高选择定向化和准确性。利用棉花全基因组序列，开发新的 SNP 及 SSR 分子标记，定位棉花重要

农艺性状基因QTL，对棉花从基因到整体不同层次进行分子设计和操作，向精确育种靠近，提高育种效率。另外，通过综合利用图位克隆、全基因组关联分析、转录组学、蛋白质组学等技术，实现从种质资源向基因资源的转变，解决甘肃棉花优异基因资源贫乏问题。目前，迫切需要挖掘大量抗黄萎病、抗旱及耐盐基因，结合棉花规模化转基因技术平台，将优异基因资源转入优良品种。

四 甘肃省棉花科技创新载体建设与保障措施

（一）加大棉花科技投入

1. 加大对棉花优良品种科研的支持力度

优良品种的选育、应用和推广是提高甘肃省棉花单产水平的重要途径。甘肃应当增加对棉花育种的科研资金投入，加大棉花品种、品质改良的科技攻关力度。科研部门还应当根据实际生产情况，制定不同类型的育种目标；采取常规技术和生物技术相结合的方法，全面改良棉花的遗传品质。

2. 加强病虫害防治工作的支持力度

棉花病虫害严重影响棉花的生产发展，加强对病虫害的防治工作，是降低生产成本、提高棉花产量及品质的有效措施。甘肃省应广泛应用转基因抗虫棉等优良品种，通过最环保、最安全的防控体系的建设，从而降低生产成本，增加植棉比较效益。

3. 加强高产创建实施力度

高产创建具有带动示范效果，是提高棉花产量、质量的重要举措，通过大规模示范片的建设，由重视产量提高转向产量质量并重，注重降低成本和增加效益，推进棉花高产创建工作的科学化、规范化及制度化，努力争取连片推进，增加示范点数，更大范围将优良品种及栽培技术在示范中体现出来，实现高效集约带动作用。

（二）加强棉田基础设施建设

1. 改善棉田质量，提高棉田地力

河西走廊棉区常年干旱少雨，且因为地膜等白色污染、化肥农药的不合理施用等因素，造成棉田质量下降。因此，相关部门应制定详细的农田监测机制，制定合理的棉田改进措施，保证和提高质量，开展土壤相关知识的宣传与培训，提

高农民爱田护田养田的意识与水平，保证和提高棉花产量和质量。

2. 开发盐碱地，挖掘最大生产潜力

棉花作为盐碱地的先锋作物，具有一定的耐盐、耐瘠薄的特点，广泛开发不适于粮食作物生长的盐碱地，是解决粮棉争地矛盾的重要举措，积极培育耐盐的棉花品种，并在政策中给予开发扶持，配套相应的节水灌溉设施，充分挖掘甘肃省棉花的面积潜力。

（三）加强棉花风险支持力度

1. 推进棉花生产保险

棉花生产与其他作物一样，都可能遭遇无法避免的自然灾害，一旦受灾，农民收入及植棉积极性会受到重大的影响，为更好地让农民有信心、有效益地植棉，甘肃省应出台相应政策，给予棉农政策性的农业保险措施，全面降低棉花生产的自然风险。

2. 加大对市场风险的应对力度

随着我国加入 WTO，棉花价格一直受国际市场价格的影响，进口价格近几年一直低于出口价格，加上库存压力，造成国内棉花价格一降再降，国内棉花产业受到一定的影响。棉农植棉效益低，积极性受到很大的影响。为更好地保证棉农收入，甘肃省应出台和完善棉花目标价格补贴政策，提高棉花生产竞争力和抗风险能力。

参考文献

喻树迅：《我国棉花生产现状与发展趋势》，《中国工程科学》2013 年第 4 期。

毛树春、谭砚文：《WTO 与中国棉花十年》，中国农业出版社，2013。

毛树春：《中国棉花景气报告》，中国农业出版社，2012。

刘毓湘：《当地全球棉业》，中国农业出版社，1995。

喻树迅、郭香墨、邢朝柱：《我国棉花现代育种技术应用与育种展望（上）》，《中国农业信息》，2008 年第 3 期。

喻树迅、王子胜：《中国棉花科技未来发展战略构想》，《沈阳农业大学学报（社会科学版）》2012 年第 1 期。

张杰、王力、赵新民：《我国棉花产业的困境与出路》，《农业经济问题》2014 年第 9 期。

宋福、庄生仁、赵贵宾、李虹：《加强高产集成技术应用，推动甘肃棉花产业提质增效》，《中国棉花》2012 年第 7 期。

G.44
甘肃省食用百合科技发展研究报告

林玉红*

摘　要：“十二五”时期甘肃省食用百合科技发展在兰州百合核心种质构建方法、栽培技术与养分累积规律研究、种球繁育方法与技术、贮藏保鲜加工、根部放线菌分离培养及消费群体分类等方面取得新的进展。今后要坚持老品种保护与新种质资源引进相结合，加快种质创新，培育食用百合特色优质品种；加强食用百合提质增效栽培技术研发推广，推动食用百合规模化、标准化、设施化和智能化种植，支撑食用百合产业化发展。

关键词：甘肃　食用百合　科技发展　产业化

一　食用百合科技发展动态

（一）国内外食用百合产业发展现状

百合是百合科（Liliaceae）百合属（Lilium L.）植物的统称（学名：Lilium），多年生草本球根植物，是在世界范围内集切花生产、盆栽、庭院绿化、药用保健和食用等功能于一体的经济价值较高的植物。主要分布在亚洲东部、欧洲、北美洲等北温带地区，全世界百合已发现有120个品种，产于中国的有55个种32个变种，其中可供食用的有10个种2个杂种。中国是百合属植物自然种质资源分布中心。

1. 国外百合产业发展现状

国外百合以鲜切花和种球为主，食用很少。从20世纪70年代起，荷兰百合

* 林玉红，甘肃省农业科学院生物技术研究所研究员，主要从事作物栽培与植物营养研究工作。

育种取得极大进展，由于种球从播种、收获到分级实现机械化，组培繁殖和贮藏技术过关，百合鳞茎可周年供应，荷兰百合种球70%以上用于出口，给荷兰花卉业带来了丰厚的利润，在世界花卉产业中形成霸主地位。肯尼亚是非洲的主要花卉生产国，每年向欧洲输送百合切花4929吨。韩国、日本百合切花生产面积分别为224公顷、430公顷；现在德国、墨西哥、以色列等国也在大力发展百合切花。而中国是百合鲜切花消费大国，据统计，2013年我国进口荷兰百合种球2.45亿粒，进口智利、新西兰种球0.37亿粒，创历史新高。

2. 国内食用百合产业发展现状

我国百合栽培历史悠久，始载于2000多年前的《神农本草经》，主要是食用和药用。食用尤以兰州百合最为著名。国内食用百合栽培面积较大的主要有龙牙百合、兰州百合、宜兴百合（卷丹百合）和川百合4种。栽培历史悠久的江苏宜兴、湖南邵阳、甘肃兰州、浙江湖州一直被认为是中国四大食用百合主产区，但近几年安徽霍山百合种植面积迅速发展，已成为国内食用百合新兴主产区。

2011年全国食用百合种植面积逾2.33万公顷，产量超过30万吨，总产值逾50亿元。2014年全国食用百合种植面积约3.39万公顷，产量超过35.9万吨，总产值逾60亿元。其中种植面积最大的是湖南百合1.15万公顷，甘肃兰州百合1.08万公顷，安徽霍山6666.67公顷。江苏、江西、浙江、山西等其他地区种植面积相对较小。以食用百合著称的兰州百合，2014年甘肃省种植面积约1.08万公顷。其中兰州市种植面积5693.33公顷，总产量4.28万吨，总产值5.67亿元；永靖县种植面积2733.33公顷，总产量1.5万吨，总产值1.77亿元；临洮县种植面积2400公顷，总产量达到1.3万吨，总产值1.53亿元，形成了百合区、百合镇，规模化生产、加工和包装格局。2010年“兰州百合”被甘肃省工商局认证为“甘肃省著名商标”，2013年兰州市获“中国百合之都”荣誉称号，2014年“兰州百合”获评“中国驰名商标”。目前兰州百合主产区已有29家企业获得“绿色食品”使用标志，15家企业获得无公害产地认证。百合产品，除内销外，还远销我国港澳台地区、欧美及东南亚等国家。据统计，2013年兰州百合出口量达300余吨，出口创汇600万美元以上。

湖南省宜兴百合（卷丹百合）和龙牙百合（野百合）均有种植。2012年种植面积约2.3万公顷，总产量达3000万吨。隆回县主栽龙牙百合，在全国各地建有百合种子基地10个，商品基地82个，年产龙牙百合干1万吨，产值3亿元，是该县的主要出口创汇农产品。隆回县宝庆龙牙百合获国家地理标志商标和绿色食品认证，2001年荣获湖南省第二届名优特新农副产品博览会金奖，畅销于我国广东、福建、港澳地区以及东南亚和日本等市场，享有很高的声誉。2013年龙山县全县百合种植面积达到5000公顷，年产量超过7.5万吨，产值达到12亿元。2011年龙山百合获成都农博会金奖，2014年龙山百合基地被国家农业部绿色食品管理办公室、中国绿色食品发展中心批准为全国绿色食品原料标准化生产基地。湖南湘西东安县百合种植面积9800公顷，鲜百合总产量9.9万吨。

安徽霍山（主栽卷丹百合），2014年种植面积6666.67公顷，年总产量10万吨，总产值近10亿元。产品远销南京、上海等大城市。霍山百合的代表——漫水河百合，被国家质检总局认定为中国地理标志保护产品、国家农业部认定为绿色食品，也是2010年上海世博会指定农产品。2015年2月1日，霍山百合在天津渤海商品交易所挂牌上市。

浙江遂昌县、景宁县（主栽卷丹百合），2013年种植面积600公顷，年产量达0.9万吨，年产值近1.2亿元。重点引进了先进的农业设施和农机具，推广使用植物源农药，制定了食用百合的地方生产标准和产业发展规划，申报了品牌，举办了食用百合节，进行了园区标准化厂房、冷库、大棚、排灌设施和园区道路等基础设施的建设。山西平陆百合（野百合）2014年种植面积66.67公顷，被海外华人称为“中条参”，曾荣获国家、省农博会、农展会金奖，中条山百合荣获“中国名优产品”、“无公害产品”、“有机产品”认证，产品已畅销北京、上海、广州等大中城市和国外市场。江西万载百合（主栽龙牙百合），年种植面积稳定在1333公顷左右，总产量2.9万吨，产值5.2亿元。万载百合素有“百合故里”美誉，2006年万载百合种植区被国家标准委列为“国家农业标准化示范区”。万载百合加工企业有11家，其中省级龙头企业2个。百合产品有百合粉、百合面、百合糕、百合凉茶等8大系列。“龙牙百合”被认定为“江西省著名商标”，龙牙公司、千年公司的百合产品均获得“绿色食品”认证。龙牙百合产品享誉国内外，市场前景广阔。江苏宜兴百合（卷丹百合），2011年种植面积66.7公顷，平均666.7平方米产量1000千克、效益2万元，年产值达到3400万元以上，生产效益达到2000万元以上。

（二）国内外食用百合科技发展动态

1. 国外百合科技发展动态

国际上百合鲜切花研究热点有以下五个方面：一是花色育种；二是抗病育种，即培育抗病、抗虫、抗病毒及线虫等的百合新品种；三是提高传统杂种的耐储运性，如培育直立花型减少储运损耗；四是培育新奇特性状百合品种，如重瓣、花粉少及斑点育种等；五是培育特定生理习性如耐低温、高温、盐碱、弱光等非生物胁迫的百合新品种。

2. 国内百合科技发展动态

我国虽然是百合属植物的分布中心，但对百合的研究较晚。20 世纪 80 年代末，科研工作者加强对我国野生百合种质资源的调查、搜集、保存、评价、创新研究。他们从生物学、生理学、繁殖学，植物形态学、细胞遗传学、组培脱毒技术，分子育种、杂种鉴定、基因克隆、外源基因转化方法、再生体系建立及转基因应用等开展研究。“十二五”期间，科研工作者重点对陕西、甘肃、湖北、重庆、四川及云南等中西部地区的野生百合种质资源进行调查、搜集、保存、评价与创新，对食用百合核心种质库构建及方法、致病菌生物抑菌物质筛选鉴定、抗逆性、病毒脱毒与检测方法、百合营养成分及活性物质、百合贮藏保鲜加工；百合种球繁育方法与技术、栽培生理和施肥技术及种植模式、百合种植区域生态分析、商品百合分级检测技术及消费者的行为划分等方面开展研究，取得了一定成效，在栽培研究方面进展较好。但是在濒危物种的保护、杂交不育等基础理论研究及分子育种研究上还比较薄弱。目前百合品质下降严重，提纯复壮亟待解决；百合加工产品单一，功能组分、结构研究缺乏，导致功能产品开发不足，精深加工尚需进一步加强。

二 甘肃省食用百合科技发展现状与问题

（一）甘肃省食用百合产业概况

甘肃省食用百合主栽品种是兰州百合，是中国唯一的食用甜百合。兰州百合在兰州种植已有 400 多年的历史，是甘肃省名优特农产品之一，其独特的品质，在全国具有明显的竞争优势。多年来，主产区各级部门狠抓兰州百合产业发展，打造品牌做强产业，初步形成了良好的发展格局，百合产业成为农民脱贫致富的支柱产业，实现了农民收入的稳定增长。

1. 适度规模种植，确立支柱产业地位

兰州百合主要种植区涉及兰州市七里河区西果园镇、黄峪乡、魏岭乡、阿干镇，西固区金沟乡、柳泉乡，榆中县马坡乡、新营乡、和平镇、园子乡、上花岔乡，永靖县关山乡、徐顶乡、陈井乡，临洮县中铺镇、太石镇、辛店镇等。近年来，兰州百合种植面积逐年扩大，2014 年底种植面积达到 1.08 万公顷，总产量

8.09 万吨。其中兰州市 5693.33 公顷，总产量 4.28 万吨；永靖县 2733.33 公顷，总产量 1.5 万吨；临洮县 2400 公顷，总产量 1.3 万吨。

2. 推行原产地保护与标准化种植，保障产品质量安全

兰州百合生长于气候冷凉的高寒二阴山区，海拔较高，植被覆盖较好，环境无污染，生产过程中病虫害少。多年来，省市县推行原产地保护种植和标准化种植技术，着力打造绿色食品，兰州市已建成标准化种植示范区 2580 公顷、示范乡镇 4 个，认证无公害面积 2580 公顷；同时，获得了“绿色食品”使用标志，认证企业达到 29 家，认证产品达到 32 个，使兰州百合具备较高的质量安全水平。

3. 开发加工特色产品，形成以初加工为主的商品格局

甘肃省兰州市着力扶持兰州百合企业开发加工产品，开发了真空包装鲜百合、无硫百合干、百合粉、百合酥、百合花、百合花蕾等十多个产品，90% 以上的百合初级加工成真空包装鲜百合和无硫百合干销往国内外市场。全省从事百合加工的企业有百余家，其中市级以上龙头企业 10 家，百合保鲜库储藏能力约 2 万吨。

4. 开展宣传推介，提高兰州百合品牌知名度

多年来，兰州市着力打造兰州百合名优特精品和知名品牌，突出兰州百合地域特色和原产地保护，在全国强力宣传推介，扩大知名度和影响力，树立起了兰州百合的品牌形象。2001 年兰州百合获得国家工商总局商标局颁发的证明商标，获“甘肃名品”称号；2010 年认证为甘肃省著名商标；2013 年获“中国驰名商标”，七里河区获得“中国百合之都”荣誉称号；2014 年入选“全国百家农产品品牌”称号。

5. 开拓外销市场，提高市场占有率

兰州市积极组织百合加工销售企业开拓外销市场，在北京、上海、广州等国内大中城市，建立了联营或销售代理业务，销售网络已遍布东北、华北和东南沿海地区，而且远销我国香港、澳门、台湾地区，以及日本、韩国、美国、法国及东南亚等国家，拥有较高的百合市场占有率。2014 年兰州百合出口量达到 468 吨，出口创汇超过 608.9 万美元。

6. 组建产业化组织，初步形成产业化发展格局

兰州市以市场为导向，按照“布局合理化、生产基地化、经营一体化、管理规范化、产品名牌化、品质无害化”的发展思路，推进兰州百合产业化发展，积极建立“公司 + 基地 + 协会 + 农户”的运营机制，不断开拓市场，把一家一

户的分散生产与国内外的大市场连接起来。目前，百合产业拥有农民专业合作社约 110 个，其中部级示范社 2 个、市级示范社 1 个。

（二）“十二五”期间甘肃省食用百合科技发展成效

1. “十二五”期间食用百合科技发展总述

甘肃省主栽兰州百合，为此，食用百合科技发展也紧紧围绕兰州百合展开。李谋强等利用 ISSR 软件分析获得的数据开展了兰州百合核心种质构建方法研究。徐学军等在兰州百合种植区进行覆膜、秸秆 + 地膜覆盖、不覆膜等栽培模式试验，结果为 0 ~ 20 厘米土壤温湿度和产量均表现为覆膜（盖）高于传统不覆膜（盖）栽培方式。于百合现蕾前期、现蕾期、开花期进行高钾营养素、FA 旱地龙、花多多、磷酸二氢钾叶面喷施，发现 4 种叶面肥均可促进兰州百合生长发育，推迟枯萎期，显著提高单产。黄鹏等研究了根外施肥对兰州百合植株生长特性及鳞茎产量的影响，发现叶面喷施磷酸二氢钾 + 尿素喷施 3 次效果最佳。硝酸稀土具有降低兰州百合植株高度、增大茎秆粗度和单叶面积、提高鳞茎产量的作用，其中以浸种和叶面喷施相结合的处理效果最为明显。林玉红研究认为一年生、二年生和三年生兰州百合产量平均年增产幅度以二年生年增产幅度最大，其次为三年生。施钾条件下兰州百合总糖和粗淀粉含量比不施钾对照产品平均提高 4.1 个和 9.3 个百分点。水溶性糖、粗纤维和粗蛋白含量比不施钾对照产品平均下降 7.9 个、7.5 个和 8.5 个百分点。兰州百合总糖和粗淀粉含量均与施钾量呈显著正相关。粗纤维含量与施钾量呈显著负相关，粗蛋白含量与施钾量呈极显著负相关。林玉红等研究发现兰州百合总糖、粗淀粉和水溶性糖均随施氮量的增加而下降，粗纤维和粗蛋白含量随着施氮量的增加呈先高后降再升高的变化趋势。认为化肥种类对兰州百合产量的影响大小顺序为钾肥 > 氮肥 > 磷肥。兰州百合为喜钾作物。建议兰州百合基肥的施氮量应在 75 ~ 150 千克/公顷之间，同时总结提出了兰州百合高效配方施肥栽培技术规程。路喆等研究认为喷施适量浓度的 Zn 肥、B 肥和 Mn 肥均能促进兰州百合对氮磷的吸收转运，增加鳞茎产量，改善鳞茎品质，提高肥料利用效率。司亚军和唐世华分别介绍了临洮县、永靖县自然环境条件及兰州百合生产概况，根据生物学特性，从选茬、整地、施肥、栽植、田间管理、收获等方面简述了临洮和永靖县兰州百合大田栽培及种球繁殖技术。

巩慧玲等研究认为纳他霉素壳聚糖复合涂膜处理能显著降低兰州百合鳞茎片贮藏期间的腐烂指数和失重率，并抑制丙二醛含量和褐变度的升高，减缓 VC、可溶性糖和可溶性蛋白质含量的降低，保证了百合鳞茎片贮藏期间的品质，以0.1%纳他霉素和1%壳聚糖复合涂膜处理的保鲜效果最好。她们认为引起兰州百合鳞茎贮藏期间腐烂的病原菌分别是黄曲霉和米根霉。而贮藏时腐烂鳞茎表面的青霉菌仅是腐生菌，而不是病原菌。梁旭东则认为兰州百合贮藏期间易受病原微生物侵染而腐烂，贮藏期病害主要有百合鳞茎基腐病、百合鳞茎根霉软腐病、百合青霉腐烂病。李霞等为有效解决兰州百合干制过程中的褐变问题，发现复合护色剂的最优配方为：0.65%氯化钠、0.3%抗坏血酸、0.3%L－半胱氨酸、0.8%柠檬酸，在此条件下，加工的百合干色泽L^*值为78.69，护色效果好。

李琪等通过对兰州百合新鲜鳞片中18种水解氨基酸和20种游离氨基酸的种类及含量进行测定分析，发现兰州百合新鲜鳞片中水解氨基酸中精氨酸、谷氨酸、天冬氨酸、亮氨酸、甘氨酸、丝氨酸、赖氨酸、脯氨酸、缬氨酸含量较多，尤其是精氨酸和谷氨酸含量最大；游离氨基酸中精氨酸含量也较大。随着兰州百合产业的规模化发展，对兰州百合进行快速、准确地分级就成为一种必然。边红霞等以不同等级兰州百合为研究对象，在50～1M赫兹频率范围内，利用平行极板法研究电特性参数与百合等级的关系。分析发现在同一加载频率下，随着百合等级的提高，其相对介电常数和电导增大，复阻抗减小；随着频率的增大，复阻抗和相对介电常数均减小，电导增加。因此，复阻抗、相对介电常数和电导可作为判断百合等级的指示参数。

李云亚等研究认为用0.1%的高锰酸钾浸泡10分钟，气培15天后百合鳞瓣的腐烂率比对照产品低51.42个百分点；用该消毒方法处理百合鳞瓣，60天后，外瓣4.0厘米处理的繁殖系数最高，但是外瓣较内瓣易腐烂。百合外瓣较内瓣适宜气培，气培厚度与繁殖系数成反比。张丹等发现植物生长调节剂及不同浓度浸泡处理兰州百合鳞片，对其扦插繁殖有一定的影响。其中6－BA 20毫升/升＋NAA 200毫升/升＋2，4－D 30毫升/升处理，繁殖系数最高。6－BA 10毫升/升＋NAA 100毫升/升＋2，4－D 20毫升/升处理，小鳞茎重量最大。陈红刚等研究发现中药渣堆肥水浸提液或醇浸提液均能提高兰州百合的诱导、分化及生根的能力，且以1/2 MS＋3.0毫升/升堆肥水浸提液效果最好。

李增政等以兰州百合的鳞茎、根及根际土为实验材料，在7种不同培养基上分离植物内生和根际土放线菌研究发现：最适于百合鳞茎、根部内生及根际土放线菌生长的培养基分别为IMA－2琼脂培养基、腐殖酸培养基和改良高氏Ⅰ号培养基。梁旭东从自毒作用、土壤养分及物理性状的改变、土壤微生物失衡3方面分析了兰州百合连坐障碍发生的原因，并提出了防治途径。刘煜昊等加年份通过采用问卷调查的方式，对兰州市安宁区、西固区、七里河区、城关区四个区的消费者进行了调查。经分析认为消费者的行为可分为大量型、交际型、一般型、少量型和自用型五类。兰州百合产品及包装、品牌、宣传、销售等应针对不同消费群体做出改进，以期提高兰州百合消费者满意度、忠诚度和消费频率，促进兰州百合消费市场的发展，提升兰州百合的市场竞争力。

陈艳华等加年份基于兰州市以及附近地区气象站30年（1981～2010年）的气候资料和154个站点的降水资料，利用地理信息系统（GIS）技术对区域内降水、气温等进行了数据细网格化分析。结合百合田间观测气象和产量资料，建立了兰州市百合种植区划指标空间分析模型，区划结论与实际种植基本相符，利用GIS技术制作的区划图结合水平和垂直种植区划辅助参照表，直观详细地展现了百合适生种植区的地理分布及特征，从而减少了种植的盲目性。

2. 甘肃省食用百合科技需求态势及对产业支撑评述

（1）引进食用百合种质资源与常规育种技术结合，发掘食用百合种质资源基因库，开展远缘杂交和分子设计育种。在不同生态区进行品种比较试验，确定适宜种植区和配套栽培技术。改变目前甘肃省仅靠兰州百合单一品种打天下的局面。

（2）在兰州百合主产区开展耕地质量定向培育研究，提高耕地综合生产能力。

（3）开展食用百合高效新肥料研制和集成农田生态系统养分培育技术研究，控制病虫害的发生，减少农药残留。科学设计种植模式，建立农田生态系统养分，实现轮作制度。

（4）开展无公害和有机食用百合生产技术研究，为食用百合产品开发奠定基础。

（5）开展食用百合功能组分研究与开发，加强营养保健功能食品研发力度。针对不同消费群体设计不同的消费产品，提高食用百合品牌知名度和客户忠诚度。

（6）加强食用百合产品安全监控技术研究，研发食用百合品质质量快速评估检测技术和设备，实现实时有效监控。

（7）开展农业信息化服务建设，如建设农业信息服务网络、网络销售平台等。

（8）研发食用百合种球生产、收获机械，减少劳动力投入成本，提高农业生产效率。

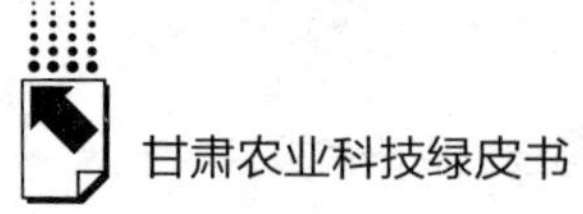

（9）开展食用百合贮藏期病害、产品保鲜研究，减少损失，提高经济效益。

（10）加强种球繁育基地和规范化生产基地建设。

（三）甘肃省食用百合科技发展中存在的问题

1. 支撑技术研发滞后，产业发展瓶颈凸显

目前研究经费短缺，食用百合基础研究停滞不前，缺乏对食用百合产前、产中、产后、种植生态环境及功能成分结构等方面的机理、机制系统研究，兰州百合品种综合潜力挖掘不够，导致食用百合产业发展遇到各种问题，如品种退化、种球繁育滞后、连作障碍、种植模式落后、土壤养分失衡、高附加值功能产品缺少等。由于技术创新落后于产业发展需求，直接影响产品产量及质量。贮藏冷库设施简单，自动化程度低，贮藏技术缺乏，造成贮藏期鳞茎腐烂率超过10%，生产成本大幅增加，企业盈利能力下降。

2. 加工技术落后，附加值低

科研单位没有经费，研发动力不足；百合加工企业实力弱，研发投入少，产品技术含量低、市场销售不对路，不能规模化标准化生产，产业转型升级缓慢。

3. 营销手段落后，市场秩序混乱

甘肃百合加工企业，管理人员素质较低，普遍对市场研究和拓展能力不足，缺少对消费者的消费心理调查了解，没有相应的企业发展战略，管理和经营粗放简单，品牌和质量意识薄弱，营销理念不清，以代销为主。行业自律缺失，市场监管不到位，企业互相压级压价突出，严重扰乱了市场秩序，没有形成优质优价的良性竞争局面。

4. 发展面窄，产业链条短

文化创意资源挖掘滞后，相关产业融合协调发展渠道不畅通，造成甘肃省食用百合文化、旅游、服务产业链延伸不足。省市县各级管理部门和百合生产经营者受制于发展理念、资金等方面的原因，没有对兰州百合文化、历史、景观等资源进行挖掘整理和创意开发，尚未与服务、旅游业融合接轨，导致兰州百合文化、休闲、旅游市场开发不足，产业链短，不能带动集约化规模化发展。

5. 宣传力度小，产品知名度不高

甘肃省兰州百合没有专业策划团队，没有企业出资金在国内有影响力的媒体上做广告宣传，其营养价值、保健功能、产品特色、质量安全等方面宣传不到位，消费者对兰州百合缺乏认识和了解，严重影响了产品的知名度。

三　甘肃省食用百合科技创新发展思路、目标及重点

（一）基本思路与发展目标

按照“高产、优质、高效、生态、安全”的总体要求，推进甘肃省食用百合农业科技进步和创新，加快发展规模化、标准化、设施化和智能化种植，提高食用百合生产技术装备水平，促进甘肃省食用百合向技术创新驱动转变，全面升级食用百合产业。依靠科技创新，充分挖掘品种潜力，尽快突破食用百合生产过程中的重大技术瓶颈，提高农业综合生产能力。加快现代农业生物技术、信息技术、资源环境技术的应用与产业化，加快食用百合种质的原始创新，有效增加科技储备，引领国内外食用百合科技发展，全面提升甘肃省食用百合产品的市场竞争能力。

（二）发展重点与主要发展方向

重视老品种保护、引进食用百合种质资源，将分子育种与常规育种相结合开展百合种质创新，培育具有自主知识产权的食用百合优质品种和特色品种。在不同区域进行品种比较试验，综合评定、科学确定适宜的生态种植区域。采取育－繁－推模式，培育具有竞争力和信誉好的百合种球种苗公司1～2个，加强对提高食用百合产量、品质的技术研究，同时开展百合种植区土壤修复、病虫草害等技术研究，加强食用百合废弃物利用技术开发，制订甘肃省食用百合绿色产品生产、使用要素、贮运等环节的生产和技术标准。在食用百合主产区，加强规模化、标准化的配套栽培技术、设施（低成本高效型）种球繁育技术、食用百合商品生产基地等关键技术研究，配套集成食用百合原产地和产品质量追溯与质量控制管理技术，加快高附加值食用百合功能与健康产品开发。

四　食用百合科技创新载体建设与保障措施

（一）食用百合科技创新载体建设

组建甘肃省食用百合重点实验室，成立食用百合区域科技创新服务中心，加快食用百合科技创新团队及产业联盟建设，为甘肃省食用百合产业发展提供技术支撑和保障，提高甘肃省食用百合科技自主创新服务能力。

（二）保障措施

1. 加强宏观管理

建立甘肃省食用百合科技－企业产业联盟，统一领导食用百合科技发展工作，对食用百合研发重点和重大关键技术进行战略设计，形成中长期发展规划。加强宏观管理和调控，明确政府管理部门、科研院所、农业生产合作社、加工企业的职能，建立分工合理、责任明确、配合协作的高效管理体制，提高食用百合企业科技创新的自主权和积极性。

2. 农业科技人才队伍建设

按照农业科技用人规律和基本需求，加快构建、科学培养食用百合学科科技创新人才和团队。建立创新规范，求真务实、学风正派、学术端正，人尽其才的良好创新环境。

3. 拓展国内外科技交流与合作

利用食用百合资源，开展自主创新，缩短创新周期。在甘肃省组织实施食用百合科技合作战略，鼓励科研院校和龙头企业技术人员参与国内外学术交流与合作。广泛吸收有益经验，调整思路，引进人才、资金、先进技术和设备设施，积极开拓食用百合农业技术和产品的国际市场。

4. 政策扶持，规范发展

鼓励引导社会、企业和个人等社会资金投向兰州百合产业发展。省市财政增设特色产业发展专项资金，县区财政也相应配套增列发展专项资金，持续增加项目和技术创新推广服务经费，建立稳定的长效投入机制。

5. 完善投融资机制，支持食用百合产业发展

充分利用省、市、县、区投融资平台，引入市场化投资主体，做强现有投融资主体。开展投融资创新，设立引导基金吸引风险投资基金进入，运用信托工具筹集社会闲散资金，引导保险资金以债权形式投资建设。积极利用资本市场，扶持一批符合产业政策、成长性好的企业上市，支持符合条件的企业发行债券、短期融资券和中期票据等，降低经营风险。建立创业引导基金，组建百合产业发展基金、文化旅游发展基金等基金，支撑产业协调发展。

6. 加强宣传力度，实施甘肃兰州百合知识产权和品牌战略

充分利用各种渠道和方式，在各个层面进行广告宣传，形成公路和大街有宣传牌位、宾馆有宣传标志、饭店有菜肴饮品、旅游有文化故事、媒体有专题节目与文艺作品，广泛宣传甘肃兰州百合产业和相关文化知识，提升兰州百合的知名

度和影响力，提高消费者对兰州百合产品的忠诚度，促进兰州百合产业的持续发展，使甘肃兰州成为享誉中外的“百合之都”。

项目组成员：林玉红　裴怀弟

参考文献

杨茜：《龙山县百合种植现状及增产提质政策与技术研究》，湖南农业大学硕士学位论文，2014。

李谋强、师桂英、叶树辉等：《基于 ISSR 分子标记数据的兰州百合核心种质构建方法研究》，《中国沙漠》2015 年第 6 期。

徐学军、晋小军、魏桂琴等：《不同覆盖方式对土壤温湿度及兰州百合鳞茎产量的影响》，《北方园艺》2013 年第 5 期。

黄鹏、薛世海、陈敏等：《根外施肥对兰州百合植株生长和鳞茎产量的影响》，《中国农学通报》2011 年第 27（10）期。

林玉红：《钾肥施用量对兰州百合生长、养分吸收及品质的影响》，《草业学报》2012 年第 1 期。

巩慧玲、李飞、孙爱洁等：《纳他霉素壳聚糖复合涂膜对兰州百合鳞茎片的保鲜效果》，《食品与发酵工业》2016 年第 2 期。

梁旭东：《兰州百合储藏期间病害防治技术》，《农业科技与信息》2011 年第 21 期。

李霞、李永才木、毕阳等：《响应面法优化兰州百合干无硫护色剂配方》，《食品科学》2014 年第 4 期。

李琪、李广、张会妮：《兰州百合新鲜鳞片中水解及游离氨基酸分析》，《食品科学》2012 年第 20 期。

边红霞、屠鹏、张小平：《不同等级兰州百合的电学特性》，《食品科学》2013 年第 3 期。

G.45

甘肃省藜麦研究报告

杨发荣*

摘　要：　藜麦产业是近年来我国发展势头良好的新兴产业。“十二五”期间，甘肃藜麦试验研究全面展开，示范推广成效显著，产业发展初具规模。但目前突出问题是技术体系、产业体系尚不完善。今后应以产业科技创新为支撑，加强生产基地建设，注重产品精深加工，促进藜麦产业逐步走上产学研一体化的全产业链协调发展之路。

关键词：　甘肃　藜麦　产业　科技　品种　栽培

藜麦是苋科藜亚科藜属一年生双子叶草本植物。藜麦起源于南美洲安第斯山区，具有7000多年的种植历史，原产地为秘鲁、玻利维亚和厄瓜多尔，是古代印加民族的传统食物，被当地人民称为“粮食之母”。藜麦籽实中蛋白质含量高达16%～22%，与牛肉相当，且富含比例平衡易于吸收的9种人体必需氨基酸，含有钙、铁、锌、铜、锰等矿物元素，不饱和脂肪酸B族维生素、维生素E、叶酸、膳食纤维等营养物质，且低糖、低脂、不含麸质。藜麦因其全面的营养特性，20世纪80年代被美国国家航空航天局作为宇航员的太空食品，2012年被联合国粮农组织推荐为唯一一种单体植物即可满足人类基本营养需求的食物，联合国将2013年定为“国际藜麦年”。

一　藜麦科技发展动态

（一）国内外藜麦产业科技发展动态

1. 国外藜麦产品的市场需求

自20世纪80年代美国国家航空航天局发现藜麦以来，藜麦的营养和开发利用

* 杨发荣，甘肃省农业科学院研究员，畜草与绿色农业研究所副所长。主要从事作物栽培及抗病育种方面的研究工作。

价值受到广泛认同和重视。1983年美国和加拿大开始试种藜麦，但由于藜麦对气候要求的特殊性，美国和加拿大的藜麦种植只能维持在较小范围内。从2000年开始主产地南美洲的藜麦被大量出口，玻利维亚政府把藜麦定为“战略性物资”。发达国家也已将藜麦作为“确保粮食安全的战略性作物”进行本土化开发。

联合国粮食及农业组织（FAO）曾评价藜麦的蛋白质含量与所有干乳酪的蛋白质含量相当。以雀巢公司为代表的食品企业已开始生产婴幼儿藜麦粉来替代奶粉。目前，除以藜麦为主做成保健食品外，还添加藜麦做成市场上流行的各种食品，如藜麦南瓜八宝粥等。美国航空航天局以藜麦作为宇航员长途飞行时的食物来源。联合国粮农组织也把藜麦定性为一种全营养食品，为一些营养缺乏地区的妇女儿童提供营养补充。

由于藜麦原产地在海拔3000米以上的高山区，气候及环境条件相对恶劣，产量低而不稳定，难以满足市场需求。2010年南美洲总产量约为6万吨，其中85%以上出口到美国、欧洲及日本、新加坡等国家和地区。强劲的需求，使藜麦在国际市场上的价格逐年飙升，仅2009年3~10月，出口价格涨了2倍，目前国际市场价格为12美元/千克。其最大消费国为美国和加拿大，欧洲市场后来居上，日本、韩国及中国台湾等也有藜麦粉等深加工产品。我国作为保健食品的消费大国，目前市场上藜麦产品以网络销售为主。根据国际粮农组织分析，今后藜麦产品市场份额在百亿美元以上。

2. 国内藜麦产业发展动态

20世纪90年代，西藏农牧科学院引进藜麦在西藏试种成功，但未进行大面积推广。2007年山西稼祺农业科技有限公司首次开始藜麦的引进和本土化试种，从2011年开始商业化种植并向市场推出“稼祺”牌生态藜麦，平均产量达到3450千克/公顷，平均收入约36000元/公顷，比传统农作物增加10000~22500元/公顷。2011年甘肃省农业科学院畜草与绿色农业研究所杨发荣首次将藜麦引进甘肃，针对藜麦的适种区域、品种引选、栽培技术、品种选育及副产品饲料化利用等方面进行了系统研究，现已掌握藜麦保苗技术、矮化栽培技术、病虫害防治技术、副产品饲料化利用技术等，同时选育出“陇藜1号”藜麦新品种，并开始收集其优异种质资源材料。依据自然资源禀赋和试种结果，笔者有理由认为“国际藜麦在南美，中国藜麦在西北，西北藜麦在甘青”。

3. 藜麦产业科技发展动态

种质资源的遗传多样性是育种工作的基础。近年来，国内外学者对藜麦的种质资源进行了分子生物学方面的系统研究。育种工作者主要采用的方法为脱氧核糖核酸分子标记技术，其中微卫星标记是研究植物品种间遗传多样性的分子生物学标记方法。藜麦是异源四倍体植物，并且大部分质量性状表现出双染色体遗传规律。陆敏佳等应用微卫星引物对41个藜麦种质的多态性及其亲缘关系进行分析显示共检测出139个等位基因，说明来源于不同地区的遗传距离较远，遗传基础广泛。科学家应用片段长度多态性扩增、脱氧核糖核酸随机多态性扩增及微卫星分子标记技术建立了第一张藜麦遗传图谱，并用微卫星标记法对59份智利的藜麦材料进行遗传多样性分析发现20个高度多态性微卫星位点，共检测出150个等位基因位点，每一对引物的等位基因个数为2～20，平均为7.5个；非加权组平均法分析将其分为2类；多样性分析结果证明了智利南北方藜麦种间和种内的关系。有学者应用微卫星引物对阿根廷西北部的35份藜麦种质资源进行了遗传结构分析，结果显示354个等位基因具有高度多态性，平均每个位点的等位基因个数为16；应用聚类分析法在平均遗传距离水平上将其分为4类，每一类都代表阿根廷北部地区不同的环境，综合结果分析显示藜麦品种的多样性受环境多样性的影响。上述分子技术的应用，对解决藜麦种质资源鉴定、分类、性状遗传性分析等问题十分关键，对进一步推动藜麦育种及产业发展具有更深远的意义。

（二）藜麦的生物学特性

1. 藜麦营养价值高

（1）蛋白质与氨基酸。藜麦主要食用部位为种子，藜麦种子富含蛋白质及氨基酸。藜麦中含有大量的氨基酸，其中必需氨基酸的含量高于其他谷物。研究发现藜麦含有16种氨基酸，其中有9种是人体必需氨基酸（如赖氨酸、苏氨酸及甲硫氨酸等），比例适当且易于吸收。研究表明藜麦中人体生长所需的赖氨酸的含量是大豆的1.4倍，是玉米的1.5～2.2倍，是小麦的20.6倍以及牛奶的14.0倍，并且不含麸质，避免了由于麸质导致的胃肠道过敏，可供麸质过敏人群食用。

表1　藜麦与常见谷物氨基酸组成比较

单位：g/100g 蛋白

谷物 Cereals	组氨酸 His	异亮氨酸 Ile	亮氨酸 Leu	蛋氨酸+胱氨酸 Met + Cys	苏氨酸 Thr	缬氨酸 Val	赖氨酸 Lys	色氨酸 Trp	苯丙氨酸+酪氨酸 Phe + Tyr
藜　麦	2.0～3.2	3.3～7.4	5.8～7.5	4.5～4.8	2.5～3.8	4.0～6.0	4.6～6.6	1.1～1.2	6.2～7.5
小　米	2.1	3.7	7.0	3.6	2.8	4.7	2.6	1.2	7.8
水　稻	1.3	2.5	4.8	2.1	2.1	3.6	2.1	1.2	5.8
玉米(干)	2.4	3.6	11.5	4.4	3.0	5.0	3.0	0.9	8.2

资料来源：《藜麦的营养机制及其应用前景》。

（2）碳水化合物。淀粉是藜麦籽实中最主要的碳水化合物，含量达到60%。另外，研究结果显示，藜麦种子中可溶性糖的含量为15.8%，葡萄糖的含量为4.55%，果糖含量为2.41%，蔗糖含量为2.39%。

（3）脂肪酸。藜麦种子中的脂肪酸大部分为必需脂肪酸，并且富含不饱和脂肪酸，其次为单不饱和脂肪酸和饱和脂肪酸。有研究显示，藜麦籽实中含有固醇类物质，其中△7－豆烯酸是主要成分，含量为43.9%，其次为$\triangle^{7,22}$－乙酸豆甾醇和β－乙酸谷甾醇。

（4）矿质元素。科学家用电感耦合等离子体发束光谱测得藜麦中含有大量的矿物质元素，种子鲜样中钾含量最高，其次为镁、钙和锌，而锰、铁和钠含量最低。另外，他们发现铁和钠的含量在经过加工的藜麦种子中显著增加，而钙、钾、镁和磷含量显著减少。加工后种子中某些矿物质元素的降低可能是由于在高温加工过程中皂苷和矿物质相互作用或一些微量元素进入细胞间隙所致。

表2　藜麦种子鲜样中矿物质含量

单位：mg/100g

作物	钙 Ca	磷 P	铁 Fe	钾 K	镁 Mg	锌 Zn	铜 Cu
藜麦	56.5～148.7	140.0～468.9	14.0～16.8	696.7～1200.0	76.0～270.0	2.8～4.8	3.7～5.1

资料来源：《藜麦的营养价值及其应用前景》。

（5）多酚。唐瑶等对三种不同基因型藜麦种子内酚类物质进行分离，共得到23种酚酸类物质，分别为3，4－苯甲酸、对香豆酸苷、对羟基苯甲酸、香草酸－4－葡萄糖苷、2，5－苯甲酸、咖啡酸、香草酸、表没食子儿茶素、表儿茶酚、香草醛、刺槐素/大黄素/三羟黄酮－7－甲醚、对香豆酸、阿魏酸、4－阿魏酸苷、异阿魏酸、山奈苷、三叶豆酸、芦丁、山奈酚－3－葡萄糖苷、3－槲皮素苷、槲皮黄酮、山奈酚、鹰嘴豆素。据报道，黄酮类化合物常以黄酮苷的形式存在于藜科植物中。藜麦含有丰富的黄酮苷类化合物，包括槲皮素、异鼠李素、山奈酚的苷元以及糖基连接在碳三位置上的二糖及三糖类物质。

2. 藜麦耐盐能力极强

国外研究发现，藜麦对盐胁迫具有很好的耐受力，并且大部分的藜麦品种可以在土壤盐浓度相当于海水盐浓度的条件下发芽。一些研究指出藜麦种子能在高盐条件下发芽的原因是高浓度的钠离子和氯离子导致其种子子房壁内的低水势，种皮阻碍了高浓度盐溶液进入种子内部，从而使钠和氯以及必需元素（钾、镁、钙、磷、硫）通过种皮的比率发生变化，各种元素在种胚中的分布也发生了明显的变化。藜麦种子耐盐的关键在于有效控制叶片液泡中钠离子的封存量和木质部钠离子的运输量，提高活性氧的耐受力，增加钾离子的保留量，并对气孔的开口和孔径加以有效控制。

二　甘肃藜麦科技发展现状与问题

（一）甘肃省藜麦科研生产发展概况

2011 年，杨发荣从国内外引进 23 个藜麦品种在甘肃种植，并分别在省内宁县干旱区、永靖县半干旱区、康乐县二阴区及兰州灌溉区等不同生态类型区域试种成功。通过试种结果初步划分藜麦在甘肃省的适种区域，即河西走廊生产带，包括酒泉、嘉峪关、张掖、金昌、武威等沿祁连山一带；中南部半干旱生产区，包括兰州（永登）、临夏（永靖、康乐）、甘南（合作、临潭）、定西等县区；陇东旱塬生产区，包括庆阳、平凉等部分县区。并分别制订了各适生区“藜麦规范化种植栽培技术”。

2011～2015 年，杨发荣和他的研究团队分别从省科技厅、省农牧厅、兰州市和嘉峪关市科技局共争取到 8 个研究推广项目，相继开展了藜麦适种区划、海拔高度、栽培密度、肥料配比、氮肥运筹、全膜穴播、矮化栽培、垄作栽培、植物外源激素、优质藜麦资源选育及扩繁等试验研究；初步确定了甘肃不同地区最适种植品种、最佳种植密度、施肥规律及生长调节剂的用法和剂量，并掌握了藜麦保苗技术、病虫害防治技术、副产品饲料化利用等技术；筛选出优质资源材料 100 余份。

针对甘肃的生态特点、生产实际和市场需求，研究团队采用系统育种结合栽培驯化的方法选育出了国内第一个藜麦新品种“陇藜 1 号”，2014 年 5 月通过甘肃省农作物品种审定委员会审定（甘认藜 2015001），经在敦煌、嘉峪关、张掖、金昌、武威、兰州、临夏、合作、定西、庆阳等 10 个示范点的测试。该品种均表现出高产、耐旱、耐寒、耐瘠薄、品质性状好，适应性广的特点。2013～2014 年参加省内多点区域试验，两年平均产量 2100 千克/公顷，比对照增产 9.6%；生产试验，平均产量 2280 千克/公顷，比对照增产 10.1%。陇藜 1 号属中晚熟品种，籽粒集中于植株顶部及分枝末端，抗倒伏，再生能力强，落黄好，对霜霉病和叶斑病总体抗病性好。种子蛋白质含量 16.6%，脂肪含量 7.1%，碳水化合物含量 66.9%，胆固醇含量 0，膳食纤维含量 7.1%。该品种适宜在甘肃省无霜期大于120天，降水量250毫米以上，海拔1500～3000米的山地、川地及灌溉区种植。2014年，“陇藜1号”种植面积达到53公顷，并在民乐县的六坝镇科技园区开展藜麦高效栽培技术示范推广（试验示范面积3公顷，推广面积13公顷），其中全膜覆盖种植的藜麦平均产量达到6000千克/公顷，未覆膜栽培平均产量达到4875千克/公顷。

2015年藜麦的种植已推广到兰州、张掖、武威、金昌、嘉峪关、定西、临夏、白银、甘南、庆阳等地县。全省藜麦示范推广面积达333公顷，平均产量达3000千克/公顷，最高可达6000千克/公顷，按目前市场价产值合360万～600万元；加工成原粮后约210吨，总产值1050万～4200万元，单位面积经济效益可达36000～60000元/公顷。

（二）甘肃省“十二五”期间藜麦科技发展成效

1. “十二五”期间藜麦科技发展总述

甘肃的藜麦研究起步较晚，但起点高，进展快，“十二五”期间，主要取得以下几方面的成绩。

（1）组建了科研团队。自2011年在临夏州永靖县试点种植藜麦获得成功后正式开展藜麦的相关研究。目前，甘肃组建了以杨发荣研究员为团队责任人的藜麦研究团队，从育种、栽培、秸秆饲用到加工利用进行全产业链技术研究与示范。

（2）建立了示范推广点和育种基地。近两年来从国内外引进23个藜麦品种和100余份资源材料，在敦煌、嘉峪关、张掖、金昌、武威、兰州、临夏、合作、定西、庆阳等地建立了示范点10个（如果包括企业和农业合作社主动引进的，全省14个地州市已全部有试验示范点），已初步掌握甘肃省各地适宜的品种特点及关键栽培技术。全省2015年示范点的总面积近333公顷，2016年种植面积超过2000公顷，其中金昌市永昌县东寨镇种植面积达666公顷。同时，在张掖市、临夏州建立育种基地，相继选育出藜麦新品种4个，并筛选出优质资源材料100余份，为藜麦良种本地化打下了基础。

（3）争取项目，开展基础研究与合作研究。“十二五”期间，研究团队分别从省科技厅、省农牧厅、兰州市和嘉峪关市科技局共争取到8个研究推广项目。主要开展了国内外良种资源引进、不同品种适应性、品种选育、栽培技术、饲用技术、机械化种植、收获技术等应用性研究和藜麦抗盐碱、抗旱等基础性研究，取得了初步的研究成果。与中国作物学会藜麦分会、中国农业科学院、博大东方集团有限公司等单位积极开展合作。

（4）取得的主要研究成果。目前成功引进试验了国内外 14 个品种，选育出适宜甘肃省种植的藜麦新品种“陇藜 1 号、陇藜 2 号、陇藜 3 号、陇藜 4 号”，并在全国范围内推广陇藜 1 号；初步编制出藜麦在甘肃省的适种区划，即河西走廊生产带；中南部半干旱生产区，包括兰州（永登）、临夏（永靖、康乐）、甘南（合作、临潭）、定西等县区以及陇东旱源生产区，包括庆阳、平凉等部分县区；参加了藜麦米国家标准制定；制订了甘肃藜麦栽培技术规程和陇藜 1 号品种等地方标准；主办了首届中国西部藜麦产业高峰论坛暨中国作物学会藜麦分会 2015 年年会，全面引领全省藜麦种植业的发展。

2. 主要藜麦品种和栽培技术

（1）主要栽培品种——陇藜 1 号。该品种属中晚熟品种，生育期 128 ~ 140 天，株高 181. 2 ~ 223. 6 厘米，分枝数 23 ~ 27，株形扫帚状，浅根系，序状花序，主梢和侧枝都结籽，自花授粉。出苗期 8 ~ 12 天，苗期生长缓慢，分枝后迅速进入营养生长期，叶色嫩绿，成熟后叶秆变红。籽粒集中于植株顶部及分枝末端。种子圆形，呈药片状，直径 0. 15 ~ 0. 22 厘米，表皮有一层水溶性的皂角苷，千粒重 2. 40 ~ 3. 46 克。

陇藜 1 号落黄正常，籽粒饱满，是优质全蛋白碱性食物，胚乳占种子的 68%，具有营养活性，蛋白质含量高，富含多种氨基酸，其中有人体必需的 9 种氨基酸，尤其富含植物中缺乏的赖氨酸，锰、钾、铁、钙、锌、镁、磷、硒等矿物质营养含量高，富含不饱和脂肪酸、类黄酮、维生素 B 族和维生素 E 族，膳食纤维素含量高达 7. 1%，不含麸质，零胆固醇，低脂，低热量，低糖。2014 年经甘肃省农业科学院农业测试中心测定，陇藜 1 号籽粒含粗蛋白 17. 15% ~ 18. 78%、脂肪 5. 65% ~ 5. 93%、赖氨酸 0. 55% ~ 0. 69%、全磷 0. 45% ~ 0. 68%，千粒重 3. 46 克。

经甘肃省农业科学院植物保护研究所 2014 年鉴定，陇藜 1 号在田间表现为抗霜霉病和叶斑病，总体抗病能力强。经多点区域试验测定，陇藜 1 号表现植株抗倒伏，再生能力强，具有耐寒、耐旱、耐盐碱、耐瘠薄等特性，能忍受 -4℃ 低温，最适合生长温度为 14℃ ~ 18℃，适应性广，各种土壤均可种植，可耐受土壤酸碱度 pH 范围 4. 5 ~ 9. 8。该品种表现为中晚熟、产量高、品质优、抗病虫害等特性。

（2）主要栽培技术

①适宜播期研究

以玻利维亚高代藜麦品种 Puno 为试验材料，采用不同的播种方法在不同时期播种的研究发现，藜麦在甘肃省不同生态区域均能成熟，不同播期对藜麦的成活率有显著影响，但是对株高影响不显著；有效分枝数、主穗及侧穗长度随着播期的推迟而减少；播期是影响藜麦夹角的重要因素；不同播期对藜麦千粒重影响差异不显著。

②播种方法研究

对“陇藜 1 号”开展了不同基质覆盖、不同覆膜、裸根移栽及全膜穴播试验，研究不同栽培方式对藜麦生长的影响，探寻藜麦相关的有效的保苗技术。研究发现：当分别用沙土、草炭和蛭石对藜麦进行播种后覆盖时，蛭石覆盖后出苗率最高，达到 75%，沙土覆盖出苗率最低，仅为 25%；对藜麦进行不覆膜处理后，发芽率仅为 45%，播种后覆膜出苗率达到 95%，且较未覆膜提前 2 天出苗，播种后用无纺布覆盖，藜麦的出苗率达到 93%，苗期长势优于裸地种植；对藜麦进行裸根移栽试验，结果显示在有水分保证的条件下，藜麦裸根移栽成活率达到 100%，可以进行小面积种植或是在地力条件较差的环境下应用；不覆膜穴播出苗率仅为 63%，覆膜穴播可以有效提高藜麦出苗率及成活率，白膜穴播出苗率最高，达到 89%，黑膜穴播后藜麦出苗率也达到 86%。

③不同生态区域最佳种植密度研究

以“陇藜 1 号”为材料，设计 8 个密度梯度，研究发现，不同种植密度藜麦的株高、分枝数、有效分枝、主穗长度、主穗直径、侧穗长度和直径影响显著，表现为各指标随着栽植密度的减小和递增；种植密度对藜麦植株的倒伏率、根倒率、茎折率及产量有影响，随着种植密度的减小，藜麦植株的倒伏率、根倒率及茎折率显著升高。最终确定藜麦在康乐县和永靖县的最佳种植密度为 83250 株/公顷，行距 0.3 米，株距 0.4 米，每穴留苗一株。

④植物生长调节剂在藜麦抗倒伏中的使用方法和用量研究

在临夏市康乐县，以“陇藜 1 号”为材料，分别用不同浓度的矮壮素和多效唑进行处理。不同剂量的矮壮素或多效唑处理对藜麦植株各指标的影响表现为：与对照相比，对藜麦生育期影响不显著；对藜麦植株的分枝数、有效分枝率、主穗直径影响不明显；对藜麦成熟期的株高有不同程度的抑制作用；在使用了 1500 倍液的多效唑处理后藜麦的倒伏率显著降低了；不同剂量的矮壮素或多效唑处理均能显著提高藜麦产量。综合以上分析，建议在藜麦生产中应用 1500 倍液的多效唑减轻藜麦倒伏，折算每公顷用多效唑原液为 1.11 升。

3. 甘肃省藜麦科技发展态势及对产业支撑作用评述

甘肃省藜麦研究工作虽起步晚，但工作开展深入。“十二五”期间，藜麦项目组成员开展了藜麦适种区划、栽培密度、肥料配比、氮肥运筹、全膜穴播、矮化栽培、海拔高度、植物外源激素、垄作栽培、优质藜麦资源选育及扩繁等试验研究，并初步确定甘肃地区最适种植品种、最佳种植密度、施肥规律及生长调节剂的用法和剂量，掌握了藜麦保苗技术、病虫害防治技术、矮化栽培技术、副产品饲料化利用等技术。科研人员对省内各地县藜麦种植户进行了较好的技术培训，和省内外藜麦生产企业建立了良好的合作关系，所有这些，不仅对甘肃，而且对国内藜麦产业的发展都起到良好的技术支撑和引领作用。

（三）甘肃省藜麦产业研发中的主要问题

1. 研究基础薄弱，技术服务体系不健全

由于藜麦是一个外来物种，在国内特别是省内的引种时间相对较短，对藜麦的研究起步晚、基础薄弱，研究工作尚处于引种鉴定和示范推广的起步阶段，对藜麦的许多自身生物学特性方面还有待更进一步的深化研究。研究发现，藜麦的遗传性还不十分稳定，有些品种的株型和穗型还在分离，株高、株色和穗色的差异较为明显，籽粒的饱满度和成熟度也还不尽一致；又如藜麦吸收土壤肥力较强，连作将导致土壤肥力下降，因此，如何进行轮作倒茬，如何补充藜麦下茬作物的土壤肥力，这些都需要我们进一步的探究和解决。

另外，由于尚未形成一套完整的科研、生产、服务体系，加之现有的资金和技术力量有限，因而还不能在藜麦的高效种植方面充分地为农户和企业提供更加完善的技术服务。

2. 宣传力度不够，商品性开发受限

由于藜麦的引进时间短，市场鲜见藜麦的各种产品，加之宣传力度不够，人们对藜麦的营养性能缺乏足够的认识。特别是在藜麦产业的发展过程中，缺少加工精选设备和本省大中型企业参与，致使一些地区的藜麦收获后无法加工上市，从而导致藜麦销售价格不稳定，商品性开发受到限制，生产销售不能有机结合、融为一体。目前，甘肃藜麦产业发展中存在的最大问题是没有真正形成集品种培育、生产栽培技术研究、产品加工市场开拓和品牌创建等完整的产业链条和研发体系。

三　甘肃藜麦科技创新发展思路、目标及重点

（一）基本思路与发展目标

1. 加大科技投入，产学研相结合，全产业链发展

政府加大研发资金投入，建立研发平台，围绕藜麦产业技术创新链，对藜麦育种及其相关产业和关键技术进行联合攻关，培育优良藜麦品种，开发藜麦播种

及收割专用机械，研发藜麦除草剂、藜麦产品加工技术，开发藜麦面条、藜麦粥、藜麦酒等深加工产品。建立以市场为导向、企业为主体、产学研相结合，跨区域、跨部门、跨学科的协同创新体系或产业联盟，争取做到集种植、收获、加工、销售为一体的全产业链式发展。

2. 培育藜麦优势种植基地，进行多功能开发

甘肃省高海拔山地占全省土地总面积的70%以上，这些区域海拔高、气候冷凉、昼夜温差大、干旱少雨，土壤瘠薄，是甘肃省的扶贫攻坚区，但这一区域的自然资源条件不仅适宜藜麦的生长发育，而且还优于原产地；同时这一区域远离城市和工厂，污染少。所以，甘肃省青藏高原、黄土高原和祁连山区是种植藜麦得天独厚的绿色无污染区域，既可以培育藜麦优势种植基地，发展有机藜麦种植，又可以兼顾生态及畜牧业，种植七彩藜麦，发展休闲生态旅游农业，进行多功能开发。

3. 扶持建立藜麦深加工企业

随着藜麦越来越受到人们的重视，藜麦产品必将受到广泛欢迎，但由于缺少藜麦深加工企业，藜麦产品的加工数量和开发种类少，价格不稳定，且受市场因素影响波动较大，有些地区出现了收获后未能加工的情况。因此甘肃省应扶持本省藜麦深加工企业，建立符合藜麦国际标准的加工环境，培育产品品牌，通过对藜麦加工企业的扶持，使甘肃的藜麦产业走向市场化和国际化。

4. 加强对外合作，强化藜麦研发人才的培育

加强与藜麦原产地，如秘鲁、玻利维亚等国家的合作，组织科研、管理人员以及种植企业到原产国考察学习，通过国际人才多元化交流与专业人才的培育，促进甘肃藜麦产业未来的发展，储备更多的产业人才，并加快引进先进的种植和育种技术，为大规模推广藜麦种植创造良好条件。

5. 培育和壮大藜麦产业，推动甘肃省精准扶贫战略实施

在建成藜麦优质种质体系和壮大深加工企业的基础上，加快配套技术体系和物化产品的研发应用，引导种植大户和合作社广泛参与，尽快建成藜麦标准化生产基地，培育壮大藜麦产品品牌，抢抓机遇，提升市场影响力和占有率，形成种、加、流、售一体化的产业体系。以藜麦产业的开发，助推甘肃省农业供给侧结构性改革和精准扶贫战略的实施。

（二）发展重点与主要方向

1. 新品种示范与推广

目前，藜麦的种植已推广到兰州市安宁区、永登县；张掖市甘州区、民乐

县、高台县、临泽县、山丹县；武威市凉州区、永昌县、民勤县、天祝县；嘉峪关市新城区；定西市安定区、通渭县；临夏州永靖县、康乐县；白银市景泰县、会宁县；甘南州合作市；庆阳市宁县、合水县、正宁县。2015年，藜麦种植面积突破333公顷，其中“陇藜1号”种植面积达到53公顷。

今后，甘肃省将进一步加强藜麦新品种的选育和示范推广工作，结合“十二五”期间在全省不同生态区的试验测定，在河西走廊沿祁连山一带，重点推广丰产性能较好的“陇藜1号”，并在全国不同生态区进行区试；在兰州、定西等干旱半干旱地区推广早熟、灌浆速度快的“陇藜4号”、“青藜1号”和“条藜1号”；在临夏、甘南等高寒山区推广早熟品种“陇藜3号”和“青藜1号”；在庆阳、平凉等光热条件充足的地区可复种推广早熟的“陇藜3号”；同时还可根据生产需求，选择不同品质的品种资源进行推广，如随着甘肃省草食畜牧业发展速度的加快，部分生态区可选择种植生物产量大、相对饲喂价值高的“陇藜2号”作为粮饲兼用型开发利用。

2. 高效栽培技术

今后的研究工作中，重点要集成创新国内外现有藜麦栽培技术，结合不同生态区的生产条件，进一步研究藜麦高产栽培技术，主要从以下几个方面开展研究。

（1）品种选育。选育出适宜机械化作业的矮秆，抗倒伏能力强、成熟度一致性高的品种。

（2）藜麦水肥高效利用。筛选适宜作物，进行合理的轮作倒茬，有效补充土壤肥力。

（3）病虫害防治研究。藜麦在国内引进时间较短，关于藜麦病虫害研究相对较少，但目前，种植户普遍反映病虫害是限制藜麦生产的重要因素之一。针对当前藜麦生产中主要发生的病虫害，科技人员开展一系列合适的方法控制病原体，研究环境对病虫害形成的影响机制，从而制订出适合不同生态区藜麦病虫害防控的技术措施。

四　藜麦科技创新载体建设与保障措施

（一）地理条件保障

通过利用现有的种质资源在甘肃不同生态区的试验测定（海拔1170～2960

米），科研人员发现藜麦适宜在全省范围进行大面积推广，但由于气候条件和地理条件的限制，藜麦在各生态区表现差异明显，主要划分为三个适宜种植区域：河西灌溉区、陇中干旱半干旱区及二阴地区、陇东旱塬区。

（二）种植条件保障

藜麦具有耐寒、耐旱、耐盐碱、耐瘠薄的生理学特性，可在年均降水量 80 毫米的地区生长，对水资源要求不高。西北地区尤其是甘肃农业长期受制于干旱，全省年均降水量仅是全国平均降水量的四成，且水资源匮乏，因此藜麦种植更值得推广，在发展农业的同时，也降低对水资源的依赖，种植藜麦是甘肃农业应对干旱的最佳选择之一。由于藜麦在生长过程中能大量吸收土壤中的盐分，这将有效改良甘肃大部分盐碱化弃耕地和盐碱荒地，有利于改善耕地生态环境及发展可持续农业。藜麦试种过程中，尚未发现病虫害，可以减少或不使用农药；另外，甘肃省是畜牧大省，拥有大量畜禽粪便资源，用其作为藜麦种植的肥料，从而让藜麦成为真正的绿色有机食品，开创我国有机藜麦生产先例。

（三）加工条件保障

藜麦种子对湿度非常敏感，若成熟的种子收获后暴露于湿气中，24 小时内即可萌发，因此种子收获后应及时晾晒从而有效除去水分，为保证其品质，加工前需在干燥环境中贮藏，河西及陇中地区年降雨量少，太阳辐射量大，紫外线强，干燥的气候环境有助于藜麦营养品的开发及提取利用，有利于藜麦食品加工业的发展。藜麦独特的营养价值，对甘肃特色农业的形成与精品农业的提升具有一定的促进作用。

（四）科研条件保障

甘肃省农业科学院畜草与绿色农业研究所下设绿色农业、饲草饲料、养羊、养牛 4 个研究室以及遗传、分子 2 个试验室，其中，饲草饲料研究室和绿色农业研究室长期开展作物种植方面的工作，在作物栽培及田间试验等方面有着坚实的实践基础，实验室具备酶学分析的仪器设备、便携式光合作用测定仪、热电偶干湿计、原子吸收光谱仪、紫外/荧光分光光度计、离子色谱仪、自动定氮仪、连续流动分析仪、冷冻高速离心机等仪器设备。长期以来，甘肃省农业科学院在项目区进行农业研究工作，与当地企业和农户建立了良好的合作关系，对项目的实施提供了便利的条件，是完成科研任务的稳定保障。

参考文献

黄杰、杨发荣：《藜麦在甘肃的研发现状及前景》，《甘肃农业科技》2015 年第 1 期。

Jacobsen S E, Mujica A, Jensen C R. The Resistance of Quinoa (*Chenopodium quinoa* Willd.) to Adverse Abiotic Factors. *Food Review International*, 2003, 19: 99 – 109.

陆敏佳、蒋玉蓉、陆国权等：《利用 SSR 标记分析藜麦品种的遗传多样性》，《核农学报》2015 年第 29 (2) 期。

Maughan, Bonifacio, Jellen, Stevens, Coleman, Ricks, Mason, Jarvis, Gardunia, Fairbanks. A Genetic Linkage Map of Quinoa (*Chenopodium quinoa*) Based on AFLP, RAPD, and SSR Markers. Theoretical & Applied Genetics, 2004, 109: 1188 – 1195.

Fuentes, Martinez, Hinrichsen, Jellen, Maughan. Assessment of Genetic Diversity Patterns in Chilean Quinoa (*Chenopodium quinoa* Willd.) Germplasm using Multiplex Fluorescent Microsatellite Markers. Conservation Genetics, 2009, 10: 369 – 377.

王黎明、马宁、李颂等：《藜麦的营养价值及其应用前景》，《食品工业科技》2014 年第 35 (1) 期。

Koziol. Chemical composition and nutritional evaluation of quinoa (*Chenopodium quinoa* Willd). *Journal of Food Composition Analysis*, 1992, 5: 35 – 68.

Gonzalea, Roldan, Gallardo, Escudero, Prado. Quantitative Determinations of Chemical Compounds with Nutritional Value from Inca crops: *Chenopodium quinoa* ("quinoa"). Plant Foods for Human Nutrition, 1989, 39: 331 – 337.

Marmouzi I, Madani E N, Charrouf Z Y, Cherrah M Y, Faouzi E A. Proximate Analysis, Fatty Acids and Mineral Composition of Processed Moroccan *Chenopodium quinoa* Willd. and Antioxidant Properties According to the Polarity. Phytothérapie, 2015, 13: 110 – 117.

杨发荣：《藜麦新品种陇藜 1 号的选育及应用前景》，《甘肃农业科技》2015 年第 12 期。

皮书起源

“皮书”起源于十七、十八世纪的英国，主要指官方或社会组织正式发表的重要文件或报告,多以“白皮书”命名。在中国,“皮书”这一概念被社会广泛接受，并被成功运作、发展成为一种全新的出版形态，则源于中国社会科学院社会科学文献出版社。

皮书定义

皮书是对中国与世界发展状况和热点问题进行年度监测，以专业的角度、专家的视野和实证研究方法，针对某一领域或区域现状与发展态势展开分析和预测，具备原创性、实证性、专业性、连续性、前沿性、时效性等特点的公开出版物，由一系列权威研究报告组成。

皮书作者

皮书系列的作者以中国社会科学院、著名高校、地方社会科学院的研究人员为主，多为国内一流研究机构的权威专家学者，他们的看法和观点代表了学界对中国与世界的现实和未来最高水平的解读与分析。

皮书荣誉

皮书系列已成为社会科学文献出版社的著名图书品牌和中国社会科学院的知名学术品牌。2016 年，皮书系列正式列入“十三五”国家重点出版规划项目；2012~2016 年，重点皮书列入中国社会科学院承担的国家哲学社会科学创新工程项目;2017 年,55 种院外皮书使用“中国社会科学院创新工程学术出版项目”标识。

中国皮书网

发布皮书研创资讯，传播皮书精彩内容
引领皮书出版潮流，打造皮书服务平台

栏目设置

关于皮书：何谓皮书、皮书分类、皮书大事记、皮书荣誉、
　　　　　皮书出版第一人、皮书编辑部

最新资讯：通知公告、新闻动态、媒体聚焦、网站专题、视频直播、下载专区

皮书研创：皮书规范、皮书选题、皮书出版、皮书研究、研创团队

皮书评奖评价：指标体系、皮书评价、皮书评奖

互动专区：皮书说、皮书智库、皮书微博、数据库微博

所获荣誉

2008 年、2011 年，中国皮书网均在全国新闻出版业网站荣誉评选中获得“最具商业价值网站”称号；

2012 年,获得“出版业网站百强”称号。

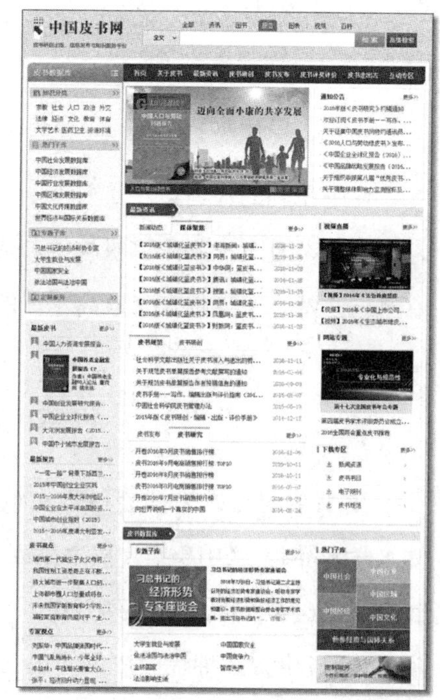

网库合一

2014 年，中国皮书网与皮书数据库端口合一，实现资源共享。更多详情请登录 www.pishu.cn。

S 子库介绍

Sub-Database Introduction

中国经济发展数据库

涵盖宏观经济、农业经济、工业经济、产业经济、财政金融、交通旅游、商业贸易、劳动经济、企业经济、房地产经济、城市经济、区域经济等领域，为用户实时了解经济运行态势、 把握经济发展规律、 洞察经济形势、 做出经济决策提供参考和依据。

中国社会发展数据库

全面整合国内外有关中国社会发展的统计数据、 深度分析报告、 专家解读和热点资讯构建而成的专业学术数据库。涉及宗教、社会、人口、政治、外交、法律、文化、教育、体育、文学艺术、医药卫生、资源环境等多个领域。

中国行业发展数据库

以中国国民经济行业分类为依据，跟踪分析国民经济各行业市场运行状况和政策导向，提供行业发展最前沿的资讯，为用户投资、从业及各种经济决策提供理论基础和实践指导。内容涵盖农业，能源与矿产业，交通运输业，制造业，金融业，房地产业，租赁和商务服务业，科学研究，环境和公共设施管理，居民服务业，教育，卫生和社会保障，文化、体育和娱乐业等 100 余个行业。

中国区域发展数据库

对特定区域内的经济、社会、文化、法治、资源环境等领域的现状与发展情况进行分析和预测。涵盖中部、西部、东北、西北等地区，长三角、珠三角、黄三角、京津冀、环渤海、合肥经济圈、长株潭城市群、关中—天水经济区、海峡经济区等区域经济体和城市圈，北京、上海、浙江、河南、陕西等 34 个省份及中国台湾地区 。

中国文化传媒数据库

包括文化事业、文化产业、宗教、群众文化、图书馆事业、博物馆事业、档案事业、语言文字、文学、历史地理、新闻传播、广播电视、出版事业、艺术、电影、娱乐等多个子库。

世界经济与国际关系数据库

以皮书系列中涉及世界经济与国际关系的研究成果为基础，全面整合国内外有关世界经济与国际关系的统计数据、深度分析报告、专家解读和热点资讯构建而成的专业学术数据库。包括世界经济、国际政治、世界文化与科技、全球性问题、国际组织与国际法、区域研究等多个子库。

法律声明